U0139046

林家祺——著

民事訴訟法

新論

增訂第六版

五南圖書出版公司 印行

推薦序

　　光明於擔任臺北大學法律學系教授前，即曾執行律師業務18年，故無論就法學之理論或實務，均頗有涉獵，尤其深知民事訴訟法在實務運作之技巧性與重要性。

　　民事訴訟法體系龐大，以致法律系之學子多視為畏途，本書作者家祺老師學有專精，又任教於大學校院之法律系多年，長期講授民事訴訟法之課程，復有民事訴訟之豐富實務經驗，為一理論與實務兼備之學者，亦甚受學界及各方之肯定。茲在其諸多論著之外，持續秉持學術專業及歷練，再完成「民事訴訟法新論」一書，實值稱頌。

　　本書不僅研析民事訴訟法之學理，也廣為論述訴訟實務之重要問題；且撰述深入淺出，立論持平，又具創見，尤其在言詞辯論、準備程序、爭點整理方面，有很多訴訟理論基礎，是一本兼具理論與實務之書籍，值得青年學子及有意學習民事訴訟法者細讀。

　　本人研習法律，已數十年，向以教學研究及傳承法學為職志，茲欣見新一代的民事訴訟法學者，於學術研究方面卓然有成，又不吝分享其實務經驗，深覺讚賞，爰略綴數語，以為薦序。

吳光明

台灣財產法暨經濟法研究協會理事長

國立臺北大學法律學系教授

2014年序於臺北大學法學院

六版序

　　民事訴訟法的體系相當的龐雜，過去關於民事程序法有關欠缺當事人適格或欠缺確認利益之情形，究竟應如何處理？學術界與實務界見解有相當大之差異，由於此部分欠缺實定法之明文，造成法律見解一直無法統一，造成讀者之學習上增加困難度。本書於第五版出版之後立法院已就此修法明定，因此有修正本書之必要，以利讀者與最新之修法同步。此外，針對與審判權衝突的部分，民事訴訟法在近兩年也已經修法移列至法院組織法中，所以民事訴訟法的第31條之2有關審判權衝突移送的條文也已經刪除，又近年日益嚴重之濫訴處罰也做了加強，擴大濫訴裁罰之對象可擴及律師，課予在野法曹的律師也應負起把關濫訴之義務，均為本書六版修訂之重點。另，本次修訂亦針對最高法院109年大法庭有關郵務送達之裁定提出檢討，本書認為109年大法庭有關郵務送達招領逾期可視同合法送達之見解，恐違反正當法律程序，一併增訂於本書之中以供讀者參考。本次改版後全書已全面納入現行最新民事訴訟法條文之內容，以利讀者及本人授課班之同學閱讀本書之後可掌握最新之修法趨勢。

林家祺

2024年9月1日序於理學堂大書院

｜自　序｜

　　民事訴訟法近五年來歷經五次修法，經過這五次密集修法，其修正與刪除及新增條文已共計達數百條之多，舊民事訴訟法經過這五次修法，其立法準則及相關重要之規定及實務見解均已有重大之變革，民事訴訟法此種修法密度乃數十年來所無之現象，所以個人把他稱為新民事訴訟法。本書之出版除上述修法因素外，另一原因乃是本人於2012年出版之《例解民事訴法》一書，經本人在大學法律系講授民事訴訟法課程時，發現該書雖有助於學生理解條文文義及立法理由，但欲建立整體之民事訴訟體系尚有不足之處，如能以體系單元式加上理論及實務見解之輔助，當更能發揮學習之效果，再加上許多講義及資料等避免散失等因素，乃著手出版本書——《民事訴訟法新論》。本次之出版蒙蔡震榮院長、吳光明教授、謝哲勝教授之鼓勵，以及國防大學法研所曉惠、高雄大學法研所兆麒、中原大學法研所柏嘉、銘傳大學法研所春霖、眞理大學法律系雅萱、伊婷及秘書宜誼……等同學之協助整理資料、校對等，備極辛勞，在此一併申謝。本書乃本人教學研究之餘所創作，時間匆促再加以上個人學識仍有不足之處，疏漏之處所在多有，敬請各界不吝惠賜卓見。

林家祺
2014年春序於眞理大學法律學系

目 錄
Contents

| 第一章 |
緒　論

第一節　何謂民事訴訟

　　首先，瞭解民事訴訟法之前，必須先知道何謂「民事訴訟」。簡言之，民事訴訟就是國家的司法機關（即法院）基於人民的請求，審查其法律要件是否具備，以確定（或實現）私權爲目的之法律上程序，即是「民事訴訟」程序。換言之，民事訴訟是藉由國家司法體系所設立之法院的民事法庭（包括民事庭、家事庭、簡易庭），依當事人包括原告、被告及訴訟參加人等之請求，法院就該訴訟的民事糾紛事件，實體法上的各種私權，例如買賣、租賃、僱傭、委任、保證、旅遊、不動產所有權及其他物權、婚姻事件、親子關係、繼承、票據、保險等，透過民事訴訟的程序，遵循法律規定以國家權力強制解決紛爭。而民事訴訟與行政訴訟或刑事程序不同，是國家司法機關所進行之程序（與仲裁程序不同），是訴訟程序（與非訟程序、調解程序不同）。

　　其次，我國乃司法二元體系制度，分別設有行政法院與普通法院兩套審判系統，因此無可避免會有民事與行政審判權衝突之問題。所謂審判權，是指關於法院有無受理特定訴訟之權限，例如：民事法院原則上就公法上之爭議即無受理訴訟之權限。就審判權之衝突，可分爲積極衝突與消極衝突。此所謂積極衝突，是指同一爭議事件民事法院與行政法院皆認爲其有審判權，此時即可能發生民事法院與行政法院之裁判矛盾。此外，亦可能因公法或私法行爲定性有爭議，更甚可能影響審級利益，例如：某一行爲若定性爲私法爭議則可能會有三級三審之審級利益，但若被定性爲公法爭議，則因我國之行政訴訟法採三級二審制，僅能有兩個審級利益，因此公法或私法之定性除影響審判權之歸屬外，更影響當事人之審級利益。而消極衝突是指民事法院與行政法院皆認爲某事件其不具有審判權，以致於均不予受理（舊法）或互相裁定移送至另一個審判系統。審判權之消極衝突會影響人民之訴訟權，蓋依據司法院大法官釋字（以下稱大法官釋字）第305號解釋文明揭：「人民就同一事件向行政法院及民事法院提起訴訟，均被以無審判之權限爲由而予駁回，致其

憲法上所保障之訴訟權受侵害，而對其中一法院之確定終局裁判所適用之判例，發生有牴觸憲法之疑義，請求本院解釋，本院依法受理後，並得對與該判例有牽連關係之歧異見解，爲統一解釋。本件行政法院判決所適用之判例與民事法院確定終局裁判，對於審判權限之見解歧異，應依上開說明解釋之。」司法院大法官釋字第595號大法官許宗力協同意見書指出：「我國司法採公、私法案件分別歸由行政法院與普通法院審理的二元審判制度，訴訟事件公、私法性質之判斷因而顯得重要。惟公、私法判斷在許多情形並不容易[1]，行政法院與普通法院均認不屬自己審理權

---

[1] 106年12月29日大法官釋字759號解釋再次針對公私法灰色地帶事件作成解釋，其解釋理由書略以：「臺灣嘉義地方法院99年度勞訴字第29號民事裁定（下稱確定裁定），原告（顏雅雯、顏珮娜、顏玉滿、顏伯奇、顏廷育）之父（顏益財）原任嘉義縣東石鄉鄉長，於中華民國79年3月1日任滿退職，依『臺灣省縣市長鄉鎮長轄市長退職酬勞金給予辦法』獲核發退職酬勞金在案。嗣再依臺灣地區省（市）營事業機構人員遴用暫行辦法（79年11月15日修正發布，106年3月2日廢止，下稱省營事業機構人員遴用辦法）經遴用爲臺灣省自來水股份有限公司（後改制爲臺灣自來水股份有限公司，下稱省自來水公司）第五區管理處工程師兼主任，於94年9月30日病逝於任內。原告於99年9月28日向臺灣嘉義地方法院（下稱嘉義地院）起訴，請求省自來水公司依『臺灣省政府所屬省營事業機構人員退休撫卹及資遣辦法』（80年12月17日訂定發布，下稱省營事業機構人員退撫辦法）發給撫卹金及其利息。嘉義地院審理認爲，顏益財爲臺灣省政府所屬省營事業之人員，屬勞動基準法第84條所稱『公務員兼具勞工身分者』，應適用公務員法令之規定辦理撫卹。原告依省營事業機構人員退撫辦法第6條及第12條規定，向被告請求發給撫卹金，乃公法上財產請求權之行使，如有爭議應循行政爭訟程序尋求救濟，普通法院無權審判，爰依民事訴訟法第31條之2第2項之規定，以確定裁定移送高雄高等行政法院審理，因當事人均未提出抗告而告確定。嗣高雄高等行政法院審理認爲，顏益財雖由省自來水公司依省營事業機構人員遴用辦法遴用，究非屬依法任用之公務人員，依本院釋字第270號解釋，無從依公務人員退休法辦理退休，自亦無從適用公務人員撫卹法請領撫卹金。又顏益財亦非屬依公司法第27條經國家或其他公法人指派在公司代表其執行職務，或依其他法律逕由主管機關任用、定有官等，在公司服務之人員，依本院釋字第305號解釋，其與省自來水公司間應屬私法關係。是其訴請省自來水公司發給撫卹金乃屬私法爭議，應由普通法院審理。高雄高等行政法院因就其受理訴訟之權限，與普通法院確定裁定適用同一法令所持見解有異，爰依司法院大法官審理案件法（下稱大審法）第7條第1項第1款及行政訴訟法第178條規定，聲請本院統一解釋。核其聲請，合於大審法第7條第1項第1款統一解釋之要件及行政訴訟法第178條規定，爰予受理，作成本解釋，理由如下：按我國目前係採二元訴

限範圍的例子所在多有，雖最終可藉由大法官的統一解釋定紛止爭，但人民仍須承擔因一開始選錯法院遭駁回（民訴§249Ⅰ第1款、行訴§107Ⅰ第1款參照）而喪

訟制度，關於民事訴訟與行政訴訟審判權之劃分，應由立法機關通盤衡酌爭議案件之性質及既有訴訟制度之功能（諸如法院組織及人員之配置、相關程序規定、及時有效之權利保護等）決定之（本院釋字第448號、第466號及第691號解釋參照）。法律未有規定者，應依爭議之性質並考量既有訴訟制度之功能，定其救濟途徑。亦即，關於因私法關係所生之爭議，原則上由普通法院審判；因公法關係所生之爭議，原則上由行政法院審判（本院釋字第448號、第466號、第691號、第695號及第758號解釋參照）。次按勞動基準法第84條本文明定：『公務員兼具勞工身分者，其有關任（派）免、薪資、獎懲、退休、撫卹及保險（含職業災害）等事項，應適用公務員法令之規定』。同法施行細則第50條前段規定：『本法第84條所稱公務員兼具勞工身分者，係指依各項公務員人事法令任用、派用、聘用、遴用而於本法第3條所定各業從事工作獲致薪資之人員』。省營事業機構人員退撫辦法第2條第5款並規定：『本辦法所稱各機構人員，係指左列省營事業機構員額編制表或預算員額表所列公務員兼具勞工身分之人員：⋯⋯五、臺灣省自來水股份有限公司』。依確定裁定卷附資料，顏益財係依省營事業機構人員遴用辦法遴用之人員，省自來水公司屬勞動基準法第3條所定之各（事）業，而顏氏生前所任職務（省自來水公司第五區管理處工程師兼主任）為省自來水公司員額編制表所列『公務員兼具勞工身分』之人員，乃確定裁定到庭兩造所不爭。前揭勞動基準法第84條本文固謂：公務員兼具勞工身分者，其有關撫卹等事項，『應適用公務員法令之規定』，惟其並未規定因此所生之爭議，究應由普通法院抑或行政法院審判。揆諸前揭本院解釋先例，爰應依爭議之性質定審判權之歸屬。關於公營事業機構與所屬人員間之關係，本院釋字第305號解釋釋示：除『依公司法第27條經國家或其他公法人指派在公司代表其執行職務或依其他法律逕由主管機關任用、定有官等、在公司服務之人員，與其指派或任用機關之關係，仍為公法關係』者外，『公營事業依公司法規定設立者，為私法人，與其人員間，為私法上之契約關係，雙方如就契約關係已否消滅有爭執，應循民事訴訟途徑解決』。是依公司法設立之公營事業中，除前述特定人員以外，其他人員與其所屬公營事業間之法律關係為私法關係。雖主管機關就省營事業機構人員之退休撫卹發布省營事業機構人員退撫辦法，使其人員之退休撫卹有一致之標準，惟其僅係主管機關對公營事業之監督關係，並不影響公營事業與該人員間之私法關係屬性；且勞動基準法第84條亦未改變公營事業人員與所屬公營事業間原有之法律關係。據上，本件原因事件原告之父與（前）省自來水公司間之關係既為私法上契約關係，而請求發給撫卹金係本於契約關係所生之請求，且前揭退撫辦法亦為上開私法契約關係之一部，是原告依前揭退撫辦法之規定，向（前）省營事業機構請求發給撫卹金發生爭議，應屬私法關係所生之爭議，應由普通法院審判」。

失起訴利益的風險，金錢（已繳納之訴訟費用）與時間、精力等之損失更無論矣。對人民而言，事件性質爲公法抑或私法，其實並不重要，儘速確定審判權之歸屬才是人民所關心的。」，可知在過去舊制時代人民因公私法之區分而判別有受理權法院不易之風險要自行承擔顯不合理。[2]

為解決上述審判權衝突對人民訴訟權之侵害，大法官釋字第540號解釋理由書末段即指明：「本件係行政法院就繫屬中個案之受理權限問題，依行政訴訟法第一百七十八條向本院聲請解釋，爲貫徹法律規定之意旨，本院解釋對該個案審判權歸屬所爲之認定，應視爲既判事項，各該法院均須遵守，自不得於後續程序中再行審究。而事件經本院解釋係民事事件，普通法院先前以無審判權爲由駁回之裁定，係屬對受理事件之權限認定有誤，其裁判顯有瑕疵，應不生拘束力（參照本院釋字第一一五號解釋）。向本院聲請解釋之行政法院除裁定駁回外，並依職權將該民事事件移送有審判權限之普通法院，受移送之法院應遵照本院解釋對審判權認定之意旨，回復事件之繫屬，依法審判，俾保障人民憲法上之訴訟權。又普通法院就受理訴訟之權限與行政法院之見解有異時，相關法律並無相當於前述行政訴訟法第一百七十八條解決審判權衝突之規定，有關機關應依本解釋之釋示，通盤檢討妥爲設計。」因此，行政訴訟法從過去之裁定駁回制，改成爲現行之法院主動移送制，增訂行政訴訟法第12-2條第2項前段規定：「行政法院認其無受理訴訟權限者，應依職權以裁定將訴訟移送至有受理訴訟權限之管轄法院。」

民事訴訟法第249條第1項第1款規定：「訴訟事件不屬普通法院之權限，不能依第31條之2第2項規定移送者。」在民國98年修法時，增訂民事訴訟法第31-2條第2項：「普通法院認其無受理訴訟權限者，應依職權裁定將訴訟移送至有受理訴訟權限之管轄法院。」亦廢棄舊法之駁回制，改採「主動移送制」，亦即如法院認爲其無受理訴訟之權限時必須由法院主動依職權移送至有審判權之法院，以免人民因

---

[2] 訴訟事件係屬公法爭議或私法爭議？有時不易判定，不宜讓人民負擔此一判斷錯誤之風險。例如：耕地放領屬行政或民事審判權之範圍，大法官在釋字第115號認爲：「政府依實施耕者有其田條例所爲之耕地徵收與放領，人民僅得依行政救濟程序請求救濟，不得以其權利受有損害爲理由，提起民事訴訟，請求返還土地。普通法院對此事件所爲之相反判決，不得執行。」但在釋字第89號卻認爲：「行政官署依臺灣省放領公有耕地扶植自耕農實施辦法，將公有耕地放領於人民，其因放領之撤銷或解除所生之爭執，應由普通法院管轄。」可知，連大法官對同一事件之公私法定性都尚且可能見解變更，如何期待人民一開始即能正確判定？

審判權之入口法院選擇錯誤而承擔不必要之制度性風險。爲配合法院組織法於110年11月23日增訂之第7-3條第1項規定「法院認其無審判權者，應依職權以裁定將訴訟移送至有審判權之管轄法院」。原民事訴訟法第31-2條有關無審判權之移送規定，已無重複規定之必要，故現行之民事訴訟法已刪除第31-2條。由於刪除了本法第31-2條，因此與第31-2條有關之第249條第1項第1款「第三十一條之二」之文字亦應配合修訂爲「不能依法移送」，因此刪除後之現行民事訴訟法第249條第1項第1款爲：「訴訟事件不屬普通法院之審判權，不能依法移送[3]。」

　　以下就民事訴訟與行政訴訟、行政訴訟、刑事訴訟、仲裁程序、非訟程序之界限，列示如表1-1。

　　【案例思考】：A廠商參與市政府捷運土木標之投標，並以最低標20億得標，於簽約後市府發現A廠商投標時提供不實之實績證明，乃依政府採購法第50條第1項第3款及第2項規定撤銷決標，並請A廠商立即撤離工地並接管現場，但A廠商已經投入1億元開始購買材料及現場之整地，認爲市政府受有整地等之利益屬不當得利乃提出民事訴訟，試問民事法院就此事件有無審判權？

表1-1　民事訴訟、行政訴訟、刑事訴訟、仲裁程序、非訟程序比較表

區別	目的／定義	規範原則與效力
民事訴訟	確定當事人間私權有異。原告與被告兩造之間具有對立性、對抗性。	採處分權主義、辯論主義爲原則。裁判系統：普通法院。
行政訴訟	判斷公法上之行政作爲之合法性，以保護人民在公法上權利及確保行政權之合法行使。	裁判系統：行政法院審判。職權審判色採濃厚，不採民事訴訟之辯論主義。除提供原告救濟外，亦考量公共利益。
刑事訴訟	實現國家之刑罰權。	採職權主義、干涉主義爲原則。但現行最新之刑事訴訟法已兼採改良式之當事人進行主義，強化檢察官之角色，法院原則上基於聽訟角色。

---

[3] 民國110年11月23日民事訴訟法修法理由，參見立法院法律系統，網址：https://lis.ly.gov.tw/lglawc/lawsingle?008B58F2C4690000000000000000005A00000000CFFFFFD^04527110112300^00000000000（最後瀏覽日：113年8月8日）。

表1-1　民事訴訟、行政訴訟、刑事訴訟、仲裁程序、非訟程序比較表（續）

區別	目的／定義	規範原則與效力
仲裁程序	雙方當事人合意約定其私權之紛爭，選定法院以外之第三人為判斷，並同意受其判斷之拘束。 當事人之仲裁協議可排除司法管轄權。	仲裁判斷，與民事確定判決具同一效力（仲裁法§37）。 允許合意適用衡平原則，適用之程序亦可自行合意。
非訟事件	國家機關以公權力參與私法上權利之形成，或防止私法上發生爭執，而進行之程序，謂為非訟事件。（單獨提出一個申請）	非訟事件與民事訴訟同為處理私法上權利有關事項，但非訟事件無爭訟性及對抗性質。例如：票據法第123條本票裁定、民法第873條拍賣抵押物裁定。

第二節　為何要有民事訴訟制度

　　我國為民主法治國家，大至國家與人民間的權利義務關係，小至私人相互間的權利義務關係均有法律加以規定，而私人間權利義務關係主要是規定在民法，其他法律如票據法、海商法等亦有規範私人間之權利義務。然主要的私權關係規定於民法，例如：民法第348條規定買受人有請求出賣人交付買受物的權利，但僅有此權利仍不足夠，必須有法定程序（即訴訟程序）使買受人的此項權利能獲得保障，以便於當出賣人不交付出賣物時，買受人能依法定程序主張其在民法上的權利，此種程序即稱為「民事訴訟程序」。倘若缺乏民事訴訟程序，則民法中所規定的各種權利義務，將可能因為當事人之一方不履行其義務而無法獲得實現，甚而形同虛設。如以下棋來做比喻，實體上的請求權是棋子，而訴訟制度即是棋局的遊戲規則。由此得知「民事訴訟」制度目的與功能有：一、為實體法（民法或民事特別法）的內容得以實現；二、解決私權的糾紛，使私法法規發生實效，而不致形同具文；三、保護私權說，即透過民事訴訟制度來保護人民之私權；四、綜合說，要實現實體法、解決紛爭、保障私權，又稱「折衷說」，即兼合上述各目的；五、「法尋求說」，即尋求實體法與程序利益之平衡點下之「法」。例如：乙向甲借500萬，則甲有民法第478條的請求權，原告甲起訴，請求被告乙返還借款，於訴訟中，甲遺失借據未能提出該證據，故法官判甲敗訴，係因要兼顧程序利益，法官並無違失。在民事訴訟程序上，原告就有利事實負舉證責任，是以實體法與程序法間取得平衡。

綜合上述再舉例說明之：甲對乙有一侵權行為得損害賠償請求權，假設甲損害有100萬，依據民法上其有100萬的損害賠償請求權，然必須與程序法相平衡。即甲到民事法院，假設甲超過二年的時效，或是仍在時效內，但其在民事的訴訟程序中，可能因為乙有無提出抗辯，甲有無提出足夠的證據，或依據民事訴訟法當事人甲未提供足夠的舉證責任導致敗訴；被告乙未及時提出訴訟法上的抗辯，法院不能幫他主張，而導致敗訴。民事訴訟法中有讓當事人失權的規定（如本法第196、447、276條等），當事人應該主張而未主張，其以實體法上可能有理由，但可能在訴訟法上違反主張的義務，或可能該主張沒有主張，導致最後的結果沒有實現實體法的內容，即尋求的最後結果才是實體與程序利益平衡的「法」。

民事訴訟架構上非常重要的概念，即民事訴訟程序權應獲充分保障，意指合法的聽審權，使人民有機會參與正當合法的訴訟程序。沒有程序的正義，就沒有實體的正義。是以，民事訴訟法與我們的生活息息相關，民事訴訟亦等於是在選擇我們的生活方式。

發生私權糾紛之解決途徑有：自行協商、鄉鎮市公所調解、法院調解、仲裁、依其他訴訟外之執行名義逕予執行（公證法、確定支付命令、本票裁定、拍賣抵押物裁定）、民事訴訟等。

案例練習：國宅瑕疵求償案

小楊任職保全公司司機，月薪約2萬元，家中育有一子一女及老母親80歲要奉養，小楊聽聞友人說新竹市政府興建國宅以優惠每戶200萬出售予中低收入戶，為使家人有屬於自己之房屋居住，於是小楊將多年來省吃儉用之存款為自備款，其餘以銀行抵押貸款方式向新竹市政府申購國宅一戶，但簽約付款交屋後，小楊全家住進去發現房屋偷工減料嚴重漏水，請求市府處理均遭置之不理，請問：

1. 小楊如要解決此糾紛有哪些途徑？
2. 如果小楊要向市府要求賠償應向何法院起訴？
3. 又如果小楊還沒購買之前向市府申請承購遭拒，結果有無不同？
思考方向——紛爭解決之途徑、公法或私法爭議。

第三節　民事訴訟法之意義

民事訴訟法係規定民事訴訟進行的方式、時間、效力等一切事項之程序法。簡言之，為追求達成本案判決之目標而所為一切相關系列之訴訟程序上的行為，均需

要法律予以規範，而民事訴訟法即是規定關於民事訴訟所有事項的法規。

民事訴訟法分為實質意義之民事訴訟法與形式意義之民事訴訟法，所謂實質意義之民事訴訟法是指法律名稱雖然不是以民事訴訟法為名，但法條之內涵卻是實質規範民事訴訟之程序規定者，稱為實質民事訴訟法。此種實質民事訴訟法散見於各個單行法中，而不規定於民事訴訟法之法典，例如：法院組織法第3條規定地方法院一人獨任，高等法院三人合議，同法第4條規定審判長之充任順序、海商法第101條關於船舶碰撞之管轄法院規定，均為實質意義之民事訴訟法。至於形式意義之民事訴訟法即民事訴訟法典，本書內容係形式意義之民事訴訟法。

第四節　指導原則——處分權主義、辯論主義與程序選擇權

壹、人民本位思想

民事訴訟之基本指導原則，係以人民為本位出發與以國家司法為本位出發的二個方向。廣義的公法包含訴訟法，涉及到國家的司法機關與人民行使之權利義務，國家行使權利的部分，應有基本的大原則，即以人民為本位出發與以國家司法為本位出發二個方向。人民為本位出發，意指民事訴訟制度係為人民服務，而不是將人民視為支配的客體。國家司法為本位出發是以國家依憲法第16條設置制度的提供予人民一司法受益權的憲法誡命之履行。此即大法官釋字第591號解釋文所釋示：「民事紛爭事件之類型，因社會經濟活動之變遷趨於多樣化，為期定紛止爭，國家除設立訴訟制度外，尚有仲裁及其他非訴訟之機制。基於國民主權原理及憲法對人民基本權利之保障，人民既為私法上之權利主體，於程序上亦應居於主體地位，俾其享有程序處分權及程序選擇權，於無礙公益之一定範圍內，得以合意選擇循訴訟或其他法定之非訴訟程序處理爭議。仲裁係人民依法律之規定，本於契約自由原則，以當事人合意選擇依訴訟外之途徑處理爭議之制度，兼有程序法與實體法之雙重效力，具私法紛爭自主解決之特性，為憲法之所許。」人民本位思想乃民事訴訟之最上層之法理概念，在此基本思維下所有之立法準則與原理原則，均應以人民本為思考，而非以官署本位之思考原則，這也是司法院一再宣示之「司法為民」原則。

在進入民事訴訟之立法準則之前，對於民事訴訟的指導原則，最基本的二大制度，即為處分權主義以及辯論主義，以下即分述之。

貳、處分權主義

　　論者指出，處分權主義者，就訴訟之開始，審判之對象（第一命題）、範圍（第二命題），及訴訟之終結（第三命題），賦予當事人主導權之主義也[4]。例如：原告起訴時，依民事訴訟法第244條第1項規定：「起訴，應以訴狀表明下列各款事項，提出於法院為之：一、當事人及法定代理人。二、訴訟標的及其原因事實。三、應受判決事項之聲明。」即表徵處分權主義的第一及第二命題[5]，再者，對於訴訟之終結（如撤回、捨棄、認諾等），同法第262條第1項規定：「原告於判決確定前，得撤回訴之全部或一部。但被告已為本案之言詞辯論者，應得其同意。」及第384條規定：「當事人於言詞辯論時為訴訟標的之捨棄或認諾者，應本於其捨棄或認諾為該當事人敗訴之判決。」其他如兩造同意成立和解（民訴第380條第1項）、調解（民訴§416Ⅰ）、當事人捨棄上訴權（民訴第416條第1項）或撤回上訴（民訴§459）皆表徵處分權主義的第三命題。不過，基於處分權主義，有時因基於公益性的考量亦有其例外，例如：關於訴訟費用之裁判，民事訴訟法第87條第1項規定：「法院為終局判決時，應依職權為訴訟費用之裁判。」及假執行之宣告（民訴§389），即便當事人未為聲明，法院亦應依職權或得依職權為之，即為處分權主義第一命題之例外；於小額訴訟程序中，民事訴訟法第436條之16規定：「當事人不得為適用小額程序而為一部請求。但已向法院陳明就其餘額不另起訴請求者，不在此限。」因此原則上不得為一部請求。另外學理上所謂的「形式之形成訴訟」（如確認經界訴訟及裁判分割共有物之訴）及職權宣告假執行（民訴§389）或訴訟費用之裁判（民事訴訟法第87條），法院皆不受當事人聲明之拘束[6]，即為處分權主義第二命題之例外，及家事事件法第46條規定，當事人不得為

---

[4]　駱永家，辯論主義與處分權主義，臺大法學論叢，第1卷第2期，1972年4月，頁470。

[5]　最高法院99年度台上字第1197號民事判決：「按民事訴訟採不干涉主義，法院不得就當事人未聲明之事項為判決，民事訴訟法第三百八十八條定有明文。故成為法院審理具體個案範圍之訴之聲明及訴訟標的，除別有規定外，應由當事人決定之，法院不得逾越當事人所特定之訴之聲明及訴訟標的範圍而為裁判，此為民事訴訟採處分權主義之當然解釋。又當事人未以訴之聲明表明之事項，除定履行期間或同時履行等之條件外，法院不得於判決主文中為准駁之諭示，否則即為訴外裁判。」即此法諺：「無訴，則無裁判」及「不告不理」。

[6]　最高法院90年度台上字第868號民事判決略以：「所謂因定不動產界線之訴訟，係指

捨棄或認諾之事項，即為處分權主義第三命題之例外。

處分權原則，對於實體法上的私權，源自於私法自治、私有財產，包含債權、物權、無體財產權等，以及一切民事實體法上的權利，基本上可以處分，唯有身分上不適用。財產法上只要不違反強制禁止之規定，人民可以自由處分之。從私權的紛爭，實體法上可以處分，延伸至民事訴訟，則與實體法處分權的概念相連結。

有關於處分權概念之法理基礎，所謂的法理基礎，是一切法律的根源，即謂此原則正當性存在的依據。處分權原則的法理基礎：1.人民在訴訟程序中居於主體之地位，非法院支配之客體，亦即起訴與否，人民有其自主決定與處分的權利（包含實體法與程序法上的權利）。惟有例外情形，對人民起訴與否的自由，做某些限制，例如，民事訴訟法第403條規定：「……於起訴前應經法院調解」、仲裁協定等；2.私法自治原則之體現，於人民的私領域，任由人民自主安排，只要內容不影響他人權益，不違反強制禁止規定、公序良俗（民§71、§72）。

在私法自治的範圍原則之下之法律行為，原則上法律皆承認其效力。訴訟法，人民在訴訟中可以自主處置其相關權利，包括實體法與程序法，如起訴後，當事人有自主處分的權利，包括撤回、捨棄（專屬原告針對訴訟標的，而非單一的攻擊防禦方法）、認諾（專屬被告針對訴訟標的），亦即處分權原則之內涵：1.起訴前，提起訴訟與否完全由人民自主決定；2.訴訟中當事人自主處置之權利（如：撤回、捨棄或認諾等）（民訴§384）。民事訴訟法第384條是指針對訴訟標的原告主張法律關係的客體的捨棄、認諾。撤回（詳民訴§262）、和解（民訴§377、§380 I），此指民事訴訟法成立的訴訟上和解，訴訟上的行為，兼具實體與程序

不動產之經界不明，或就經界有爭執，而求定其界線所在之訴訟而言（本院三十年抗字第一七七號判例參照），性質上屬於形成之訴。原告提起此訴訟時，祇須聲明請求定其界線之所在即可，無須主張特定之界線。縱原告有主張一定之界線而不能證明，法院仍不能以此駁回其訴。亦即法院可不受兩造當事人主張之拘束，得本於調查之結果，定雙方不動產之經界。」最高法院93年度台上字1797號民事裁定裁略以：「判分割共有物，屬形成判決，法院定共有物之分割方法，固應斟酌當事人之聲明、共有物之性質、經濟效用及全體共有人之利益等，而本其自由裁量權為公平合理之分配，但並不受當事人聲明、主張或分管約定之拘束。」最高法院29年上字第1792號判例：「裁判上定共有物分割之方法時，分配原物與變賣之而分配價金，孰為適當，法院本有自由裁量之權，不受任何共有人主張之拘束。」

的二個面向，不同於民法債編中的「和解」是一和解契約。

【思考】：「和解」與「處分權」有何關係？和解是處分權的一種表現。對於當事人之意思表示行使其處分權，例如，讓掉的部分請求賠償金額即是處分掉實體上的權利。

在程序利益、公共利益、被告的防禦權等各種綜合考慮之下，訴訟法上設計使其處分權受到某些限制，此外涉及身分上的權利，則不可予以當事人做處分，例如，確認親子關係存在之訴，因涉及人倫關係的正確性，亦不允許當事人認諾自行做處分，此亦為當事人自主處分權的限制。民事訴訟法第270-1條，爭點整理與協議，第1項第3款所示「整理並協議簡化爭點」，同法條第3項，「當事人就其主張之爭點，經依第1項第3款或前項為協議者，應受其拘束。」而「應受其拘束」即為處分掉其他未主張的部分，且其該未主張的部分即有失權之效。然民事訴訟發現真實，即為相對的真實，法院應受到當事人的意思而拘束，以不爭執的事項為前題，此與刑事訴訟有異。

參、辯論主義

所謂「辯論主義」，並非由字面意義理解，誤認為是只要兩造出庭辯論就是辯論主義，事實上在訴訟法中辯論主義的內涵，是指法院的判決只能以當事人聲明的範圍以及其所提供的訴訟資料為基礎，當事人沒有聲明的利益，不能歸當事人，當事人沒有提出的事實和資料證據，法院都不能自行加以斟酌。換言之，辯論主義即當事人未主張的利益不可歸給該當事人一般認為辯論主義內涵有三：1.當事人未主張之利益不能歸給該當事人，即法院不能斟酌；2.當事人不爭執事項可拘束法院。例如：民事訴訟法第279條，當事人主張之事實，經他造於準備書狀內或言詞辯論時在受命法官、受託法官前自認者，無庸舉證。但例外地，同條第3項：「自認之撤銷，除別有規定外，以自認人能證明與事實不符或經他造同意者，始得為之。」；3.法院無依職權調查證據之義務。

肆、程序選擇權

程序選擇權乃為處分權之延申，亦是當事人程序主體地位表現，其具體之實定法規範，此種合意即為訴訟契約，例示如下：

1. 合意管轄（民訴§24）。

2. 協議爭點（民訴§270-1 I 第3款）。

3. 合意移付調解（民訴§420-1、§463準用§420-1）。

4. 普通法院就行政法院移送之訴訟認無審判權者，應以裁定停止訴訟程序，並請求最高法院指定有審判權之管轄法院。但有下列情形之一者，不在此限：(1)移送經最高行政法院裁判確定。(2)當事人合意願由普通法院裁判（民訴§182-1 I）[7]。民國110年11月23日修正本法第182-1條將審判權衝突之解決途逕由原先之聲請大法官會議解釋改成由最高法院決定，因此現行最新之民事訴訟法第182-1條第1項本文明定「普通法院就行政法院移送之訴訟認無審判權者，應以裁定停止訴訟程序，並請求最高法院指定有審判權之管轄法院」。

審判權相對化之明文化：

於行政訴訟法並未設有相似的規範，對此，最高行政法院105年度裁字第1576號裁定略以：「國家爲行使司法權，將性質不同之訴訟事件，劃分由不同體系之法院審判，無非基於專業及效率之考量。於行政法院審判權與普通法院審判權發生爭議時，固得參酌事件之性質，依行政訴訟法第12條之2、民事訴訟法第31條之2、第182條之1等規定決之。惟普通法院就其受理訴訟之權限，如與行政法院確定裁判之見解有異時，倘當事人以文書合意願由普通法院爲裁判者，民事訴訟法第182條之1第1項但書及第3項明定由普通法院裁判之，俾尊重當事人基於程序主體地位所享有之程序選擇權（該條項立法理由參照），此一規定，已生審判權相對化之效

---

[7] 民訴第182-1條條第1項爲民國110年11月23日修正，修法理由略以：「一、配合法院組織法增訂第七條之四第一項規定，行政法院移送訴訟之裁定確定後，普通法院認其無審判權者，不得移回行政法院，而應裁定停止訴訟程序，並向最高法院請求指定有審判權之管轄法院，以終局確定審判權之歸屬，爰修正第一項序文。二、行政法院移送訴訟之裁定，若經抗告程序，由最高行政法院裁判確定行政法院就該訴訟無審判權者，因該審判權爭議已經終審法院爲判斷，爲避免不同審判權之終審法院重複審查，造成司法資源之浪費，並基於法院間之相互尊重，受移送之普通法院即應受該移送裁定之羈束，不得再行請求最高法院指定，爰增訂第一項但書第一款規定。三、依原條文第一項但書規定，如當事人就行政法院移送之訴訟，合意願由普通法院爲裁判，普通法院就該事件即有審判權限，自不得再行請求最高法院指定，爰修正後移列第一項但書第二款。」民國110年11月23日民事訴訟法異動條文及理由，參見立法院法律系統，網址：https://lis.ly.gov.tw/lglawc/lawsingle?008B58F2C46900000000000000000005A00000000CFFFFFD^04527110112300^00000000000（最後瀏覽日：113年8月8日）。

果。又若原告起訴以單一訴之聲明而有公法、私法請求權競合之情形，則因現行法無明文，致其審判權歸屬限於衝突不明之狀態。針對此一規範上之漏洞，如當事人於訂立契約時，爲避免將來發生爭議須訴請法院解決時，因審判權衝突或陷於不明，致普通法院與行政法院間對於審判權之歸屬有不同認定，甚或單一訴訟因公法、私法請求權競合致其審判權恐分割由不同法院審判，而造成當事人程序上之不利益，乃預爲以文書合意願由特定之普通法院管轄，此際當有類推適用民事訴訟法第182條之1第1項但書及第3項規定以塡補漏洞之必要性，而一併由普通法院裁判之。」從而可知，若屬於公私法之灰色地帶兼具兩者之屬性之可能者，本書認爲，基於當事人爲民事訴訟程序之主體，兩造得就有公私法屬性爭議之事件，事先或事後約定之方式（合意）來加以定性（即：合意定性），以解決公私法定性不確定之法律風險[8]。此種允許當事人就公私法屬性有爭議之事件，事先或事後約定審判權法院之情形學者稱之爲「審判權之相對化」。民國111年6月修訂之法院組織法第7-4條規定：「前條第一項移送之裁定確定時，受移送法院認其亦無審判權者，應以裁定停止訴訟程序，並向其所屬審判權之終審法院請求指定有審判權之管轄法院。但有下列情形之一者，不在此限：一、原法院所屬審判權之終審法院已認原法院無審判權而爲裁判。二、民事法院受理由行政法院移送之訴訟，當事人合意願由民事法院爲裁判。」亦同樣在特定條件下允許當事人自行決定事件之公私法屬性，可謂係除了民事訴訟法第182-1條以外，另以立法建構「審判權相對化」之另一例證。此外，民事訴訟法第469條第3款於110年11月23日修正理由亦再次揭示審判權相對化之概念，110年11月民事訴訟法第469條第3款之立法理由略以：「……第一百八十二條之一第一項第二款規定當事人得合意由普通法院裁判，係尊重當事人基於程序主體地位，所享有之程序選擇權，寓有審判權相對化之內涵……」足資參照。

　　5. 已在外國法院起訴之事件合意由中華民國法院裁判：當事人就已繫屬於外國法院之事件更行起訴，如有相當理由足認該事件之外國法院判決在中華民國有承認其效力之可能，並於被告在外國應訴無重大不便者，法院得在外國法院判決確定前，以裁定停止訴訟程序；但兩造合意願由中華民國法院裁判者，不在此限（民訴§182-2）。

　　6. 合意不公開審判：當事人提出攻擊或防禦方法，涉及當事人或第三人隱

---

[8]　此亦可解決依促參法之委託民間經營契約之公私法定性之爭。

私、業務秘密，經當事人聲請，法院認為適當者，得不公開審判；其經兩造合意不公開審判者，亦同（民訴§195-1）。

7. 準備程序例外合意由受命法官調查證據：於準備程序命受命法官調查證據，以下列情形為限：兩造合意由受命法官調查者（民訴§270 III 第4款）。

8. 合意選任鑑定人：經當事人合意指定鑑定人者，應從其合意選任之（民訴§326 II）。

仲裁鑑定契約是一種訴訟契約，當事人約定委由法院以外之第三人就法律關係存否之事實或構成要件要素作成判斷，並願受該判斷結果所拘束之仲裁鑑定契約，其性質具有訴訟契約中證據契約之性質，協助法院認定事實[9]。本於辯論主義之事實處分自由及自主選擇紛爭解決程序之綜合評量，在辯論主義之範圍內，得承認其效力。據上，我國應承認有「超法規之程序選擇權」，不以法條明文之選擇權為限。

9. 證據保全程序中之協議：本案尚未繫屬者，於保全證據程序期日到場之兩造，就訴訟標的、事實、證據或其他事項成立協議時，法院應將其協議記明筆錄（民訴§376-1 I）。

10. 和解方案之酌定：當事人和解之意思已甚接近者，兩造得聲請法院、受命法官或受託法官於當事人表明之範圍內，定和解方案（民訴§377-1）。

11. 已合意調解案件之起訴視為聲請調解（民訴§404 II）。

12. 合意適用簡易程序：不合於民事訴訟法第427條第1項及第2項規定之訴訟，得以當事人之合意，適用簡易程序（民訴§435）。

13. 合意適用小額程序：民事訴訟法第436條之8第1項之訴訟，其標的金額或價額在新臺幣50萬元以下者，得以當事人之合意適用小額程序，其合意應以文書證之（民訴§436-8 IV）。

14. 合意由第二審為裁判（合意放棄審級利益）此為審級利益之處分：第一審之訴訟程序有重大瑕疵者，第二審法院得廢棄原判決，而將該事件發回原法院。但

---

[9] 最高法院97年度台上字第256號判決略以：「當事人約定委由法院以外之第三人就法律關係存否之事實或構成要件要素作成判斷，並願受該判斷結果所拘束之仲裁鑑定契約，其性質具有訴訟契約中證據契約之性質，本於辯論主義之事實處分自由及自主選擇紛爭解決程序之綜合評量，在辯論主義之範圍內，固得承認其效力……。」可資參照。

以因維持審級制度認為必要時為限。如兩造同意願由第二審法院就該事件為裁判者，應自為判決（民訴§451）。

15. 合意跳級上訴（處分其程序法上之審級利益）：當事人對於第一審法院依通常訴訟程序所為之終局判決，就其確定之事實認為無誤者，得合意逕向第三審法院上訴（民訴§466-4）。

【思考】：1.民事訴訟法關於當事人程序選擇權之規定是否已經列舉窮盡？

　　　　　2.是否於實定法外仍廣泛承認就法條所無之規範外仍有程序選擇權？

【方向】：我國學說與實務認為關於當事人程序選擇權並不以實定法明文者為限，在無礙公益及辯論主義之前提下，當事人應享有廣泛之程序選擇權。

伍、辯論主義之缺點及其改善

辯論主義之內涵，亦即當事人未主張的利益，1.當事人未主張之利益不能歸給該當事人，即法院不能斟酌。2.當事人不爭執事項可拘束法院。例如：民事訴訟法第279條，當事人主張之事實，經他造於準備書狀內或言詞辯論時在受命法官、受託法官前自認者，無庸舉證。但例外地，同條第3項：「自認之撤銷，除別有規定外，以自認人能證明與事實不符或經他造同意者，始得為之。」3.法院無依職權調查證據之義務。辯論主義缺點及其補救方法，缺點是訴訟過度技術性，易發生背離多數人法感之判決，蓋當事人如何於訴訟中自己主張？涉及複雜之程序法與實體法，貫徹辯論主義之結果，可能因人民不懂法律而做了錯誤主張或未適當主張而遭到不利判決，這樣的結果與民事訴訟追求之公平正義不相符合，為補救此一缺點民事訴訟法乃採取補救方法採擴大律師強制代理、一審二審採律師獨占主義（不採過去之本人訴訟主義），第三審更是強制律師代理，在法院部分則增訂民事訴訟法第199-1條來擴大法院闡明義務。

第五節　民事訴訟法之體例──共九編

民事訴訟法總共有九編：第一編總則；第二編第一審訴訟程序；第三編上訴審程序；第四編抗告程序；第五編再審程序；第五編之一第三人撤銷程序；第六編督促程序；第七編保全程序；第八編公示催告程序。原第九編人事訴訟程序已於民國

102年6月修法刪除，蓋102年修法前之人事訴訟程序規定已由家事事件法取代之，因而予以刪除。以下就民事訴訟法各編作簡要說明：

第一編總則是規定民事訴訟法各編所共通適用之原理、原則。總則所規定之各條文，在其他各編，除性質不相容之外，都可於其他各編程序適用總則編的規定。例如：抗告程序雖然規定於第四編中，但是如果提起抗告沒有繳納抗告裁判費用時，就屬於抗告書狀不合程序，而必須依據總則編第121條之規定，命當事人補繳裁判費用。

第二編是第一審程序。我國的民事訴訟法原則上採取三級三審制度，是以民事訴訟案件，可經由上訴的程序而受到第一審、第二審及第三審法院的判決，而第二編所規定的即是第一審訴訟程序如何進行。

第三編規定上訴審程序，即是第二審及第三審的訴訟程序。我國民事訴訟法係採三級三審制度，如果對第一審法院的判決不服時，可依上訴的程序向第二審及第三審法院表示，第三編中的上訴審程序所規定的就是第二審上訴和第三審上訴的各種程序以及原則。

第四編規定抗告程序。所謂「抗告程序」係指當事人對於法院或審判長所作的裁定，有所不服而向上級法院聲明不服，請求廢棄或變更原來的裁定，稱為「抗告」。法院所作的裁判，分成二大類，第一類是判決，第二類是裁定。對於判決有不服，必須依照第三編的規定，以上訴的程序來進行救濟，而對於裁定不服者，必須依據民事訴訟法第四編的規定，以抗告的程序聲明不服，加以救濟。

第五編是再審程序。當事人對於法院的終局確定判決聲明不服，請求法院再為審判的行為，就是「再審」。再審和上訴最大的區別在於再審一定要對於判決確定不能再上訴的事件，才能提出再審之訴，而且再審必須具有民事訴訟法第496條所列舉的特別理由，才可以提出再審之訴；對於還沒有判決確定，還能再上訴的案件，只能依據第三編的規定，提起上訴加以救濟，不能提再審之訴。例如：判決所依據的證物已經證明是偽造或變造的時候，而上訴期間又已經經過，判決業已確定，不能再依上訴來救濟，只能依據再審程序，提起再審之訴。

第五編之一是第三人撤銷訴訟程序。民事訴訟法於民國92年修正時，增設「第三人撤銷訴訟程序」制度，特許第三人在一定嚴格條件之限制下，對於他人間之確定判決，得提起類似再審之訴之撤銷之訴，賦予就訴訟有法律上利害關係之第三人若因非可歸責之原因未受「告知訴訟」亦未能「參加訴訟」時，在舊制一旦判決確定之後即無救濟之機會，增訂本章以求保障法律上利害關係第三人之聽審權。

第六編規定督促程序。督促程序係指債權人和債務人之間的債務，是以金錢或

其他的代替物，或者是有價證券的給付為內容，法院只依據債權人單方面之聲請，而不加以訊問債務人，直接依債權人的聲請，就對債務人發支付命令，以督促債務人履行債務，如果債務人對於法院的支付命令，不在法定期間內提出異議，法院的支付命令就具備執行力（但仍可提出訴訟來尋求救濟），稱為「督促程序」。督促程序是為便利債權人所設之規定，因為訴訟債務人可能是一時沒有資金，或者是有其他困難，對於債權人的債權（金錢或是其他有價證券或代替物）不加以爭執或否認，這時就沒有進行訴訟的必要，而由債權人依督促程序來督促債務人履行即可，督促程序是規定在第508條到第521條。

　　第七編規定保全程序。保全程序係指假扣押、假處分的程序。此程序是為保障債權人，以免債權人於訴訟勝訴確定後，無法強制執行債務人的財產所設的制度。例如：債務人乙欠甲1,000萬元，而乙的唯一財產只有一棟房屋，假設甲向乙提起訴訟之前，發現乙正要將其唯一的一棟房屋加以變賣花用，此時如果甲沒有依據民事訴訟法第七編保全程序的規定，對乙的房屋先實施假扣押，則待甲向乙提起民事訴訟，判決勝訴確定之後，乙的唯一財產（房屋），早已變賣且花光，會造成甲縱使獲得勝訴判決，日後強制執行的時候，會發生強制執行無效的不利結果，因此為保障債權人合法權益，民事訴訟法特設有保全程序，以確保債權人於獲得勝訴判決之後，可以有效的對債務人的財產強制執行。

　　第八編規定公示催告程序。所謂「公示催告程序」，係指法院依據當事人的聲請，以公告的方式來催告不明的利害關係人出面申報權利，如果不在法院所規定的期限內，提出申報權利，經過法院除權判決，就會使他發生失權效果的特別程序，稱為公示催告程序。例如：記名的股票因為某種原因遺失之後，就可以依據民事訴訟法第八編公示催告程序，向法院聲請公示催告之後，再聲請法院作除權判決，以保障遺失股票者的權利。

| 第二章 |
立法準則

　　我國民事訴訟所採行的根本法則，有下列數項，讀者如對立法準則先有所瞭解，對於建構民事訴訟法的體系架構必能有所助益。

壹、三級三審制

　　所謂「三級」是指法院分地方法院、高等法院、最高法院三級。所謂「三審」是指通常的民事事件，原則上有機會經由地方法院、高等法院、最高法院三個審級之法院來審判。但必須注意，並不是所有的民事訴訟事件都有受到三審審判的機會與權利，部分事件經過第二審審判即告確定，不能上訴最高法院，例如：訴訟標的金額在新臺幣150萬元以下的財產權訴訟，依目前的民事訴訟法規定並不能上訴最高法院[1]（民訴§466），只有受到二審審判的權利。另一些較特殊的民事事件，一審就終結確定，例如選舉訴訟、除權判決依民事訴訟法第551條規定對於除權判決，不得上訴，一審就確定、監護宣告裁定（家事§164）以及簡易訴訟之飛越上訴制度（民訴§436-2）等。但這些畢竟都是例外的情形，原則上我國的民事訴訟制度，是採三級三審制度。

貳、言詞審理主義

　　所謂「言詞審理主義」，是法院在進行民事訴訟的時候，必須根據當事人在法庭裡直接以言詞來陳述的資料，作為判決的基礎。我國的民事訴訟法原則上是採言詞審理主義，因此民事訴訟法第221條第1項規定：「判決，除別有規定外，應本於

---

[1] 司法院依民事訴訟法第466條第3項規定之授權，以91年1月29日(九一)院臺廳民一字第03075號函，在法律之授權範圍內將同條第一項所定上訴第三審之利益數額，提高為新臺幣一百五十萬元，並於91年2月8日起實施迄今。

當事人的言詞辯論為之。」但有例外採書狀審理主義，而不經過言詞辯論，例如：民事訴訟法第249條第2項規定：「原告之訴，依其所訴之事實，在法律上顯無理由者，法院得不經言詞辯論，逕以判決駁回之[2]。」同法第234條第1項規定：「裁定得不經言詞辯論為之。」此均屬可不經言詞辯論，而僅就書狀審理即可裁判之情形。針對民事訴訟第三審，民事訴訟法第474條第1項規定：「第三審之判決，應經言詞辯論為之。但法院認為不必要時，不在此限[3]。」然而，實務上針對民事訴訟第三審的案件，實際開庭審理者並不多見。

參、公開審理主義

所謂「公開審理主義」，是在訴訟進行的過程中，法院定期日審理，進行調查證據或言詞辯論，都允許一般公眾到法院法庭內旁聽，即是公開審理主義，讓一般人都隨時可以進入法院法庭的狀態，觀看訴訟進行的情形及審理的內容。

我國民事訴訟法原則上，採取公開審理主義，以貫徹司法程序透明化，一般的案件採取公開之法庭審理，故原則上准許當事人以外的任何第三人去旁聽，如果法院違背公開審理的原則，而進行秘密審理，其判決就當然違法，當事人可以依據民事訴訟法第469條第5款的規定，上訴第三審。

至於是否公開審理之證明方法，民事訴訟法第212條第1項第5款：「五、辯論之公開或不公開，如不公開者，其理由。」同法第219條規定：「關於言詞辯論所定程式之遵守，專以筆錄證之。」

有關於公開審理的例外，即法律有明文採取不公開主義之原則者，准許法院

---

[2] 針對上訴審之案件，參最高法院82年度台上字第2309號民事判決略以：「按判決除別有規定外，應本於當事人之言詞辯論為之，民事訴訟法第二百二十一條第一項定有明文。至第二審程序依同法第四百六十三條規定，除本章別有規定外，固得準用第二編第一章通常訴訟程序之規定，因此當事人提起第二審上訴，如在法律上顯無理由者，亦得不經言詞辯論，逕以判決駁回其上訴，但仍必須依據上訴人所述之上訴意旨，不經調查即可認定其上訴在法律上顯無理由者，始足當之。」

[3] 參該條立法理由指出：「當事人於所爭執之權利義務受審判時，有在法庭上公開辯論之權利，此為人民之基本權利，亦為多數國家立法例所採取。為順應上述原則，兼以第三審係法律審，就法律問題辯論，更能發揮法律審之功能，並可提昇當事人對裁判之信賴，故第三審應行言詞辯論，另為免第三審法院失去彈性爰修正為『但法院認為不必要時，不在此限』。」

進行秘密審理，但是必須具備法院組織法第86條訴訟之辯論及裁判之宣示，應公開法庭行之。但有妨害國家安全、公共秩序或善良風俗之虞時，法院得決定不公開。符合法院組織法第86條但書所規定的條件，才可以例外地不公開審理。此外，民事訴訟法第195-1條規定：「當事人提出之攻擊或防禦方法，涉及當事人或第三人隱私、業務秘密，經當事人聲請，法院認為適當者，得不公開審判；其經兩造合意不公開審判者，亦同。」此外，經二造合意不公開審判者，不必審查是否有隱私、機密之要件，而基於當事人程序選擇權之結果，不可不辦。又，調解程序依據民事訴訟法第410條第2項之規定，不採開庭的形式時，得不公開。家事事件法第9條規定[4]、非訟事件法第34條：訊問關係人、證人或鑑定人，不公開之，原則上亦不得公開審理。這些不公開審理的例外情形，或基於公開審理會妨害公共秩序以及善良風俗之考量，或基於國家安全或當事人隱私、業務秘密、營業秘密等，而例外地准許法院進行秘密審理而不公開。

肆、直接審理主義

所謂「直接審理主義」，係指法院必須依直接認知的訴訟資料以作為判決的基礎，亦即要求法官親自直接聽取當事人之辯論及自行調查證據或受理當事人提出之書狀陳述。我國民事訴訟法原則上是採直接審理主義，以與言詞審理主義互相配合，在調查證據程序的時候，准許由法院合議庭的一位受命法官來進行準備程序，以受命法官所調查的訴訟資料，作為法院合議庭判決的基礎，這是屬於例外採取間接審理主義的情形。民事訴訟法第221條第2項規定：「法官非參與為判決基礎之辯論者，不得參與判決。」

有關於直接審理主義之例外情形，民事訴訟法第211條規定：「參與言詞辯論之法官有變更者，當事人應陳述以前辯論之要領。但審判長得令書記官朗讀以前筆錄代之。」同法第289條（囑託調查）：「法院得囑託機關、學校、商會、交易所或其他團體為必要之調查；受託者有為調查之義務。」第290條（囑託就訊）：「法院於認為適當時，得囑託他法院指定法官調查證據。」第270條第3項第4款命

---

[4] 家事事件法第9條：「家事事件之處理程序，以不公開法庭行之。但有下列各款情形之一者，審判長或法官應許旁聽：一、經當事人合意，並無妨礙公共秩序或善良風俗之虞。二、經有法律上利害關係之第三人聲請。三、法律別有規定。審判長或法官認為適當時，得許就事件無妨礙之人旁聽。」

受命法官調查證據，以兩造合意由受命法官調查者。上述情形由受命法官調查證據之情形，會造成言詞辯論時審判長及陪席法官未親自參與證據之調查（例如：證人之詢問），而僅能閱讀卷內之筆錄或證據資料，因此成為「間接審理」之情形。

伍、辯論主義

所謂「辯論主義」，並非由字面意義理解，誤認為是只要兩造出庭辯論就是辯論主義，事實上在訴訟法中辯論主義的內涵，是指法院的判決只能以當事人聲明的範圍以及其所提供的訴訟資料為基礎，當事人沒有聲明的利益，不能歸當事人，當事人沒有提出的事實和資料證據，法院都不能自行加以斟酌。辯論主義之三大原則包括：一、法院不得就當事人未主張之事實，採用作為判決基礎之資料。二、法院就當事人之間無爭執之事實，不必調查事實之真偽，應採為判決基礎之資料。三、法院不得依職權調查證據。我國民事訴訟法原則上採辯論主義，所以民事訴訟法第388條規定，法院不得就當事人未聲明的事項而為裁判，就是基於辯論主義所作的規定。民事訴訟法第199條以及第199-1條，亦屬辯論主義。原則上法院的裁判，仍然必須基於當事人的主張、陳述及聲明的範圍內，才可以作出裁判。但在例外的情形下，也有少部分是採職權調查主義而不採辯論主義，例如：關於訴訟費用的裁判，以及假執行的裁判，在特定的情況下，法院都可以依職權來加以裁判，亦即不論當事人是否有所聲明，法院都必須主動依職權作出裁判。

對於辯論主義可能因當事人能力、財力或資訊上之不對等，進而造成武器不平等並導致發現真實之突襲，而使裁判產生偏頗。此時，即須藉周邊制度予以調整，例如：法官經有行使闡明權（民訴§199）、當事人真實陳述義務（民訴§195、§357-1）、法院必要時職權調查（民訴§288）等。亦即，透過法院之訴訟照料義務、當事人陳述義務以減少辯論主義所產生之問題與衝突。學者亦有指出，可調整辯論主義三命題，於不發生突襲之前提下，亦得由法院職權調查（民訴§278、§288）。採行所謂的「協同主義」，藉由法院積極職權介入，運用其訴訟指揮權以及闡明權，強調事實及證據得由當事人及法院協同發現之，以維持公平、防止突襲[5]。

5　邱聯恭，司法之現代化與程序法，頁221。

陸、當事人進行主義

所謂「當事人進行主義」，是當事人向法院起訴或上訴後，訴訟程序如何進行之決定及主導權限歸於當事人之主義，稱為當事人進行主義。亦即民事訴訟的開始進行或終結所必需的一切相關訴訟行為，都依當事人自己的意思為主，法院都不加以干涉。我國民事訴訟法原則上是採當事人進行主義。例：當事人之聲明證據（民訴§194）、當事人之責問權（民訴§197）、當事人之發問權（民訴§200）、對審判長指揮訴訟異議之裁定（民訴§201）、當事人得合意停止訴訟，容許當事人合意處分程序之進行，起訴由當事人決定（民訴§244）均採當事人進行主義原則。但在例外的情形下，進行訴訟程序之主導權歸於法院之主義就是職權進行主義，例如：言詞辯論期日的指定，是由法院依職權來加以指定（民訴§154）及送達程序由法院依職權為之（民訴§123）。又本法對於準備書狀及答辯狀應記載事項等之規定於第266條第4項：「第1項及第2項之書狀，應添具所用書證之影本，提出於法院，並以影本直接通知他造。」是以訴訟書狀應向他造公開，他造才能防禦。而對於當事人之發問權，本法規定於第200條：「當事人得聲請審判長為必要之發問，並得向審判長陳明後自行發問（第1項）。審判長認為當事人聲請之發問或自行發問有不當者，得不為發問或禁止之（第2項）。」陳明是不待審判長同意即可發問，但若當事人發問不當，則依第2項規定，審判長有事後禁止的權力。

柒、兩造審理主義

所謂「兩造審理主義」，主要係由聽審權而來，聽審權是指訴訟兩造當事人、到法院參與詰問證人、法官爭點、闡明等一連串程序上的權利，因此兩造審理主義是法院在作出裁判時，必須要基於兩造當事人的言詞辯論為基礎，裁判才比較客觀、公平。如果只採一造審理，法院僅憑一方當事人的辯論就作成裁判的話，比較容易發生不公平的情形，原則上法院的判決都必須基於兩造的言詞辯論才可以為之。但在例外的情形下，有採一造審理主義。例如：民事訴訟法第385條之規定，如果一造的當事人在言詞辯論期日，沒有正當理由而不到場的時候，法院可以依到場當事的人聲請，以一造辯論為裁判，這是例外採一造審理主義的情形。

然而民事訴訟法第402條亦規定，外國法院的確定判決如要在我國內能獲得承認，則被告的聽審權亦要獲得保障，才會認可。對於原告或被告一方或雙方於開庭期日不出庭情形，在立法例上，有對席判決主義與缺席判決主義之分。法院沒有強

制當事人出庭的權力，只有對證人才有。對席判決主義是有一造經合法傳喚無正當理由不到庭，法院擬制該當事人有一定陳述，不一定會敗訴，只是敗訴機率高，我國係探對席判決主義。雖得僅由到庭之一造為辯論而判決，但應斟酌未到庭之他造已提出之事實證據資料。因而未到庭者，亦未必敗訴。如原告若未具體化陳述或主張陳述欠缺一貫性，或所訴為顯無理由者，即使被告不到庭，原告仍未必能取得勝訴判決。反之，若探缺席判決主義，法院即可就缺席之當事人為全面不利益判決而終結訴訟之主義。換言之，探對席判決主義之原則者，法院尚須就缺席當事人所曾經提出之書狀及過去陳述過之資料為斟酌參考，於缺席判決主義下即可全部不考慮缺席當事人之利益，為懈怠出席之一造當事人之敗訴判決。缺席裁判主義顯對於當事人之到場義務課予較強之法律效果，有較強之促進訴訟主義，但若於原告為濫訴之情形可能對被告造成不公平。

捌、當事人平等主義

　　所謂「當事人平等主義」，是在審理中，兩造當事人公平陳述、主張、舉證等程序上的權利完全相等，沒有差別。民事訴訟主要是為求得公平的裁判，因此民事訴訟法採取當事人平等主義為原則，但在例外情形下，有小部分採取當事人不平等主義，亦即在訴訟法上的權利義務，於例外情形下，原告和被告並沒有完全相等，例如：在強制執行程序中因原告權利已獲確認，只是要實現執行名義之內容，因而採當事人不平等主義。在民事訴訟中例如民事訴訟法第96條訴訟費用的擔保，只有被告才可以提出聲請，原告不能提出聲請，此時原告在訴訟法上的權利，顯然與被告有所差別。所以若屬第96條之情形者，兩造在訴訟法上的權利義務，原告和被告並沒有完全相等，此即民事訴訟法中極少數採兩造不平等之立法規定。

玖、自由心證主義與法定證據主義

　　所謂「自由心證主義」，是證據的調查以及證據的方法以及當事人所提出的證據證明力如何，都由法院的法官來自由判斷，民事訴訟法原則上是採自由心證主義而與法定證據主義相對立。針對證據的評價，即證明力應到何種程度，係依據一、自由心證、法官的學識、經驗、專業能力，相信職業法官的判斷（依個案判斷）；二、法官審酌審理中之當事人辯論旨趣及調查證據結果，本其自由意志形成確信，以判斷事實真偽之主義稱為自由心證主義。因此對於證據力之有無及高低，係由法

官自由判斷。但必須注意法官的自由心證仍必須受經驗法則及論理法則的支配，否則判決亦屬違背法令。是以，法院依自由心證判斷事實之真偽，不得違背論理及經驗法則。得心證之理由，應記明於判決。違反此兩項理由可以是成為上訴第三審之理由。

自由心證主義的優點是可以使法官本於其智慧學識以及經驗，正確的判斷各種證據力，以認定事實。例如：民事訴訟法第222條第1項：「法院為判決時，應斟酌全辯論意旨及調查證據之結果，依自由心證判斷事實之真偽。但別有規定者，不在此限。」

所謂法定證據主義係指，利用證據法則明定某一定事實必須以一定證據方法始得認定，證據之證明力亦以證據法則加以限制，即是對於待證事實的證據之證明力予以法律明文規定的程序並限定之，法官僅能依法定之證據法則判斷事實之真偽，不許法官自由判斷事實之真偽之主義。法定證據主義缺點即是法院於認定事實真偽時之審酌彈性空間較小，而且在立法上必須鉅細靡遺詳細規範。我國採自由心證主義為原則，法定證據主義為例外。例如：民事訴訟法第41條選定當事人之選定行為，依同法第42條規定，應以文書證之。民事訴訟法第279條規定：「當事人主張之事實，經他造於準備書狀內或言詞辯論時或在受命法官、受託法官前自認者，無庸舉證（第1項）。當事人於自認有所附加或限制者，應否視有自認，由法院審酌情形斷定之（第2項）。自認之撤銷，除別有規定外，以自認人能證明與事實不符或經他造同意者，始得為之（第3項）。」當事人自認之事實無庸舉證法院應以該自認之事實為裁判之基礎，此時已不得再依自由心證來認定事實真偽，乃少數兼採法定證據主義之例外。又例如：民事訴訟法第219條：「關於言詞辯論所定程式之遵守，專以筆錄證之。」此時法官關於言詞辯論所定程式之遵守，即無自由心證之空間而必須「專以筆錄證之」亦屬自由心證之例外。又如，民事訴訟法第355條第1項規定：「文書，依其程式及意旨得認作公文書者，推定為真正。」以及民事訴訟法第358條第1項規定：「私文書經本人或其代理人簽名、蓋章或按指印或有法院或公證人之認證者，推定為真正。」皆係自由心證主義原則之例外規定。

拾、緩和式的律師獨占主義（兼採律師強制代理）

所謂「緩和式的律師獨占主義」，亦即在第一審及第二審不強迫當事人一定要委任訴訟代理人來代理訴訟之進行，但如一旦決定要委任訴訟代理人時，原則上必須要以具有法定資格的人（律師）始能合法代理訴訟（除非有民事事件委任非律師

爲訴訟代理人許可準則第2條及第3條之規定[6]，例外經審判長許可之情形）。

　　相對於此的是，在過去之舊法時期採「本人訴訟主義」，係指當事人進行訴訟時，可由當事人本人或是當事人的法定代理人自行爲訴訟行爲，且當事人若欲委任訴訟代理人時訴訟代理人之資格亦不設限制，也就是當事人是否要委任律師聽任當事人自主決定，縱使要委任訴訟代理人時其訴訟代理人之資格亦不設限制，完全由當事人自由決定，民事訴訟法並不予干涉，稱之爲本人訴訟主義。採本人訴訟主義可能導致一些缺點，因爲當事人或不具特定資格之訴訟代理人大部分都沒有受過法律專業訓練，而民事訴訟法原則上是採取辯論主義及諸多技術性規範及原理原則，就當事人自己有利的情形，如果由當事人自己進行訴訟或無特定資格之人來代理訴訟，容易發生不知道要如何主張權利或者是主張錯誤，因而導致損害自己的權益及造成訴訟進行之延誤，此係爲採本人訴訟主義之缺點。爲改善此一缺失，現行之民事訴訟法第68條已經改採緩和式之律師獨占主義，依現制當事人於第一審及第二審是否委任訴訟代理人雖可由當事人自主決定是否由本人自爲訴訟行爲，惟若一旦當事人決定委任訴訟代理人則法律限制僅以委任律師爲限，但又慮及律師完全獨占過於嚴苛，乃又設例外加以緩和，若經審判長特許者，亦得例外由非律師爲訴訟代理人。據此，可謂我國民事訴訟法現行之訴訟代理制度乃採取「緩和式的律師獨占主義」。此外，若訴訟當事人或其法定代理人依法必須委任律師始得爲訴訟行爲者，稱爲「律師訴訟主義」，又稱「律師強制代理主義」。民事訴訟法第466-1條及第466-3條規定，原則上對於第二審判決上訴，上訴人應委任律師爲訴訟代理人，第三審律師之酬金爲訴訟費用之一部，可知我國第三審係採「律師強制代理主義」。綜上，本書認爲現行民事訴訟第一審第二審關於訴訟之代理制度係採「緩和式的律師獨占主義」，第三審則爲強制代理主義。

---

[6] 民事事件委任非律師爲訴訟代理人許可準則第2條規定：「下列之人，審判長得許可其爲訴訟代理人：一、大學法律系、所畢業者。二、現爲中央或地方機關所屬人員，經該機關委任爲訴訟代理人者。三、現受僱於法人或非法人團體從事法務工作，經該法人或非法人團體委任爲訴訟代理人者。四、經高考法制、金融法務，或其他以法律科目爲主之高等考試及格者。五、其他依其釋明堪任該事件之訴訟代理人者。」同準則第3條規定：「當事人委任其配偶、三親等內之血親或二親等內之姻親爲訴訟代理人者，審判長得許可之。」

拾壹、防止突襲性裁判原則

　　任何的裁判，都不應該被突襲，訴訟當事人為訴訟程序的主體，賦予充分參與該程序、攻擊、陳述或辯論的機會，如果法院在未給予這些機會下，所作出的判決就是突襲性裁判。例如：甲與乙於訴訟中不斷就爭點A、爭點B作攻防時，法院並未向當事人曉示其心證認為爭點C會關乎本件之勝敗之判斷，任令當事人就爭點A、爭點B作攻防，待審判結果逕以爭點C作為判決勝敗之關鍵爭點，此時爭點C很明顯並未經兩造雙方充分之攻擊防禦，即屬典型之突襲性裁判，因此在防止突襲性裁判原則之下，法官被要求必須要適當的公開其心證藉以避免發生突襲性裁判[7]。

　　凡受某司法裁判影響所及之利害關係人，均應被尊重為程序主體，就關於涉及該人利益、地位、責任或權利義務之裁判，被賦予充分參與該裁判程序為攻擊、防禦、陳述意見或辯論之機會；如法院在未賦予此機會之狀態下為裁判，則稱其為突襲性裁判。突襲性裁判之主要型態有：1.發現真實的突襲；2.促進訴訟的突襲；3.法律適用的突襲。突襲防止論，在民事訴訟法第199條、第199-1條、第282-1條第2項、第288條第2項、第296-1條、第345條第2項等規定，民事訴訟法第270-1條第1項第3款整理並協議簡化爭點。

　　為使兩造當事人都有攻擊防禦的機會，法官應於適當有條件下公開心證，才能予以落實「防止突襲性裁判原則」，以達到真正防止突襲性裁判[8]。

---

[7] 最高法院95年度台上字第2837號判決略以：「民事訴訟採不干涉主義，凡當事人所未聲明之利益，不得歸之於當事人，所未提出之事實及證據，亦不得斟酌之。倘法院就當事人所未提出之攻擊防禦方法，未曉諭當事人令其為事實上及法律上陳述而為適當完全之辯論前，逕行作為判決之基礎，致生突襲性裁判之結果，即與民事訴訟法第二百九十六條之一第一項、第二百九十七條第一項及第一百九十九條第一項、第二項規定有違。」

[8] 最高法院96年度台上字第732號判決略以：「按當事人主張之事實，究應適用何種法律？往往影響裁判之結果，為防止法官未經闡明逕行適用法律，而對當事人產生突襲性裁判，法院除令當事人就事實為適當陳述及辯論外，亦應令其就法律觀點為必要之陳述及作適當完全之辯論。倘未踐行此項闡明之義務，使得各盡其攻擊防禦之能事，逕行作為判決之基礎，即與民事訴訟法第一百九十九條第一項、第二項及第二百九十六條之一第一項規定有違。是審判長為達成闡明之目的，必要時得與雙方當事人，就訴訟之法律關係為事實上及法律上之討論及提出問題，並向當事人發問或曉諭，令其為適當完全之辯論，俾法官藉公開其認為重要之法律觀點，促使當事人為必

拾貳、隨時提出主義到適時提出主義

　　關於當事人之攻擊防禦方法應於何時提出？在我國舊民事訴訟法時期採「隨時提出」，即由當事人進行主義而來，容易造成當事人延滯訴訟，致使第一審虛級化。因而新修正民事訴訟法第196條第1項規定：「攻擊或防禦方法，除別有規定外，應依訴訟進行之程度，於言詞辯論終結前適當時期提出之。」同條第2項規定：「當事人意圖延滯訴訟，或因重大過失，逾時始行提出攻擊或防禦方法，有礙訴訟之終結者，法院得駁回之。攻擊或防禦方法之意旨不明瞭，經命其敘明而不為必要之敘明者，亦同。」所謂「法院得駁回之」是指駁回哪一個所提出的攻擊防禦方法，即是法院對於當事人未在適當時期（逾時）提出，得駁回其所提出的該攻擊防禦方法。易言之，當事人自起訴至辯論終結為止，於此段時間內，得隨時提出訴訟之攻擊防禦方法之立法主義，稱為自由順序主義，又稱為隨時提出主義。現行法改採適時提出主義係要求當事人應將其攻擊、防禦方法於「適當時期」提出，強調當事人促進訴訟義務，而有失權之適用（民訴§196 II）。整體而言，民事訴訟法中有三大失權條款均在促使當事人要於適時提出攻擊防禦方法，包括：第196條遲誤時期提出攻擊或防禦方法之失權、第276條未於準備程序提出攻擊防禦方法之失權、第一審未提出攻擊防禦方法於第二審之失權（民事訴訟法第447條明定第二審為第一審之續行，當事人於第二審原則上不得提出新的攻擊或防禦方法）。

　　要之聲明、陳述或提出證據。」

第三章

管轄權

　　民事訴訟法第1條至第31條均是針對「訴訟管轄權」的相關規定，第1條於民國92年2月7日修法，其主要原因是因應時代的趨勢，必須針對管轄權加以清楚說明其適用的範圍，以杜爭議。

　　而所謂的「管轄」是將訴訟案件分配到各級法院的一項基本標準規範，目前以臺灣地區爲例共有十九個地方法院及福建省有金門及連江地方法院，共計二十一個地方法院；以及臺灣高等法院及臺中、臺南、高雄及花蓮四個高分院及福建高等法院金門分院，依其地域來分配全國各地的管轄權。

　　管轄權是指受理訴訟的權限，而討論管轄權前，需先確立係由「民事審判權」所得審判者，其分配方法爲：1.職務管轄，以法院職務之不同而定之管轄，又可分爲通常職務管轄（採三級三審制）及特別職務管轄，前者例如：甲對乙提起民事訴訟，須向一審法院爲之，不能直接向最高法院起訴，此乃職務管轄中之審級管轄。後者例如：再審之訴（民訴§499）不採三級三審制；2.土地管轄，依法律規定按其地域將訴訟事件分配於各法院之謂，例如：關於侵權行爲類型之事件，得由行爲地之法院管轄（民訴§15Ⅰ）；3.專屬管轄（民訴§10Ⅰ）、家事事件法第52條、第61條之規定而專屬管轄可排除合意管轄；4.合意管轄，例如：當事人得以合意定第一審管轄法院。但以關於由一定法律關係而生之訴訟爲限（民訴§24Ⅰ）。

　　此外，有關於普通審判籍與特別審判籍並無何者優先適用之問題，亦即特別審判籍並沒有優於普通審判籍，對此最高法院22年抗字第531號判例即指明：「被告普通審判籍所在地法院之管轄權，僅爲法律規定之專屬管轄所排除，不因定有特別審判籍而受影響，故同一訴訟之普通審判籍與特別審判籍不在一法院管轄區域內者，即爲民事訴訟法第二十一條所謂數法院有管轄權，原告得任向其中一法院起訴，其向被告普通審判籍所在地之法院起訴者，被告不得以另有特別審判籍所在地之法院，而抗辯該法院無管轄權，其特別審判籍已經消滅者更不待論。」例如：甲住臺北（以原就被之普通審判籍），甲到高雄時打傷乙（按：侵權行爲地的特別審判籍：高雄），沒有誰優先之問題，係由原告乙選擇。

　　然特別審判籍有限定特別種類的訴訟，若同時具有兩者則兩者皆有管轄權。普通審判籍的例外，例如：專屬管轄。因為「專屬管轄」是不允許透過其他方式，或由其他普通、特別審判籍的法院來受理事件，因立法目的即僅允許特定之專屬管轄法院可以排他性的取得管轄權（亦可排除合意管轄）[1]。

第一節　自然人之普通管轄法院

　　民事訴訟法第1條即開宗明義對自然人之普通管轄法院進行規範，其係針對一般因出生而存在的自然人，因為私權發生爭執或糾紛時，所採行的一般性標準，且採用「以原就被」的法律訴訟原則，即是原告原則上必須配合被告的住居所的所在地之法院進行訴訟，以防止一般人民濫行起訴的弊端[2]。然而民事訴訟法第1條所謂的「住所」，依民法第20條之規定是專指依一定之事實，而足認其有久住的意思而住於一定的地域範圍內，即由法律認定其住所為該地；另外未成年人則以其父母的住所為住所，妻則以其夫的住所為住所。至於居所則非久住而係臨時居住，例如：在外工作或求學所暫時租賃所在之處所即是。

　　民國92年修法時加入訴訟發生的原因事實係在其居所地時，亦得由該居所地之法院管轄，而中國人之鄉土觀念深厚，多不願廢止其祖籍所在之住所，而事實上因社會結構之改變，又多離去其住所，於其就業所在地另設有居所，如關於其人之訴訟，而仍然必須於其住所地之法院起訴時，對於當事人反有諸多不便之處。為解決實際上運用的問題，爰於民事訴訟法第1條第1項後段增列「訴之原因事實發生於被告居所地者，亦得由其居所地之法院管轄」，以利適用[3]。以避免工作在外而

1　最高法院99年度台抗字第110號裁定略以：「按民事訴訟法關於合意管轄之規定，除專屬管轄外，得排斥其他審判籍而優先適用。」

2　最高法院92年台上字第2477號判決：「查我國民事訴訟法關於法院管轄之規定，係以『以原就被』之原則，旨在便於被告應訴，以免其長途奔波。本件兩造對於非為專屬管轄之訴訟，雖合意由倫敦高等法院管轄，惟上訴人即被告之主營業所均設在臺北市，屬臺北地院之轄區，被上訴人即原告放棄合意之倫敦高等法院管轄，向上訴人主營業所所在地之臺北地院起訴請求，縱與約定不合，然既屬有利於上訴人就近應訊，且未違反專屬管轄之規定，即不因臺北地院認定其有『擬制合意管轄權』（民事訴訟法第二十五條）不當而受影響。」

3　最高法院100年台上字第1373號判決：「住所之設定，兼採主觀主義及客觀主義之精

形成本籍及現籍間奔波之不便，此乃針對因應社會現況所做的調整。又法律訴訟上所定的法院管轄，應以起訴時爲準據。如被告於其居所地發生訴的原因事實後，在起訴前已離去並廢止該居所時，依法該原因事實發生地於起訴時便已非被告的居所地，因此該地的法院自無同項後段所擁有的訴訟管轄權限。

例如：若陳兆雄原來家住在臺北市中正區，後來因爲工作關係必須搬遷到新竹市租屋而居。此時陳兆雄在新竹因與李大同發生民事上的糾紛，本例在過去時，李大同勢必要向臺北地方法院提起訴訟（因中正區係臺北地方法院管轄範圍），然民事訴訟法特別因應現實的需要而補充，現在李大同則可在臺北地方法院及新竹地方法院擇一選擇起訴，如此將可避免雙方的因訴訟爭執而奔波之苦。

同時民事訴訟法第1條另外規定在外國享有治外法權的外交官員，因爲享有治外法權可不受駐在國法律（法院）的管轄權約束時，特別加以列入以我國中央政府所在地的法院，即臺北地方法院爲管轄法院，以使法律適用更加完備。

第二節　法人及其他團體之普通管轄法院

民事訴訟法第2條是對於向法人起訴時，應向何處之地方法院起訴之規定。所謂「法人」是指自然人以外，依法律之規定享有權利能力之團體。因爲法人並非自然人，所以法人沒有所謂的「住所」，因此如果依民事訴訟法第1條規定，將無法判斷向法人提起訴訟究竟應向哪裡的法院提起，故民事訴訟法第2條特明定對公法人的訴訟，由公務所所在地之法院管轄，對於私法人的訴訟，由該私法人的主事務所或主營業所所在地之地方法院管轄[4]。

神，如當事人主觀上有久住一定地域之意思，客觀上亦有住於一定地域之事實，該一定之地域即爲其住所。而住所雖不以戶籍登記爲要件，惟倘無客觀之事證足認當事人已久無居住該原登記戶籍之地域，並已變更意思以其他地域爲住所者，戶籍登記之處所，仍非不得資爲推定其住所之依據。……況契約承擔，乃以承受契約當事人地位爲標的之契約，亦即依法律行爲所生之概括承受，而將由契約關係所生之債權、債務及其他附隨的權利義務關係一併移轉，與債務承擔者，承擔人僅承擔原債務人之債務，在性質上並不相同。」

[4] 按最高法院93年台上字第61號判決略以：「又按民事訴訟法第一百三十六條所稱之『營業所』，係指應受送達人從事商業或其他營業之場所而言，初不以其是否爲主營業所爲限，此與同法第二條規定私法人應依其『主營業所』所在地定普通審判籍，爲

民事訴訟法第2條於民國92年2月7日修法時，特別將對於國家、直轄市、縣（市）、鄉、鎮的法律訴訟，依現行訴訟實務，均是由管轄該項事務的中央或地方機關為當事人，而於有此項訴訟時，由該中央或地方機關所在地的地方法院管轄。然而因為原先民事訴訟法第2條第1項尚未規定及此，為因應事實上的需要，爰在同條第1項後段加入規定「其以中央或地方機關為訴訟案件的被告時，由該機關所在地之法院管轄」。所謂中央或地方機關，不以一級機關為限，應包含中央或地方的各級機關在內，以避免因機關所屬單位的設置在不同區域，卻必須以該機關主體的一級機關所在地法院管轄的弊病，而改以機關登記的實際所在地為其管轄的適用範圍。

民事訴訟法另有規定專屬管轄時，並無適用民事訴訟法第2條。至於何謂「專屬管轄」，請參見第六節的解說。

外國的公法人或經過我國認許的私法人為被告時，民事訴訟法為了使在我國的原告訴訟方便起見，所以特別規定由其在中華民國之主事務所或主營業所所在地之法院為管轄（民訴§2Ⅲ）。

第三節　因財產權涉訟之特別管轄法院

壹、於中華民國現無住所或住所不明之人的管轄權

對於現在在中華民國沒有住所的人，如果因財產糾紛而必須對其提起民事訴訟時，民事訴訟法第3條為原告的方便起見，規定可以向其可扣押之財產所在地或請求標的所在地的法院起訴。

依前述原則，倘被告的財產是物權或請求之物為特定物，則其特定物之所在地為被告的財產或請求物的所在地，固然容易判斷，但是如果被告的財產或請求之物僅僅是債權（債權的無體性），則何謂「財產或請求物的所在地」即有判斷上的困難，是以民事訴訟法第3條第2項特別明定被告的財產或請求標的如果是債權時，則以該債務人的住所或該債權擔保的標的（質物或抵押物）之所在地，視為被告財產或請求標的的所在地[5]。

屬訴訟管轄法院之規範迥然不同。」

[5]　參最高法院73年台上字第3957號判決：「查管轄權之有無，應依原告主張之事實，按

　　民事訴訟法第3條第1項有「可扣押之財產」字樣，法條不明定「被告之財產」，而是規定「被告可扣押之財產」，係因為依據強制執行法第53條規定，並不是所有的財產都可以加以扣押，例如：債務人所必需之衣服、寢具、餐具，及職業上或教育上必需之物品、遺像、牌位、墓碑、祭祀用的物品等都不可以查封，再加上因財產權糾紛涉訟者，最後目的無非是希望以法院的強制力來保護並滿足原告的私權，倘若是依法不能扣押的財產（如前述遺像等物品），則根本沒有在該財產所在地的法院起訴的必要及利益。

　　試舉一例：黃漢在臺灣沒有住所，但卻在臺灣向林芳借款50萬元，黃漢因清償期屆滿，仍未向林芳清償，林芳經過多次催討不成，乃決定上法院告黃漢，假設林芳住臺中，黃漢所在不明，黃漢對李文有20萬元之債權，李文且提供位於臺北市內湖區的套房一棟以擔保黃漢的債權，則林芳應向士林地方法院起訴。因本例黃漢的財產是債權，適用民事訴訟法第3條第2項，黃漢的債權是由位於內湖的房子為擔保，擔保標的所在地是在臺北市內湖區，其管轄法院為士林地方法院，故林芳應向士林地方法院起訴。

貳、對生徒、受僱人、寄寓人的管轄權

　　民事訴訟法第4條是特別對生徒、受僱人、寄寓人三類情形所規定的管轄權，因為此三類人士均長期居住在住所以外的地方，如強制對上述類型之人提起訴訟，一定要依同法第1條的規定向住所起訴不可，可能反而會對原告會造成不便，是以民事訴訟法第4條明定對生徒、受僱人、寄寓人之財產權訴訟，得由寄寓地之法院管轄，而使原告有起訴之便利。

諸法律關係於管轄之規定而為認定，與其請求是否成立無涉（參看本院六十五年台抗字第一六二號判例）。本件被上訴人雖為未經我國認許之外國法人，未在我國設有事務所及營業所，但在臺北市設有總代理商三〇船務代理股份有限公司（地址在臺北市南京東路二段）代辦其在我國之船務，為其陸續招攬運送貨物代收運費，此為被上訴人所不爭執，而被上訴人所屬輪船於每月以三次至四次之定期航線至臺灣載貨，亦有上訴人提出之被上訴人業務廣告乙份在卷可稽，則被上訴人本於其繼續的代辦商契約關係，即有隨時請求三〇公司返還其所經收之運費請求權存在，而此項請求權係法律許可依強制執行程序實施扣押之權利，則上訴人向三〇公司所在地之第一審法院提起本訴，按諸民事訴訟法第三條第二項規定，即無不合。」

所謂「寄寓地」是指不以設定住所的意思，而寄寓在他人的處所，歇宿停留較久的情形。寄寓地與住所容易區別，但是寄寓地與居所則較易混淆。寄寓地一般都有特定的原因，例如：生徒因學習特殊技藝而寄寓在師傅處，受僱人因受僱於僱主而寄寓在僱主的地方，國代、立委因出席會議而寄寓在宿舍；至於「居所」則不必有一定的附隨原因，因此居所的範圍比較廣，寄寓地的範圍較小。

參、對現役軍人、海員以及船舶涉訟的管轄權

一、對現役軍人、海員

現役軍人或海員因其職務特殊或須輪調駐防基地或為流動性極大的船舶，故如須向此類人起訴，倘僅以住居所定管轄法院（民訴§1），事實上常有困難，故民事訴訟法第5條規定因財產權涉訟者，得由其公務所、軍艦本籍地或船籍所在地的法院管轄。

民事訴訟法第5條所指的海員並非只要服務於船舶的人都屬之，必須其所服務的船舶是50噸以上的非動力船舶或20噸以上的動力船舶，才是民事訴訟法第5條所指的海員。此外，專用於內河航行的船舶及專用於公務的船舶上之服務人員，既非海商法所指之海員，故亦非第5條所指的海員，並不適用第5條的審判籍。

二、船舶航行涉訟

對於船舶航行之涉訟其主要規定於民事訴訟法第7條，因船籍所在地，大多為經營船舶者的業務中心所在地，為該船與陸上發生關係最密切的地方，故以船籍所在地為管轄法院。

所謂「因船舶涉訟」，是指船舶本身而發生之訴訟，例如：船舶取得、喪失之訴訟；所謂「因航行涉訟」，是指船舶航行時所發生的訴訟，例如：船舶在航行時撞壞他人遊艇，他人向船舶所有人起訴請求損害賠償的訴訟。

三、船舶債權涉訟

民事訴訟法第8條規定：「因船舶債權或以船舶擔保之債權涉訟者，得由船舶所在地之法院管轄。」其立法目的是因船舶的所在地為法院強制執行時所得查封拍賣船舶之地方，如果准許原告向船舶所在地法院起訴，原告的私權可以迅速獲得求償。所謂「船舶債權」包括：

(一) 訴訟費及為債權人之共同利益而保存船舶或標賣並分配賣價所支出之費

用、船鈔、港埠建設費、引水費、拖船費、自船舶駛入最後港後之看守費、保存費、檢查費。

(二) 船長、海員及其他服務船舶人員，本於僱傭契約所生之債權，其期間未滿一年者。

(三) 為救助及撈救所付之費用與報酬，及船舶對於共同海損之分擔額。

(四) 船舶所有人或船長、海員過失所致之船舶碰撞或其他航行事變，旅客及船長、海員之身體傷害，貨載之毀損或滅失，加於港埠設施之損害賠償。

(五) 船長在船籍港外依其職權為保存船舶或繼續航行之實在需要所為之行為或契約所生之債權。

所謂「以船舶擔保之債權」，是指海商法第33條以下所稱之船舶抵押權而言。

第四節　因業務涉訟之特別管轄法院

對於設有事務所或營業所的人，因關於其業務涉訟時，由何法院管轄係規定於民事訴訟法第6條。

民事訴訟法第6條，立法係考量因業務涉訟者，如果僅限制一定要在住所地法院起訴（民訴§1），不但不便且調查證據亦較困難，因此許其向事務所或營業所所在地的法院起訴[6]。所謂「業務」，包括營利事業與非營利事業，營利事業如各獨資、合夥之商號、公司……等均屬之；至於稅法上之執行業務者，如：醫師、律師、會計師等專技人員執業者當然亦屬民事訴訟法第6條之業務。

試舉一例：陳偉住臺南，高中畢業後北上創業，在新北市中和區開一家平價商店，專售各種衛浴設備及家具，陳偉為擴張業務據點，因此在基隆王大商行亦有寄放商品委託代銷，某日顧客黃鵬在基隆分銷處購買陳偉的產品發生糾紛，此例的狀況下，黃鵬不可向基隆地方法院起訴，因基隆既非陳偉的住所地（陳偉住所為臺南），且基隆也不是民事訴訟法第6條所指的營業所所在地。依據司法院25年院字

---

[6] 參最高法院87年台抗字第262號裁定：「末查支付命令之聲請，專屬債務人為被告時，依民事訴訟法第一條、第二條或第六條規定有管轄權之法院管轄，同法第五百十條定有明文。本件債務人即再抗告人之事務所，依卷附公司變更登記事項卡之記載為臺北市，事涉專屬管轄問題，案經原法院發回，即應一併注意之。」

第1589號解釋[7]，分銷處並不是第6條所指的營業所，本例中基隆僅是分銷處，並不是第6條所指的營業所，真正的營業所是在新北市中和區，因此黃鵬應向中和區的管轄法院即為臺灣新北地方法院板橋簡易庭起訴。須附帶說明者係，黃鵬如欲向陳偉的住所地法院臺南地方法院起訴，於法亦屬有據（民訴§1）。

第五節　公司團體關係之特別管轄法院

民事訴訟法第9條係規定與團體有關之訴訟，為求訴訟資料蒐集之便利，故以該團體之主事務所或主營業所所在地為其特別審判籍[8]。以下十一種情況，均可依第9條定管轄法院：

一、公司對社員有所請求而涉訟時。

二、其他團體對於社員有所請求而涉訟時，例如：合作社請求社員繳納社股。

三、公司之債權人對於社員有所請求而涉訟者。

四、其他團體之債權人對社員有所請求而涉訟者。

五、社員對社員有所請求而涉訟者。

六、團體對團體之職員有所請求而涉訟者。

七、團體對已退股之社員有所請求而涉訟者。

八、團體之債權人對團體的職員有所請求而涉訟者。

九、團體之債權人對已退股之社員有所請求而涉訟者。

十、社員對團體之職員有所請求而涉訟者。

---

[7] 司法院25年院字第1589號解釋略以：「(二) 非因不動產涉訟者，不能以被告置有不動產之地方，遂依民事訴訟法第十條，由該不動產所在地之法院管轄，又對於有營業所之人，關於其營業所之業務涉訟，亦不得以該營業所所在地以外設有分銷處或代辦商地方，遂依同法第六條之規定，由該設有分銷處或代辦商所在地之法院管轄。但有同法第二十三條第一款情形指定管轄者，自當別論。(三) 依前項所示，如指定分銷處或代辦商所在地之法院管轄時，應仍以原店號或其經理為被告。」

[8] 參最高法院91年台抗字第750號裁定略以：「本件依相對人起訴主張之事實，其係根據雙方於九十年十一月十六日所簽訂之『協議書』，請求再抗告人依約給付相對人出售昂記公司、鎧太公司等六家公司股份之價款，相對人並非本於特定公司之社員資格而對再抗告人有所請求，核與民事訴訟法第九條公司社員對於社員本於社員資格有所請求而涉訟者，尚屬有間。」

十一、社員對已退股之社員有所請求而涉訟者。

試舉一例：李文與張彬爲大學同學，合資設立衆仁無限公司，經營進出口貿易及國內玩具買賣，資本額500萬元，經營三年後經濟不景氣持續虧損，積欠合作金庫貸款800萬元亦無力清償，合庫準備訴請李文與張彬負連帶清償責任。假設公司位於臺北市寶慶路，合作金庫應向李文或張彬的住所地法院起訴，或依民事訴訟法第9條之規定向公司所在地之臺北地方法院起訴均可。因合作金庫是公司的債權人，而李文、張彬是公司股東（社員），依據公司法第60條之規定，無限公司之債權人，於公司資產不足清償債務時，可向股東請求連帶清償，因此符合民事訴訟法第9條所謂「基於社員而生之法律關係」，故可依民事訴訟法第9條第1項之規定向公司的主營業所所在地之臺北地方法院起訴。

第六節　不動產事件之特別管轄法院與專屬管轄

民事訴訟法第10條第1項是規定不動產的特別訴訟，專屬於不動產所在地之法院[9]，此種管轄學理上稱爲「專屬管轄」，是指法律規定特定的訴訟事件，僅固定的法院有管轄權，不許原告依被告的普通審判籍法院（民訴§1）起訴，而僅能向法律所規定的各該固定法院起訴，否則即屬管轄錯誤[10]。其立法目的在於，基於公益之要求、證據調查便利性、具有需迅速處理性質。

屬於民事訴訟法第10條第1項專屬管轄的事件，包括下列四種：

---

[9] 參最高法院71年台上字第4722號判決略以：「因不動產物權而涉訟者，雖應專屬不動產所在地之法院管轄，然因買賣、贈與或其他關於不動產之債權契約，請求履行時，則屬債法上之關係，而非不動產物權之訟爭，應不在專屬管轄之列。」

[10] 參最高法院98年台抗字第155號裁定意旨略以：「因不動產之物權或其分割或經界涉訟者，專屬不動產所在地之法院管轄，其他因不動產涉訟者，得由不動產所在地之法院管轄，民事訴訟法第十條第一、二項定有明文。所謂其他因不動產涉訟，係指因不動產之物權或其分割或經界以外，與不動產有關之一切事項涉訟者而言。又管轄權之有無，應依原告主張之事實，按諸法律關於管轄之規定而爲認定，與其請求之是否成立無涉。」

壹、因不動產物權涉訟之事件[11]

因不動產之所有權、地上權、抵押權、農育權、不動產役權、典權等發生爭執而涉訟。至於如因不動產之「債權」涉訟者則不在同項之專屬管轄之內不可不察，例如：甲向乙購買A屋，事後賣方乙拒移轉登記，甲訴請乙辦理該屋之移轉登記，此屬債權之請求權（移轉登記請求權而非本處所指之不動產物權涉訟）可適用民事訴訟法第10條第2項之「其他因不動產涉訟」之特別審判籍，而非民事訴訟法第10條第1項專屬管轄事件。

貳、不動產之分割事件

土地房屋由多人持分共有乃極常見之情形，如欲將共有不動產分割，若各共有人協議分割不成，可提起「不動產分割之訴」（民§824），此種形成之訴即本條所指之不動產分割事件[12]。至於若是共有人簽定分協議書之後，其他共有人拒絕履行分割協議而訴請法院履行分割協議書者，則屬於給付之訴並不在本條之專屬管轄之範圍內。

參、不動產經界之訴[13]

此處所指之不動產經界之訴係指兩造當事人對於不動產的所有權沒有爭執，

---

[11] 參最高法院74年台上字第280號判決意旨略以：「依被上訴人所訴之事實觀之，其請求上訴人塗銷系爭土地之所有權移轉登記，顯在行使系爭土地所有人之除去妨害請求權，自係因不動產物權涉訟，依民事訴訟法第十條第一項規定，應專屬系爭土地所在地之臺灣花蓮地方法院管轄。」

[12] 本條民法第824條第2項固規定：「分割之方法不能協議決定，或於協議決定後因消滅時效完成經共有人拒絕履行者，法院得因任何共有人之請求，命為下列之分配：……。」然而，本條實務見解仍認為屬形成權，此參29年上字第1529號判例即明，該判例略以：「共有物分割請求權為分割共有物之權利，非請求他共有人同為分割行為之權利，其性質為形成權之一種並非請求權，民法第一百二十五條所謂請求權，自不包含共有物分割請求權在內。」

[13] 參最高法院27年上字第1451號判例：「不動產經界之訴，即定不動產界線或設置界標之訴，其原告請求確定至一定界線之土地屬於自己所有者，為確認不動產所有權之訴，不得謂為不動產經界之訴。」

而因界址不明時訴請法院以判決方式來定不動產的界線或界標的形成訴訟而言[14]。若是越界侵權而訴請返還越界土地之訴訟則為給付之訴，非屬本條之不動產經界之訴。

　　至於民事訴訟法第10條第2項所謂其他因不動產涉訟者，得由不動產所在地之法院管轄，係指因不動產之物權或其分割或經界「以外」，與不動產有關之一切事項涉訟者而言[15]。

肆、違反專屬管轄之效力

一、第一審法院違反之情形

　　按民事訴訟法第452條規定：「第二審法院不得以第一審法院無管轄權而廢棄原判決。但違背專屬管轄之規定者，不在此限。因第一審法院無管轄權而廢棄原判決者，應以判決將該事件移送於管轄法院。」

二、第二審法院違反之情形

　　若第二審法院亦疏未注意而違反專屬管轄之規定，按民事訴訟法第469條第3款規定：「按有下列各款情形之一者，其判決當然為違背法令：三、法院於審判權之有無辨別不當或違背專屬管轄之規定。但當事人未於事實審爭執，或法律別有規定者，不在此限[16]。」此時，第三審法院應依民事訴訟法第478條第2項：「除有前

---

[14] 參最高法院90年台上字第868號判決：「所謂因定不動產界線之訴訟，係指不動產之經界不明，或就經界有爭執，而求定其界線所在之訴訟而言（本院三十年抗字第一七七號判例參照），性質上屬於形成之訴。原告提起此訴訟時，祇須聲明請求定其界線之所在即可，無須主張特定之界線。縱原告有主張一定之界線而不能證明，法院仍不能以此駁回其訴。亦即法院可不受兩造當事人主張之拘束，得本於調查之結果，定雙方不動產之經界。」

[15] 參最高法院98年台抗字第155號裁定略以：「所謂其他因不動產涉訟，係指因不動產之物權或其分割或經界以外，與不動產有關之一切事項涉訟者而言。又管轄權之有無，應依原告主張之事實，按諸法律關於管轄之規定而為認定，與其請求之是否成立無涉。」

[16] 民事訴訟法第469條第3款係於110年11月23日修正增訂但書，修正理由為：「第一百八十二條之一第一項第二款規定當事人得合意由普通法院裁判，係尊重當事人基於程序主體地位，所享有之程序選擇權，寓有審判權相對化之內涵；又判決違背專屬

項情形外，第三審法院於必要時，得將該事件發回原法院或發交其他同級法院。」處理之。

三、第三審法院違反之情形

若第三審法院疏未注意而違反專屬管轄之規定此時，當事人得否以民事訴訟法第496條第1項第1款規定（即適用法規顯有錯誤者）提起再審之訴？大法官釋字第177號解釋認為，此時與判決實體之內容無影響，因此認為當事人不得就此提起再審之訴[17]。

第七節　因債權及擔保物權涉訟之特別管轄法院

適用民事訴訟法第11條的法定要件除因債權以及擔保該債權而涉及不動產以外，且須對同一被告所提起的訴訟，兩個要件均須具備才可以，例如：對同一被告，請求確認債權不存在，同時請求塗銷擔保此債權的抵押權，即屬此條所規定的範圍。反之，如果僅請求確認債權不存在，而無同時提請塗銷抵押權登記之訴，或對不同被告合併提請之訴訟，如對於被告甲請求確認債權不存在，對於被告乙則請求塗銷抵押權登記，則不能適用此條的特別審判籍[18]。

管轄規定究屬例外情形，無害重大之公益；倘當事人於事實審未爭執審判權歸屬或管轄專屬，基於程序安定、訴訟誠信及司法資源有限性，應毋庸廢棄原判決。另依第一百八十二條之一第四項規定，移送未經最高行政法院裁判確定，普通法院所為裁判，上級審法院不得以其無審判權而廢棄之；商業事件審理法第四條第五項規定，受商業法院移送之法院所為裁判，上級法院不得以其違背專屬管轄為由廢棄原判決；均屬法律別有規定者，應從之。爰就第三款本文酌為文字修正，並增訂但書之規定。」以上立法理由參見立法院法律系統，民國110年11月23日民事訴訟法異動條文及理由，網址：https://lis.ly.gov.tw/lglawc/lawsingle?008B58F2C4690000000000000000005A00000000CFFFFFD^04527110112300^00000000000（最後瀏覽日：113年8月8日）。

[17] 大法官釋字第177號解釋文略以：「確定判決消極的不適用法規，顯然影響裁判者，自屬民事訴訟法第四百九十六條第一項第一款所定適用法規顯有錯誤之範圍，應許當事人對之提起再審之訴，以貫徹憲法保障人民權益之本旨。最高法院六十年度台再字第一七○號判例，與上述見解未洽部分，應不予援用。惟確定判決消極的不適用法規，對於裁判顯無影響者，不得遽為再審理由，就此而言，該判例與憲法並無牴觸。」

[18] 參最高法院86年台抗字第139號裁定：「查相對人起訴合併請求：(一) 確認伊與再抗告

民事訴訟法第11條規定的立法理由是因為債權涉訟及擔保此項債權的不動產物權涉訟，此兩者間具有主從關係，應使其向同一個法院提起訴訟，一併審理，以符合訴訟經濟原則。

試舉一例：甲銀行位於臺中，趙雲住臺南，趙雲在臺北有一間不動產，趙雲就以臺北的不動產，向甲銀行設定了抵押權登記債權500萬，如果債務的清償日屆至後，趙雲不還甲銀行錢，甲銀行可向趙雲的住所地法院（民訴§1），即臺南地方法院起訴，但是如果甲銀行向臺北地方法院起訴，亦是合法，並沒有管轄錯誤。因依據民事訴訟法第11條的規定，對於同一被告因債權及擔保該債權的不動產物權涉訟時，可由該不動產所在地的法院合併管轄。本例的情形，趙雲的不動產擔保甲的500萬債權，而不動產所在地是臺北，所以可由臺北地方法院合併管轄，並非一定要向趙雲的住所地法院提起民事訴訟。

第八節　契約事件之特別管轄法院

民事訴訟法第12條所稱的「契約」，包括財產權上的契約及非財產權上的契約，且包括有名契約及無名契約。故不論任何契約所生之爭議，均可適用本條的特別審判籍。

所謂「因契約涉訟」，包括確認契約所生的法律關係是否成立，或者契約之履行或者解除所生之爭執，或因不履行契約所造成的損害賠償等，與契約有關所提起的訴訟均可適用之，以定管轄法院。

民事訴訟法第12條所謂由契約的債務履行地法院起訴[19]，所謂「債務履行地」是指當事人依據契約所訂立的債務履行地，並非指民法第314條所規定的法定履行

人就系爭土地設定之抵押權所擔保之債權不存在：(二) 再抗告人應協同伊將系爭抵押權設定登記予以塗銷。就後者而言，係屬因不動產之物權涉訟者，依民事訴訟法第十條第一項及第二十六條規定，應專屬系爭不動產所在地之臺灣嘉義地方法院（下稱嘉義地院）管轄，並無合意管轄之適用。」

[19] 查最高法院65年台抗字第162號判例略以：「管轄權之有無，應依原告主張之事實，按諸法律關於管轄之規定而為認定，與其請求之是否成立無涉。本件相對人依其主張，既係向契約履行地之法院起訴，按諸民事訴訟法第十二條規定，原第一審法院即非無管轄權。至相對人主張之契約是否真正存在，則為實體法上之問題，不能據為定管轄之標準。」

地[20]；易言之，如當事人沒有特別約定契約履行地時，則不適用之。若當事人定有契約履行地時，不能因為民法第314條有規定法定履行地，就向法定履行地的法院，提起民事訴訟[21]。

民事訴訟法第12條的立法目的係因契約是雙方當事人間特別合意的一種行為，如果有契約關係的時候，使雙方當事人易於起訴，或易於立證，或最合乎實際情形的審判，以免實際上造成不便。是以民事訴訟法規定，如因契約而涉訟時，可由當事人所約定之債務履行地法院起訴。

第九節　票據事件之特別管轄法院

民事訴訟法第13條所謂的「票據」，係指依據票據法第1條所規定的各種票據，包括匯票、本票以及支票。所謂「匯票」是指發票人簽發一定的金額委託付款人，在指定的到期日無條件支付給受款人或持票人的票據。而所謂「本票」是指發票人簽發一定的金額於指定的到期日，由自己無條件支付給受款人或持票人的票據[22]。所謂「支票」是指發票人簽發一定的金額委託金融業者於見票時無條件支付

---

[20] 最高法院98年台抗字第754號裁定略以：「再抗告人已自承系爭承攬契約係由相對人之在台負責人與伊在香港簽約下單，產品在香港驗貨後，由大陸運至美國屬實，而依其所提出之訂單記載，亦無從據以認定兩造係在臺灣簽約。則系爭承攬契約之簽約地及履行地均不在中華民國境內，我國法院自無從依民事訴訟法第十二條規定取得訴訟管轄權。再者，依臺北地院九十三年度國貿字第七號民事判決書記載，該事件係因相對人未為無管轄權之抗辯，法院依民事訴訟法第二十五條規定取得管轄權。」

[21] 最高法院98年台抗字第468號裁定認：「按因契約涉訟者，如經當事人定有債務履行地，得由該履行地之法院管轄，此乃民事訴訟法第十二條就特別審判籍所設之規定，是項約定，無論以文書或言詞，抑以明示或默示為之，是否與債權契約同時訂定，固均無不可，即其履行地定有數處或雙務契約當事人所負擔之債務雙方定有互異之債務履行地者，各該履行地之法院亦皆有管轄權，惟必以當事人間有約定債務履行地之意思表示合致，始有該條規定之適用。又事件管轄權之有無，乃法院應依職權調查之事項，當事人如主張受訴法院依民事訴訟法第十二條規定有管轄權，而為對造所否認者，自仍應依同法第二百七十七條本文之規定，就該『定有債務履行地』之利己事實負其舉證責任。」

[22] 最高法院64年台抗字第224號判例略以：「本票執行事件，依非訟事件法第一百條之規定，應由票據付款地之法院管轄，本票未載付款地及發票地，依票據法第一百二十

給受款人或持票人的票據。

民事訴訟法第13條所稱「因票據而涉訟者」[23]，例如：行使票據的追索權以及付款請求權等的訴訟，都是屬於票據訴訟。至於依票據法第22條第4項利益償還請求權，以及票據法第55條第2項、第83條第2項及第93、134、140條的請求損害賠償之訴，並非民事訴訟法第13條所指的票據訴訟，因為前面所指各該法條之請求權，雖規定於票據法，但並非票據訴訟，僅是因為與票據有相當關係而作的便利規定。

民事訴訟法第13條的立法目的是因票據的功能著重在輾轉的流通，若因為票據而發生訴訟，須設簡易的辦法，以便利當事人票據上的權利得以獲得保障，方能確保票據的流通性，是以本條規定可由票據付款地的法院來管轄，使持票人（票據上的權利人）能便利行使權利。

試舉一例：如票據付款地與背書人的住所不在同一個法院管轄區域內，持票人張詠以背書人郭霖、趙純為共同被告，訴請給付票款，按本例的情形，須先說明的是，本於票據有所請求而涉訟者，可以由票據付款地的法院來管轄，民事訴訟法第13條定有明文。而且共同訴訟的被告有數人，他們的住所如果都在同一個法院管轄區域內，該法院對各該被告也有管轄權。本例的情形，背書人郭霖、趙純的住所，如果在同一個法院的管轄區域內，則依前述說明可知，票據付款地的法院以及背書人郭霖、趙純住所地的法院都有管轄權，票據權利人張詠可以向這三個有管轄權的法院，任意選擇一個法院起訴。如果郭霖、趙純的住所不在同一個法院的管轄區域內，依據民事訴訟法第20條但書及第13條規定，應該由票據付款地的法院管轄。故

條第五項、第四項，以發票人之營業所、住所或居所所在地為付款地。本件本票之共同發票人有八人，其營業所、住居所所在地之地方法院俱有管轄權，原裁定法院所在地，既屬付款地之一，又係受理在先之法院，依非訟事件法第三條第一項之規定，原裁定法院就再抗告人部分自屬有管轄權。」

[23] 最高法院98年台抗字第232號裁定略以：「原裁定既認定再抗告人甲○○起訴請求相對人持有『附表二』所示支票權利債權不存在之訴部分，屬『本於票據有所請求而涉訟』，該支票之付款人為第一商業銀行苗栗分行，付款地為苗栗市，苗栗地院對之有管轄權之事實，則揆諸前揭說明，再抗告人乙○○請求確認相對人持有伊所簽發如附表一所示支票及該支票權利債權不存在暨再抗告人甲○○、乙○○請求確認相對人對訴外人聯合公司之貨款債權超過一元部分不存在等部分之訴訟，是否不得向苗栗地院一同起訴？非無研求之餘地。」

本例之情形，郭霖、趙純的住所既然沒有在同一個法院的管轄區域內，則適用民事訴訟法第20條但書及第13條規定的結果，應該由票據付款地法院管轄。

第十節　財產管理事件之特別管轄法院

民事訴訟法第14條規定：「因關於財產管理有所請求而涉訟者，得由管理地之法院管轄。」現代社會中常因各種契約關係或者法律規定，而有管理他人財產的機會，如果因為財產管理發生糾紛而涉訟的時候，民事訴訟法第14條規定即是處理如何定管轄法院的問題。例如：因委任契約，管理本人財產發生糾紛時，除本法第1條所規定的審判籍外，必須規定一個特別審判籍的法院，以利財產管理涉訟時定管轄法院。

民事訴訟法第14條規定，得由管理地的法院行使管轄權，是為調查較為便利。所謂的「管理地」，是指實施管理行為的中心地；至於管理關係現在仍然繼續或中止，均非所問[24]。

第十一節　侵權行為之特別管轄法院

因侵權行為涉訟的特別審判籍，其主要規定於民事訴訟法第15條，何謂「侵權行為」主要係以民法第184條規定為解釋之基礎，民法第184條第1項規定：「因故意或過失，不法侵害他人之權利者，負損害賠償責任。故意以背於善良風俗之方法，加損害於他人者亦同。」民法第184條第2項規定：「違反保護他人之法律，致生損害於他人者，負賠償責任。但能證明其行為無過失者，不在此限。」易言之，侵權行為即係侵害他人權利或利益的違法行為，侵權行為如果成立的話，侵權行為人就應該對被害人負擔損害賠償的責任。

民事訴訟法第15條第1項規定：「因侵權行為涉訟者，得由行為地之法院管

---

[24] 最高法院78年台上字第852號判決略以：「上訴人東華資源開發股份有限公司（簡稱東華公司）於第一審（臺灣台中地方法院）起訴，係本於合作經營造林契約，請求其餘上訴人及被上訴人賴偉將其向花蓮縣政府承租之○○縣○○鄉○（段）第○○○○○號等林地地上國有林產物採取砍伐權及造林權，交伊經營管理，與民事訴訟法第十四條所謂因財產管理（指管理人為本人管理財產）有所請求而涉訟之情形有間。」

轄。」由行為地的法院行使管轄權，是因為在行為地的法院管轄，較於不法行為結果地的法院管轄為容易，而以行為地定管轄法院[25]，所謂「行為地」，凡「一部實行行為」或其「一部行為結果發生之地」皆屬之[26]。

民事訴訟法第15條第2項規定：「因船舶碰撞或其他海上事故請求損害賠償而涉訟者，得由受損害之船舶最初到達地，或加害船舶被扣留地，或其船籍港之法院管轄。」而所謂「船舶碰撞」，是指兩艘以上的船舶相互碰撞。船舶碰撞不論發生於何地，縱使是發生於內河亦應依海商法之規定處理。所謂「其他海上事故」，是指船舶碰撞以外，因航海所生的一切事故，例如：海商法所規定的共同海損。所謂「共同海損」，是在海難中船長為了避免船舶以及船上貨物的共同危險而為處分所直接發生的損害以及費用，此項費用為公平起見，法律上不能令被犧牲財產的所有人獨自負擔，而應由被保存財產的所有人分擔，所以共同海損制度是船舶在航行中遭遇共同危險時，為避免全部損失而作部分的犧牲，由利益獲得保全者共同分擔被犧牲者的損失，稱為「共同海損」。如果發生共同海損時，亦是屬於同條第2項所指的其他海上事故，可以依據該條的規定來定管轄法院。

民事訴訟法第15條第3項規定：「因航空器飛航失事或其他空中事故，請求損害賠償而涉訟者，得由受損害航空器最初降落地，或加害航空器被扣留地之法院管轄。」而所謂的「航空器」是指飛機、飛艇、氣球，以及其他任何藉著空氣的反作用力，可以飛在大氣中的器物。所謂「飛航」，指航空器的起飛、航行、降落及起飛前、降落後所須飛行場所的滑行。所謂「航空器失事」，是指任何人員，為了飛航目的，登上航空器時，一直到所有的人員離開該航空器為止，因為航空器的操作所發生的事故，直接對他人或航空器上的人造成死亡或傷害，或者是造成航空器

---

[25] 最高法院97年台抗字第560號裁定略以：「查再抗告人雖為香港籍，並住在香港，因相對人起訴主張再抗告人有惡意挖角之侵權行為地及結果發生地均在臺北市○○○路○段一二六號十樓B室，類推適用我國民事訴訟法第十五條第一項之規定，臺北地院即有管轄權至再抗告人雖否認有侵權行為，然相對人主張之侵權行為是否成立，係實體法上之問題，非定管轄之標準等詞，因而裁定廢棄臺北地院之裁定（關於其餘共同被告部分，經原法院駁回相對人之抗告，相對人並未聲明不服，已告確定），經核於法並無違背。」

[26] 最高法院56年台抗字第369號判例：「因侵權行為涉訟者，得由行為地之法院管轄，為民事訴訟法第十五條第一項所明定。所謂行為地，凡為一部實行行為或其一部行為結果發生之地皆屬之。」

實質上的損害。所謂「其他空中事故」，是指上述以外的空中事故而言。關於航空事件的特別審判籍，依據民用航空法第97條另外有規定其管轄法院，於適用時，要優先適用民用航空法第97條而排除民事訴訟法第15條第3項的適用。民用航空法第97條的規定包括：

一、航空器失事致人於死傷或毀損動產、不動產，或自航空器上落下或投下物品，請求航空器所有人賠償損害之訴，可以由損害發生地的法院管轄。

二、乘客在航空器中，或於上、下航空器的時候，因為意外事故死亡或傷害，請求航空器所有人或運送人賠償損害的訴訟，也可以由運送契約訂定地或運送目的地的法院管轄。

除此之外，其他航空器的失事損害賠償訴訟的管轄法院，仍然必須依據民事訴訟法第15條第3項來規定管轄法院。

第十二節　海難救助之特別管轄法院

因海難救助糾紛而涉訟的時候，可以由救助地或被救助的船舶最初到達地的法院管轄，其係由民事訴訟法第16條規定之。

所謂「海難救助」，是指海商法第102條以下所規定的救助以及撈救。救助者乃是船舶或貨載尚未脫離其船長及海員的占有，而由第三人加以協助至得救濟。

所謂「撈救者」，乃是船舶或貨載已經脫離船長及海員的占有，將要沉沒或者漂流之際，而由第三人加以協助，而獲得救濟就是撈救。救助及撈救通稱海難救助。海難救助的涵義可分為廣義及狹義兩種，廣義的海難救助是指對於遭遇到海難的船舶、財物或人命加以救助，使遭到海難的船舶、財物或人命得以脫險，稱為廣義的海難救助，其救助的對象包括人及物的救助；至於狹義的海難救助，則專指對於物的救助而言，可分為兩種：

一、依據救助契約而為的救助行為，其權利義務關係應當依據契約內容來規範。

二、沒有契約也沒有義務而為救助的行為，它的權利義務關係應依法律的規定來決定。我國海商法所稱的海難救助，僅是指狹義的海難救助。

海難救助的涉訟及海難救助的糾紛，例如：救助者請求給付報酬的訴訟，或是被救助者確認給付報酬義務不存在的訴訟，或者救助或撈救數額的訴訟，或救助者請求分配報酬比例的訴訟。所謂「救助地」是指救助或撈救行為地以及救助結果

發生地。所謂「被救助船舶最初到達地」是指遭遇海難以後航行到第一個到達的地方，如果最初到達的地方是外國然後才駛入我國，並沒有民事訴訟法第16條審判籍的適用餘地。

所謂「海難救助」是僅指對物的救助，已如前述，詳細解釋如下：

一、對物救濟的成立必須是船舶或是貨物遭遇海難。

二、救助的標的是船舶或是船舶上所有的財物。

三、救助者沒有救助的義務。

四、有救助的效果（海商§103）。

五、未遭遇海難之船舶以正當理由拒絕其施救（海商§108）。

如果合乎前面的要件後，會發生對物救助的效果。而對物救助的效果，是可以請求相當的報酬（海商§103）。如請求報酬發生糾紛時，即是屬於民事訴訟法第16條所稱的海難救助涉訟，可由被救助的船舶最初到達地的法院來行使管轄權。

再者，對物救助的報酬金額如果雙方當事人發生爭執的時候，可由當事人協議，若協議不成，可以請求航政機關調處，而調處不成或是不經過調處亦可直接由法院來裁判（海商§105）。

第十三節　登記事件之特別管轄法院

按民事訴訟法第17條所謂的「登記」，是指依據法律規定應該登記的事項，並可能發生訴訟者而言[27]，例如不動產物權登記（民§758）、船舶登記（船登§3）、水權登記（水利§27）、礦業登記（礦業§14）、夫妻財產制契約登記（民§1008）、漁業權登記（漁業§21）、航空器登記（民航§20）等等。

所謂「因登記涉訟」，係指因為登記事項而發生的糾紛所產生的訴訟，例如：請求命登記義務人會同申請登記的訴訟、請求命第三人承諾申請登記的訴訟。

所謂「登記地」，是指該項登記依據該項法律，應在該處為行為地的地方；易言之，是指主管登記機關的所在地。

---

[27] 最高法院82年台抗字第530號裁定略以：「因登記涉訟者，得由登記地之法院管轄，民事訴訟法第十七條定有明文。又監護登記為戶籍登記之一種，戶籍法第五條定有明文。本件相對人起訴主張伊與再抗告人所生子女卜○凌、卜○霖均應歸伊監護，請求再抗告人協同辦理監護登記。自屬因登記而涉訟。」

第十四節　遺產繼承與遺產負擔事件之特別管轄法院

壹、遺產繼承

原屬於繼承事件中，被繼承人死亡時候的住所地，通常是被繼承人生活重心的所在地或者是大部分財產的所在地，故102年修法前之民事訴訟法第18條所載，由被繼承人死亡時的住所地法院來管轄，不僅較便利且訴訟資料之蒐集亦較為完整。然因家事事件法第3條第3項第6款將因繼承回復、遺產分割、特留分、遺贈、確認遺囑真偽或繼承人間因繼承所生請求事件列為家事事件，並於家事事件法第70條明定其管轄法院[28]，依該法第196條規定應優先適用，故關於上開事件管轄法院之規定已於102年時予以刪除。至於該法（家事事件法）規定以外「其他因死亡而生效力之行為」，例如：死因贈與、死因契約等情形，仍有民事訴訟法第18條之適用，爰配合修正第一項。又因繼承所生家事訴訟事件應適用家事事件法，故修法時將條文規定之被繼承人爰配合酌作文字修正為自然人。民事訴訟法第18條於民國102年修正，因死亡而生效力行為涉訟之管轄法院，即修正後規定：「因自然人死亡而生效力之行為涉訟者，得由該自然人死亡時之住所地法院管轄（第1項）。前項法院不能行使職權，或訴之原因事實發生於該自然人居所地，或其為中華民國人，於死亡時，在中華民國無住所或住所不明者，定前項管轄法院時，準用第一條之規定（第2項）。」依據同法第18條的規定來定管轄法院僅剩因死亡而生的效力行為的訴訟。另對於家事事件法第70條對於辦理繼承關係訴訟事件之管轄法院規定，分述如下：

一、家事事件法第70條所謂「因遺產的分割而涉訟」，依據民法第1164條的規定可知，繼承人對於繼承的遺產可以隨時請求分割；換言之，我國的繼承法並沒有限制請求分割的時期，亦無限定分割的理由。但要注意，遺產是屬於公同共有物，分割共有物乃是對於物權的變動，是屬於處分行為，所以凡是因為繼承而取得的不動產所有權，雖然受到法律的保障，不因為它沒有經過繼承登記而否認它的權利，但是繼承人如果要分割因繼承所取得的遺產時，依據民法第759條規定，一定要先

---

[28] 家事事件法第70條：「因繼承回復、遺產分割、特留分、遺贈、確認遺囑真偽或繼承人間因繼承關係所生請求事件，得由下列法院管轄：一、繼承開始時被繼承人住所地之法院；被繼承人於國內無住所者，其在國內居所地之法院。二、主要遺產所在地之法院。」

辦理繼承登記以後，才可加以處分。另一方面，我國民法雖然規定繼承人可以隨時請求分割遺產，但是亦承認共同繼承人可以用協議的方式來合意禁止分割遺產（民§1164但書），且民法第1165條第2項規定，被繼承人可以遺囑規定繼承人在繼承開始後10年以內，禁止分割。因此可知，遺產分割所涉及的法律規定，有可以分割，有可以禁止的，也有例外的。分割遺產所發生的爭執，即是家事事件法第70條所指因分割所生的訴訟，可適用家事事件法之規定，來定管轄法院。

二、家事事件法第70條所謂「因遺產的特留分而生的訴訟」，是指因民法第1223條所規定特留分的制度所發生的訴訟。所謂「特留分」，是指繼承開始的時候應該保留給繼承人的遺產。我國之所以有特留分的制度，是因為遺產不能放任被繼承人處分，否則如果被繼承人還有妻子、兒子、父母，卻將他的遺產以遺囑的方式，全部在生前贈與他人，或以遺囑遺贈給別人的時候（例如：捐助社會事業或逕將財產贈與情婦），而造成近親無法繼承遺產，而必須仰賴其他親屬的扶養，如此不但違背人倫道德，且增加社會問題。是以我國的法律才會加以適當的干涉，使被繼承人的遺產在特留分的限額以外可以加以處分，而特留分的部分，一定要給繼承人，然此特留分的數額不宜規定太高，以免侵害到個人財產處分的自由。依我國民法之規定，凡是繼承人沒有拋棄繼承或喪失繼承權者，都有特留分的權利，而特留分的數額則依民法第1223條之規定來算。然特留分是法定繼承人的特別權利，而不是義務，故可在繼承開始後加以拋棄，但在繼承開始前尚無繼承權亦無特留分權，是以不能於繼承開始之前就預先拋棄特留分的權利。依據前述說明，特留分就是法定繼承人對於繼承遺產特定比例的特權，如果特留分遭受侵害時，依據民法第1225條之規定，特留分的權利人，因被繼承人所為的遺贈造成其應得的特留分數額不足時，可按照其應得不足的數額加以扣減，此稱為「扣減權」。

試舉一例：被繼承人陳奇，有配偶李音及哥哥陳凡二個繼承人，陳奇死時所有的財產只剩12萬元，請問配偶及兄長他們的特留分有多少？如果陳奇死亡時住在臺南，而李音與陳凡的特留分多少又發生爭執時，依據民法第1138條的規定，配偶李音以及兄長陳凡都是法定繼承人，可以同時為共同繼承人，所以陳奇的遺產，應該由李音和陳凡二人平均分配，所以李音的應繼承財產應有6萬元，陳凡應繼承的財產也是6萬元，這個6萬元是二人依據法律應該得的數額（應繼分）。而特留分的數額就是依據應該繼承的部分，乘以民法第1223條的規定比例，配偶的特留分是他應繼承財產的二分之一，所以前面所算出李音所應繼承的財產是6萬元，計算時特留分須再乘以二分之一，所以李音的特留分是3萬元。因為陳凡的繼承資格是被繼承人的兄長，以民法第1223條規定的比例是三分之一，那麼陳凡的特留分就是（他應

繼承的財產是6萬元），按照規定應是6萬元的三分之一，等於2萬元就是他的特留分。所以李音和陳凡的特留分各為李音3萬元、陳凡2萬元，總共是5萬元，就是二人特留分的總額。那麼陳奇所遺留的財產12萬元裡面，這5萬元是特留分，即不准他以遺囑或遺贈的方式加以贈與他人，否則超過、侵害到這5萬元的部分，李音和陳凡可向受遺贈人行使扣減的權利。如果李音與陳凡的前述特留分有所爭執，依家事事件法第70條規定應向被繼承人陳奇死亡時之住所地，即臺南地方法院起訴。

　　三、因遺贈而發生訴訟可以適用家事事件法第70條來定管轄法院。所謂「遺贈」，就是立遺囑的人以遺囑的方式，對於繼承人以外的第三人，無償的讓與財產上的利益，是以遺贈一定要以遺囑的方式作成，且遺囑的方式必須依照民法第1189條所規定的五種方式來立遺囑方為有效。

　　民事訴訟法第18條第1項規定：「因自然人死亡而生效力之行為涉訟者，得由該自然人死亡時之住所地法院管轄。」除遺產繼承以外，其他因死亡而生的行為涉訟的時候（例如：死因贈與），可以由繼承開始時被繼承人住所地的法院來管轄。何謂繼承開始時被繼承人的住所地，依據民法第1147條規定繼承因被繼承人死亡而開始，所以民事訴訟法第18條第1項所謂的「因自然人死亡而生效力之行為訴訟者」，係指自然人死亡的時候，該自然人的住所地在哪裡，就可以由該地的法院來行使管轄權[29]。因繼承所生事件已於修法列為家事事件，故民事訴訟法第18條第2項規定：「前項法院不能行使職權，或訴之原因事實發生於該自然人居所地，或其為中華民國人，於死亡時，在中華民國無住所或住所不明者，定前項管轄法院時，準用第一條之規定。」

　　民事訴訟法第19條規定：「因遺產上之負擔涉訟，如其遺產之全部或一部，在前條所定法院管轄區域內者，得由該法院管轄。」而所謂的「遺產上之負擔涉

---

[29] 臺灣高雄地方法院86年度家訴字第42號判決：「按因遺產之繼承、分割、特留分或因遺贈或其他因死亡而生效力之行為涉訟者，得由繼承開始時被繼承人住所地之法院管轄，民事訴訟法第十八條第一項定有明文。本件係因兩造之被繼承人林○棟遺產分割而涉訟，林○棟死亡前之最後住所地，即繼承開始時被繼承人住所地為高雄市三民區林森一路三四五巷三十一號四樓，屬本院之管轄區域內，有林○棟之除戶戶籍謄本可稽，本院就本件訴訟有管轄權，合先敘明。」

訟」[30]，是指除遺產繼承分割、特留分、遺贈[31]以及其他因死亡而生效力行爲以外的遺產上負擔而涉訟的時候，即屬此處所稱之遺產上負擔涉訟。例如：被繼承人於繼承開始以前，也就是在他死亡之前所負擔的債務，或者是被繼承人死後的喪葬費用，以及管理遺產或執行遺囑所產生的債務或費用，發生爭執而必須訴訟的時候，都是屬於遺產上的負擔涉訟。

　　適用民事訴訟法第19條必須注意的是，一定是繼承開始的時候，也就是被繼承人死亡的時候，他的遺產的全部或者是一部，現在還在該區域以內，否則，如果已經分割或移轉給別人，就沒有適用本條定審判籍的餘地。

第十五節　共同訴訟

　　所謂「共同訴訟」，是兩個原告對一個或數個被告，或數個原告對一個被告，或者是數個原告對數個被告所提起的民事訴訟。易言之，原告或者是被告任何一方超過兩個以上的人的時候，稱爲「共同訴訟」。民事訴訟法第20條所指的共同訴訟，僅包括共同被告，也就是說一個原告起訴好幾個被告的情形，才有適用同法第20條的機會[32]。故必須全體共同被告依同法第4條至第19條規定，有共同管轄之法院時，始有同法第20條但書規定之適用，否則依同條前段規定，各該共同被告住所地之法院具有管轄權，要爲當然解釋[33]。

---

[30] 臺灣高等法院85年度抗字第1039號裁定略以：「本件係繼承人於繼承後與債權人間之爭議，並非關於繼承事件涉訟，自無該審判籍之適用。而第十九條審判籍之適用，必須係因遺產上之負擔涉訟，且其遺產之全部或一部，在前條即第十八條所定法院管轄區域內者，始得由該法院管轄。亦即以遺產上負擔之訴訟有第十八條管轄之情形爲限，始有第十九條之適用。本件既無第十八條之適用，自亦無第十九條適用之餘地。抗告人之抗告無理由，應予駁回。」

[31] 遺產繼承分割、特留分、遺贈依家事事件法第70條之規定定管轄法院。

[32] 最高法院18年上字第2231號判例謂：「共同訴訟之被告數人，其普通審判籍不在一法院管轄區域內者，原告向何人普通審判籍所在地之法院起訴，有自由選擇之權。」

[33] 參最高法院98年台抗字第827號裁定略以：「惟同一訴訟普通審判籍與特別審判籍不在同一法院管轄區域內者，僅生民事訴訟法第二十二條得任向其中一法院起訴之效力，特別審判籍並無優先於普通審判籍之效力。再抗告人之住所地爲嘉義市，依民事訴訟第一條第一項前段之規定，其住所地法院即臺灣嘉義地方法院（下稱嘉義地院）有

另外，判斷適用民事訴訟法第20條前段來定管轄法院，必須具備下列要件：

一、必須被告有兩人以上，如被告僅只有一個人，而原告為多數人的時候，此種共同訴訟不能適用民事訴訟法第20條的規定。

二、必須兩個以上的被告其住所都不在同一個法院的管轄區域內，如果兩個以上的被告，他們的住所都在同一個法院的管轄區域內，就不能適用民事訴訟法第20條。

三、必須沒有共同的特別審判籍。所謂「特別審判籍」，就是必須沒有民事訴訟法第4條到第19條所規定的共同管轄法院。換言之，假如被告有兩人以上，雖然他們的依據不在同一個法院管轄區域內，可是依據同法第4條到第19條的規定，有共同的管轄法院可以管轄，那麼原告就應該向該法院提起訴訟，而不能依據民事訴訟法第20條的前段來定管轄法院[34]。

第十六節　競合管轄

住所跨連或散在數個法院管轄區域內的情形，例如：甲的房子剛好在新北市和臺北市的界線上，一半在新北市，一半在臺北市，那麼這個房子在臺北地方法院和臺灣新北地方法院都有管轄權。

所謂不動產跨連或散在數法院管轄區域內，例如：甲和乙對於三筆不動產買賣發生糾紛，而這些不動產剛好在幾個區域內的界線上。例如：這三筆土地，一筆在士林，一筆在桃園，一筆在臺北，則士林地方法院、桃園地方法院以及臺北地方法院都同時具有管轄權。

管轄權，而依同法第四條規定再抗告人寄寓地法院即臺灣臺北地方法院（下稱臺北地院）亦有管轄權，則相對人即第一審原告有選擇法院起訴之自由，應依其意見選擇定之。」97年台抗字第489號裁定、91年台抗字第750號裁定、89年台上字第60號判決亦同其旨。

[34] 臺灣高等法院95年抗字第1590號裁定略以：「按共同訴訟之被告數人，其住所不在一法院管轄區域內者，各該住所在地之法院俱有管轄權。但依第4條至前條規定有共同管轄法院者，由該法院管轄，民事訴訟法第20條定有明文，且適用本條本文之要件有：(一) 須被告為二人以上；(二) 須數被告之住所，不在同一法院管轄區域以內；(三) 須無民事訴訟法第4條至第19條之共同之特別審判籍。申言之，倘有共同之特別審判籍，即不再適用各被告住所地法院均有管轄權之規定。」

　　所謂侵權行爲地有跨連或散在數法院管轄區域內，例如：甲在臺北著手殺害乙，乙受傷後逃到桃園，甲又追到桃園將乙殺死，此時，侵權行爲地就是甲殺人的地方，所以臺北地方法院、桃園地方法院對本件侵權行爲訴訟都有管轄權。

　　故被告普通審判籍所在地法院之管轄權，僅爲法律規定之專屬管轄所排除，不因定有特別審判籍而受影響，故同一訴訟之普通審判籍與特別審判籍不在一法院管轄區域內者，即爲民事訴訟法第21條所謂數法院有管轄權，原告得任向其中一法院起訴，其向被告普通審判籍所在地之法院起訴者，被告不得以另有特別審判籍所在地之法院，而抗辯該法院無管轄權[35]。

第十七節　管轄法院之競合──選擇管轄

　　由前述一至十六節所規定的情形，可知同一個訴訟由於普通審判籍及特別審判籍的規定，可能數個法院同時具有管轄權，如何來定管轄法院必須有一依據，是以民事訴訟法第22條規定，如果依據普通審判籍或特別審判籍的規定，數個法院同時具管轄權時，原告向任何一個有管轄權的法院起訴，都算是合法[36]。

　　所謂「普通審判籍」，是以被告與法院的管轄區域內的關係，作爲法院有沒有管轄權的標準，稱爲「普通審判籍」。

---

[35] 最高法院22年抗字第531號判例略以：「被告普通審判籍所在地法院之管轄權，僅爲法律規定之專屬管轄所排除，不因定有特別審判籍而受影響，故同一訴訟之普通審判籍與特別審判籍不在一法院管轄區域內者，即爲民事訴訟法第二十一條所謂數法院有管轄權，原告得任向其中一法院起訴，其向被告普通審判籍所在地之法院起訴者，被告不得以另有特別審判籍所在地之法院，而抗辯該法院無管轄權，其特別審判籍已經消滅者更不待論。」

[36] 臺灣高等法院98年抗字第1194號裁定略以：「民事訴訟法第1條第1項前段、第15條第1項、第22條規定，訴訟，由被告住所地之法院管轄。因侵權行爲涉訟者，得由行爲地之法院管轄。同一訴訟，數法院有管轄權者，原告得任向其中一法院起訴。如被告普通審判籍所在地法院管轄權，僅爲法律規定專屬管轄所排除，不因定有特別審判籍而受影響，故同一訴訟之普通審判籍與特別審判籍不在一法院管轄區域內者，即爲民事訴訟法第22條所謂數法院有管轄權，原告得任向其中一法院起訴，其向被告普通審判籍所在地之法院起訴者，被告不得以另有特別審判籍所在地之法院，而抗辯該法院無管轄權。」

　　民事訴訟法第1條及第2條所規定的是普通審判籍，且普通審判籍具有一特點，被告就一切的訴訟（不論訴訟的性質為何），只要是被告住在管轄區域內，原告就可以向被告的普通審判籍法院提起民事訴訟。而特別審判籍是被告就特種原因所生訴訟的審判籍，可以由某一個法院來管轄，例如：民事訴訟法第3條到第20條的內容都是針對特定原因及特定訴訟所規定，可以由特別的法院來管轄，這種情形即屬「特別審判籍」。亦是因為這樣的關係，同一個訴訟很可能依據普通審判籍及特別審判籍同時發生競合的關係，而數個法院同時具有管轄權時，必須依照民事訴訟法第22條之規定來定管轄法院。

　　試舉一例：簡武住臺北，蕭文住高雄，簡武在臺中和新竹二地將蕭文殺成重傷，此時蕭文要向簡武提起民事訴訟，有兩個特別審判籍、一個普通審判籍的法院，三者並存。兩個特別審判籍就是簡武將蕭文殺傷的兩個地方法院、也就是臺中、新竹地方法院都有管轄權，因為這兩個地方都是侵權行為地。而簡武住臺北，所以簡武的普通審判籍法院臺北地方法院也有管轄權。所以臺北、臺中、新竹三個地方法院都有管轄權，原告蕭文可以向這三個法院中任何一個法院提起訴訟，都算合法。請注意，適用上並不是特別審判籍優先於普通審判籍。

第十八節　指定管轄

　　民事訴訟事件的管轄，依前述可知，已有普通審判籍的法院以及特別審判籍的法院，而且承認當事人得以合意的方式來定管轄法院（民訴§24）。但是有些情況下，有管轄權的法院因為法律上的規定，或者是因為事實上的原因，可能造成有管轄權的法院無法行使審判權，或因為特殊原因而無法判斷哪一個法院有管轄權，此時依民事訴訟法第23條之規定，以指定管轄的方法定管轄法院[37]。指定管轄的原因

---

[37] 司法院25年院字第1589號解釋：「(一) 因民事訴訟法第二十三條第一款情形。應為指定管轄。而該直接上級法院亦有不能行審判權之情形。不能為之指定時。應向再上級法院聲請指定之。(二) 非因不動產涉訟者。不能以被告置有不動產之地方。遂依民事訴訟法第十條。由該不動產所在地之法院管轄。又對於有營業所之人。關於其營業所之業務涉訟。亦不得以該營業所所在地以外設有分銷處或代辦商地方。遂依同法第六條之規定。由該設有分銷處或代辦商所在地之法院管轄。但有同法第二十三條第一款情形指定管轄者。自當別論。(三) 依前項所示。如指定分銷處或代辦商所在地之法院管轄時。應仍以原店號或其經理為被告。」

有二[38]：

一、有管轄權之法院因爲法律規定或事實上的關係而無法行使審判權。所謂因爲法律上的規定而無法行使審判權，讀者可能會有所疑惑，前面的普通審判籍及特別審判籍已經規定清楚，怎麼還會因爲法律的規定而沒有辦法行使審判權呢？民事訴訟法的規定，如果法院的法官與被告有特殊關係時，法官依法應該要迴避，不能對該事件就實質加以審判。倘若法院因爲迴避制度的關係，該法院的法官全部都應該迴避時，那麼就是由於法律的規定而無法行使審判權，此即符合民事訴訟法第23條規定，而有指定管轄的原因。

又如不是全體的法官都具有迴避的原因，可是由於部分法官迴避的結果，無法依據法院組織法的規定組織合議庭時，亦屬於因爲法律規定而無法行使審判權的情形[39]。所謂因爲事實不能行使審判權者，如因天災、颱風、地震、戰爭或其他特殊非常的情事，法院無法依照正常程序來處理時，是屬於因爲事實的原因，而無法行使審判權；又現行民事訴訟事件，亦有因爲環境上的特別關係，由原有管轄權的法院審判，而有足以危害公安或難期公平之虞的情事發生，自宜另行指定其管轄法院，以資加以因應，故特參酌刑事訴訟法第10條第1項第2款的有關規定，配合而於民事訴訟法第23條第1項第1款增設後段的法律規定。

二、所謂管轄區域境界不明致不能辨別有管轄權的法院，是指兩個（或兩個以上）法院之管轄區域相毗連以至於不能辨別有管轄權的法院，例如：甲與乙在中興橋下淡水河之沙洲打架，而該沙洲恰爲臺北市與新北市交界區，以致造成該交界區

---

[38] 最高法院96年台聲字第309號裁定略以：「按依民事訴訟法第二十三條第一項第一款規定聲請指定管轄，須有管轄權之法院，因法律或事實不能行使審判權，或因特別情形，由其審判恐影響公安或難期公平者，始得爲之。所謂因法律不能行使審判權，係指有管轄權之法院，依據法律規定不能行使其審判權，例如同一法院之法官依關於法院職員迴避之規定均應迴避，或因迴避致無法組成行審判權之合議庭等；所謂因事實不能行使審判權，係指有管轄權之法院，因天災、戰亂或其他事故事實上不能行使其審判權者而言；所謂因特別情形，由其審判恐影響公安或難期公平，係指由管轄法院審判，依當地客觀情形觀察將有影響公安之虞或難期公平。」

[39] 最高法院96年台抗字第292號裁定略以：「惟所謂法院因法律或事實不能行使審判權者，係指有管轄權之法院，其全體法官依法應迴避，致不能執行審判職務；或因戰爭或其他非常情事，致不能行審判權者而言（參見本院二十九年聲字第一四四號判例意旨）。」

究屬臺北地方法院管轄抑或臺灣新北地方法院管轄不能辨別。

　　適用民事訴訟法第23條時，必須注意如果只是當事人自己不知道定管轄區域的地點，例如：地點是在一個森林或者是海洋，可是界線很確定，只不過當事人自己不知道那個地方是在哪一個法院的管轄區域內的時候，不能適用本款的規定來指定管轄。例如：甲和乙兩人是同班同學，兩人結伴環島旅行，在環島旅行中因為起爭執而互相毆打，結果甲被乙打傷，可是甲不知道這個地方是苗栗縣還是新竹縣，而打架的實際地點是在苗栗縣，只不過是因為甲自己不知道而已，所以此時，如果甲要向乙提起訴訟，並不屬於民事訴訟法第23條所定的管轄區域境界不明，因此時管轄區域明顯，只是當事人自己不知道而已。

　　指定管轄必須依照當事人的聲請，或者是法院的請求才可指定，不能法院自己依職權指定管轄；換言之，法院如果依據民事訴訟法第23條之規定以裁定指定管轄法院，必須基於聲請或請求，不能由法院主動認為有指定管轄原因，而指定管轄法院[40]。

　　指定管轄的裁定不能聲明不服，是一個特別的規定，因依據民事訴訟的制度，對於法院的裁定如不服，原則上都可以提出抗告（民訴§482），可以向上級法院提出，請求將原審法院的裁定加以廢棄。但依據民事訴訟法第23條之規定，指定管轄的裁定不能聲明不服，是一個例外，因為裁定原則上應該是可以由當事人聲明不服提起抗告，此種情況即是屬於民事訴訟法第482條但書規定的例外情形。

　　試舉一例：假設臺灣桃園地方法院因為整修內部需要，將法院內的水電工程交給王博所開設的水電公司承包。王博依據承包的合約如期完工後，桃園地方法院竟然以工程品質不合要求為理由，拒絕給付水電工程的價款，王博於是提起民事訴訟，要求桃園地方法院應該給付工程款並賠償因而發生的損失。由此可知本件的被告是桃園地方法院，桃園地方法院依法是有管轄權的法院，而民事訴訟法第23條的規定，欲聲請指定管轄，必須要有民事訴訟法第23條第1項第1款，因事實而不能行使審判權，或者因法律而不能行使審判權，才可以聲請指定管轄。而所謂因事實

40　最高法院44年台聲字第30號判例略以：「因管轄區域境界不明，致不能辨別有管轄權之法院者，當事人固得依民事訴訟法第二十三條第一項第二款之規定，聲請直接上級法院指定管轄，惟所謂管轄區域境界不明，係指管轄區域相毗連而不明其界線之所在而言，被告行蹤飄忽並非前開條款所謂管轄區域境界不明，聲請人以此聲請指定管轄，自屬不合。」

而不能行使審判權，是指有管轄權的法院因為天災、戰亂、地震、颱風或其他的意外事變或交通阻隔，或者是全體法官都應迴避致不能執行職務的情形而言。本例的情形，由桃園地方法院的法官來加以審判，因被告就是桃園地方法院，可能難以公平。但本例的情形與該條第1項第1款指定管轄的原因不合，王博不能請求指定管轄，而仍然必須由桃園地方法院民事庭來審理本件的訴訟。

第十九節　合意管轄

合意管轄係規定於民事訴訟法第24條，適用之前提必須是專屬管轄的事件以外才可以適用，而專屬管轄的規定包括同法第10條、第499條、第510條。前面所列舉的各條就是專屬管轄的規定，不能適用於民事訴訟法第24條。

所謂「合意管轄」，是由訴訟的原告與被告共同約定一個管轄法院，向該法院提起訴訟。民事訴訟法之所以規定合意管轄，是因為民事訴訟原則上是由當事人自主，也就是以不干涉為原則，在不妨礙公益的原則下，在一定的範圍內，准許當事人以合意的方式來定管轄法院[41]。另依最高法院19年抗字第16號判例意旨，訴訟經兩造合意定第一審管轄，嗣後不得再行變更。

合意管轄的要件必須是當事人間有合意的意思表示並以兩造有訴訟能力為要件，而合意的約定，不論為書面或言詞約定，都算有效，通常是以文書來證明[42]。但是以文書來證明，只是證明合意的方法，並不表示雙方當事人的合意一定要以書面來約定。當事人雙方如果以合意的方式，約定一個管轄法院，而向該管轄法院起訴的時候，該法院就應該受到合意的拘束，也就是該法院不能以無管轄權而駁回原告的訴訟，或以裁定移送到其他法院。反之，為原告的當事人亦應向雙方所合意的法院起訴才算合法，否則原告如果向合意以外的法院起訴，經被告加以抗辯之後，

---

[41] 最高法院86年台抗字第139號裁定略以：「當事人以合意定第一審管轄法院，旨在使預定之訴訟，歸屬於一定之法院管轄，是合意所定之管轄法院，必須限於一定之法院，不得廣泛就任何第一審法院定為合意管轄之法院。」

[42] 最高法院95年台抗字第464號裁定略以：「本件原法院以：民事訴訟法第二十四條所謂應以文書證之，係以書面證明合意管轄法院，確係經兩造明確之意思（表示）合致。定合意管轄法院，非買賣契約成立必要之點，縱無合致亦不影響買賣契約之成立。」

該法院雖然原先是法定的管轄法院，但於此情況下，應該認為沒有管轄權。又實務見解，認為訴訟經兩造合意定第一審管轄，嗣後不得再行變更[43]，並且受訴法院有無管轄權當事人有爭執時，應由該法院依法裁判，不能向直接上級法院聲請指定管轄[44]。再者，近來最高法院認為，民事訴訟法第24條關於合意管轄之規定，除依同法第26條專屬管轄外，當事人得以合意定第一審管轄法院，排斥其他審判籍而優先適用[45]。

我國民事訴訟法雖有合意管轄之規定，但此合意之管轄法院，應不得外於我國民事訴訟法事實上所得規範之地區，否則不啻允許當事人以合意限制我國審判權之行使，亦將發生當事人依我國民事訴訟法之規定，合意以不適用我國民事訴訟法之法院為管轄法院之不合理情形；此外，我國與大陸地區仍屬分裂分治狀態，亦不宜由當事人合意以大陸地區法院為第一審管轄法院[46]。另外，基於尊重當事人之程序選擇權，肯定其得合意選定外國法院為其排他或專屬的管轄法院[47]。

---

[43] 最高法院19年抗字第16號民事判例。

[44] 最高法院23年抗字第260號民事判例。

[45] 最高法院103年度台抗字第917號民事裁定。就此，實務見解將合意管轄是否排除其他普通管轄的爭議，明採排他說而非併存說的見解。

[46] 最高法院85年台上字第1880號判決略以：「按臺灣地區人民，關於由一定法律關係而生之訴訟，合意定大陸地區法院為管轄法院，因依臺灣地區與大陸地區人民關係條例第七十四條規定，大陸地區法院之判決，臺灣地區法院非不承認其效力，倘該事件非專屬臺灣地區法院管轄，大陸地區法院亦認臺灣地區人民得以合意定管轄法院者，尚難謂其合意不生效力。若該合意已生效力，且屬排他性之約定，當事人又已為抗辯者，即難認臺灣地區法院為有管轄權。」

[47] 最高法院102年度台抗字第1061號民事裁定略以：「按訴訟當事人間，除就非屬我國法律規定之專屬管轄（參照民事訴訟法第二十六條規定），或其一造為法人或商人，依其預定用於同類契約之合意管轄條款，而與非法人或商人之他造訂立契約，按其情形顯失公平【參照民事訴訟法第二十八條第二項、第四百三十六條之九規定，並援引西元二○○○年布魯塞爾規則I（BrusselsReg-ulationI）第十七條及第二十一條規定而為法理，俾保障經濟弱勢者之權益，諸如消費契約之消費者或僱傭契約之受僱人之類】等特定之涉外事件外，基於程序選擇權及處分權主義之原則，本得合意定由外國法院管轄（審判籍的合意），以排除我國法院之審判管轄權。故當事人間就上開特定法律關係以外之涉外爭議，如明示合意為排他管轄，而選定某外國法院為專屬、排他之管轄法院（即排他之國際合意管轄）者，該當事人所合意之國際管轄法院即具排他性，而生排除其他法定非專屬管轄之效力。」

　　雙方當事人可以用合意的方式來定管轄法院，僅限於第一審的法院才可以由當事人自己合意來約定。第二審、第三審法院並不允許當事人以合意的方式來定管轄法院，因為假如第二審、第三審的法院都可由當事人自己來合意定管轄，則會混亂司法系統，影響公共利益，是以第二審和第三審的法院，不允許由當事人合意定管轄法院。

第二十節　應訴管轄（擬制合意管轄）

　　如果原告沒有依照民事訴訟法的規定向有管轄權的法院提起民事訴訟，而向無管轄權的法院提起訴訟，雖然依據民事訴訟法第28條，受訴的法院可以裁定移送到有管轄權的法院，但是假如無管轄權的法院因為疏忽而未將訴訟裁定移送到有管轄權的法院時，則須視被告有沒有向法院提出抗辯（抗辯受訴法院沒有管轄權）[48]。

　　假如被告沒有抗辯原告起訴的法院錯誤，而為本案的言詞辯論的時候，無管轄權的法院就會因為民事訴訟法第25條的規定而成為有管轄權的法院[49]。

　　所謂「本案之言詞辯論」，是指被告對於原告所主張的訴訟標的提出實質抗辯，在理論上乃著重在辯論之實質內容是否針對訴訟標的，本應包含有以言詞或書狀只要有針對訴訟標的即屬之，惟實務見解則認為倘被告僅於書狀就為訴訟標的之法律關係為實體上陳述內容之記載，未於言詞辯論期日或準備程序期日以言詞加以引用，自難謂被告已為本案之言詞辯論[50]。

---

[48] 最高法院98年台抗字第754號裁定略為：「該事件係因相對人未為無管轄權之抗辯，法院依民事訴訟法二十五條規定取得管轄權。本件訴訟與該事件，為各自獨立之訴訟，不能因此謂相對人在本件訴訟不得再為管轄權之抗辯。」

[49] 最高法院21年上字第167號判例略以：「(一) 繼承開始，在民法繼承編施行法第二條所列日期前者，女子對於其父之遺產雖無繼承權，但母於父故後，對於親女有酌給遺產之權，為當時法例之所認，其所酌給之遺產如較少於應分人數均分之額，毋庸得其子若孫之同意。(二) 訴訟代理人，於其代理權之範圍內所為之行為及行為之遲誤，直接對於本人發生效力。故被告之訴訟代理人，不抗辯法院無管轄權而為本案之言詞辯論者，亦應認為有管轄之合意。」

[50] 最高法院93年台抗字第539號裁定略以：「所謂本案之言詞辯論，指被告於言詞辯論期日或準備程序期日，就為訴訟標的之法律關係為實體上之陳述而言。倘被告僅於書狀就為訴訟標的之法律關係為實體上陳述內容之記載，未於言詞辯論期日或準備程序期日以言詞加以引用，自難謂被告已為本案之言詞辯論。」

反之，被告沒有就原告起訴的實質面提出抗辯，而僅僅就程序面提出抗辯，例如抗辯當事人能力欠缺、訴訟能力欠缺或管轄錯誤的抗辯等等，就不屬於本案的言詞辯論，稱為非本案之言詞辯論，自無適用民事訴訟法第25條之規定。

試舉一例：如林立住臺北，黃宇住桃園，黃宇向林立在81年6月1日借了新臺幣100萬元，約定要在82年5月1日償還，但是黃宇到了82年5月1日拒絕返還，為此林立對黃宇提出民事訴訟，因為林立住臺北，所以向臺北地方法院提起民事訴訟，要求黃宇返還借款。開庭當日，黃宇到法庭只說一句話：「欠款已返還。」隨即離開。一般而言，林立住臺北，黃宇住桃園，依據民事訴訟法第1條之規定，應該向被告的住所地，也就是桃園地方法院提起訴訟，而林立卻誤向無管轄權之臺灣臺北地方法院提起訴訟，本來臺北地方法院沒有管轄權，然而因為黃宇開庭的時候，已經就林立起訴主張關於訴訟標的原因事實，即針對有無積欠借款作出實質的答辯，也就是說，被告黃宇開庭所講這一句「欠款已返還」，是針對林立所主張的事實而作抗辯，屬於民事訴訟法第25條所稱本案的言詞辯論，因此黃宇既然不抗辯法院無管轄權，而作出本案的言詞辯論，則依據民事訴訟法第25條的規定，臺北地方法院就因而取得擬制之管轄權，不能再移送到桃園地方法院。

第二十一節　合意（含擬制）管轄不得改變專屬管轄規定

民事訴訟法定專屬管轄的立法目的，是針對特定的訴訟案件一定要由該法院來管轄才能達到專屬管轄的目的。假如說可以由當事人自己以合意的方式或被告不抗辯而為本案之言詞辯論，即可使專屬管轄的規定得以排除的話，即有違專屬管轄立法的目的。是以民事訴訟法第24條及第25條之規定遇有專屬管轄之規定時，優先適用專屬管轄，不能再適用第24、25條[51]。

---

[51] 最高法院98年台抗字第38號裁定略以：「按所謂專屬管轄，係指法律規定某類事件專屬一定法院管轄之謂。凡法律規定某類事件僅得由一定法院管轄者，縱未以法文明定『專屬管轄』字樣，仍不失其專屬管轄之性質。又執行名義成立後，如有消滅或妨礙債權請求之事由發生，債務人得於強制執行程序終結前，向執行法院對債權人提起異議之訴，強制執行法第十四條第一項前段定有明文。是以提起債務人異議之訴，應向執行法院為之，顯已由該法明定此類事件應由執行院管轄，性質上自屬專屬管轄。」

　　試舉一例：如王先生和王太太於民國70年結為夫妻，結婚10年後育有一子一女。王先生事業也日漸發達，因受到朋友引誘而去賭博，經常徹夜不歸，積欠賭債數額龐大而逃亡，一走就是兩年多，毫無音訊。王太太於是請律師起訴要求王先生履行同居的義務，假設王先生是住在臺北，而王太太這件履行同居的訴訟，卻向桃園地方法院提起，開庭當日，王先生按時到庭，但他沒有抗辯桃園地方法院沒有管轄權，直接就有沒有履行同居義務的情形，向法院抗辯。此時桃園地方法院應將本件訴訟以裁定移送到臺北地方法院。因為依據民事訴訟法第26條的規定，關於擬制的合意管轄，在有專屬管轄的情形時，並沒有適用的餘地。這件訴訟是屬於履行同居義務之訴，依據家事事件法第52條規定，應屬於專屬管轄[52]，亦即專屬於夫妻住所地的臺北地方法院管轄，桃園地方法院並無管轄權。

　　另關於，若客觀訴之合併時，原告之訴之聲明為多數，其中同時涉有專屬管轄與合意管轄時，應如何處理？實務見解認為，仍可個別類推適用民法訴訟法第248條或整體類推適用管轄章節之規定，以專屬管轄為優先[53]。

---

[52] 家事事件法第52條：「確認婚姻無效、撤銷婚姻、離婚、確認婚姻關係存在或不存在事件，專屬下列法院管轄：一、夫妻之住所地法院。二、夫妻經常共同居所地法院。三、訴之原因事實發生之夫或妻居所地法院。當事人得以書面合意定管轄法院，不受前項規定之限制。第一項事件夫或妻死亡者，專屬於夫或妻死亡時住所地之法院管轄。不能依前三項規定定法院管轄者，由被告住、居所地之法院管轄。被告之住、居所不明者，由中央政府所在地之法院管轄。」

[53] 最高法院102年度台抗字第67號裁定略以：「按同一訴訟，數法院有管轄權者，原告得任向其中一法院起訴。又合意管轄於本法定有專屬管轄之訴訟，不適用之，民事訴訟法第二十二條及第二十六條分別定有明文。準此，專屬管轄與合意管轄間，固不生管轄競合而有選擇管轄法院之問題，惟於原告就不同之訴訟標的，對於同一被告為同一聲明而提起重疊合併之訴，或為其他訴之競合（諸如單純、預備、選擇之訴的合併等是），其中一訴訟標的為專屬管轄，他訴訟標的屬於兩造合意管轄之訴訟，究以何者為其管轄法院？得否分由不同法院管轄？民事訴訟法就此原應積極設其規定者，卻未定有規範，乃屬『公開的漏洞』（開放的漏洞）。於此情形，參照該法除於第一條至第三十一條之三，分就普通審判籍、特別審判籍、指定管轄、管轄競合、專屬管轄、合意管轄及訴訟移送等設有專節外，復於第二百四十八條前段針對『客觀之訴的合併』，另規定：『對於同一被告之數宗訴訟，除定有專屬管轄者外，得向就其中一訴訟有管轄權之法院合併提起之。』尋繹其規範意旨，均係重於『便利當事人訴訟』之目的，並基於專屬管轄之公益性，為有助於裁判之正確及訴訟之進行，自可透過『個

第二十二節　管轄恆定原則

　　法院管轄權有無涉及公益，在原告提起民事訴訟時，法院必須主動依職權先調查是否有管轄權。所謂法院主動依職權調查，即不須等當事人的抗辯，也不問訴訟程序進行到哪一個程度。當事人間雖然不爭執，法院必須得有心證才可以認定管轄權的有無。而法院是否有管轄權，判斷的時間點依據民事訴訟法第27條的規定是一律依「起訴時」之狀態為判斷之基準點，不因事後基準事實變更而受影響，此於學理上稱為「管轄恆定原則」，乃民事訴訟三大恆定原則之一[54]。亦即是原告在提起訴訟以後，其管轄權事實雖然有所變更，但法院已經取得的管轄權，並不因而發生影響。

　　如前所述，法院有沒有管轄權，必須在受理訴訟的時候，就要依職權主動調查。但必須注意，除專屬管轄權外，因民事訴訟法承認擬制的合意管轄（民訴§25），所以被告如果不抗辯法院沒有管轄權，而作出本案的言詞辯論，即使沒有管轄權的法院，則被擬制成有管轄權的法院。

　　試舉一例：李珍欠張亭100萬元，結果李珍拒絕清償債務，李珍住在桃園，張亭起訴的時候就向桃園地方法院提起，在訴訟過程的當中，李珍的住所遷移到臺中。依民事訴訟法第27條之規定，李珍的住所地雖然已經變成臺中，臺中的管轄法院是臺中地方法院，但因第27條之規定，所以桃園地方法院在張亭起訴的時候，既然已經有管轄權（因為起訴當時李珍確實是住在桃園），桃園地方法院就取得管轄權，不因為管轄權的事實變更而發生影響。

別類推適用』該法第二百四十八條前段規定；或『整體類推適用』該法因揭櫫『便利訴訟』之立法趣旨，演繹其所以設管轄法院之基本精神，而得出該法規範之『一般的法律原則』，將此類訴訟事件，本於是項原則，併由專屬管轄法院審理，以填補該法之『公開的漏洞』，進而兼顧兩造之訴訟利益及節省司法資源之公共利益。」

[54] 民事訴訟三大恆定原則：(1)管轄恆定原則（第27條：定法院之管轄，以起訴時為準）；(2)訴訟標的價額恆定；(3)當事人恆定（第254條）。

第二十三節　職權移送制

壹、職權移送制

　　依據前述說明可知，無論法院有沒有管轄權，法院都必須依職權調查，若法院依職權調查後，發現沒有管轄權應如何處理，即是民事訴訟法第28條規定的目的。

　　所謂「訴訟之全部或一部」，法院認為無管轄權，法院應該依聲請或依職權以裁定移送到管轄法院。在此所謂訴訟的一部無管轄權，例如：甲對乙提起民事訴訟，請求乙給付租金，同時要求分割不動產。乙住臺北，甲住高雄，不動產位於臺中，那麼甲向乙住所地之臺北地方法院起訴，臺北地方法院認為甲所提起的訴訟裡，分割不動產的部分是專屬管轄，必須向臺中地方法院起訴才合法；至於給付租金的訴訟部分，臺北地方法院仍然有管轄權。這個時候，臺北地方法院審查管轄權有無之後，即必須將訴訟的一部，也就是將分割不動產的部分，以裁定移送到臺中地方法院，而臺北地方法院僅能就給付租金的部分加以審判，這就是訴訟的一部法院認為無管轄權的情形。

　　民事訴訟法第28條於民國92年2月7日修法特別納入依民事訴訟法第24條的規定，當事人得以合意定第一審法院，惟當事人的一造如為法人或商人，以其預定用於同類型契約的合意管轄條款與非法人或商人的他造訂立契約者，締約的他造就此條款多無磋商變更的餘地，為防止合意管轄條款被無端濫用，並為保障經濟上弱勢的當事人權益，爰增設此第2項，來規定如依照上述情形而按其情形顯失公平者，他造於為本案的言詞辯論前，得聲請法院將該訴訟移送於其法定的管轄法院，並於但書明定兩造均為法人或商人者不適用聲請移送的規定，以避免爭議發生。又法定管轄法院為多數時，被告並無選擇管轄法院的權限，故究竟以移送哪一個法院為適宜，則應由法院自行斟酌個案的具體情形來決定。

　　按移送訴訟之聲請被駁回者，不得聲明不服，民事訴訟法第28條第3項定有明文[55]。第一審法院就訴訟之全部或一部認其無管轄權，依職權以裁定移送於他法院

---

[55] 最高法院97年台抗字第584號裁定略以：「又訴訟之全部或一部，法院認為無管轄權者，依原告聲請或依職權，以裁定移送於其管轄法院。移送訴訟之裁定確定時，受移送之法院受其羈束。前項法院，不得以該訴訟更移送於他法院，但專屬於他法院管轄者，不在此限，此觀民事訴訟法第二十八條第一項及第三十條規定自明。查原裁定既認定上開先位聲明部分漏未判決之法院為原第一審法院，依上說明，聲請補充判決即

管轄,當事人不服提起抗告,該管抗告法院認該第一審法院有管轄權,因而以裁定廢棄第一審法院所為移送訴訟之裁定,依上開規定之立法本旨,對於該抗告法院之裁定,當事人不得聲明不服[56]。

試舉一例:如支票的發票人張恆,住所地在臺中,支票背書人王信,住所地在彰化,該支票的付款地在臺中。如果該支票的持票人李春向彰化地方法院提起民事訴訟,請求張、王二人要連帶給付票款。在訴訟中被告張恆抗辯彰化地方法院沒有管轄權,惟依據民事訴訟法第20條但書的規定:「依第4條至前條規定有共同管轄法院者由該法院管轄。」本例中,支票的付款地是在臺中,而且原告李春係本於票據關係而請求被告張、王二人連帶給付票款。依據同法第13條的規定,由票據付款地的法院管轄,況且被告張恆也已經抗辯彰化地方法院沒有管轄權,因此彰化地方法院對於張恆的聲請應准許,並應以裁定將訴訟移送到臺中地方法院。

貳、移送前有急迫情形時之必要處分

民事訴訟法第29條規定:「移送訴訟前如有急迫情形,法院應依當事人聲請或依職權為必要之處分。」依據前述的說明,假如法院依職權調查的結果是沒有管轄權時,必須依聲請或依職權裁定移送到有管轄權的法院。但是假如法院在移送到有管轄權的法院之前有急迫情形,不能不有所處理,以便保全必要之證據或維護當事人的利益。所以民事訴訟法第29條規定,法院必須依當事人的聲請,或依職權作必要的處分。

而第29條中所謂「急迫情形」,例如:重要的證人即將死亡,或重要的證人即將遠離到國外,或者是被告正在銷毀相關的證據等等,都是屬於急迫的情形;至於同條依當事人的聲請,包括原告及被告都可以聲請。

所謂法院應為必要的處分包括假扣押、假處分以及證據的保全[57];至於何種情

應專屬於該脫漏之法院管轄,且依民事訴訟法第三十條第二項但書規定,本不受該移送訴訟裁定之羈束,並應依職權移送於專屬之第一審法院管轄。」

[56] 最高法院99年台抗字第106號裁定略以:「第一審法院就訴訟之全部或一部認其無管轄權,依職權以裁定移送於他法院管轄,當事人不服提起抗告,該管抗告法院認該第一審法院有管轄權,因而以裁定廢棄第一審法院所為移送訴訟之裁定,依上開規定之立法本旨,對於該抗告法院之裁定,當事人不得聲明不服。」

[57] 最高法院70年台聲字第201號判例略以:「民事訴訟法第二十九條規定『移送訴訟前,

形才算急迫，則必須由移送的法院判斷。

參、移送裁定之羈束力

民事訴訟法第30條規定：「移送訴訟之裁定確定時，受移送之法院受其羈束。前項法院，不得以該訴訟更移送於他法院。但專屬於他法院管轄者，不在此限。」

依據民事訴訟法第28條移送訴訟後，受移送的法院必須受到該裁定的羈束，以免各法院間相互裁定移送往返，造成推拖的情形。所以被移送的法院，不論基於裁定前已經存在的任何理由，均不得主張本院沒有管轄權，換言之，受移送的法院，在移送之後，不能再主張自己沒有管轄權拒絕該件訴訟的移送，否則會使當事人產生法院互踢皮球的感覺，而使法院喪失威信，此即為民事訴訟法第30條之規定意旨。

受移送的法院，雖然必須受到移送法院裁定的羈束，但如是屬於專屬管轄的案件，則受移送的法院例外的可以將該訴訟再一次移送到其他有管轄權的法院。因為專屬管轄是有特殊的立法目的，由專屬法院管轄，才符合其立法目的以及當事人的利益。因此假如受移送的法院認為訴訟是屬於專屬管轄，或者訴訟的一部分是屬於專屬管轄，則受移送的法院可以不受民事訴訟法第30條第1項的羈束，而再度將訴訟移送到專屬管轄的法院[58]。

試舉一例：張強住新北市，於民國75年入贅到李眞家，李眞家住桃園，婚後感情不睦，李眞向桃園地方法院起訴請求判決離婚，此時如果桃園地方法院將本件離婚訴訟以裁定移送到臺北地方法院，依據民事訴訟法第30條第1項及第2項的規定，移送訴訟裁定確定的時候，受移送之法院必須受其羈束。但是依據民事訴訟法第568條規定，離婚訴訟是屬於專屬管轄，則被移送的法院依據民事訴訟法第30條

如有急迫情形，應依當事人聲請或依職權為必要處分」。此所謂『必要處分』，係指保全證據或假扣押假處分等情形而言。」

[58] 最高法院87年台再字第9號裁定略以：「再審原告對於原第一、二審確定判決提起再審之訴，係以有民事訴訟法第四百九十六條第一項第一款、第三款所定事由為依據，依同法第四百九十九條第一項規定，應專屬原第二審法院即臺灣高等法院管轄，該法院裁定移送本院，顯有違誤，依同法第三十條第二項但書之規定，本院不受其羈束，自應依職權再移送於其管轄法院。」

第2項但書仍然可以將該訴訟移送到專屬管轄的法院。因此本例中，臺北地方法院仍然可以依據同條第2項但書的規定，將該離婚訴訟再移轉到桃園地方法院，由桃園地方法院來審理。

肆、移送裁定確定之效果

若原告如果已經繳納裁判費，或者是有時效上的問題等等，不能因為法院將訴訟移送的過程而受到損失，此即為民事訴訟法第31條規定的立法目的。因此當事人受移送以前，在法院所為的行為，例如捨棄、認諾、自認、調查證據以及所行的準備程序等，均對受移送之法院發生同等效力，受移送的法院必須依據移送時訴訟進行的程度來繼續進行。

試舉一例：被繼承人張政，在民國75年5月31日死亡，他的住所設在臺北，他的繼承人張明在同年7月30日具狀向桃園地方法院聲明拋棄繼承，桃園地方法院以無管轄權為理由，而在同年8月2日函送臺北地方法院辦理。請問此時臺北地方法院應如何處理？依據民法第1174條第2、3項的規定，繼承人拋棄其繼承權應於知悉其得繼承之時，三個月內以書面向法院為之，並以書面通知因其拋棄而應為繼承之人，而非訟事件法第144條規定，拋棄繼承的事件由繼承開始時被繼承人住所地的法院管轄。本例的情形，繼承人張明在法定期間內（即於知悉其得繼承之時起3個月內）向沒有管轄權的桃園地方法院作拋棄繼承，因為非訟事件法不似民事訴訟法第28條移送管轄以及第31條視為自始即繫屬於受移送法院的明文規定，且亦無準用民事訴訟法相關條文的規定，因此無管轄權的桃園地方法院，依法本來是應該以裁定來駁回拋棄繼承之聲明。但是本例的情形，桃園地方法院以裁定駁回聲明，而將該拋棄繼承之表示函送到臺北地方法院時，已經超過3個月的法定期間，因此臺北地方法院仍應將桃園地方法院所移送之該案件（拋棄繼承）以裁定駁回。

第二十四節　一事不再理與受理訴訟權限（審判權）

壹、一事不再理

民事訴訟法第31-1條規定：「起訴時法院有受理訴訟權限者，不因訴訟繫屬後事實及法律狀態變更而受影響（第1項）。訴訟已繫屬於不同審判權之法院者，當事人不得就同一事件向普通法院更行起訴（第2項）。」係於民國98年1月21日修法增訂，乃基於訴訟經濟及程序安定性之考量，受訴法院於起訴時有審判權者，不

應因訴訟繫屬後事實及法律狀態變更而變成無審判權，爰參酌行政訴訟法之規定加以明文。此外，當事人就同一事件，已經向不同審判權之法院（例如：行政法院）提起訴訟時，為尊重該法院之處理情形，以及避免裁判分歧，當事人依同條第2項規定即不得再向普通法院之民事庭更行起訴。惟為配合法院組織法於110年11月23日增訂第7-2條第1項、第2項規定，現已刪除本法第31-1條之規定[59]。

貳、審判權

民事訴訟法第31-2條係於民國98年1月21日增訂，為儘速確定審判權，如果普通法院已認定其有審判權並進而為裁判經確定者，即不容再由其他審判權法院為相異之認定[60]，應受該裁判之羈束，爰參酌行政訴訟法第12-2條第1項規定，於第1項明定之。惟為配合法院組織法於110年11月23日增訂第7-2條第2項、第7-3條及第7-7條規定，為避免重複規定，現行法已刪除本法第31-2條規定[61]。

審判權之衝突可分為積極衝突與消極衝突，積極衝突係指民事與行政法院均認該事件有審判權而實體審理，消極衝突係指民事與行政法院均認該事件無審判權而程序駁回原告之訴。司法院大法官釋字第595號協同意見書對於訴訟法之此些規定提出嚴厲之批評，本書甚表贊同，其協同理由書略以：「我國司法探公、私法案件分別歸由行政法院與普通法院審理的二元審判制度，訴訟事件公、私法性質之判斷因而顯得重要。惟公、私法判斷在許多情形並不容易，行政法院與普通法院均認不屬自己審理權限範圍的例子所在多有，雖最終可藉由大法官的統一解釋定紛止爭，

---

[59] 民國110年11月23日民事訴訟法異動條文及理由，參見立法院法律系統，網址：https://lis.ly.gov.tw/lglawc/lawsingle?008B58F2C469000000000000000000005A00000000CFFFFFD^04527110112300^00000000000（最後瀏覽日：113年8月8日）。

[60] 臺灣嘉義地方法院99年度訴字第51號裁定略以：「依據國軍老舊眷村改建條例第5條第1項規定，原眷戶享有承購眷舍及由政府給與輔助購宅款之權益。原眷戶死亡者，由配偶優先承受其權益；原眷戶與配偶均死亡者，由其子女承受其權益，餘均不得承受其權益。由該條例第1條規定可知，立法目的係為維護原眷戶權益、促進土地更新利用等，故眷戶是否存有配住承購權，實屬公法上案件，即不應由民事法院加以審酌，故職權移送有管轄權之行政法院。」

[61] 民國110年11月23日民事訴訟法異動條文及理由，參見立法院法律系統，網址：https://lis.ly.gov.tw/lglawc/lawsingle?008B58F2C469000000000000000000005A00000000CFFFFFD^04527110112300^00000000000（最後瀏覽日：113年8月8日）。

但人民仍須承擔因一開始選錯法院遭駁回（民訴§249Ⅰ第1款，行訴§107Ⅰ第1款參照）而喪失起訴利益的風險，金錢（已繳納之訴訟費用）與時間、精力等之損失更無論矣。對人民而言，事件性質為公法抑或私法，其實並不重要，儘速確定審判權之歸屬才是人民所關心的。迄目前為止，司法院大法官為解決審判權之消極衝突，已針對案件公、私法性質爭議作成多號統一解釋，惜歷次解釋始終很「守分地」僅就系爭事件之公、私法屬性作技術性判斷，未能就審判權消極衝突導致侵害人民訴訟權此一更為根本之問題進一步表示意見，實不無遺憾」[62]。關於消極衝突

---

[62] 司法院釋字第595號許宗力大法官協同意見書，對審判權衝突有深入而精闢之分析茲照錄如下：「本院釋字第四八二號解釋理由書闡釋憲法上保障訴訟權之意涵，乃人民司法上之受益權，即人民於其權利受侵害時，依法享有向法院提起適時審判之請求權，且包含聽審、公正程序、公開審判請求權及程序上之平等權等。訴訟法是具有服務、協助性質之法（dienendes Recht），目的在確保人民實體權利之實現，為使司法資源有效分配以及制度之運作順暢，避免濫訴或司法資源之不當消耗，人民接近使用法院之權利固可加以限制，惟其限制應具有合理性與可預見性，不能使人民因不可歸責於自己之事由，輾轉於法院而求無權利救濟之門，使服務人民權利之法搖身一變成為『懲罰』人民之法。審判權之劃分，有其歷史背景，遞嬗至今，若謂其具有審判專業化，使人民受專業法院更佳保護的功能，當不為過。惟即使如此，若人民在享有專業審判之同時，須自行負起判斷法院入口的責任，並承擔選擇錯誤的代價，無異於表示某一審判系統的法院有權逕自代表司法直接拒絕判斷錯誤之人民的救濟請求，而令其須重新選擇，重新起訴，不僅違背審判權之劃分係為服務人民之初衷，更對人民司法受益權形成過度之限制。尤其在國家行為多元化、生活複雜化的現代社會，公、私法之區分於學術界與實務界尚迭有爭議，未能有明確之標準，則藉由訴訟制度將其判斷困難之不利益全數轉嫁由人民承擔，確屬過苛。我國訴訟實務向來採取審判權與管轄權絕對區分的立場，固非無意義，惟對人民而言，這種概念的區分本應是為保護其司法受益權、確保其實現實體權利而設計，不應變成限制其訴訟權行使的陷阱。於同一司法權領域之範圍，法院的地位皆屬相同，僅是其審判之事件對象有所不同（註四），亦即審判權分配之規定，僅具有管轄規範之意義，不同審判機關所行使者，乃法律依案件性質對審判權所為之具體化權限，是以法院對不同審判系統受理訴訟權限爭議之處置，應本於法律就審理同審判機關內土地管轄或事物管轄錯誤時相同之規範意旨而為之（註五）。人民打開司法大門的金鑰應通行於各審判系統，各法院負有為轉換審理空間的義務，且不應區分審判權或管轄權之錯誤而異其處理，即使認為審判權之爭議仍須由本院大法官作終局認定，其聲請統一解釋之程序亦不應中斷訴訟繫屬，以兼顧人民已起訴所獲得之利益。綜上，現行訴訟實務之操作，如果以不具審判權為由而逕

及過去人民應負擔審判權入口法院選擇錯誤之風險，可能侵害人民之訴訟權，而有違憲疑義，因此民事訴訟法爲了不使訴訟審判權歸屬認定困難之不利益由當事人負擔，如普通法院認其對訴訟無審判權，應依職權以裁定移送至有審判權法院，參酌司法院大法官釋字第540號解釋意旨及行政訴訟法第12條之2第2項規定，於民事訴訟法第31-2條第2項[63]明定之[64]，稱爲職權移送制。爲使普通法院有無審判權能儘速

「行駁回人民之訴訟，即使『形式上』有法律之依據，就結果言，仍與拒絕人民之救濟請求無異，難脫違憲之指摘。修法明定法院之主動移送義務，固屬正辦（註六），惟修法前，相關法院仍不能坐視人民訴訟權遭受侵害之情事一再發生。本席等認爲，實務操作時，仍應根據憲法保障人民訴訟權之精神詮釋相關法律，特別是應貫徹釋字第四八二號解釋保障人民訴訟權之意旨，使人民無須承擔公、私法關係難以判斷之不利益，將審判權與管轄權區分之概念予以相對化，以緩和現行訴訟法制對人民訴訟權之限制。具體而言，民事法院法官就其受理之訴訟事件，認係公法上爭議，而應由行政法院審理者，經闡明法院就審判權所爲之判斷後，若原告請求法院將事件移送至行政法院，法院應類推適用民事訴訟法第二十八條第一項規定，以裁定將該訴訟事件移送有審判權之行政法院審理，僅在原告仍堅持請求民事法院就同一訴之聲明而爲裁判，始得依民事訴訟法第二百四十九條第一項第一款以裁定駁回；反之，行政法院就其受理之訴訟事件，認係私法上爭議，而應由民事法院審理者，亦應於當事人請求移送民事法院時，類推適用民事訴訟法第二十八條第一項規定，將該訴訟事件移送有受7理權限之民事法院審理，不得因該訴訟係私法上爭議而逕以裁定駁回。受移送之法院於移送之裁定確定後固應受其羈束而不得再行移送，惟該法院就其受理訴訟之權限，如與移送法院之見解有異時，當然仍得以裁定停止訴訟程序，並聲請司法院大法官解釋（註七）。但如果認爲類推適用民事訴訟法第二十八條以及限縮同法第二百四十九條第一項第一款的適用範圍，違背既有訴訟法基本原理原則，或偏離訴訟法立法者明顯可辦的基本價值與規範精神，就表示透過法律合憲解釋尋求問題解決之路徑已絕，則在適當時機宣告民事訴訟法相關法規範違憲，勢成唯一之選項了。」

[63] 民事訴訟法第31-2條規定已於民國110年11月23日修正時刪除，理由係爲配合法院組織法增訂第7-2條第3項、第7-3條及第7-7條規定，爰刪除本條規定。而本條已移列至法院組織法第7-2條第2項規定。立法院法律系統，民國110年11月23日民事訴訟法異動條文及理由，網址：https://lis.ly.gov.tw/lglawc/lawsingle?008B58F2C469000000000000000005A00000000CFFFFFD^04527110112300^00000000000（最後瀏覽日：113年8月8日）。

[64] 最高法院98年台抗字第477號裁定略以：「按普通法院認其無受理訴訟權限者，應依職權裁定將訴訟移送至有受理訴訟權限之管轄法院。普通法院爲前項裁定前，應先徵詢當事人之意見。此觀民事訴訟法第三十一條之二第二項、第五項規定自明。法律規定

確定，參酌行政訴訟法第12-2條第5項規定，於第3項規定如當事人對普通法院有無審判權有爭執者，普通法院應就此部分先為裁定。如普通法院認其無審判權，自應依民事訴訟法第31-2條第2項[65]為之。如普通法院認其有審判權之裁定確定，依同條第1項之規定，其他法院受該裁定之羈束。且為保障當事人權益，於同條第4項明定當事人對普通法院上開裁定，得為抗告。此外，為保障當事人之程序上權利，以及確保法院關於審判權有無之判斷正確，於同條第5項規定普通法院為同條第2項及第3項之裁定前，應先徵詢當事人之意見。

移送訴訟前如有急迫情形，普通法院應依當事人聲請或依職權為必要之處分；移送之裁定確定時，視為該訴訟自始即繫屬於受移送之法院，而法院書記官應速將裁定正本附入卷宗，送交受移送之法院等節，均與訴訟之全部或一部，法院認為無管轄權，而以裁定移送於其管轄法院之情形相同，故規定民事訴訟法第29、31條規定，於民事訴訟法第31-2條第2項[66]情形準用之。

至民事訴訟法第31-2條[67]與同法第182-1條之關聯性如下：若當事人向普通法院提起訴訟時，行政法院已有確定裁判認無受理訴訟之權限，而普通法院之見解與上開行政法院之見解有異時，係依第182-1條規定辦理；若當事人向普通法院起訴時，行政法院就該訴訟有無受理權限尚未有確定裁判，而普通法院認無受理訴訟之權限時，則依第31-2條第2項[68]之規定辦理，併此說明。

普通法院於裁定前應先徵詢當事人之意見，係為保障當事人之程序上權利，並使法院能正確判斷審判權之有無。」

[65] 同前註63。
[66] 同前註63。
[67] 同前註63。
[68] 同前註63。

| 第四章 |

法院職員之迴避

　　任何人均難免遇有情感及利害衝突之情形，法官亦不例外，因此法官迴避制度在世界各國之訴訟法是必要的。而民事訴訟法第32條至第39條之間所規定的法院職員的迴避即在解決此問題。立法目的乃因法院的職員，例如法官、書記官、通譯等執行審判或是與審判有關的職務時，必須公正無私；然而人類是有感情的動物，是非曲折難免有情感的作用，因此法院的職員（法官、檢察官、書記官、通譯等）如果與特定的訴訟案件有特殊關係時，在制度設計上自應規定必須要求其迴避，否則難免因為感情的作用而無法作出公正的判決。此外，民事訴訟原則採三級三審制，為顧及當事人之審級利益，如法官參與前審裁判時亦應迴避，以避免當事人實質上喪失審級利益，此法院職員迴避之第二個重要理由也。

第一節　法官應自行迴避之事由

　　依民事訴訟法第32條之規定，其第1款至第7款所定的事由，是屬於自行迴避，如有屬於該條第1款至第7款任何情形之一者，法官[1]必須不待聲請即自行迴避。

　　若法官為訴訟事件的當事人，法官的配偶為訴訟事件的當事人，法官的前任配偶為訴訟事件的當事人，或者是法官的未婚配偶為該訴訟事件的當事人，依據第32條第1款的規定，法官必須自行迴避，該款所稱的當事人，除了原告及被告外，還包括參加人，至於參加人的定義請參閱民事訴訟法第58條。

　　法官為訴訟事件當事人八親等內之血親或五親等內之姻親，或曾有此親屬關係者，即依同條第2款的規定，法官必須自行迴避。所謂「血親」就是指有血緣關係者，血親又可以分為直系血親及旁系血親。所謂直系血親就是指己身所從出或從己

---

[1]　本條所稱的推事即為法官，而推事此一名稱是因為日據時代稱法官為推事，而我國予以沿用。但是法院組織法修正後，已將推事正式更名為法官，以免人民誤解。

身所出的血親，例如父母、祖父母、子女、孫子女。而旁系血親就是指非直系血親但是與自己出於同源的血親而言（民§967Ⅰ、Ⅱ），例如堂兄弟姊妹以及親兄弟姊妹，都是屬於旁系血親。至於親等如何計算，依據民法第968條規定，直系血親的親等計算，是從己身從上或往下數，以一世為一親等，例如：父親是從己身向上數，以一世為一親等的話，那麼父親就是直系血親一親等，而祖父就是直系血親二親等；子女就是直系血親一親等，孫子女就是直系血親二親等。至於姻親的定義，依據民法第969條的規定，所謂「姻親」，包括血親的配偶、配偶的血親以及配偶的血親之配偶。

民事訴訟法第32條第3款所謂有共同權利人、共同義務人或償還義務人的關係。共同權利人的關係如法官與當事人是土地的共有人，或者是不可分的債權人；共同義務人的關係如法官與當事人為不可分債務人；償還義務人的關係如法官為當事人的保證人，或者是票據的背書人，都是屬於償還義務人。惟適用第3款，法官必須就該訴訟的事件，在法律上有直接的利害關係，才能適用第3款的規定自行迴避。如僅有間接的利害關係，則法官並不適用第3款迴避的理由，例如：甲股份有限公司為訴訟的原告，法官為該公司的股東。此種情形只是不符合第3款規定而自行迴避的要件，但如認為法官仍然有執行職務偏頗的可能，仍可依第33條第1項第2款的規定，聲請該法官迴避。

民事訴訟法第32條第4款所稱「法定代理人」，依民法規定未成年人以其父母為法定代理人，受監護宣告之人以其監護人為法定代理人，此外，實務上法人（公司）須以董事長為法定代理人。又民法第1122條規定，以永久共同生活為目的而同居之親屬團體稱為「家」，「家」置家長一人，其餘均為家屬（民§1123）。法官現為或曾為該訴訟事件當事人之法定代理人或家長、家屬者即應自行迴避。

民事訴訟法第32條第5款所稱訴訟代理人與「輔佐人」的定義（是輔佐當事人或訴訟代理人到場，為訴訟上陳述的人），請參照第十章解說。

民事訴訟法第32條第6款所稱證人或鑑定人，請參照民事訴訟法第298條及第324條。因為證人以及鑑定人依據法律有據實陳述的義務，例如：法官在該件訴訟中，曾經作過證人或鑑定人，就會造成陳述的證人就是審判的法官，則他的審判必定不能達到公平，因此規定必須要迴避。

民事訴訟法第32條第7款是所謂法官曾經參與該件訴訟的前審裁判[2]，例如：法

---

[2] 參司法院大法官釋字第256號解釋：「民事訴訟法第三十二條第七款關於法官應自行迴

官在同一個訴訟事件中，曾經就該民事訴訟事件之第一審作出判決，在判決之後因為人事調動，該名法官調到臺灣高等法院，而該件訴訟敗訴一方，又向高等法院提出上訴，此時如果在高等法院同一訴訟案件又分配到該名法官手中，就是屬於該款所謂的前審裁判，這個時候，同一個法官必須依據該條的規定自行迴避。按對於確定終局判決提起再審之訴者，其參與該確定終局判決之法官，依民事訴訟法第32條第7款規定，於再審程序，固應自行迴避，但其迴避以一次為限。故司法院大法官釋字第256號解釋謂：「民事訴訟法第32條第7款關於法官應自行迴避之規定，乃在使法官不得於其曾參與之裁判之救濟程序執行職務，以維審級之利益及裁判之公平。因此，法官曾參與訴訟事件之前審裁判或更審前之裁判者，固應自行迴避。對於確定終局判決提起再審之訴者，其參與該確定終局判決之法官，於再審程序，亦應自行迴避，惟其迴避以一次為限[3]。」

而所謂「更審前之裁判」，是指該件訴訟於下級審的法院裁判後，曾經上訴，由上級審的法院將原判決廢棄，發回原下級法院更審，而法官在事件發回更審以前，曾經參加該件下級審法院的原裁決而言[4]。因此針對前開規定修正，將原先在更審前曾參與該訴訟事件裁判的法官，不問係在何審級均包括在內的情況加以刪除，以因應實際狀況下，若該訴訟事件發回多次（譬如更審數次的情形），而原審法院法官員額較少，勢必發生無法官可執行職務的現實狀況。

避之規定，乃在使法官不得於其曾參與之裁判之救濟程序執行職務，以維審級之利益及裁判之公平。因此，法官曾參與訴訟事件之前審裁判或更審前之裁判者，固應自行迴避。對於確定終局判決提起再審之訴者，其參與該確定終局判決之法官，依同一理由，於再審程序，亦應自行迴避。惟各法院法官員額有限，參考行政訴訟法第六條第四款規定意旨，其迴避以一次為限。」

[3] 最高法院98年台再字第71號判決意旨略以：「次按對於確定終局判決提起再審之訴者，其參與該確定終局判決之法官，依民事訴訟法第三十二條第七款規定，於再審程序，固應自行迴避，但其迴避以一次為限。故司法院大法官釋字第二五六號解釋謂：民事訴訟法第三十二條第七款關於法官應自行迴避之規定，乃在使法官不得於其曾參與之裁判之救濟程序執行職務，以維審級之利益及裁判之公平。」

[4] 最高法院74年台抗字第20號判例略以：「(一) 民事訴訟法第三十二條第七款所謂更審前之裁判，係指下級審之裁判經上級審廢棄發回更審時，該更審前最後一次之下級審裁判而言。(二) 推事參與別一訴訟事件之裁判，於理由項下表示關於攻擊或防禦方法之意見及法律上之意見，對於現尚繫屬之訴訟事件當事人一造，縱有不利，亦不能認其執行職務有偏頗之虞。」

又民國92年2月7日依修正後第478條第4項規定，受發回或發交的法院，應以第三審法院所爲廢棄理由的法律上判斷爲其未來判斷基礎，故該訴訟事件於發回或發交後，縱仍由參與更審前裁判的法官來進行審理，亦不致有所偏頗，而有發生再爲迴避的必要性。

第二節　聲請法官迴避之事由

聲請法官迴避之事由主要係規定於民事訴訟法第33條，其所規定是由當事人來聲請法官迴避的事由，而同法第32條所規定是法官必須不待聲請而自行迴避。

民事訴訟法第33條第1項第1款的情形，立法的理由是因爲法官如果有第32條所規定必須自行迴避的情形，但因法官自己的誤解或法官的故意或過失，而不知道要迴避時，必須讓當事人有可以聲請的機會，以免因爲法官的疏失而造成審判上的不公平。因此法官如果有第32條所定的任何一種情形而不自行迴避，當事人可以依據民事訴訟法第33條第1項第1款的規定，以聲請的方式，聲請該名法官迴避，改由其他法官審判。凡是以同條第1項第1款，也就是法官應自行迴避而不迴避爲理由，而聲請法官迴避的時候，不論訴訟程序進行到何種程度，隨時都可聲請迴避。但是如果訴訟已經在法院終結，該名法官已完成審判作出判決，此時即不能再聲請。

而如果是以民事訴訟法第33條第1項第2款爲理由，聲請法官迴避的時間點，限制在該當事人就該件訴訟有所聲明或陳述以前，才可以聲請。如果已經就該訴訟有所聲明或陳述以後，依據這種情形，就可認爲他對該名法官的執行職務已經沒有偏頗的懷疑了，所以不允許他再依據本款之規定，聲請法官迴避[5]。

但有例外之情形，是同條第2項但書所規定的，如果聲請迴避的原因發生在聲明或陳述之後，例如：當事人本來與法官沒有仇恨，可是事後因爲其他的原因而發

---

[5] 最高法院98年台抗字第688號裁定略以：「按民事訴訟法第三十三條第一項第二款規定法官有應自行迴避而不自行迴避以外之情形，足認其執行職務有偏頗之虞，據而聲請法官迴避者，應以法官對於訴訟標的有特別利害關係，或與當事人之一造有密切之交誼或嫌怨，或基於其他情形客觀上足疑其爲不公平之審判者爲其原因事實（本院六十九年台抗字第四五七號判例參照）。且此種迴避原因，依同法第三十四條第二項、第二百八十四條之規定，應提出能即時調查之證據以釋明之。」最高法院98年台抗字第833號裁定、98年台抗字第951號裁定亦同其意旨。

生仇恨。或者是雖然說發生在前，可是當事人在聲明或陳述的時候還不知道，像是法官與對方當事人間有特殊的情感以及友誼，可是聲明或陳述的此方當事人卻不知道。此類情形，則沒有受到同條第2項本文限制的理由，因此如知悉在後，或者是原因發生在後時，當事人縱使已經作出聲明或陳述，仍然可以聲請法官迴避。

　　民事訴訟法第33條第1項第2款所謂法官執行職務有偏頗之虞，應以法官對於訴訟標的有特別利害關係或與當事人之一造有密切之交誼或嫌怨或基於其他情形客觀上足疑其為不公平之審判者為其事由，若僅憑當事人之主觀臆測，或不滿法官指揮訴訟欠當，則不得認其有偏頗之虞。最高法院29年抗字第56號判例既揭示「其他情形客觀上足疑法官為不公平之審判」者，為法官執行職務有偏頗之虞之情形，則當事人主觀上對法官法庭活動之感受，尚難等同於客觀之情狀，進而為該條款所定法官執行職務有偏頗之虞之認定。是受命法官於法庭中進行訴訟程序之繁簡或曉諭闡明法律關係之盡責與否，乃其指揮訴訟是否得宜之問題，非可遽謂其執行職務有偏頗之虞[6]。

第三節　聲請法官迴避之程式

　　聲請法官迴避必須以何種程序來進行，依據民事訴訟法第34條第1項之規定，聲請法官迴避應舉出原因，向法官所屬的法院聲請，且必須依據第34條第2項的規定，於三日內釋明[7]。所謂「釋明」，指必須提出相當的證據，而且是能及時調查的證據，法院相信他所舉出的原因是真實（參閱民訴§284），且此項釋明可於聲請同時釋明，如果沒有於聲請的同時釋明，至少亦應於聲請三日內加以釋明[8]。

---

[6] 最高法院97年台抗字第69號裁定略以：「所謂法官執行職務有偏頗之虞，應以法官對於訴訟標的有特別利害關係或與當事人之一造有密切之交誼或嫌怨或基於其他情形客觀上足疑其為不公平之審判者為其事由，若僅憑當事人之主觀臆測，或不滿法官指揮訴訟欠當，則不得認其有偏頗之虞。」

[7] 最高法院96年台抗字第274號裁定略以：「聲請人如欲聲請法官迴避，自應具體特定被聲請之對象，且應自為聲請之日起，於三日內提出能即時調查之證據以釋明之，否則被聲請迴避之法官並非必於該聲請事件終結前停止訴訟程序。」

[8] 最高法院29年抗字第247號判例：「聲請推事迴避之原因，依民事訴訟法第三十四條第二項及第二百八十四條，應自為聲請之日起，於三日內提出能即時調查之證據以釋明之。」

　　如果當事人聲請法官迴避是以迴避的原因發生在後或知悉在後，此時亦必須於聲請三日內釋明迴避的原因確實是知悉在後或發生在後。而被聲請迴避的法官，對於當事人的聲請迴避，可以自己提出見解（意見書），以便法院作出正確的裁定。

第四節　聲請法官迴避之裁定

　　聲請法官迴避，必須由該法官所屬的法院以合議裁定。所謂「以合議裁定」，即是不能由單獨一位法官來裁定，必須至少有三位法官以合議的方式來作出裁定。而且作此裁定的三位法官，不能包括被聲請迴避的法官，因其是被聲請迴避的對象，若由其參與合議，則失去聲請法官迴避的意義，是以依民事訴訟法第35條第2項之規定，被聲請迴避的法官，因為與自己有關，故不能參加合議[9]。

　　民事訴訟法第35條第1項所謂不足法定人數不能合議者，例如：在員額較少的法院，整個法院的法官只有三名，那麼其中有一名法官被聲請迴避，只剩下兩名法官，此時因為只有兩名法官，如果意見不一致的時候，無法以表決的方式來作出合議，就可以依據同條第1項後段，由法院的院長來裁定該法官是否應該迴避。但如果院長是被聲請迴避的法官，必須由直接上級法院來裁定，然因迴避的裁定，乃法官依法行使審判權的行為，理論上不應以辦理行政事務的院長名義為之。為避免引起一般社會大眾對此發生誤解，爰於民國92年2月7日修法將第1項「院長」修正為「兼院長之法官」；又此「兼院長之法官」當然亦包括最高法院的院長在內，此乃屬當然的事理。

9　最高法院98年台抗字第688號裁定略以：「然按法官迴避之聲請，由該法官所屬法院以合議裁定之；其因不足法定人數不能合議者，由兼院長之法官裁定之；如不能由兼院長之法官裁定者，由直接上級法院裁定之。聲請法官迴避之裁定，被聲請迴避之法官，不得參與。民事訴訟法第三十五條第一項、第二項訂有明文。查澎湖地院合議庭法官李宛玲雖係乙○○法官之配偶，然其並非被聲請迴避之法官，揆諸上揭規定，李宛玲法官就本件聲請法官迴避事件，自仍得參與裁定，不生法院組織不合法之問題。」

第五節　聲請法官迴避裁判時之救濟

　　聲請法官迴避，經裁定駁回者，聲請人如果不服可以抗告。所謂抗告，就是對法院的裁定不服而提起的救濟方式，且此抗告應包括再抗告在內[10]。至於對法院的判決不服，救濟方式是提起上訴。然因過去法律規定就抗告期間，原則上規定應於裁定送達後十日之不變期間內為之（民訴§487），之前曾例外規定為五日（§36、§100、§106、§115）。然卻在實務運作上因抗告期間長短不一，法院書記官製作裁定正本時，時有將抗告期間五日書為十日者，或將抗告期間十日書為五日者。因抗告期間依法為不變期間，非法院得任意延長，是以送達於當事人的裁定正本記載抗告期間縱有錯誤，其期間亦不因此而延長，當事人提起抗告，仍應於法律所定的期間內為之，因此將五日的抗告期間記載為十日，當事人因遲誤抗告期間而喪失抗告權利者，時有所聞，不僅有損當事人權益，且影響司法威信。訴訟事件抗告期間定為五日，多為應予迅速終結者，固屬有其必要，惟抗告期間五日與十日之差，影響於抗告事件是否應速結的情況甚微，為免處理上疏誤，損及當事人應有的法律權益，權衡得失，實有統一規定必要。是以民國92年修法時已將第487條抗告期間統一規定為十日。聲請法官迴避，如果沒有被裁定駁回而准許聲請人的聲請，裁定該法官應迴避時，因為就聲請當事人來講，已經准許他的請求，對另一方的當事人來講，也與訴訟的利益沒有關係，因此民事訴訟法第36條規定，如果聲請法官迴避獲准許的話，不論原、被告都不能再聲明不服。

第六節　聲請法官迴避之效力

　　依民事訴訟法第37條規定該聲請事件終結前應停止訴訟程序，所謂終結前係指當事人聲請法官迴避事件業經法院裁定而且已經裁定確定，或因其他事由（如：撤回）而終結者而言。在訴訟繫屬中，一經當事人聲請法官迴避，於該聲請事件終結前，法院即應依同法第37條停止訴訟程序，不得續行訴訟程序[11]。

---

[10] 最高法院91年台抗字第531號裁定意旨略以：「按聲請法官迴避經裁定駁回者，得五日內抗告，民事訴訟法第三十六條前段設有明文。此項抗告，應包括再抗告在內。」

[11] 最高法院78年台上字第1943號判例略以：「按推事被聲請迴避者，在該聲請事件終結前，應停止訴訟程序，民事訴訟法第三十七條第一項前段設有明文。所謂該聲請事

　　而當事人聲請法官迴避，有的確實具有民事訴訟法第33條規定的法定事由，但亦有並未具備該條的法定事由，為意圖拖延訴訟時間，而故意聲請法官迴避。就第一種情形而言，法官既然具有自行迴避的原因，或執行職務確實有偏頗的可能性，自然不應使該法官繼續執行職務，於此情形下，法官就必須停止訴訟的進行，才能收到迴避的效果[12]。而就第二種原因，如當事人隨意聲請法官迴避，該法官就必須停止訴訟程序的進行不得執行職務，那可能會造成鼓勵當事人隨意聲請法官迴避來拖延訴訟的進行。是以民事訴訟法第37條規定，如有下列三種情形之一時，被聲請迴避的法官，仍然可以繼承訴訟的程序，而不必停止訴訟程序：

　　一、如果聲請是違背民事訴訟法第33條第2項，已經就該事項有所聲明或陳述以後，法官縱使有迴避的聲請，亦不用依據第37條的規定，停止訴訟程序。因為當事人既然已經對本案的訴訟有所聲明或陳述之後，當然就已經對於法官執行職務沒有偏頗有所認識，才會對訴訟有所聲明或陳述。據此，法官就不用因為他的聲請而迴避。

　　二、如果聲請法官迴避沒有舉出原因，或迴避的原因發生在後或知悉在後都沒有提出任何證據，使法院相信為真實，那聲請的程序根本不合法律規定，法官亦不用因為聲請而停止訴訟程序。

　　三、如顯然聲請是為拖延訴訟程序，那此時仍沒有停止訴訟程序的必要[13]。例如：被告從調查證據一直到言詞辯論，整整半年內都沒有提出法官迴避的聲請，卻在言詞辯論終結前一刻，向法院聲請法官迴避，此時就可認為被告顯然只是想藉著

件終結，係指當事人聲請推事迴避事件業經法院裁定確定，或因其他事由而終結者而言。在訴訟繫屬中，一經當事人聲請推事迴避，於該聲請事件終結前，法院即不得續行訴訟程序。」

[12] 最高法院73年台上字第3385號判例略以：「推事被聲請迴避者，在該聲請事件終結前，應停止訴訟程序，為民事訴訟法第三十七條第一項前段所明定。本件上訴人於原審辯論終結後，以發見原審主辦推事及審判長推事有同法第三十三條第一項第二款所定聲請推事迴避之原因，聲請迴避。經查該聲請事件並未終結，乃竟不停止訴訟程序，而仍為終局裁判之行為並予上訴人敗訴，又未說明該聲請事件有同法第三十七條第一項但書之情形，自有未合。」

[13] 最高法院98年台上字第453號判決略以：「依首揭說明，應認其上訴為不合法。末查上訴人並非針對辦理具體個案之特定法官，舉其聲請法官迴避之具體原因並予釋明，其聲請自有民事訴訟法第三十七條第一項但書之情形。」

聲請法官迴避的手段，以達到拖延訴訟的目的。因此法院亦不必停止訴訟程序，否則，將使當事人任意濫行提起法官迴避，而造成法院的困擾。

第七節　職權裁定迴避及院長許可迴避

依據前述說明，法官迴避的情形有三種：

一、依第32條自行迴避。

二、依第33條由當事人聲請迴避。

三、不因法官自行迴避，也不是由當事人聲請而迴避，而是法院依據職權主動裁定某法官必須迴避。所謂「依職權」，是法院不待當事人的聲請，也不是法官自行迴避，而是法院發現某法官有應自行迴避的原因時，法院可以依職權主動以裁定要求該法官迴避。

民事訴訟法第38條之規定乃是因為法官常因個人因素、因故意或過失或法律見解的不當，致應迴避而未迴避。而當事人亦有可能是不懂法律，不知道要聲請法官迴避，此時如仍由該名法官審判案件，會造成不公平。因此法院如果發現法官有自行迴避的原因，而沒有自行迴避，當事人也沒有聲請迴避的時候，法院可以依據同條第1項的規定，依職權裁定法官迴避。

法官如果有民事訴訟法第33條第1項第2款的情形，認為有執行職務偏頗的可能，該法官雖不具備自行迴避的原因，不能依據第32條的規定自行迴避，若又沒有當事人的聲請，他就必須審判[14]。為彌補此漏洞，法官如認為自己有民事訴訟法第33條第1項第2款執行職務有偏頗的可能時，可自行報請兼院長之法官同意就可以迴避。

試舉一例：黃琳對孫泰提起民事訴訟，訴求返還借款，由王傳法官審判，但是王傳和原告黃琳是已經定有婚約的未婚夫妻關係，但王傳卻因為疏忽而沒有聲請自行迴避。而被告孫泰因為不懂法律也不知道聲請法官迴避，此時如果訴訟進行中，王傳所屬的法院發現，法官王傳和原告黃琳是未婚夫妻，法官已經具備民事訴訟法

---

[14] 最高法院30年聲字第70號判例意旨略以：「民事訴訟法未就推事求為迴避之裁定設有規定，故推事自思有應自行迴避之原因者，雖得舉其原因促同法第三十八條之法院或院長為同條之職權行動，然推事以為有第三十三條第一項第二款之情形請求裁判時，不得適用第三十八條依職權為迴避之裁定。」

第32條自行迴避的原因，因此法院可依據民事訴訟法第38條第1項之規定，依職權裁定該法官迴避。

第八節　書記官及通譯之迴避

　　法院的職員除法官以外，尚有書記官以及通譯。雖然書記官和通譯沒有直接掌理案件的審判，但是書記官和通譯執行職務，如果和當事人有特殊關係，亦有可能發生裁判書類的誤寫而產生偏頗，因此如果和當事人有民事訴訟法第32條至第38條所定的情形時，也應該准許當事人聲請書記官和通譯迴避。

　　法院的書記官，其職責包括掌理法院文書的記錄及編案，以及文牘統計和其他的事務。而所謂「通譯」（舊稱翻譯官），是傳達訊問人和被訊問人間的意思的人，法院在審判案件的時候都採言詞辯論，而法院在審判的時候必須使用中國的語言（法組§97），如果受訊問者不懂中國語言，就必須以通譯作為媒介來進行審判。

　　為建立公正之形象，司法事務官辦理相關事務時，應維持其公正、中立性，有關法官迴避之規定應予準用，爰於民國102年修正民事訴訟法第39條：「本節之規定，於司法事務官、法院書記官及通譯準用之。」新增司法事務官之準用。另依民事訴訟法第39條準用同法第33條第1項第2款規定聲請書記官迴避者，與聲請法官迴避同，應於訴訟程序終結前為之。如果訴訟程序業已終結，書記官之執行職務，已不足以影響審判之公平，即不得以其執行職務有偏頗之虞為由，聲請迴避[15]。

　　民事訴訟法第33條第1項第2款及第39條規定所謂足認法官或書記官執行職務有偏頗之虞者，當事人得聲請該法官、書記官迴避，係指法官或書記官於訴訟標的有特別利害關係，或與當事人之一造有密切之交誼或嫌怨或基於其他情形，客觀上足疑其不公平之審判或紀錄者為其原因事實，若僅憑當事人之主觀臆測或不滿意法

---

[15] 參最高法院71年台聲字第123號判例：「依民事訴訟法第三十九條準用同法第三十三條第一項第二款規定聲請書記官迴避者，與聲請推事迴避同，應於訴訟程序終結前為之。如果訴訟程序業已終結，書記官之執行職務，已不足以影響審判之公平，即不得以其執行職務有偏頗之虞為由，聲請迴避。」

官進行訴訟遲緩或認法官指揮訴訟欠當，則不得謂其有偏頗之虞，據以聲請法官或書記官迴避[16]。

---

[16] 參最高法院83年台抗字第465號裁定略以：「民事訴訟法第三十三條第一項第二款及第三十九條規定所謂足認法官或書記官執行職務有偏頗之虞者，當事人得聲請該法官、書記官迴避，係指法官或書記官於訴訟標的有特別利害關係，或與當事人之一造有密切之交誼或嫌怨或基於其他情形，客觀上足疑其不公平之審判或紀錄者為其原因事實，若僅憑當事人之主觀臆測或不滿意法官進行訴訟遲緩或認法官指揮訴訟欠當，則不得謂其有偏頗之虞，據以聲請法官或書記官迴避。」

第五章
訴之利益[1]

第一節　意義

　　訴之利益，係為各個具體的個案中判斷對該紛爭（以關於該請求的內容本身為著眼點）下本案判決的必要性及其實效性，所設之特別訴訟要件。亦即當事人所提之訴訟，必須可藉本案之實體判決在實際上有效的解決紛爭，始有訴之利益。是以，所謂訴之利益係指要求法院下本案判決之必要性及實際效用。

　　就以紛爭解決的「必要性」（即法院有為下本案判決解決紛爭之必要）及「實效性」（即法院對本案為判決後對於兩造雙方之紛爭解決發生實際之效用）為內容的訴之利益，必須由原告、被告及法院三者的立場及利益，平衡地加以綜合判斷。

　　由原告的立場觀之，其判斷之要點在於對其所主張的實體上的權益地位，是否得以透過民事訴訟之制度機制予以保障。但若係由被告的立場觀之，則有其他不同之利益考慮。首先對被告所考慮之利益而言，乃在於避免無益之訴訟產生防禦之負擔，而期法院迅速將該訴訟予以駁回，同時亦可達抑制該等訴訟提起的預防功能；再者被告考量之利益在於法院審理後為原告敗訴，被告勝訴之判決，以保障個人之法律地位。另外若跳脫於訴訟兩造雙方之立場，而以法院的立場觀之，其重心則在於對國家司法資源作有效率的運用，避免無益訴訟所造成的浪費。就其最廣義的範圍，會涉及國家審判權的界限問題，就此會關涉到有關憲法層次的訴訟權保障範圍及三權分立之界限，例如原告起訴請求法院宣告或解釋某一個抽象法條的內涵，而不涉及具體的案件或紛爭。

---

[1]　參照駱永家，民事訴訟法Ⅰ，1999年3月8版，頁93以下；邱聯恭，口述民事訴訟法講義(二)，2010年筆記版，頁93以下；邱聯恭，口述民事訴訟法講義(一)，2010年筆記版，頁279以下；楊建華，問題研析民事訴訟法(二)，2010年10月再版，頁768-773、812-826。

因此透過原告、被告以及法院三方不同角度予以觀察，訴之利益之核心價值在於避免原告動輒起訴強制被告答辯，而產生應訴之煩的負面效果。而國家就訴訟制度亦有一定之限制，不得無限制的擴大法院的編制。

第二節　類型

訴之利益，可分為兩大類型，分別是客觀訴之利益及主觀訴之利益[2]，茲分述如下：

壹、客觀訴之利益

一、意義

又稱為權利保護必要，係指原告之訴具有值得保護之利益，值得動用司法之資源為其服務，而具有判決之實現的必要性，其主要目的在於排除無法或不必要以訴訟來保護之案件，藉以避免民眾濫用訴訟制度。

二、各種訴之類型之訴之利益

訴之利益有給付、確認、形成三種之訴所共同者，以及各該訴所固有者。訴之利益係就請求之內容下判斷所須具備之前提要件。如無訴之利益，法院不得為本案判決，而應以裁定或訴訟判決駁回之。

(一) 各種之訴所共同之訴之利益

各種之訴所共同之訴之利益，依學者之見解可分為三種態樣[3]，首先法律上不允許起訴者，無論是何種訴訟類型，當然無訴之利益。如就同一事件重複起訴（民訴§253）；於本案終局判決後將訴撤回復提起同一之訴（民訴§263 II）；於確定判決後，就同一事件更行起訴（民訴§400 I）等均屬適例。

再者，當事人若對於某法律關係依合意而不利用判決程序之情形者，則可認

---

[2] 學者駱永家則將訴之利益區分為三大類，即請求適格、權利保護必要（客觀或稱之為狹義訴之利益），以及當事人適格（主觀訴之利益）。見駱永家，民事訴訟法 I，1999年3月8版，頁93-94。

[3] 參照駱永家，民事訴訟法 I，1999年3月8版，頁94-95。

定嗣後當事人據此提起之訴無訴之利益，如仲裁契約、不起訴之合意等均屬之。最後，在法律規範上，亦有於通常之訴外，設有特殊程序者，若當事人不依其特別程序，反而向法院起訴時，則應認為所提起之訴訟並無訴之利益。如訴訟費用確定程序（民訴§91）、對執行方法之異議（強執§12）等。

(二) 各種之訴個別之訴之利益

1. 給付之訴

　　對於民事訴訟法之給付之訴，可依據給付之時點分為現在給付之訴與將來給付之訴，是對於訴之利益是否存在，兩者亦有所不同，詳言之：

　　對於原告所提起之現在給付之訴而言，只需主張給付受領權已屆履行期，即應肯定其具有訴之利益，不必顧慮未來強制執行之實效性。但對於受讓具有確定判決債權之受讓人而言，由於已享有既判力和執行力，故解釋上此債權受讓人對債務人並無提起獨立的給付之訴的訴之利益[4]。

　　至於將來給付之訴，規範於民事訴訟法第246條，當債務人有到期不履行之虞時，債權人即可提起將來給付之訴。所提起之將來給付之訴是否具有訴之利益則應以「有預為請求之必要者」，始足當之。其必要性之有無，可以從債務人之態度及給付義務之性質為其判斷。

　　例如：於一種繼續性之給付或反覆給付（租金給付爭議等），倘已屆清償期之部分，債務人不履行，通常均可認定不能夠期待債務人將來就未到期部分會確實地履行，因此對於租金給付之訴，可以認為出租人就將來才屆履行期之給付部分亦可與現在到期之部分一併提起訴訟請求給付。另外，由債權之性質觀之，如縱使些許之給付遲延亦會無法達成債之本旨（如明定履行期日之一定行為請求）或如給付遲延會造成極大之損害之請求（如扶養之請求），肯認其有訴之利益，或就現在給付之訴合併提起將來代償給付之訴時，就代償之請求亦有訴之利益[5]。

2. 確認之訴

　　對於確認之訴之訴之利益而言是否存在，判斷上係以受確認之法律關係，在

---

[4]　對此，對受讓債權人之債權若有執行無結果或妨害時，應依強制執行法第12條聲明異議，以為救濟，參照駱永家，民事訴訟法Ⅰ，1999年3月8版，頁96。

[5]　參照邱聯恭，口述民事訴訟法講義(二)，2010年筆記版，頁105。

內容上則爲「有即受確認判決的法律上利益」而言，而該利益一般解釋爲「法律關係的存否於當事人間不明確，因其不明確致原告的權利或其他法律上的地位有不安的危險，此項不安的危險得以藉確認判決之既判力加以除去者[6]。是以具備「因法律關係之存否不明確，致原告在私法上之地位有受侵害之危險，而此項危險得以對於被告之確認判決除去之者」，即爲有即受確認判決之法律上利益，得提起確認訴訟，反之若法律關係雖有不安之狀態，但其不安之狀態非可以透過判決將其除去者，則不能認爲其有確認之利益[7]。此種不安定之法律狀態，概念上如同刑法上之具體危險犯，不以將來確定發生實害爲必要。至於確認法律關係成立或不成立之訴（消極確認之訴），實務見解指出僅需其中一當事人否認該法律關係即可以其爲被告提起之[8]。

3. 形成之訴

由於得提起形成之訴之情形基本上以法律明文的規定爲限，因此其訴之利益的判斷亦以法律對提起形成之訴所爲的規定作爲判斷的基準。因此，原則上，依法律之明文規定得提起形成之訴者，即認其有訴之利益[9]。如民法第1052條規定裁判離婚之要件，夫妻一方提起離婚訴訟時，須符合該條所訂之各款離婚事由要件，始得以認爲所提起之形成之訴具有訴之利益。

較有疑問者乃爲如果在訴訟程序進行中，原告所訴請變更的法律關係，已因其他事由之發生，而產生與其所請求變化相同的法律關係狀態時，應否認爲該形成訴訟仍有訴之利益的問題，典型之例子爲訴請離婚的訴訟進行中，當事人已協議離

---

[6] 最高法院42年台上字第1031號判例。最高法院52年度台上字第1240號判例略以：「確認之訴非原告有即受確認判決之法律上利益者，不得提起。所謂即受確認判決之法律上利益，係指法律關係之存否不明確，原告主觀上認其在法律上之地位有不安之狀態存在，且此種不安之狀態，能以確認判決將之除去者而言，若縱經法院判決確認，亦不能除去其不安之狀態者，即難認有受確認判決之法律上利益。」

[7] 參照駱永家，民事訴訟法 I，1999年3月8版，頁100。

[8] 最高法院93年度台上字第1987號判決略以：「確認法律關係成立或不成立之訴，如有即受確認判決之法律上利益，縱其所求確認者爲他人間之法律關係，不論爲積極或消極確認之訴，固均非不得提起，且第三人（原告）否認當事人間之法律關係存在而提起消極確認之訴，如當事人中有一方同時否認該法律關係存在者，亦祇須以主張法律關係存在之他方爲被告爲已足，無以該法律關係之雙方當事人爲共同被告之必要。」

[9] 參照駱永家，民事訴訟法 I，1999年3月8版，頁102。

婚；訴請撤銷股東會選任董事之決議，而於訴訟完結前該董事已因任期屆滿而退任[10]。

貳、主觀訴之利益

一、意義

主觀訴之利益又稱爲當事人適格，係指當事人於具體之訴訟就成爲訴訟標的之權利義務關係有請求法院爲本案判決之資格。此種資格，稱爲訴訟實施權或訴訟行爲權。一般而言，訴訟標的之主體通常爲適格之當事人。雖非訴訟標的之主體，但就該訴訟標的之權利或法律關係有管理或處分權者，亦爲適格之當事人。又在給付之訴，只須原告主張對被告有給付請求權者，其爲原告之當事人適格即無欠缺[11]。

二、當事人適格之判斷基準

原則上無論是何種訴訟類型，只要訴訟當事人爲訴訟標的之（實體法上）法律關係之歸屬主體，或應受容認判決保護之法律上利害之歸屬主體，即可認定具有當事人適格[12]。

但並非是所有具備實體法上法律關係權利義務之歸屬主體，在訴訟上皆具備有當事人適格，例外於訴訟擔當之情況時，即非基於本人之意思，第三人依法律之規定有訴訟實施權之情形（法定訴訟擔當），或是權利人以其意思就其權利授與第三人以訴訟實施權而言（任意訴訟擔當），此時雖非權利歸屬主體其亦具有當事人適格，例如：依破產法第75、90、92條第13款規定，受選任爲破產管理人，此時雖其非實體上法律關係之歸屬主題，但依破產法之規定，破產管理人具有當事人適格。而在遺產管理人、遺囑執行人亦屬非權利主體，但例外依法律取得當事人適格之適例。此外，關於任意訴訟擔當之適例，例如：依據民事訴訟法第41條選定當事人制度，使被選定人能以自己之名義爲其他選定人來實施訴訟，亦屬當事人適格之例外情形[13]。

---

[10] 參照邱聯恭，口述民事訴訟法講義(二)，2010年筆記版，頁120。

[11] 最高法院96年台上字第1780號判決。

[12] 參照邱聯恭，口述民事訴訟法講義(一)，2010年筆記版，頁283-284。

[13] 參照邱聯恭，口述民事訴訟法講義(一)，2010年筆記版，頁285；駱永家，民事訴訟法 I，1999年3月8版，頁105-106。

三、各種之訴訟類型之當事人適格之判斷基準

(一) 給付之訴

給付之訴，學說上主張自己之給付受領權之人有原告適格，被視作爲給付義務人者，則具備被告適格。是以，只要主張係給付受領人，即不得不認有原告適格，又以此人爲給付義務之人爲有被告適格，而爲本案之審理[14]。實務亦採相同認定標準[15]。

(二) 確認之訴

確認之訴中，學理上認爲判斷當事人適格應以就該請求有確認之利益之人爲原告，而就該確認有反對利益之人爲被告。故可以認定於確認之訴中，係以確認利益之實質歸屬，決定當事人適格[16]。實務見解亦同[17]。

(三) 形成之訴

形成之訴，自爲變更或創設法律關係，應由何人提起，以及以何人爲對造爲必要之觀點，而多由法規本身規定有當事人適格之人[18]，是以形成之訴之判斷上，究竟是否具備當事人適格，應以法規本身所規範之對象而定。

(四) 固有必要共同訴訟之當事人適格

依據民事訴訟法第56條第1項之規定，固有必要共同訴訟人，必須成爲共同訴訟人，一起爲原告或被告，否則即欠缺當事人適格。是以屬於固有必要共同訴訟之

---

[14] 參照駱永家，民事訴訟法Ⅰ，1999年3月8版，頁103。

[15] 最高法院86年度台上字第16號判決略以：「當事人適格，乃指當事人就具體特定訴訟標的有無實施訴訟之權能而言，此項權能之有無，應依當事人與特定訴訟標的之關係定之。倘原告主張其爲訴訟標的法律關係之權利主體，或主張他造爲訴訟標的之法律關係之義務主體，其當事人即爲適格，至其是否確爲權利人或他造是否確爲義務人，乃爲訴訟標的之法律關係在實體上有無理由問題，非爲當事人適格之欠缺。」

[16] 參照駱永家，民事訴訟法Ⅰ，1999年3月8版，頁104。

[17] 最高法院49年度台上字第188號判例：「上訴人縱使對於非其所有之不動產主張爲其所有，提起確認所有權存在之訴，亦屬關於訴訟標的之法律關係要件存否之問題，並非關於當事人適格之要件有所欠缺。」

[18] 參照駱永家，民事訴訟法Ⅰ，1999年3月8版，頁104。

情形時（例如共有物分割之訴、公同共有債權之權利行使[19]），如僅向一部分人提起訴訟之時，該訴訟即欠缺當事人適格，而屬不合法[20]。

第三節　當事人適格在訴訟上之處理

對於當事人於法院之起訴，欠缺當事人適格者，我國實務見解係透過具體訴權理論之脈絡予以推演，認定當事人適格為權利保護要件，故在欠缺當事人適格之情況時，屬於權利保護要件之欠缺，應以其訴無理由以判決駁回之[21]，如最高法院27年上字第2964號判例：「當事人適格為訴權存在要件之一，原告就為訴訟標的之法律關係如無訴訟實施權，當事人即非適格，其訴權存在之要件，亦即不能認為具備，法院自應認其訴無理由予以駁回。」即屬適例。又實務亦認為當事人適格之要件，法院得不命補正即得逕予駁回[22]。但學者認為，法院現行實務對於當事人適格欠缺之處理，實有疑義，蓋當事人適格為本案判決之前提要件，若依實務現行之作法，欠缺當事人適格直接依民事訴訟法第249條第2項規定判決駁回，將導致當事人欠缺得以補正之機會（如於固有必要共同訴訟之情況），損及當事人權益，是以基於便利起訴以解決紛爭、主張權利之觀點，自宜從寬認定當事人有補正之機會，始為適當[23]。

---

[19] 最高法院104年度第3次民事庭會議(一)決議：「公同共有債權人起訴請求債務人履行債務，係公同共有債權之權利行使，非屬回復公同共有債權之請求，尚無民法第八百二十一條規定之準用；而應依同法第八百三十一條準用第八百二十八條第三項規定，除法律另有規定外，須得其他公同共有人全體之同意，或由公同共有人全體為原告，其當事人之適格始無欠缺。」

[20] 參照駱永家，民事訴訟法 I，1999年3月8版，頁105。

[21] 參照楊建華，問題研析民事訴訟法(二)，2010年10月再版，頁812。

[22] 最高法院27年度上字第2026號判例：「法院於民事訴訟法第四十一條之被選定人認為資格有欠缺而可以補正者，依同法第五十條準用第四十九條之規定，固應定期間命其補正，惟其他當事人之適格有欠缺之一般情形，既無準用第四十九條之明文，縱令其欠缺可以補正者，亦不得以法院未定期間命其補正，指為違法。」

[23] 參照邱聯恭，口述民事訴訟法講義(一)，2010年筆記版，頁362。

第六章
當事人能力

第一節　當事人與當事人能力之概念

　　所謂「當事人」，係指民事訴訟中以自己名義向法院請求解決私權爭議之人以及其相對人，即是原告以及被告，皆謂訴訟當事人。至於當事人能力則是指有資格成為訴訟當事人者，是以當事人與當事人能力兩者概念上應予區別。凡是以自己的名義作原告或被告的人，才是民事訴訟法所稱的當事人，例如：甲委任王律師提起民事訴訟，則王律師是以他人的名義作為訴訟事件的代理人，因此王律師雖然代理甲打民事官司，但是王律師僅僅是訴訟事件的代理人而非當事人。

第二節　具備當事人能力之判斷

　　並非任何人或任何團體都可以作為民事訴訟事件的當事人，必須符合民事訴訟法第40條所規定，具有當事人能力才可作為民事訴訟的當事人。是以，具有民事訴訟當事人能力者包括下列各項：

　　一、自然人：所謂「自然人」，即因出生而存在於自然界之人，不論任何人，只要是自然人，依據民法都有權利能力。因此依據民事訴訟法第40條第1項之規定都有當事人能力，而且只要是出生以後、死亡之前，不論他是屬於精神病患、植物人或是被褫奪公權者都有當事人能力，不因為任何關係而受到影響。

　　二、法人：所謂「法人」，是指依據法令而設立登記的社團法人、財團法人或營利法人均屬之（例如：公司）。至於分公司，實務見解認為分公司係總公司分設之獨立機構，就其業務範圍內之事項涉訟時，自有當事人能力[1]。而即便就分公司

---

[1] 最高法院40年度台上字第105號判例及最高法院40年度台上字第39號判例。

之業務範圍，亦得以總公司名義起訴[2]。

三、胎兒：依民法第6條人之權利能力，始於出生，終於死亡，因此原則上固然必須以已經出生的自然人，才有當事人能力。但因依據民法第7條的規定，胎兒，關於其權利的保護，視為既已出生。因此可知，如果關於胎兒之利益保護的時候，法律規定其視同已經出生。既然視為已經出生，所以關於胎兒享受的利益範圍內，必須讓他有當事人能力，否則胎兒所享受的利益如果遭到剝奪時，民法上規定其有權利能力亦是無法發揮作用。因此，胎兒，關於其可享受之利益，有當事人能力（民訴§40Ⅱ）。

至於如果不是關於胎兒可以享受的利益（例如：請求胎兒要負擔義務之訴訟），那胎兒就不具有當事人能力，因為他尚未出生，還沒有權利能力，也不具備當事人能力。例如：甲向胎兒以及胎兒的母親提起訴訟，要求胎兒和母親連帶給付債務，此非關於胎兒可以享受的利益，而是債務，因此胎兒此時並沒有當事人能力。

四、非法人團體[3]：依據民法規定，非法人團體並沒有權利能力，再依據民事訴訟法第40條第1項、第2項的規定，也是沒有權利能力，不過法律既然容許該團體的設立及存在，而且該團體平常交易都以該團體的名義，因此為了使訴訟方便起見，同條第3項規定，使非法人團體取得可以作為民事訴訟當事人的資格[4]。而非法人團體必須具備多數人依據法律或章程組織而成，有名稱、有目的、有事務所或會址，而且必須有與團體成員、個人財產相分離的獨立財產，並設有代表人或管理

---

[2] 最高法院66年度台上字第3470號判例略以：「分公司為受本公司管轄之分支機構，並無獨立之財產，為謀訴訟上便利，現行判例雖從寬認分公司就其業務範圍內之事項涉訟，有當事人能力，但不能執此而謂關於分公司業務範圍內之事項，不得以總公司名義起訴。」

[3] 最高法院74年台上字第1359號判例略以：「臺灣之祭祀公業並無當事人能力，故關於祭祀公業之訴訟，應由其派下全體起訴或被訴，但設有管理人者，得以該管理人名義起訴或被訴。而關於祭祀公業之訴訟，以管理人名義起訴或被訴者，當事人欄應表明其為祭祀公業管理人，以表示其非以自己名義起訴或被訴。」

[4] 最高法院67年台上字第865號判例：「民事訴訟法第四十條第三項固規定『非法人之團體，設有代表人或管理人者，有當事人能力』，並可據此規定，認非法人團體於民事訴訟得為確定私權請求之人或為其相對人。惟此乃程序法對非法人團體認其有形式上之當事人能力，尚不能因之而謂非法人團體有實體上之權利能力。」

人，但是卻沒有法人人格的團體，才符合第40條第3項所謂的非法人團體[5]，例如：某某股份有限公司籌備處尚未完成登記以前，是屬於非法人的團體[6]。又關於祭祀公業，若依祭祀公業條例經登記爲法人者，並列管理人爲其法定代理人，則有當事人能力[7]。再如，實務上常見之合夥商號，實務見解認爲，向合夥起訴請求時，無庸列併列合夥人爲共同被告[8]；至於獨資商號並無當事人能力[9]。另關於公寓大

---

[5] 最高法院39年台上字第1227號判例：「同鄉會已組織而未依法取得法人之資格者，雖不得認爲法人，然仍不失爲非法人之團體，查非法人之團體設有代表人或管理人者，當事人能力，爲民事訴訟法第四十條第三項所明定，此項代表人或管理人爲該團體與人涉訟時，自應以該團體爲當事人，而由此項代表人或管理人爲其法定代理人。」最高法院39年台上字第1227號判例：「民事訴訟法第四十條第三項所謂非法人之團體設有代表人或管理人者，必須有一定之名稱及事務所或營業所，並有一定之目的及獨立之財產者，始足以當之。」

[6] 最高法院20年上字第1924號判例：「公司未經登記雖不得認爲法人，然仍不失爲訴訟當事人之團體。」

[7] 最高法院97年度第2次民事庭會議決議略以：「一、祭祀公業經登記爲法人者，應依記載法人之例，載爲『○○法人某祭祀公業』，並列管理人爲其法定代理人。二、祭祀公業尚未登記爲法人者，應按非法人團體之例，載爲『某祭祀公業』，並列管理人爲其法定代理人。三、訴訟已繫屬於本院者，在原審關於祭祀公業之記載，係以管理人自己名義爲祭祀公業任訴訟當事人之方式記載，祇須當事人欄內予以改列，藉資更正，不生當事人能力欠缺之問題。」

[8] 最高法院66年度第9次民庭庭推總會議決議略以：「合夥財產不足清償合夥之債務，爲各合夥人連帶責任之發生要件，債權人求命合夥人之一對於不足之額連帶清償，應就此存在要件負舉證之責（本院二十九年上字第一四○○號判例）。此與保證債務於保證契約成立時即已發生債務之情形有間，故在未證實合夥財產不足清償合夥債務之前，債權人對於各合夥人連帶清償之請求權，尚未發生，即不得將合夥人併列爲被告，而命其爲補充性之給付。況對於合夥之執行名義，實質上即爲對全體合夥人之執行名義，故司法院院字第九一八號解釋『原確定判決，雖僅令合夥團體履行債務，但合夥財產不足清償時，自得對合夥人執行。』是實務上尤無於合夥（全體合夥人）之外，再列某一合夥人爲共同被告之理。」

[9] 最高法院44年台上字第271號判例略以：「某商行爲某甲獨資經營，固難認爲有當事人能力，但某甲在一、二兩審既以法定代理人名義，代其自己獨資經營之某商行而爲訴訟行爲，與實際上自爲當事人無異，祇應於當事人欄內予以改列，藉資糾正，不生當事人能力欠缺之問題。」

廈管理委員會,依公寓大廈管理條例第38條第1項規定:「管理委員會有當事人能力[10]。」

　　非法人之團體雖無權利能力,然日常用其團體之名義為交易者比比皆是,民事訴訟法第40條第3項為應此實際上之需要,特規定此等團體設有代表人或管理人者,亦有當事人能力,許其為確定私權之請求,最高法院50年台上字第2719號判例意旨足供參考。又合夥財產,為合夥人全體公同共有,於合夥關係存續中,執行合夥事業之合夥人為他合夥人之代表,其為合夥取得之物及權利,亦屬合夥人全體公同共有,最高法院64年台上字第1923號判例可資參照。故合夥雖無權利能力,惟執行合夥事業之合夥人仍非不得以合夥名義與人為交易,而將其取得之物或權利歸屬全體合夥人公同共有;準此,執行合夥事業之合夥人以合夥名義參與投標,應買法院拍賣之不動產,自非法所不許[11]。

　　五、中央或地方機關:按當事人能力之有無,原則上以權利能力之有無為準,除前述自然人、法人、胎兒、非法人團體以外,為因應實際上之需要,特別將中央或地方機關(包括政府機關、公營事業、學校及軍隊等),原無獨立之人格,本不得為訴訟之主體。惟實務上中央或地方機關基於法律之授權執行其職務,皆係以其機關名義在私法上行使權利或負擔義務,若不認其可為訴訟主體,不獨不足以維護交易之安全,且有違訴訟經濟之原則,故歷來解釋及判例均認中央或地方機關得代表公法人起訴或應訴(參見司法院院字第2809號解釋,最高法院18年上字第305號及51年台上字第2680號判例而予以納入修正)。為因應實務上需要及法律的一致性,爰於民國92年修正時增設民事訴訟法第40條第4項,明定中央或地方機關,具有當事人能力,可以作為民事訴訟的原、被告,惟實務上仍經常有法院將行政機關誤認為法人。

---

[10] 最高法院98年台上字第790號判決略以:「於民事訴訟法已有第四十條第三項:『非法人之團體,設有代表人或管理人者,有當事人能力』規定之外,公寓大廈管理條例更於第三十八條第一項明文規定:『管理委員會有當事人能力』,明文承認管委會具有成為訴訟上當事人之資格,得以其名義起訴或被訴,就與其執行職務相關之民事紛爭享有訴訟實施權……。」

[11] 最高法院99年台抗字第103號裁定略以:「故合夥雖無權利能力,惟執行合夥事業之合夥人仍非不得以合夥名義與人為交易,而將其取得之物或權利歸屬全體合夥人公同共有;準此,執行合夥事業之合夥人以合夥名義參與投標,應買法院拍賣之不動產,自非法所不許。」

　　試舉一例：如新北市三峽區市場管理委員會與相對人劉克簽訂不動產買賣契約，起訴請求劉克辦理所有權移轉登記，請問法院應如何處理？本題之三峽區市場管理委員會雖然是依法成立且有財產，屬於設有代表人、管理人的非法人團體，依據民事訴訟法第40條第3項之規定，它具有可以作為民事訴訟的原告和被告之當事人能力，然而非法人團體取得當事人能力僅是為方便訴訟而便宜承認它在訴訟法上具有當事人能力，並不表示它在實體法（民法上）就具有權利能力。換言之，民事訴訟法第40條第3項之規定，非法人團體有當事人能力，只是程序法上要圖訴訟進行的方便以解決爭議事件，並非是要以該條的規定而使非法人團體具有權利能力，否則非法人團體就與法人沒有區別，因此非法人團體在訴訟上仍然不能請求法院判決其可登記為不動產登記的所有人。本例中三峽區市場管理委員會訴請劉克辦理所有權移轉登記，它提起之訴訟雖然可以肯定其有當事人能力，但訴訟在判決實體結果並不能獲得准許，若不變更請求之聲請，原告將會遭判決駁回原告之訴。

第七章
訴訟能力

第一節　訴訟能力之意義

　　所謂訴訟能力是指於訴訟法上當事人或參加人具有一定能力可獨自爲有效訴訟行爲或接受訴訟行爲，其所必要之能力[1]。另關於家事事件法上另稱之爲程序能力（參家事§14），該法亦設有程序監理人代爲訴訟行爲之規定（參家事§15）。

　　民事訴訟法第40條所指的是當事人能力，但是有當事人能力者未必具有訴訟能力，是以民事訴訟法第45條規定，能獨立以法律行爲負擔義務者，有訴訟能力。例如：6歲大的小孩，依據民事訴訟法第40條的規定，他因爲是自然人，已經出生，具有當事人能力，可以作爲民事訴訟的原告或被告，然而因爲他年僅6歲，依據民法規定，是沒有行爲能力之人，所以他並沒有辦法獨立依法律行爲來負擔義務，6歲的未成年人並不具有訴訟能力，一定要有法定代理人，代理其爲訴訟上的行爲。

　　本國人有訴訟能力包括成年人，而滿7歲未滿18歲的限制行爲能力人，經過法定代理人的允許爲獨立營業，依據民法第85條之規定，該限制行爲能力人，關於其營業上之行爲有行爲能力，所以在營業上相關之行爲部分，他當然也有訴訟能力（64年第5次民庭庭推總會議決議）[2]。

---

[1] 最高法院92年台上字第351號判決意旨略以：「所謂訴訟能力，乃當事人能自爲訴訟行爲，或委由訴訟代理人代爲訴訟行爲之能力，與民法之行爲能力相當。凡能獨立以法律行爲負義務之人，即能辨識利害得失之人，既能辨識利害得失，乃能知訴訟之結果，而行使其權利之伸張及防禦方法。以法律行爲處分其私權，與以訴訟行爲防禦其私權，兩者結果無異，其實行之能力即應相同。是以無行爲能力者，既不能以法律行爲負義務，自無訴訟能力。」

[2] 參最高法院64年度第5次民庭庭推總會議決議(三)，決議結論爲：「依照民法第八十五條第一項規定，『法定代理人允許限制行爲能力人獨立營業者，限制行爲能力人，關

　　沒有訴訟能力的人包括：未滿7歲的未成年人、受監護宣告之人、胎兒；而滿7歲未結婚的未成年人，在民法上僅有限制行為能力，因此依據民事訴訟法第40條的規定，原則上沒有訴訟能力[3]。

　　成年人如未受監護宣告，而有心神喪失、無意識或精神錯亂已達喪失意思能力程度之情形者，其所為之意思表示無效，不能獨立以法律行為負擔義務，即無訴訟能力[4]。

　　法人包括財團法人、社團法人。我國實務上認為法人並沒有訴訟能力，必須由法人的代表人，以法定代理人的身分，代理法人為訴訟行為[5]。

　　另外，為配合民國98年11月23日施行之民法增加輔助宣告規定所為修正，始增定民事訴訟法第45-1條，依修正後民法規定受輔助宣告之人不因輔助宣告而喪失行為能力，僅於為重要行為時須經輔助人同意，為使法院對於同意之存否容易調查而確保訴訟程序之安定，乃明定應以文書證之。並為保障他造訴訟權利，規定受輔助宣告之人被訴或被上訴而為訴訟行為時，不須經輔助人同意。

　　沒有訴訟能力的人，不能自己獨立為訴訟行為，如其自己獨立為訴訟行為，屬無效，是以必須由法定代理人代為訴訟行為，而何人可作為其法定代理人，他的代理權範圍為何，不能不有所規定。依據民事訴訟法第47條規定：「關於訴訟之法定代理及為訴訟所必要之允許，依民法及其他法令之規定。」因此法定代理人代

　　於其營業，有行為能力。』限制行為能力人就其營業既有行為能力，即屬民事訴訟法第四十五條所稱能獨立以法律行為負義務之人，故就其營業有關之訴訟事件，有訴訟能力。（同甲說）」

[3]　最高法院29年上字第280號：「滿七歲以上之未成年人，除法律別有規定外，僅有限制行為能力，依民法第七十七條、第七十八條、第七十九條之規定，不能獨立以法律行為負義務，自無訴訟能力。」

[4]　最高法院92年台上字第351號判決意旨略以：「按能獨立以法律行為負義務者，有訴訟能力，民事訴訟法第四十五條定有明文。成年人如未受禁治產宣告，而有心神喪失、無意識或精神錯亂已達喪失意思能力程度之情形者，其所為之意思表示無效，不能獨立以法律行為負擔義務，即無訴訟能力。」

[5]　最高法院97年台抗字第663號裁定略以：「按當事人無訴訟能力或為法人、非法人團體、中央或地方機關，須由其法定代理人代為訴訟，始生訴訟法上之效果，此觀民事訴訟法第四十五條、第四十七條、第五十二條之規定自明。故法人提起抗告，須由其法定代理人（代表人）以法人名義為之，若未由法定代理人合法代理，即難認其抗告為合法。」

理無訴訟能力的人的時候，其是否具有法定代理人的身分，必須依民法及其他法律的規定，而且法定代理權的範圍，亦必須依民法及其他法律的規定來決定[6][7]（民§1086、§1091、§1098、§1110、§1166及公司§8、§27 II、§208 III）。

第二節　外國人之訴訟能力

外國人行為能力的認定，依據我國涉外民事法律適用法第1條第1項之規定，外國人的行為能力，必須依據本國法來決定。例如：一個18歲的美國人，他有沒有行為能力，必須依據美國的法律來決定他有沒有行為能力，假設美國的法律規定，滿18歲就有行為能力，則該外國人雖年僅18歲與我國所規定的20歲有所不合。但是依其本國法，既然有行為能力，我們就承認他具有行為能力，只要有行為能力，他就具有訴訟能力，所以他訴訟能力的有無，也是依據其本國法來決定。但可依據我國民事訴訟法第46條之規定：「外國人依其本國法律無訴訟能力，而依中華民國法律有訴訟能力者，視為有訴訟能力。」例如：一個德國人，依據德國法律是年滿22歲才具有行為能力，22歲以下沒有行為能力，那麼德國人甲年僅20歲，在臺灣的時候，依據他的本國法他沒有訴訟能力，可是依據我國民法的規定，他已經年滿20歲，就取得行為能力，適用民事訴訟法第46條，依我國法律，他仍然有訴訟能力。

---

[6] 最高法院69年台上字第3845號判例：「公司之檢查人，在執行職務範圍內，亦為公司負責人，公司法第八條第二項定有明文。本件參加人某會計師，既經臺灣彰化地方法院依公司法第二百四十五條規定，選派為某公司之檢查人，執行檢查某公司業務帳目及財產情形之職務，則檢查人某會計師為執行其檢查職務，依法自應由伊以某公司負責人（法定代理人）身分，而以某公司為原告，對保管該業務帳冊等資料之董事或其他公司職員（如經理人等）起訴，請求交付業務帳冊等資料，方屬合法。」

[7] 最高法院81年台上字第613號判決略以：「未成年子女之權利義務，除法律另有規定外，由父母共同行使或負擔之。父母對於權利之行使意思不一致時，由父行使之。父母之一方不能行使權利時，由他方行使之，民法第一千零八十九條定有明文。法定代理權亦係父母之權利之一種，除父有不能行使之情形外，殊無由母單獨行使之餘地。」

第三節　能力、法定代理權或必要允許欠缺之追認與補正

壹、能力、法定代理權或必要允許欠缺之追認

當訴訟已經進行到一定程度之後，才發現這些能力、代理權或允許有所欠缺，如果直接駁回這個訴訟，則以前所進行的程序就將徒勞無功，使訴訟更加遲緩。因此為使訴訟經濟，依據民事訴訟法第48條規定：「於能力、法定代理權或為訴訟所必要之允許有欠缺之人所為之訴訟行為，經取得能力之本人、取得法定代理權或允許之人、法定代理人或有允許權人之承認，溯及於行為時發生效力。」如這些能力或是允許的欠缺獲取能力之本人允許之後，則規定溯及發生效力，以免之前所進行的訴訟完全浪費[8]，此亦為法院應為職權調查之事項[9]。

能力欠缺人所為的訴訟行為，經取得能力的本人承認之後，則效力溯及行為發生時[10]。例如：受監護宣告人甲自己提起訴訟以後，經過法院撤銷受監護宣告的裁定（舊民訴§609 II）而追認以前的訴訟行為，則受監護宣告人自己在該宣告被撤銷以前，還沒有訴訟能力，所提起的訴訟則因為他事後取得行為能力後的追認而生效力。例如：乙對於尚未成立財團法人的團體提起訴訟，該財團法人在訴訟進行中完成設立登記，則雖然該財團法人本來沒有作為被告的資格，也就是沒有當事人能力，不過在它正式登記成為財團法人取得法人資格之後，如果追認以前所作的訴訟行為，則乙就不必再另行起訴，而以前所作的一切訴訟行為，依據民事訴訟法第48條之規定，都溯及於行為時發生效力。

所謂法定代理權的欠缺，例如：甲的監護人是乙，然而丙卻代甲提起民事訴訟，此時因丙不是甲的法定代理人，故丙用法定代理人的身分以甲之名義向他人起訴，丙的法定代理權即有欠缺。

---

[8] 最高法院83年台上字第773號判例：「民事訴訟法第四十八條規定之承認，不論為明示或默示，均溯及於行為時發生效力。」

[9] 26年鄂上字第41號判例：「法定代理權有無欠缺，不問訴訟程度如何，法院應依職權調查之，雖當事人間無爭執者，亦應隨時予以調查，其在第一審之補正欠缺如無相當之證明，第二審法院仍不妨令其舉證。」

[10] 最高法院98年台上字第80號判決略以：「法定代理權有欠缺之人所為之訴訟行為，經法定代理人之承認，溯及於行為時發生效力，民事訴訟法第四十八條定有明文。其目的在避免已施行之訴訟程序歸於徒勞。該承認不論為明示或默示，且縱於言詞辯論期日終結後或上訴審審理中始為承認，均溯及於行為時發生效力。」

貳、能力、法定代理權或必要允許欠缺之補正

　　為防止無效的訴訟行為，且因是屬於公共利益的問題，是以審判長必須不問訴訟程度如何，而隨時依職權主動調查當事人能力有沒有欠缺、訴訟代理權有沒有欠缺，或訴訟所必要的允許有沒有欠缺，因此倘若沒有當事人能力、沒有訴訟能力、沒有代理權、沒有受到特別的允許者所提起的訴訟，原則上都必須以判決駁回。然而本法為減少無效的訴訟行為，因此規定前述各種能力、代理權允許有所欠缺時，如此欠缺可以補正，審判長可以命相當的期間要求當事人補正，如果在規定的期間內補正，則依據民事訴訟法第48條的規定，這個訴訟行為就可以溯及於行為時發生效力，以防止無效的訴訟行為發生[11]。

　　當事人所提到的訴訟，法院發現當事人能力或訴訟能力或代理權或訴訟所必要的允許，任何一項有所欠缺時，必須先定期間命當事人補正[12]。法院對此應先命補正，否則即屬判決違背法令[13]，又此補正之承認行為，以明示或默示之方式為之皆可[14]。例如：合夥組織（如合夥商號）之執行合夥人易人，除事實上不能補正，否則法院即應命定期間補正之[15]。至於其補正之時點於上級審中亦得補正此瑕

---

[11] 參最高法院29年抗字第334號判例：「依民事訴訟法第四十九條許無訴訟能力人暫為訴訟行為時，其暫為之訴訟行為須欠缺補正之後始為有效，不能因許其暫為訴訟行為，而在未補正欠缺前，遽認其暫為之訴訟行為為有效於以裁判。」

[12] 最高法院80年台上字第1828號判例略以：「選定當事人之制，旨在求取訴訟程序之簡化，以達訴訟經濟之目的。其被選定人之資格，固屬當事人之適格事項，而為法院依職權所應調查者，惟被選定人之資格如有欠缺，依民事訴訟法第五十條明文準用同法第四十八條、第四十九條追認及補正之規定，於法院定期命其補正不為補正前，應不得以當事人不適格為由駁回其訴，且被選定人本身均為『共同利益人』，苟其與選定人間對於訴訟標的非屬必須合一確定之固有必要共同訴訟，縱其被選定之資格有所欠缺，並於法院命其補正後未為補正，仍難認就其本人部分，無實施訴訟之權能，法院不得據以駁回該本人之訴。」

[13] 最高法院64年台上字第134號判例。

[14] 最高法院93年度台上字第371號判決略以：「民事訴訟法第四十八條規定，法定代理權有欠缺之人所為之訴訟行為，經法定代理人之承認，溯及於行為時發生效力。該承認不論為明示或默示，固均無不可，惟法定代理人續行訴訟後，倘已指摘該部分之訴訟程序違法，自不得以其嗣後就該訴訟有所聲明或陳述，而認其已為默示之承認。」

[15] 最高法院37年抗字第361號判例略以：「甲在第一審起訴以乙為其法定代理人，至上訴時則易丙為其法定代理人，前後固不相符，但如甲為民法上之合夥組織，而乙即民法

疵[16]。

又法定代理權有無欠缺，不問訴訟程度如何，法院應依職權調查之，雖當事人間無爭執者，亦應隨時予以調查[17]。

於此命補正之期間內，若該訴訟具有時效性，即拖延會使當事人的權益發生損害時，依據民事訴訟法第49條之規定，法院可以暫時允許這個欠缺能力或法定代理權或訴訟所必要的允許之人，暫時為必要的訴訟行為，但是並不表示其暫時所作的該訴訟行為會發生效力。暫時允許其所為的訴訟行為，仍然必須由取得能力的本人或有允許權的人或法定代理人的承認，才發生效力。

試舉一例：何星因為發生車禍而變成植物人，經由他最近親屬的提起，經法院宣告何星為受監護宣告人而沒有行為能力，法院並指定何星的父親何邦為監護人。假設何星的母親在這個時候發現何星的債務人陳志，所積欠他的債務100萬元消滅時效即將完成，於是何星的母親就以法定代理人的身分代理何星向法院提起民事訴訟，請求陳志給付何星100萬元。而何星的母親雖然代何星提起民事訴訟，但因為何星的母親非法院所指定的監護人，因此她並沒有法定代理權，而具有法定代理權的人是何星的父親何邦，因此何星的生母代何星所提起的訴訟，就是屬於法定代理權有欠缺，法院必須依據民事訴訟法第49條的規定，以裁定命何星的生母在5天或相當的時間內補正法定代理人何邦的同意。而且這時因為何星的債權即將罹於時效，為了使他的債權不會消滅失效，因此法院可以暫時允許何星的生母繼續暫時為何星作訴訟行為，以保障當事人何星的權利。如果何星的生母在接到法院的補正通知之後，仍然沒有辦法在法院規定的期間內取得何星的法定代理人（監護人）同意

第六百七十四條所定被委任為執行合夥事務之人，則因執行合夥事務易人，而其法定代理人有所更易，非法所不許。如甲之執行合夥事務並未易人，而丙以甲之法定代理人資格上訴，係屬法定代理權之欠缺，除事實上無可補正外，依民事訴訟法第四十九條規定，亦應由法院定期間命為補正。」

[16] 最高法院88年度台上字第127號判決略以：「按無訴訟代理權者取得本人之訴訟委任，提出委任書，本人或該訴訟代理人並承認其以前訴訟行為者，溯及於行為時發生效力。又補正訴訟代理權欠缺之時期，法律未設任何限制，在上級審訴訟程序中，亦得補正下級審訴訟代理權之欠缺。」

[17] 參最高法院96年台抗字第625號裁定略以：「按法院於能力、法定代理權或為訴訟所必要之允許，認為有欠缺而可以補正者，應定期間命其補正。民事訴訟法第四十九條定有明文。又法定代理權有無欠缺，不問訴訟程度如何，法院應依職權調查之，雖當事人間無爭執者，亦應隨時予以調查。」

的話，那麼她所提的訴訟就不合法，法院必須判決駁回她的訴訟；如果何星的生母可以在法院規定的補正期間提出何邦同意的追認證明文件，則何星的生母所提起的訴訟，依據民事訴訟法第49條以及第48條的規定，就視為自始發生效力。

第四節　選定當事人之準用

　　為配合民法於97年5月23日增加輔助宣告制度，凡受輔助宣告之人未經輔助人同意而為訴訟行為，或未以書面證之，或未經輔助人以書面為特別同意，其訴訟能力即有欠缺，而上揭欠缺非不可補正，故應先定期間命其補正，補正後，受輔助宣告之人上揭訴訟行為瑕疵，即因補正而溯及於行為時發生效力，而法院所許其暫為之訴訟行為，仍須俟補正而後生效，又其補正不得於事件經第三審終結後為之[18]。

　　民事訴訟法第49條與第48條的所定能力欠缺之追認或補正，民國92年修法時於第41條外，新增44-1條及第44-2條之被選定人為訴訟行為時，亦應有其準用，而依現行我國民事訴訟法有選定當事人的制度，假如被選定的當事人其能力有欠缺，他所作的訴訟行為無效。但是如果被選定人的資格有欠缺，而事後取得被選定的資格，或是得選定人的特別同意，或經由選定人全體追認時，被選定人尚未取得被選定資格時所為的訴訟行為，依據民事訴訟法第50條的規定使他追溯到自始就發生效力，如此，較為便利且經濟。因此第50條設有準用的規定，如果被選定人的資格欠缺可以補正，法院也必須比照同法第49條的規定，先定期間命其補正，在沒有補正以前，如果恐怕訴訟久延而損害當事人權利的時候，法院可以比照同法第49條的規定，允許該被選定人暫為訴訟行為[19]。

---

[18] 最高法院31年聲字第74號判例略以：「民事訴訟法第四十一條訴訟當事人之選定，未以文書證之，由法院依同法第五十條準用第四十九條定期間命其補正者，其補正不得於事件經第三審終結後為之。」

[19] 參最高法院80年台上字第1828號判例：「選定當事人之制，旨在求取訴訟程序之簡化，以達訴訟經濟之目的。其被選定人之資格，固屬當事人之適格事項，而為法院依職權所應調查者，惟被選定人之資格如有欠缺，依民事訴訟法第五十條明文準用同法第四十八條、第四十九條追認及補正之規定，於法院定期命其補正不為補正前，應不得以當事人不適格為由駁回其訴，且被選定人本身均為『共同利益人』，苟其與選定人間對於訴訟標的非屬必須合一確定之固有必要共同訴訟，縱其被選定之資格有所欠缺，並於法院命其補正後未為補正，仍難認就其本人部分，無實施訴訟之權能，法院不得據以駁回該本人之訴。」

|第八章|
集體訴訟與團體訴訟

第一節　選定當事人之意義

　　訴訟當事人中，例如原告有多數人或是被告有多數人，或原告和被告皆有多數人的時候，稱爲「共同訴訟」[1]。民事訴訟法雖然准許以共同訴訟的方式進行訴訟，然在共同訴訟進行時，可能因人數較多而如有造成其中一個人或數個人的個人事由（例如死亡或喪失能力等原因），而影響整個訴訟的進行，造成訴訟程序的遲延，而有悖於訴訟經濟原則。是以民事訴訟法第41條規定，如果有共同利益的多數人，但又不符合非法人團體要件的時候，可由其中選定一個人或數個人爲全體起訴或被訴[2]。

　　然因過去法律之規定，對於共同利益人就是否選定當事人及其人選，未必全體一致，爲擴大選定當事人制度之功能，應許共同利益人分組選定不同的當事人，或

---

[1] 最高法院28年上字第385號判例略以：「民事訴訟法第四十一條之規定，在非法人之社團，以未設有代表人者爲限始有適用，若設有代表人者，依同法第四十條第三項之規定，既有當事人能力，即可由代表人以社團名義爲訴訟行爲，不生選定訴訟當事人之問題。」

[2] 最高法院80年台上字第1828號判例意旨：「選定當事人之制，旨在求取訴訟程序之簡化，以達訴訟經濟之目的。其被選定人之資格，固屬當事人之適格事項，而爲法院依職權所應調查者，惟被選定人之資格如有欠缺，依民事訴訟法第五十條明文準用同法第四十八條、第四十九條追認及補正之規定，於法院定期命其補正不爲補正前，應不得以當事不適格爲由駁回其訴，且被選定人本身均爲『共同利益人』，苟其與選定人間對於訴訟標的非屬必須合一確定之固有必要訴訟，而僅有法律上之共同利益或所主張之攻擊、防禦方法相同，縱其被選定之資格有所欠缺，並於法院命其補正後未爲補正，仍難認就其本人之利益部分，無實施訴訟之權能，法院尤不得據以駁回其全部之訴。」

僅由部分共同利益人選定一人或數人而與未參與選定的其他共同利益人一同起訴或被訴，以避免此項制度在運用上受到相當限制，而利實務上的適用並杜爭議。

被選定為當事人之人，其是以自己的名義作訴訟行為，而不是訴訟代理人。依據民事訴訟法第41條之規定，選定當事人必須是有共同利益的多數人存在時，才可以據此來選定當事人。如果沒有共同利益的多數人存在，或有多數人但是並沒有共同利益，都不能以此規定來選定當事人，而且這些多數人必須是民事訴訟法第40條第3項所稱非法人團體以外的多數人，才可以選定。因其若是設有代表人或管理人的非法人團體，可依民事訴訟法第40條第3項規定，直接以該非法人的名義提起訴訟，不用再選定當事人。民事訴訟法第41條固然規定，選定當事人必須是有共同利益，然而該共同利益，並非指當事人間對訴訟標的有合一確定之必要[3]。而關於選定當事人的訴之聲明及判決主文，實務見解亦指明，均應別分記載之，以使將來確定判決之既判力及執行力之範圍得以明確[4]。

民事訴訟法第41條第2項所謂的訴訟繫屬，是指訴訟存在於法院的事實狀態。一般訴訟繫屬通常都是因為起訴而發生，故稱為「訴訟繫屬」。

民事訴訟法第41條第3項所謂被選定之人得更換或增減，是指被選定為當事人的該名當事人，可以隨時因為被選定人以外的共同利益人一致的同意，隨時將他更換。但是更換或增減，一定要通知他造，才發生效力，否則對方當事人不知道訴訟行為應該向何人表示，會影響他造訴訟上的攻擊防禦。

---

[3] 最高法院87年度台上字第2917號判決略以：「選定當事人之制，旨在求取共同訴訟程序之簡化，苟多數當事人所主張之主要攻擊或防禦方法相同，已足認有簡化訴訟程序之作用，而具有法律上之共同利益，即得由其中選定一人或數人為全體起訴或被訴，初不以對訴訟標的必須合一確定者為必要。」

[4] 最高法院90年度第15次民事庭會議決議：「選定當事人雖係以選定人之名義為形式上之當事人，實際上選定人仍為其潛在性之當事人，依民事訴訟法第四百零一條第二項之規定，其判決效力應及於選定人。多數選定人請求賠償損害，各有獨立之實體法上請求權，原係各別請求給付，起訴之聲明仍應分別記載『給付某甲若干元、某乙若干元、某丙若干元、某丁若干元、某戊若干元』，法院判決主文，亦應分別記載，俾將來確定判決之既判力、執行力之範圍明確。」

第二節　選定當事人之程序

　　依據民事訴訟法第42條之規定，所謂選定當事人的更換，就是對被選定人的被選定資格加以撤銷，另外選定新的當事人來繼續訴訟。所謂選定當事人的增加，指原來被選定的當事人資格並不加以終止，另外加選一名或一名以上的當事人，共同為訴訟行為。所謂訴訟當事人的刪減，如原來選任兩人以上，作為選定當事人，而現在將其中部分的選定人資格加以終止，僅保留其中一名或一名以上的，即為刪減。

　　訴訟當事人可隨時更換、增減，但是依據民事訴訟第41條第3項的規定，一定要通知對造當事人，才發生增減、更換的效力，否則會影響對造當事人訴訟上的攻擊防禦[5]。而有關於第41條選定當事人之程序，訴訟當事人之選定及其更換、增減，應以文書證之，民事訴訟法第42條定有明文[6]。

第三節　被選定人一部分資格喪失之情形

　　被選定人一部分資格喪失之情形主要規定於民事訴訟法第43條，但在適用上須注意的前提是，被選定的當事人只有一人，那麼此唯一被選定的當事人如果死亡，或其他事由喪失資格時，必須依據民事訴訟法第172條第2項的規定，於有人承受訴訟以前，當然停止訴訟程序。

　　民事訴訟法第43條的規定，適用在被選定的人有兩個以上，而其中有人死亡或因其他事由喪失資格，至少能保留一個以上的被選定人。如果發生這種情形，因為還有其餘被選定人，所以沒有使訴訟程序停止的必要，其餘的被選定人仍然可以為全體為訴訟行為[7]。例如：受傷的300名乘客經過選定，其中甲、乙、丙三個人為

---

[5]　參最高法院69年台上字第2666號判例：「民事訴訟法第四十一條所定訴訟當事人之選定，應以文證之，為同法第四十二條所明定，被上訴人對於鍾耀城一人之選定，既有爭執，即應由上訴人就該選定文書之真正舉證證明。」

[6]　參最高法院65年台上字第1416號判例：「公同共有人中之一人，依民法第八百二十八條第二項規定得其他共有人之同意行使權利而起訴請求，與民事訴訟法第四十一條規定之選定一人為全體起訴不同，前者不以文書證之為必要，不論以任何方法，凡能證明公同共有人已為同意即可。」

[7]　參最高法院88年台上字第1954號判決：「被選定人中，有因死亡或其他事由喪失其資

被選定當事人，以這三個人的名義為原告向鐵路局提起訴訟，如果訴訟進行中甲、乙相繼死亡，或甲死亡、乙被撤銷選定，且經通知對方當事人，此時原來被選定的三個人，甲、乙已經死亡或喪失資格，丙因為沒有死亡也沒有被終止，他仍然可以繼續為全體為訴訟行為，所以訴訟仍然不因為甲、乙的死亡或喪失資格而停止。

第四節　被選定人為訴訟行為之限制

被選定人為訴訟行為之限制是規定於民事訴訟法第44條，依據同法第41條的規定，選定當事人雖然是以自己的名義作為訴訟，但是實質上，他也同時有為他人而訴訟的性質存在[8]。假如被選定的當事人，他因訴訟行為的攻擊防禦方法的欠缺，而造成訴訟的勝訴或敗訴，他的效力仍然會及於其他非被選定當事人，例如：前節之例：受傷的300名乘客經過選定，其中甲、乙、丙三個人為被選定當事人，以此三個人的名義為原告向鐵路局提起訴訟，假如丙的訴訟獲得敗訴，其餘299名受傷旅客的請求權，也同時因丙的敗訴而不能請求賠償。反之，假如丙的訴訟勝訴，其他299名旅客的訴訟也同時獲得勝訴，這是因為被選定當事人的關係，被選定當事人的訴訟行為，關係到其他選定當事人權益。因為捨棄、認諾、撤回及和解都影響其他共同利益人的權利甚大，這些行為必須獲得全體選定人的同意，被選定人方可於訴訟上作此四種行為。

前述被選定人係以自己之名義為當事人，就其被選定事件，原則上應有為選定人為一切訴訟行為之權。然因原條文就此並未明確表明，且規定「非得全體之同意，不得為捨棄、認諾、撤回或和解」，易被誤解為被選定人就部分選定人信託事項所為的訴訟上捨棄、認諾、撤回或和解，亦須得全體選定人的同意，有礙選定當事人制度的實際靈活運用。為充分發揮此項制度並簡化訴訟功能，爰將原民事訴訟

格者，他被選定人得為全體為訴訟行為，民事訴訟法第四十三條定有明文。本件被選定人賴梓明雖已死亡，惟仍有被選定人卯○○得為全體選定人為訴訟行為，對於本件訴訟之進行不生影響。」

[8] 參最高法院29年上字第1778號判例略以：「民事訴訟法第四十一條第一項，所謂選定一人或數人為全體起訴或被訴，係指選定一人或數人為全體為原告或被告而言，並非選定為代理人代理全體起訴或被訴，此徵之同條第二項及同法第四十二條、第一百七十二條第二項等規定尤為明瞭，故被選定人為訴訟當事人而非訴訟代理人。」

法第44條之條文修正列爲第1項，並增設第2項，明定選定人中一人所爲限制，其效力不及於他選定人。

一、所謂「捨棄」，是原告起訴所主張的聲明，在起訴以後，向法院作拋棄其主張的陳述，此爲訴訟標的的捨棄。依據民事訴訟法第384條規定，法院認爲捨棄有效的時候，就必須本於捨棄，爲該當事人敗訴的判決。例如：原告向被告起訴，請求被告移轉不動產所有權登記，原告在起訴之後向法院表示，他已經放棄對被告的移轉登記請求權，不再向被告主張此項權利，此時就是對訴訟標的的捨棄，應依據民事訴訟法第384條，爲原告敗訴的判決。

二、所謂「認諾」，是被告對原告所主張的法律關係並不反對，而向法院承認原告所主張的陳述，就是對訴訟標的的認諾，例如：原告基於借貸關係向被告請求給付100萬元，被告在法庭上承認曾向原告借錢100萬元，而表示願意償還，這時就是被告對於訴訟標的上原告所主張的事實，即借貸關係與金額100萬都加以認諾。因此依據民事訴訟法第384條的規定，法院必須基於被告的認諾而爲被告敗訴判決。

三、所謂「撤回」，是原告起訴以後，向法院表示撤回起訴，不請求法院判決的意思。撤回起訴之後，訴訟繫屬消滅，法院就無從加以判決，影響當事人的權益甚大，因此如果被選定當事人要撤回起訴的時候，必須得到全體共同利益人的同意，才可以撤回。

四、所謂「和解」，雙方當事人相互讓步，爲終止爭執所作的契約，就是和解契約（民§736）。此項和解如果是於訴訟繫屬中，在法院的法官面前約定互相讓步，以終止爭執或是終結訴訟的全部或一部爲目的，稱爲訴訟上的和解。根據前述說明，和解必須原告和被告雙方互相讓步，如果是原告一方全部退讓，或被告一方全部退讓，都不屬於和解，而是捨棄或認諾。因此約定互相讓步，對當事人的權益也會有所影響，所以和解亦必須獲得共同利益人的全體同意，被選定當事人才可以與對方作和解。

而關於再審之訴，形式上雖爲訴之一種，實質上則爲前訴訟之再開或續行，若被選定人提起再審之訴，自無須再得全體當事人之同意[9]。

---

[9] 最高法院31年度第6次民事庭會議決議略以：「再審之訴，形式上雖爲訴之一種，實質上則爲前訴訟之再開或續行，民事訴訟法第四十一條之被選定人提起再審之訴，自無須更得全體之同意。」

民事訴訟法第44條第3項，明定選定當事人所爲限制，應於選定、更換或增減被選定人的文書內明確表明，或以書狀載明限制的意旨，並提出於法院，以免發生爭議。

若公益社團法人爲選定當事人之情形，主要係規定於民事訴訟法第44-1條，該條第1項的規定係指當多數有共同利益的當事人，例如：爲同一公益社團法人的社員者，爲求訴訟經濟及便利各社員共同行使權利起見，應許其於法人章程所定目的範圍內，選定該法人爲其起訴的明文[10]。

民事訴訟法第44-1條第2項則針對法人依前項的規定起訴，雖是以法人的名義所爲，然其本質上仍係因本於社員的請求所爲，故法院判決時仍須逐一審核各社員請求權存在與否及其範圍。然於受害社員人數衆多或各社員受害數額難以一一證明的情況下，如此的審理方式，即顯難符合訴訟經濟的基本法律原則，所以另於第2項規定，法人依前項規定爲社員起訴，如係提起金錢賠償損害之訴，而選定人全體以書狀表明願由法院判定被告應給付的賠償總額，且就給付總額的分配方法業已達成協議時，法院即得斟酌整個事件內容，僅就被告應給付選定人全體的總額爲裁判基礎，毋庸再一一認定被告應給付各選定人的數額，以節省訴訟時程。

至於民事訴訟法第44-1條第3項則爲求法律上的明確起見，對於第1項的選定統一明定應以文書證明，又對於被選定人權限的限制，亦應於上述文書內表明或另以書狀提出於法院，所以第3項明定準用第42條及第44條的規定，以免發生法律上的爭議而另生枝節。

---

[10] 最高法院94年台上字第2290號判決略以：「上訴人係依民事訴訟法第四十四條之一之規定，經多數被害人選定爲原告後對被上訴人（被告）提起本件訴訟，而非依同法第四十條第三項所定非法人團體之名義爲之。是上訴人無論以何名稱起訴，其起訴時既無當事人能力，且此一當事人能力之欠缺，係屬無從命其補正之事項。第一審以上訴人未遵期於十日內補正，駁回其訴，理由縱有未當，結論尚無二致，仍為駁回上訴人之上訴等詞，爲其判斷之基礎，雖非無見。惟當事人能力爲訴訟成立要件之一，無論訴訟進行至如何之程度，法院均應依職權調查之，如有欠缺，固應依民事訴訟法第二百四十九條第一項第三款規定以裁定駁回原告之訴，但此項欠缺可以補正者，審判長應定期間先命其補正，必俟逾期不爲補正者，法院始得認其訴爲不合法，以裁定駁回之。」

第五節　併案請求與公告曉示

　　由於現代科技進步，工商業十分發達，因同一公害（例如空氣、水源的污染等）、交通事故、商品瑕疵或其他本於同一原因事實而發生的爭執（例如建築損鄰事件即是），往往牽涉其中的人數十分眾多，若逐一起訴，顯然不符合訴訟經濟的基本原則。是以為擴大選定當事人制度的適用範圍，特增此類公害、消費糾紛等相關事件[11]，如經共同利益人選定一人或數人起訴，或起訴後已為選定，且其為訴訟標的法律關係為同種類（例如：同為侵權行為損害賠償請求權或同為不當得利返還請求權者），法院於徵求原被選定人的同意後，或經被選定人聲請而法院認為適當時，得公告曉示其他本於同一原因事實而有共同利益的相關人員，得於一定期間內以書狀表明是否同意併案為同種類法律關係的請求，以期減少訟源，此即為民事訴訟法第44-2條追加選定當事人制度之目的。

　　民事訴訟法第44-2條第2項則特別明定其他本於同一原因事實而有共同利益的人，亦得聲請法院為公告以便讓相關當事人知曉而參與訴訟，因此如法院認為適當並徵得原被選定人同意，即得依前項規定公告曉示周知。

　　民事訴訟法第44-2條第3項規定有關併案請求的書狀，應以繕本或影本送達於兩造。使其知悉其內容，以利雙方當事人在法律上的攻擊或防禦的準備。

　　民事訴訟法第44-2條第4項規定，前開的公告期間至少應有20日，俾其他共同利益人得有從容時間提出請求。立法院於民國107年6月13日修正民事訴訟法44條之2第4項，將原條文「第一項之期間至少應有二十日，公告應黏貼於法院公告處，並刊登公報、新聞紙或其他相類之傳播工具，其費用由國庫墊付。」修改為「第一項之期間至少應有二十日，公告應黏貼於法院公告處，並公告於法院網站；法院認為必要時，得命登載公報、新聞紙或以其他傳播工具公告之，其費用由國庫墊付」。並修法明訂此項公告除黏貼法院公告處外，並「以法院網站之電子公告取代

---

[11]　臺灣士林地方法院93年度金字第3號判決略以：「按保護機構為保護公益，於民事訴訟法及其捐助章程所定目的之範圍內，對於造成多數證券投資人或期貨交易人受損害之同一原因所引起之證券、期貨事件，得由20人以上證券投資人或期貨交易人授與仲裁或訴訟實施權後，以自己之名義，提付仲裁或起訴，證券投資人及期貨交易人保護法第28條定有明文，上開規定與民事訴訟法第44條之1至第44條之4、消費者保護法第50條之立法精神相同，均係擴大民事訴訟法第41條選定當事人制度之功能，屬於特殊形態之選定制度。」

　　111

刊登新聞紙」。另外，法院認有必要時，得另命登載於公報、新聞紙或其他相類之傳播工具，俾使廣大的社會群眾能夠周知。而公告費用如由被選定人先行繳納，當非其所願，故暫由國庫墊付，俟案件終結時，由敗訴當事人來負擔，以利整個訴訟程序的進行。上述之修法乃鑒於目前實務上為節省費用通常皆以發行量極低之報紙作為刊登之首選（因價格便宜），致僅有形式之功能；蓋刊登於無發行量之新聞紙，顯然毫無公告之實質意義。107年之修法因應電子e化趨勢，改以具有實質公告功能之刊登網站電子公告為原則[12]，具有實質之功能，應值肯定。

民事訴訟法第44-2條第5項則是為便利第1項有共同利益的人，能於同一訴訟程序中一次將問題合併解決，以避免裁判兩歧而造成司法形象受損，並藉此達到訴訟經濟的目的，若於原被選定人不同意時，法院仍得依職權公告曉示其他共同利益人起訴，由法院併案審理，此時，併案審理的當事人，仍得由自己遂行相關訴訟的程序，如有多數人，亦可選定一人或數人為當事人，進行該項訴訟的行為，以免造成訴訟的延滯。

第六節　公益社團或財團法人提起不作為之訴

民事訴訟法第44-2條所指的公害（例如：空氣、水源的污染等）、商品瑕疵或其他事故所生的危害，有時具有繼續性（或持續性）、隱微性或擴散性，因此其受害人於不知情或無力獨自訴請排除侵害的情況下尋求法律救濟。為避免社會大眾權益持續受損而無從加以有效制止，民國92年修法時，考量實有必要擴大公益法人的相關功能，使其得以自己名義對侵害多數人利益的行為人提起不作為之訴[13]。故於民事訴訟法第44-3條規定公益法人經其目的事業主管機關許可，於章程所定目的範圍內，有代為提起不作為訴訟的權利。

---

[12] 立法院公報，107卷，4期，頁158。

[13] 最高法院98年台上字第1729號判決略以：「又按消費者保護團體受讓消費者損害賠償請求權後，以自己名義提起訴訟而於言詞辯論終結前，消費者終止讓與損害賠償請求權並通知法院，致人數不足二十人者，不影響其實施訴訟之權能，消費者保護法（下稱消保法）第五十條第一、二項規定甚明。本件消費者團體訴訟，被上訴人於起訴時雖受讓二十人以上消費者損害賠償請求權，於訴訟中除華○商業銀行股份有限公司（下簡稱華○銀行）外，其餘消費者均與上訴人成立調解而終止本件損害賠償請求權，然被上訴人實施訴訟之權能，並不受影響，合先敘明。」

　　法律的精神首先必須考量防微杜漸，然而爲防止濫行起訴的問題叢生，特別參酌消費者保護法的相關規定，針對前項的許可及監督辦法，於民事訴訟法第44-3條第2項規定其許可及監督辦法，由司法院會同行政院共同制定，並以此作爲法源的依據。

第七節　法院選任訴訟代理人

　　按民事訴訟法第44-4條之規定係針對第44-1條至第44-3條的訴訟，因上述事項多與公害、交通事故或商品瑕疵有關，而其法律關係原本即較爲繁雜，舉凡蒐集訴訟資料、主張法律關係，乃至舉證證明待證事實的相關問題等，非具有較高法律專業知識的人，實難輕易勝任，且此等事件的被害人多係一般社會大眾，經濟上常居於弱勢地位，爲期兩造程序上的實質對等，爰於民事訴訟法第44-4條第1項規定法院得依聲請爲原告選任律師爲訴訟代理人。

　　選任訴訟代理人的規定，雖在保障經濟上弱勢原告的程序上權利，但爲防止濫用，加入適當的限制，明定其選任是以伸張或防衛權利所必要者爲限（民訴§44-4 II），以求符合法律上所謂「衡平原則」的適用。

|第九章|
特別代理人

第一節　特別代理人之意義

　　依據民事訴訟法第45條的規定，必須要具有訴訟能力的人才能獨立為訴訟行為，否則沒有訴訟能力的人自己所為的訴訟行為，不生效力（民訴§249）。因此對於沒有訴訟能力的人所為的訴訟行為，一定要有法定代理人代為訴訟行為，此訴訟才合法，否則訴訟就無法進行[1]。於此情況下，假設欠缺訴訟能力的人沒有法定代理人，訴訟就會發生困難，因此民事訴訟法第51條第1項規定，沒有訴訟能力的人為訴訟行為，當他沒有法定代理人時，可以聲請受訴法院的審判長，選任特別代理人，替他為一切的訴訟行為。

　　而民事訴訟法第51條第1項是當無訴訟能力人為被告的時候才有適用，如果無訴訟能力人是原告，則適用同條第2項的規定。而對於第1項的情形，例如：甲是成年人，但是因為發生車禍，神智不清，受法院監護宣告而沒有訴訟能力。試舉一例：甲在受監護宣告時，法院所指定的監護人是乙，如果甲欠丙100萬元，而丙向甲提起民事訴訟的時候，剛好甲的監護人乙死亡，法院尚未幫甲另行指定監護人，此時如果不依據第51條第1項的規定，聲請受訴法院的審判長幫甲選定特別代理人，則丙對甲的民事訴訟將會沒有辦法繼續進行，因甲無訴訟能力故無法自為訴訟行為，且又沒有法定代理人代為訴訟，是以依據本法第51條第1項規定，可以由丙向受訴法院聲請，幫甲選任特別代理人。

　　如果沒有訴訟能力的人有訴訟的必要，但是沒有法定代理人，換言之，無訴

---

[1] 最高法院40年台上字第1606號判例略以：「無訴訟能力人有為訴訟之必要，而無法定代理人，或法定代理人不能行使代理權者，惟其親屬或利害關係人，始得聲請受訴法院之審判長，選任特別代理人，無訴訟能力之本人仍不得為此項訴訟行為，如由無訴訟能力之本人為之者，其訴訟行為為無效。」

訟能力人有作訴訟原告的必要的時候（注意：第2項是無訴訟能力人沒有法定代理人，有作「原告」的必要；而第1項是無訴訟能力人為「被告」，但是沒有法定代理人），例如：前例甲因受監護宣告而沒有訴訟能力，法院指定的監護人又因故死亡，那麼甲如果對丙有債權而必須起訴的時候，則甲自己沒有訴訟能力，也沒有法定代理人幫他提起訴訟，此時依據本法第51條第2項的規定，甲的親屬或者是利害關係人，就可以向法院聲請選任特別代理人[2]。

而所謂法定代理人不能行使代理權，包括實際上不能行使代理權，或者是法律上不能行使代理權[3]。前者例如：法定代理人已經行動不便或無法說話，是實際上不能行使代理權。後者例如：法定代理人自己與無訴訟能力人本身就是訴訟的對造，有利害衝突時，因為法律禁止自己代理，因此他不能同時為原告又自己兼被告，此即法律上不能行使代理權，而特別委任代理人之權限應以該一審級為限[4]。

而對於民事訴訟法第51條第1、2項選任特別代理人之裁定，是否得抗告？最高法院88年度第9次民事庭會議結論認為：「民事訴訟法第483條規定，訴訟程序進行中所為之裁定，除別有規定外，不得抗告。故選任特別代理人之裁定及駁回選任特別代理人聲請之裁定，倘係於訴訟程序進行中所為者，均不得抗告，僅於訴訟繫屬前所為者，始得為抗告。」

試舉一例：若離婚之訴，原告以被告有重大不治之精神病為原因，請求判決離婚，如果被告確實為精神病患，而又無親戚在臺，法院可否指定特別代理人，然後進行辯論？依據民事訴訟法第51條第1項的規定，選任特別代理人的要件必須是受訴法院的審判長基於當事人的聲請方可為之，不能自己主動依職權為被告指定特別代理人，此項規定關於人事訴訟程序（即本題離婚之訴）亦不例外，因此原告對患有精神病之被告依民法第1052條第8款，訴請離婚應先釋明原因，聲請受訴法院以裁定指定特別代理人，否則訴訟程序無由進行，而須為駁回原告之訴的裁判（應參

2　最高法院99年台聲字第168號裁定略以：「按特別代理人一經選任後，依民事訴訟法第五十一條第四項規定，即得代理當事人為一切訴訟行為，其代理之權限不受審級之限制，在下級審法院經選任者，應在上級審法院續行訴訟。且特別代理人一經接受，即負有代理訴訟之義務，不得中途任意辭任。」

3　最高法院50年台抗字第187號判例略以：「民事訴訟法第五十一條第二項所謂法定代理人不能行代理權，不僅指法律上不能（如經法院宣告停止其權利）而言，並包括事實上之不能（如心神喪失、利害衝突等）在內。」

4　最高法院69年台上字第1574號判例。

照家事事件法第14條（程序能力）、第15條（程序監理人制度）、第55條（監護人代為訴訟之規定））。

第二節　法定代理人規定之準用

在實體法上，法人應由其代表人代為法律行為，按照此同一法理，有權代表法人者，在訴訟法上亦應以代表人的身分來代表法人為訴訟行為。雖司法院34年院解字第2936號解釋認為法人之代表人，在訴訟法上視作法定代理人，惟當時民事訴訟法對此尚未有明文規定，爰於民國92年修法增列民事訴訟法第52條關於法定代理之規定，於法人之代表人準用之，以利適用。

依據民事訴訟法第40條第3項，非法人團體設有代表人或管理人時，有訴訟能力。在此情形之下，非法人團體的代表人以及管理人，雖然不是屬於法定代理人，但是代表人以及管理人，代理該非法人團體為訴訟行為或代為訴訟行為時，其權限應與法定代理人相同。是以民事訴訟法第52條之規定可以準用民事訴訟法關於法定代理人的相關規定，例如：甲告乙，乙是非法人團體，但非法人團體的代表人剛好是本件訴訟的承辦法官，這時，雖然該名承辦法官不屬於法定代理人，但是由於法定代理之規定，於代表人或管理人亦可以準用，依據民事訴訟法第32條第4款的規定，法官為該訴訟事件的法定代理人的身分而應自行迴避，不能因為該名法官不是法定代理人而僅是非法人團體的代表人或管理人，而不依民事訴訟法第32條第4款的規定迴避，此即民事訴訟法第52條規定準用法定代理的情形。

所謂「依法令得為訴訟上行為之代理人」，例如：依據民法第555條規定，經理人就其所任之事務視為有代表商號為原告或被告，或其他一切訴訟上行為之權。所以經理人雖然不是該商號的法定代理人，但是由於依據法令規定他得為一切訴訟上行為，因此關於經理人代商號為訴訟行為時，亦準用民事訴訟法關於法定代理的規定。

| 第十章 |
訴訟代理人

第一節　訴訟代理人之意義與資格

　　所謂「訴訟代理人」，是依當事人的授權，以當事人的名義，而不是以自己的名義為訴訟行為以及受訴訟行為的第三人，稱為訴訟代理人。另訴訟代理人應以自然人為限，至於非自然人否得為訴訟代理人，實務見解不一[1]，而遭致批評[2]。

　　民事訴訟法第68條中所謂「律師」，是依據律師法的規定，取得律師資格，並在法院登錄有案並加入律師公會得以合法執業之律師而言，若僅具有律師考試及格而未完成登錄或加入律師公會之律師欲代理訴訟，則需以非律師之身分經審判長許可始得為訴訟代理人。

　　依現行民事訴訟法第68條之規定，民事訴訟之一、二審未採律師強制代理制（第三審依民事訴訟法第466-1條第1項規定屬強制律師代理制），當事人仍得本人自為訴訟行為，但如果當事人欲授權委任訴訟代理人代為訴訟行為時，則依民事訴訟法必須委任律師始可，此於學理上稱為律師獨占主義。蓋民事訴訟較具技術性，無法律素養之人代理訴訟行為實不易勝任，故規定僅於例外經審判長許可時，始得委任非律師為訴訟代理人，以期能加強保護當事人之權益並達成促進訴訟之目的[3]。

---

[1] 最高法院63年度第3次民庭庭推總會議決定(二)：「訴訟代理人應以自然人為限，非自然人不得為訴訟代理人」。然而，最高法院64年度第5次民庭庭推總會議決定卻又認為：「(三)法人或其他機關受委任為訴訟代理人時，得逕列該受委任之法人或機關之代表人即自然人為訴訟代理人。」

[2] 楊建華著、鄭傑夫增訂，民事訴訟法要論，2013年8月，頁80。

[3] 最高法院97年台上字第2066號判決略以：「又民事訴訟法固未規定被上訴人於第三審應委任訴訟代理人或委任律師為其訴訟代理人，惟參諸該法第四百六十六條之一第一項明定對於第二審判決上訴，上訴人應委任律師為訴訟代理人之旨，可見為保障訴訟

　　而審判長如果認為非律師為訴訟代理人之行為有所不當時，仍得隨時於個案程序進行中以裁定撤銷許可。又為便利當事人另行委任適當之訴訟代理人或自為訴訟，此項撤銷裁定並應送達於為訴訟委任之人，且此裁定依民事訴訟法第483條之規定不能以抗告救濟。又審判長指揮訴訟，此項許可由審判長為之即可。

　　司法院依民事訴訟法第68條第3項訂定「民事事件委任非律師為訴訟代理人許可準則」，該準則第2條規定：「下列之人，審判長得許可其為訴訟代理人：一、大學法律系、所畢業者。二、現為中央或地方機關所屬人員，經該機關委任為訴訟代理人者。三、現受僱於法人或非法人團體從事法務工作，經該法人或非法人團體委任為訴訟代理人者。四、經高考法制、金融法務，或其他以法律科目為主之高等考試及格者。五、其他依其釋明堪任該事件之訴訟代理人者。」準則第3條規定：「當事人委任其配偶、三親等內之血親或二親等內之姻親為訴訟代理人者，審判長得許可之。」以資明確。

第二節　委任訴訟代理人之方式

　　一般而言，委任訴訟代理人的方式有兩種，第一種是在訴訟代理人第一次為當事人為訴訟行為的時候，向法院提出委任狀；第二種方式是，由當事人自己在法院以言詞來委任訴訟代理人，然後由法院書記官記明在筆錄當中，又或者法院或審判長依法律規定選任訴訟代理人者，此時即應以法院之裁定為其取得訴訟代理權之依據，毋庸當事人再另行提出委任狀，爰於民事訴訟法第69條但書規定之。如果訴訟代理人沒有依據前面任何一種方式受委任而出庭代理當事人為訴訟行為時，即是屬於訴訟代理權有所欠缺，必須依據民事訴訟法第75條之規定辦理。

　　授與訴訟代理權（委任或選任訴訟代理人），原則上必須於每一個審級都要重新為授權行為[4]，受特別委任之訴訟代理人，雖有為其所代理之當事人，提起上訴

當事人之權益，受任為被上訴人第三審訴訟代理人之人，仍應具有精湛之法學素養，其不備律師資格者，尚不宜許可為訴訟代理人。」

[4] 參最高法院91年台抗字第358號裁定略以：「訴訟代理人，應於最初為訴訟行為時，提出委任書。刑事訴訟法第四百九十條及民事訴訟法第六十九條分別定有明文。且委任訴訟代理人，應於每一審級為之。而於刑事附帶民事訴訟出具委任書委任訴訟代理人，嗣經裁定移送民事庭，仍為同一審級，其移送僅屬法院內部管轄事務之分配，當

之權限，但提起上訴後，其代理權即因代理事件終了而消滅，該訴訟代理人如欲在上訴審代為訴訟行為，尚須另受委任，方得為之[5]。而且如果經過上級審發回更審的時候，於更審程序中應另行提出委任狀，才算具有合法的訴訟代理權。例如：甲和乙發生民事訴訟，甲委任王律師為訴訟代理人，經過第一審判決甲敗訴之後，甲又上訴臺灣高等法院，此時王律師雖然在第一審受到甲的委任為訴訟代理人，但是訴訟事件既然已上訴到第二審高等法院，則王律師的訴訟代理權在第一審訴訟終了後，就喪失訴訟代理權，在高等法院仍然必須另外由甲再行委任提出第二審之委任狀，王律師才可於高等法院之訴訟程序中取得訴訟代理權。

　　民事訴訟法為便利當事人善用訴訟代理制度，如當事人就特定訴訟於委任書表明其委任不受審級限制，並經公證者，應無不許的道理，民國92年修正民事訴訟法時於第69條增設但書之規定。至於受委任之訴訟代理人是否得於各該審級執行職務，自仍應依法律的規定（例如第68、466-1條等），乃屬當然之理。而民事訴訟法第69條中所謂的「委任書」只是授權的書證，並不屬於當事人的書狀，因此提出該委任書的當事人，沒有必要購買司法狀紙（32年院字第2478號），而且也不須按照他造當事人的人數，提出繕本或影本（民訴§119）。

第三節　訴訟代理權之範圍與權限

壹、訴訟代理權之範圍

　　訴訟代理權的範圍主要規定於民事訴訟法第70條，即是訴訟代理人之權限，訴訟代理人就其受委任之事件，有為一切訴訟行為之權利。所謂一切訴訟行為，凡

　　事人自不須重新出具委任書。從而，該事件之訴訟代理人在移送民事庭後所為之訴訟行為，當然有效。」

[5]　最高法院69年台上字第1574號判例略以：「委任訴訟代理人，應於每一審級為之，受特別委任之訴訟代理人，雖有為其所代理之當事人，提起上訴之權限，但提起上訴後，其代理權即因代理事件終了而消滅，該訴訟代理人如欲在上訴審代為訴訟行為，尚須另受委任，方得為之（司法院二十八年院字第一八四一號解釋參照）。本件葛某在第一審提出之被上訴人委託書，縱得認為被上訴人委任葛某為第一審訴訟特別代理人之委任書，葛某有為被上訴人提起附帶上訴之權限，依前揭說明，葛某仍須另受委任，方得代被上訴人為第二審訴訟行為。」

不屬該條項但書所定應受特別委任之事項均包含在內[6]，代受送達亦爲一切訴訟行爲之一種，訴訟代理人當然有此權限[7]，其基此所爲之代受送達，即與委任之當事人自受送達生同一之效力[8]。有疑問的是，當事人若已委任訴訟代理人後，法院得否僅向當事人本人爲送達？實務原採肯定說，但其後改採否定說[9]。

　　訴訟代理人雖然有爲一切訴訟行爲的權利，但是下列事項關係當事人的權利非常重大，一定要經過特別委任的訴訟代理人，又當事人若授予特別委任之代理權限，應以文字表明之[10]，才可爲下列各項的訴訟行爲。如果沒有受到特別委任的訴訟代理人，就不能爲下列各項的訴訟行爲：捨棄、認諾、撤回、和解，此四項之意義，請參見第八章第四節的解說。

　　提起反訴，指本來訴訟的被告在言詞辯論終結前向在本件繫屬的法院，向本訴

6　最高法院23年抗字第1589號判例略以：「訴訟代理人，除其代理權受有限制或應受特別委任之事項外，有爲一切訴訟行爲之權，管轄之合意，訴訟代理人自得依法爲之，無事先徵求本人同意之必要。」

7　若當事人如已指定送達代收人，則不得再對訴訟代理人爲送達（參22抗字143號判例意旨）。

8　最高法院44年台抗字第192號判例略以：「訴訟代理人就其受委任之事件有爲一切訴訟行爲之權，爲民事訴訟法第七十條第一項之所明定，所謂一切訴訟行爲，凡不屬該條項但書所定應受特別委任之事項均包含在內，代受送達亦爲一切訴訟行爲之一種，訴訟代理人當然有此權限，其基此所爲之代受送達，即與委任之當事人自受送達生同一之效力。」

9　即最高法院84年度第4次民事庭會議決議曾認爲：「當事人之訴訟能力不因委任訴訟代理人而喪失，仍得自爲訴訟行爲而收受訴訟文書之送達，且向當事人本人爲送達，於該當事人既無不利，應認送達已生效力。」其後，於最高法院90年度第7次民事庭會議決議：「本則（即最高法院84年度第4次民事庭會議決議）決議不再供參考。因此，當事人若已委任訴訟代理人後，法院不得僅向當事人本人爲送達，應向訴訟代理人爲送達。」

10　參司法院院字1258號解釋略以：「(二)委任狀上祇有『悉依法定』或『進行訴訟』等字樣，并非特別委任，自不得認有代爲和解之權。……(五)無訴訟代理權者之訴訟行爲，於審判終結或和解成立後，得因本人之承認，視爲有效力之行爲。」；最高法院17年上字第778號判例：「訴訟代理人之受特別委任，須當事人表明其特別委任之事項，故委任書狀如僅概言依法委任，或泛稱全權代理（即爲一切行爲）等字樣，即應解爲未受特別委任。」；最高法院27年上字第2307號判例：「委任書內僅載訴訟進行上有代理一切之全權者，不能認爲已有和解之特別委任。」

的原告提起反訴（民訴§259參照）。

撤回，是指撤回起訴或撤回上訴而言（民訴§262、§459、§481），至於其他訴訟行為的撤回，例如聲明的證據加以撤回、抗告的撤回等，並不包括在內。

提起上訴[11]，是對於判決不服而向上級審法院請求救濟的方法。此處所謂的上訴，包括附帶上訴在內（民訴§460參照）。

提起再審之訴[12]，「再審之訴」是對於已經判決確定的判決，由於具有民事訴訟法第496條規定的各款事由，而向法院請求救濟的方法（民訴§496）。

關於強制執行的行為，是以確定判決作為執行名義的強制執行（強執§4Ⅰ第1款）。領取所爭物的行為，是指訴訟代理人受理對方當事人為清償本件訴訟發生原因的債務，為目的之給付而言。選任代理人，指訴訟代理人可以自行再度委任第三人作為訴訟代理人，通常稱為「複代理人」。

以上所列之特殊行為，因關係到當事人的權利非常重大，因此民事訴訟法第70條第1、2項規定，必須有特別代理權的訴訟代理人，才可作前述的特殊訴訟行為。如果沒有受到特別委任，就沒有前述各項特殊授權的權限[13]。至於為訴之變更或追加是否須特別委任，若依實務見解應採否定說[14]，然而，訴之變更其性質相當於訴之撤回，故應受特別委任始得為之，如此亦較能保障當事人之程序處分權。由於訴訟代理人是由訴訟當事人自己的意思所委任的，因此委任的當事人當然有權利對訴訟代理人之授權範圍加以限制，例如：原告委任甲律師為訴訟代理人，但是他想自己收受法院文件的送達，因此他就限制甲律師代為收受送達的權限。但此種限

---

[11] 最高法院94年台抗字第981號裁定略以：「受特別委任之訴訟代理人，有依民事訴訟法第七十條第一項但書規定，提起上訴之權。所謂『上訴』，係指包括使上訴程序合法範圍內之一切必要行為而言，收受補繳上訴裁判費裁定之送達，自亦與焉。」

[12] 最高法院91年台抗字第437號裁定略以：「當事人於前訴訟程序委任之訴訟代理人，受有得提起再審之訴之特別委任，於判決確定後，不待另行委任，即得為當事人提起再審之訴。」

[13] 最高法院45年台上字第1376號判決略以：「上訴人提出委任某甲為二審訴訟代理人之委任書，既經載明授以民事訴訟法第七十條第一項但書所列各行為之特別代理權，則該訴訟代理人有就訟爭標的而為捨棄之特別權限，甚為明顯，其於言詞辯論時就訟爭標的之一部表示捨棄，自應視為與上訴人所為者有同一之效力，至實際上是否與上訴之意思合致，要於其效力不生影響。」

[14] 參最高法院44年度台抗字第192號判例意旨。

民事訴訟法新論

制必須註明於委任書或者是由法院書記官記明筆錄，否則不發生限制的效力。

　　同理，當事人可以委任訴訟代理人，而僅載明授權某一單項訴訟行為的權利，例如：甲委任乙律師為訴訟代理人，他在訴訟代理的委任書中，僅記載由乙律師代為閱覽卷宗，此時乙律師雖然是訴訟代理人，但他僅有閱卷的權利，其他的訴訟行為因為沒有受到甲的委任，仍然不能做閱卷以外的其他訴訟行為。

貳、由法院所選任之訴訟代理人之權限

　　法律之所以在特定情況下允許法院或審判長為當事人選任訴訟代理人的目的，係為維持兩造當事人程序上實質對等所設的制度。同時為落實此項制度，自應廣泛授予訴訟代理人有代為一切訴訟上行為的權限，且其權限顯然較諸當事人自行選任無特別代理權的訴訟代理人為廣泛，因此舉凡提起反訴、上訴、再審之訴或選任代理人，均得依法為之。惟捨棄、認諾、撤回或和解等行為，與法院或審判長選任訴訟代理人的原意有所悖離，爰於民事訴訟法第70-1條但書明文加以限制。而本法第70-1條所謂之「法院依法律為當事人選任訴訟代理人」之情形，例如：民事訴訟法第44-4條第1項規定：「前三條訴訟，法院得依聲請為原告選任律師為訴訟代理人。」民事訴訟法第70-1條第3項則規定於法院或審判長選任訴訟代理人後，當事人事後又自行委任訴訟代理人或表示自為訴訟行為者，此時則已無由法院再幫其選任訴訟代理人之必要，故而在此情形發生時法院應通知選任的訴訟代理人及他造當事人，使其知悉，以符合法律程序並方便訴訟的進行。

第四節　訴訟代理人之數量

　　民事訴訟法對於委任訴訟代理人之人數並沒有加以限制，當事人如一次委任二位以上，甚至四位、五位以上的訴訟代理人時，應該如何處理，不得不有所規定。因此民事訴訟法第71條第1項即規定，訴訟代理人有二人以上者，均得單獨代理當事人。易言之，法院以及他造當事人的訴訟行為，只要向訴訟代理人其中的一人為之即可，且各個訴訟代理人，任何一人所為的訴訟行為以及陳述，都有完全的效力，縱使其他的訴訟代理人有不同的意見，對於效力不發生任何影響，稱為單獨代理權。

　　是以，同一當事人概括委任數訴訟代理人，各訴訟代理人均有為該當事人收受文書送達之權，向其中一人為送達，即發生合法送達之效力，倘各訴訟代理人收受

文書之時間不同，依單獨代理之原則，以最先收到之時，爲送達效力發生之時[15]。

　　如當事人委任訴訟代理人時，違反民事訴訟法第71條第1項的規定，而載明各個訴訟代理人必須共同代理，或者是必須依多數決才能作訴訟行爲，此種授權方式對於法院以及他造的當事人，不發生效力。換言之，縱使當事人委任時，特別載明要共同代理，或者是依多數決爲訴訟行爲者，亦不發生此種效力。只要其中一個訴訟代理人，他所爲的訴訟行爲仍然視作有完全的效力，不因爲他在授權時記載共同代理，而影響到訴訟行爲的效力。

第五節　當事人之撤銷與更正權

　　訴訟代理人所爲關於事實上的陳述，如果經過到場的當事人即時加以更正或撤銷，訴訟代理人所作的陳述就不發生效力，所以到場的當事人，有權利對訴訟代理人事實上的陳述，加以即時的撤銷或更正[16]。但是必須注意，一定是要訴訟代理人在陳述時，當事人本人也在現場，當事人才有撤銷或更正的權利。此乃民事訴訟法第72條規定，要經過「到場」的當事人才能加以撤銷或更正。接續是必須「即時」加以撤銷或更正，如果訴訟代理人陳述之後，而到場的當事人不即時撤銷或更正者，他就不能再作撤銷或更正[17]。由於本條之當事人到場且及時更正之規定過於嚴

---

[15] 參最高法院88年台抗字第204號裁定意旨略以：「是同一當事人概括委任數訴訟代理人，各訴訟代理人均有爲該當事人收受文書送達之權，向其中一人爲送達，即發生合法送達之效力，倘各訴訟代理人收受文書之時間不同，依單獨代理之原則，以最先收到之時，爲送達效力發生之時。」

[16] 最高法院85年台上字第2953號判決略以：「當事人所委任之訴訟代理人，其所爲事實上之陳述或於訴訟上本於其訴訟代理權所爲之『自認』，除經到場之當事人本人，依民事訴訟法第七十二條規定，即時撤銷或更正，或其撤銷符合同法第二百七十九條第三項所定：『前項（第二項）自認之撤銷，除別有規定外，（按：例如同法第七十二條）以自認人能證明與事實不符，且係出於錯誤而自認者，始得爲之。』等情形外，其效果當然及於當事人本人。法院自應認該當事人自認之事實爲眞實，以之爲裁判之基礎。」

[17] 參最高法院49年台上字第2362號判例略以：「訴訟代理人爲訴訟行爲，係本於當事人之授權以自己之意思爲之，並非本人之代言機關，故其行爲有無錯誤，不依本人之意思決之，而依代理人之意思決之，其所爲事實上之陳述，除經到場之當事人本人即

苟,因此實務上對於當事人之更正權基本上均從寬解釋與適用,縱當事人本人未到場只要事後開庭時加以更正或獨立具狀更正,法院均承認當事人事後之更正有效,不因民事訴訟法第72條之嚴苛規定而致侵害當事人本人就事實陳述之更正權。

第六節　訴訟代理權之效力

　　訴訟代理人的訴訟代理權的範圍已規定於民事訴訟法第70條,但是如果委任的當事人,也就是本人死亡、破產或訴訟能力喪失的時候,依照民法的一般原則,本人死亡時,委任關係本應歸於消滅(民§108、§550)。但是民事訴訟法第73條規定:「訴訟代理權,不因本人死亡、破產或訴訟能力喪失而消滅;法定代理有變更者亦同。」前段規定訴訟代理權不因為本人死亡或破產或者喪失訴訟能力而消滅,之所以特別定與民法相反的規定,是為防止訴訟遲延,且為保護對造當事人的利益。因此,如果本人死亡、破產或訴訟能力喪失,訴訟代理人的訴訟代理權仍然繼續存在,可以繼續為訴訟行為,使訴訟繼續進行。

　　而依民事訴訟法第73條的規定,如果已經有委任訴訟代理人的當事人死亡、破產或訴訟能力喪失時,就不發生民事訴訟法第173條訴訟程序當然停止的問題,也就是訴訟程序仍然可以繼續進行,而不必適用民事訴訟法第173條的規定。但法院得酌量情形,裁定停止其訴訟程序(民訴§173但書)。

　　民事訴訟法第73條後段所謂法定代理人有變更者亦同[18],是指原來的當事人因為沒有訴訟能力,而必須由法定代理人代為訴訟行為的時候,如果這個法定代理人選定王律師為訴訟代理人,倘日後該法定代理人因為法定的原因而喪失法定代理權時,則他所選任的律師仍然有訴訟代理權,可以繼續進行訴訟程序,不因為法定代理人的變更,而使他的訴訟代理權發生影響。試舉一例:甲向乙提起民事訴訟,乙

　　時撤銷或更正外,其效果即及於當事人本人,不得以與當事人或本人之真意不符為理由,而否認其效力。」

[18] 最高法院49年台上字第2362號判例略以:「民事訴訟法第七十三條所稱之訴訟代理權不因本人之法定代理有變更而消滅者,係指新法定代理人尚未依法承受其訴訟以前而言,此時訴訟程序固不因之而當然停止,該訴訟代理人自仍得本於訴訟代理權繼續代理訴訟。惟若新法定代理人已依法承受訴訟時,該訴訟代理人之原訴訟代理權即當然歸於消滅,此觀該條及同法第一百七十條、第一百七十三條規定自明。」

是未成年人，因此由他的監護人丙作爲乙的法定代理人，即被告是乙，而被告的法定代理人是丙。如果在訴訟進行中，丙選任丁律師爲訴訟代理人，在言詞辯論終結之前，丙法定代理人突然發生精神上的異常，而改由戊作爲乙的法定代理人，則丁律師的訴訟代理權，並不因丙的法定代理權由戊取代而發生影響。

第七節　解除訴訟委任及其效果（訴訟委任之解除及其效果）

　　訴訟委任之解除及其效果係規定於民事訴訟法第74條委任契約，而依據民法第549條的規定，本來當事人的任何一方可以隨時終止委任契約，然因訴訟法上本人撤回訴訟代理權或訴訟代理人辭退其職務，均無溯及效力，不生回復原狀的法律問題。但是民事訴訟法爲保護對造當事人，特別規定訴訟代理人委任的終止（原條文用「訴訟委任之解除」一詞，易滋誤會，爰將民事訴訟法第74條第1項及第3項之「解除」均修正爲「終止」，俾資明確）一定要通知他造才發生效力。

　　因此，如果沒有通知訴訟的對造當事人，這個終止委任就不發生終止的效力。終止訴訟委任的通知，旨在使他造知悉終止的情事，所以應無限制必須以書狀提出之必要，爰修正原條文第2項的規定，增設亦得以言詞提出於法院，並由法院告知於他造。如果解除委任是由訴訟代理人自己主動解除的時候，爲防止訴訟的延遲以及保護本人的利益，而第3項規定「由訴訟代理人終止委任者，自爲終止之意思表示之日起十五日內，仍應爲防衛本人權利所必要之行爲。」如果解除委任是由當事人自己解除的時候，則訴訟代理人就沒有義務在解除之日起15日內，爲防衛本人權利而爲任何的訴訟行爲[19]。

第八節　訴訟代理權欠缺之補正

　　依據家事事件法第15條之規定，法院於認有必要時，得爲有程序能力人之利

---

[19] 最高法院95年台上字第1442號判決略以：「但依民事訴訟法第七十四條第三項規定，由訴訟代理人終止委任者，自爲終止之意思表示之日起十五日內，仍應爲防衛本人權利所必要之行爲。原審以上訴人已經合法通知仍未到庭而無民事訴訟法第三百八十六條所列各款情形，因依被上訴人聲請由其一造辯論而爲判決，於程序上自無不合。」

益選任程序監理人，同法第16條第3項並規定選任之程序監理人不受審級限制，法院自毋庸再為其選任訴訟代理人。是以民事訴訟法於102年修正時刪除第571-1條第2項及第585條第1項規定，爰配合刪除原民事訴訟法第69條第2項之第2款，並酌作文字修正。民事訴訟法第69條第2項規定：「前項委任或選任，應於每審級為之。但當事人就特定訴訟於委任書表明其委任不受審級限制，並經公證者，不在此限。」

訴訟代理的委任，若沒有依民事訴訟法第69條之任何一種方式來委任，則不發生委任的效力，而會發生訴訟代理權的欠缺，或者是雖然按照第69條的規定委任，但是由於其他因素而使訴訟代理權發生欠缺。例如：雖然有依第69條提委任書，而委任書卻沒有經過當事人本人的簽名蓋章，於此種情形下，訴訟代理權的有無，必須由法院依職權來調查，如果法院認為訴訟代理權的欠缺可以補正，就必須依據民事訴訟法第75條之規定，定期間命其補正[20]。例如前述舉例，提出委任書卻沒有蓋章，此時沒有蓋章並不表示不能補正，只要由法院通知他蓋印章，完成補正的行為即可[21]。

民事訴訟法第249條第1項但書的規定，審判長如果發現訴訟代理權的欠缺是可以補正的時候，則在補正以前，暫時允許他為訴訟行為，以免使訴訟發生遲延的情形。因此民事訴訟法第75條第1項但書規定，如果訴訟代理權欠缺可以補正，法院得許其暫為訴訟行為，如果法院基於其他的考慮，沒有必要准許訴訟代理權欠缺的訴訟代理人為訴訟行為，亦屬合法。

訴訟代理權欠缺的訴訟代理人，他所作的訴訟行為依法應不發生該行為應有的效力。但是本法為了訴訟經濟以及便利當事人，特別規定此種無訴訟代理權的訴訟代理人，已經作訴訟行為之後，如果事後獲得訴訟代理權，而且經過當事人承認代理人以前所作的訴訟行為的時候，則沒有訴訟代理權的訴訟代理人，之前所作的訴

---

[20] 參最高法院29年抗字第42號判例：「訴訟代理人未於最初為訴訟行為時提出委任書者，除有民事訴訟法第六十九條但書之情形外，其代理權固有欠缺，惟此項欠缺並非不可補正。」

[21] 最高法院85年台抗字第553號判例略以：「某律師為上訴人在第一審之訴訟代理人，雖委任書提出較遲，但上訴人之法定代理人自陳『本件原來是委任某律師代理出庭言詞辯論』等語，則依民事訴訟法第七十五條第二項之規定，溯及既往發生代理訴訟之效力，從而該代理人兩次收受言詞辯論期日之通知書，均屬合法，其不到場辯論，應生視為撤回其訴之效力。第一審法院於通知視為撤回後又續行訴訟，於法殊有違背。」

訟行爲就可溯及而發生效力。

　　本人如承認無訴訟代理權的訴訟代理人的行爲，可以準用民事訴訟法第48條的規定，已於前述說明。但是必須注意，此種承認一定要在判決確定以前承認才可以，如果判決已經確定，當事人亦無從加以承認。

第九節　偕同輔佐人到場與陳述之效力

壹、偕同輔佐人到場

　　按審判長指揮訴訟，民事訴訟法第68條關於委任非律師爲訴訟代理人的許可及撤銷，已修正爲由審判長爲之，所以關於輔佐人到場的許可及撤銷，自亦由審判長處理即可。故民國92年2月7日修正將原第68條第1、2項的「法院」修正爲「審判長」。

　　民事訴訟法第76條規定：「當事人或訴訟代理人經審判長之許可，得於期日偕同輔佐人到場。前項許可，審判長得隨時撤銷之。」而所謂「輔佐人」，是爲輔佐當事人或訴訟代理人爲訴訟上的陳述，而不是被輔佐人的發言機關，亦不是被輔佐人的代理人[22]。

　　民事訴訟法之所以設有訴訟輔佐人，其立法目的除輔佐當事人或訴訟代理人的任務外，乃是因爲民事訴訟的辯論經常是需具有高度專業知識方能順利進行。例如：在侵權行爲的醫療糾紛事件，必須具有醫學知識的醫師，才能作出正確而具有專業性的陳述。是以爲因應各種不同的訴訟，當事人或訴訟代理人都有於審判期日帶輔佐人到場輔佐他陳述的必要性。要協同輔佐人到場，必須要具備下例要件：

　　一、必須法院裁定許可。

　　二、必須於審判期日內才可以帶輔佐人；易言之，有期日才有輔佐人，如果沒有期日，就不發生輔佐人的問題。

　　三、必須「始終協同」當事人或訴訟代理人，才具備輔佐人的資格，因此不能單獨只由輔佐人到場，也不能先帶輔佐人到場之後，當事人或訴訟代理人先行離

---

[22]　參最高法院41年台上字第824號判例：「輔佐人，非當事人或訴訟代理人於期日偕同到場不得爲之。故若偕同到場之當事人或訴訟代理人退庭，亦即失其輔佐人之資格，不得爲訴訟行爲。」

去，僅留下輔佐人一個人單獨陳述。是以輔佐人自己不能單獨存在，輔佐人自己在作任何訴訟上陳述時，旁邊必定要有當事人或訴訟代理人在場。

四、輔佐人作事實上陳述，如果審判長認為不適當時，審判長可以依據民事訴訟法第76條第2項的規定，隨時撤銷輔佐人的許可，而使輔佐人喪失他的輔佐人地位。

貳、輔佐人陳述之效力

民事訴訟法第77條規定：「輔佐人所為之陳述，當事人或訴訟代理人不即時撤銷或更正者，視為其所自為。」凡是當事人或訴訟代理人於期日內所得為的事實上或法律上的陳述，輔佐人都可以作相同的陳述。但是被輔佐人對輔佐人的陳述，有權利可以即時加以撤銷或更正。如果被輔佐人不即時加以撤銷或更正的話，依據第77條之規定，視同是被輔佐人他自己所為的陳述[23]。

---

[23] 臺北高等行政法院97年度訴字第2811號判決略以：「又原告甲○○、乙○○取得系爭土地係當時登記名義人張○水等人應陳○勳請求而為移轉，而其移轉登記原因出於陳○勳贈與乙節，且經原告自認在卷（見本院卷第8頁起訴狀及第68頁準備程序筆錄；依行政訴訟法第56條準用民事訴訟法第77條規定，原告丁○○輔佐人許○英所為之陳述，未據其即時撤銷或更正者，視為其所自為）。」

｜第十一章｜
訴訟參加

壹、意義

　　有法律上利害關係之第三人，由於具有法律上利害關係依法享有聽審權，否則恐有違憲之疑慮，為此民事訴訟法第58條明定有法律上利害關係之第三人為輔助一造得於訴訟中參加訴訟，亦稱輔助參加，或從參加訴訟。此外，本法為使法律上利害關係人之憲法層次之聽審權得以確保，除設有參加訴訟之制度外，尚有「告知訴訟」及「第三人撤銷訴訟」制度，此三者可謂係第三人聽審權保障之「三大制度性保障」機制。本章僅就保障第三人聽審權之「參加訴訟」為規範以下即說明之。

　　茲所謂「訴訟參加」，依據民事訴訟法第58條，是為間接維護自己的利益，而輔助已經於訴訟中的當事人，使他獲得勝訴，而不是為自己有所請求而加入為原告或被告，故僅為參加人，並非當事人[1]，但是參加人仍然是以自己的名義作訴訟行為，而且必須負擔訴訟費用，與訴訟代理人是以他人的名義為訴訟行為有所不同。由此可知，參加訴訟，必須由當事人以外的第三人，也就是原告、被告以外的第三人，才得以依據民事訴訟法第58條之規定參加訴訟[2]。

---

[1] 最高法院23年上字第3618號判例略以：「參加人對於其所輔助之當事人，雖不得主張本訴訟之裁判不當，但參加人非民事訴訟法第三百九十一條第一項所謂當事人，其與他造當事人間之關係，自非確定判決之既判力所能及。」

[2] 最高法院98年台上字第1085號判決意旨略以：「(一) 按從參加訴訟，側重有法律上利害關係之第三人為輔助當事人之一造而於訴訟繫屬中參加訴訟，以間接防護自己之利益，與選定當事人訴訟，被選定人因受多數有共同利益人之信託授與訴訟實施權能，得以自己名義而為全體選定人之起訴或被訴當事人，在本質上固未盡相同，惟參加人所為之訴訟行為，除法律另有規定外，效力及於其輔助之當事人，並得為該當事人獨立提起上訴（民事訴訟法第五十八條第二項及第六十一條），性質上可稱之為『廣義之當事人』；再就其不得提起同法第五百零七條之一所定第三人撤銷訴訟之限度內，

貳、參加訴訟之要件

一、必須在他人之訴訟繫屬中

　　訴訟參加的要件是必須就兩造已經進行中的訴訟，有法律上的利害關係，他才可以參加[3]。否則如果就兩造的訴訟，自己根本沒有法律上的利害關係，就不能任意參加別人進行中的訴訟。而此訴訟繫屬中之時點，應包括上訴審[4]。

二、必須要輔助訴訟中一造以使該造勝訴為目的

　　參加訴訟的目的，必須是為輔助訴訟的一方，如果參加的目的是為同時輔助原告和被告兩造，或者是兩造都不輔助的話，即不屬於民事訴訟法第58條所謂的訴訟參加。

三、必須有法律上之利害關係

　　所謂「法律上利害關係」，是指如果他輔助的當事人敗訴時，則自己（參加

　　因其於本訴訟判決確定時所受判決效力仍然持續，亦可認係『實質之當事人』。故同法第四十一條至第四十四條之四之規定，於從參加訴訟，在性質相通者，即非不得類推適用之，俾就兩造訴訟有法律上利害關係之『多數有共同利益之第三人』，如為輔助一造起見，得於該訴訟繫屬中，選定一人或數人，為選定人及被選定人全體為訴訟參加，使該『被選定參加人』，一係為自己為參加人（形式兼實質之參加人），同時為其他多數有共同利益之『選定參加人（實質或潛在之參加人）』而為參加人（形式之參加人），讓選定當事人制度之運用在從參加訴訟上更發揮其簡化訴訟程序之功能，避免當事人時間、勞力、費用之浪費及司法資源之耗費，以達訴訟經濟及便利訴訟之目的。」

[3] 參最高法院23年抗字第1259號判例：「第三人為輔助一造起見而參加於訴訟，須就兩造之訴訟有法律上利害關係者始得為之，若僅有事實上之利害關係，則不得為參加。」

[4] 最高法院32年聲字第113號判例：「民事訴訟法第五十八條第一項所謂該訴訟繫屬中，自該訴訟開始時起，至因確定裁判等原因而終結時止，該訴訟繫屬於上級審時，亦不失為訴訟繫屬中。」最高法院30年抗字第273號判例：「第三人為輔助當事人一造起見為參加後，如未撤回其參加，亦未受法院駁回其參加之確定裁定，則在該訴訟未因確定裁判或其他原因終結前，隨時得輔助當事人為訴訟行為，並不以參加時之一審級為限，故在第一審為參加者，雖在第二審未為訴訟行為，亦得對於第二審判決提起上訴。」

人）在「法律上」將會遭受不利益[5]，此法律上之不利益，不問屬私法或公法上之權利義務關係皆屬之[6]，反之，如他輔助的當事人勝訴的話，參加人就可以免除該不利益。例如：債權人甲對保證人乙提起民事訴訟，請求乙清償債務，此時主債務人丙，他可以以利害關係人身分，即以法律上有利害關係爲原因，而參加訴訟，即輔助乙進行訴訟。因若保證人乙敗訴，則主債務人丙的權利會因爲保證人的內部求償權利而受到影響（民§749）。

依現行實務見解，有認爲參加人就兩造確定判決縱有法律上的利害關係，亦不得爲其輔助的當事人提起再審之訴，對於參加人程序上權利的保障，似欠周延。故特增訂第58條第3項，規定參加人於此種情形，得輔助其於前訴訟程序中所輔助的一造當事人提起再審之訴。至於前訴訟程序中未參加於訴訟的第三人，則不許其於判決確定後參加訴訟、同時提起再審之訴，以維持確定判決的法律安定性。惟亦有部分實務見解認爲，倘受判決效力所及之法律上利害關係第三人，已依己意將訴訟實施權授與擔當訴訟人，固不得對該確定終局判決提起第三人撤銷之訴，然該第三人如未曾參加訴訟，卻須受其擔當訴訟人所獲確定判決效力之不利擴張，而該須合一確定之確定判決有再審事由時，仍應例外賦與其非常聲明之再審訴權[7]。又受訴訟告知的人雖未爲參加或參加逾時，如其依第67條規定視爲已參加訴訟者，當然有本項救濟規定的適用，依法即無待明文。

---

[5] 參最高法院17年聲字第42號判例：「就兩造之訴訟有法律上之利害關係之第三人，爲輔助一造起見得參加於該訴訟，所謂法律上之利害關係者，即因兩造所受裁判之結果，而自己亦須受其影響之謂。」

[6] 參最高法院97年台抗字第414號裁定略以：「民事訴訟法第五十八條第一項所稱有法律上利害關係之第三人，係指第三人在私法或公法上之法律關係或權利義務，將因其所輔助之當事人受敗訴判決有致其直接或間接影響之不利益，倘該當事人獲勝訴判決，即可免受不利益之情形而言，且不問其敗訴判決之內容爲主文之諭示或理由之判斷，祇須其有致該第三人受不利益之影響者，均應認其有輔助參加訴訟之利益而涵攝在內，以避免裁判歧異及紛爭擴大或顯在化。至僅有道義、感情、經濟、名譽或其他事實上之利害關係者，則不與焉。」

[7] 最高法院109年度台抗字第257號裁定。

參、訴訟參加提起之程式

一、提起方式

依據民事訴訟法第59條規定訴訟參加提起之方式。訴訟參加亦是屬於訴訟行為的一種。訴訟行為，依據民事訴訟法規定，有必須以書狀提出者，亦有可以用言詞提出即可者，但參加訴訟一定要以書狀提出，而且必須表明本訴訟、當事人、參加人與本訴訟的關係以及參加訴訟之陳述。

但是參加人對於本訴訟利害關係的有無，法院沒有必要依職權來調查。因此如果想參加他人訴訟時，可以不必顧慮自己是否為法律上利害關係的第三人，因為只要對方的當事人對於第三人的參加訴訟，沒有提出異議就可以了。

參加人提出參加訴訟之後，法院必須依據第59條第3項的規定，將參加訴訟狀送達訴訟的兩造當事人，使雙方當事人都知道有這個第三人來參加訴訟，以便於斟酌是否聲請法院駁回第三人的參加。

二、當事人之異議權

參加人對於本訴訟利害關係之有無，法院沒有必要依職權調查。因此如果想參加他人訴訟時，可以不必顧慮自己是否為法律上利害關係的第三人？此雖有不符合第58條第1項：「就兩造之訴訟有法律上利害關係之第三人，為輔助一造起見，於該訴訟繫屬中，得為參加。」然而卻因為對方的當事人對於該第三人的參加訴訟，沒有提出異議即可。

參加人提出參加訴訟之後，法院必須依據第59條第3項的規定，將參加訴訟狀送達訴訟的兩造當事人，使雙方當事人都知道有第三人來參加訴訟，以便於斟酌是否聲請法院駁回第三人的參加。

駁回參加之裁定須依當事人之聲請始得為之，此觀民事訴訟法第60條第1項之規定自明，故第三人之參加縱使就兩造之訴訟並無法律上之利害關係，而苟未經當事人聲請駁回，法院仍不得依職權調查而為駁回其參加之裁定[8]。

另第三人聲請參加訴訟，且提出書狀參加訴訟後，聲請參加之人即得成為參加

---

[8] 最高法院43年台抗字第48號判例意旨略以：「駁回參加之裁定須依當事人之聲請始得為之，此觀民事訴訟法第六十條第一項之規定自明，故第三人之參加縱使就兩造之訴訟並無法律上之利害關係，而苟未經當事人聲請駁回，法院仍不得依職權調查而為駁回其參加之裁定。」

人，如果原告或被告對於第三人的參加聲請法院駁回，法院應以裁定的方式來裁定第三人的參加應否准許。如此參加人與當事人的利益都可受到法律的保障，因為作出此項准許參加與否的裁定之前，如聲請人不能以參加人的名義而為訴訟行為，則當事人將有輕率提出異議而損害到參加人的利益之虞；反之，如果不給予原來訴訟當事人有提出聲請駁回參加的權利，使他們有排斥沒有任何效果的參加的權利，亦會妨礙訴訟的進行及當事人的利益。因此，一方面是聲請參加的人可以在駁回參加的裁定還未確定之前，基於法律上利害關係之第三人之權利可以參加訴訟而輔助他所想輔助的當事人；另一方面法院又可依據當事人的聲請，而准許或駁回訴訟的參加。

准許參加與否的裁定，關係參加人及當事人的利害關係甚大，而不論法院裁定准許或裁定駁回參加訴訟，當事人以及參加人都可以提出抗告來聲明不服（民訴§60 II）。

駁回參加的裁定還未確定之前，參加人仍然可以為訴訟行為，但必須注意，假如參加人參加訴訟後，已經有以參加人地位作出訴訟行為，日後這個訴訟參加遭法院駁回，且確定後，他之前所為的訴訟行為全歸於無效，不因為他曾經作出這個訴訟行為，而對原來的訴訟發生任何影響（民訴§60 III 參照）。

而同法第60條第1項但書所謂未提出異議而已為言詞辯論者，即不可以再聲請法院駁回參加。所謂「已為言詞辯論」，不論是否為程序上的陳述或者是實質上的陳述，均包括在內，只要對於訴訟參加沒有提出異議，而作出程序上或實質上的陳述，依據第60條第1項的規定，即喪失聲請法院駁回參加的權利。

肆、參加人參加訴訟後之權限

一、原則

民事訴訟法第61條所規定的是參加人的權限，參加人是為輔助當事人的一造而參加訴訟的人，參加人參加訴訟，僅在輔助當事人之一造為訴訟行為，使得勝訴結果，藉以維持自己私法上之利益，並非直接為自己請求何項裁判[9]。

---

[9] 最高法院96年台上字第967號判決略以：「另依民事訴訟法第五十八條第一項規定，就兩造之訴訟有法律上之利害關係之第三人，為輔助一造起見得參加於該訴訟。而參加人參加訴訟，僅在輔助當事人之一造為訴訟行為，使得勝訴結果，藉以維持自己私法上之利益，並非直接為自己請求何項裁判。」

關於輔助上所需一切必須的訴訟行為，原則上都有權利為之。例如：提出各種的防禦方法，對於判決提出上訴[10]，對於裁定提出抗告，或者是聲請回復原狀及提起再審之訴[11]等等行為。

二、例外

然而前述原則如有下列四種例外情形時，參加人所得為的訴訟行為，仍然必須受到限制：

(一) 按參加時之訴訟進度被輔助人已不得為之行為

參加人所輔助當事人的訴訟行為，必須按照參加時訴訟進行的程度來為之。如果依當時訴訟進行的程度，被輔佐的當事人已經不能為該項訴訟行為的時候，那麼參加人也不能因為他是參加人而可以為之。例如：1.原告已經對訴訟標的的一部分捨棄，此時輔助原告的參加人，不能再主張已經被原告捨棄的那部分的訴訟標的。2.參加人參加訴訟時，該件訴訟已經繫屬於第三審最高法院，而第三審依據民事訴訟法的規定，不能陳述事實也不能提出證據，只能就判決違背法律的部分提出爭執。因此如果參加人參加訴訟時，訴訟已經繫屬於最高法院，則參加人就不可再對第二審所認定的事實提出任何爭執，亦不能再提出證據，只能就第二審如何違背法令的部分提出爭執。

(二) 不能與被輔助當事人行為牴觸

參加人所為的訴訟行為，不能和他所輔助的當事人行為互相牴觸，否則參加人所為的訴訟行為不生效力；換言之，就是以當事人所作的行為為準。試舉一例：甲向法院起訴請求乙返還借款，乙在第一審的時候，就甲主張的借款加以自認，也就

---

[10] 參最高法院20年上字第1301號判例：「從參加人本於自己法律上之利害關係，得獨立為其所輔助之當事人提起上訴，只須該當事人未有反對陳述，則其因輔助當事人而提起之上訴，即應認為有效。」最高法院29年上字第978號判例：「參加人為輔助當事人一造起見提起上訴者，判決書當事人項下應仍列為參加人，將其所輔助之一造列為上訴人。」

[11] 最高法院99年度第4次民事庭會議決議：「再審之訴為前訴訟程序之再開或續行，且依民事訴訟法第五十八條第三項規定，前訴訟程序之參加人，得輔助當事人，對於原確定判決，提起再審之訴，故原參加人於再審中無須再聲明參加，當然即得輔助當事人，對於該再審之確定判決，提起再審之訴。」

是承認有向甲借款，但乙提出抗辯說已經清償。在第二審的時候，丙依據民事訴訟法的規定參加訴訟，來輔助乙爲訴訟行爲，此時如果丙在第二審法院根本否認乙有向甲借錢，就不生效力，因爲乙自己在第一審法院就已經承認有向甲借錢，只不過乙當時抗辯說，雖然有借錢，但是已經清償，這是乙有向甲借錢這個事實，經過乙自認，丙在第二審法院參加訴訟時，他又對有無借款的事實提出爭執的話，他的行爲就和乙的行爲互相牴觸。因此丙參加人的行爲，雖然否認借款是對乙有利，但是因爲和乙在第一審所爲的自認相牴觸，是不生效力，此即不能主張輔助之當事人已不能使用之攻擊防禦方法[12]。

(三) 不利於被參加人之行為

參加人不能爲不利於他所輔助的當事人的訴訟行爲，例如捨棄、認諾、和解，這都是對當事人的權利相當不利的行爲，參加人亦不能爲之。

(四) 超越輔助目的之行為

參加人不能代替他所輔助的當事人接受對造當事人所作的訴訟行爲，例如：代輔助的當事人提起反訴[13]、爲訴之變更、追加[14]，此違反處分權原則，因此認爲與超越輔助目的之行爲，不爲允許；換言之，參加人只可爲他所輔助的當事人，積極的幫他作輔助行爲，而不能爲他所輔助的當事人來被動的接受對方當事人的訴訟行爲。因此，如果對方當事人應該對參加人所輔助的當事人所作的訴訟行爲，然而卻只對參加人爲之，則不生效力。

---

[12] 最高法院102年度台上字第1126號判決略以：「按參加人因其所輔助之當事人之行爲，不能用攻擊或防禦方法，依民事訴訟法第六十三條第一項但書規定，固得對其所輔助之當事人主張本訴訟之裁判不當。惟所謂因所輔助之當事人之行爲，不能用攻擊或防禦方法，係指如因該當事人已爲捨棄、認諾或自認，致參加人不能與其行爲牴觸而無法用攻擊或防禦方法而言。又參加人爲輔助一造當事人參加訴訟後，雖得隨時爲輔助上所必要之一切訴訟行爲，不以參加時之一審級爲限，惟參加之目的，既僅在輔助當事人，則該當事人是否撤回上訴自仍應尊重其意願，參加人不得以該當事人撤回上訴致其無法於上訴審爲參加行爲而不能用攻擊或防禦方法，而謂其得對該當事人主張本訴訟之裁判不當。」

[13] 最高法院23抗字1066判例：「對於原告提起反訴，惟被告始得爲之，參加人雖得輔助被告爲一切訴訟行爲，但提起反訴則已出於輔助之目的以外，自非法之所許。」

[14] 楊建華著、鄭傑夫增訂，民事訴訟法要論，2013年8月，頁114。

伍、獨立的輔助參加

依據民事訴訟法第61條的規定，原則上參加人所作的訴訟行為如果和他所輔助的當事人行為互相牴觸，參加人所為的行為不生效力。然而這僅是原則，第62條所規定的是屬於例外的情形[15]。

如果訴訟標的對於參加人和他所輔助的當事人必須合一確定的時候，在此情形下，參加人所為的訴訟行為，如果和其所輔助的當事人行為互相牴觸，仍可發生效力。換言之，參加人所為的訴訟行為，如果準用第56條的結果，會造成參加人的行為有利於其所輔助的當事人，就發生效力；如果不利於其所輔助的當事人，就不生效力，而不依第61條一定不能和所輔助的當事人相牴觸的原則。

民事訴訟法第62條所謂「訴訟標的」，對於參加人及其所輔助的當事人必須合一確定者，是指依法律的規定，該參加人即使沒有參加訴訟，就該案判決的效力，仍然及於該未參加訴訟的當事人。例如：某股份有限公司的股東甲，提起撤銷股東會決議訴訟（公司§189），此時甲所提起的撤銷股東會決議的訴訟，如果判決下來，即使其他股東沒有參加訴訟，該判決仍然對其他股東發生效力。因此其他股東出面參加訴訟，就是屬於訴訟標的對於參加人以及他所輔助的當事人必須合一確定的情形。

試舉一例：股東陳寧提起撤銷股東會決議的訴訟，在訴訟進行中，陳寧對於對造的主張加以自認，後來股東王東依法參加訴訟。請問王東可不可以就陳寧先前已自認之事實再加以爭執？

此訴訟如依據第61條的原則，王東的行為不能和陳寧相牴觸，因此王東就不能就陳寧所自認的事項再提出爭執。但是本例的情形是因為陳寧和王東都是同一公司的股東，即使王東沒有參加訴訟，判決的效力仍然會及於王東，即判決對參加人及其所輔助的當事人必須合一確定的情形。是以在本例的情形下，雖然陳寧已經對他造的主張加以自認，但是王東仍然可以加以爭執，因為王東提出爭執是有利於原告的行為，依據民事訴訟法第62條準用第56條的規定，共同訴訟人其中一人所為的行為有利於共同訴訟人者，效力及於全體，不利益者，對全體不生效力。因此，王東仍然可以就陳寧以前曾經自認的事實，加以爭執。

---

[15] 最高法院33年湘粵上字第102號判例略以：「參加人係輔助當事人一造為訴訟行為之第三人，雖訴訟標的對於參加人及其所輔助之當事人必須合一確定者，亦祇準用民事訴訟法第五十六條之規定，究不能即認參加人為共同訴訟之當事人，故參加人與其所輔助之當事人一併提起上訴時，判決書當事人項下仍應列為參加人。」

陸、訴訟參加後之效果

一、原則

　　法院判決的效力，原則上僅及於訴訟當事人，也就是原告、被告為原則[16]。但是參加人既然已經在訴訟中，為其所輔助的當事人為一切的訴訟行為，因此參加人雖然不是當事人，但是本訴訟的裁判，對於參加人與其所輔助的當事人應該發生效力，才符合參加訴訟的本旨，否則只有參加訴訟之名，而沒有實質上參加訴訟的效力，就不是參加訴訟的本旨。是以第63條第1項前段特別規定，參加人對於他所輔助的當事人，不能於日後的其他訴訟中，再來主張本件訴訟的裁判有所不當，此種效力稱為「參加的效力」，是法院於訴訟繫屬中指定期日，應通知參加人，俾參加人得按參加時之訴訟程序，輔助當事人為一切訴訟行為[17]。

二、例外

　　依據民事訴訟法第63條第1項但書規定，於此三種例外情形下，參加人仍然可以在其他訴訟中，主張本訴的裁判不當：

(一) 因參加時之訴訟程度不能用攻防方法

　　參加人因為參加訴訟的程度，而不能用攻擊或防禦方法，例如：參加人於參加訴訟的時候，案件已經到第三審，按當時的訴訟程度，依據第61條的規定，他已經不能對事實方面提出爭執、主張或證據。因此如果此時仍然使參加人受到此不利益的結果，自然對參加人有所不公平，所以例外的准許參加人在這種情形下，可以在日後向他所輔助的當事人主張本件的裁判不當。

(二) 因被輔助者之行為而不能用攻防方法

　　參加人所輔助的當事人自己的行為，致使參加人不能提出攻擊、防禦方法

---

[16] 參最高法院23年上字第3618號判例：「參加人對於其所輔助之當事人，雖不得主張本訴訟之裁判不當，但參加人非民事訴訟法第三百九十一條第一項所謂當事人，其與他造當事人間之關係，自非確定判決之既判力所能及。」

[17] 參最高法院79年台上字第1034號判決略以：「參加人對於其所輔助之當事人，不得主張本訴訟之裁判不當，此為民事訴訟法第六十三條前段所定參加訴訟之效力。是法院於訴訟繫屬中指定期日，應通知參加人，俾參加人得按參加時之訴訟程序，輔助當事人為一切訴訟行為。」

時，也例外的准許參加人可以在日後主張本件的裁判不當。依據民事訴訟法第61條的規定，參加人的訴訟行為不能與他所輔助的當事人行為互相牴觸，如果互相牴觸時，不生效力。因此，如果是由於被輔助的當事人自己的行為，造成參加人不能提出攻擊或防禦方法，這時沒有理由要參加人接受這個不利益的結果，故例外的准許參加人可以在日後主張本訴訟的裁判不當。

(三) 被輔助者之故意或重大過失而未使用參加人所不知之有利攻防方法者

因為他所輔助的當事人的故意或重大過失，而沒有提出參加人所不知道的防禦方法，這時參加人仍然可以於日後主張本件訴訟的裁判不當，例如：參加人參加訴訟以後，他當時雖然有輔助當事人為訴訟行為，但是關鍵的證物參加人不知道，而只有被輔助的當事人自己知道，但是卻因為自己的過失而沒有提出該項證物，致使訴訟遭敗訴。此情形下，訴訟的敗訴亦是不可以歸咎於參加人，因此准許參加人於日後其他訴訟中，可以主張本件的訴訟裁判不當。

參加人所輔助之當事人，若對於參加人引用本訴訟的裁判時，可否主張該裁判不當，則可準用民事訴訟法第63條第1項之規定（民訴§63 II 參照）。

柒、參加人承擔訴訟

所謂「承當訴訟」，係指參加人自參加人的地位經由承當訴訟程序，成為訴訟的原告或被告，而原來被他所輔助的當事人（原告或被告）則脫離訴訟，變成不是當事人，即稱為承當訴訟[18]。

依據民事訴訟法第64條的規定，參加人必須經過訴訟兩造的同意，即原告與被告同時要同意，參加人才可以代替他所輔助的當事人的地位，而承當訴訟。

但是如果參加人是依據民事訴訟法第254條的受移轉人時，他的承當訴訟可以不用經過讓與之當事人的同意，即不須依第254條的規定經兩造同意。

參加人依據民事訴訟法第64條的規定而承當訴訟，他所輔助的當事人當然就脫離訴訟，不須等待法院的裁判。被輔助的該當事人雖然已經脫離訴訟，但是日後的本案判決，對於脫離訴訟的當事人仍然發生效力（民訴§64）。而所謂對脫離的當事人仍然發生效力，包括既判力及執行力。

---

[18] 最高法院32年上字第70號判例略以：「某甲就兩造之訴訟以有法律上利害關係，為輔助被上訴人一造起見，在第一審提出書狀而為參加，既未代其所輔助之當事人承當訴訟，自應列為參加人，乃原判決竟列為共同被上訴人，顯有未合。」

|第十二章|
告知訴訟

壹、意義

　　所謂「訴訟告知」，係指訴訟的一方於訴訟繫屬中，將這件訴訟告知有權利參加訴訟的人（有法律上利害關係的第三人）來督促他參加訴訟，稱爲告知訴訟[1]。依據民事訴訟法第65條規定，當事人得於訴訟繫屬中，將訴訟告知於因自己敗訴而有法律上利害關係之第三人。而所謂有法律上利害之關係之第三人，係指本訴訟之裁判效力及於第三人，該第三人私法上之地位，因當事人之一造敗訴，而將致受不利益，或本訴訟裁判之效力雖不及於第三人，而第三人私法上之地位因當事人之一造敗訴，於法律上或事實上依該裁判之內容或執行結果，將致受不利益者而言。

　　是以，告知訴訟的行爲，只是屬於訴訟繫屬的事實報告，並不是訴訟參加的要求。而受告知的人，可以自行判斷是否依法參加訴訟，目的是使有法律上利害關係的第三人有機會知道訴訟的繫屬，而能考慮是否參加訴訟以保護自己的利益。

　　告知訴訟乃是告知人的權利而不是他的義務，因此如果告知人不爲告知，亦不須負任何法律上的責任[2]。

---

[1]　最高法院51年台上字第3038號判例略以：「告知訴訟乃當事人一造於訴訟繫屬中，將其訴訟告知於因自己敗訴而有法律上利害關係之第三人，以促其參加訴訟。而所謂有法律上利害之關係之第三人，係指本訴訟之裁判效力及於第三人，該第三人私法上之地位，因當事人之一造敗訴，而將致受不利益，或本訴訟裁判之效力雖不及於第三人，而第三人私法上之地位因當事人之一造敗訴，於法律上或事實上依該裁判之內容或執行結果，將致受不利益者而言。」

[2]　最高法院22年上字第754號判例略以：「民事訴訟法第六十二條關於當事人得告知訴訟之規定，係爲該當事人利益而設，則告知與否應一任該當事人之自由，非他造當事人所得主張。」

貳、訴訟告知之方式與效力

一、訴訟告知之方式

訴訟告知的程序，必須以書狀表明理由以及訴訟的程度提出於法院。所謂「表明理由」，是指必須記載清楚第三人因為自己的敗訴，會遭受到何種法律上的利害關係的原因，加以敘述清楚，此乃第66條第1項所指的表明理由。

訴訟程度，是現在訴訟進行到何種程度，例如：現在訴訟繫屬在第一審或第二審法院；是在準備程序中，或者是準備程序已經終結，這就是訴訟進行的程度。

第66條第2項雖規定訴訟告知的書狀應送達給他造當事人，但是送達給他造並不是訴訟告知的要件，是以如果沒有送達他造，訴訟告知仍然發生效力，目的是要使他造知道有訴訟告知。

試舉一例：原告沈苓向被告丁雲提起民事訴訟，要求丁雲履行保證的債務。趙玉是主債務人，丁雲是保證人，但是原告並沒有告趙玉，而告保證人丁雲，要求履行保證人的義務，此時被告丁雲考慮到如果敗訴，他將可以依據民法第749條的規定，向主債務人趙玉要求清償債務。請問丁雲可不可以依據民事訴訟法第65、66條的規定，提出訴訟告知？

因為丁雲是被告，即是訴訟當事人，且訴訟尚在繫屬中，倘若他的訴訟敗訴，依法保證人還可以向主債務人請求代位清償。因此主債務人趙玉是屬於有法律上利害關係的第三人，故被告保證人丁雲，他可以依訴訟告知的程序，來告知主債務人趙玉促其參加訴訟。

二、訴訟告知之效力

依據民事訴訟法第67條規定，如果受告知的人，受到告知後不參加，或者是參加逾時，視為他在得參加時已經參加訴訟，而使受告知人於日後不能再主張本訴訟的裁判有何不當[3]。

必須注意的是，受告知人不為參加發生第67條所規定的效力，他的前提要件

---

3 最高法院80年台上字第436號判決略以：「華勝公司經吳幼幼於更審前原審告知訴訟而不為參加，依民事訴訟法第六十七條規定固視為於得行參加時已參加於訴訟，準用同法第六十三條之規定。第華勝公司因受告知所受之上開不利益，僅係對於吳幼幼不得主張本訴訟之裁判不當而已。其與童捷祥之關係，非確定判決之效力所能及，從而對於受告知人之訴訟程序規定是否有違背，非童捷祥所得主張。」

是必須訴訟告知都合乎民事訴訟法第65條第1項及第66條第1項的規定，受告知人才受到第67條的拘束；如果告知的要件不具備，則受告知人仍然不必受到第67條的拘束，而可以在日後主張本訴訟的裁判不當。

參、利害關係人之通知

民事訴訟法第67-1條第1項規定，爲使有法律上利害關係的第三人能知悉訴訟而有及時參與訴訟的機會，同時也爲避免第三人嗣後再提起第三人撤銷之訴，以維持確定裁判的安定性，並貫徹「一次訴訟解決紛爭原則」，所以應賦予法院適時主動將訴訟事件及進行程度通知有法律上利害關係之第三人的職權。而第三人受通知後得視其情形自行斟酌是否參與訴訟及參與的方式（例如：依第54條規定起訴，或依第58條規定參加訴訟，或依第255條、第436-1條第2項、第446條第1項之規定爲當事人之追加，或依其他法定程序行使或防衛其權利）。又因訴訟的結果涉及多數利害關係人者，法院亦得斟酌情形分別予以通知，如受通知人知有其他法律上利害關係人，亦得向法院陳明，由法院斟酌是否一併通知，均屬當然之理。

民事訴訟法第67-1條第2項則規定依同法第242條第1項規定，第三人如欲爲同條第1項請求者，須先經當事人同意或釋明有法律上的利害關係，並經法院裁定許可後，始得爲之。因此爲便利受通知人能夠充分瞭解有關訴訟資料，俾能迅速決定如何參與訴訟以保護其權利，特於第67-1條第2項規定前項受通知人得於通知送達後五日內爲第242條第1項之請求，不受該條（第242條）第2項規定的限制。

有關第67-1條第1項受通知人如得依第58條規定參加訴訟者，而不爲參加或參加逾時，仍應使其發生一定效力，始能貫徹通知之目的，是以規定此準用第67條之規定（民訴§67-1 III 參照）。受告知人不爲參加或參加逾時者，視爲於得行參加時已參加於訴訟，準用第63條之規定。又受通知人如依法應發生其他法律效果，例如依民事訴訟法第401條之規定爲判決效力所及者，當然仍發生該法律上的效果。

|第十三章|
共同訴訟

壹、意義

　　所謂「共同訴訟」，係指在一個訴訟程序上，原告或被告任一方有兩人以上之訴訟，又稱為「主觀訴之合併」，例如：兩個原告、一個被告；一個原告、兩個被告；兩個原告、兩個被告；兩個以上原告、兩個以上被告都屬於共同訴訟。

　　共同訴訟的要件規定「二人以上於下列各款情形，得為共同訴訟人，一同起訴或一同被訴：一、為訴訟標的之權利或義務，為其所共同者。二、為訴訟標的之權利或義務，本於同一之事實上及法律上原因者。三、為訴訟標的之權利或義務，係同種類，而本於事實上及法律上同種類之原因者。但以被告之住所在同一法院管轄區域內，或有第4條至第19條所定之共同管轄法院者為限。」（民訴§53參照），是以符合民事訴訟法第53條的要件，即依法律准許其進行共同訴訟，方可由多數的原告或被告在同一個訴訟程序中共同審理，否則不能提起共同訴訟，必須分別單獨另外起訴。亦即必須將數個訴訟分別處理，而不是將數個訴訟都予以駁回。

貳、立法理由

　　共同訴訟的立法理由是為訴訟經濟、防止數個裁判相互牴觸[1]、本質使然。

---

[1] 最高法院98年台抗字第232號裁定略以：「惟查為訴訟標的之權利義務，為其所共同或本於同一之事實上及法律上原因者，得為共同訴訟人，一同起訴或一同被訴。又同一訴訟，數法院有管轄權，原告得任向其中一法院起訴，民事訴訟法第五十三條第一款、第二款及第二十二條分別定有明文。準此可知，原告為數人且所主張訴訟標的之權利、義務為其所共同，或本於同一之事實上及法律上原因者，自得對同一被告，一同起訴而為同一訴訟之共同訴訟人；苟該同一訴訟，數法院均有管轄權，則原告非不得任向其中一法院起訴，俾可避免裁判兩歧，兼收訴訟經濟之效。」

一、訴訟經濟。以法院整體性而言，避免審理之重複，節省法院與當事人訴訟時間及程序的耗費，即節省勞力與物力。

二、防止裁判之牴觸。多數原告或被告，如各自訴訟，不同法官判決結果，裁判可能不同，影響法院威信。

三、本質使然。例如：固有必要共同訴訟，共同共有、胎兒爲原告主張權利，出生時爲雙胞胎，即是本質使然。原本一人於訴訟中過世，而有繼承人數人；共同共有的訴訟，繼承、合夥……等關係。

參、共同訴訟發生之原因

共同訴訟發生之原因，通常是由於起訴時，兩個人一起就直接起訴，或者是一個人以兩個人以上爲被告一起起訴[2]。但是除此原因外，基於下列的原因，亦會發生共同訴訟。

- ・依據民事訴訟法第54條，提起主參加訴訟。
- ・依據民事訴訟法第41條的規定，選定一個人爲當事人，但是在訴訟進行中，增加被選定人爲兩個人以上的時候。
- ・兩個以上參加人共同承當訴訟。
- ・訴狀送達後，原告依據民事訴訟法第255條規定，追加當事人。
- ・訴訟進行中，原告或被告死亡，而由兩個以上的繼承人承受訴訟而爲當事人。
- ・胎兒出生爲雙胞胎以上。
- ・依據民事訴訟法第254條第1項但書，複數當事人承當訴訟。
- ・分別提起的數宗訴訟，且當事人不同，但是法院依據民事訴訟法第205條的規定命合併辯論，亦會發生共同訴訟。

---

[2] 最高法院88年台上字第1211號判決意旨略以：「又因不當得利發生之債，同時有多數利得人時，應各按其利得數額負責，被上訴人本於不當得利法律關係請求上訴人b○○等與申○○等返還利得，非不可分，其訴訟標的對於上訴人b○○等及申○○等，非必須合一確定，亦即非必要共同訴訟，雖係一案起訴，仍屬普通共同訴訟。」

肆、共同訴訟之要件

　　依前述共同訴訟之立法理由說明，得知其有多項優點，但並非所有的訴訟，在性質上都適合以共同訴訟的方式來進行，必須是符合民事訴訟法第53條所規定的要件，才可以共同訴訟的方式進行訴訟，以下分別就程序上以及實質上的條件，加以說明共同訴訟的要件：

一、程序上的條件（又稱共同訴訟之客觀要件）

(一) 受訴法院就數（個）訴須有管轄權

　　程序上必須符合受訴法院就數個提起的訴訟，必須要有管轄權。

(二) 數（個）訴必須得行同種之訴訟程序

　　必須所提起的該數個訴訟，都可以進行同種類的訴訟程序。因民事訴訟法所規定的訴訟程序中，除通常訴訟程序外，還有簡易訴訟程序以及人事訴訟程序。因此，如果是簡易訴訟程序，不能與通常訴訟程序之訴訟一起合併審理，反過來也是一樣。

(三) 必須民事訴訟法未禁止合併者＝數訴須法律無禁止合併之規定

　　必須不是法律有禁止合併，例如：102年5月修法前之民事訴訟法第613條規定撤銷監護宣告之訴以及撤銷死亡宣告之訴（舊民訴§639），不得與其他訴訟合併提起。

二、實質上的條件（又稱共同訴訟之主觀要件）

(一) 必須為訴訟標的之權利義務係為共同者

　　例如：甲對乙提起民事訴訟，請求法院確認甲的土地所有權存在，假如這塊土地是甲和丙所共同持分，此時甲可以和丙以共同訴訟的方式，以甲、丙二人為原告，而對被告乙提起民事訴訟。

(二) 為訴訟標的之權利和義務本於同一事實以及法律上的原因

　　例如：甲開車不慎將路人乙、丙撞成重傷，此時乙、丙可依據民事訴訟法第53條第2款的規定，共同向甲提起損害賠償的訴訟，因為乙和丙都是基於同一個事實（即甲過失撞傷的事實）及同一個法律上的原因（基於民法第184條第1項前段侵

權行為為法律上的原因）。無論就事實的原因以及法律上的原因都是相同的，可以依據第53條第2款規定共同向甲提起民事訴訟，而無須分別各自獨立提起訴訟。

(三) 為訴訟標的之權利或義務係同種類而本於事實上及法律上同種類的原因

　　民事訴訟法第53條第3款規定與第2款最大之不同係於第2款規定必須基於事實上以及法律上都是相同的原因；而第3款規定是，事實上及法律上的原因可以不一樣，不須同一，僅只要同種類就可以提起共同訴訟，例如：甲商業銀行就其個別客戶所成立的消費借貸契約，對於多數的貸款人合併提起請求清償貸款的訴訟，即是屬於第3款所規定，為訴訟標的的權利或義務係同種類，而本於事實上及法律上同種類的原因（都是屬於同種類的借款返還請求權，但是卻不是基於單一借款返還請求權，而是個別對各個不同的借款人主張借款返還請求權）。

　　另於主觀要件之部分，例如：關於訴請確認就共有土地有通行權存在事件，其訴訟標的對於共有人全體是否必須合一確定，有無以共有人全體為被告之必要？依據最高法院76年度第7次民事庭會議決議結論認為，請求確認就共有土地有通行權存在之訴，僅須以否認原告主張之共有人為被告，無以共有人全體為被告之必要。

伍、共同訴訟之調查及裁判

　　共同訴訟之調查及裁判，就客觀以及主觀之要件分述如下：

一、共同訴訟之客觀要件

　　共同訴訟之客觀要件，並非專為保護當事人而設，而是涉及保護公益事項，故客觀要件是否具備，法院應依職權調查之（民訴§197 II）。調查的結果，認為要件不具備時，應該將各訴分別辯論與裁判，與分別提起數訴無異，不得只以要件不備為理由，遽而就認定其訴之全部或一部不合法而裁定駁回。

二、共同訴訟之主觀要件

　　共同訴訟之主觀要件，是為了當事人利益所設的規定，故法院不需依職權調查，被告有對此抗辯，法院才能調查，如果被告表示無異議或知道要件不備或可能知道要件不備，但沒有提出異議而直接對訴訟有所聲明或陳述，則可以視為已補正（民訴§197 I）。

　　被告如對主觀要件提出異議，調查結果亦認為要件有欠缺，亦只可將各訴命分別辯論及裁判，不得因其欠缺而駁回原告全部或一部之訴。

陸、共同訴訟之種類

一、普通共同訴訟

(一) 意義

共同訴訟有時可以由當事人自行選擇要提起共同訴訟或分別提起單獨的訴訟，此種共同訴訟稱為「普通共同訴訟」。依據民事訴訟法第53條，如合乎該規定，即可提起共同訴訟。

(二) 普通共同訴訟人之間的關係

1. 共同訴訟人之獨立原則

共同訴訟各個共同訴訟人原則上是個人獨立為訴訟行為，行為的效力互相不發生影響，例如：民法第218條之1之不真正連帶債務人間[3]，因此民事訴訟法第55條規定，普通共同訴訟人中，一個人的行為或者是他造對共同訴訟人中一人之行為，除法律另有規定外，利害不及於其他的共同訴訟人[4]。

普通共同訴訟之所以會合併二人以上起訴或被訴，是因為起訴或者是被訴的事實相同或同種類之法律關係，而並不是各個共同訴訟人互相有代理關係。每個共同訴訟人個人獨立為訴訟行為時，均各自發生效力彼此互不影響，例如：普通共同訴訟人之和解行為，對未和解之人不生效力，法院仍得審理[5]，是以第55條之規定，

---

[3] 最高法院95年台聲字第493號判決：「復按不真正連帶債務之數債務人雖具同一目的，對債權人各負全部給付之義務，然各債務人所負債務各有不同發生之原因，僅因相關之法律關係發生法律競合所致，債務人相互間，並無所謂應分擔部分，故在法律上無必須合一確定之情形。」

[4] 最高法院28年上字第2379號判例略以：「通常共同訴訟人中一人所為之自認，其效力僅及於該共同訴訟人，而不及於他共同訴訟人。」最高法院86年度台上字第3825號判例略以：「(一)王生宗就被上訴人所主張伊等有向王生宗及上訴人永久承租系爭地下室市場之攤位、店鋪，王生宗與上訴人係合夥關係，王生宗與上訴人二人於七十二年、七十六年間均有囑王近仁寫明細表，允諾願依該表所載金額退款之事實，予以自認，就形式上觀之，已不利益於共同訴訟人……。」

[5] 最高法院19年上字第977號判例：「訴訟物之性質非必須同時合一確定者，共同訴訟人間一部分人之訴訟行為，其效力與其他共同訴訟人無涉，故其中有二三人已與相對人

即普通共同訴訟人之獨立原則。

試舉一例：房東甲有兩棟房子，分別租給乙和丙，到月底該繳付租金時，乙、丙都不給付租金，於是甲依據民事訴訟法第53條之規定，向乙、丙提起共同訴訟，以二人為共同被告，要求乙給付租金，同時也要求丙給付這個月的租金。假如在訴訟進行中，丙對於甲起訴的事實及法律上主張加以認諾（民訴§384），而乙卻提出抗辯，則甲對乙丙提出的訴訟是何種共同訴訟？乙的抗辯效果是否及於丙？本題僅屬法律關係同種類而已，屬典型之普通共同訴訟，應適用民事訴訟法第55條之規定，丙對甲起訴的事實及法律上主張加以認諾，效力亦不及於乙。蓋「認諾」是被告對原告所主張的事實及法律主張並不反對，而向法院承認原告所主張的陳述，這就是屬於民事訴訟法第384條所稱就訴訟標的之法律關係而為認諾。甲對乙丙提出的訴訟係為普通共同訴訟。因甲本來即可獨立對乙及丙分別提出訴訟，也就是甲對於乙、丙兩人的給付房租訴訟，本可分開一對一的個別起訴，但因原告甲依據民事訴訟法第53條第3款「法律關係同種類」而選擇成為共同訴訟。乙抗辯之效果並不會及於丙，因為普通共同訴訟人間之關係原則上係各自獨立認定，判決結果並不需要合一確定（按：合一確定係指勝則同勝，敗則同敗）。因此乙的抗辯效果並不會及於丙。因此法院當丙為認諾的時候，法院必須判決丙敗訴，就乙所提出的抗辯部分仍須繼續審查是否有理由。又共同訴訟要件有所欠缺時，法院不得因此而將各訴或其中之一訴駁回[6]。

2.普通共同訴訟人間各自獨立原則之例外（主張及證據共通原則）

依據普通共同訴訟人間獨立原則，本來普通共同訴訟人中一人提出之主張及證據與其他共同訴訟人應該無涉，但是有例外是「證據（及主張）共通原則」，所謂證據（及主張）共通原則」，是因為既然於同一訴訟程序中進行訴訟並調查證據，就「同一事實宜作相同之認定」之法理，法院不適宜就同一事實而為不同之認定，故如果普通共同訴訟人其中一人為某種之主張（或舉證）[7]，而其他共同訴訟人之

就其訟爭事項成立和解，而其他共同訴訟人和解未諧時，法院自得就未成立和解各人之爭執，另予審理裁判。」

[6] 最高法院32年上字1677號判例：「共同訴訟如欠缺民事訴訟法第五十三條規定之要件，而被告有異議時，法院祇應就各訴分別為辯論及裁判，不得因此而將各訴或其中之一訴駁回。」

[7] 關於「證據共通原則」可參考最高法院98年度台上字第1218號判決略以：「按民事

辯論未積極與該主張或舉證有相牴觸之行為時，即有證據（或主張）共通原則之適用[8]，此一學理上之主張亦為實務見解所肯認，惟此屬普通共同訴訟人獨立原則之例外可發生互相影響之情況。當然學說亦有批評此一理論者，反對者認為「證據（及主張）共通原則」破壞了普通共同訴訟人間之各自獨立原則，蓋主張與證據共通原則之適用結果對於共同訴訟人未必有利[9]，因此亦有論者主張僅他共同訴訟人未積極為反對之主張，並以有利於其他共同訴訟人者為限，發生此一例外效力[10]。

民事訴訟法第55條所謂「別有規定外」，例如：民事訴訟法第85條第1項但書關於訴訟費用的比例負擔[11]，以及同法第222條第1項，法院斟酌共同訴訟的全辯論意旨

訴訟法上所謂之證據共通原則，係指當事人聲明之證據，依其提出之證據資料，得據以為有利於他造或共同訴訟人事實之認定，該證據於兩造間或共同訴訟人間，法院均得共同採酌，作為判決資料之基礎。此項原則側重於法院援用當事人提出之證據資料時，不受是否對該當事人有利及他造曾否引用該證據之限制，並得斟酌全辯論意旨及調查證據之結果，在不違背論理及經驗法則前提下，依自由心證判斷事實之真偽（民事訴訟法第二百二十二條第一項、第三項「證據評價之範疇」）。此於普通共同訴訟人相互間，利害關係原各自獨立（民事訴訟法第五十五條），事實之真偽，僅應定於一而有一事實存在，故於同一訴訟程序就同一事實，當作相同之認定，尤應有該原則之適用，使共同訴訟人之訴訟資料得以共通互用，並在辯論主義退讓下，貫徹上揭自由心證主義之真諦，以發見事實之真相，於此情形，該所謂『全辯論意旨』，自包括全部共同訴訟人之陳述，除自認係依法律規定發生無庸舉證效力外，該共同訴訟人中之一人，在訴訟上對於他造主張之事實，依民事訴訟法第二百七十九條第一項或第二百八十條第一項、第三項前段規定，所為不利於己之『積極之自認』或『消極之擬制自認』，對其他共同訴訟人縱不受拘束，審判法院亦未始不可據為依自由心證判斷事實真偽之參考，而非全盤否認該自認或擬制自認之效力。」

[8] 關於「主張共通原則」可參考最高法院103年度台上字第714號判決略以：「普通共同訴訟人相互間，其利害關係原本各自獨立（民事訴訟法第五十五條參看），基於證據共通及主張共通原則與辯論主義和共同訴訟人獨立原則向自由心證主義退讓之精神，法院自可在不違反經驗及論理法則之前提下，斟酌共同訴訟人之訴訟資料（包括共同訴訟人之陳述），作為裁判之基礎，以期發現真實並促進訴訟。」

[9] 姜世明，證據共通原則──評最高法院九八年度台上字第一二一八號民事判決，2010年5月，臺灣法學雜誌，第152期，頁210-214。

[10] 黃國昌，普通共同訴訟，月旦法學教室，第48期，2006年10月，頁45-48。

[11] 各共同訴訟人間之訴訟標的之金額或價額，原則應個自獨立，惟亦得合併加計總額核定訴訟費用，予共同訴訟人自行選擇，此有最高法院110年度台抗字第194號裁定可

以及調查證據結果依自由心證判斷事實真偽時，可以不受同法第55條的拘束，而使其效力可影響到其他共同訴訟人。但必須注意，除別有規定外，其他均須依第55條的原則，即共同訴訟人的行為，原則上只對該共同訴訟人一個人發生效力，不影響其他共同訴訟人。

所謂一人之行為，其利害不及於其他共同訴訟人，例如：最高法院28年上字第2379號判例要旨所載，普通共同訴訟人中一人所為的自認，其效力僅及於該共同訴訟人而不及於其他共同訴訟人即其適例。

二、必要共同訴訟

(一) 意義

配合民法增加輔助宣告制度，必要共同訴訟一人上訴時，效力及於其他共同訴訟人，於其他共同訴訟人為受輔助宣告之人時，因上訴係有利受輔助宣告之人，在解釋上當然及之，但若須經輔助人同意恐影響其他上訴人權益，為避免爭議，爰增訂第56條第2項規定。

而民事訴訟法第56條第1項所規定的是必要共同訴訟人間，訴訟行為相互間的關係如何認定。所謂「必要共同訴訟」，為與同法第55條的普通共同訴訟有所區別，必要共同訴訟是指訴訟標的對於共同訴訟人全體必須合一確定[12]，勝則同勝，敗則同敗，不能一部分當事人勝訴，一部分當事人敗訴，法院亦不得就個別的訴訟分別裁判，稱為必要共同訴訟。

稱：「按普通共同訴訟，雖係於同一訴訟程序起訴或應訴，但共同訴訟人與相對人間乃為各別之請求，僅因訴訟便宜而合併提起訴訟，俾能同時辯論及裁判而已，係單純之合併，其間既無牽連關係，又係可分，依民事訴訟法第55條共同訴訟人獨立原則，由共同原告所提起或對共同被告所提起之訴是否合法，應各自判斷，互不影響，其中一人之行為或他造對於共同訴訟人中一人之行為及關於其一人所生之事項，其利害不及於他共同訴訟人。各共同訴訟人間之訴訟標的之金額或價額，應各自獨立，亦得合併加計總額核定訴訟費用，予共同訴訟人選擇，避免有因其一人不分擔訴訟費用而生不當限制他共同訴訟人訴訟權之虞，並與通共同訴訟之獨立原則有違。」（此裁定被選為110年1-2月最高法院民事具有參考價值之裁判。）

[12] 最高法院47年台上字第43號判決略以：「民事訴訟法第五十六條第一項所謂合一確定，係指依法律之規定必須數人一同起訴或一同被訴，否則當當人之適格有欠缺，原告即因此不能得本案之勝訴判決者而言。」

　　例如：依據舊民事訴訟法第569條第2項的規定，婚姻事件如果由第三人提起婚姻訴訟，不能單只以夫或以妻爲被告，必須要以夫妻二人爲共同被告，此爲「必要共同訴訟」。如果只以夫爲被告或是只以妻爲被告，法院就必須以「當事人不適格」將原告的訴訟駁回，而不作實質的判決。在這種訴訟中，第三人以夫妻爲共同被告起訴時，法院不能判決第三人對夫勝訴而對妻敗訴；換句話說，第三人起訴以夫妻爲共同被告，法院判決不是第三人勝訴，就是被告夫妻二人共同敗訴，或是被告夫妻共同勝訴，而不可能夫勝妻敗或者是妻勝夫敗，因爲如果這樣的話，會造成對夫的訴訟是婚姻成立而對妻的判決是婚姻不成立，而形成判決矛盾的情形，此爲所稱的共同訴訟之人必須合一確定的例子。

　　至於關於合一確定之判斷標準，實務上採法律上合一確定說，即指在法律上有合一確定之必要者，亦即倘共同訴訟人所應受判決僅在理論上應爲一致，而非訴訟標的之法律關係，在法律上判斷應一致時，即不得解爲有合一確定之必要[13]。學說上則採理論上合一確定說，即凡訴訟標的在實體法上應合一確定，理論上應爲一致判決時，即爲必要共同訴訟[14]。例如：最高法院67年度第6次民事庭庭推總會議決議(三)：「原告行使代位權及自己之請求權，訴請被告甲將系爭土地之所有權移轉登記與被告乙，再由被告乙移轉登記與原告，其訴訟標的對於共同被告之各人，非必須合一確定，亦即非必要共同訴訟，雖係一案起訴，仍屬普通共同訴訟，被告甲或乙一人提起上訴，其效力不及於他共同被告。」以此爲例，實務認爲應被告甲乙間之移轉登記請求權與原告與被告乙間之移轉登記請求權，並無合一確定之必要，故認爲本件爲普通共同訴訟；然而，學說則認爲該「被告甲乙間之移轉登記請求權與原告與被告乙間之移轉登記請求權」具有手段與目的間之牽連關係，若採普通共同訴訟，則可能造成各訴訟標的間之裁判矛盾，而應將數訴訟標的綜合觀察，而適用民事訴訟法第56條第1項規定[15]。

---

[13] 最高法院32年上字第2723號判例：「民事訴訟法第五十六條所謂必須合一確定，係指在法律上有合一確定之必要者而言，若各共同訴訟人所應受之判決僅在理論上應爲一致，而其爲訴訟標的之法律關係，非在法律上對於各共同訴訟人應爲一致之判決者，不得解爲該條之必須合一確定。」

[14] 楊建華等，從若干訴訟實例談民事訴訟法第56條第1項之適用，民事訴訟法之研討(二)，1990年10月，頁90-100。

[15] 楊建華，多數被告間有目的手段牽連關係之共同訴訟，民事訴訟法(一)，1993年，頁90-93。

再如，最高法院82年度第2次民事庭會議(二)：「提案討論：甲在一審起訴請求確認乙、丙間之抵押債權不存在，應否列乙、丙為共同被告。如列乙、丙為共同被告，一審判決乙、丙敗訴後，乙提起第二審上訴，其效力是及於丙？對此，該決議認為，查本則法律問題，甲請求確認乙（債權人）、丙（債務人）間之抵押權不存在，因此項債權、債務關係是否存在，在實體法上實具有不可分性，故有合一確定之必要，而應為一致之判決，自屬於類似必要共同訴訟，而有民事訴訟法第五十六條第一項規定適用。」足見，實務見解就合一確定係採法律上合一確定說。

(二) 固有必要共同訴訟

於必要共同訴訟中，學者及實務上又區分為固有必要共同訴訟與類似必要共同訴訟，訴訟標的共同訴訟人必須合一確定之事件，如果共同訴訟人間必須全體一同起訴或一同被訴，當事人適格始無欠缺者，即為固有必要共同訴訟。

例如：民法第1090條停止親權之訴，第244條第2項撤銷詐害債權之訴訟，第1137條撤銷親屬會議決議的訴訟，第824條第2項、第829條的分割共有物的訴訟，都是屬於固有必要共同訴訟。

(三) 類似必要共同訴訟

所謂類似必要共同訴訟，是僅由多數人中之其中一人或數人起訴或被訴，但仍然不會有當事人不適格之情形，則由該數人所提起之訴訟，則稱為類似必要共同訴訟[16]、強制執行法第15條之第三人異議之訴[17]。

---

[16] 最高法院83年台上字第2840號判決略以：「撤銷股東會決議之訴，其訴訟標的為各股東之形成權，此項形成權在各股東間係獨立存在。故法院對於各股東得否行使撤銷股東會決議之形成權，應各別觀察其是否具備撤銷股東會決議之要件。而撤銷股東會決議之訴，為類似必要共同訴訟，各股東之形成權並非必須共同行使。多數股東縱為共同原告一起起訴，然為訴訟標的之形成權是否存在，仍屬各股東個人關係之原因。不得以其中一股東已取得撤銷權，即認為共同原告之他股東所行使之撤銷權亦屬存在。」

[17] 最高法院63年度第1次民庭庭推總會議決議(四)：「第三人依強制執行法第十五條提起執行異議之訴，債務人亦否認第三人就執行標的物有足以排除強制執行之權利時，並得以債務人列為共同被告，此際應認為類似的必要共同訴訟。」

154

(四) 必要共同訴訟人之間的關係

既然法院必須將必要共同訴訟人視爲一體，不能作出一勝一敗的判決，勝則必須同勝，敗則必須同敗，因此必要共同訴訟人之間的關係，各個共同訴訟人單獨所爲的訴訟行爲效力如何認定，必須有一致的結果，不能分別定其效力，法院才能作出同勝或同敗的判決。

民事訴訟法第56條第1款規定，共同訴訟人中一個人的行爲，如果有利益於全體共同訴訟人者，他的行爲效力及於全體[18]；如果所作的是不利益於全體共同訴訟人者，則全部不生效力[19]。例如：共同訴訟人中一人對訴訟標的爲捨棄（民訴§384），有人不捨棄，而捨棄依同法第384條，法院必須爲捨棄人敗訴之判決，這就是屬於對全體共同訴訟人不利益的行爲，因此依同法第56條第1項第1款規定，共同訴訟人一個人所爲的捨棄，對全體不生效力[20]。

共同訴訟人的相對人（對造），對於共同訴訟人中一個人的行爲，效力及於全體共同訴訟人，不論他造所爲行爲對共同訴訟人是有利或不利。例如：他造對於共同訴訟人中的一個人提起上訴，上訴效力及於全體共同訴訟人，亦即，視同共同上訴人全體皆在上訴期間內提起上訴[21]，而此生共同上訴之效力須以該提起上訴係遵

---

[18] 最高法院97年台上字第1277號判決略以：「本件被上訴人請求上訴人中壢汽車客運股份有限公司（下稱中壢客運公司）與壬○○連帶賠償其損害，經原審判決勝訴後，雖僅中壢客運公司提起上訴，惟其係提出非基於個人關係之抗辯，依民事訴訟法第五十六條第一款之規定，中壢客運公司上訴之效力及於壬○○，爰併列壬○○爲上訴人，先予敘明。」

[19] 參最高法院52年台上字第1930號判例：「民事訴訟法第五十六條第一項第一款，所謂共同訴訟人中一人之行爲，有利益於共同訴訟人或不利益於共同訴訟人，係指於行爲當時就形式上觀之，有利或不利於共同訴訟人而言。非指經法院審理結果有利者其效力及於共同訴訟人，不利者其效力不及於共同訴訟人而言，故共同訴訟人中之一人，對於下級法院之判決聲明不服提起上訴，在上訴審法院未就其內容爲審判之前，難謂其提起上訴之行爲對於他共同訴訟人不利，其效力應及於共同訴訟人全體，即應視其上訴爲共同訴訟人全體所爲。」

[20] 最高法院98年台上字第734號判決略以：「查被上訴人卯○○○等十人雖於原審對上訴人就系爭房地行使優先承購權之請求表示同意（認諾），惟其等係被上訴人一方之部分共同訴訟人，所爲「認諾」之訴訟行爲，係不利於與其等同造之共同訴訟人，依民事訴訟法第五十六條第一款規定對於被上訴人全體尚不生效力。」

[21] 最高法院21年抗字第346號判例：「訴訟標的對於共同訴訟各人必須合一確定者，上

於法定期間內為之[22]，且若共同訴訟人之甲提起上訴三審為合法時，其中之視同上訴人之乙若未依法委任律師，其效亦及於乙[23]，此目的亦是為對共同訴訟人的判決一致所作的規定[24]。

共同訴訟人中若有一個人發生訴訟當然停止的原因，例如：共同訴訟人有三個，其中一個人死亡，而訴訟程序依法必須當然停止，則整個訴訟程序都因而完全停止，效力及於全體（民訴§56Ⅰ第3款）。此規定係為防止訴訟進行的進度不一致，否則如果共同訴訟人其中一個人當然停止訴訟，而其他共同訴訟人不當然停止，則訴訟進度就會發生不一致，也會對於判決的結果造成不一致。

對於共同訴訟之種類與共同訴訟人間之關係應如何判斷，試舉一例：陳政、陸文、張聰三人共有一筆土地，陳、陸二人都想將這塊共有的土地，依應有部分分割成單獨所有，但是張聰不同意，於是陳、陸二人共同提起訴訟，向張聰提起分割共有物的訴訟，結果第一審判陳、陸二人敗訴。陳政不服，向臺灣高等法院提出上訴，在高等法院上訴審理中，陳政撤回上訴，但陸文表示不同意撤回上訴，請求法院繼續審判。請問陸文請求法院繼續審判，法院應否准許？

因為分割共有物的訴訟，是屬於固有必要共同訴訟，本件訴訟標的對於共同訴訟人全體陳、陸二人必須合一確定，其中一人陳政提起上訴，這個上訴行為是有利於其他共同訴訟人陸文的行為，因此依民事訴訟法第56條第1項第1款的規定，效力

訴期間固自各人受判決之送達時始各別進行，惟其中一人已在其上訴期間內提起上訴者，視與全體在上訴期間內提起上訴同，他共同訴訟人無論已否逾其上訴期間，均不必再行提起上訴，得逕行加入於嗣後之上訴程序。」

[22] 最高法院63年度第4次民庭推總會議決議(二)：「參照本院二十三年抗字第三二四七號，三十二年抗字第四七○號及三十三年上字第一八一四號各判例，可認為必要共同訴訟之共同訴訟人中一人提起上訴時，須其上訴係合法，始有其效力及於全體之可言。其上訴不合法時，駁回上訴之裁定，無庸將其他共同訴訟人併列為上訴人。」

[23] 最高法院91年度第4次民事庭會議決議略以：「茲上訴人甲委任律師為訴訟代理人提起第三審上訴既屬合法，依民事訴訟法第五十六條第一項第一款前段之規定，其效力及於乙，雖視同上訴人之乙未委任律師為訴訟代理人，仍應認乙之上訴為合法。」

[24] 最高法院42年台上字第318號判例略以：「共有物之分割，於共有人全體有法律上之利害關係，須共有人全體始得為之，故請求分割共有物之訴，屬於民事訴訟法第五十六條第一項所稱訴訟標的，對於共同訴訟之各人必須合一確定者，共同訴訟人甲對於第二審判決提起上訴，係為有利益於共同訴訟人乙之行為，依同條項第一款之規定，其效力及於共同訴訟人乙，自應列共同訴訟人乙亦為上訴人。」

及於其他共同訴訟人陸文。而陳政提起上訴效力及於其他共同訴訟人，因此依據第56條第1項第1款，陸文也視為是已經提起合法的上訴。之後陳政撤回上訴的時候，撤回上訴的行為對於共同訴訟人陸文來講，是屬於不利的行為。因此依據第56條第1項第1款的規定，陳政撤回上訴的效力不及於其他共同訴訟人陸文，所以陸文不同意撤回上訴，請求法院繼續審判，法院應該准許。

再試舉一例：15歲之甲騎車壓死鄰居乙之狗，乙對甲及甲之父母丙丁提出連帶損害賠償訴訟，依民法第184、187條，乙對甲、丙、丁「請求連帶給付」，亦即「連帶債務人間」之共同訴訟類型為何？為普通共同訴訟？固有必要共同訴訟？或類似必要共同訴訟？

最高法院33年上字第4810號判例認為應是「類似必要共同之訴」[25]，因乙可單獨告甲，但因甲係未成年人其無訴訟能力，依民法第187條認為丙、丁需負連帶賠償責任。一旦甲有過失或故意依民法第187條負連帶責任。甲、丙、丁三人為共同被告時判決要合一確定。另有主張「普通共同訴訟說」，認為最高法院33年上字第4810號判例所指「被告一人提出非基於其個人關係之抗辯有理由者」，應為攻擊防禦抗辯事項，最高法院將其認為合一確定判斷與否之標準，應有違誤[26]；亦有採特殊之必要共同訴訟說（片面類似必要共同訴訟說），即認為採「普通共同訴訟說」會將一個紛爭割裂為數程序亦可能發生裁判矛盾，故於連帶債務人「提出非基於其個人關係之抗辯」時，即認為適用民事訴訟法第56條[27]。對此，本書認為，依民法第187條第3項甲之父母可單獨負賠償責任，甲之父母不一定要與甲有相同之判決之結果，因此非必如最高法院所述必須合一確定（同勝敗），最高法院之前述見解尚有待商榷。

---

[25] 最高法院33年上字第4810號判例：「民法第二百七十五條規定連帶債務人中之一人受確定判決，而其判決非基於該債務人之個人關係者，為他債務人之利益亦生效力，故債權人以各連帶債務人為共同被告提起給付之訴，被告一人提出非基於其個人關係之抗辯有理由者，對於被告各人即屬必須合一確定，自應適用民事訴訟法第五十六條第一項之規定。」

[26] 呂太郎，連帶債務之判決效力及相關問題——民事訴訟法研討會第80次研究紀錄之書面報告，民事訴訟法之研討(十一)，2003年，頁136-138。

[27] 黃國昌，類似必要共同訴訟，月旦法學教室，第46期，2006年8月，頁58。

(五) 必要共同訴訟原告之強制追加

　　民事訴訟法第56-1條第1項規定訴訟標的對於數人必須合一確定（係指依法律之規定必須數人一同起訴或一同被訴，否則其當事人之適格即有欠缺，原告即因此不能獲得本案之勝訴判決而言）。而應共同起訴者，該數人必須一同起訴，否則當事人適格即有欠缺的不合法問題[28]。如此一來，其中一人或數人拒絕同為原告，將迫使其他人亦無法以訴訟伸張或防衛其本身的權利，自有未宜。如拒絕同為原告而無正當理由者，法院得依原告聲請，以裁定命該未起訴之人於一定期間內追加為原告，逾期未追加者，視為已一同起訴。至於拒絕同為原告是否無正當理由，則應由法院斟酌原告起訴是否為伸張或防衛其權利所必要等情形來決定，此於法律上稱作「自由心證」。

　　同法第56-1條第2項則規定法院為第1項裁定，強制未起訴之人必須追加為原告，此點因涉及未起訴之人不行使訴訟權的憲法上自由，為保障其程序上權利，於裁定前應使其有充分陳述意見的機會，爰於此規定，以期周延。

　　同法第56-1條第3項係針對第1項數人應共同起訴的情形，如其中一人或數人所在不明，亦將使其他人無從提起訴訟，又此種情形，如由法院定期命該所在不明之人追加為原告，可預見亦難有任何實質上的效果，徒使訴訟拖延，為期訴訟進行順暢，爰於第3項規定，原告得聲請命為追加，如法院經調查後認其聲請為正當者，即得以裁定將該未起訴之人列為原告。至於原告應舉證證明未共同起訴之人是否所在不明，乃屬當然之理。又為兼顧被逕列為原告之人訴訟程序上的權利，並特別設立但書規定，賦予該原告於第一次言詞辯論期日前陳明拒絕為原告之理由，經法院認為其理由正當者，得撤銷原裁定。第1項及第3項裁定，係終結與本案無涉爭點的裁定，關於該爭點的費用，即不得作為本案訴訟費用的一部分，法院應依民事訴訟法第95條規定準用第87條規定，依職權於該裁定為費用之裁判。

　　同法第56-1條第4項係針對第1項及第3項裁定，因為關係到原起訴的原告及拒

28　參最高法院100年台上字第1980號判決：「公同共有物之處分及其他權利之行使，固應得公同共有人全體之同意，惟事實上無法得全體公同共有人同意時，如他公同共有人所在不明，卻仍有對第三人起訴之必要，為公同共有人全體之利益計，僅由事實上無法得其同意之公同共有人以外之其他公同共有人起訴，要不能謂其當事人之適格有欠缺。又民事訴訟法第56條之1規定雖課當事人於訴訟上協力之義務，然該條係限於訴訟標的對於原告全體必須合一確定而應共同起訴，即固有之必要共同訴訟之情形，始有適用。」

絕同為原告者之權益甚鉅，故於本項中明定得為抗告以期周延。

　　共同原告依法應負擔訴訟費用，原本應依同法第85條之規定定其負擔。惟原先未起訴的原告係因法院命令而追加為原告或被視為一同起訴，或被逕列為原告，倘若令其負擔訴訟費用，不免有法律失平的現象，爰於同法第56-1條第5項規定法院得酌量情形，命僅由原起訴之原告負擔。

三、共同訴訟之續行與通知

　　共同訴訟，不論是「必要共同訴訟」或者是「普通共同訴訟」，共同訴訟人皆有權利依據民事訴訟法第57條第1項的規定，請求法院繼續進行訴訟的權利。例如：訴訟的兩造，依據民事訴訟法的規定，以合意停止訴訟程序之後，共同訴訟人中的任何一個人，可以不詢問其他共同訴訟人，單獨以自己的意思請求法院繼續進行訴訟。

　　法院指定期日（民訴§156）審理案件，應該通知各個共同訴訟人到場。如果是必要共同訴訟，當然應該要通知各個共同訴訟人，於指定的日期到場[29]。但必須注意，如果是普通共同訴訟，法院僅就其中一個人的部分作辯論及判決，沒有必要通知所有的共同訴訟人於指定日期到場（民訴§204、§382）。

四、民事訴訟法第五十六條之類推適用

　　傳統實務見解認為：「民事訴訟法第五十六條所謂必須合一確定，係指在法律上有合一確定之必要者而言，若各共同訴訟人所應受之判決僅在理論上應為一致，而其為訴訟標的之法律關係，非在法律上對於各共同訴訟人應為一致之判決者，不得解為該條之必須合一確定。」（最高法院32年上字第2723號判例參照），即認為民事訴訟法第56條之適用前提係以訴訟標的之法律關係須在法律（實體法）上合一確定，然而，近來，實務見解亦認為按訴訟標的對於共同訴訟之各人必須合一確

---

[29] 參最高法院46年台上字第793號判決：「共同訴訟人各有續行訴訟之權，法院指定期日者，應傳喚各共同訴訟人到場，民事訴訟法第五十七條定有明文。又訴訟標的對於共同訴訟之各人必須合一確定者，此項共同訴訟人中之一人或數人於言詞辯論期日不到場時，其他共同訴訟人之到場非必為有利於全體之行為，即不能視與全體到場同，故未到場之共同訴訟人與他造之關係，仍應依民事訴訟法第三百八十五條定之，他造未聲請由其一造辯論而為判決者，不得對於未到場人為判決，亦不得對於已到場人先為一部判決。」

定者，適用民事訴訟法第56條各款規定。所謂必須合一確定，固係指在法律上有合一確定必要之固有必要共同或類似必要共同訴訟而言，且於為判決效力所及之人未一同起訴或一同被訴，僅為輔助參加，因訴訟標的對於參加人及其所輔助之當事人必須合一確定時，依同法第62條規定，亦得準用第56條之規定。惟原告對於多數被告提起共同訴訟之各訴訟標的須否審理及有無理由，在程序法上係以其對於其中一人之另一訴訟標的有無理由為先決條件，該先決之訴訟標的即為共同訴訟各人訴訟標的之共同基礎，且於多數被告間就不同訴訟標的在實體法上有應為一致判斷之共通事項者，為確保裁判解決紛爭之實際效用，倘作為共同基礎之先決訴訟標的為無理由，共同訴訟各人之訴訟標的當不宜割裂處理，於此情形，自可與在法律上有合一確定之必要同視，以求裁判結果之一致性及達到統一解決紛爭之目的。縱訴訟標的對於共同訴訟之各人，法律上未規定其中一人所受本案判決之效力可及於他人，亦非不得類推適用上開條款之規定（最高法院98年度台上字第1283號判決參照）。可知，即便既判力主觀效力未擴及其他共同訴訟人（既判力之主觀範圍，請參見本書第二十二章）亦得類推適用民事訴訟法第56條。[30]

---

[30] 最高法院109年度台抗字第1556號裁定採此見解。

第十四章
主參加訴訟

壹、意義與立法目的

　　主參加訴訟，係就他人已經進行的訴訟主動參與，是為其自己有所請求，並不同於從參加訴訟是為輔助原告或被告而參加。依據民事訴訟法第54條第1項之規定：「就他人間之訴訟，有下列情形之一者，得於第一審或第二審本訴訟繫屬中，以其當事人兩造為共同被告，向本訴訟繫屬之法院起訴：一、對其訴訟標的全部或一部，為自己有所請求者。二、主張因其訴訟之結果，自己之權利將被侵害者。」學理上稱為「主參加訴訟」，亦就是在舊民事訴訟法於第1項僅規定，就他人間之訴訟標的之全部或一部有所請求者，得以本訴訟之兩造為共同被告，向該第一審法院提起共同訴訟，民國24年2月1日修正時加以擴張，增列主張因他人間訴訟之結果，將致侵害自己權利者，亦許提起。舉例來說：甲、乙二人相互爭執為所有權人，而在訴訟進行中，丙以甲、乙二人為被告，並聲明自己才是真正的所有人時，即是此處所為的「主參加訴訟」。是以其兩者乃擇一要件，而非併存要件。法律公布時原無標點，惟坊間刊印之六法全書，其斷句之標點不盡正確，以致適用時在解釋上會有不同的法律見解，時生爭議，是以修法將之分為兩款規定。

　　立法目的係為防止裁判矛盾發生，如不允其提起主參加訴訟，之後他人間的訴訟結果將使原欲提起主參加之人得另案提起訴訟，他人的訴訟標的一部或全部對自己也有所請求，請求可能由不同法官審理，結果則可能不同。整體的糾紛，透過主參加訴訟以同一個訴訟程序一次完成，進而防止裁判矛盾。

貳、提起主參加訴訟之要件

　　依據民事訴訟法第54條提出主參加訴訟須具備之要件，說明如次：

(一) 必須是他人間的訴訟還在訴訟繫屬中

　　所謂「訴訟繫屬」，係指訴訟存在於法院的狀態，而且只須他人訴訟於繫屬中

即可[1]。然此主參加訴訟之適用要件，僅指第一、二審的訴訟繫屬，不含第三審。因第三審為法律審，只對於法律之適用有無錯誤作認定，最高法院並無法對於「事實」作認定，故在第三審之訴訟繫屬中並不能提起主參加訴訟。又若他人之間還沒有發生的訴訟繫屬的標的有所請求或主張時，雖無法依據民事訴訟法第54條提起主參加訴訟，但仍然可依通常程序提起訴訟此乃當然之解釋。本訴訟如果已經撤回或和解，或者是判決確定而終結，此訴訟就沒有處於繫屬於法院的狀態，亦就是訴訟繫屬已經消滅，因此不符合本條之要件，此時亦不可以提起主參加訴訟。

(二) 必須就他人間的訴訟標的全部或者是一部為自己而有所請求，或是主張因其訴訟之結果，自己之權利將會被侵害，才可以提起主參加訴訟
　　此種情形又可以分為下列兩項說明：

1.必須就他人間的訴訟標的全部或一部為自己而有所請求

　　例如：他人間已經提起的訴訟，他的訴訟標的是所有權，則必須主張該所有權為自己所有；倘若他人提起的訴訟標的，是在確認不動產所有權的歸屬，而主參加訴訟只是為確認不動產上面有抵押權，則不能提起主參加訴訟，而必須就他人間的訴訟標的全部或一部為自己有所請求，才可以提起。因此如果本訴訟的標的僅是所有權，而主參加訴訟的原告只是要主張抵押權，而並沒有主張所有權，因此不符合本要件，就不可以提起主參加訴訟。

2.必須主張因為他人的訴訟結果，自己的權利將會被侵害

　　試舉例：甲主張乙無權占有A地，因A地被乙占為停車場，故甲起訴請求乙返還其所有物A地（民法第767條所有物返還請求權），此時丙出現主張A地是他的，他才是真正的所有人，故丙提起主參加訴訟，以甲、乙兩人為共同被告。丙對甲主張：「確認A地所有權存在」，A地所有權屬於丙，而丙對於乙訴求：「返還所有物」的請求權。如果甲、乙之訴訟，甲勝訴，A地返還給甲，所有權亦確認為甲，即丙的權利受侵害。此狀況符合第54條第2款。但宜注意本例丙若提起主參加訴訟之結果，可能丙對甲乙所提出之主參加訴訟，甲乙未必需要合一確定（同勝同敗），丙對甲可能勝訴而確認丙有所有權，但丙對乙可能因其他契約之關係而遭敗

---

[1]　最高法院83年台抗字第148號裁定略以：「主參加訴訟，祇須起訴時本訴訟尚在繫屬中即可，其後本訴訟如因撤回而繫屬消滅者，並不影響已提起之主參加訴訟。」

訴，因此本書認為主參加訴訟並非屬必要共同訴訟。

又例如：甲意圖隱匿財產，謊稱他的財產已經移轉給乙，或對乙負有債務，而串通乙提起訴訟，此時丙出面主張該件訴訟的結果，將會使自己的債權被侵害，而對甲、乙二人起訴請求判決駁回甲的訴訟，並確認甲、乙間的法律關係不存在。

(三) 必須以本訴訟的兩造為共同被告

如果僅是以本訴訟的一方作為被告而提起的，並不是主參加訴訟。因主參加訴訟是就他人間的訴訟標的之全部或一部為自己而有所請求，因此他必須以本訴訟的原告與被告兩方作為共同被告，才可以提起主參加訴訟。

(四) 須向管轄法院提起

又舊民事訴訟法第54條第2項規定有關第1項的訴訟，如本訴訟繫屬於第二審法院者，亦得於其言詞辯論終結前，向該第二審法院起訴。惟向第一審法院起訴亦為法律所允許，則兩訴訟裁判在實務上可能發生相互牴觸的情形，特將第1項向該第一審法院起訴，修正為向第一審或第二審本訴訟繫屬的法院起訴，並刪除原第2項。

現行法第54條第2項規定，依第54條規定起訴者，視為其訴訟標的對於共同被告，必須合一確定。惟按第54條的訴訟，其立法目的便在防止裁判的牴觸[2]，故其訴訟標的，對於共同被告本非必須合一確定，所以上開規定與實際情形並不相符，爰將過去的規定刪除，移列於第54條第2項，並規定準用第56條各款規定，以利法律的正確適用。

不符合主參加訴訟須具備之要件時，於第二審法院提起主參加訴訟而不備法定要件。依據最高法院67年度第10次民事庭推總會議結論認為，向第二審法院提起主參加訴訟如不備主參加訴訟之要件而具備獨立之訴要件時，第二審法院應以裁定移送於第一審管轄法院[3]。因為人民有訴訟權，如果有符合獨立訴訟要件（當事人

---

[2] 最高法院72年台上字第4607號判決略以：「主參加訴訟，本質上本屬獨立之訴之一種，原得獨立起訴，第以其與本訴訟有密切之牽連關係，為訴訟經濟，並防裁判兩歧甚或矛盾之弊，故除可另行提起獨立之訴訟外，特許其於本訴訟繫屬中，提此主參加訴訟，俾藉一次之審判解決主參加訴訟原告及本訴訟兩造間之爭議。」

[3] 最高法院73年台上字第856號判例謂：「在第二審提起主參加訴訟者，必須以本訴訟中兩造為共同被告，為該訴訟之成立要件之一，如不備此要件而具備獨立之訴要件時，

能力、訴訟能力、繳裁判費、沒有違反一事不再理等）其即能提起一般性的訴訟，故不應逕行駁回。

參、主參加訴訟屬於何種共同訴訟

主參加訴訟性質上有被強制的共同訴訟特質，是為共同訴訟的特殊類型。

以下將各學說之見解敘述如下：

甲說：係固有必要共同訴訟：法條中有規定，以兩造為共同被告、缺一當事人不適格，要合一確定。但是共同被告可能同勝同敗。丙對甲確認所有權存在、對乙請求返回所有物，判決結果，丙對甲勝訴、丙對乙返還所有物敗訴，因為丙的父親跟乙有簽無償借用合約，故雖然是真正所有權人，但不必然於返還所有物會勝訴（有權占有）。

乙說：普通共同訴訟：本說認為，因為不需要同勝同敗，但普通共同訴訟並無規定必須以兩造為共同被告，也可以單獨進行訴訟，此時主參加訴訟與普通共同訴訟的性質不符合。然法條中已經敘述要以兩造為共同被告，故與普通共同訴訟之要件不吻合。

丙說：類似必要共同訴訟：雖然可以單獨提告，亦不會當事人不適格，然而一旦成為共同訴訟即必須要合一確定。

綜合說：特殊共同訴訟：主參加訴訟性質上有些許似必要共同訴訟，亦有些似普通共同訴訟，然而都沒有完全地符合必要共同訴訟或普通共同訴訟之全部要件，是以吾人將此歸類為特殊之共同訴訟。

第二審法院應以裁定將該訴訟移送於第一審管轄法院。」

第十五章
當事人書狀

壹、訴訟行為之表示方法

　　當事人在進行民事訴訟程序時，常必須作各種訴訟行為以及向法院作各種的聲明及陳述，而當事人向法院作的各種陳述行為，如民事訴訟法之規定一定要以書狀為之，則當事人必須以書狀為之，否則就不發生該訴訟行為的效力。但是除強制規定一定要以書狀為之的訴訟行為外，各種訴訟行為，依據民事訴訟法第122條的規定，可以由當事人同時在法院書記官面前以言詞為之。訴訟行為是一定要以書狀為之，例如：民事訴訟法第59條第1項，參加訴訟一定要用參加書狀才發生效力；第66條第1項，告知訴訟一定要以書狀為之；第74條第2項，解除訴訟代理人的委任，一定要以書狀為之；此外民事訴訟法第165條第1項、第176條、第244條、第262條第2項、第265條、第441條、第459條第3項準用第262條第2項、第470條、第471條、第481條、第488條規定的訴訟行為，都必須要以書狀為之，不許當事人以言詞為之。

　　除上述的訴訟行為一定要以書狀為之外，其他的訴訟行為可以在法院書記官面前以言詞為之，只不過依據民事訴訟法第122條第2項的規定，必須由法院書記官作成筆錄，並於筆錄中簽名才算生效。

　　另依強制執行法第32條所述聲明參與分配，應以書狀聲明為之，此情形下即無適用民事訴訟法第122條之規定[1]。

---

[1] 最高法院66年台再字第96號判例要旨：「聲明參與分配，依強制執行法第三十二條第一項規定，應以書面為之，為必備程式之一，此於強制執行法既有明文規定，即無再準用民事訴訟法第一百二十二條規定之餘地。」

貳、書狀一般基本要求

一、書狀應記載事項

依據民事訴訟法第116條的規定，當事人提出書狀時，基本上應記載的事項有八款。第1款中所稱的其他團體，是指民事訴訟法第40條第3項的非法人團體；同時因第40條增訂第4項，明定中央或地方機關亦有當事人能力，爰配合修正第116條第1項第1款，增列機關為當事人者，應於書狀內記載機關名稱及公務所；值得注意的是若是原告並不曉得被告之確實住所時，又該如何？按臺灣高等法院89年抗字第568號裁定已明揭[2]，得依同法第149條向受訴法院聲請准為公示送達。

同法第116條第2項第2款所稱的法定代理人，除一般的法定代理人外，還包括法人的代表人以及非法人團體的代表人或管理人。

同法第116條第2項第3款所規定必須記載的訴訟事件。

同法第116條第2項第4款所稱應為的聲明或陳述，包括法律上的陳述及事實上的陳述，聲明有時亦稱聲請，是對法院要求一定行為的表示。例如應受判決事項的聲明（民訴§244）、上訴的聲明（民訴§441 I 第3款）、移送訴訟的聲請（民訴§28 I）、假執行的聲請（民訴§390），都屬於民事訴訟法第116條所謂的「聲明」。

同法第116條第2項是規定當事人書狀宜記載事項，以促使當事人注意。而第3項是為配合現在電子科技的發展，規定當事人得以電信傳真或其他科技設備將書狀傳送於法院，效力與提出書狀相同。第116條規定實益，目前的實務運用上主要是以電子郵件的方式傳送相關書類。第4項規定，當事人書狀的格式以及記載方法由司法院定之，未依該規則為之者，法院得拒絕其書狀之提出（另參閱民事訴訟書狀規則），俾使當事人有所遵循。

民國112年11月14日修正前，同法第116條第4項規定為：「當事人書狀之格式及其記載方法，由司法院定之。」立法院修法理由略以：「有關當事人之書狀格式

---

[2] 臺灣高等法院89年抗字第568號裁定要旨：「按原告起訴，依民事訴訟法第一百十六條第一款規定，應記載被告之住所或居所，倘未記載，法院應定期間命原告補正，如未補正，法院始得以裁定駁回之。民事訴訟法第一百十六條第一款、第二百四十九條第一項定有明文。又當事人應為送達之處所不明者，受訴法院得依聲請准為公示送達，為同法第一百四十九條第一項第一款所明定。」

等事宜，參考行政訴訟法第五十七條第三項規定（註：行政訴訟法第57條第3項：『當事人書狀格式、記載方法及效力之規則，由司法院定之。未依該規則爲之者，行政法院得拒絕其書狀之提出。』），爰修正第四項。」故民國112年11月14日修正後，第116條第4項規定已爲：「當事人書狀之格式、記載方法及效力之規則，由司法院定之。未依該規則爲之者，法院得拒絕其書狀之提出[3]。」

二、書狀之簽名

民事訴訟法第117條所規定當事人或代理人應於書狀內簽名或蓋章，如果當事人或代理人不能簽名時，應該如何簽名才符合當事人書狀的程式。如果違背第117條規定所作的簽名即是書狀不合程式，須依據同法第121條規定書狀欠缺之補正處理。

當事人的書狀簽名方法，依民法規定，蓋章與簽名具有同等之效力，於書狀之簽名，亦應有其適用。又以指印代簽名者，仍有保留之必要，惟應由他人代書按指印人之姓名，記明事由並由代書人簽名，以確知係何人所爲。然而現行訴訟實務上，委託律師代理訴訟時，書狀內的簽名，都是以打字再加以蓋章，仍爲一般通例[4]。

又訴訟代理人如受當事人合法委任代爲起訴，其代理權即無欠缺，起訴狀內簽名得僅由訴訟代理人爲之，無須再由當事人簽名[5]。

三、書狀之繕本或影本之提出

當事人所提出的書狀，於通常的情況下必須將書狀的繕本及影本，送達給他造的當事人，以便他造的當事人對於文書的內容提出攻擊防禦方法。是以民事訴訟法

---

[3] 民國112年11月14日民事訴訟法異動條文及理由，參見立法院法律系統，網址：https://lis.ly.gov.tw/lglawc/lawsingle?00344292021A00000000000000000005A00000000C00FFFFFD00^04527112111400^00000000000（最後瀏覽日：113年8月8日）。

[4] 最高法院98年台上字第1426號判決要旨：「按九十二年一月十四日修正前民事訴訟法第一百十七條第一項規定，當事人或代理人應於書狀內簽名，其不能簽名者，得使他人代書姓名，由當事人或代理人蓋章或按指印；又書狀應由當事人簽名，乃在證明該書狀係出於本人之意思，依民法第三條第二項規定，蓋章與簽名具有同等之效力，於書狀之簽名，亦應有其適用。」

[5] 最高法院88年台抗字第576號裁定要旨：「訴訟代理人如受當事人合法委任代爲起訴，其代理權即無欠缺，起訴狀內簽名得僅由訴訟代理人爲之，無須再由當事人簽名。」

第119條規定，書狀以及其附屬文件，除提出於法院者外，應按應受送達之他造人數，提出繕本或影本，例如：原告提出的準備書狀中，被告有三名，就必須提出三份繕本或影本。

若不按民事訴訟法第119條規定依法院通知送達繕本或影本予他造時，恐難維己身之權益[6]。

四、書狀欠缺之補正與欠缺之效果

當事人所提出的書狀必須符合民事訴訟法第116條到第120條的規定，假如當事人提出的書狀格式不符合或程式有欠缺，依據同法第121條第1項，審判長應該定期間命提出具該書狀的當事人加以補正[7]。

審判長命當事人補正欠缺程式的書狀，可以將書狀發還，如當事人住居於法院所在地者，得命當事人到場補正。因為書狀的欠缺，通常都是必須將書狀發還給當事人，以便利該當事人補正。例如前述，如果當事人沒有將法定代理人的姓名記載於書狀內，審判長應將書狀發還給他，命其補正，否則應命當事人到場補正。

如果當事人不遵照法院的補正命令來補正文書格式欠缺時，會發生什麼樣的效果呢？必須分別就不同情形加以說明：

(一) 特定書狀

當事人所提出的書狀，如是法律設有特別規定特殊程式時，例如：起訴狀依據民事訴訟法第244條之規定，必須依照該條的特別規定來提出。又例如：上訴狀依據同法第441條之規定，亦必須依特別的程式來提出。例如：再審書狀依據同法第501條提起再審之程式規定，有特別的程式必須遵守，就這些特別的訴訟行為，民事訴訟法有特別規定程式。當事人如不遵守的時候，那他的訴訟行為就不合法。例如：他的上訴狀內，沒有表明對第一審的判決不服的程度，以及應該如何廢棄或變

---

[6] 參見臺灣臺北地方法院99年度訴字第4819號民事判決略以：「民事訴訟法第119條第1項規定，書狀及其附屬文件，除提出於法院者外，應按應受送達之他造人數，提出繕本或影本。故債權人若未曾向債務人催告給付，於訴訟中經法院通知亦未提出繕本送達對造，自不得請求債務人支付遲延利息。」

[7] 最高法院87年台抗字第533號裁定要旨：「當事人或代理人未依民事訴訟法第一百十七條規定於書狀內簽名、蓋章或按指印者，係屬同法第一百二十一條所謂之書狀不合程式，審判長應定期間命其補正，不得遽以其訴或聲請為不合法，裁定予以駁回。」

更原判決的聲明，那麼他的上訴程式就違背同法第441條第1項第3款的規定程式，造成他的上訴不合法，會遭到法院以裁定駁回上訴的命運。

(二) 一般書狀

一般的書狀，如果不合程式或欠缺而不遵守法院命令補正的時候，會發生何種效果，必須依照其書狀之性質判斷之。例如：當事人所提出的書狀，是爲解除訴訟代理人的委任，此種解除委任的書狀，依據民事訴訟法第74條第1項的規定，非通知他造不生效力。因此如果當事人提出解除訴訟代理人委任的書狀，而不遵守法院的命令，提出繕本補正，造成法院無從將繕本送達給他造的時候，那麼他的解除委任書狀，因爲沒有通知他造當事人，而不發生解除委任之效力。至於其他各種不遵守補正的命令，會發生什麼效果，必須視其所提爲何種書狀，必須補正的是何種欠缺，予以具體之判斷。

當事人提起民事的「再審之訴」，沒有於書狀內依據民事訴訟法第501條第1項第4款後段的規定，表明其遵守不變期間的證據，審判長是否必須依照本條的規定，以裁定命其補正？

實務上見解係認爲審判長不用命其補正。因爲提起再審之訴，未依同法第501條第1項第4款後段的規定，記載遵守不變期間的證據，並不屬於同法第121條第1項的規定，書狀不合程式或有其他的欠缺，因此審判長不用裁定命其補正[8]。

試舉一例：簡虹欠陳瑜新臺幣100萬元，屢經催告都不還，陳瑜就對簡虹提起民事訴訟，但因爲陳瑜向法院提起訴訟之書狀格式不按司法院規定之格式撰寫，法院應該如何處理？

依據民事訴訟書狀規則第2條之規定，民事事件當事人向法院有所陳述，除法律另有規定或依法得用言詞外，應使用司法狀紙。而司法狀紙之大小規格規定於同規則之第3條。而本例應依據民事訴訟法第121條的規定，應該由法院酌定期間，命其補正，若不遵守補正命令，本例是起訴狀格式，則法院可認爲是訴訟程序有欠缺，應認其爲起訴不合程式，予以裁定駁回。

---

[8] 最高法院81年台抗字第178號判例要旨：「提起再審之訴，如主張其再審理由知悉在後者，應就所主張之事實負舉證之責任，其未依民事訴訟法第五百零一條第一項第四款後段規定，記載遵守不變期間之證據者，不屬同法第一百二十一條第一項規定，書狀不合程式或有其他欠缺之情形，審判長毋庸裁定定期命其補正，即得以其訴爲不合法，逕以裁定駁回之。」

五、文書之種類

依據民事訴訟法第118條的規定，書狀內引用文件時，必須提出文件的原本、繕本、影本或者是節本。何謂原本、繕本、影本或節本此乃依文書的作成方法不同所作的區別。所謂「原本」是指由文書作成的人所作成的文書原件；而「繕本」就是依照原本所作成，而與原本有相同內容的文書；「影本」是就原本影印而成；而「正本」就是繕本，但是對外效力跟原本有同樣的效力；而「節本」就是文書內容的一部分，而不是全部。

同條第2項所謂「保管之機關」是指書證或者是各種書狀，通常是政府各機關所保管，或者是公務員執掌的文書。依據同法第350條的規定：「由機關保管或公務員執掌之文書，不問其有無提出之義務，法院得調取之。」是以如當事人表明，其書狀內引用該管機關保管或是公務員執掌的文書時，依據第118條第2項的規定，須將保管的機關表明清楚，以便法院依據同法第350條規定調取該件文書。

而同法第120條第1項規定：「當事人提出於法院之附屬文件，他造得請求閱覽；所執原本未經提出者，法院因他造之聲請，應命其於五日內提出，並於提出後通知他造。」所稱的附屬文件，就是指在書狀內作為證據來使用的文書、圖案或是表冊之類的文書，此種附屬文件亦應該隨同書狀，以繕本分別送達給對造的當事人。配合民國92年2月7日修正將「繕本」下增列「影本」。第2項規定：「他造接到前項通知後，得於三日內閱覽原本，並製作繕本或影本。」

如果當事人未提出附屬文件的原本，法院依據第120條第1項之規定，只能依據他造當事人的聲請，才可以命其於五日內提出；如果對方當事人自己不聲請，則法院沒有必要命其在五日內提出。

|第十六章|
訴訟書類之送達

壹、送達之意義

　　依民事訴訟法第一編總則第四章訴訟程序第二節中所述有關於送達的規定。「送達」是指法院書記官以送達的方式，將訴訟上的書狀或某一個特定的事項，通知特定的當事人或第三人，讓受送達人知道文書內容的行為。因此就送達的性質分析之：

(一) 一種強制性的訴訟行為

　　送達指的是法院書記官以法定的方式所為的行為，而且是根據公權力而為的行為，受送達的人有接受的義務，因此送達是一種具有強制性的訴訟行為。

(二) 需有法定方式

　　送達指的是法院書記官以法定方式，將訴訟上的書狀或是某特定事項，使訴訟當事人或關係人有知道的機會。是以如沒有特定的事項或書狀，亦無送達的必要；即使有特定的事項要通知，但不需要以送達的方式，亦不是此所謂的送達。例如：民事訴訟法第142條第2項中所規定的通知，並非此處所謂的送達。

(三) 須對特定對象為之

　　送達之意是指法院書記官以法定方式，將訴訟上的書狀或某一特定事項，通知當事人或第三人的訴訟行為。而此所謂的第三人，例如證人、鑑定人都包括在內。是以，送達必須對於特定對象為之，如果不是對於特定人依法定方式所為的通知行為，則不是民事訴訟法第四章第二節所指的送達。例如：民事訴訟法第542條的公告，則不是此章節所指的送達。

　　送達除別有規定外，則法院的書記官依職權為之。原則上，送達都是由法院的書記官依職權而為的行為，只有在公示送達的時候，須依法律規定，而由聲請人聲請，並經過法院裁定准許之後，才可以為之（民訴§149 I）。

如果送達的行為，並沒有依照法律的規定而為之，雖然屬不合法，但是受送達的人如果確實已經收到訴訟文書，仍然產生送達的效力[1]。

民事訴訟法中所規定的送達方式有五種，(1) 交付送達（民訴§126）；(2) 留置送達（民訴§139 I）；(3) 付郵送達（民訴§124 II）；(4) 囑託送達（民訴§125）；(5) 公示送達（民訴§149）。

當法院與當事人或其他訴訟關係人有文書往返的必要時，則須依據上述五種方法，將文書或是某種特定事項交付應受送達人，使其有知道文書內容的機會。送達依所採基本原則的不同，有下列幾種：

(一) 當事人送達主義

指是否送達，乃是由當事人自己的意思決定。

(二) 職權送達主義

不問當事人意思如何，由法院依照其職權來送達。我國的民事訴訟法，就是以「職權送達主義」為原則，「當事人送達主義」為例外（民訴§149）。

(三) 直接送達主義

當事人直接委託送達機關而為送達。

(四) 間接送達主義

就是當事人須經法院書記官作為媒介，而委託法院的書記官為送達行為。我國民事訴訟法所規定的送達，原則上由法院書記官交由執達員或郵務機構為之，則係採間接送達主義。

總之，送達於整體訴訟進行中，是非常重要的一環，必須要注意這些規定。

依據民事訴訟法第123條之規定可知，送達的基本原則是須採「職權送達主義」，亦就是由法院的書記官依職權為之，另一原則是「間接送達主義」，即送達須由法院書記官或執達員或郵務機構為之，而不是由當事人直接送達。

至於送達的機關及送達的方法及其他相關規定，會陸續詳加說明。

---

[1] 最高法院91年台抗字第518號裁定要旨：「訴訟文書之送達，應由法定送達機關為之，實施送達之人如非法定送達機關，僅於應受送達人不拒絕收領時，始生送達之效力，倘其拒絕收領，自不生送達之效力。」

貳、送達之機關

依據民事訴訟法第124條之規定，送達機關有四個：

(一) 法院

依據同法第125條之規定，法院是囑託以及受囑託的送達機關之一。

(二) 法院書記官

法院書記官也是送達機關之一（民訴§123、§124 I、§126、§133 III、§151 I）。

(三) 執達員

(四) 郵務機構

依據同法第124條的規定，郵務機構爲送達的時候，以郵務人員（本條第2項的「郵差」一詞，仿郵政法用語，修正爲「郵務人員」，以求一致）爲送達人。此次修法係爲配合郵政事業民營化之趨勢，將「郵政機關」一併修正爲「郵務機構」，以資概括涵蓋。

送達的機關有法院、法院書記官、執達員、郵務機構等四個，但是通常法院在送達各種書類時，原則上都是以雙掛號交寄郵局郵務機構送達，只有在郵局送達不到，而當事人依法聲請「指送」的時候，才會由執達員協同來送達。

又官署、學校、工廠、商場、事務所、營業所或其他公私團體內之執事人或居住人爲應受送達人時，郵務機構之郵務人員爲便利起見，得將文書付與上列各機關內接收郵件人員，此項接收郵件人員，視爲民事訴訟法第137條規定之同居人或受僱人，視爲合法送達[2]。

---

[2] 最高行政法院52年裁字第9號判例要旨：「官署、學校、工廠、商場、事務所、營業所或其他公私團體內之執事人居住人爲應受送達人時，郵局信差爲便利起見，得將文書付與上列各機關內接收郵件人員，此項接收郵件人員，視爲民事訴訟法第一百三十七條規定之同居人或受僱人，爲郵局送達訴訟文書實辦理第七條所明定。關於訴願案件送達書類之詳細方法，在訴願案件送達書類法中未規定者，參照司法院院字第七一六號及第九九二號解釋意旨，應準用民事訴訟法中關於送達之規定。而郵局送達訴訟文書實施辦法，則爲民事訴訟法第一百二十四條之補充規定，關於訴願案件書類之送達，自亦應有其準用。」

參、送達之方法

一、直接送達

依據民事訴訟法第126條規定：「法院書記官，得於法院內，將文書付與應受送達人，以爲送達。」即書記官與執達員或者是郵務人員，雖然都是送達的機關，但在送達時，其方法有所不同。因爲執達員或郵務人員送達時，通常必須向應受送達人的住所、居所、營業所或事務所爲送達，而不能請當事人到法院來而爲送達。但是如是法院書記官親自送達時，其可以依據民事訴訟法第126條的規定：「法院書記官，得於法院內，將文書付與應受送達人，以爲送達。」

二、補充送達

依據民事訴訟法第137條第1項之規定：「送達於住、居所、事務所或營業所，不獲會晤應受送達人者，得將文書付與有辨別事理能力之同居人或受僱人。」

所謂的「同居人」，並不是指住在同一戶的一家人，而是指與受送達人居住在同一地方，繼續共同爲生活者而言[3]。而所謂「受僱人」就是被僱用，長期服勞務者而言，並且不是屬於臨時僱用的性質，如果受僱用人只是爲特定的目的或是計日、計件的臨時工作，不屬於民事訴訟法第137條所述之受僱人。

第137條之規定目的在於方便送達以利訴訟的進行，否則如果當事人經常外出辦事而不在他的住居所、營業所、事務所，則會造成法院各種書類的送達會有很大的不便。因此只要當事人的同居人或受僱人有辨別事理的能力，都可以代替當事人來收受文書的送達。

如果受僱人或同居人是訴訟的他造當事人者，因爲彼此有利害相衝突的關係，因此不能夠代替對造當事人來收受文書的送達，即使是同居人或受僱人也不能代替訴訟的對造當事人收受文件的送達（民訴§137 II）。

三、寄存送達

民事訴訟法第138條的規定是爲便利文書的送達，因此如果依據同法第136條以及第137條的規定，都無法將文書送達的時候，始得爲寄存送達。故其使用方式

---

[3] 最高法院32年上字第3722號判例要旨：「民事訴訟法第一百三十七條第一項所謂同居人，係指與應受送達人居在一處共同爲生活者而言，至應受送達人之佃戶，如與應受送達人並非共同爲生活者，自不能謂爲同居人。」

自應較一般送達謹慎，方足以保護應受送達人之權益，爰於民國92年2月7日修正原條文，並改列為第1項。

將文書寄存給送達地的自治或警察機關，該寄存送達自寄存之日起，經10日發生送達效力，而不是以應受送達人前往自治或警察機關領取時，才發生送達效力（民訴§138 II）。

依據民事訴訟法第138條的規定，寄存送達一定要具備下列要件：

(一) 不能依同法第136條及第137條為送達的時候。

(二) 需製作通知書。

必須製作送達通知書，一份黏貼於應受送達人的住居所、事務所或營業所的門口；另一份置於該送達處所信箱或其他適當位置，以為送達（然目前實務上當郵務人員拒絕為寄存送達時，法院往往無法為任何要求，以致使寄存送達法律明文的效力受到質疑），如果兩者缺一，都不能算是合法的送達。例如：送達的時候，的確不能照第136條及第137條的規定來送達，但是送達人卻直接把文件送達到自治或警察機關寄存，而沒有將送達通知書黏貼在受送達人的住居所、事務所、營業所的門口，則不發生送達的效力。

民事訴訟法第138條之所以規定一定要將送達通知書黏貼在受送達人的門口，及將另一份置於該送達處所信箱或其他適當位置，是為通知受送達人，返回時，可以依據門口的通知書及信箱或其他適當位置瞭解有應收受通知書的情況，前往自治或警察機關領取訴訟文書；如果沒有黏貼送達通知書，則當事人無法獲知有訴訟文件寄存於自治或警察機關待其領取，對於當事人的權利有所損害。

另外，當事人因外出工作、旅遊或其他情事而臨時不在應送達處所之情形或者已變更該原住居所、事務所或營業所，時有所見，為避免其因於外出期間受寄存送達，不及知悉寄存文書之內容，致影響其權益，爰增列第138條的第2項：「寄存送達，自寄存之日起，經十日發生效力。」至應受送達人如於寄存送達發生效力前領取寄存文書者，應以實際領取的時候為送達之時，乃屬當然[4]。

同時為求明確，爰於民國92年2月7日增列第138條的第3項：「寄存文書自寄

---

[4] 最高法院98年台抗字第858號裁定要旨：「設其送達之處所，雖原為應受送達人之住居所、事務所或營業所，但實際上已變更者，則該原住居所、事務所或營業所，即非應為送達之處所，自不得於對該原處所不能為送達後，逕為寄存送達。如為寄存送達，仍應於應受送達人實際領取該訴訟文書時方生送達之效力。」

存之日起寄存機關應保存二個月。」明定寄存機構應保存寄存文書的期間，以免爭
議的發生。

　　然而，最高法院大法庭於民國110年作成109年台上大字第908號民事裁定，裁
定意旨略以：「表意人將其意思表示以書面郵寄掛號寄送至相對人之住所地，郵務
機關因不獲會晤相對人，而製作招領通知單通知相對人領取者，除相對人能證明其
客觀上有不能領取之正當事由外，應認相對人受招領通知時，表意人之意思表示已
到達相對人而發生效力，不以相對人實際領取爲必要。」

　　最高法院大法庭所持理由不外乎：「在非對話之意思表示，表意人無從依書面
之交付，逕使相對人了解其意思表示，尚須經由相對人之閱讀始能了解表意人之意
思表示，相對人之閱讀行爲，完全在表意人實力支配範圍外，僅得由相對人爲之，
如相對人不閱讀其受領之書面，即謂意思表示不生效力，將使其效力之發生任由相
對人支配，顯非事理之平。」「依一般社會觀念，可期待相對人受通知後，於郵局
營業時間前往領取郵件，該郵件自斯時起進入相對人之支配範圍，置於相對人可隨
時了解內容之狀態，應認表意人之意思表示已到達相對人而發生效力，不以相對人
實際領取郵件爲必要，亦與該郵件事後是否經招領逾期退回無涉，並可避免相對人
以任意性行爲左右非對話意思表示效力之發生時點。」並稱：「惟基於相對人並非
掛號郵件之發動者，其如能證明受招領通知時客觀上有不能領取郵件之正當事由，
自不在此限，以兼顧其權益。」

　　無論是表意人之意思表示或司法機關之任何通知，皆直接影響受送達者之下一
步決定或應對進退，若是在訴訟中，更影響受送達者之聽審請求權及一切防禦權之
啓動與行使。對於此大法庭之裁定見解，本書認爲基於以下4點理由難以贊同，並
認此一裁定見解有嚴重之謬誤：

　　(一) 嚴重侵害憲法第16條所保障之聽審權，並違反正當法律程序保障

　　合法聽審權（聽審請求權）爲憲法第16條所規定訴訟權內涵之一。合法聽審
權之保障，乃爲確立當事人之訴訟主體地位，使其就裁判之相關訴訟資料有知悉、
閱覽、陳述之權利[5]，進而對於重要之事實或法律爭議，有影響裁判基礎形成之機

5　最高法院107年度台抗字第447號刑事裁定：「被告聽審權屬於憲法第16條保障人民訴
　　訟權之一（司法院釋字第482號解釋參照），其內涵包括資訊請求權（請求獲得充分訴
　　訟資訊）、表達請求權（請求到場陳述或辯明訴訟上意見）、注意請求權（請求注意
　　被告陳述及表達）等等。」

會。另按司法院釋字第574號解釋文：「憲法第16條所規定之訴訟權，係以人民於其權利遭受侵害時，得依正當法律程序請求法院救濟爲其核心內容。」換言之，人民知道其權利遭受侵害，並在得閱覽相關資料、進行攻訐或答辯之陳述之前提下，依立法形成之正當法律程序尋求救濟乃憲法第16條保障之訴訟權範圍[6]。

我國民法就住所地之認定，係依行爲人「一定事實足認有久住意思」（主觀要件）、「住於一定地域」（客觀要件）等主客觀要件認定（民法§20），而現代社會人民離開戶籍地之情形相當常見，戶籍地未必即爲住所地，然實務上經常以戶籍地爲住所地，依本件大法庭裁定之法律見解，倘寄件者係標註對方之戶籍地爲住所地，將發生該信件自始未送達收件者住所地，卻仍生送達法律效果之奇特現象。此番操作結果，將使受送達者毫無機會得知其權利已遭受侵害或有遭受侵害之逾（因受送達者客觀上根本未實際收受該訴訟文書），更遑論受送達者知悉後是否爲維護自身權利而一系列尋求救濟之後續作爲，完全背離大法官歷年對於憲法第16條之解釋意旨，著實嚴重侵害人民之聽審權。

(二) 作爲一般送達之例外，寄存送達乃本法明定之特別送達方式，尚且必須寄存後經過10天始發生送達效力。大法庭卻賦予更不嚴謹、僅郵務士經手之郵寄送達之情形於張貼「受招領通知時」即刻發生送達效力之強力法律效果，已失事理之平。

(三) 對於在軍隊或軍艦服役之軍人爲送達，尚應經該管軍事機關或長官實際轉交予該軍人始生送達效力（民訴§129），在監之受刑人亦應經監所長官實際轉交予該受刑人始發生送達之效力（民訴§130）。相較之下，在相對自由環境生活之一般民眾卻於「受招領通知時」即生送達效力，一般民眾之受合法送達之程序保障竟然不如受刑人，此間之權衡明顯失衡。

(四) 大法庭雖然在裁定理由加上但書，得以舉證不可歸責而使該送達不發生效力，然本書認爲此但書內容實務上全然不可行。蓋，此種由原收件者證明其客觀上有不能領取郵件之情形，在未經實質送達之情況下，訴訟早已先判決確定，多半已處於事後無法挽回之狀態，尤其在不動產之移轉登記案件尤甚：

1. 倘涉及判決命不動產移轉時，由於被告未實際受到送達，因此被告必定等到不動產遭確定判決移轉後始會知悉此一訴訟之存在，而依土地法第43條，土地登記有絕對效力。倘意思表示生送達之效力，寄件者辦畢土地移轉，第三人將因土地

---

[6]　吳庚、陳淳文，憲法理論與政府體制，2019年9月，頁310-313。

登記絕對效力而成爲善意第三人，受民法公信原則之保障，原先訴訟中因未受合法送達所受之不利益將難以依大法庭所述之例外方式加以救濟。

2. 人民倘因法院疏失未受合法送達而受損害，如欲尋求國家賠償，按國家賠償法第13條限制，若屬司法判決之失誤僅在「就其參與審判或追訴案件犯職務上之罪，經判決有罪確定者」始有國家賠償法之適用，因此而遭受損害之被告亦無法獲得國家賠償。

綜上，本書認爲最高法院109年台上大字第908號民事裁定過度擴張郵件送達之效力，其附加之但書更脫離實務運作之現況，並不可採；但鑒於目前新制下大法庭見解仍對下級法院生實質拘束力，本書建議立未來應採立法方式明確將此等最法院之謬誤見解加以廢棄，以保障人民之正當法律程序及憲法保障之聽審權。

在最高法院大法庭109年度台上大字第908號裁定作成後，諸多訴訟或非訟事件之實務紛紛援用上述大法庭裁定之見解「以書面所爲之非對話意思表示，如已進入相對人之實力支配範圍，且處於一般社會觀念，可期待相對人了解之狀態時，應認該意思表示已對相對人發生效力」，惟實務對於此一大法庭裁定見解中關於「已進入相對人之實力支配範圍」之認定，不同之法院又有兩種不同之解讀，甲說認爲寄件人毋庸查證相對人之住所地，逕以戶籍地作爲住所地寄發，如發出招領通知即刻發生送達效力，乙說則認爲寄件人負有先舉證其所寄送之「住所地」確實爲相對人之實際住所地之義務，否則縱使郵局有發出招領通知亦無法適用最高法院109年大法庭裁定，而不生送達之效力，實務見解整理如下：

(一) 甲說 —— 收件人需自行舉證「有不能領取之正當事由」

臺灣高等法院111年度破抗字第10號民事裁定要旨略以：「又表意人將其意思表示以書面郵寄掛號寄送至相對人之住所地，郵務機關因不獲會晤相對人，而製作招領通知單通知相對人領取者，除相對人能證明其客觀上有不能領取之正當事由外，應認相對人受招領通知時，表意人之意思表示已到達相對人而發生效力，不以相對人實際領取爲必要……系爭地址爲相對人之營業處所（見原裁定卷第29至33頁），雖現居住於此之相對人友人張○○對訪查員警所詢相對人之行蹤、聯絡方式、最近是否見到相對人及其是否曾回到系爭地址等節，均稱不知情。惟依上開說明，相對人既未能證明有不能領取郵件之正當事由，堪認相對人受系爭通知書之招領通知時，抗告人所爲債權讓與通知已到達相對人而發生效力。」

甲說認爲縱使相對人沒有實際居住於該地址，因相對人既未能舉證來證明有不

能領取郵件之正當事由，即認相對人受招領通知書時，即已生送達之效力。亦即此判決認為若招領通知書「已進入相對人之住所地」，即將「證明有不能領取郵件之正當事由」舉證責任直接轉由相對人自行負舉證責任。

(二) 乙說──寄送人需先舉證證明相對人之住所地

臺灣高等法院111年度重上字第13號民事判決要旨略以：「……該通知地址為上訴人之戶籍地兼營業地，固為兩造所不爭執，然上訴人否認該址為上訴人的住所地，且依上訴人提出該址之現場照片（詳本院卷第363頁），顯係供營業用之咖啡廳，難認係可供人居住之處所，是上訴人雖將戶籍地設址於此，亦難因此認定是上訴人之住所地，被上訴人既未能舉證證明該址為上訴人之住所地，自難援引最高法院民事大法庭109年度台上大字第908號裁定見解，認定系爭存證信函於上訴人受招領通知時，被上訴人之意思表示已到達上訴人而生送達效力……。」

乙說之見解認為寄送人需先舉證證明寄送地址為相對人之實際住所地，不能逕以寄送戶籍地即直接認定有大法庭109年度台上大字第908號裁定之適用，雖較甲說更為嚴謹，但仍不符正當之法律程序。

(三) 本書見解

本書認為，最高法院109年度台上大字第908號大法庭裁定不但未能釐清郵局招領通知書之送達效力，反而治絲益棼造成更多之疑義，更有侵害憲法司法正當法律程序保障之嫌，以下進一步闡明之：

1. 進入相對人「實際支配範圍」認定之歧異

承上，最高法院大法庭裁定作成後，司法實務上對於大法庭109年度台上大字第908號裁定所稱之「已進入相對人之實力支配範圍」之認定，主要有兩種見解，甲說將舉證責任均歸由相對人自負舉證責任，已明顯侵害相對人之程序保障固不待言，縱採乙說雖寄送人須先舉證證明相對人之住所地是否為實際住所地。但乙說亦有違反正當司法程序而侵害人民聽審權之疑慮。例如：郵務機關投遞招領通知書雖係張貼於相對人之實際住所，然而相對人如因公出國或外派工作中長期在國外時，即明顯不屬於大法庭裁定所稱之「已進入相對人之實力支配範圍」，該郵件既然於招領通知時並「非置於其實力支配範圍」，如欲依大法庭之裁定但書「舉證推翻」，亦恐因相對人返國或不可歸責之正當事由而重返住所地時，法律訴訟程序早已先終結而難以獲有效之事後救濟。本書基於「送達」於司法之正當法律程序之保障乃屬根本性之大前提，若未有合法送達其他正當司法程序均屬空談，難以贊同

大法庭109年度台上大字第908號裁定之意旨，故認為仍應以「相對人實際領取之時」作為送達生效之時點，始與正當法律程序無違。至於若有受件人故意拒收郵件之情形，民事訴訟法亦早已有留置送達、公示送達、寄存送達等各種補充送達之方式可資適用或類推適用，尚無需依大法庭裁定之擬制反而治絲益棼，徒增困擾。

2. 招領通知之效力不應凌架於民事訴訟法

檢視109年大法庭裁定之背景事實係因郵務人員經「按址投遞而無法投交」之郵件送交郵局招領，招領期間，自通知招領之次日起算15日，屆期未領者，退回寄件人。此種情形與民事訴訟法第138條寄存送達之情況類似，均為投遞時不獲會晤應受送達人亦無代理人或同居人受僱人可代為收受，然而民事訴訟法第138條之送達生效日為「自寄存之日起十日後」始生送達效力，然而最高法院109年度台上大字第908號大法庭之裁定卻讓無法投交之郵件可自「招領之日」即刻生送達效力，其效力竟凌架於民事訴訟法之寄存送達，顯失事理之平。蓋郵件處理規則係單純適用於所有一切之郵件關於「無法按址成功投遞」之郵件給予統一之處理方式而已，立法規範之目的並無須考量民事訴訟所涉及之正當法律程序與聽審權之保障，而僅是在單純規範郵務機構處理無法投遞郵件之處理流程而已，然而最高法院109年度台上大字第908號大法庭之裁定竟賦予該招領通知超越民事訴訟法第138條寄存送達效力，兩者顯失事理之平。如按照最高法院大法庭裁定於郵務機關之招領郵件不設緩衝期而可於招領之日即刻生送達效力，將可能使應受送達人因非可歸責於己之事由而造致無法回復之損害，對人民權利影響重大且難以排除此種損害可能係屬不可回復之損害，恐有違反憲法所保障之司法正當法律程序之要求。從而大法庭裁定所稱之「招領通知單置於相對人之住居所，自斯時起進入相對人之支配範圍」顯屬過度之創設性之擬制，相對於訴訟當事人具有憲法層級之正當法律程序之保障，亦不符比例原則。

四、留置送達

民事訴訟法第139條第1項規定：「應受送達人拒絕收領而無法律上理由者，應將文書置於送達處所，以為送達。」所謂的「應受送達人」，是指同法第127條至第134條規定之應受送達之人，以及第137條所規定的同居人或受僱人而言[7]。

---

[7] 最高法院27年抗字第731號判例要旨：「民事訴訟法第一百三十九條所稱之應受送達人，非僅以當事人本人為限，凡依同法第一百二十七條至第一百三十四條規定應受送

應受送達人如果沒有法律上的理由而拒絕受領的時候，送達人就可以直接將文書留在送達處所，就算合法送達[8]。

受送達人如果有法律上的理由而拒絕受領的時候，送達人就不能依據同法第139條的規定將文書留置送達。例如：受送達人表明未經法院許可，不能在星期例假日為送達（民訴§140），或是受送達人表明是他造的當事人，依法不能收受送達，此時受送達人就具有法律上的理由，可以拒絕收受送達。

民事訴訟法第139條第2項規定：「前項情形，如有難達留置情事者，準用前條之規定。」如果有難達留置的情形時，可以依據同法第138條之規定，將文件交給受送達人的住居所、事務所、營業所所在地的自治警察機關，寄存送達。

（「難達留置」，例如受送達人住所為大樓，並交代大樓管理員不允許讓送達人進入，致使送達人只知道其拒絕受領，而無法將文書留置於受送達人的處所。）

五、傳送送達

民事訴訟法第153-1條之規定是為配合現代化電子科技的蓬勃發展，而加速訴訟文書的傳送效率，故第153-1條第1項規定，訴訟文書得以電信傳真或其他科技設備傳送之。但是如果以電信傳真或其他科技設備傳送時，因為當事人有可能因為設備故障或其他原因不一定能夠收到，因此應於受送達人陳明已受領該文書，或訴訟關係人就特定訴訟文書聲請傳送者，於其傳送到達時發生送達之效力。

六、公示送達

所謂「公示送達」，是一種特殊的送達方法，由法院的書記官將本來應該直接送達給當事人的文書，以公告於新聞紙及法院牌示處的方式通知當事人。經過法定期間，就發生合法送達的效力，此即稱「公示送達」。由於此種方式影響當事人權益甚大，因此民事訴訟法規定公示送達的要件特別嚴格，必須符合民事訴訟法第149條第1項所規定的三款要件之一，才可以聲請公示送達。

達之人，與第一百三十七條所定應受補充送達之人，均應認為包括在內。」

[8] 最高法院28年上字第1982號判例要旨：「民事訴訟法第一百三十三條之送達代收人，亦為同法第一百三十九條所稱之應受送達人，如拒絕收領而無法律上理由者，自應將文書置於送達處所，以為送達。」

(一) 公示送達的要件

1. 應為送達之處所不明者

應為送達的處所不明[9]，就是指依據一般人的觀念，已經不知道他應該送達的地方是哪裡，如果是聲請人他自己不知道對造當事人應受送達處所，並不是屬於不明，而只是聲請人自己不知道。一般法院判斷的標準，都是必須由當事人向戶政機關提出應受送達人的戶籍謄本之後，法院依據戶籍謄本的地址送達，仍然無法送達，查無其人時，方為認定送達的處所不明，亦即已經由相當之方法探查，仍不知者[10]。此外，如當事人明明知道對造之住所，卻故意指稱對造之所在不明，聲請公示送達，法院若亦無加以詳查即准許公示送達，此時除非他造當事人來追認此訴訟程序，否則他造當事人可以依據民事訴訟法第496條第1項第6款之規定，對確定判決提出再審之訴。

2. 於有治外法權人之住居所或事務所為送達而無效者

此亦可聲請公示送達，係因治外法權是針對外國的特定人，由於他的特定身分而造成他不受所在國法律的支配，如果對有治外法權人的住居所、事務所為送達而無效者，即可依據民事訴訟法第149條第1項第2款的規定聲請公示送達。

3. 於外國為送達，不能依第145條之規定辦理，或預知雖依該條規定辦理而無效者

在外國送達而沒有辦法依據民事訴訟法第145條的規定，囑託外國機關或中華民國使領館來送達，或者是已經預先知道即使依照第145條的規定送達，也不會發生效力者，亦可聲請公示送達。例如：送達地的該國家與中華民國並沒有邦交，因

---

[9] 最高法院82年台上字第272號判例要旨：「民事訴訟法第一百四十九條第一項第一款所謂『應為送達之處所不明者』，係指已用相當之方法探查，仍不知其應為送達之處所者而言。其『不明』之事實，應由聲請公示送達之人負舉證之責任，而由法院依具體事實判斷之。」

[10] 臺灣高等法院95年度重上字第395號判決略以：「民事訴訟法第一百四十九條第一項第一款所謂『應為送達之處所不明者』，……。即按應受送達人戶籍所在地之住居所為送達而無人收受，依社會一般觀念，又不知其應為送達處所而言，既非以聲請人主觀的不明為標準，亦非以客觀的絕對不明為準。依一般認為相當之方法探查後，仍不知其應為送達之處所者，即可認為不明。」

此中華民國在該國就沒有使領館，且該國與中華民國沒有邦交，通常也沒有司法協助的條約，或是該國根本拒絕接受中華民國的囑託，這個時候，沒有辦法囑託給外國機關，也沒有辦法囑託給中華民國駐在該國的使領館，則當事人只能依據民事訴訟法第149條第1項第3款的規定，聲請公示送達，以利訴訟的進行。

如果具備前述的三個要件其中任一，當事人就可以聲請公示送達。所謂的「聲請」，是必須要有當事人的聲請，否則受訴法院不能主動為公示送達。然而此為原則，如果具有民事訴訟法第150條或第149條第3項規定的情形時，法院可以直接依職權命為公示送達[11]。

當事人聲請公示送達之後，法院審查如認為合乎公示送達的要件，就必須准許其聲請；如果法院認為不符合公示送達的要件，就要駁回其公示送達的聲請。法院駁回公示送達聲請時，當事人即聲請人可以提出抗告來聲明不服。

依前述說明，公示送達於原則上必須依當事人的聲請，但是送達如有第149條第1項所列各款情形者，當事人得聲請法院為公示送達。惟在某些情形下，如當事人不聲請公示送達，案件將無法順利進行，例如：原告訴狀中遺漏未記載兩造住址或記載錯誤，法院命其補正而不補正，縱以裁定駁回原告之訴，但該裁定因無人聲請公示送達而無法送達。爰增設第3項，明定於有前述情形時，受訴法院得依職權命為公示送達，但以避免訴訟遲延而認有必要者為限。

同時第149條第4項原告或曾經收受送達的被告，變更他的送達處所，卻沒有向受訴法院來陳明，以至於造成應該送達的處所不明，受訴法院就可以主動依職權來對他公示送達。這是因為原告是提起訴訟的人，他在起訴狀就已經先記載他的住所，而曾經收受送達的被告，既然曾經收到法院的送達文書，則他也已經知道有此一訴訟在進行，因此如果他搬家或其他的原因而變更應送達的處所，卻沒有向法院陳明，法院就沒有繼續保護他的必要，因此法院可以依職權來對他公示送達[12]。

---

[11] 最高法院98年台抗字第957號裁定略以：「當事人應為送達之處所不明者，受訴法院得依聲請，准為公示送達。所謂『應為送達之處所不明者』，係指已用相當之方法探查，仍不知其應為送達之處所者而言。除確知受送達人已亡故無從送達，否則即應依上開規定為公示送達。又當事人能力之有無不問訴訟程度如何，或當事人間是否有所爭執，法院均得依職權調查之。」

[12] 最高法院93年台上字第2135號判決略以：「原告如變更其送達之處所，並向受訴法院陳明者，法院即應向原告所陳報之處所為送達，如未對該新處所為送達，而僅對原告

　　試舉一例：張煌在臺灣經商失敗後，以大陸探親的名義，全家遷到大陸的江西省定居，但是他的戶籍仍然在臺灣省新北市，沒有遷出。如果張煌的債權人羅興委託到大陸探親的友人前往張煌大陸定居的住所，催討債款，而張煌也置之不理。羅興不得已，向臺灣新北地方法院起訴，請求張煌給付貨款1,000萬元，並且同時以張煌處所不明爲由，向法院聲請公示送達。臺灣新北地方法院可否准許對張煌爲公示送達？

　　答案是不可以。因爲依據民事訴訟法第149條第1項第1款規定，應爲送達之處所不明者，受訴法院得依當事人聲請准其公示送達。而依本例之情形，張煌舉家遷往大陸江西省定居，而羅興也明知他在大陸定居的住所，只不過是張煌仍然置之不理而已。因此羅興既然知道張煌的住居所，即與第149條第1項第1款所謂的處所不明不符合，因此法院應該駁回羅興公示送達的聲請；而且大陸是屬於中華民國的領土，亦不符合第149條第1項第3款於外國爲送達的情形，因此不論依據第149條第1項第1款或第3款，本例的情形均不符合公示送達的要件。本例應由羅興查明被告張煌位於江西省定居之住址向法院陳述，再由法院依址向張煌定居之所送達，倘羅興怠於查證張煌在大陸之地址，法院可裁定駁回其訴。

(二) 依職權為公示送達

　　如果當事人確實具有民事訴訟法第149條第1項公示送達的原因（例如住所不明），並經對造當事人向法院聲請公示送達准許後，則被聲請公示送達的當事人確實符合公示送達要件已毋庸置疑。因此倘日後對該同一當事人仍有文書必須送達時，依民事訴訟法第150條規定，不用再經聲請，可以直接由法院主動依職權對該名當事人爲公示送達，以免訴訟遲滯。

(三) 公示送達之程式

　　公示送達時，其方法爲黏貼於公告處及登載於公報或新聞紙；換言之，由法院書記官保管應送達的文書，而於法院的公告處黏貼公告，公告應受送達人得隨時向其領取。但如果應送達的文書，僅係通知書的話（民訴§156），因其內容通常均較簡單，故直接將該通知書黏貼於法院公告處或法院網站即可（民訴§151）。

　　除黏貼於法院公告處外，法院尚應以裁定命將應送達文書的繕本、影本或節

　　原來之處所送達無著，即以原告應爲送達之處所不明，逕依職權爲公示送達，於法即有未合。」

本，登載於公報或新聞紙，或用其他方法通知或公告。至於應登載於何公報或何新聞紙，以及應登載的次數，由法院斟酌情形加以決定。而所謂「用其他方法通知或公告」，例如：在法院公告處以外的地點黏貼公告等，亦均由法院斟酌決定。

關於公示送達之程式規定於民事訴訟法第152條：「公示送達，應由法院書記官保管應送達之文書，而於法院之公告處黏貼公告，曉示應受送達人應隨時向其領取。但應送達者如係通知書，應將該通知書黏貼於公告處。除前項規定外，法院應命將文書之繕本、影本或節本，公報或新聞紙，或用其他方法通知或公告之。」

應予注意者為，立法院於民國107年6月13日為朝電子化邁進、達成「以法院網站之電子公告取代刊登新聞紙[13]」之目標，爰將原第151條第2項「登載於公報或新聞紙，或用其他方法通知或公告之。」修正為「公告於法院網站；法院認為必要時，得命登載於公報或新聞紙。」本書以為，此顯屬符合網路世代浪潮、與時俱進之立法，應予贊同（參本書第223頁）。

民事訴訟法第151條第1、2項方式，兩者必須兼備，苟缺其一，即不生公示送達之效力[14]。

(四) 公示送達發生效力之時間

公示送達，並非實際送達文書給受送達人，應受送達人往往無法在黏貼公告於法院公告處的當天或登載於公報、新聞紙的首日馬上得知，因此，為保護應受送達人的利益起見，公示送達須於一定的時間經過後，始發生送達的效力。又公示送達，無論應受送達人已否知悉及何時知悉，均於民事訴訟法第152條所定的生效日，視為已合法送達。

應予注意者，民事訴訟法第152條於民國107年修正前之規定為：「公示送達，自將公告或通知書黏貼公告處之日起，其登載公報或新聞紙者，自最後登載之日起，經二十日發生效力；就應於外國為送達而為公示送達者，經六十日發生效力。但第一百五十條之公示送達，自黏貼公告處之翌日起，發生效力。」立法院於

---

[13] 立法院公報，107卷，4期，頁160。

[14] 最高法院75年台抗字第183號判例要旨：「關於公示送達之方法，依民事訴訟法第一百五十一條規定，除應由法院書記官保管應送達之文書，而於法院之牌示處黏貼公告，曉示應受送達人，應隨時向其領取外，法院並應命將文書之繕本或節本登載於公報或新聞紙，或用其他方法通知或公告之。兩者必須兼備，苟缺其一，即不生公示送達之效力。」

民國107年6月13日爲朝電子化邁進、達成「以法院網站之電子公告取代刊登新聞紙[15]」之目標，於原第152條前段增列「公告於法院網站者，自公告之日起」等文字，本書以爲，此修法屬符合網路世代浪潮、與時俱進之立法，應予贊同（參本書第223頁）。

(五) 公示送達證書

依民事訴訟法第153條規定，公示送達，因並非實際將應送達的文書交付給應受送達人，故無法取得經收領人簽章的送達證書，爲查知該公示送達爲何實施，何時實施，以及何時生效，法院書記官應作成證書，記載該公示送達的事由及黏貼於法院公告處與登載於公報或新聞紙的年、月、日、時，並附於訴訟卷案，以證明已有合法的送達[16]。

肆、送達之文書

依民事訴訟法第135條之規定，送達，除別有規定外，付與該文書之繕本或影本。所謂「別有規定」，是指如果法院有特別規定必須送達正本時，就應該以正本送達，而不能依據本條之規定，僅送達繕本或影本。例如：依據民事訴訟法第229條第1項的規定，判決書應送達正本；再例，民事訴訟法第232條，裁定書應送達裁定正本。

伍、應受送達人

法院送達文件的時候，原則上應把文件交給應該收受送達的本人才可以。但是如果有例外的情形，法院依照法律的規定，可以向本人以外的人作文書的送達，例如：

---

[15] 立法院公報，107卷，4期，頁160。

[16] 最高法院26年滬抗字第58號判例要旨：「公示送達，無論應受送達人已否知悉，及何時知悉，均於民事訴訟法第一百五十二條所定發生效力之日，視爲已有送達。」最高法院22年上字第918號判例要旨：「送達人按照定式作成之送達證書爲公證書，非有確切反證，應受送達人不得否認其曾受送達。」

一、對於無訴訟能力人為送達者

(一) 對於無訴訟能力的人作文書送達時，依據民事訴訟法第127條的規定，應該向法定代理人為送達，這是因為無訴訟能力的人，他自己沒有辦法作有效的訴訟行為，或接受對造所作的訴訟行為。因此如果法院在對無訴訟能力的人送達時，就必須向法定代理人為之；如果違反第127條的規定，而向本人送達的時候，則不發生送達的效力。

(二) 法定代理人如果有二人以上，無論是共同代理或者是單獨代理，只要向其中任何一個人為送達，就算合法，而且也可以僅送達一件文書即可。然因原規定並不明確，爰修正第1項及第2項，對於無訴訟能力人為送達者，應向其法定代理人全體為之，如有應為送達處所不明者，始得向其餘之法定代理人為之（民訴§127參照）。

又向公司為送達，應向其法定代理人為之[17]。

二、對外國法人團體之送達

對於在中華民國設有事務所或營業所的外國法人或團體必須為送達時，依據民事訴訟法第128條的規定，不得向該外國法人或團體的主事務所或主營業所為送達，而必須直接向他在中華民國的代表人或管理人為送達，這是為送達便利，因為他們既然在中華民國設有事務所、營業所，則直接向在中華民國的代表人或管理人送達較為便利。

如果外國法人在中華民國的代表人、管理人有二個以上的時候，則準用第127條第2項之規定，向任何一個代表人或管理人為送達，就算合法送達。

三、對軍人之送達

民事訴訟法第129條規定：「對於在軍隊或軍艦服兵役之軍人為送達者，應囑託該管軍事機關或長官為之。」過去本條原規定，直接向該軍人的長官送達，即屬合法。這是因為軍人在服兵役期間內，為軍事上的需要，經常要換防或進行各種戰備訓練，於此種情況下，如果一定要對該軍人直接送達的話，恐怕會影響到軍隊的紀律，因此第129條規定，直接向該管長官送達，就發生合法送達的效力。至於該

---

[17] 最高法院93年台上字第948號判決：「對於無訴訟能力之公司法人為送達者，應向當事人本人或其法定代理人之住居所、事務所或營業所行之，此觀民事訴訟法第一百二十七條第一項及第一百三十六條規定自明。」

長官是不是有轉交給他本人，或者是轉交有無遲誤，或實際本人有沒有收到，一概不論。然而惟如該長官於收受文書後遲未轉交應受送達的人，影響當事人權益至鉅，故民國92年2月7日配合修正為應囑託該管長官為之，以保障應受送達人的法律上權益；同時本條的適用並不限於在國內服役的軍人，在國外或出戰者亦有其適用。而該應受送達的當事人現駐防何處，或為機密，僅主管軍事機關知悉，故增列該管軍事機關為受囑託送達機關，以臻周延。

又若送達軍人之住所，則難以確定得獲會晤[18]，是故特定民事訴訟法，以維軍人之權益。

四、對在監所人之送達

依據民事訴訟法第130條之規定：「對於在監所人為送達者，應囑託該監所首長為之。」於民國92年2月7日配合修正為應囑託該監所首長為之，其理由同前述的相關修正說明。

五、商業訴訟事件之送達

民事訴訟法第131條規定：「關於商業之訴訟事件，送達得向經理人為之。」因此法院除可向真正的訴訟當事人送達外，亦可向經理人送達，兩者任由法院選擇，而不是一定要向經理人送達。

六、對訴訟代理人之送達

依據民事訴訟法第70條第1項規定：「訴訟代理人就其受委任之事件，有為一切訴訟行為之權。」既然有一切訴訟行為的權利，當然也包括收受送達的權利。第70條第3項則規定：「如於第1項之代理權加以限制者，應於前條之委任書或筆錄內表明。」

---

[18] 最高行政法院53年判字第113號判例略以：「依民事訴訟法第一百二十九條規定，對於在軍隊服役之軍人為送達者，應向該管長官為之。本件原告於提起訴願時以迄訴願決定書送達當時，迄係在營服軍役中，乃該訴願決定書仍係送達於原告之住所，揆之上開規定，已有未合。且當送達於原告住所而不獲會晤原告，係由原告之姊李某代收。查該李某住址雖與原告在同一處所，但既早已分戶，尤難認係與原告共同生活之同居人，其收受送達，更不能謂合於民事訴訟法第一百三十七條第一項之規定，是原告對於訴願決定書，尚難認為已受合法之送達。」

訴訟代理人依前述說明，既然有一切訴訟行為的權利，並規定「訴訟代理人之權限未受限制者」過去條文易使人誤解為訴訟代理人被授予受送達的權限者，方得向其送達。爰於民國92年2月7日修正為，訴訟代理人受送達之權限未受限制者，送達應向該代理人為之（民訴§132），以期明確，是因為如果當事人在委任的時候，在委任狀內表明不委託該訴訟代理人收受送達，也就是當事人在委任時，表明送達必須向當事人本人為送達，而不得向訴訟代理人為送達，於此種情況下，訴訟代理人收受送達的權限受到限制[19]，則法院即不可以向該訴訟代理人為送達，除此之外，訴訟代理人當然有收受送達的權限。此外，對合法委任之訴訟代理人所委任之複代理人為送達亦可[20]。

七、當事人或代理人經指定送達代收人向受訴法院陳明者，應向該代收人為送達

(一) 所謂送達代收人

民事訴訟法第133條所規定即指「當事人或代理人經指定送達代收人向受訴法院陳明者，應向該代收人為送達」。而所謂「送達代收人」，是由當事人指定一位本來即沒有收受送達權限之人擔任送達代收人，而由法院將所有有關的訴訟書類，完全由該代收人來代當事人收受送達，以達到便利的效果，即是「送達代收人」。如果沒有指定送達代收人，法院的文件一定要送達給當事人本人，現實上常會造成法院文書無法送達，影響訴訟之進行。是以如當事人認為自己收受送達有困難，其得依據本條，自行向受訴法院陳明指定送達代收人。而當原告、聲請人、上訴人或抗告人於中華民國無應為送達之處所（住居所、事務所及營業處所）者，為避免程序延宕，立法院於民國110年1月20日於本條新增第133條第2項「原告、聲請人、上訴人或抗告人於中華民國無送達處所者，應指定送達處所在中華民國之送達代收

---

[19] 最高法院22年抗字第143號判例要旨：「訴訟代理人受文件之送達，雖非應受特別委任之事項，惟當事人如已將代理人受送達之權限加以限制，並依民事訴訟法第六十八條第二項規定辦理者，自不應仍向該代理人為送達。」

[20] 最高法院48台上字第314號判例：「當事人或代理人經指定送達代收人，向受訴法院陳明者，依同法第一百三十三條第一項之規定，既應向該代收人為送達，則其訴訟代理人合法委任之複代理人，如對其代理權未加限制，應有代該訴訟代理人收受送達之權限。」

人。」以及第149條第5項「原告、聲請人、上訴人或抗告人未依第133條第2項規定指定送達代收人者，受訴法院得依職權，命爲公示送達」。上揭新修條項立法理由略以：「爲避免程序延宕，原告、聲請人、上訴人或抗告人於中華民國無應爲送達之處所（住居所、事務所及營業處所）者，應指定送達處所在中華民國之送達代收人，以利法院訴訟文書之送達，爰增訂第2項[21]（第149條第5項）[22]」；倘未指定，受訴法院得按第149條第5項，以職權爲公示送達以利程序之進行。對此揭修正有利訴訟之進行，並強化程序保障，本書採肯定立場。

當事人已依據第133條的規定，指定送達代收人，並且向受訴法院陳明之後，如法院並沒有依照當事人之陳明將訴訟書類送達給送達代收人，而是直接將文書送達給當事人本人時，倘若本人確有收到訴訟文書，依過去之實務見解仍然認爲已發生合法送達的效力。然而最高法院84年度第4次民事庭會議決議已於民國90年第7次民事庭會議決議停用[23]，因此，目前如法院沒有依當事人的陳明將訴訟書類送達給送達代收人，而是直接將文書送達給當事人本人，其送達之合法性將有爭執之空間[24]。送達如果向當事人所指定的送達代收人送達時，即發生送達的效力。至於送達代收人在收受送達後，有沒有將文書轉交給當事人本人，都不影響送達的效力[25]。

舉例說明之：原告甲、乙在新竹地院對丙提出民事訴訟，第一審時甲委任張律師爲訴訟代理人，並指定張律師爲送達代收人。另乙未委任訴訟代理人僅指定李

---

[21] 立法院公報，110卷，11期，頁329。

[22] 立法院公報，110卷，11期，頁329-330。

[23] 最高法院84年度第4次民事庭會議決議認：「當事人之訴訟能力不因委任訴訟代理人而喪失，仍得自爲訴訟行爲而收受訴訟文書之送達，且向當事人本人爲送達，於該當事人既無不利，應認送達已生效力。但本決議經最高法院90年6月20日90年度第7次民事庭會議決議不再供參考。」

[24] 對此，實務見解認爲若已送達本人因對本人亦無不利可言，因此認爲送達合法。參最高法院26年渝抗字502號判例：「當事人經指定送達代收人，向受訴法院陳明者，依民事訴訟法第一百三十三條第一項規定，固應向該代收人爲送達，但向該當事人爲送達既於該當事人並無不利，即非法所不許。」

[25] 最高法院29年聲字第125號判例要旨：「當事人經指定送達代收人，向受訴法院陳明者，依民事訴訟法第一百三十三條第一項既應向該代收人爲送達，即應於向該代收人送達完畢時，發生送達之效力，其代收人於受送達後，曾否將文書轉交當事人，於送達之效力並無影響。」

四爲送達代收人。第一審判決原告全部敗訴，甲另委任陳律師訴訟代理人提出第二審，謂另外指定送達代收人，試問：

1. 如高等法院將開庭通知向張律師及李四送達是否合法？

　　送達予張律師不合法。因訴訟代理人僅及一審，雖然送達代收人可及於各審級上。但因張律師係一審之訴訟代理人本即有代爲收受送達的權限，不能再被指定爲送達代收人[26]，因此在一審指定張律師爲送達代收人並不合法不生送達代收人之效力。又因訴訟代理人僅及於第一審，第二審張律師未再被委任爲訴訟代理人，因此高等法院再向張律師送達屬不合法。

2. 如高等法院將開庭通知直接向甲和乙送達是否合法？

　　向甲本人送達合法，因依民事訴訟法第132條規定有訴訟代理人時，審判長認爲必要時，仍得命送達於當事人本人。向乙本人送達則不合法，因乙已經指定送達代收人，而送達代收人並未如民事訴訟法第132條規定審判長認爲必要時，仍得命送達於當事人本人之規定，所以如有合法指定送達代收時，法院一定要向該送達代收人爲送達始爲合法。

(二) 指定送達代收人之效力

　　依民事訴訟法第134條之規定：「送達代收人，經指定陳明後，其效力及於同地之各級法院。但該當事人或代理人別有陳明者，不在此限。」

　　各級法院所指的是：因爲民事訴訟法採三級三審制，因此效力及於同地的各級法院，也就是在同一個地區的地方法院、高等法院、最高法院，送達代收人都可以代當事人來收受送達[27]。例如：甲住在新北市新店區，甲指定住在臺北市的乙爲送達代收人，並向臺北地方法院陳明，如果將來甲的訴訟事件上訴到臺灣高等法院或者最高法院的時候，法院的書記官都應該向乙爲送達。

---

[26] 最高法院71年度第1次民、刑庭長會議決議：「當事人於第二審委有訴訟代理人，在其委任書內，並指定其爲送達代收人時，此項記載，與另行指定送達代收人之情形有別。上訴第三審後，如未委任其爲訴訟代理人，則依本院四十三年台抗字第九二號判例意旨，第三審送達文件，應向當事人本人或其另委之第三審訴訟代理人爲之，不得再向該第二審訴訟代理人送達」。

[27] 臺灣高等法院97年抗字第1659號裁定略以：「又送達代收人，經指定陳明後，其效力及於同地之各級法院。」

陸、囑託送達

一、囑託送達

民事訴訟法第125條規定：「法院得向送達地地方法院為送達之囑託。」係因如應送達的地點是在該法院的管轄區域之外，若一定要由該法院自行送達，有時難免發生不便，例如：在臺北地方法院因為共同被告之一是住在澎湖，而文書又屢次送達不到，則臺北地方法院可以囑託由澎湖地方法院送達，較為便利。因此依第125條規定，可以向送達地的地方法院為送達的囑託。

二、囑託送達後之處置

依據民事訴訟法第148條的規定：「受囑託之機關或公務員，經通知已為送達或不能為送達者，法院書記官應將通知書附卷；其不能為送達者，並應將其事由通知使為送達之當事人。」通常必須以囑託的方式來囑託其他機關送達，例如：民事訴訟法第125條規定，由法院囑託其他的法院送達；同法第145條，囑託外國的該管機關或駐在外國的中華民國使領館或其他機構、團體送達；第129條，囑託該管軍事機關或長官為送達。

法院依據這些規定來囑託各個相關機關送達時，到底受囑託的機關實際上有沒有將文書送達到當事人手中，法院不得不有所瞭解，以利法院處理訴訟的進行。因此民事訴訟法特別規定，受囑託的機關或者是公務員經通知法院已為送達或不能送達時，法院書記官必須將通知書附卷，以使法院能夠知悉送達之情形如何。

民事訴訟法第148條規定，必須將不能送達的事由，通知請求送達的當事人，是因為如有不能送達的情形，通常都會符合公示送達的要件（民訴§149）。而公示送達原則上必須依當事人的聲請，才可以公示送達，法院原則上不能依職權為公示送達，因此為了保障當事人請求合法送達的權利，以及訴訟得以合法進行，第148條後段特別規定，必須將不能送達的事由通知使為送達之當事人。

三、囑託送達有下列之情形

(一) 法院得向送達地方法院為送達之囑託

已如前述，茲不贅言。

(二) 對於有治外法權人之送達

外國駐在本國的外交人員以及家屬，通常都享有治外法權。因此如果是外國

駐在中華民國的外交人員與本國人民在中華民國有發生民事訴訟的時候，文書的送達依據民事訴訟法第144條的規定，法院可以囑託外交部向有治外法權的人送達文書。但是如果法院送達給有治外法權人的住居所、事務所沒有困難，或者是已經完成送達的時候，亦可以直接由法院把文書送達給享有治外法權的人。

(三) 對於外國為送達

在外國送達的時候，因為本國的司法機關並無法在外國執行職務，所以如果應於外國送達的時候，依據民事訴訟法第145條的規定，必須以囑託的方式才能送達。然於外國為送達者，以囑託該國管轄機關或駐在該國的我國大使、公使或領事為之為原則（民國92年2月7日修法將「大使、公使、領事」修正為「使領館」），惟若我國在該外國未設有使領館者，囑託送達即生困難。為配合實際之需要，爰於民國92年2月7日修正民事訴訟法第145條第1項，規定其他適當之駐外機構或團體亦得受囑託送達。

依據民事訴訟法第145條的規定，在外國送達可以囑託的機關有兩個：第一個是受送達國的管轄機關；第二個是中華民國駐在該受送達人國家的使領館。必須注意的是，如果受囑託的機關是中華民國駐外的使領館來送達，當然沒有問題；但是如果受囑託的是外國的管轄機關，必須注意到該國與我國有沒有此項囑託協助的條約，或者是相當的國際慣例，可不可以向他國為此項囑託。

同時若於外國未設有任何駐外機構或團體以致無法為囑託送達時，應如何處理，過去法無明文，爰增設第2項，得將應送達的文書交郵務機構以雙掛號發送的規定，以利適用。又此項送達，仍以應受送達人實際收受時為送達之時，乃屬當然之理，毋庸贅述。

又若當事人經常入出國境，出境前往之國家及國外住所地，既無相關資料可供查詢時，按最高法院98年台抗字第358號裁定[28]，應行國外公示送達程序。

---

[28] 最高法院98年台抗字第358號裁定要旨：「再抗告人既多次入出國境，且在國外居住時間均較在國內居住者為長，自難認其在法院為公示送達時，在國內一定地域有久住之主觀意思及客觀事實。再抗告人出境前往之國家及國外住所地，既無相關資料可供查詢，自不能依民事訴訟法第一百四十五條之規定為送達，則台中法院將應送達與再抗告人之系爭裁定行國外公示送達程序，即屬有據。」

民事訴訟法新論

(四) 對於駐外使節之送達

民事訴訟法第145條所規定的是中華民國使領館（配合我國駐外機構或團體，不以使領館為限），受法院的囑託來送達文書給訴訟的當事人。而第146條所規定的是，中華民國的大使、公使、領事或其他駐外人員（原條文規定「大使、公使或領事」，未能涵括派駐國外之其他駐外機構或團體，其地位相當於大使、公使或領事之人員，爰增列「其他駐外人員」，以資周全），自己就是應該收受文書送達的當事人或代理人或送達代收人的時候，於這種情形下，依據第145條的規定，法院必須囑託外交部來送達。

對於應送達於居住在外國或海外地區之應受送達人（自訴人、被告、告訴人、附帶民事訴訟當事人、代理人、辯護人、輔佐人）之刑事訴訟文書，不論我國在該國或該地區有無設使領館或其他代表機構，可否由法院書記官在臺用雙掛號郵件經由郵局逕寄？按司法行政部(67)台刑(二)字第581號函釋[29]明揭，如對於我國設有使領館或駐外代表機構之國家或地區送達刑事訴訟文書時應囑託外交部為之，對於我國未設使領館或駐外代表機構之國家或地區送達刑事訴訟文書時應依司法行政部64年3月3日臺(64)函民字第1858號函所定辦理程序第二項函請最高法院辦理，不能逕以雙掛號郵寄。

柒、送達之處所

送達的目的是在於使應送達的文書，能夠確實交付到應受送達人，以便受送達人能夠瞭解文書的內容，而依法作各種訴訟行為。是以民事訴訟法第136條第1項特別規定，送達的處所原則上應該是受送達人的住居所、事務所或營業所。惟現今社

---

[29] 司法行政部(67)台刑(二)字第581號函釋略以：「民事訴訟法第一百四十五條規定於外國為送達者『應』囑託該國管轄機關或駐在該國之中華民國大使公使或領事為之，第一百四十六條規定對於駐在外國之中華民國大使公使或領事為送達者『應』囑託外交部為之，第一百四十七條規定對於出戰或駐在外國之軍隊或軍艦之軍人為送達者『得』囑託該管軍事機關或長官為之，又刑事訴訟法第六十二條規定送達文書除本章有特別規定外準用民事訴訟法之規定，故如對於我國設有使領館或駐外代表機構之國家或地區送達刑事訴訟文書時應囑託外交部為之，對於我國未設使領館或駐外代表機構之國家或地區送達刑事訴訟文書時應依司法行政部六十四年三月三日臺(六四)函民字第一八五八號函所定辦理程序第二項函請最高法院辦理，不能逕以雙掛號郵寄。」

會工商業發達，多數人白天恆在外工作，送達於其住、居所諸多不便，為因應實際需要，特增訂該條第2項，明定得在應受送達人就業處所為送達。又如應受送達人已陳明在其就業處所受送達者，自亦得向該就業處為送達。但是如果有下列兩項例外情形時，可以不必送達受送達人的居住所或營業所、事務所：

1. 如果在其他地方會晤到受送達人的時候，可以在會晤的地方，直接就把文書送達給受送達人。

2. 對於法定代理人的送達，也可以在本人的事務所或營業所為送達；將原第2項移列為第3項[30]。

試舉一例：甲銀行的總行設在高雄，另在臺北設有分行，請問甲銀行的總行向高雄地方法院提起訴訟，在起訴狀的住居所記載臺北分行的地址，受訴法院如果依照甲銀行起訴狀所載的地址將文書送達給甲銀行，並由甲銀行臺北分行的職員來收受送達，送達是否合法？

送達合法。依據民事訴訟法第136條第1項的規定，送達應該送到應受送達人的「營業所」而非「主營業所」，所謂的營業所，當然就包括主營業所和分營業所在內。於本例的情形，甲銀行既以臺北分行的地址記載於起訴狀的住居所欄內，即有以臺北分行所在地為甲銀行處理該訴訟事件之營業所的意思，因此送達仍屬合法（75年廳民一字第1518號函復台高院）。

捌、實施送達之時日

民事訴訟法第140條規定：「送達，除依第124條第2項由郵務人員為之者外，非經審判長或受命法官、受託法官或送達地地方法院之許可，不得於星期日或其他休息日或日出前、日沒後為之。但應受送達人不拒絕收領者，不在此限。前項許可，法院書記官應於送達之文書內記明。」送達原則上必須在星期日、休息日以外的時間，以及日出後、日沒前為送達才可以。如果要在星期日、休息日或日出前、日沒後為送達的時候，一定要獲得法官的許可。如果沒有獲得法院法官許可，而逕在星期日為送達的時候，受送達人可以拒絕收受。但是如應受送達人於星期日、休息日或是在日出前、日沒後獲送達文書時，卻仍不拒絕受領，而簽收文件，則該送

---

[30] 最高法院93年台上字第948號判決要旨：「對於無訴訟能力之公司法人為送達者，應向當事人本人或其法定代理人之住居所、事務所或營業所行之，此觀民事訴訟法第一百二十七條第一項及第一百三十六條規定自明。」

達算是合法。

　　法院法官許可書記官在星期例假日，或日出前、日沒後送達的時候，必須將許可的事由，記明在送達的文書內（民訴§140 II）。

　　綜前所述，依據本法第140條的規定，可在星期日、休息日或夜間送達的則有二種例外情形：

　　1. 經法院法官許可。

　　2. 受送達人不拒絕受領[31]。

　　法院的訴訟文書如由郵務機構於休息日或夜間送達，尚不致影響受送達人的平常日常作息，應無禁止之必要，故規定依第124條第2項由郵務人員送達者，無須審判長等許可，即得於休息日或日出前、日沒後為之（民訴§140 I）。

玖、送達證書

一、所謂送達證書

　　民事訴訟法第141條第1項規定：「送達人應作送達證書，記載下列各款事項並簽名：一、交送達之法院。二、應受送達人。三、應送達之文書。四、送達處所及年、月、日、時。五、送達方法。」是以送達證書的製作方式。為什麼要有「送達證書」？因為訴訟的文書究竟有沒有合法送達，或者是什麼時候送達，對於當事人的權益有重大影響。為使法院可以確實知道送達是否真正送到當事人手中，或者是送達時間為何日何時，必須製作送達證書，以利法院的判斷。如果沒有製作送達證書，法院將判決書送達給當事人，就不知道當事人何時收到判決書，那麼上訴的期間就無從加以起算（因為上訴期間是從當事人收受送達日開始起算）。是以送達證書的製作，係為使法院正確判斷是否合法送達以及何時送達的方法。

　　同法第141條第2項規定若受領人拒絕簽名的時候，應該由送達人記明事由。所謂拒絕簽名，只是拒絕在送達證書上簽名，並不包括拒絕收受文書在內。

　　收領人非應受送達人本人者，收領人雖於送達證書上簽名、蓋章或按指印，惟嗣後有時難以辨認係何人所為，爰增設第3項規定應由送達人記明收領人的姓名，

---

[31] 最高法院54年台抗字第128號判例要旨：「法院書記官未經審判長或受命推事、受託推事之許可，於星期日或其他休息日或日出前、日沒後為送達，而應受送達人不拒絕領收者，仍生送達之效力，此觀民事訴訟法第一百四十條第一項但書之規定自明。」

以杜日後的任何爭執。

送達人按照定式作成之送達證書為公證書，非有確切反證，應受送達人不得否認其曾受送達[32]。

二、送達之證據方法

依據民事訴訟法第141條規定，有沒有合法送達以及送達的日期為何時，關係到當事人的權益甚鉅，因此必須製作送達證書讓法院知道有無合法送達以及送達的日期。但是如果法院書記官是依據民事訴訟法第126條的規定，在法院就將文書送達給受送達人的時候，就沒有機會依據第141條作成送達證書附卷，所以民事訴訟法第143條第1項特別規定，於這種情形下，應命受送達人，提出收據附卷來代替送達證書，以使法院明瞭當事人是於幾月幾日收受送達。

又同法第133條第3項，送達代收人之指定及付郵送達，以交付文書時視為送達之時，即法院書記官祗須取得郵務機構收據，即可依同法第143條之規定，作成證書附卷，無須另取郵務人員所作送達證書[33]。

三、不能送達之處置

如果送達依據民事訴訟法第136條至第139條所定的方法，都不能送達的時候，送達人應該作成記載不能送達原因的報告書，提出於法院，並且把本來應該送達給當事人的文書繳回法院。

如果不能送達的時候，法院書記官必須將不能送達的事由，通知使為送達的當事人，以便由當事人自行查報應受送達人的正確住居所、事務所或營業所，或者是依法聲請公示送達。通知的目的是使當事人可以確保其起訴的合法，因為當事人的住居所是屬於訴訟所必備的程式，如果記載的住居所有所錯誤，造成法院沒有辦法送達，此時應該讓原告有機會知道送達的地址有誤，或是送達的地址不明，而讓當事人有機會聲請公示送達，或者是另行查報住址。否則如果沒有通知當事人，會造

---

[32] 最高法院95年台上字第1786號判決略以：「送達人按照定式作成之送達證書為公證書，非有確切反證，應受送達人不得否認其曾受送達。」

[33] 司法院25年院字第1530號解釋略以：「民事訴訟法第一百三十三條第三項。既稱以交付文書時視為送達之時。法院書記官祗須取得郵局收據。即可依同法第一四三條第二項規定。作成證書附卷。無須另取郵差所作送達證書。至以後該文書果否達到。及郵局何日送達。均與交付時所生之送達效力不生影響。」

成當事人不知道無法送達，而沒有聲請公示送達，也沒有另外查報新住址，造成他的訴訟遭到裁定駁回的命運。因此民事訴訟法第142條第2項規定，應將不能送達的事由，通知使為送達的當事人。

第十七章
期日及期間

第一節　期日

一、意義

民事訴訟法第154條規定：「期日，除別有規定外，由審判長依職權定之。」是關於指定期日之人的規定。我國民法上，期日是指某一特定的時期，例如3月3日、9月9日上午9時等。而在民事訴訟法上，則是指法院及訴訟關係人（如當事人、訴訟代理人、證人和鑑定人等）會合於一定場所為訴訟行為之時日。

二、期日之種類

因所為的訴訟行為不同，期日的名稱亦隨之不同，大致而言，有準備程序期日（民訴§270）、調查證據期日（民訴§290、§291）、調解期日（民訴§407）、訊問訴訟關係人期日、言詞辯論期日（民訴§250）及宣示裁判期日（民訴§223）等。

三、期日之指定

為便利訴訟行為的實施，期日通常均應預先指定，且應指定日期與時間（例如：指定3月3日下午3時為言詞辯論期日）。指定期日須斟酌法院事務的狀況，考慮實際上是否方便等因素，而審判長對於這些因素較當事人或其他訴訟關係人為熟悉，因此，由其指定期日最為適當[1]。

---

[1] 而審判長依職權所定之言詞辯論期日，非有重大理由，法院不得變更或延展之，故當事人已受合法之傳喚後，雖聲請變更期日，然在法院未予裁定准許以前，仍應於原定期日到場，否則仍應認為屬遲誤期日。此有最高法院41年度台上字第94號判例要旨可資參照。本則判例業經最高法院95年度第12次民事庭會議決議，增列於民事訴訟法第385條之內容。

須注意的是,當事人合意停止訴訟程序,自陳明合意停止後,如不聲請續行訴訟的話,審判長不得依職權指定期日(民訴§190)。而所謂「別有規定」是指民事訴訟法第167條第1項規定,受命法官或受託法官關於其所為的行為得指定期日而言。

依民事訴訟法第154條規定審判長依職權指定期日,然而不能任其隨心所欲恣意指定,故設第155條加以限制,除有不得已的情形外,不得指定星期日或其他休息日。因為一般大眾休息的時期,不宜指定,以免擾民,引起民怨。所謂「休息日」,是指一般的休假日,例如紀念日。至於是否不得已,由審判長決定,原則上,須有遲延訴訟程序及危害當事人權益的情形時,始可認為是不得已[2]。

四、期日之通知

民事訴訟法第156條規定:「審判長定期日後,法院書記官應作通知書,送達於訴訟關係人。但經審判長面告以所定之期日命其到場,或訴訟關係人曾以書狀陳明屆期到場者,與送達有同一之效力。」是關於「期日之通知」的規定,審判長依職權指定期日後,必須通知訴訟關係人,以便屆期能會合而為訴訟行為。而期日通知的方法有送達通知書、面告到場及陳明到場三種。

(一) 送達通知書

審判長定期日後,法院書記官應作通知書,送達於訴訟關係人。所謂「通知書」,乃是通知訴訟關係人,催告其於期日到場的文書,原則上須記載訴訟關係人、應到日時及場所、通知的目的等事項。

(二) 面告到場

所謂「面告到場」,是指訴訟關係人在已經開始的期日到場,而針對該訴訟事

---

2 對於不須宣示之裁定(如訴訟救助之裁定等),倘未有不得已之情形,其制作裁定可否於星期日或其他休息日為之?司法院民事廳研究意見認為:「期日乃法院與訴訟關係人會合為訴訟行為之時期,必須法院與訴訟關係人會合而為訴訟行為之時期,始得謂為期日,民事訴訟法第一百五十五條所以規定期日不得以星期日或其他休息日定之,係因星期日或其他休息日乃法律供吾人安息、休養或遊樂之用,若以之定為期日,無異剝奪其安息、休養等權利。本題裁定,無須訴訟關係人會合法院為之,尚非民事訴訟法第一百五十五條所稱期日,法院自得於星期日或其他休息日制作裁定。」可資參照。

件，審判長另外指定其他期日，並當面告知訴訟關係人，命令其屆期到場為訴訟行為。例如：訴訟關係人於言詞辯論期日到場，因該訴訟事件繁雜，言詞辯論在該期日無法終結，須續行辯論，審判長因而指定另一辯論期日，向到庭的訴訟關係人告知並命其屆期到場續行言詞辯論。

(三) 陳明到場

所謂「陳明到場」，是指法院書記官未以通知書送達於訴訟關係人，且又無面告到場的情形，然而訴訟關係人因其他原因得知審判長所指定的期日，並主動以書狀陳明屆期將自行到場。

五、期日之開始及終了

民事訴訟法第158條規定：「期日，以朗讀案由為始。」是以關於「期日之開始」，然而因為訴訟事件的繁簡不一，時間的掌握難以確實，審判長依職權指定期日，須指定日時（日期及時間），又期日並不因所指定的日時屆至而當然開始，是以規定期日，以朗讀案由為始。所謂「朗讀案由」，指朗讀案件的緣由；換言之，是指朗讀「原告某人與被告某人某某事件」而言。一經朗讀案由後，期日因而開始（亦即所謂的「開庭」），各該訴訟行為，亦隨即依序開始進行[3]。於期日應為之訴訟行為完畢後，期日即終了，或雖未完畢，但審判長明示或默示期日終了，期日亦即終了。

六、期日應為行為之處所

依民事訴訟法第157條規定，法院是國家行使司法審判的機關，就民事訴訟而言，乃經由法院的審判，以達到保護私權、解決紛爭的目的。因此，針對訴訟事件於期日所為的訴訟行為，例如訊問訴訟關係人、調查證據、言詞辯論、宣示裁判

---

[3] 因此當事人於朗讀案由時不在場者，即為遲誤期日，此有司法院(77)院台廳一字第06029號函：「言詞辯論依民事訴訟法第一百九十二條之規定，以當事人聲明應受裁判之事項為始，而言詞辯論期日以朗讀案由為始（民事訴訟法第一百五十八條），當事人於朗讀案由時不在場者，即為遲誤期日，當事人之一造遲誤言詞辯論期日者，法院如欲依另造到場當事人之聲請為一造辯論判決，應先審查有無民事訴訟法第三百八十六條各款情形而為准駁之裁定，經准為一造辯論之裁定後，方由原告為訴之聲明。」可資參照。

等，自應在法院內實施。所謂「於法院內」，是指法院內的某一法庭而言。但如果在法院內不能實施，或者雖然可以實施，但是不適當者，則不在此限，例如：元首是證人者，應就所在地訊問之（民訴§304）；又如遇證人不能到場，或有其他必要情形時，得就其所在訊問之（民訴§305Ⅰ）。

七、期日之變更與延展

所謂「變更期日」，是指於期日開始前取消原定期日，另定以新期日代替（所定的新期日可以延後亦可以提前）。而所謂「延展期日」，是指於期日開始後，停止在該期日所應進行的訴訟行為，另改於他期日進行。

原則上，期日由審判長依職權以裁定的方式指定（民訴§154），因此變更或延展期日，除別有規定外，亦由審判長依職權為裁定[4]。至於受命法官或受託法官關於其所為的行為，得指定期日，故自亦得為變更或延展期日的裁定（民訴§167）。所謂「別有規定」，是指由法院為變更或延展期日裁定的情形，例如：言詞辯論準備未充足（民訴§268）、延展辯論期日（民訴§386）等。

期日經指定後，雖得變更或延展，但任意變更期日，有失法院的威信，而任意延展期日，亦容易延滯訴訟，因此，非有重大理由，不得變更或延展期日。何種情形得認為重大理由，應由審判長依具體情況認定。

第二節　期間

一、意義

所謂「期間」，是指某一時期至某一時期繼續經過的時間；換言之，就是期日與期日之間。

---

[4] 變更或延展期日、伸長或縮短期間，除有特別規定外，不認當事人有聲請權，當事人固可向法院或審判長陳明，但法院或審判長不予容納者，依法無須為駁回聲請之裁定。此有最高法院28年度民刑事庭會議決議：「變更或延展期日、伸長或縮短期間，依民事訴訟法第一百五十九條、第一百六十三條之規定，屬於法院或審判長之職權，除有如第四百十九條第一項（舊法）之特別規定外，不認當事人有聲請權，當事人以為有變更或延展期日、伸長或縮短期間之重大理由時，固可向法院或審判長陳明，以促其職權行動，但法院或審判長不予容納者，無須為駁回聲請之裁定。」參照。

二、期間之種類

於訴訟法上，期間可分爲法定期間及裁定期間兩種。顧名思義，法定期間乃指法律所規定的期間；裁定期間則是指非法律所規定，而係由法院、審判長、受命法官或受託法官以裁定方式所定的期間，當事人若有逾越，於當事人提出補正之行爲後，法院不得以其逾越期間而駁回[5]。

依據分類標準之不同，法定期間可分兩種：第一爲法院職員爲訴訟行爲應遵守的期間，學理上稱爲「職務期間」（又稱訓示期間），例如：民事訴訟法第223條規定[6]；第二係當事人或其他訴訟關係人爲訴訟行爲所應遵守的期間，稱爲「固有期間」。固有期間又可分爲通常法定期間及不變期間兩種。不變期間是指法院不得延長或縮短的期間，例如上訴期間（民訴§440）、抗告期間（民訴§487）等。法定期間，係依法律所規定的期間，是故其期間之長度及起算，法律自有明文規定[7]；而裁定期間的長度，則由定該期間的法院或審判長（或受命法官、受託法官）斟酌實際情形加以決定。至於裁定期間的起算，若於該裁定中定有起算方法，則依照所定的方法，開始期間的計算進行；如該裁定中未定起算方法，則自送達定該期間的文書時開始計算；若該文書不須送達，則自宣示定該期間的裁判時開始計算。

三、期間之計算

有關期間的計算方法，因我國民法總則設有專章規定（民§119至§124），爲避免重複，民事訴訟法不另設規定，悉依民法的規定以計算期間的起迄。

一般而言，無論法定期間或裁定期間，民事訴訟法均是以日爲計算單位，

---

[5] 最高法院51年度台抗字第169號判例：「裁定期間並非不變期間，故當事人依裁定應補正之行爲，雖已逾法院之裁定期間，但於法院尚未認其所爲之訴訟行爲爲不合法予以駁回前，其補正仍屬有效，法院不得以其補正逾期爲理由，予以駁回。」

[6] 最高法院41年台上字第424號判例：「指定宣示判決之期日，自辯論終結時起，不得逾五日，雖爲民事訴訟法第二百二十三條第三項所明定，第該條項僅爲訓示規定，縱有違背，仍於判決之效力不受影響，不得以之爲上訴理由。」；最高法院30年上字第41號判例：「民事訴訟法第二百二十三條第三項不過爲訓示之規定，縱令原審未遵照辦理，亦於判決之效力無影響，不得據爲上訴之理由。」

[7] 最高法院22年抗字第607號判例：「民事訴訟法第一百六十五條所謂不變期間，係指法定期間之冠有不變字樣者而言。」

例如：上訴期間爲二十日（民訴§440）、抗告期間爲十日（民訴§487）等。因此，有關以日定期間，須特別注意，依民法的規定，其始日不算入（民§120 II），且以期間末日之終止爲該期間之終止（民§121）；若期間之末日爲休息日時，以其休息日之次日代之（民§122）[8]。

四、在途期間之扣除

如當事人不居住在法院所在地，亦即在法院所在之城鎮或鄉村無住所或居所者，爲當事人之利益，在計算法定期間時，應扣除在途期間。司法院大法官釋字第240號解釋即認：「民事訴訟法第一百六十二條第一項規定：『當事人不在法院所在地住居者，計算法定期間，應扣除其在途之期間。但有訴訟代理人住居法院所在地，得爲期間內應爲之訴訟行爲者，不在此限。』其但書部分，乃爲求當事人爲訴訟行爲之法定期間實際相同，於人民訴訟權之行使不生影響，與憲法第十六條、第二十三條並無牴觸。」依民事訴訟法第162條之規定，扣除在途期間的要件如下：

(一) 須當事人不在法院所在地住居

欲認定有無住居所，依法定期間開始進行時之情事決定。所謂「當事人」，兼指法定代理人及準法定代理人而言。

(二) 須無訴訟代理人住居法院所在地得爲期間內應爲之訴訟行爲

雖然有訴訟代理人，但該代理人不在法院所在地居住；或者雖在法院所在地居住，但是並沒有得到當事人的授權，而得以在期間內爲應爲的訴訟行爲者。例如：當事人有訴訟代理人住居法院所在地，但未受有得爲上訴的特別委任，則於其上訴時計算上訴期間，仍應扣除在途期間。又如：當事人有訴訟代理人，且受有得爲上訴之特別委任，但不住居法院所在地，則於其上訴時計算上訴期間，亦應扣除在途期間[9]。反之則不得扣除在途期間。若有送達代收人在法院所在地，是否得扣除在

---

[8] 最高法院30年度抗字第287號判例要旨：「期間之末日爲星期日、紀念日或其他休息日時，以其休息日之次日代之，民事訴訟法第一百六十一條及民法第一百二十二條定有明文，是休息日在期間中而非期間之末日者，自不得予以扣除。」參照。

[9] 最高法院70年台上字第4688號判例要旨：「住居法院所在地之訴訟代理人，受有上訴之特別委任者，雖當事人不在法院所在地住居，計算上訴期間，亦不得扣除其在途之期間。本院著有二十八年上字第一五二九號判例可循。又訴訟代理人本於得選任訴訟

途期間？對此，實務認爲，考量送達代收人並無其他訴訟權限，因此得以扣除[10]。

上述兩要件必須兼備，才可扣除在途期間。又扣除在途期間，只在法定期間有其適用，於裁定期間則無，因爲裁定時本應酌量情形定之（民訴§160 I），在途期間當然亦在斟酌之範圍，無更行扣除之必要。

五、期間之伸縮

民事訴訟法第163條爲關於期間之伸縮的規定，此爲審判長之職權[11]。任意伸長期間容易導致訴訟延滯，而任意縮短期間又有剝奪當事人期間利益的可能，因此，須有重大理由時，方得伸長或縮短期間。然而並非所有的期間均得伸長或縮短，裁定期間因係由法院或審判長（或受命法官、受託法官）酌量情形所決定，故有重大理由時，自得酌量情形而伸長或縮短。而法定期間中的職務期間，僅是法院職員爲訴訟行爲所應遵守的期間，因遲誤該期間於訴訟上並不生何等效果，故伸長或縮短此等期間，並無實質上意義；至於固有期間中，因不變期間乃爲公益而設，所以不得伸長或縮短[12]；是以，可得伸長或縮短的期間，僅有裁定期間及法定期間中的通常法定期間（當事人爲訴訟行爲所應遵守的期間中，除不變期間外，其餘均爲通常法定期間）。

代理人之權限而所選任之複代理人，亦爲當事人本人之訴訟代理人，倘該複代理人同樣受有上訴之特別委任者，當事人提起上訴，關於上訴期間之計算，自亦相同。」

[10] 最高法院101年度台抗字第31號裁定略以：「惟按當事人不在法院所在地住居者，計算法定期間，應扣除其在途期間。但有訴訟代理人住居法院所在地，得爲期間內應爲之訴訟行爲者，不在此限。民事訴訟法第一百六十二條第一項定有明文。向當事人指定之送達代收人送達裁判，其抗告或上訴期間固應自送達於該代收人之翌日起算，惟送達代收人僅有代收送達之權限，並無代爲其他訴訟行爲之權限，故未住居法院所在地之當事人若僅指定送達代收人，其在途期間之扣除，不因送達代收人住居法院所在地而受影響。」

[11] 最高法院29年抗字第195號判例要旨：「伸長審判長所定之期間，依民事訴訟法第一百六十三條之規定，屬於審判長之職權，當事人以爲有伸長期間之重大理由時，固可向審判長陳明，以促其職權行動，但並無聲請權，審判長認爲無重大理由不予容納者，無以裁定駁回聲請之必要。」

[12] 最高法院30年度聲字第42號判例要旨：「抗告期間爲不變期間，非法院所得伸長，送達於當事人之裁定正本記載抗告期間縱有錯誤，其期間亦不因此而伸長，聲請人提起再抗告，仍應於法律所定期間內爲之。」參照。

期間之伸長或縮短，由法院或審判長（或受命法官、受託法官）依職權裁定（民訴§163Ⅱ、§167Ⅱ），對於此裁定不得抗告（民訴§483）；且不論是在期間起算前或起算後，若有重大理由，均得為伸長或縮短的裁定。

六、不變期間遲誤之回復原狀

(一) 聲請回復原狀之要件

民事訴訟法第164條所稱「不應歸責於己之事由」，指凡依客觀標準，通常一般人已經盡相當的注意義務，但仍然不能預見或者不可避免其發生的事由。於民事訴訟法上定為不變期間的，通常關係較為重大，所以不許將其延長或縮短。但是對於當事人或訴訟代理人因為天災（如：水災、風災等是，此為例示規定）以及不應歸責於己之事由發生（例如：所在地發生軍事行動，不是當事人所能預見或避免；或者因為生病，不能委任代理人，或者根本無代理人可以委任），而遲誤不變期間，按理說，是當事人所不願、不樂見的，若是完全依第163條規定，且不問原因如何，一概拒絕救濟的途徑，未免過於嚴苛，對當事人不公平。因此第164條規定於特定的條件下，可在其條件原因消滅之後十日之內（通常不變期間是十日），向法院聲請回復原狀[13]；同時民事訴訟法已將抗告期間一律定為十日，故法定不變期間已無少於十日者，故刪除原條文第1項後段「如該不變期間少於十日者，於相等之日數內」等字眼，以求統一法律用語。

當事人遇有同法第164條第1項之事由，遲誤不變期間者，得於原因消滅後十日內聲請回復原狀，該十日的法定期間，不得伸長或縮短之。惟如當事人遇有相同的事由，致遲誤聲請回復原狀的期間，是否亦得再聲請回復原狀，法律並無明文規定。為保護當事人的權益，爰於第2項增設但書，明定於此情形得準用前項的規定，聲請回復原狀。另有疑義者，係若判決書上誤載不變期間，當事人得否聲請回復原狀？實務見解採否定說[14]；然而，學理見解則指出，此因法院錯誤所造成之不

---

[13] 送達代收人之過失，並非本條所謂不應歸責於己之事由。此有最高法院29年度抗字第414號判例要旨：「送達代收人之過失，並非民事訴訟法第一百六十四條所謂不應歸責於己之事由，以此為回復原狀之原因，自為法所不許。」可資參照。

[14] 最高法院30年聲字第42號判例：「抗告期間為不變期間，非法院所得伸長，送達於當事人之裁定正本記載抗告期間縱有錯誤，其期間亦不因此而伸長，聲請人提起再抗告，仍應於法律所定期間內為之。」

利益不應轉嫁到當事人身上，即不能要求當事人比法官更加專業[15]。最後，民事訴訟法第164條得聲請回復原狀者，僅限於法定期間，不包括裁定期間[16]。

(二) 聲請回復原狀之程序

　　「上訴」是當事人對下級審法院的判決不服，而請求上級法院再加以審理之謂（民訴§437、§464）；「抗告」是當事人對法院所下的裁定不服所爲的訴訟行爲（民訴§482）。此兩種訴訟行爲因會影響裁判的確定性，所以民事訴訟法對於爲此兩種行爲有時間的限制，只要逾時，即不可再爲此二行爲，且明定爲不變期間，表示當事人亦不可以自行伸長或縮短日數。依民事訴訟法第164條之規定，不變期間因特定的條件發生而使當事人遲誤時，可向法院聲請回復原狀，因此當事人須用書狀，寫明爲何原因而遲誤期間，尙須寫明發生原因於何時消滅（例如：因爲洪水成災而遲誤上訴期間，洪水於何日消退）。但當事人對於發生的原因以及其消滅的時期不須提出證據證明，只要在書狀上寫得清楚明確，使法院明瞭狀況即可。若是在簡易訴訟程序，當事人亦可以用言詞表明聲請回復原狀（民訴§482）。因爲民事訴訟法有規定上訴狀（民訴§441、§470）、抗告狀（民訴§488）均應向原來裁判的法院提出，所以以因遲誤上訴及抗告期間而聲請回復原狀的書狀，亦是由當事人向原來裁判的法院提出。至於遲誤上訴、抗告以外之不變期間者，則應向管轄該期間內應爲之訴訟行爲之法院提出書狀聲請回復原狀，並同時補行期間內應爲之訴訟行爲[17]。例如：遲誤撤銷除權判決（民訴§552 I）之訴之不變期間，則應向作成此除權判決的法院提出書狀聲請回復原狀，並且再提起撤銷除權判決的訴訟。

---

[15] 邱聯恭，司法之現代化與程序法，頁95-96。

[16] 最高法院18年度聲字第212號判例：「得回復其遲誤之訴訟行爲，以遲誤不變期間爲限，若裁定期間，既可依當事人之聲請或法院以職權酌量延展，自無再行准許回復之理。」

[17] 最高行政法院52年度裁字第8號判例要旨：「行政訴訟之當事人，因天災或其他不應歸責於己之事由，遲誤不變期間者，固可依行政訴訟法第二十九條準用民事訴訟法第一百六十四條之規定，聲請回復原狀，惟依民事訴訟法該條第一項規定，此項聲請，應於其原因消滅後十日內爲之。又依同法第一百六十五條第三項規定，爲此項聲請，應同時補行期間內應爲之訴訟行爲。若已逾越上項期間而爲回復原狀之聲請，既爲法所不許，其於應爲之訴訟行爲程序終結以後，自尤無聲請回復原狀之餘地。」參照。

(三) 聲請回復原狀之裁判

當事人已依規定提出書狀，向法院聲請回復原狀時，法院之許可與否，對當事人而言影響極大，因此分下列情形處理之：

1. 法院認爲無理由

法院對回復原狀之聲請不許可時，則對當事人補行的訴訟行爲，以已經超過不變期間爲理由，作成一個駁回聲請的裁定，並且於該裁定中合併作成駁回回復原狀聲請的表示，使當事人明白。在當事人提出書狀聲請回復原狀時，法院應依職權調查當事人的聲請是否合法，如果聲請書狀的程式有欠缺，或有其他不合法的情形而可以加以補充、改正的話，則法院應命令聲請人補正。假如當事人不遵守命令補正，或者法院調查結果認爲當事人遲誤不變期間是可歸責於自己之事由（例如：因爲聽從長輩親屬的勸阻，沒有立即提出上訴，而超過上訴期間），則對於當事人回復原狀的聲請，應不予許可。此時，法院就當事人於提出聲請時，補行的訴訟行爲（例如：請求回復遲誤撤銷除權判決之訴之不變期間，並同時提起撤銷除權判決的訴訟），因爲已超過不變期間，應裁定駁回。

2. 法院認爲有理由

法院對於回復原狀的聲請，認爲合法、有理由時，應該就補行的訴訟行爲之種類不同，而有下列兩種處置：

(1) 補行的訴訟行爲是上訴以及抗告以外的行爲，如再審之訴、撤銷之訴或聲請補充判決的訴訟時，法院應就通常的規定，就提出補行的訴訟行爲下裁判，並且在該裁判中合併的作成一個許可回復原狀的意思，使當事人明白。

(2) 補行的訴訟行爲是上訴或抗告此二行爲時，則要看是否須將訴訟事件送到上級法院審理，而有不同的處理辦法。如係須要送交到上級法院，則原法院就將回復原狀的聲請以及補行的訴訟行爲，一併送到上級法院由其一起裁判，此時上級法院對於回復原狀的聲請是否許可，還可加以調查。若不須送交上級法院的情形，例如：對於法律規定不可以提起上訴或者抗告的裁判，提起上訴或抗告，則下級法院直接以裁定駁回，或者下級法院認爲當事人所提的抗告有理由，而更正以前所下的裁定時（民訴§436、§481、§490 I、II），法院只須於裁定書內說明許可回復原狀的要旨即可。

第三節　期日與期間之指定

　　受命法官，是指在行使合議制法庭審判的訴訟事件，法院認為必要時得以庭員一人為受命法官，進行準備程序（民訴§270 I）；法院關於訴訟事件所應為的行為，有囑託其他法院代為，此受囑託為該訴訟行為的法官即為受託法官（民訴§290）。受命法官、受託法官所為的訴訟行為，有調查證據、試行和解、訊問當事人或法定代理人本人及行使準備程序等[18]（民訴§270、§290、§377等），除有特別規定外，上述行為均應在法庭內進行，且使當事人、關係人以及受命法官或受託法官會合於某一時點一起進行，因此必須酌定一個固定的時點進行，此即為「期間」。期間除法有規定者外，由法院或審判長酌定（民訴§160 I），稱為「裁定期間」。除非法有明定，否則受命法官或受託法官關於由其所進行的訴訟行為，可以斟酌路程的遠近、交通之便利與否而定期日及期間。如：依第49條補正能力等的欠缺，以及第268條命當事人提出準備書狀所定的期間即是。

　　受命法官或受託法官關於其所為之行為，得定期日及期間（民訴§167 I），是使其行使本屬於法院或審判長的權限。而準用規定即「第154條至第160條以及第163條之規定於受命法官或受託法官於定期日及期間者準用之」（民訴§167 II）。

---

[18] 惟不包括指定言詞辯論期日。最高法院79年台上字第2110號判決要旨：「指定言詞辯論期日，屬於審判長之職權，受命推事（法官）並無指定言詞辯論期日之權限，此觀諸民事訴訟法第一百五十四條及第一百六十七條之規定甚明，如由受命法官指定言詞辯論期日，縱令當事人未於該期日到場，亦不生遲誤言詞辯論期日之效果，法院不得依到場當事人之聲請，由其一造辯論而為判決。」參照。

|第十八章|
訴訟費用

第一節　前言

　　民事訴訟程序是在確定當事人間私法上的法律關係，是國家對於保護當事人之私權所為之特別服務，而此種費用的支出，不應該由全國納稅人負擔，是以因紛爭產生所需進行訴訟的費用，自然應由訴訟當事人負擔。

　　雖然訴訟權是人民的基本權利，但當人民欲向國家機關行使訴訟權時，若無須負擔任何的訴訟費用，則起訴人或上訴人可能未考慮勝訴之可能性，濫行起訴或上訴而導致司法資源的浪費，且對於訴訟費有所負擔，亦可以使當事人衡量只為無理由或無異議之爭執，卻需花費相對不斐的費用，應無必要，從而減輕法院之負擔，故應採有償主義而有設置訴訟費用之必要。

第二節　訴訟標的價額之核定

壹、核定之準則

　　依民事訴訟法第77-1條原係民事訴訟費用法第4條，於民國92年2月7日修法移列為第77-1條第1、2項，同時按提起民事訴訟應依民事訴訟費用法第2條規定繳納裁判費，係為起訴必備的法律程式。

　　有關各類訴訟之訴訟標的交易價額或原告就訴訟標的所有利益之具體計算方法，至為瑣細，且因時、地及訴訟標的種類的不同而有差異。過去實務上在核定時，常因缺乏具體標準而發生困難，各級法院所依據標準亦不相同，為便利實務上之運作，宜授權司法院另定適用準則，故於第2項增列「其計算準則由司法院定之」作為法源的依據。至於無交易價額之物（例如：印章、權狀、屍體等），其訴訟標的價額的計算標準，基本上很難加以劃一制定，因此應交由法官依原告就該訴訟標的所得的利益核定較為適宜。

　　一般訴訟標的價額，關係訴訟程序事項，法院如不能依當事人之主張而得有心證者，應得依職權調查證據，爰增列第3項，俾資適用。

　　至於訴訟標的價額核定，此為法院之職權調查事項[1]，又因為牽涉到當事人的利益甚鉅，故特別增列第4項規定當事人對於訴訟標的價額的核定[2]，得依法為抗告，以資救濟。

貳、核定方法

一、以一訴主張數項標的者

　　民事訴訟法第77-2條原係民事訴訟費用法第5條及第6條的規定，於民國92年2月7日修法，因均係關於訴之客觀合併時（例如：原告訴請被告為金錢以外的一定給付，同時主張被告如不能為該項給付時，應給付金錢者，其主位請求與代償之補充請求，有不同訴訟標的與訴之聲明即屬此類情形），訴訟標的價額核定的相關規定，宜合併規定，故在作文字修正後，合併移列於第77-2條中加以明文規定。

　　又最高法院96年度第4次民事庭會議決議認為同時以一訴附帶主張利息或其他孳息、損害賠償、違約金或費用者[3]，依同法第77-2條第2項的規定，則不併算其價額，請讀者一併注意其適用的法律依據。再者，最高法院104年度第8次民事庭會議(一)決議認為，按以一訴主張數項標的者，其訴訟標的之價額合併計算之；但所主張之數項標的互相競合或應為選擇者，其訴訟標的價額，應依其中價額最高者定

---

[1] 最高法院96年度台抗字第459號裁定略以：「按民事訴訟法第七十七條之十二所謂訴訟標的之價額不能核定，係指法院在客觀上不能依民事訴訟法第七十七條之一第二項規定核定訴訟標的價額而言，而依同條第三項之規定，法院因核定訴訟標的之價額，本得依職權調查證據。倘法院在客觀上可得依其職權之調查，資以計算核定其訴訟標的價額，即不得僅以當事人未配合鑑定或當事人未舉證證明，即謂訴訟標的之價額不能核定。」

[2] 臺灣高等法院暨所屬法院94年法律座談會民事類提案第28號函釋略以：「民事訴訟法第77條之1第4項關於訴訟標的價額之核定應作同一解釋，亦包括訴訟標的金額之核定。」

[3] 最高法院96年度第4次民事庭會議決議：「採乙說：以一訴附帶請求其孳息、損害賠償、違約金或費用者，不併算其價額，民事訴訟法第七十七條之二第二項定有明文。」

之，民事訴訟法第77-2條第1項定有明文。原告訴請確認債權不存在，合併提起分配表異議之訴，二者訴訟標的雖不相同，惟自經濟上觀之，其訴訟目的一致，不超出終局標的範圍，依首揭規定，訴訟標的之價額應以其中價額最高者定之。

至於原告應負擔之對待給付之計算，同法第77-3條原係民事訴訟費用法第7條移列，於民國92年2月7日修法。原告應負擔之對待給付，不得從訴訟標的之價額中扣除。因原告所請求判決保護之利益，為給付之全部，自應全部計入價額，至於所受實際利益如何則與訴訟標的之價額無關。惟如原告於訴訟中並請求確定對待給付之額數者，其訴訟標的之價額，應依給付中價額最高者定之（民訴§77-3Ⅱ）。

二、因地上權、永佃權涉訟者

因地上權、永佃權涉訟，其價額以一年租金十五倍為準；無租金時，以一年所獲可視同租金利益之十五倍為準；如一年租金或利益之十五倍超過其地價者，以地價為準（民訴§77-4）。

此原係民事訴訟費用法第8條移列。原條文係民國30年所公布，列於該法第4條，57年修正時改列為第8條，然卻將「地上權」誤植為「土地權」，爰於民國92年2月7日修法時一併修正，以規範因地上權、永佃權涉訟時的計費標準。

由於民法物權編永佃權一章已於99年修法時廢止，另增訂農育權一章，是民事訴訟法第77-4條內容應於未來修法時加以修正，而於修法前，農育權涉訟應有本條之適用。

三、因地役權涉訟者

因地役權涉訟，如係地役權人為原告，以需役地所增價額為準；如係供役地人為原告，以供役地所減價額為準（民訴§77-5），此原係民事訴訟費用法第9條移列於此規定。惟民法物權編第五章地役權已於99年修法時，更改為不動產役權。

四、因債權擔保涉訟者

因債權之擔保涉訟，以所擔保之債權額為準；如供擔保之物其價額少於債權額時，以該物之價額為準（民訴§77-6），此原係民事訴訟費用法第10條移列，於民國92年2月7日修法。

五、因典產回贖權涉訟者

因典產回贖權涉訟，以產價為準；如僅係典價之爭執，以原告主張之利益為準（民訴§77-7），此原係民事訴訟費用法第11條移列，於民國92年2月7日修法。

最高法院29年上字第490號判例明載：「確認典權存在之訴，係以典權爲訴訟標的，此項訴訟標的之價額，應依典價定之，非以典物之時價爲準。」29年上字第1258號亦採相同見解[4]。

六、因水利涉訟者

因水利涉訟，以一年水利可望增加收益之額爲準（民訴§77-8），此原係民事訴訟費用法第12條移列，於民國92年2月7日修法。

七、因租賃涉訟者

因租賃權涉訟，其租賃定有期間者，以權利存續期間之租金總額爲準；其租金總額超過租賃物之價額者，以租賃物之價額爲準；未定期間者，動產以二個月租金之總額爲準，不動產以二期租金之總額爲準（民訴§77-9）。

民事訴訟法第77-9條原係民事訴訟費用法第13條移列，於民國92年2月7日修正，所謂因租賃涉訟，係指以租賃權爲訴訟標的之訴訟而言，其以訴訟關係已經終止爲原因，請求返還租賃物之訴。然因原條文關於不定期租賃（亦即未定租期）訴訟標的價額，一律定爲二年租金的總額，不免失衡，爰修正爲動產以二個月租金總額爲準，不動產則以二期租金總額爲準。

又參照臺灣高等法院95年度抗字第90號裁定：「其訴訟標的之價額除租金總額超過租賃物之價額者，以租賃物之價額爲準外，應以權利存續期間之租金總額爲準。」

八、因定期給付或定期收益涉訟者

因定期給付或定期收益涉訟，以權利存續期間之收入總數爲準；期間未確定時，應推定其存續期間。但其期間超過十年者，以十年計算（民訴§77-10）。

民事訴訟法第77-10條原係民事訴訟費用法第14條移列，於民國92年2月7日修正。而一般出租人請求增加租金之訴，即本條所謂因定期收益涉訟，其請求增加的租金即同條所稱的收入[5]。同時因定期給付或定期收益訴訟標的價額的核定，原規

---

[4] 最高法院29年上字第1258號判例：「請求放贖典物之訴，係以典物之交付請求權爲訴訟標的，此項訴訟標的之價額，應以典物之價額爲準。」

[5] 參照最高法院53年台抗字第4號判例意旨：「出租人請求增加租金之訴，即民事訴訟費用法第十條（舊）所謂定期收益涉訟，其請求增加之租金即同條所稱之收入，自與

定並無所謂的上限，致權利存續期間較長者蒙生不利益，爰增設但書規定，若其期間超過十年者，以十年爲計算單位。

九、因分割共有物涉訟者

分割共有物之訴，係共有人請求法院以判決消滅共有關係。於判決前，原告共有權仍存在於共有物的全部，其訴訟標的之價額，自應以共有物的價額爲準（民訴§77-11）。至於其裁判費應否因其訴訟具有非訟性質而減徵，係屬裁判費徵收問題，不應據以影響訴訟標的價額的核定。目前實務上依據32年院字第2500號解釋，認分割共有物的訴訟標的價額，以原告因分割所受利益的客觀價額爲準，致使同一分割共有物之訴，因起訴原告之不同而異其訴訟標的價額，自非所宜，爰增訂第77-11條，將分割共有物應以原告分割所受利益爲核定訴訟標的之價額，以求公平，最高法院94年度台抗字第146號裁定亦採相同見解[6]。

十、部分分別共有人依民法第821條請求返還共有物者

對此，實務見解認爲，各共有人基於共有人之地位，依民法第821條規定，爲全體共有人之利益，請求回復共有物時，因其並非僅爲自己利益而爲請求，且除契約另有約定外，該共有人得按其應有部分，對於共有物之全部，有使用收益之權（民法第818條參照），故其就該排除侵害訴訟所得受之利益，自應以回復共有物之全部價額爲計算基準，不因被請求人亦爲共有人，而有不同[7]。

十一、一訴請求拆屋還地者

例如：某甲以其所有之土地被某乙無權占用，並建築房屋，乃依民法第767條訴請某乙拆除房屋，並返還土地，則某甲前揭起訴之訴訟費用如何核定？對此有採價額併計說，即請求拆除房屋並交還土地，其訴訟標的有二，計算其訴訟標的，應就土地及房屋之價額，併予計算[8]。然而，近來實務多採土地價額說，即請求將土

同法第九條（舊）所謂因租賃涉訟係以租賃權爲訴訟標的之訴訟者不同。」

[6] 最高法院94年度台抗字第146號民事裁定：「請求分割共有物事件上訴時，其訴訟標的價額及上訴利益額，均應以原告起訴時因分割所受利益之客觀價額爲準，不因被告或原告提起上訴而有所歧異。」

[7] 最高法院101年度台抗字第722號裁定參照。

[8] 臺灣高等法院暨所屬法院85年法律座談會民事類提案第46號之多數研究結果。

地上之房屋拆除並交還土地之訴，係以土地之交還請求權為訴訟標的，其訴訟標的之價額應以土地之價額為準，房屋之價額不包括在內[9]。

十二、公寓大廈區分所有權人中之一人請求拆除頂樓違建者

四層樓高且無地下室之A公寓大廈區分所有權人甲，以乙無權占用屋頂平台加蓋違建為由，訴請乙拆除違建並返還屋頂平台予區分所有權人全體，其訴訟標的價額應如何核定？甲說認為：以最接近屋頂之四樓房屋課稅現值核定本件訴訟標的價額（臺灣高等法院96年度抗字第758號、98年度抗字第193號裁定參照）。另有乙說認為：訴訟標的價額之核定，通常應視原告如何聲明為斷，如本題聲明請求拆除屋頂違建物並返還屋頂平台，通說認為拆除違建物乃返還平台之結果，訴訟標的物為平台，違建物之價額不包括在內（最高法院87年度台聲字第400號裁定、94年度台上字第2150號判決意旨參照），又因公寓大廈基地之用益，係平均分散於各樓層，故應以A公寓大廈坐落基地之每平方公尺公告現值，乘以系爭違建占用屋頂平台之面積，再除以A公寓大廈之登記樓層數即四層計算訴訟標的價額[10]。

十三、訴訟標的價額不能核定時

訴訟標的之價額不能核定者，以民事訴訟法第466條所定不得上訴第三審之最高利益額數加十分之一定之（民訴§77-12），本條係原民事訴訟費用法第15條移列，於民國92年2月7日修正。原條文所定之數額500元，係民國30年所公布，與當

---

[9] 最高法院94年度台上字第2150號裁定；最高法院100年度台抗字第568號裁定略以：「請求將土地上之房屋拆除並交還土地之訴，係以土地之交還請求權為訴訟標的，其訴訟標的之價額應以土地之交易價額即市價為準。又土地如無實際交易價額，當事人復未能釋明訴訟標的物之市價，供法院核定訴訟標的之價額，法院得依職權命鑑定訴訟標的物之市價，以為核定訴訟標的價額之依據。然土地公告地價係直轄市及縣（市）主管機關辦理規定地價或重新規定地價時，依平均地權條例第十五條第三款規定所公告之地價；公告土地現值係直轄市及縣（市）政府依同條例第四十六條規定每年所公告之土地現值。除在舉辦規定地價或重新規定地價之當年，公告地價與公告土地現值相同外，其餘年度之公告地價與公告土地現值未盡相同，自非不得以政府機關逐年檢討調整之公告現值為核定訴訟標的價額之參考。於拆屋還地事件之訴訟標的係以土地之價額為準，法院若未命鑑定訴訟標的之價額，自得以原告起訴時為訴訟標的物之土地當期公告現值為交易價額，核定訴訟標的價額。」

[10] 臺灣高等法院暨所屬法院99年法律座談會民事類提案第27號之多數研究結果。

時民事訴訟法（民國24年公布）所定限制上訴第三審之上訴利益額相同，嗣限制上訴第三審之上訴利益額多次提高，原條文均未配合修正，致與社會經濟之實際狀況不符。又訴訟標的價額不能核定之事件，其訴訟未必簡單輕微，為求訴訟之妥適進行，宜以通常訴訟程序進行。原條文規定將不能核定之訴訟標的價額視為500元，使此類事件一律適用簡易程序，且不得上訴第三審，於當事人權益之保障，未免欠周，爰配合第466條之規定予以修正；故依規定不能上訴第三審之門檻加計十分之一檢計其價額，以目前上訴第三審最低額150萬加計一成，即為165萬元整。

第三節　訴訟費用之計算及徵收

壹、裁判費

一、在第一審法院起訴行為裁判費之計算及徵收

(一) 原則規定

1. 因財產權而起訴者

　　民事訴訟法第77-13條規定：「因財產權而起訴，其訴訟標的之金額或價額在新臺幣十萬元以下部分，徵收裁判費一千元；逾十萬元至一百萬元部分，每萬元徵收一百元；逾一百萬元至一千萬元部分，每萬元徵收九十元；逾一千萬元至一億部分，每萬元徵收八十元；逾一億元至十億元部分，每萬元徵收七十元；逾十億元部分，每萬元徵收六十元；其畸零之數不滿萬元者，以萬元計算。」

　　第77-13條原係民事訴訟費用法第2條第1項移列，於民國92年2月7日修正。原條文規定因財產權而起訴，其訴訟標的金額或價額在100元以上者，不問其金（價）額高低，一律按百分之一之比例徵收裁判費，將使訴訟標的金（價）額較龐大之當事人負擔過高之裁判費，非惟有失公平，甚而致當事人因不堪負荷鉅額裁判費而放棄使用訴訟制度，於當事人財產權、訴訟權的保障自嫌欠周。為貫徹憲法保障人民平等權、財產權及訴訟權的精神所繫，遂改採分級累退計費的方式，將訴訟標的金（價）額超過新臺幣10萬元部分，分五級遞減其裁判費徵收比例。又為配合郵電費及法院職員於法院外為訴訟行為的相關食、宿、舟、車費項目的取消，刪除原條文有關起徵點的規定，明定訴訟標的金（價）額在新臺幣10萬元以下部分，一律徵收新臺幣1,000元。

同時我國現早已不以銀兩、銅幣為貨幣計算單位，黃金、外幣亦已允許自由買賣，如訴訟標的物為銀兩、銅幣、黃金或外幣者，當然應依第77-1條的規定，以起訴時的實際交易價額為準，核定其計算的實際價額[11]。

2. 因非財產權而起訴者

民事訴訟法第77-14條原係民事訴訟費用法第16條移列，於民國92年2月7日修正。非因財產權之訴，常涉及有關人格權（例如：身體、自由、隱私、健康等）或身分上的法律關係（例如：祭祀公業的派下權即是），對於當事人而言，實較財產權訴訟更為重要，原條文規定收費過低，爰斟酌目前社會經濟狀況，調高為新臺幣3,000元。

(二) 特別規定

1. 依民事訴訟法第77-15條對反訴裁判費免徵收之規定

第77-15條第1項本訴與反訴之訴訟標的相同者，反訴不另徵收裁判費。此原係民事訴訟費用法第17條移列於民國92年2月7日修法為本條第1項。

第77-15條第2項依同法第395條第2項、第531條第2項所為之聲明，不徵收裁判費。此是針對第395條第2項、第531條第2項之規定，係為保護受不當假執行、假扣押、假處分被告之利益，且兼顧訴訟經濟而設，乃附屬於本案訴訟程序之一種簡便程序。反訴制度係為使被告對於原告之訴得與原告對於被告之訴，合併其程序，藉以節時省費，並防止裁判之牴觸而設[12]。

訴之變更或追加，其變更或追加後訴訟標的之價額超過原訴訟標的之價額者，就其超過部分補徵裁判費。本項規定係鼓勵被告利用此種簡便程序，避免另行起訴，以減輕訟累，因此明文規定依上述規定所為的聲明不徵收裁判費。同時依法因訴之變更或追加，有多樣型態，是否應一律就變更或追加的新訴，全額徵收裁判費，適用上不無疑義。爰增訂第3項，規定變更或追加後訴訟標的之價額超過原訴訟標的之價額者，始應就其超過部分補徵裁判費。至於補徵數額的計算方式，係就

---

[11] 最高法院92年度第17次民事庭會議決議略以：「裁判費之徵收，以為訴訟行為（如：起訴、上訴）時之法律規定為準。」

[12] 最高法院69年台抗字第366號判例：「反訴制度係為使被告對於原告之訴得與原告對於被告之訴，合併其程序，藉以節時省費，並防止裁判之牴觸而設，故反訴之當事人須與本訴之當事人相同，祇易其原被之地位而已，否則，即與反訴之要件不合。」

變更或追加後訴訟標的價額計算裁判費後，再扣除依原訴的訴訟標的價額算定的裁判費，然後再補徵之。

2. 依民事訴訟法第77-22條對併案請求賠償人裁判費免徵收之規定

同法第44-2條及第44-3條的訴訟型態，宜比照消費者保護法規定減免徵收裁判費，爰訂定第77-22條第1項規定依第44-2條請求賠償的人，其訴訟費用超過60萬元的部分暫免徵收；第2項規定依第44-3條規定請求者，免徵裁判費。

第77-22條修正乃為配合其他新訂之法律（例如：犯罪被害人保護法）規定原告於起訴時得暫免繳納一部或全部之裁判費，惟於依其他法律暫免繳裁判費之訴訟事件判決確定後，仍然應徵收原暫免之裁判費用，故98年1月份修正本條增訂於此類事件確定後第一審法院應依職權裁定向負擔訴訟費用之一造徵收之。至於原來依民事訴訟法之規定暫免繳之裁判費用仍依原規定於確定後向應負擔訴訟費用之一造徵收之乃屬當然。此僅適用於民事訴訟，於行政訴訟則不同須按行政訴訟法之規定徵收之[13]。

二、其他訴訟行為裁判費之計算與徵收

(一) 聲明或聲請之裁判費（民訴§77-19）

實務上於聲請發支付命令時，因92年2月7日修法提高後之裁判費與提起小額訴訟程序應徵收之裁判費相同，致債權人多以提起小額訴訟程序之方式為之，為提高債權人聲請發支付命令之意願，98年1月份修法時將聲請發支付命令之裁判費由新臺幣1,000元降低為新臺幣500元，其餘本條第2至7款之聲請仍維持1,000元正，惟第6款已於102年5月修法予以刪除，又為合理利用司法資源，避免無益之聲請或聲明事件影響法院審理效能，關於特定事件之聲請或聲明，仍應徵收費用，以符使用者付費原則。爰於112年11月29日修正本條序文為「聲請或聲明，除別有規定外，不徵費用」，列為第1項。

為避免當事人濫用聲請迴避達干擾訴訟程序進行之不當目的，於112年11月29日修法時，聲請迴避固應徵收裁判費，惟倘法院職員於當事人聲請後已迴避，不論其聲請有無理由，均不予收取費用，聲請人得於一定期間內聲請退還已繳之裁判

費，爰增訂第3項。又聲請迴避雖以他造當事人爲相對人，但如聲請有理由時，聲請人既得聲請退費，毋需於裁定諭知訴訟費用之負擔，倘聲請人爲遵期聲請退費，即應自行負擔，不計入訴訟費用，附此敍明。

又爲免當事人基於不當目的濫行提出異議干擾程序，第2項第4款及第4項第8款之異議，應徵收裁判費。惟裁定或處分如有不當，經異議有理由者，不予收取費用，異議人得於一定期間內聲請退還已繳之裁判費，爰增訂第6項。上述情形，法院應主動告知其權利。

故現行聲明或聲請之裁判費可參考下表18-1：

表18-1 民事訴訟法第77-19條

聲請事件	聲請裁判費	備註
聲請迴避	500元	法院職員於有本款之聲請而迴避者，聲請人得於收受法院告知之日起3個月內聲請退還已繳裁判費。（法院應主動告知其權利）
聲請通知受擔保利益人行使權利		
聲請變換提存物或保證書		
對於法院書記官之處分提出異議		異議有理由者，異議人得於收受法院告知之日起3個月內聲請退還已繳裁判費。（法院應主動告知其權利）
聲請發支付命令		
聲請命假扣押、假處分、定暫時狀態處分之債權人於一定期間內起訴		
聲請參加訴訟或駁回參加	1,000元	
聲請命返還提存物或保證書		
聲請回復原狀		
對於司法事務官之處分提出異議		
聲請許可承當訴訟		
聲請許可爲訴訟繫屬事實登記或撤銷許可登記裁定		

表18-1 民事訴訟法第77-19條（續）

聲請事件	聲請裁判費	備註
起訴前聲請證據保全		異議有理由者，異議人得於收受法院告知之日起3個月內聲請退還已繳裁判費。 （法院應主動告知其權利）
依第484條第1項但書、第485條第1項但書、第4項、第486條第2項但書，提出異議		
聲請假扣押、假處分或撤銷假扣押、假處分裁定		
聲請公示催告或除權判決		
聲請定暫時狀態處分或撤銷定暫時狀態處分裁定	3,000元	

　　試舉一例：民事訴訟法第77-19條之民事聲請事件，聲請人撤回聲請時能否準用同法第83條第1項之規定，退還該審級所繳聲請費二分之一？

　　按臺灣高等法院92年庭長法律問題研討會研討結果認為，聲請人撤回聲請時，應得依民事訴訟法第83條規定，聲請退還該審級所繳裁判費用二分之一[14]。

(二) 上訴審裁判費之計算與徵收（民訴§77-16）

　　第77-16條第1項原係民事訴訟費用法第18條移列，於民國92年2月7日修正。原民事訴訟費用法第2條、第16條已移列為第77-13條及第77-14條，爰將原條文「第2條及第16條」修正為「第77條之13及第77條之14」。又上訴審法院依第452條第2項之規定，將事件移送於管轄法院，經受移送之法院判決後再行上訴者，其情形與發回或發交更審再行上訴者相類，亦應免徵裁判費，特增訂後段規定如上，以求公平。

　　第77-16條第2項則規定，在第二審為訴之變更、追加或依第54條規定起訴或提

---

[14] 臺灣高等法院92年庭長法律問題研討會：「就該法條規定於總則編之立法體例解釋，及民事聲請事件同有鼓勵當事人撤回不必要之聲請，以減省法院勞費之必要觀之，民事訴訟法第七十七條之十九之民事聲請事件，聲請人撤回聲請時，應得依民事訴訟法第八十三條規定，聲請退還該審級所繳裁判費用二分之一。」

起反訴，究應僅依第77-13條至前條之規定徵收裁判費，或應併依第1項的規定加徵裁判費十分之五，恐有疑義，爰增訂藉此加以明定劃分清楚[15]。

(三) 再審裁判費之徵收（民訴§77-17）

第77-17條第1項原係民事訴訟費用法第19條移列，於民國92年2月7日修正，同時將原條文「第2條、第16條」修正為「第77條之13、第77條之14」，理由同前條修正說明一。

第77-17條第2項是針對確定之裁定聲請再審的裁判費，過去民事訴訟費用法對此一部分並未明文規定，適用上滋生許多的疑義，爰增設本項規定徵收裁判費新臺幣一千元，以利實務上的適用。又35年院解字第3305號函釋略以：「當事人以和解有無效或得撤銷之原因請求繼續審判者不得依民事訴訟費用法第15條規定向其徵收裁判費。」以保當事人權益。

(四) 抗告審裁判費之徵收（民訴§77-18）

第77-18條原係民事訴訟費用法第20條移列，於民國92年2月7日修正。原條文所定的裁判費因社會經濟狀況變遷，顯屬偏低，爰提高為新臺幣一千元，以符合實際。最高法院66年度第4次民事庭庭推總會議決定意旨明揭：「再抗告人於高等法院裁定送達前，尚未繳納裁判費，其抗告即非合法，裁定送達後雖補為繳納，仍不能補正其欠缺，應認再抗告無理由而駁回之。」參照最高法院50年台抗字第242號判例意旨亦同[16]。

---

[15] 最高法院100年台抗字第929號民事裁定：「非婚姻事件之訴，以夫妻財產之分配或分割、返還財物、給付家庭生活費用或贍養費或扶養之請求，或由訴之原因、事實所生損害賠償之請求為限，得與第1項之合併提起，或於第一審或第二審言詞辯論終結前，為訴之追加或提起反訴；其另行起訴者，法院得以裁定移送於訴訟繫屬中之第一審或第二審法院合併裁判，故如因事件性質，依法需應移轉合併審理者，除再抗告人追求之部分外，事件經移送至原法院後，應就原來起訴聲明之範圍為之，並無課徵二審裁判費。」

[16] 最高法院50年台抗字第242號判例：「提起抗告，應依民事訴訟費用法第十六條繳納裁判費用，為必須具備之程式。再抗告人在原法院提起抗告，未繳納裁判費，原法院認為抗告不合程式，裁定駁回，於法洵無違背。至於上訴程序所定之限期補正，抗告程序並無準用之明文，故提起抗告之未繳納裁判費用者，可不定期命為補正。」

貳、其他訴訟費用

一、依民事訴訟法第77-23條所定之其他費用

　　第77-23條第1項原係民事訴訟費用法第24條、第25條及第27條分別就抄錄費、翻譯費、到庭費、滯留費及食、宿、舟、車費所規定的計算標準，其過去有關標準早因與實際情形多已無法相互配合，且所規定的項目亦不十分周全，爰於第1項概括規定上述費用及其他進行訴訟的必要費用，其項目及標準由司法院再行規定，俾便於配合實際情形，適時調整，以利適用。訴訟文書的抄錄，亦得依影印或攝影方式爲之，爰併列舉影印費、攝影費，以資周全。又原條文所定「證人等的到庭費、滯留費及食、宿、舟、車費」，即民事訴訟法第323條第1項、第338條所定的日費及旅費，爰修正爲「日費及旅費」，以統一其法律上的用語。至同法第207條所定的通譯，依同條第3項準用鑑定人的規定，關於其日費、旅費及報酬，當然亦在準用範圍，無待明文。

　　第77-23條第2項原係民事訴訟費用法第26條移列，於民國92年2月7日修正。爲簡化訴訟文書逐件封貼郵票的作業方式，減輕當事人購買郵票及法院登記、核算、催補、退還郵票的勞費，爰將原條文所規定的郵電費項目刪除，併入裁判費中徵收，規定：「運送費、登載公報新聞紙費及法院核定之鑑定人報酬，依實支數計算。」立法院於民國107年6月13日爲配合電子化作業，以期達成未來「以法院網站之電子公告取代刊登新聞紙[17]」之目標，爰將原條文第2項前段「運送費、登載公報新聞紙費」修正爲「運送費、公告法院網站費、登載公報新聞紙費」。本書以爲，過去民國92年1月14日修正公布時，新聞紙爲社會主要之傳播媒體，惟隨著網路世代的來臨，拘泥於刊登新聞紙，已不合時宜，且若將法院公告刊登於費用低廉但觸及率低的新聞紙，亦無從達到公告效果。相反的，若由法院網站取代新聞紙之功能，不但可以減少刊登費用的浪費，電子檔案亦較紙本公告容易保存。因此，民國107年之修法中，除本條外，第44-2條、第151條、第152條、第542條、第543條等，亦隨同修正，法院公告除新聞紙外，亦可選擇在法院網站刊登，屬與時俱進之立法，本書贊同之。

　　爲保障當事人訴訟程序上之權益，避免當事人預納的進行訴訟的必要費用，因預算制度統收統支的原則而移作他用，爰增訂第3項，明定當事人預納的前二項費

---

[17] 立法院公報，107卷，4期，頁159。

用，應專就該事件所預納的項目直接加以支用。

第77-23條第4項則明定法官、書記官、通譯、執達員等法院職員出外調查證據、送達文書或為其他訴訟行為的食、宿、舟、車費，如由當事人另行支付，經常會引起當事人對法院公正性的直接懷疑，實務上對此已不另收費，為提升司法威信，上開費用宜合併包含於裁判費用中，不另外徵收。至於修正後法院應按民事事件的需要，編列相關預算，由國庫負擔，並核實報支上述所列費用。

二、當事人、法定代理人或其他依法令代當事人為訴訟行為之人之到場費用

當事人、法定代理人或其他依法令代當事人為訴訟行為的人（例如：代表人、管理人、特別代理人等），經法院命其本人於期日到場，或法院依民事訴訟法第367-1條第1項規定以當事人身分對其為訊問者，其到場的費用係為「伸張或防衛權利」的必要費用，為防止濫訴及避免另案請求損害賠償上的麻煩，上開費用本即應列為訴訟費用，爰因應實務上的需求而規定同法第77-24條第1項。至如法院因當事人等所委任之訴訟代理人陳述矛盾含混，或對於他造的陳述不能答辯，而命當事人等本人到場，以闡明事實關係者，其到場之費用，係可歸責於該當事人的事由所生的額外費用，故依第82條規定，法院得命其負擔全部或一部，乃屬當然的道理。

同時參酌有關證人到場費用的規定，當事人到場的費用，得列為訴訟費用的基本項目，以日費、旅費為限，並在本項規定其費用額的計算標準，準用證人日費、旅費的規定，由司法院定其標準。

三、律師酬金之訂定

立法院於民國110年1月20日，基於「一、法院或審判長為當事人選任為當事人選任律師為訴訟代理人或特別代理人，其律師酬金為訴訟費用之一部，宜由法院酌定之。」「二、前項及第466條之3第1項之律師酬金為訴訟費用之一部，自應限定其最高額，以維公允。又配合109年1月15日修正之律師法第一百四十四條規定，中華民國律師公會全國聯合會，自110年1月1日起更名為全國律師聯合會，於此之前，律師法所稱全國律師聯合會，係指中華民國律師公會全國聯合會。」「三、為程序經濟及簡化流程，法院為終局裁判時，應於裁判中或併以裁定酌定該審級律師酬金之數額，如漏未酌定，為裁判之脫漏，法院應為補充裁判；不經裁判而終結訴訟之情形，法院應依聲請以裁定酌定之。」「依本條酌定之律師酬金，為訴訟費用之一部，攸關負擔訴訟費用當事人及律師之權益，爰增訂第四項，明定無論以

判決或裁定酌定，對於該部分裁判不服者，均得循抗告程序救濟，不適用第87條第2項、第88條規定，亦不得再爲抗告，以免程序延宕。」等理由[18]，修正原依第466-2條第1項、第585條第1項制定之規定，將第77條之25第1、2項由「法院或審判長依法律規定，爲當事人選任律師爲特別代理人或訴訟代理人者，其律師之酬金由法院或審判長酌定之（第1項）。前項酬金及第四百六十六條之三第一項之酬金爲訴訟費用之一部，其支給標準，由司法院參酌法務部及中華民國律師公會全國聯合會意見定之（第2項）。」修改爲：「法院或審判長依法律規定，爲當事人選任律師爲特別代理人或訴訟代理人者，其律師之酬金由法院酌定之（第1項）。前項及第四百六十六條之三第一項之律師酬金爲訴訟費用之一部，應限定其最高額，其支給標準，由司法院參酌法務部及全國律師聯合會等意見定之（第2項）。」並增訂第3項：「前項律師酬金之數額，法院爲終局裁判時，應併予酌定；訴訟不經裁判而終結者，法院應依聲請以裁定酌定之。」及第4項：「對於酌定律師酬金數額之裁判，得爲抗告，但不得再爲抗告」。

法院或審判長得爲當事人選任律師爲訴訟代理人，而有關律師酬金，應由法院酌定，俾利適用。上述選任律師的酬金及當事人於第三審選任律師酬金既爲訴訟費用之一部，爲維公允，立法院認爲應限定其最高額，並授權司法院參酌法務部及全國律師聯合會的相關意見統一訂定標準。關此，法院選任律師及第三審律師酬金核定支給標準第4條規定：「法院裁定律師酬金，應斟酌案情之繁簡、訴訟之結果及律師之勤惰，於下列範圍內爲之。但律師與當事人約定之酬金較低者，不得超過其約定：(一)民事財產權之訴訟，於訴訟標的金額或價額百分之三以下。但最高不得逾新臺幣五十萬元。(二)民事非財產權之訴訟，不得逾新臺幣十五萬元；數訴合併提起者，不得逾新臺幣三十萬元；非財產權與財產權之訴訟合併提起者，不得逾新臺幣五十萬元。」

民事訴訟法第77-25條不同於商業事件律師酬金支給標準之訂定，律師酬金既作爲三審訴訟費用之一部，爲避免敗訴當事人負擔無法預測之對造律師酬金，本書採肯定見解；惟確定終局判決應負擔訴訟費用之當事人既不得請求他造賠償其支出之訴訟費用，即無聲請法院核定確定終局判決律師酬金之必要[19]，因無實益。

---

[18] 立法院公報，110卷，11期，頁328-329。
[19] 參照最高法院98年度第1次民事庭會議(二)決議：「依確定終局判決應負擔訴訟費用之當事人既不得請求他造賠償其支出之訴訟費用，即無聲請法院核定第三審律師酬金之必要，則其聲請核定第三審律師酬金，因無實益，自不應准許。」

為程序經濟及簡化流程，法院為終局裁判時，應於裁判中或併以裁定酌定該審級律師酬金之數額，如漏未酌定，為裁判之脫漏，法院應為補充裁判；不經裁判而終結訴訟之情形，法院應依聲請以裁定酌定之。而為免程序延宕，無論以判決或裁定酌定，對於該部分裁判不服者，僅得循抗告程序救濟，不適用第87條第2項、第88條規定，亦不得再為抗告。

值得注意的是，最高法院大法庭以108年度台聲大字第1525號民事裁定闡明：「被上訴人於上訴人具狀撤回第三審上訴前，已委任律師為訴訟代理人並代為提出答辯狀者，縱其未依民事訴訟法第90條第2項規定，於訴訟終結後20日之不變期間內聲請法院為訴訟費用之裁判，亦得聲請最高法院核定其第三審律師之酬金[20]」。

四、溢收訴訟費用之返還

訴訟費用如因誤會或其他原因而有溢收情事者，當然應予返還。故於民事訴訟法第77-26條第1項規定法院應依聲請並得依職權以裁定的方式返還，俾資於法有據而加以適用。

因當事人係信賴法院文書之記載，而法院之記載又為錯誤時，當事人因而繳納之裁判費如不返還，顯係將法院之錯誤卻由當事人來負擔顯然並非合理，為保障當事人之權益，爰於98年1月修法參酌規費法之規定明文得於五年內聲請返還，法院亦可以依職權主動裁定返還之以求公平[21]。

參、裁判費之加徵

民事訴訟法第77-27條規定，民事訴訟法應徵收之裁判費，各高等法院得因必要情形，擬定額數，報請司法院核准後加徵之。但其加徵之額數，不得超過原額數

---

[20] 最高法院大法庭以108年度台聲大字第1525號民事裁定理由略以：因「法院以裁定為訴訟費用之裁判，其目的在確定當事人一造對於他造有請求賠償訴訟費用之公法上權利，而法院核定律師之酬金，其目的則在確定得作為訴訟費用之律師酬金數額，兩者並非相同。即當事人聲請法院以裁定為訴訟費用之裁判，與其聲請本院核定其律師之酬金，分屬二事，彼此間亦無先後或相互依存之必然關係，准駁與否，自應各別論斷。」

[21] 最高法院99年台聲字第826號民事裁定：「有關仲裁費用之相關爭議，應得由當事人依據其與仲裁機關間內部之契約，向法院提起訴訟，請求救濟，始符法制，並合公允。」

十分之五。本條原係民事訴訟費用法第29條第1項移列，於民國92年2月7日修法。

有關抄錄費、翻譯費、到庭費及滯留費等進行訴訟之必要費用，若因經濟情形變動有提高加徵的必要狀況時，其項目及標準已於第77-23條第1項規定由司法院定之，原民事訴訟費用法第29條第2項即無規定的必要，爰將其刪除。

肆、調解聲請費之徵收

原則上依民事訴訟法第77-23條第4項規定：「郵電送達費及法官、書記官、執達員、通譯於法院外為訴訟行為之食、宿、舟、車費，不另徵收。」然為防止當事人濫用程序，聲請法院為不必要的調解，自有統一按標的金額或價額酌收聲請費的必要。爰於同法第77-20條第1項明定因財產權事件而聲請調解應酌收聲請費，並定其徵收標準（見表18-2）。

第2項則規定有關非因財產權而聲請調解事件，仍維持現行的規制，明定不徵收聲請費。

第3項係為配合擴大調解前置程序之規定，避免同一事件重複徵收費用，影響當事人行使權利，故本項規定調解不成立後起訴者，當事人應繳的裁判費，得以其所繳調解的聲請費扣抵之。惟為期當事人間的爭執能夠早日解決，乃規定得扣抵者，以調解不成立後三十日內起訴者為限。至於調解不成立後即為訴訟的辯論，或於調解不成立證明書送達前起訴，或送達後十日的不變期間內依法起訴，而依第419條規定視為自聲請調解時已經起訴的情形，自均應包括在內。

表18-2　聲請調解　民事訴訟法第77-20條

標的金（價）額	徵收聲請費
未滿10萬元	免徵
10萬元以上～未滿100萬元	1,000元
100萬元以上～未滿500萬元	2,000元
500萬元以上～未滿1,000萬元	3,000元
1,000萬元以上	5,000元
非財產權事件	免徵

第四節　訴訟費用之負擔

壹、訴訟費用負擔之標準

一、敗訴當事人負擔

依民事訴訟法第78條規定「訴訟費用」歸敗訴之當事人負擔，係自古來各國所公認之法則。而訴訟費用包括因訴訟之提起而支出的費用、因訴訟之進行而支出的費用以及因訴訟之強制執行而支出的費用；然非只要和訴訟有關之所有支出費用，都可謂作訴訟費用，所謂訴訟費用即須法令規定為訴訟費用之範圍，方為第78條所指之訴訟費用。

除上開說明外，如非因訴訟之提起或進行而支出之費用，縱使和訴訟有關，亦非屬民事訴訟法所稱之訴訟費用，例如：申請假扣押所提出的擔保金並非訴訟費用（民訴§390 II、§526 II、§533）；又如，當事人或法定代理人出庭時所支出之旅費，包括食宿及車錢，不屬於訴訟費用[22]；蒐集證據所支出之費用，亦不屬於訴訟費用；當事人在爭執現場照相所花的底片及沖洗費用，以及錄音時購買錄音帶的費用，皆不屬於訴訟費用。

所支出的費用，如果不是為主張權利所必要而支出的費用，亦非民事訴訟法所稱之訴訟費用，例如：假設訴訟的提起必須購買司法狀紙，但是購買狀紙一套已經夠用的時候，如果當事人開了五套的狀紙費用，其超過部分法院應該在確定訴訟費用額度的時候加以剔除（民訴§91 I、§92 II）。

雖然民事訴訟費用法第23條有規定執行費為訴訟費用，不過因強制執行法第28條另設的規定，以必要部分為限，由債務人負擔，而且與強制執行的債權同時收取，所以強制執行的執行費並不屬於民事訴訟法所稱的訴訟費用。

我國在制度上不採律師訴訟主義，因此當事人自己選任律師代理訴訟而支出之律師費，即非民事訴訟法所指之訴訟費用；換句話說，民事訴訟法所規定的訴訟代理人不限於律師（民訴§68），是由當事人自行決定，可以自己訴訟，亦可委任律師訴訟。因此委任律師所支出之律師費用就不能算在訴訟費用之內。

---

[22] 最高法院32年上字第3145號判例略以：「當事人支出之旅費，並不在現行民事訴訟費用法所定費用之內，自無從認為訴訟費用。」

二、勝訴當事人負擔

(一) 被告認諾

依民事訴訟法第80條規定，被告對於原告關於訴訟標的之主張逕行認諾，並能證明其無庸起訴者，訴訟費用，由原告負擔。所謂的「認諾」指被告對於原告所主張的訴訟標的向法院表示承認原告請求。如果被告對原告之主張加以認諾，則法院必要依民事訴訟法第384條的規定判決被告敗訴。此時依據同法第78條之原則，訴訟費用本應由被告來負擔全部之訴訟費用，但第80條規定是屬於例外的情形，被告雖然全部敗訴，但是不必由敗訴的被告來負擔訴訟費用，而由原告負擔全部之訴訟費用[23]。

(二) 分割共有物或定經界等訴訟費用之負擔

按訴訟費用係以由敗訴的當事人負擔為原則，然而在民事訴訟中，亦有屬於非訟事件的性質者，例如：請求分割共有物之訴、定經界之訴等，此類事件，雖以民事訴訟方式處理，然其實質上並無所謂何造勝訴、敗訴的問題。若將訴訟費用完全命形式上敗訴的當事人來加以負擔，似乎有欠公允，故增設第80-1條的規定，對於上述事件的訴訟費用，授權法院得酌量相關實際的情形，命勝訴的當事人負擔其一部，以期真正的公允。又第80-1條所指即謂形式之形成訴訟。

(三) 勝訴人之行為，非為伸張或防衛權利所必要者或敗訴人之行為，按當時之訴訟程度，為伸張或防衛權利所必要者

民事訴訟法第81條即指第78條之例外，是勝訴之當事人雖獲勝訴判決，但仍須負擔一部或全部之訴訟費用。

如果勝訴之當事人行為，不是為伸張或防衛權利所必要之行為，因此所生之訴訟費用仍須由勝訴之一方負擔。

敗訴當事人之行為，按照當時訴訟進行的進度是為伸張權利或防衛權利所必要之行為，具有上開兩種情形時，雖當事人之一方勝訴，亦必須由勝訴之一方負擔訴

---

[23] 最高法院18年上字第81號判例：「原告應負擔訟費，以被告對於原告之請求逕行認諾，並能證明其毋庸訴訟，為必須具備之要件，若被告對於原告之請求雖行認諾，而於其是否毋庸訴訟，不僅不能證明，或可認其有起訴之必要者，自無令原告逕行負擔訟費之理。」

訟費用。

　　至於何謂「伸張或防衛權利所必要」，必須由法院依據具體個案來判斷。依民事訴訟法第81條第2款，倘敗訴人之行為，按當時之訴訟程度為伸張或防衛權利所必要者，因該行為所生之費用，法院得酌量情形命勝訴之當事人負擔其全部或一部。

(四) 當事人不於適當時期提出攻擊或防禦方法，或遲誤期日或期間，或因其他應歸責於己之事由而致訴訟延滯者

　　民事訴訟法第82條規定，關於訴訟費用由勝訴之當事人負擔之另外一種例外情形。雖然當事人之一方全部勝訴，但是由於可歸責於當事人的事由所導致訴訟的遲延所生的費用，必須由該勝訴之當事人負擔全部或一部[24]，方符合公平的原則。

三、一部勝訴、一部敗訴之負擔

　　當事人之訴訟如全部勝訴或全部敗訴的話，依據民事訴訟法第78條就可以直接把訴訟費用判決由敗訴之當事人負擔。但是如果當事人一部勝訴、一部敗訴的時候，則必須依同法第79條的規定來定訴訟費用的分擔。

　　當事人一部勝訴、一部敗訴者，原條文規定各自負擔其支出的訴訟費用，形式上固似合理，惟事實上因起訴原告須先繳納裁判費，訴訟進行中訴訟行為須支出的相關費用，多數亦由原告預納，以致造成原告負擔全部訴訟費用的結果，殊有不公。爰修正規定於當事人訴訟勝敗互見時，其訴訟費用，由法院酌量情形，原則上命兩造以比例分擔，倘若認為適當者，亦得命一造負擔，或命兩造各自負擔其支出的訴訟費用，以期靈活運用，而維公平。

　　試舉一例：原告趙元向被告李成請求損害賠償一佰萬元，法院判決李成應給付原告損害賠償金75萬元，而將原告其餘25萬元的請求加以駁回。法院就訴訟費用應如何裁判？

　　法院可以依據民事訴訟法第79條一部勝訴、一部敗訴的規定，也就是原告75萬部分勝訴，25萬部分敗訴，酌量情形，命原告負擔四分之一的訴訟費用，而由被告負擔四分之三的訴訟費用。

---

[24] 臺灣新竹地方法院99年親字第18號裁定：「依民事訴訟法第81條第2款，倘敗訴人之行為，按當時之訴訟程度為伸張或防衛權利所必要者，因該行為所生之費用，法院得酌量情形命勝訴之當事人負擔其一部。」

又如果法院判決被告應該賠償原告新臺幣99萬元，而將原告其餘的1萬元請求加以駁回，這時法院就可以斟酌的情形，依據第79條的規定，直接命被告負擔全部的訴訟費用，而不必再依比例判決原告負擔百分之一的訴訟費用。

四、共同訴訟之負擔

訴訟當事人的一方或雙方有二人以上的時候，稱爲「共同訴訟」。在共同訴訟的情形下，訴訟費用的分擔，依據民事訴訟法第85條第1項的規定，原則上都要由共同訴訟人平均分擔訴訟費用，但是平均分擔訴訟費用僅僅只是共同訴訟費用分擔的原則而已，如果有下列例外的情形，共同訴訟人可以不用共同平均分擔，而由特定的共同訴訟人分擔較大比例的訴訟費用：

(一) 共同訴訟人於訴訟的利害關係顯然有差異的時候，可以酌量考量各個共同訴訟人間的利害關係的比例，依這個比例，命其依比例分擔訴訟費用，例如：分割共有物的訴訟，如果共同訴訟人中，甲的應有部分是四分之三，而乙的應有部分只有四分之一，這時分割共有物的訴訟對於共同訴訟人甲和乙，甲的利害關係比乙的利害關係顯然較大，因爲甲的應有部分是這塊土地的四分之三，乙的應有部分只有這塊土地的四分之一，因此法院可以依據第85條第1項但書的規定，命甲分擔四分之三的訴訟費用，由乙負擔四分之一的訴訟費用。

(二) 共同訴訟人因爲連帶之債，或者是不可分之債敗訴的時候，也必須連帶負擔訴訟費用。所謂「連帶之債」，依照民法第272條的規定，就是各個連帶的債務人，對債權人都負擔全部的給付義務，而且連帶債務的債權人，可以同時或分別向債務人其中一人或數人，請求全部或一部分的給付債務，稱爲「連帶債務」。如果連帶債務敗訴，訴訟費用的負擔也應該由共同訴訟人連帶負擔，因此共同訴訟人如果依據本項規定必須連帶負擔訴訟費用時，則勝訴的他造當事人就可向任何一個敗訴的共同訴訟人，請求全部或一部分的訴訟費用。但必須注意，只要有於任何一個共同訴訟人給付全部的訴訟費用之後，則全部的訴訟費用債務都歸於消滅。何謂「不可分之債」，依據民法第283條的規定，不可分之債，就是數人負同一債務或有同一債權，而其給付內容具有不可分的關係，稱爲「不可分之債」[25]。

試舉一例：劉全、李德二人共有一輛車，二人將這輛車子的所有權賣給了張

---

[25] 最高法院63年度第3次民庭庭推總會議決定(三)決議意旨：「共同訴訟人因連帶不可分之債敗訴者，祗須引用民事訴訟第八十五條第二項，不必再引用同法第七十八條。」

佑，後因車款爭執，劉、李二人共同向張佑起訴，請求給付車款，如法院判決劉、李二人敗訴時，訴訟費用應如何裁判？

此種情況劉全、李德二人所負擔的債務，就是不可分之債。因為交付車子一定必須由劉、李兩個共有人共同履行，不可能劉全將他的共有部分移交給張佑，或者是由李德一個人單獨將他的應有部分移交給張佑，即是不可分之債。

不可分之債的共同訴訟人敗訴時，仍必須對訴訟費用負連帶清償之責，故於本例法院應判決訴訟費用由劉全、李德共同負擔。

五、參加訴訟費用之負擔

民事訴訟法第86條所指的參加訴訟，係指依據同法第58條之規定而參加訴訟者而言。參加人參加訴訟的目的是在保護他自己的利益，參加訴訟所支出的費用，應該由參加人自己負擔。因此第86條第1項規定，參加訴訟所生之費用，由參加人負擔。

參加人所輔助的對造當事人，如依法必須負擔訴訟費用時，參加人不用再與他造的當事人共同負擔，以保障參加人的利益。所以第86條第1項但書規定，他造當事人依民事訴訟法第78條至第84條規定負擔的訴訟費用，仍然由他造的當事人自行負擔，不用由參加人與之分擔。依據同法第86條第1項規定，參加訴訟所生的費用到底由誰負擔，必須先判斷如果是參加人所輔助的當事人勝訴的時候，則此項參加訴訟所生的費用，就應該由他造的當事人來負擔。反之，如果是參加人所輔助的當事人敗訴的時候，則應該命參加人負擔[26]。

參加人參加訴訟，如果是屬於同法第62條獨立參加訴訟的時候，在這種情形下，雖然也是參加人，但是他訴訟費用的負擔，不依第86條第1項的規定負擔訴訟費用，必須比照共同訴訟人，也就是同法第85條的規定，以共同訴訟人的原則共同分擔訴訟費用。依據第86條第2項適用的結果，獨立的參加人如果在他造當事人勝訴的時候，不僅要負擔因參加訴訟所生的費用，而且要負擔本案的訴訟費用，而負擔訴訟費用的原則，是由獨立參加人與其所輔助的當事人平均分擔。

六、撤回起訴或上訴、抗告時之負擔

依據民事訴訟法第262條的規定，原告可以在判決確定之前，撤回訴的一部或

---

[26] 最高法院98年台上字第1085號民事判決：「參加訴訟費用由參加人負擔。」

全部，因此如果原告撤回訴的全部或一部。為鼓勵當事人撤回無益或不必要之訴訟，以減輕訟累，並減省法院勞費，民事訴訟法乃修正第83條第1項，將原告得聲請退還所繳裁判費之比例從過去之二分之一提高至三分之二。另第83條第1項規定原告撤回其訴者，訴訟費用由原告負擔，司法院大法官釋字第225號解釋認為，民事訴訟係當事人請求司法機關確定其私權之程序，繳納裁判費乃為起訴之要件，原告於提起訴訟後撤回其訴，自應負擔因起訴而生之訴訟費用。民事訴訟法第83條第1項：「原告撤回其訴者，訴訟費用由原告負擔」之規定，與憲法第15條尚無牴觸。

有疑問的是，若因法律規定視為撤回起訴時，可否依民事訴訟法第83條聲請退還裁判費？例如：某甲對某乙起訴請求給付票款，某甲經合法送達，於第一次言詞辯論期日時無正當理由而未到庭，被告到庭拒絕辯論，法院再依職權定期續行訴訟，屆時原告某甲仍未到庭，依法視原告撤回其訴，問原告某甲可否請求退還裁判費二分之一？實務見解多數認為，按原告撤回其訴者，訴訟費用由原告負擔，其於第一審言詞辯論終結前撤回者，得於撤回後三個月內聲請退還該審級所繳裁判費二分之一，固為民事訴訟法第83條第1項明文規定，然此僅於當事人明示撤回其訴時，始有其適用，此乃鼓勵當事人主動撤回無益或不必要之訴訟，以減省法院之勞費，若係因其過失或法律擬制規定之效果而視為撤回其訴，則不在準用之列。如當事人合意停止訴訟程序後四個月內不續行訴訟或連續遲誤言詞辯論期日，依第190條或第191條之規定視為撤回其訴，均不得聲請退還裁判費[27]。

民事訴訟法第83條第2項所稱「抗告」，是指對法院裁定不服向上級法院請求救濟聲明不服的方式。原則上，抗告亦可以撤回。撤回抗告和撤回起訴的情形相類似，所以抗告所支出的訴訟費用，由該撤回抗告的人負擔，以符合公平原則亦與憲法第15條規定無牴觸[28]。

民國112年11月14日修法增訂民事訴訟法第83條第3項：「原告於上訴審言詞辯論終結前；其未行言詞辯論者，於終局裁判生效前，撤回其訴，上訴人得於撤回

---

[27] 參臺灣高等法院暨所屬法院89年法律座談會民事類提案第30號及第33號。

[28] 司法院大法官釋字第225號解釋文略以：「民事訴訟係當事人請求司法機關確定其私權之程序，繳納裁判費乃為起訴之要件，原告於提起訴訟後撤回其訴，自應負擔因起訴而生之訴訟費用。民事訴訟法第八十三條第一項：『原告撤回其訴者，訴訟費用由原告負擔』之規定，與憲法第十五條尚無牴觸。」

後三個月內聲請退還該審級所繳裁判費三分之二。」立法理由則略以：「為鼓勵當事人撤回無益或不必要之訴訟，以減輕訟累，並減省法院勞費，倘原告於上訴審言詞辯論終結前撤回起訴，或上訴審未行言詞辯論，原告於終局裁判生效前撤回起訴時，上訴人不論係原告或被告，均得於原告撤回後三個月內聲請退還該審級所繳裁判費三分之二，爰增訂第三項。至上訴人得聲請退還者，除當次上訴裁判費外，尚包括發回更審之前次同審級裁判費；如兩造均上訴時，不問撤回起訴者是否為該審級之上訴人，均得聲請退費，附此敘明[29]。」

七、和解時之負擔

按民事訴訟法第377條規定，訴訟繫屬中在法院由當事人互相約定而終止爭執，同時終結訴訟之合意，稱「和解」。

而民事訴訟法第84條規定，如當事人如果和解時，和解費用及訴訟費用應各自負擔。但如當事人另有約定，則依當事人之約定。

民事訴訟法第84條在96年3月修正第2項，明定和解成立者，當事人得於成立之日起三個月內聲請退還其於該審級所繳裁判費三分之二。第84條修正增列第2項和解退還裁判費的規定，是為鼓勵當事人成立和解，以減輕法院的訴訟負擔，並增進訴訟當事人間之和諧。

又如債權人因債務人積欠借款10萬元不還，聲請法院發支付命令，債務人於法定期間內聲明異議，法院乃分訴訟案件處理，嗣當事人於言詞辯論期間和解或債權人撤回起訴，法院應如何處理裁判費？按臺灣高等法院暨所屬法院94年法律座談會民事類提案第31號決議應退還訴訟費用之二分之一。

八、第三人負擔

民事訴訟法第89條之立法目的在期法院書記官及訴訟代理人或律師，執行職務時必謹慎，儘量避免無意義之訴訟費用發生。是以第89條第1項規定命負擔訴訟費用，必須以法院書記官、執達員、法定代理人、訴訟代理人等，有故意或重大過失為前提。

依據民事訴訟法第49條及同法第75條的規定，法院准許其暫時為訴訟行為的

---

[29] 民國112年11月14日民事訴訟法異動條文及理由，參見立法院法律系統，網址：https://lis.ly.gov.tw/lglawc/lawsingle?00344292021A00000000000000000005A00000000C00FFFFFD00^04527112111400^00000000000（最後瀏覽日：113年8月8日）。

人，不是能力有欠缺，即可謂法定代理權或訴訟代理權有欠缺，只不過因為法院裁定暫時准許其作訴訟行為，如果法院發現他在裁定的時間內，沒有補正訴訟代理權的欠缺、能力的欠缺或法定代理權的欠缺時，他所作的訴訟行為將全歸無效。倘因為這樣所造成多增加支出的訴訟費用，法院可直接主動依職權裁定命其負擔該部分訴訟費用[30]。

九、檢察官為當事人時之負擔

民事訴訟法第95-1條是因應民法修正後所新增的條文，因在民法修正前，檢察官並沒有介入民事訴訟的可能，檢察官是專為追訴刑事犯罪的被告，將犯罪嫌疑人提起公訴或是不起訴，並不介入民事訴訟的案件，然依據民法第8條及第14條之規定，檢察官在宣告死亡事件以及宣告監護的事件，都可以為聲請人聲請受監護宣告或聲請宣告死亡。撤銷監護宣告之訴，亦有可能成為民事訴訟的當事人。如有應行負擔訴訟費用之情形，參照非訟事件法第8條第1項但書之例，其費用應由國庫支付。爰增設民事訴訟法第95-1條之規定，俾利適用。惟宣告死亡事件、宣告監護的事件、撤銷監護宣告之訴等已移至家事事件法所規定之。

貳、訴訟費用負擔之裁判

一、對於當事人之裁判

所謂「終局判決」，就是法院以終結訴訟的全部或一部為目的，在該審級終了的判決。所以法院為終局判決時，法院就該件的訴訟就已經終結。

民事訴訟法第87條第1項所稱，法院必須依職權為訴訟費用的裁判，是指法院應不待當事人的聲明，直接於終局判決的時候，主動就訴訟費用該由何方當事人來負擔，一併在判決主文內加以載明，即所謂依職權為訴訟費用的裁判。第87條第1項所謂依職權而為費用的裁判，是屬於辯論主義的例外，因為民事訴訟法院的裁判，原則上都必須基於當事人的聲明，法院才可以判決，法院不得就當事人未聲明的事項而加以判決（民訴§388）。此第87條是屬於民事訴訟辯論主義的例外情

---

[30] 最高法院39年台抗字第43號判例意旨略以：「無訴訟代理權人提起之訴不能補正其欠缺，亦與無訴訟代理權暫為訴訟行為之人不補正其欠缺者無異，法院認其訴為不合法而駁回時，不問其所為之訴訟行為有無故意或重大過失，得逕依同法條第二項之規定，以裁定命其負擔因此所生之訴訟費用。」

形，也是法院例外可以不待當事人的聲明，而主動裁判。

上級法院將下級法院的判決全部都加以廢棄，而且沒有發回更審，也沒有發交或移送給其他法院來審理，而是由上級法院直接對本案加以判決的時候，依據民事訴訟法第87條第2項之規定，上級法院必須對訴訟總費用作出判決。

如果上級法院將下級法院的判決全部廢棄之後，並沒有就該事件作出裁判，而是將事件發回更審，或者是發交給下級法院來審判，此種情況下，上級法院就沒有必要依同法第87條第2項規定就訴訟總費用作出裁判，應該作出訴訟費用裁判的法院是由受發回或發交的法院在作出終局判決時，才須要作出訴訟總費用的裁判。

發回更審與發交判決的定義請參照後述，於此不贅述。

又本院判決之上訴案件，一部為終局判決確定，一部廢棄發回，就原審所為訴訟費用部分一併廢棄，終局判決確定部分訴訟費用未為判決，第二審對第三審之訴訟費用，無法裁判，本院原定民事裁判格式於此似有欠缺，究應如何判決？按最高法院61年度第4次民庭庭長會議(三)決議略以：「本院為一部分終局判決確定者，不問為駁回第三審上訴或自為判決，均應就該確定部分為第三審訴訟費用負擔之裁判。」

又依據民事訴訟法第88條的規定，當事人不能只就訴訟費用的裁判部分聲明不服，一定是要對於本案的判決有上訴的時候，才能對訴訟費用的裁判一起聲明不服，是因為依據同法第78條的規定，訴訟費用必須由敗訴的當事人負擔，因此訴訟費用的裁判，往往是基於本案判決的勝敗來決定，如果對於本案判決沒有聲明不服，而只對訴訟費用的裁判聲明不服時，容易造成本案判決與訴訟費用的裁判會相互牴觸，是以民事訴訟法第88條規定，訴訟費用的裁判，一定要在本案裁判有上訴的時候，才可以就訴訟費用裁判聲明不服[31]。

二、對於第三人之裁判

民事訴訟法第89條之規定即屬法院對第三人裁判之情形，其餘可參本章第四節壹之八之論述，不另贅述。

---

[31] 最高法院18年上字第607號判例略以：「苟非對於本案之裁判提起上訴者，不得聲明不服。」最高法院31年上字第31號判例略以：「訴訟費用之裁判，非對於本案裁判有上訴時，不得聲明不服，民事訴訟法第八十八條定有明文。本件上訴人對於本案裁判之上訴既屬不應准許，對於訴訟費用部分之上訴，亦即不能認為合法。」

三、不經裁判終結訴訟時之裁判

　　訴訟費用的裁判，原則上必須由法院依職權作出裁判（民訴§87Ⅰ）。然而民事訴訟法第90條之規定，即在例外之情形下，法院不依職權作訴訟費用之裁判，而是依當事人之聲請而作訴訟費用裁判。但並不是所有的訴訟費用都可以依據當事人聲請而作訴訟費用裁判，一定是要訴訟不經裁判而終結時，才可依當事人之聲請作出裁判；否則如訴訟已經過裁判而終結時，仍然必須回復到同法第87條之原則，由法院依職權主動作出裁判。

　　所謂「不經裁判而終結訴訟」，例如：訴訟因原告之撤回而終結，或者是雙方當事人和解而終結，皆屬訴訟不經裁判而終結之情形。

　　民國92年2月修法將第2項規定之20日期間，因其性質上屬法定不變期間，爰將第2項明確規定為20日之不變期間，以杜疑義。

參、訴訟費用額之確定

一、訴訟費用額之確定

　　依民事訴訟法第91條第1項之規定，法院未於訴訟費用之裁判確定其費用額者，於訴訟終結後，第一審受訴法院應依聲請以裁定確定之。

　　民國112年11月14日修正前民事訴訟法第91條第1項為：「法院未於訴訟費用之裁判確定其費用額者，第一審受訴法院於該裁判有執行力後，應依聲請以裁定確定之[32]。」通常法院在判決主文內，雖然會對訴訟費用該由何方當事人負擔作出裁判，但是通常都沒有確定其額度。現今實務上，判決主文內只記載訴訟費用由原告或被告負擔，可知法院並沒有在訴訟費用之裁判確定訴訟費用額度究為多少，法院必須待該裁判有執行力時，依當事人之聲請或依職權作裁定訴訟費用額度。然按民事訴訟法原係於57年修正時，慮及法院未於訴訟費用之裁判中確定訴訟費用額，而負擔訴訟費用者，又係受救助的一造時，勢必因無人依第91條的規定，聲請法院確定訴訟費用額而陷於不能執行的狀態，為補救舊法適用上的缺漏，故特別增加法院「得依職權裁定確定之」的配套規定。惟因條文文字欠明，易滋疑義，且關於經准

---

[32] 民國112年11月14日民事訴訟法異動條文及理由，參見立法院法律系統，網址：https://lis.ly.gov.tw/lglawc/lawsingle?00344292021A00000000000000000005A00000000C00FFFFFD00^04527112111400^00000000000（最後瀏覽日：113年8月8日）。

予訴訟救助暫免繳納的費用究竟要如何徵收，此部分已修正第114條第1項的規定，故原本民事訴訟法第91條第1項「並得依職權」的規定，即無重複規定之必要，特於修法予以配合刪除。民國112年11月14日立法院修正之立法理由係以：「法院未於訴訟費用之裁判確定訴訟費用額者，應俟訴訟終結即本案裁判確定後為之，爰修正第一項。又法院於判決宣告假執行時，宜併於主文諭知訴訟費用數額，倘未為諭知，僅關於訴訟費用之裁判不得假執行，尚非裁判脫漏，不得聲請補充判決，附此敘明。」故現行民事訴訟法第91條第1項之用語由「第一審受訴法院於該裁判有執行力後」修正為「訴訟終結後」[33]。

民事訴訟法第91條第2項所指的釋明費用額的證書，通常是指收據，例如：購買司法狀紙或者是繳納裁判費，法院所交付的收據。至於「影本」已為現今社會所通用，爰於第2項的「繕本」下增列「影本」，以求周延[34]。

同時民國92年2月修法為促使當事人早日自動償付其應賠償對造的訴訟費用，爰增列第3項，明定應自確定訴訟費用額的裁定送達翌日起，加給按法定利率計算的利息。

因此，確定訴訟費用額之裁定，僅就各個訴訟費用項目、及數額之計算加以確定數額而已，實體內容仍依命負擔訴訟費用額之裁判定之。

民國112年11月14日立法院增訂民事訴訟法第91條第3項之規定，第81條、第82條、第91條至第93條之規定，於第1項情形準用之。立法理由係以：「法院為第一項之裁定時，關於第八十一條、第八十二條法院得酌量情形，命當事人負擔訴訟費用全部或一部（例如原告為伸張權利所必要，訴請被告清償，嗣因被告於訴訟中清償而撤回其訴，此際依第八十三條第一項本文定其訴訟費用負擔，即欠公允），及第九十一條至第九十三條確定訴訟費用額程序、方法之規定，均有準用之必要，宜予明定，俾免疑義。爰增訂第三項[35]。」

---

[33] 同前註32。

[34] 最高法院98年台抗字第292號民事裁定：「民事訴訟法第九十一條第二項規定，聲請確定訴訟費用額者，應提出費用計算書，交付他造之計算書繕本或影本及釋明費用額之證書，旨在方便法院為費用之計算及相對人陳述意見。」

[35] 民國112年11月14日民事訴訟法異動條文及理由，參見立法院法律系統，網址：https://lis.ly.gov.tw/lglawc/lawsingle?00344292021A00000000000000000005A00000000C00FFFFFD00^04527112111400^00000000000（最後瀏覽日：113年8月8日）。

二、確定訴訟費用額之程序

訴訟費用如是由當事人分擔，法院在裁判前應以裁定命他造在一定的時間內，提出費用的計算書以及釋明費用額的證書，然他造提出費用計算書時，應併提出其繕本或影本，由法院交付聲請人，俾便其表示意見，爰於民事訴訟法第92條第1項明定，其餘請參照上述的相關解說。

如訴訟之他造沒有在法院定的時間內，提出訴訟費用計算書及釋明費用額的證書，法院可以單獨就聲請人一造所支出的費用來加以確定。但爲維另外一方的當事人起見，第92條但書第2項規定，訴訟之他造遲誤了法院要求提出計算書及收據的時間，但是事後仍然可以聲請法院確定他支出的訴訟費用額度。

三、確定訴訟費用額之方法

民事訴訟法第93條所規定的是訴訟費用額度如何確定，並規定如有第92條第2項的情形時，不能用本條的方法來確定訴訟費用額，因第92條第2項之情形乃因訴訟之他造沒有按照法院規定之期限內提出費用計算書，因此法院可以單獨就聲請人之一造來確定訴訟費用額，因此無從依據第93條之規定由兩造來互相抵銷。倘法院未於裁判前命他造於一定期間內，提出費用計算書、交付聲請人之計算書繕本或影本及釋明費用額之證書，即無逕依第93條之規定，確定一造應賠償他造差額之餘地[36]。

肆、訴訟費用之預納及計算

依民事訴訟法第94條之規定法院得命書記官計算訴訟費用額。蓋因訴訟行爲許多都是必須支出費用，例如：聲請公示送達，須繳納公示送達的裁定費用45元，亦須支出公示送達的公告法院網站費、登載新聞紙的費用（民訴§151 II），聲明人證還必須支出證人的旅費（民訴§323），聲請「鑑定」也要支出鑑定費用（民

---

[36] 最高法院99年台抗字第518號民事裁定略以：「當事人分擔訴訟費用者，在當事人一造聲請確定訴訟費用額之情形，爲避免他造另行聲請確定訴訟費用額之煩，法院應於裁判前命他造於一定期間內，提出費用計算書、交付聲請人之計算書繕本或影本及釋明費用額之證書……倘法院未於裁判前命他造於一定期間內，提出費用計算書、交付聲請人之計算書繕本或影本及釋明費用額之證書，即無逕依第九十三條之規定，確定一造應賠償他造差額之餘地。」

訴§338）等等。然因民事訴訟法已修正並增列為第94-1條條文，爰刪除前開在第94條原文中預納的相關法律規定。

民事訴訟法第94-1條第1項明定依法訴訟除須繳納裁判費外，於訴訟行為中尚有必須支出的費用者，例如：調查證據、鑑定價額的費用等。依原民事訴訟法的規定，此等費用，審判長得定期命當事人預納，以利訴訟之進行。惟當事人不依命預納時，法院應如何處理，過去民事訴訟法未有規定，致實務上時生困擾。因此增訂第94-1條，就訴訟行為須支出費用者，如當事人不依審判長的命令預納時，法院得不為該行為。惟另有其他費用，例如：分割共有物訴訟的測量費、鑑定費等，倘若當事人不為預先繳納，則訴訟無從進行，故特增訂但書，明定於此情形，審判長得定期通知他造墊支，如他造亦不為墊支時，則視為兩造合意停止訴訟程序，以解決現行實務上訴訟程序進行的困難。例如，於分割共有物事件，法院認為兩造提出之方案均不適當，依職權另定方案時，若兩造均認該方案對己不利，不為預納或墊支費用時，是否應視為合意停止訴訟程序？按臺灣高等法院暨所屬法院93年法律座談會民事類提案第17號決議[37]意旨認為仍必須定期通知原告（或上訴人）預納，逾期不繳交再通知對造墊支，均不繳交後，始可視為合意停止訴訟程序。

同時依民事訴訟法第94-1條第1項但書規定，視為合意停止訴訟程序者，如當事人僅聲請續行訴訟，而不預納或墊支費用，則訴訟仍然無從進行，故特別增列第2項規定，依法要求必須經由當事人在四個月內預納或墊支費用，始能續行其訴訟程序。否則如果逾越四個月的期限而仍未預納或墊支者，即視為撤回其訴或上訴，以利訴訟程序的終結。

伍、訴訟費用負擔之準用

法院受理當事人訴訟的時候，必須先從程序上加以審查，視其程序上是否合法，如果程序上不合法，法院可以裁定來終結本案，例如：原告或被告沒有當事人能力，不符合民事訴訟法第40條的當事人資格，或是原告或被告沒有訴訟能力等的情形，法院都可以直接用裁定駁回原告的訴訟，不須經過判決程序。法院如果以裁

---

[37] 臺灣高等法院暨所屬法院93年法律座談會民事類提案第17號決議略以：「雖當事人已經表明不預納或墊支，但依民事訴訟法第九十四條之一規定，仍必須定期通知原告（或上訴人）預納，逾期不繳交再通知對造墊支，均不繳交後，始可視為合意停止訴訟程序。」

定來終結本案時，也會有支出一部分訴訟費用的可能，因此亦準用本節關於訴訟費用的各項規定（民訴§78至§95），由當事人來負擔訴訟費用。

民事訴訟法第95條所指「本案」係訴訟事件而言，亦即法院以裁定終結訴訟事件本身或訴訟事件外之枝節問題與訴訟事件勝敗無關之爭點時，始有民事訴訟法第95條之適用。

第五節　訴訟費用之擔保

壹、訴訟費用擔保之要件

依民事訴訟法第96條之規定，原告於中華民國無住所、事務所及營業所者，法院應依被告聲請，以裁定命原告供訴訟費用之擔保；訴訟中發生擔保不足額或不確實之情事時，亦同。

前項規定，如原告請求中，被告無爭執之部分，或原告在中華民國有資產，足以賠償訴訟費用時，不適用之。

可知聲請供訴訟費用之擔保的要件為：

一、原告於中華民國無住所、事務所及營業所者

第96條立法意旨無非係因避免被告或原告當事人於中華民國無住所、事務所及營業所者，致將來訴訟終結命其負擔賠償訴訟費用時，發生執行困難而難以執行。而定命被告或原告當事人供訴訟費用之擔保。但有下列情形之一者不負供擔保義務：

(一) 原告請求中被告無爭執之部分足以賠償訴訟費用

被告對於原告之請求，一部認諾或無爭執，而此部分足以賠償原告之訴訟費用，自無令其供擔保之必要，此於民事訴訟法第96條第2項所明定。

(二) 原告在中華民國有資產，足以賠償訴訟費用

原告在於中華民國無住所、事務所及營業所，但有資產足以賠償訴訟費用，從立法意旨觀之，自無令其供擔保之必要，亦於民事訴訟法第96條第2項所明定。

(三) 原告受訴訟救助者

依民事訴訟法第110條第2款之規定，原告受訴訟救助，有免供訴訟費用擔保之

241

效力。

二、須經被告聲請

法院命原告供訴訟費用之擔保或補供擔保，應依被告之聲請，不得逕以職權爲之[38]。

依據民事訴訟法第97條規定被告已爲本案之言詞辯論者，不得聲請命原告供擔保。但應供擔保之事由知悉在後者，不在此限。

但如應該供擔保的事由，亦就是原告在中華民國沒有住所、事務所、營業所的這些事由，被告本來不知道，事後才知道他在中華民國沒有住所，縱使被告已經作出本案的言詞辯論，仍可依據同法第96條的規定，向法院聲請原告供訴訟費用的擔保[39]。

被告依據同法第97條規定，聲請訴訟費用之擔保，必須在本案言詞辯論前才可聲請，因此被告在原告提供擔保以前，或者是在聲請被法院駁回之前，可以拒絕本案之言詞辯論。因爲原告經法院裁定必須提供擔保時，如果不遵照法院的裁定提出擔保，法院就可以依據民事訴訟法第101條規定，從程序上直接裁定駁回原告的訴訟，所以如果被告在聲請被駁回以前，就作出本案的言詞辯論，則這些言詞辯論就會歸於無效而有浪費訴訟程序的情形。故民事訴訟法第98條特別規定，被告在聲請被駁回前，或原告供擔保前，可以拒絕本案的言詞辯論，如是斯足以保護被告之利益。

貳、命供訴訟費用擔保之裁定

訴訟費用是否必須由原告供擔保，依據民事訴訟法第99條的規定，法院應以裁定爲之。法院認爲被告的聲請無理由時，應該以裁定駁回被告的聲請。但如法院認爲被告之聲請有理由，就必須依據民事訴訟法第99條之規定，裁定並定出擔保額

---

[38] 參照最高法院94年台抗字第182號判例略以：「法院命原告供訴訟費用之擔保或補供擔保，應依被告之聲請，不得逕依職權爲之，此觀同法第九十六條第一項規定自明。」。

[39] 最高法院91年台抗字第607號民事裁定：「所謂已爲本案之言詞辯論，係指被告就爲訴訟標的之法律關係爲實體上之陳述而言，準備程序實質上爲言詞辯論之一部，故在準備程序中已爲本案之言詞辯論者，自有前開規定之適用。」

之額度以及供擔保期間。

如果法院認爲被告聲請原告必須供擔保有理由的時候，必須依照民事訴訟法第99條的規定，以裁定中定擔保額及供擔保之期間，但是如果原告對於裁定不服，可依據民事訴訟法第100條之規定，在五天內向上級法院提出抗告。然原條文「得於五日內抗告」，配合民國92年2月7日修法修正爲「得爲抗告」，意即所謂抗告期間，一律回歸到適用第487條的規定，並統一爲十日，以杜爭議。

抗告期間，依據民事訴訟法第487條的規定，本來是十天內都可以提出抗告，但是本條特別規定，這種聲請供擔保的事件，如果法院准許被告的聲請時，原告可以在五天內抗告，以求訴訟程序的進行不致拖太久。

惟例外情形，倘原告不供訴訟之擔保，被告不得執命供擔保之裁定爲執行名義，聲請對原告強制執行[40]。

參、訴訟費用擔保之種類

如果法院依據民事訴訟法第99條的規定，裁定原告必須供擔保，原告提供的擔保方法，依據同法第102條之規定，有下列五種：

(一) 提存現金。

(二) 提存法院認爲相當的有價證券。提存有價證券時，必須先聲請法院裁定，他的有價證券足以和法院所裁定的擔保額相當，才可用有價證券來提存，否則就不能以有價證券來提存。

(三) 當事人如有約定特定的提存物來提供擔保，必須提存該項特定的物品。

(四) 爲便利當事人提供擔保，第2項規定，供擔保得由保險人或經營保證業務的銀行出具保證書代之。

(五) 原告如提不出現金、有價證券及其他物品時，可以依據第102條第3項的規定，法院得許可，由該管區域內有資產之人，出具保證書來代替擔保品[41]。

---

[40] 最高法院85年台抗字第199號裁定略以：「供訴訟費用之擔保，爲基於訴訟上之關係，非使原告負擔實體法上之義務，倘原告不供擔保時，僅發生訴訟被駁回之原因而已（民事訴訟法第101條），被告不得執命供擔保之裁定爲執行名義，聲請對原告強制執行。故不生對命供擔保之裁定提起抗告，無停止執行效力之問題。」

[41] 最高法院48年台抗字第93號判例略以：「供擔保之提存物，供擔保人有須利用之者，固得由供擔保人聲請法院許其變換，惟提存物爲有價證券者，祇得易以現金或其他有

最高法院53年度第3次民刑庭總會會議決議意旨：「民事訴訟法第102條第1項規定，供擔保應提存現金或法院認為相當之有價證券，但當事人別有約定者，不在此限。是知此一規定，係專為供擔保應提存何物而設，裁判之命以新臺幣供擔保，衹係抽象的表明其數額，供擔保時，原則上，固應比照此數額具體的提存現金，但欲提存有價證券，亦無不可，不過以經法院認為相當之有價證券為限而已，故應供擔保之當事人聲請為許其提存有價證券之裁定者，法院苟認為相當，自得准許，此與民事訴訟法第105條所定之變換提存物問題無關。」

肆、訴訟費用擔保之裁定及其擔保之效力

一、訴訟費用擔保之裁定

依民事訴訟法第101條之規定：「原告於裁定所定供擔保之期間內不供擔保者，法院應以裁定駁回其訴。但於裁定前已供擔保者，不在此限。」

如果法院准許被告的聲請，而依民事訴訟法第99條的規定，裁定命原告提供擔保，而原告沒有於法院所規定之期間內提供擔保時，法院就可直接將原告所提起的訴訟，從程序上直接裁定駁回，而不作實體上的審查。

易言之，如果原告沒有在法院所規定的期間內提供擔保，但是因為法院沒有於供擔保的期間一屆滿就作出駁回起訴的裁定，致使原告在期間過了之後，還依法提供擔保，那麼法院就不可再以供擔保的期間已經過了為理由，將原告所提的訴訟，以裁定駁回。因為原告既然已經提供擔保，而法院又還沒有裁定駁回，就應該讓原告所提起的訴訟，有繼續受實質審判的權利。

二、擔保之效力

原告依據民事訴訟法第102條提供的擔保物品，被告可依質權人之權利來行使權利。所謂質權，依據民法第884條以及第900條規定，是指為了擔保債權而占有由債務人及第三人所移交的動產或可讓與之財產，而在債務屆清償期而沒有清償的時候，可以就其賣得的價金，優先受償之權利。所以如果日後原告不履行所應該負擔賠償之訴訟費用時，被告即可依據本條之規定，來行使質權人之權利，請求法院

價證券，此觀民事訴訟法第一百零二條第一項前段所定，供擔保限於現金或與現金相當之有價證券自明，抗告人竟請以土地所有權狀變換現金之擔保，自無可許。」

提存所給付原告所擔保之金錢；若供擔保之方法為有價證券則可據民法之規定自行拍賣或者是聲請法院拍賣（強制§4 I 第5款，司法院大法官釋字第55號）來充作賠償。

如供擔保之方法不是以現金、有價證券或者是約定的提存物，而是依據第102條第2項的規定，以保證人出具保證書來代替供擔保，出據保證書的人，依據民事訴訟法第103條第2項規定，如原告不履行所應負義務時，保證人就必須就保證金額負履行的責任。而且此種出具保證書人，和民法上的保證債務有所不同，不能主張民法第745條的先訴抗辯權；換言之，如原告不履行應負擔賠償訴訟費用之義務時，出具保證書人，直接就有給付保證金之責任，而不能再以民法第745條的抗辯權，來加以抗辯。

依民事訴訟法第102條規定出具保證書的人，於原告不履行所負義務時，依同法第103條第2項規定，有就保證金額履行的責任已如前述的解釋說明。然在解釋上雖認為對於具保證書人得直接強制執行，無庸另行起訴，而且實務上亦準此行之多年，惟究竟缺乏法律的依據。故於本項後段明定法院得因被告的聲請，逕向具保證書人為強制執行，以杜疑義。

債權人就債務人因免假執行所提存之擔保物，有與質權人同一之權利。惟其質權效力所及之範圍是否只限於因免假執行所生之損害，抑應包括本案給付？按最高法院75年度第8次民事庭會議決議(二)意旨明揭：「當僅認以『因免假執行而受之損害』為限，始有與質權人同一之權利，不包括『本案之給付』在內。」

伍、擔保物之變換及返還

一、擔保物之返還

民事訴訟法第104條第1項第2款供擔保人證明受擔保利益人同意返還提存物或保證書者，民事訴訟法原規定毋庸裁定。然而法院為准否返還的意思表示，本即應為裁定，故原規定與法理不合。且受擔保利益人本人確實有無同意返還，仍宜由法院民事庭依當事人聲請，據相當資料認定後，為准否返還的裁定時，即不宜由當事人逕向提存所請求返還。爰將原第3項關於供擔保人證明受擔保利益人同意返還的規定移列為第1項第2款。

有符合民事訴訟法第104條第1項的各種情形時，法院就必須依供擔保人的聲請來裁定返還他的提存物或保證書。至於第104條第1項第1款所稱的「應供擔保的原因消滅」，包括下列各項：

（一）原告在中華民國開始有住所、營業所、事務所時，那麼供擔保的原因就消滅了（民訴§96）。

（二）原告依據民事訴訟法第110條第1項第2款的規定，受到訴訟救助的時候，供擔保的原因亦歸於消滅（民訴§110Ⅰ）。

（三）原告的判決獲得勝訴，且已經確定，不須負擔訴訟費用，則原告既然確定不須負擔訴訟費用，自不須提供訴訟費用的擔保。

（四）原告依法應該賠償的訴訟費用已經賠償，且已經支付，則供擔保的原因就消滅。

第104條原第1項第2款所稱訴訟終結後移列民事訴訟為第3款。依原條文規定，供擔保人必須證明已定二十日以上的期間，催告受擔保利益人行使權利，而未行使後，方得聲請法院裁定命返還提存物，例如：被告依據民事訴訟法第96條的規定，聲請原告必須為訴訟費用的擔保，後來法院裁定准許之後，原告提供訴訟費用的擔保，原告於提存擔保額之後，遭到訴訟敗訴確定，而確定是必須由原告負擔訴訟費用，此種情形下，原告就是本款所稱的「供擔保人」，而被告就是「受擔保利益人」。是以如原告在本例題的情形下，他定二十日以上的期間催告被告，要求被告直接就他所提供的擔保金來扣除賠償他的訴訟費用，此時，假使被告受到催告後仍然不對原告所提出的擔保金行使他的權利，則原告可依據民事訴訟法第104條第1項第3款的規定，向法院聲請裁定命返還提存物[42]。惟於受擔保利益人變更住所而行蹤不明，或拒絕或迴避收受催告信函之情形，供擔保人欲為前述催告及證明即發生困難，故修法增列後段，規定供擔保人亦得聲請法院通知受擔保利益人於一定期間內行使權利並向法院為行使權利的證明，受擔保利益人逾期未為證明者，供擔保人即得聲請法院裁定命返還提存物，俾供擔保人得選擇較便捷的方式為之，並解決前開無法催告及送達之困難。

原第3項關於假執行、假扣押、假處分供擔保人請求返還提存物的規定，非屬本條訴訟費用的擔保事項，且係不經法院裁定，逕向法院提存所聲請返還，應屬提存法的法規範疇，在此規定，體例上即有未合。最高法院96年度第3次民事庭會議

---

[42] 最高法院72年台抗字第181號判例：「訴訟終結後，受擔保利益人，逾民事訴訟法第一百零四條第一項第二款二十日以上之期間而未行使其權利時，若在供擔保人向法院為返還提存物或保證書之聲請之後，始行使其權利者，仍應認為受擔保利益人未在前開期間內行使其權利。」

決議內容主旨：「按宣告原告供擔保後，得為假執行；但被告預供擔保後得免為假執行之判決，須原告已供擔保後，始得為假執行。倘原告並未提供擔保，既不得為假執行，原告即無因免為假執行而受損害之可言，被告亦無預供擔保以阻止假執行之必要。倘被告預供擔保，應認其應供擔保之原因已消滅，得依民事訴訟法第一百零六條準用同法第一百零四條第一項第一款規定聲請返還擔保金。」最高法院74年台抗字第254號判例亦採相同見解[43]。

二、擔保物之變換

依民事訴訟法第105條之規定，提供擔保所應提出之提存物或保證書，如已經向法院提存，原則上都不能再變更，除非具有下列各項情形，則例外可以變更：

(一) 由當事人約定變換。例如：甲提存現金，後與相對人乙互相約定，將提存物變為股票。

(二) 法院依據供擔保人的聲請，裁定准許他變換擔保物。例如：甲提供擔保時，本來是提供公司的股票為擔保物，後因該股票又出售予他人而另有其他的用途，而聲請法院裁定，准許將他的擔保物變換為現金。

如已經提供擔保人聲請法院變換擔保物時，必須特別注意，假設擔保人原來所提存的是現金、有價證券，或者是約定的提存物時，當事人不能聲請法院將其變換成保證書來代替。反之，假如擔保人本來所提出的擔保物是保證書，而聲請裁定變換成現金或有價證券的時候，則法院就可以斟酌情形裁定准許變換擔保物；最高法院43年台抗字第90號判例：「有價證券之實際價值是否與現金相等，法院應予斟酌，不得僅以券面金額代替擔保金額。」

陸、訴訟費用擔保規定之準用

依民事訴訟法第106條之規定，第102條第1項、第2項及第103條至第105條中，供擔保的方法，被告就提存物享有的權利，擔保物如何返還，擔保物品如何變換的規定在其他依法令供擔保的時候，都可以準用。然因有關因假執行、假扣押、

---

[43] 最高法院74年台抗字第254號判例略以：「茲本案判決，已經第三審法院廢棄發回更審，原第二審法院准予假執行之宣告，因無所附麗，於廢棄之範圍內失其效力，原第一審原告即不得再依已被廢棄之原判決聲請假執行，因而原第一審被告為免假執行而供擔保所提存之物，應認其應供擔保之原因已消滅。」

假處分或起訴等而須供擔保者，依原條文準用原第102條第2項規定的結果，供擔保人原得以保證書代之。惟如供擔保人與具保證書人勾串，以保證書代供擔保，日後卻規避保證責任，對受擔保利益人而言，將生損害。爰配合第102條第2項之修正，規定於其他依法令供訴訟上之擔保者，準用第102條第1項、第2項及第103條至前條之規定，排除保險人或經營保證業務之銀行以外的人得出具保證書代供擔保[44]，以杜流弊。

　　第106條後段所稱，其應就起訴供擔保者，例如：依據公司法第214條第2項，法院依被告的聲請命起訴之股東提供相當之擔保，則除前述的準用規定外，依據第106條的後段規定，並準用第98條、第99條第1項及第100條、第101條之規定。

---

[44] 最高法院27年抗字第648號判例：「應供擔保人不能提存現金及法院認為相當之有價證券者，法院得許由該管區域內有資產之人具保證書代之，民事訴訟法第一百零二條第二項定有明文。法院許債務人供擔保而撤銷假處分時，依同法第一百零六條規定，債務人之供擔保自應準用第一百零二條辦理，原法院以債務人不能提存現金及有價證券，許由該管區域內有資產之人具保證書代之，尚不能謂為違背法令。」

| 第十九章 |

訴訟救助

第一節　訴訟救助之意義

壹、訴訟救助之必要

　　依據民事訴訟法第78條以下的規定，當事人利用法院之資源進行民事訴訟，必須由當事人支付所有之訴訟費用，於現行實務運作下，必須在原告起訴時預繳訴訟費用，否則如果經通知補正仍未補繳者，法院就會從程序上駁回原告的起訴，而沒有進入實體審判的機會。然而有償式之民事訴訟如果不問訴訟當事人有無資力，一律作同等之付費要求可能有侵害人民憲法保障之訴訟權之虞，亦即假如有一原告因經濟能力不足沒有預繳裁判費的資力，致未預先支付訴訟費用，那其可能就沒有機會為保護自己的私權而採取民事訴訟，而與國家民事訴訟制度保護個人的私權有所違背，因此同法第107條規定，如具備一定條件之當事人，可以依法聲請訴訟救助，法院准許其暫免或免支出訴訟費用，而可例外於未繳交訴訟費用之情況下，先為訴訟行為之制度，稱為訴訟救助。

第二節　訴訟救助之要件與聲請

壹、訴訟救助之要件

一、本國人聲請訴訟救助
　　依據民事訴訟法第107條的規定，聲請訴訟救助，必須符合下列要件：

民事訴訟法新論

(一) 必須當事人無資力支付訴訟費用

當事人是否無資力支付訴訟費用，必須由法院依實際情形來具體判斷[1]（民訴§107Ⅱ）。

(二) 必須當事人不是顯然無勝訴之望

當事人有勝訴希望，才可聲請訴訟救助。如果沒有勝訴希望，亦准許訴訟救助，和國家保護個人私權的本意違背，而且會有鼓勵人民隨意提起訴訟的可能性，所以必須有勝訴的希望，才可聲請訴訟救助。而至於有無勝訴之希望，是由法院來加以判斷，例如：當事人已逾法定不變期間之訴訟行為，即屬之[2]。司法院大法官釋字第229號就民事訴訟法第107條第1項但書認為：「民事訴訟法規定之訴訟救助制度，乃在使有伸張或防衛權利必要而無資力支出訴訟費用之人，仍得依法行使其訴訟權。又恐當事人濫用此項制度，進行無益之訴訟程序，徒增訟累，故於民事訴訟法第107條第1項但書規定『但顯無勝訴之望者，不在此限』。此為增進公共利益所必要，與憲法第16條並無牴觸。」可資參照。

(三) 必須由當事人自己來聲請訴訟救助

如果當事人自己不提出聲請訴訟救助，法院縱使發現當事人是無資力而且顯然有勝訴希望時，法院不能主動依職權給予訴訟救助。

因我國憲法第16條規定人民有訴訟權，人民之訴訟權為憲法所保障之權利，如果當事人因無資力繳納訴訟費用，而導致人民無法行使憲法所保障之訴訟權，則有違憲法保障人民訴訟權之本質。是以，為了使憲法訴訟權之保障更進一步的落實，避免當事人因支出訴訟費用以致生活陷於困窘，難以維持自己及共同生活之親屬之基本生活，或是因而放棄使用國家之訴訟資源，故增訂第2項法院於認定當事

---

[1] 最高法院43年台抗字第152號判例略以：「當事人無資力支出訴訟費用者，固得聲請訴訟救助，然所謂無資力係指窘於生活，且缺乏經濟信用者而言。」最高法院29年抗字第179號判例略以：「民事訴訟法第一百零七條所謂當事人無資力支出訴訟費用，並非當事人全無財產之謂，當事人雖有財產而不能自由處分者，如無籌措款項以支出訴訟費用之信用技能，即為無資力支出訴訟費用。」

[2] 最高法院27年聲字第184號判例：「聲請人所提起之第三審上訴已逾不變期間，即顯無勝訴之望，其聲請訴訟救助，依民事訴訟法第一百零七條但書之規定，自屬無從准許。」

人有無資力支出訴訟費用時，必須斟酌當事人以及其共同生活親屬基本生活之需要。

又無勝訴之望者不准訴訟救助之規定，是否違憲？按大法官釋字第229號解釋明揭[3]，此為增進公共利益所必要，與憲法第16條並無牴觸。

二、外國人聲請訴訟救助

民事訴訟法第108條規定，如果外國人聲請訴訟救助，必須符合特別的要件：

(一) 必須符合民事訴訟法第107條所規定的要件。

(二) 本國國民亦得在他國受訴救助者。

民事訴訟法第108條第2項係採互惠原則，同時依目前外交實況，我國與有邦交國家間方能締結條約，與無邦交國家間多僅締結協定，原條文僅規定「條約」未併列「協定」，不免有所欠缺周全。又原條文僅規定「該外國人之本國法」，易致誤解為限於成文法律，不包括命令及慣例，不足以保障外國人的權益，爰於民國92年2月7日修正本條規定，以求周延。

如果是沒有國籍的人聲請訴訟救助，依據司法院22年院字第875號解釋，如果是無國籍的人聲請訴訟救助，仍然依據民事訴訟法第107條的要件，來加以審核。

貳、訴訟救助聲請之程序

一、訴訟救助之程序

民事訴訟法第109條第1項規定：「聲請訴訟救助，應向受訴法院為之。於訴訟繫屬前聲請者，並應陳明關於本案訴訟之聲明及其原因事實。」聲請訴訟救助不論以書狀或言詞聲請皆可，並應向繫屬法院為之[4]，惟當事人既尚未起訴，法院並

---

[3] 司法院大法官釋字第229號解釋文略以：「民事訴訟法規定之訴訟救助制度，乃在使有伸張或防衛權利必要而無資力支出訴訟費用之人，仍得依法行使其訴訟權。又恐當事人濫用此項制度，進行無益之訴訟程序，徒增訟累，故於該法第一百零七條但書規定『但顯無勝訴之望者，不在此限。』此為增進公共利益所必要，與憲法第十六條並無牴觸。」

[4] 最高法院100年度台抗字第474號裁定略以：「按聲請訴訟救助，應向受訴法院為之，民事訴訟法第一百零九條第一項定有明文。所謂受訴法院，在起訴前，為本案訴訟將來應繫屬之法院；在起訴後，依同法第一百十一條規定，准予訴訟救助之效力既及於

無起訴狀或其他訴訟資料，以憑認定其訴是否「顯無勝訴之望」，而為准駁聲請的裁定。爰於民國92年2月7日修正第1項，增設於訴訟繫屬前聲請訴訟救助者，並應陳明關於本案訴訟的法律上聲明及其原因事實，以利適用。

依最高法院62年台抗字第500號判例意旨[5]，認為第2項原規定的「請求救助之事由」係指「無資力支出訴訟費用之事由」而言，至「非顯無勝訴之望」則毋庸釋明。故修正本項，明定僅無資力支出訴訟費用的事由應釋明，以期明確。

原民事訴訟費用法第30條第1項規定與第109條第3項規定重複，該條第2項規定：「前項保證書內，應載明具保證書人於聲請訴訟救助人負擔訴訟費用時，代繳暫免之費用。」宜一併規定於本條，以免割裂，爰將該條第2項規定移置為本條第3項後段。第3項規定：「前項釋明，得由受訴法院管轄區域內有資力之人，出具保證書代之。保證書內，應載明具保證書人於聲請訴訟救助人負擔訴訟費用時，代繳暫免之費用。」

法院就當事人聲請訴訟救助，不論是准許救助聲請，或者是駁回救助聲請，都必須以裁定行之（民訴§220）。

釋明之責任依據民事訴訟法第283條規定：「習慣、地方制定之法規及外國法為法院所不知者，當事人有舉證之責任。但法院得依職權調查之。」

二、訴訟救助之裁定

關於訴訟救助法院所作的各項裁定，民事訴訟法第115條原條文規定「得於五日內抗告」，於民國92年2月7日修正為「得為抗告」，即抗告期間回歸統一適用民事訴訟法第487條之規定，一律改為十日。

凡是屬於准許救助、駁回救助聲請，或是撤銷救助，命補繳暫免的訴訟費用，以及和訴訟救助有關的一切裁定，都可以抗告的方式向上級法院聲明不服。

惟除受救助人依同法第96條應供訴訟費用之擔保者外，他造對於受救助人請求賠償訴訟費用之權利，絕不因此而受影響，受救助人無須供訴訟費用之擔保時，

各審級，則為本案訴訟現繫屬之法院。故於本案訴訟經法院裁判終結而脫離繫屬後，如當事人提起上訴並聲請訴訟救助，其訴訟救助之受訴法院即為上訴審法院，不因暫免範圍是否包括下級審訴訟費用而有不同。」

[5] 最高法院62年台抗字第500號判例要旨略以：「關於聲請訴訟救助，民事訴訟法第一百零九條第二項並未規定當事人就非顯無勝訴之望，亦應釋明，故當事人不負釋明之責，至其訴訟是否非顯無勝訴之望，應由法院依其自由意見決之。」

他造既不因准予訴訟救助之裁定而受不利益，即不得對此裁定提起抗告。應注意的是，若當事人提起上訴時同時聲請訴訟救助，於聲請准許裁定前。法院得以當事人未遵第一審限期補正之裁定，將其上訴駁回[6]。

三、訴訟救助駁回前之效果

依民事訴訟法第109-1條之規定駁回訴訟救助聲請後，第一審法院不得以原告未繳納裁判費為由駁回訴訟，蓋為落實救助制度之功能，使人民之訴訟權獲得保障規定，法院認為當事人訴訟救助聲請無理由而駁回者，必須先另行裁定命原告於一定期限內補繳裁判費，經過限期而仍未繳納者，始可駁回原告之訴訟。至於當事人提起第一審上訴時始聲請訴訟救助之情形，法院如果駁回其訴訟救助之聲請則無第109-1條之適用，必須由法院斟酌其上訴理由以及敗訴之原因來決定之。

又最高法院98年台抗字第875號民事裁定：「民事訴訟法第一百零九條之一增訂有關聲請訴訟救助程序中不得駁回原告之訴之限制規定，既僅侷限於第一審法院不得為訴之駁回，且將條次編列於總則編規定，參照其立法說明理由，自屬有意排除第二審程序之適用[7]。」

第三節　訴訟救助之效力與撤銷

壹、訴訟救助之效力

如果法院收到當事人聲請訴訟救助，審查後認為符合民事訴訟法第107條規定

---

[6]　最高法院33年抗字第303號判例：「抗告人向原法院提起上訴同時聲請訴訟救助，並由該管保甲長及佃農等具狀敘明抗告人無繳納裁判費資力，原法院未就抗告人訴訟救助之聲請應否准許予以裁定，遽以抗告人未遵第一審限期補正之裁定，將其上訴駁回，自屬不合。」最高法院67年度第1次民事庭庭推總會議決議：「當事人提起上訴同時聲請訴訟救助，於法院駁回其訴訟救助之裁定經合法送達後，已逾相當期間，仍未繳納裁判費者，參照民事訴訟法施行法第九條之規定，可認其明知上訴要件有欠缺，得不定期間命其補繳裁判費而逕駁回其上訴。」

[7]　最高法院89年度第7次民事庭會議決議：「新修正民事訴訟法第一百零九條之一增訂有關聲請訴訟救助程序中為訴之駁回禁止之規定，既僅侷限於第一審法院不得為之，且將條次編列於總則編規定，參諸其立法說明理由，自屬有意排除第二審程序而不得適用。」

之救助要件，並且訴訟也不是顯無勝訴之望時，就必須以裁定准許訴訟救助。法院裁定准予訴訟救助之效力，係於訴訟進行中發生，如訴訟已經終結，即無救助之可言。爰修正民事訴訟法第110條本文，規定於訴訟終結前，始有訴訟救助之效力，並改列為第1項，其效力分述如次：

一、及於費用之效力

(一) 暫免裁判費及其他應預納之訴訟費用

原第110條第1款規定之「審判費用」，除裁判費外，尚包括訴訟進行中當事人應預納的費用（包括執達員應收之費用及墊款）在內，故泛稱為「審判費用」，易滋疑義，為期明確，爰修正第1款，明定得暫免裁判費及其他應預納的訴訟費用。

准予訴訟救助，依民事訴訟法第110條第1項第1款規定，受救助人得暫免者，除裁判費外，尚包括訴訟進行中應預納的訴訟費用，該等費用非由法院先行墊付，訴訟必然無法順利繼續進行下去。爰增列第2項，規定暫免的相關訴訟費用，均由國庫墊付以為準據。

(二) 免供訴訟費用的擔保

如果聲請訴訟救助的當事人，依據民事訴訟法第96條的規定，已經遭到法院裁定必須先提供訴訟費用的擔保，以後如聲請訴訟救助獲准，即可暫時先免除提供訴訟費用的擔保（民訴§110 I 第2款）。但假執行、假扣押、假處分所提供的擔保，並不因為訴訟救助而可以不用提供擔保，請讀者注意[8]。

(三) 審判長依法律規定為受救助人選任律師代理訴訟時，暫行免付酬金

民事訴訟法第110條第1項第3款規定審判長准予訴訟救助者，法院得依原第4款規定為受救助人選任律師代理訴訟，應僅限於法律有規定者，始得為之。如102年5月修正前民事訴訟法第585條規定未成年之養子女為訴訟行為者，審判長應依聲請或依職權選任律師為其訴訟代理人。惟現行條文用語，易生凡聲請訴訟救助者，

---

[8] 最高法院23度抗字第1192號判例略以：「民事訴訟法第一百十一條所謂准予訴訟救助，於假扣押亦有效力，係指同法第一百十條所定，准予訴訟救助之效力及於假扣押程序而言，依第一百十條第二款之規定，准予訴訟救助雖有免供訴訟費用擔保之效力，但債權人於假扣押應供之擔保，係就債務人因假扣押所應受之損害供之，並非訴訟費用之擔保，自不在免供之列。」

法院均得為其選任律師代理訴訟的誤會產生，自有明文規定的必要性存在。又民事訴訟法第51條規定由「審判長」選任特別代理人或訴訟代理人，為求統一，本款之「法院」亦宜修正為「審判長」。而且經過法院選任的律師，沒有經過釋明有正當理由，不得拒絕代理受救助人的訴訟（律師§21）。

二、及於訴訟程序之效力

法院准許當事人訴訟救助的聲請以後，訴訟救助效力可以及於各個審級的法院。換言之，如果當事人在第一審地方法院聲請訴訟救助獲得准許，則該案件上訴到高等法院、最高法院或者是發回更審時，所必須支出的訴訟費用以及訴訟費用的擔保，都可以受到訴訟救助，不必再另行聲請。

准許訴訟救助後，其效力並且可以及於該事件的假扣押、假處分所支出的訴訟費用。但必須注意，並不包括假扣押、假處分聲請時所提供的「擔保金」在內，因為假扣押、假處分的擔保金並非訴訟費用。

民事訴訟法第111條的立法目的在於便利當事人，因為如果當事人已經過法院裁定准許訴訟救助，那麼他沒有資力已是經過認定，沒有必要於各審級以及假扣押、假處分時再重複聲請。惟於再審之訴，非有效力[9]。

三、及於當事人之效力

依民事訴訟法第112條規定，法院准許訴訟救助的效力，只對受救助人發生，是以如受救助人死亡，受救助的原因即消滅，當然沒有繼續享有訴訟救助的必要[10]。而如果受訴訟救助的人死亡，承受訴訟的人必須另外再聲請訴訟救助，法院准許之後，才可繼續享有訴訟救助；如果承受訴訟的人聲請救助被駁回，被法院認為他並非無資力時，承受人仍然必須依法繳納訴訟費用以及提供擔保。

---

[9] 參照最高法院32年抗字第188號判例要旨明揭：「抗告人係提起再審之訴，其在前訴訟程序雖曾經第一審於民國二十六年十二月一日，以裁定准予訴訟救助在案，然按之民事訴訟法第一百十一條之規定，於再審之訴，非有效力。」

[10] 最高法院94年台抗字第775號民事裁定：「承受訴訟之繼承人不得繼續享受暫免訴訟費用之權利，法院應裁定命其補交暫免之訴訟費用。」

貳、訴訟救助之撤銷

民事訴訟法第113條規定訴訟救助的撤銷。法院雖然曾經審查受救助人合乎訴訟救助之要件，而裁定准許訴訟救助，使其暫免訴訟費用的支出。但如受救助人，於訴訟救助中已因為其他原因而有資力足以負擔訴訟費用，當然沒有必要繼續予以訴訟救助。故依同法第113條規定，如果當事人力能支出訴訟費用而受訴訟救助，或者是於訴訟後有能力可以支出訴訟費用時，法院就必須以裁定來撤銷訴訟救助，並且命當事人補繳暫時免繳之費用。

參見最高法院91年台聲字第342號裁定意旨：「按當事人聲請訴訟救助一經准許，如其效力並無消滅原因，亦未依民事訴訟法第113條以裁定撤銷其救助，則依同法第111條規定，於上訴亦有效力。故其在上訴審再聲請訴訟救助並無實益，自應以裁定予以駁回。」

第四節　訴訟救助之徵收與歸還

壹、訴訟救助暫免費用之徵收與歸還

民事訴訟法第114條第1項規定准予訴訟救助，僅於訴訟終結前有使受救助人暫免裁判費及其他應預納訴訟費用的效力，至訴訟終結後此項暫免的費用，應如何向負擔訴訟費用的當事人徵收，得否逕向具保證書人強制執行，過去民事訴訟法第1項規定尚有未盡，爰予修正，以期周延。是以第114條第1項規定，經准予訴訟救助者，於終局判決確定或訴訟不經裁判而終結後，第一審受訴法院應依職權以裁定確定訴訟費用額，向應負擔訴訟費用之當事人徵收之；其因訴訟救助暫免而應由受救助人負擔之訴訟費用，並得向具保證書人為強制執行。

至於同法第114條第2項的規定係針對法院或審判長依法律規定為受救助人選任律師時，依律師法第20條規定，被選任之律師，非經釋明有正當理由者，不得拒絕。惟其應得之酬金，受救助人依法得暫行免付，倘於訴訟終結後，依第1項規定徵收又無效果時，被選任之律師將一無所得，顯失公平，爰於本條第2項規定為受救助人選任律師的酬金，徵收而無效果時，由國庫墊付，以示公允。

貳、訴訟救助於兒少權益

當受訴訟救助人為兒童或少年時，為貫徹對於兒少權益之保障，立法院特於

民國110年6月16日增訂第114條之1：「前條第一項情形，受救助人爲兒童或少年，負擔訴訟費用致生計有重大影響者，得聲請該法院以裁定減輕或免除之。但顯不適當者，不在此限（第1項）。前項聲請，應於前條第一項裁定確定後三個月內爲之（第2項）。」

第114條之1增訂之立法理由略以：「准予訴訟救助暫免徵收之裁判費及其他應預納之訴訟費用等，於訴訟終結後，固應由第一審受訴法院向應負擔訴訟費用之當事人徵收；惟受救助人爲兒童及少年福利與權益保障法第二條所定之兒童或少年，爲貫徹對其權益之保障，倘因負擔訴訟費用之結果，致生計有重大影響，宜許其得向第一審受訴法院聲請減輕或免除之。但法院如綜合全部情節，客觀上認減輕或免除訴訟費用有顯不適當之情形（例如本案之原因事實係因兒童或少年之行爲違反公序良俗，或有其他違反誠信原則之情形等），應不予減免，爰設第一項。又准予訴訟救助時爲兒童或少年，縱訴訟中或終結後其已滿十八歲，仍得依本項規定聲請減輕或免除訴訟費用。法院審酌負擔訴訟費用對受救助人生計有否重大影響，係以裁定時爲準。」「爲使訴訟費用之徵收程序早日確定，避免久懸不決，聲請減輕或免除訴訟費用之期間宜加限制，爰設第二項。至於聲請人如未遵期聲請，即生失權效果，法院應予駁回[11]」。故明文規定倘因負擔訴訟費用之結果，致生計有重大影響者，受訴訟救助人得向法院聲請減輕或免除之，此富有個案彈性之修法，本書著實肯定之。但仍應注意，法院如綜合全部情節，客觀上認減輕或免除訴訟費用有顯不適當之情形（例如：本案之原因是實係因兒童或少年之行爲違反公序良俗等），應不予減免，爰設第1項。另爲使訴訟費用之徵收程序早日確定，避免久懸不決，爰就聲請減輕或免除訴訟費用之期間加以限制。

---

[11] 立法院公報，110卷，66期，頁160-165。

| 第二十章 |
訴訟程序停止

第一節　訴訟程序之停止

壹、意義

　　為達到一定目的，有計畫地依一定程式所為的各種行為，通稱為「程序」。而為達到「保護私權、解決紛爭」的目的，依照民事訴訟法所為的一切訴訟行為，稱為「訴訟程序」。訴訟程序既然是為了保護私法上的權利及解決人民的紛爭，則程序一旦開始，原則上便應繼續進行，以求迅速終結，早日達成其目的。但有時因某些特別原因，訴訟無法進行，或進行而不適當，或當事人兩造合意不予進行，故民事訴訟法特設訴訟程序停止的制度。訴訟程序之停止，因停止原因是否係當然停止或應由法院裁定，或應由當事人的合意，分為當然停止（訴訟無從進行）、裁定停止（為求裁判之一致性）及合意停止（為尊重當事人之程序選擇權）三種情形。

第二節　訴訟程序當然停止

壹、訴訟程序之當然停止

　　所謂「訴訟程序當然停止」，是指於法定事由發生時，不問法院或當事人知否，亦不待法院或當事人為任何行為，原則上，在有人承受訴訟以前，均當然停止訴訟程序的進行。

一、訴訟程序當然停止之原因

(一) 當事人死亡

　　民事訴訟法第168條規定所謂「當事人死亡」，包括真實死亡及宣告死亡。於訴訟程序進行中，當事人死亡，若有繼承人，通常係由繼承人續行訴訟；若繼承人

有無不明時，由遺產管理人續行訴訟；於其他情形，則由依法令應續行訴訟的人續行訴訟。然而此等應續行訴訟的人，未必能立即續行訴訟，為了避免訴訟缺少相對人起見，訴訟程序在有繼承人、遺產管理人或其他依法應續行訴訟的人承受此訴訟以前，當然停止[1]。但如果當事人有委任訴訟代理人的話，因訴訟代理權並不因為當事人本人死亡而消滅（民訴§73），故訴訟仍得繼續進行，不過法院得酌量情形，命裁定停止訴訟程序（民訴§173）。

(二) 法人因合併而消滅者

「法人合併」是指兩個以上的法人，訂立合併契約，成為一個法人，可分為兩種型態：第一種為兩個以上的法人合併，其中一個法人存續（繼續存在），而其餘法人消滅，稱為「吸收合併」；第二種是兩個以上的法人合併，而參與合併的法人全部消滅，另外成立一個新法人，稱為「設立合併」。

法人消滅時，其權利義務原則上亦隨同消滅。但是法人如果因合併而消滅，其權利義務並不消滅，在吸收合併的情況時，權利義務移轉給合併後仍然存續的法人；而在設立合併的情況，則移轉給合併後新成立的法人（公司§75），這種情況與自然人死亡時，其權利義務由繼承人繼承相類似。因此，民事訴訟法第169條第1項規定：「法人因合併而消滅者，訴訟程序在因合併而設立或合併後存續之法人承受其訴訟以前當然停止[2]。」不過，如有訴訟代理人時，其訴訟程序仍能繼續進行，但法院得斟酌情形，裁定停止其訴訟程序（民訴§173）。

法人因合併而消滅後，其權利義務雖然在因為合併而設立新法人，或合併後存

---

[1] 最高法院67年度台上字第3650號判例要旨：「當事人於訴訟繫屬中死亡者，訴訟程序在有繼承人、遺產管理人或其他依法令應續行訴訟之人承受訴訟以前當然停止，依法應由法定續行訴訟之人承受訴訟，亦即訴訟繫屬不因當事人之死亡而消滅，如他造當事人就同一訴訟標的對於已死亡當事人之繼承人另行起訴，即屬違背民事訴訟法第二百五十三條所定禁止重訴之規定。」參照。

[2] 國家機關因裁撤或改組而不存在者，實務上認為應類推適用本條第1項規定。最高法院89年度台上字第868號判例要旨：「國家機關因裁撤或改組而不存在者，其性質與法人因合併而消滅者相類，故其訴訟程序應類推適用民事訴訟法第一百六十九條第一項規定，在承受其業務之機關承受其訴訟以前當然停止。」參照最高法院101年度台上字第1649號判決亦採相同見解。

續的法人聲明承受訴訟程序以前當然停止[3]，但如果法人的合併，不得對抗他造當事人時，法律為保護他造當事人之利益起見，應不許其適用當然停止的規定，以避免對造當事人因其拖延訴訟而受到損害。所謂「不得對抗他造」，例如：公司欲合併，不將合併的議決，通知及公告各債權人，或對於其所指定之期限內提出異議的人，不為清償或不提供相當的擔保等情形均屬之（公司§74、§75、§319）。

　　試舉一例：臺灣省合作金庫概括承受臺北市第十信用合作社之資產及負債後，向受訴法院聲明承受訴訟，應否准許？

　　臺灣省合作金庫概括承受臺北十信之資產及負債而非合併臺北十信，則其聲明承受訴訟，即與民事訴訟法第169條第1項之規定不符，不應准許（最高法院78年台上字第407號判決要旨）。

(三) 當事人喪失訴訟能力或法定代理人死亡或代理權消滅者

　　民事訴訟法第170條規定，所謂「當事人喪失訴訟能力」，是指當事人於訴訟程序開始時原有訴訟能力，然而於訴訟程序進行中，因發生某些事由，導致喪失訴訟能力。所謂某些事由，是指當事人受到監護宣告（民§15），以及限制行為能力人獨立營業的允許被撤銷（民§85），此時，應由監護人承受，以便續行訴訟，而

---

[3]　值得注意的是，公司分割亦有可能成為訴訟當然停止之事由，參最高法院96年度台簡抗字第5號裁定略以：「在訴訟繫屬中，為訴訟標的之法律關係發生繼受情形時，如係一般繼受者，我國係採訴訟當然繼受制度，訴訟程序在有一定資格之人承受訴訟以前當然停止（民事訴訟法第一百六十八條、第一百六十九條第一項規定參照）；如係特定繼受者，我國係採當事人恆定原則，訴訟程序不受影響，但得由特定繼受人承當訴訟（同法第二百五十四條規定參照）。而公司之分割係指公司依法將其得獨立營運之一部或全部營業讓與既存或新設之他公司，作為既存或新設公司發行新股予該公司或該公司股東對價之行為。公司進行分割時，董事會應做成分割計畫書提出於股東會，分割計畫書應記載既存公司或新設公司承受被分割公司權利義務及相關事項。企業併購法第四條第六款、第三十二條第一項、第三十三條第一項第六款分別定有明文。故被分割公司所分割出營業之權利義務係由既存公司或新設公司概括承受，此與因合併而消滅之公司，其權利義務應由合併後存續或新設之公司概括承受之性質類似。民事訴訟法雖僅於第一百六十九條第一項規定：法人因合併而消滅者，訴訟程序在因合併而設立或合併後存續之法人承受訴訟以前當然停止。而就公司分割情形，並無訴訟程序當然停止及承受訴訟之明文規定。惟基於同一法理，仍應認訴訟程序於既存公司或新設公司承受被分割公司之訴訟以前當然停止。」

依民事訴訟法第170條之規定，在承受訴訟前，訴訟程序當然停止。

所謂「法定代理人死亡或其代理權消滅」，是指於訴訟程序開始時原有法定代理人，但是在訴訟程序進行中，法定代理人死亡，或雖未死亡然而其代理權消滅，例如：法定代理人喪失行為能力，代理關係終了等，此時應由另外產生的法定代理人承受訴訟，以便繼續訴訟程序[4]。

但須注意：如在訴訟程序進行中，未成年人因成年、結婚，輔助宣告或受監護宣告經法院撤銷其輔助宣告或受監護宣告的宣告，而取得訴訟能力，此時法定代理人的代理權當然消滅，因本人已有訴訟能力，則應由本人續行訴訟，無使訴訟程序停止之必要。另外，法定代理人有數人，且可單獨代理為訴訟行為，亦不適用訴訟程序當然停止的規定。又當事人或法定代理人有訴訟代理人之情形，亦不當然停止訴訟程序（民訴§173）。

試舉一例：金全股份有限公司之董事長（法定代理人）於訴訟進行中死亡，該公司未設常務董事，但董事長死亡後董事會亦未集會推選，董事長死亡前亦未指定代行職務人選，則該公司因案涉訟時，應以何人為法定代理人？

依民事訴訟法第170條之規定，訴訟程序在有法定代理人承受其訴訟以前當然停止，故本例在原董事長死亡時訴訟程序當然停止，應嗣金全公司依公司法之規定選出新任董事長，由新任董事長選出後，再依民事訴訟法第175條之規定聲明承受訴訟後，再繼續進行訴訟。

(四) 受託人之信託任務終了者

信託乃一種為他人利益管理或處分他人財產的制度；信託人為自己或第三人的利益，移轉其財產權於受託人，而受託人依照一定目的，管理或處分該財產，例如：非法人團體的財產，以其代表人的名義管理。

於訴訟程序進行中，若受託人的信託任務終了（例如：受託人死亡、辭任或撤任），則應由新受託人續行其訴訟。然受託人的信託任務雖終了，但如信託關係未消滅，則由委託人指定或法院選任新受託人，信託財產固應歸屬於新受託人；倘如信託關係亦告消滅時，信託財產即應歸屬於受益人、委託人或其他歸屬權利人。而

---

[4] 臺中縣政府府訴委字第0940100828號函：「依行政訴訟法第186條準用民事訴訟法第170條規定，法定代理人代理權消滅者，訴訟程序在有法定代理人承受訴訟以前當然停止。貴機關（單位）若有行政訴訟案件尚在最高行政法院審理中而有主旨所示代表人變更之情形，自應類推適用前述規定，即由新任代表人承受訴訟。」參照。

民事訴訟法第171條原條文僅規定新受託人承受訴訟，自嫌欠周，故民國92年2月7日修法增列「或其他依法令應續行訴訟之人」，俾利適用；同時在新受託人承受其訴訟以前，該訴訟程序當然停止。但若有訴訟代理人，則該訴訟程序不當然停止。

(五) 本於一定資格，以自己名義為他人任訴訟當事人之人，喪失其資格或死亡者

本於一定資格，以自己名義爲他人任訴訟當事人之人，例如：就遺產的訴訟，遺產管理人或遺囑執行人爲繼承人任訴訟當事人；就破產財團的訴訟，破產管理人爲破產財團的債權人任訴訟當事人。此等人於訴訟程序進行中喪失其資格（如被宣告輔助宣告或受監護宣告）或死亡時，應由有同一資格的人續行其訴訟，在有同一資格的人承受其訴訟以前，該訴訟程序當然停止[5]。不過，此等本於一定資格，以自己名義爲他人任訴訟當事人之人有數人時，其中若有人喪失資格或死亡，但尚有其他人可爲訴訟行爲，此訴訟程序無當然停止的必要，必須全體均喪失資格或死亡時，訴訟程序才當然停止（民訴§172）。

(六) 被選定為訴訟當事人之人全體喪失其資格者

選定訴訟當事人除民事訴訟法第41條規定外，業已增訂第44-1條。爲求周延，爰將原民事訴訟法第172條第2項「依第四十一條規定，被選定爲訴訟當事人之人」修正爲「依法被選定爲訴訟當事人之人」，以示概括。是以，於訴訟程序進行中，如被選定人僅有一人，而其因死亡或其他事由喪失資格，或者是被選定人有數人，而全體均喪失資格，此時，應由有共同利益人全體或新被選定爲訴訟當事人的人續行其訴訟，而在此等人承受訴訟以前，該訴訟程序當然停止。

(七) 當事人受破產之宣告者

破產人因爲受破產宣告，對於應屬於破產財團的財產，依破產法的規定喪失其

---

[5] 最高法院98年台上字第209號裁定要旨：「本於一定資格以自己名義爲他人任訴訟當事人之人，喪失其資格或死亡者，訴訟程序在有同一資格之人承受其訴訟以前當然停止，民事訴訟法第一百七十二條第一項定有明文。又國有財產撥給各地國家機關使用者，名義上雖仍爲國有，實際上即爲使用機關行使所有人之權利，故本院對於是類財產，向准由管領機關起訴，代國家主張所有權人之權利，亦有本院五十一年台上字第二六八〇號判例可循。是國有財產之管領機關代國家主張所有權人之權利而起訴，於該訴訟程序中喪失其管領機關資格時，自應由有同一資格之人即新管領機關承受其訴訟。」參照。

管理權及處分權（破產§75）[6]。此種財產權的訴訟，破產人無實施訴訟的資格，而成爲不適格的當事人，此時應由破產管理人繼續進行訴訟（破產§90、§92）。所謂「關於破產財團之訴訟程序」，是指訴訟的勝敗，會對破產財團之財產造成增加或減少的影響，例如：當事人提起請求返還所有物的訴訟，或是他人欠錢未還，提起請求他人還錢的訴訟等是。相對於前者，則爲與破產財團無關的訴訟程序，例如：當事人本身婚姻事件的訴訟，因爲此訴訟的勝敗，對於破產財團財產的增減沒有影響。是以民事訴訟法第174條規定，當事人受破產宣告者，關於破產財團的訴訟程序，在依破產法有承受訴訟人，亦即破產管理人承受以前，其訴訟程序當然停止。又所謂「破產程序終結」，是指破產程序因爲有認可調協、宣告破產終止之裁定（破產§148）或法院爲破產終結之裁定（破產§146）等，此時受破產宣告人就回復到未受破產宣告前的狀態，假使訴訟尚未終結，則無論破產管理人是否曾經承受訴訟，當然由該當事人續行訴訟，且不需要向法院爲承受訴訟的聲明。

另外，當事人在訴訟中受破產宣告時，關於破產財團的訴訟程序，即使有委任訴訟代理人，亦不在民事訴訟法第173條所定不當然停止的範圍。若專就訴訟代理人的代理權來看，雖然不會因爲本人受破產宣告而消滅（民訴§73），但是因爲訴訟代理人是代當事人爲訴訟行爲以及接受訴訟行爲的人，假如當事人本人已不可爲訴訟行爲以及受訴訟行爲，則訴訟代理人更不可有代爲及代受訴訟行爲。因此，在當事人受破產宣告，關於破產財團的訴訟程序，本人已成爲不適格的當事人，且必須停止訴訟程序，則訴訟代理人亦是無從代理，應當然停止訴訟。若是訴訟中破產程序終結，當事人本人可續行訴訟時，則訴訟代理人亦可續行代理訴訟。

(八) 當事人經法院依消費者債務清理條例裁定開始清算程序

民事訴訟法第174條第2項係民國98年1月份增訂，其修正乃爲配合消費者債務清理條例施行後依該條例開始清算程序之效果，規定當事人經法院依消費者債務清理條例裁定開始清算程序者，關於清算財團之訴訟程序，於管理人承受訴訟前或清算程序終止、終結前，應當然停止訴訟程序。

(九) 法院因天災或其他不可避之事故不能執行職務

法院因爲發生水災或地震，或者因爲一般事故的發生，例如：瘟疫、戰爭爆發

---

[6] 最高法院23年抗字第1283號判例：「當事人受破產之宣告者，關於破產財團之訴訟程序，法律上當然發生中斷之效果，毋庸法院爲命中斷之裁判。」

等情形，均係因爲天災或其他類似不可避免的事故所致（爲期明確，爰於民事訴訟法第180條原條文前段增加「不可避之」），使法院不能辦公，則訴訟程序當然得停止。當當然停止原因的事故結束時，法院可以辦公，就不須再停止訴訟，當事人不須爲承受訴訟的聲明，但是爲促使一般人注意，法院應該作出公告，使一般大眾明白法院已開始執行職務。通常公告貼出時，法院應是早就已恢復其辦公機能，但法律明定，一定要貼出公告，當然停止的狀態才算結束。另外，因爲戰爭而使法院不能執行職務者，要在公告能執行職務後滿六個月，法院的當然停止訴訟狀態才算結束。因爲戰爭爆發後各地災情不同，各人受傷、倖免的程度也不同，因此法院不可以期待訴訟之當事人於停止戰爭後，皆能很快地進行訴訟，亦是避免當事人於戰亂甫定之際，要被訟事所累。

原條文但書所規定當然停止的情形，原係爲方便當事人而設，故當事人如於停止期間內均向法院爲訴訟行爲者，即無須再停止訴訟程序，爰於民國92年2月份將第181條第3項修正，並移列爲本條第2項。

二、承受訴訟程序

(一) 承受訴訟之聲明

所謂「承受訴訟」，是指依法律規定有資格繼續進行訴訟的人，想使當然停止訴訟程序此種狀態結束，而聲明由其繼續進行訴訟之行爲。因此民事訴訟法第168條至第172條及第174條中所定承受訴訟人，其承受訴訟不僅是承受人之權利，亦爲承受人的義務，所以在其得爲承受時，應爲承受的聲明。

若應爲承受訴訟行爲之人，斟酌訴訟的結果，認爲會對自己不利，因而故意拖延不承受訴訟，此時對訴訟之相對人即產生不利益。針對此點，民事訴訟法特別規定他造當事人爲避免應承受訴訟人拖延不爲承受聲明，致其權利受損害者，亦得聲明應爲承受訴訟人承受訴訟；而他造爲此聲明時，須向法院表示承受訴訟人可以繼續進行訴訟的情形，並指明應承受訴訟人爲何（民訴§175）。

應承受訴訟人決定要承受訴訟時，應寫明於書狀上，並向訴訟現所繫屬的法院提出。而此書狀應適用當事人書狀的一般規定，且法院應作成書狀之繕本，由法院送達於他造[7]。假使其聲明承受訴訟合於法定程式且有理由者，在繕本送達時，就

---

[7] 最高法院32年度聲字第13號判例要旨：「依民事訴訟法第一百七十七條第三項規定，訴訟程序於裁判送達後中斷者，其承受訴訟之聲明，由爲裁判之原法院裁定之，則訴

發生承受訴訟的效力，而訴訟停止的狀態就結束了（民訴§176）。

是否要承受訴訟，全憑當事人自己決定，因此當事人可以不向法院聲明承受訴訟。但是就司法行政事務處理之作業而言，若現有一個案件在法院，只因無人承受訴訟而久久不能終結，不僅在行政作業上不方便，亦是對司法資源的一種浪費。因此民事訴訟法第178條規定，法院可以依職權用裁定命令可承受訴訟的當事人承受訴訟，期使訴訟程序能繼續進行[8]。

(二) 承受訴訟之裁判

承受訴訟之聲明有無理由，是否合法，可否發生終了結束當然停止訴訟之效力，以及不問他造當事人有無爭執，法院均應依職權調查，聲明是否合於民事訴訟法第168條以下各規定，例如：調查其是否係應為承受訴訟之人，以及其人是否已得續行訴訟等情形，並依調查之結果，分別為下列的處理：

1. 承受訴訟的聲明不合法或無理由

承受訴訟的聲明不合法（如不以書狀聲明承受而不補正）或無理由，法院應以裁定駁回其聲明。

2. 承受訴訟的聲明合法有理由

承受訴訟的聲明合法且有理由時，則應繼續進行當然停止前的訴訟程序，法院不需要特別為准許承受訴訟的裁定，假使當然停止前的訴訟程序還未辯論終結，審判長應該指定期日，繼續進行言詞辯論或是為其他的訴訟行為。

訴訟程序如果是在裁判宣示完畢，且已送達後，發生當然停止訴訟之事由者，則此時為裁判的原法院，就該訴訟事件已經不須再為任何訴訟行為。依前所述，法院對於聲明承受訴訟，不須特別為准許的裁定，只要繼續進行因訴訟程序之停止而未完成之訴訟行為即可。但此時法院已不須為任何訴訟行為，如此，當事人無從得知其承受訴訟聲明是否已被法院容許，於在此種情形下，當事人所作的承受訴訟聲明，應該由作成裁判的原法院裁定是否容許，並且作成的裁定要送達兩造當

訟程序於裁判送達後提起上訴或抗告前中斷者，同法第一百七十六條所稱之受訴法院，自指為裁判之原法院而言。」參照。

[8] 最高法院90年台職字第13號裁定要旨：「被上訴人王○佩已於八十九年八月一日死亡，其繼承人為陶○民、陶○彬二人，因兩造均未為承受訴訟之聲明，應依職權命陶○民、陶○彬為被上訴人王○佩之承受訴訟人續行訴訟。」參照。

事人。

依民事訴訟法第177條第2、3項法院駁回聲明承受訴訟之裁定，或准許承受訴訟之裁定，以及第178條法院依職權命當事人應承受訴訟之裁定，當事人假使不服上述法院的裁定，可以提起抗告（民訴§179）[9]。

3. 法院之裁判與承受訴訟

(1)當事人提起上訴或抗告，在本院裁判後始發見當事人已於裁判前死亡者，此項裁判並非當然不生效力，應由法院調查其應行承受訴訟之人，對之命為承受訴訟並為送達裁判正本[10]。(2)如於當事人死亡之情形下，法院未停止訴訟程序並命其繼承人承受訴訟，亦即未待當事人之繼承人參與訴訟，即由他造一造辯論而為裁判，裁判結果對當事人之繼承人有利，則不得以之為再審之理由[11]。

三、當然停止之例外

依民事訴訟法第173條規定，在當事人死亡、法人合併、當事人喪失訴訟能力，或其法定代理人死亡，或者代理權消滅、信託任務終了，以及當事人喪失一定資格或死亡之情形，應待有一定資格、要件的人承受其訴訟，否則訴訟當然停止（民訴§168、§169 I、§170至§172），但是在有委任訴訟代理人的情形，則訴訟不必當然停止，可由訴訟代理人為之。但是若法院認為有使訴訟程序暫時停止之必要，得斟酌情形，用裁定停止訴訟程序，使其訴訟代理人有與新當事人或新法定代理人商洽之機會，是以有法定原因存在時，即不停止訴訟程序，可見當然停止未必當然一定要停止訴訟程序。

另外，訴訟代理人的委任，是以一個審級為準。故假設於某一個審級，發生前述其中一個事項，因為有訴訟代理人，而不必當然停止訴訟程序，待此一審級之終局判決送達，而代理權消滅時，若仍然沒有人承受訴訟時，則訴訟程序仍當然停止[12]。

---

[9] 本條為訴訟中進行得為抗告之規定，民事訴訟法第483條所稱之別有規定，其中之一即為本條。

[10] 最高法院68年度第3次民事庭庭長會議決定參照。

[11] 最高法院96年度台再字第54號判決參照。

[12] 最高法院31年度上字第1149號判例要旨：「當事人有訴訟代理人者，訴訟程序不因當事人死亡而中斷，民事訴訟法第一百七十三條固定有明文，惟此係以當事人死亡後訴

第三節　訴訟程序裁定停止

壹、訴訟程序之裁定停止

　　所謂「訴訟程序裁定停止」，是指因有法定原因，由法院依當事人之聲請或本於其職權[13]，用裁定來停止訴訟程序進行者。法院作成停止訴訟的裁定後，訴訟就應立刻停止，即使有當事人曾經對法院的裁定提起抗告程序表示不服，亦不影響訴訟的停止。在裁定停止原因消滅後，應該再由法院以裁定來撤銷停止訴訟程序之裁定，假使在未撤銷前，該停止原因，事實上已不存在，亦不可進行訴訟。

一、裁定停止程序之原因

(一) 當事人於戰時服兵役，或因天災、戰事或其他不可避之事故而與法院交通隔絕，有停止訴訟程序之必要者

　　「戰時服兵役」，其戰時不限於國際法上所謂的戰時，戡亂時期也算；亦不限於在前線打仗，駐守在後方而有隨時被調往前線作戰的情況也包含在內；而服兵役，不以依兵役法徵集而服兵役者為限。因此停止原因，是基於每個人事實上之必要，而不是以優待軍人為目的。固為當然停止訴訟，而若當事人因天災發生而不能為訴訟行為，則因每個人受災所害的程度不同，法院無法得知，所以當事人應該向法院提出聲請，裁定停止訴訟程序。至於「因戰事與法院交通隔絕」，是指因為戰爭的破壞，使得海上、陸上、空中的交通工具均無法使用，而致當事人無法到法院為訴訟行為的情形。所以當事人因天災、戰事或其他不可避之事故，其訴訟尚非無法進行，必因該事故致使與法院交通隔絕不便進行訴訟，方有裁定停止訴訟程序的必要（民訴§181）[14]。

訟代理權仍屬存續為前提（參照同法第七十三條），故當事人所授予之訴訟代理權，以一審級為限而無提起上訴之特別委任者，該審級之訴訟程序，雖不因當事人死亡而中斷，但至該審級之終局判決送達時，訴訟代理權即歸消滅，訴訟程序亦即由是中斷。」參照。

[13] 最高法院29年抗字第289號判例：「依民事訴訟法第一百八十一條命中止訴訟程序，並不以當事人無訴訟代理人為要件，當事人雖有訴訟代理人亦非不得命中止訴訟程序。」

[14] 最高法院101年度台抗字第435號裁定略以：「按民事訴訟法第一百八十一條規定，

(二) 訴訟全部或一部之裁判，以他訴訟之法律關係是否成立為據者

民事訴訟法第182條第1項中「訴訟全部或一部之裁判，以他訴訟之法律關係是否成立為據者」，是指本件訴訟全部或一部的裁判，以他件訴訟的法律關係是否成立為判斷依據；易言之，他件訴訟的法律關係是否成立，為本件訴訟的先決問題[15]，必須先確定該法律關係是否成立[16]，方能為本件訴訟全部或一部的裁判。例如：本件訴訟是有關於請求父親對未結婚而私自生下的小孩履行扶養義務的訴訟，而關於父親與該名私生的小孩之間究竟有沒有父子血緣關係，現在正另外成為一個訴訟案件，則本件訴訟須等待他件訴訟的法律關係成立之後，亦即小孩與父親之間有父子關係之後，才可請求父親履行扶養義務，否則一個法院判決父親有扶養義務，一個法院判決父親與私生子之間無血緣關係，即是裁判上的衝突、矛盾。

當事人因天災、戰事或其他不可避之事故與法院交通隔絕者，法院得在障礙消滅前，裁定停止訴訟程序。所謂不可避之事故，解釋上固指類似於天災（如瘟疫）之其他事故，惟關鍵在於該事故是否因而致與法院交通隔絕，法院得依據實際情形，斟酌在障礙消滅前，有無停止訴訟程序之必要，而為停止之裁定，俾使當事人有權利伸張或防禦之機會。……相對人為大陸地區人士，因犯通姦罪遭判刑確定，內政部業於民國九十九年五月十二日廢止相對人依親居留證，並自廢止之日起算三年不得再申請進入臺灣地區，相對人如無其他因刑事案件經司法機關傳喚之情事，須俟其管制年限期滿，且符合申請入境規定，始得再進入臺灣地區，足認其於該障礙消滅前，有正當理由，無法到庭應訊，為保障該當事人為訴訟程序主體權地位與憲法賦予之訴訟權，爰類推適用民事訴訟法第一百八十一條規定，裁定於相對人得依大陸地區人民進入臺灣地區許可辦法，申請進入臺灣地區前，停止訴訟程序，經核於法並無違誤。」

[15] 該先決問題，須繫屬於法院，參最高法院29年抗字第248號判例：「訴訟全部或一部之裁判，雖以某法律關係是否成立為據，而該法律關係尚無訴訟繫屬於法院，即未為他訴訟之訴訟標的者，無從依民事訴訟法第一百八十二條第一項命中止訴訟程序。」

[16] 司法院29年院字第2077號解釋：「依民事訴訟法第一百八十二條第一項之規定。中止訴訟程序。必他訴訟已繫屬於法院而後可。訴訟進行中。於某法律關係之成立與否有爭執。而其裁判應以該法律關係為據者。在未經當事人就該法律關係另行提起確認之訴以前。自不得中止訴訟程序。如當事人不另行提起確認之訴。或雖提起而法院認為無中止訴訟程序之必要者。法院仍得就該法律關係之成立與否。於理由中自為判斷。此項判斷雖逕由第二審法院為之。亦無不可。」；最高法院18年度抗字第56號：「訴訟全部或一部之裁判，以他訴訟之法律關係是否成立為據者，係指他訴訟之法律關係是否成立，為本件訴訟先決問題者而言，若他訴訟是否成立之法律關係，並非本件訴訟之先決問題，則其訴訟程序即毋庸中止。」

是以，本件訴訟的法院可在他訴訟法律關係成立前，決定是否要裁定停止訴訟程序，假使法院認為本件訴訟的法律關係已很明確，自己可以裁判，或者考慮到也許裁定訴訟程序停止會使當事人受到拖延的不利益，此時法院也可以不下停止程序之裁定。另外，除非他件訴訟案件對本件案件有既判力之外（民訴§401），否則本件訴訟法院就關於該訴訟法律關係是否存在，即使經過他訴訟裁判，本訴訟法院仍得依照自己的意見下裁判。再如：使用借貸，乃債權契約，非物權契約，貸與人對借用物縱無所有權，亦可本於貸與人地位請求借用人返還，亦即使用借貸之成立與所有權之有無，並無牽連關係，不生民事訴訟法第182條所定中止訴訟程序之問題[17]。

(三) 訴訟全部或一部之裁判，於應依行政爭訟程序確定法律關係是否成立者

如果本訴訟先決問題的爭執，現在正在進行訴願或在行政法院訴訟中，則在該訴願或行政訴訟程序終結前，本件訴訟法院亦可以裁定停止訴訟程序[18]；易言之，確定他件訴訟的法律關係是否成立，不是由民事法院及刑事法院，而是經由其他機關來加以判斷，本訴訟的法院亦可自由裁量是否要停止訴訟程序。

過去條文對於「訴訟全部或一部之裁判，以應依行政爭訟程序確定之法律關係是否成立為據者，為避免相互歧異，法院亦得於行政爭訟程序開始後終結前以裁定停止訴訟程序」，然因民事訴訟法第182條原條文第2項規定「應由法院以外之機關」，是否包括行政法院，不無爭議，且易被誤會為包括司法院大法官的解釋，爰予修正，俾資明確。

(四) 普通法院與行政法院就受理訴訟之權限其見解有異者

一般當事人就行政法院裁判確定不屬其權限的同一事件，而向普通法院為請求時，如普通法院依其合理的確信亦認為不屬其權限而予以駁回，當事人的權利即發生無從救濟的弊病產生，故民事訴訟法於第182-1條第1項規定此情形，法院應以裁定停止訴訟程序，提出其確信普通法院無審判權限的具體理由，聲請司法院大法官

---

[17] 最高法院50年度台抗字第166號判例參照。

[18] 另參照最高法院37年抗字第1075號判例：「訴訟全部或一部之審判牽涉他項訴訟，而應以他項訴訟之法律關係是否成立為根據者，雖得於他項訴訟終結前命中止訴訟程序，但他項訴訟已判決確定後，當事人對之提起再審之訴者，則不足為中止訴訟程序之原因。」

解釋。惟停止訴訟程序，聲請解釋，不免曠日費時，而有損及當事人的權益事項發生，爰於增設但書，明定如當事人兩造合意願由普通法院為裁判者，則認為普通法院就該事件有審判的法律上權限。

至於第182-1條第2項所規定前項合意，涉及審判權的歸屬，為期慎重，故特別規定前項合意應以文書為具體證明，以資慎重。

為配合行政訴訟法第12-2條改採無審判權之主動移送制度，民事訴訟法於民國98年1月份修正增訂本條第2項規定，如經司法院大法官解釋確定普通法院無審判權時，則原行政法院之移送裁定失其效力，應由普通法院將訴訟移送至有審判權之行政法院[19]，俾使民事訴訟法及行政訴訟法均一致統一採法院依職權主動移送制，以保障人民之訴訟權。

(五) 當事人就已繫屬於外國法院之事件更行起訴者

民事訴訟法第182-2條第1項即規定，當事人就已在外國法院起訴的法律事件，於訴訟繫屬中更行起訴，如有相當理由足認該事件的外國法院判決不致有第402條各款所列情形，而在我國有承認其效力的可能，且被告於外國法院應訴亦無重大不便時，則於該外國訴訟進行中，應無同時進行國內訴訟的必要。為求訴訟經濟，防止判決相互牴觸，並維護當事人的公平性及避免同時奔波兩地應訴，爰規定此種情形，法院得在外國法院判決確定前，以裁定停止訴訟程序。惟兩造如合意願由中華民國法院裁判者，自無停止必要，故特別增訂但書來明定此一部分。至於當事人在我國法院起訴後，復於外國法院起訴的情形，我國法院的訴訟原則上不受影響，惟仍應由法院就個案具體情形，審酌我國的訴訟有無訴訟利益等事項處理之。

關於停止國內訴訟的訴訟程序，以等待外國法院的判決，對於當事人的權益影響至鉅，為確實保障當事人的程序上權利，以示慎重起見，應使其於裁定前有充分陳述意見的機會，以免損及當事人的權益（民訴§182-2 II 參照）。

(六) 訴訟中有犯罪嫌疑牽涉其裁判者

所謂「訴訟中有犯罪嫌疑牽涉其裁判者」，是指在本件訴訟中，法院審理時認

---

[19] 最高法院92年第20次民事庭會議決議：「民事訴訟法第一百八十二條之一第一項但書之規定，必須普通法院就其受理訴訟之權限，與行政法院確定裁判之見解有異時，始有其適用。」

為當事人、其他訴訟關係人或者第三人有犯罪嫌疑[20]，而該犯罪嫌疑足以影響到本件民事訴訟的裁判，如果不等到犯罪嫌疑的刑事訴訟解決之後，本件民事訴訟就很難甚至不能下判斷者[21]。例如：因為作為本件訴訟的重要證據，法院審理時發現有偽造的嫌疑，而且剛好也正在受刑事訴訟的調查，法院若想斷定此項證據的真假，不如在刑事訴訟的事件終結後，根據刑事訴訟的判斷來決定，如此亦可避免判斷相牴觸。因此法院可在刑事訴訟終結前，裁定停止訴訟程序。但是否停止，法院是有裁量權的，若是法院斟酌的結果，認為不必停止訴訟比較適當，則不必為停止訴訟的裁定。另外，犯罪嫌疑如只是還處於調查是否構成犯罪的階段，或者還沒有經由檢察官起訴成為一案件之情形，亦可以裁定停止訴訟程序。又此項犯罪嫌疑，不僅限於由司法機關來審理之情形，若是應由軍法機關偵查審判之犯罪嫌疑，亦包含在內，又本條於第三審程序不適用之[22]。

---

[20] 最高法院79年台抗字第218號判例：「民事訴訟法第一百八十三條規定：『訴訟中有犯罪嫌疑牽涉其裁判者，法院得在刑事訴訟終結前以裁定停止訴訟程序。』所謂訴訟中有犯罪嫌疑牽涉其裁判，係指在民事訴訟繫屬中，當事人或第三人涉有犯罪嫌疑，足以影響民事訴訟之裁判，非俟刑事訴訟解決，民事法院即無從或難於判斷者而言，例如當事人或第三人於民事訴訟繫屬中涉有偽造文書、證人偽證、鑑定人為不實之鑑定等罪嫌，始足當之。」（最高法院89年度台抗字第270號裁定亦同）；最高法院94年度台上字第1128號裁定略以：「民事訴訟法第一百八十三條所謂訴訟中有犯罪嫌疑牽涉其裁判，係指在民事訴訟繫屬中，當事人或第三人涉有犯罪嫌疑，足以影響民事訴訟之裁判，……。是以當事人在民事訴訟繫屬『以前』有犯罪行為，縱牽涉其裁判，亦不在同條所定得裁定停止訴訟程序之列。」

[21] 最高法院43年台抗字第95號判例：「民事訴訟法第一百八十三條所謂訴訟中有犯罪嫌疑牽涉其裁判者，得命在刑事訴訟終結以前，中止訴訟程序，係指該犯罪嫌疑，確有影響於民事訴訟之裁判，非俟刑事訴訟解決，其民事訴訟即無由或難於判斷者而言，故法院依該條規定中止訴訟程序，須其訴訟有上開情形時，始得為之。」

[22] 最高法院28年度聲字第219號判例：「民事訴訟法第一百八十三條固規定訴訟中有犯罪嫌疑牽涉其裁判者，法院得命在刑事訴訟終結以前，中止訴訟程序，惟第三審之職務在調查第二審判決是否違背法令，至關於法律關係存在與否之事實，則應以第二審判決所確定者為判決基礎，不得自行調查。第二審判決採用證書以確定事實，如非違背法令，縱使在第三審繫屬中已有認該證書係偽造或變造之刑事判決，第三審法院亦不得據以廢棄第二審判決，故此種犯罪嫌疑並不牽涉第三審之裁判，即不得命在刑事訴訟終結以前，中止第三審程序。」

(七) 依民事訴訟法第54條之規定提起訴訟者

民事訴訟法第54條是規定主參加訴訟，其與本件訴訟是各自獨立的訴訟，應該各自獨立審判。但為防止本件訴訟的裁判與該第三人提起的訴訟之裁判互相牴觸，是以有主參加訴訟制度的設計。假如主參加訴訟是向本件訴訟所繫屬的法院提起，而在第54條的訴訟所進行的言詞辯論程序尚未終結以前，應與跟本件訴訟一起由同一位法官或同一合議庭進行言詞辯論程序以及受判決（民訴§205 III）。例如：本訴訟在臺北地方法院由甲民事庭審理，主參加訴訟人亦向臺北地方法院起訴，由乙民事庭審理，則應在主參加訴訟言詞辯論程序進行完畢以前，將其送到甲民事庭，由同一庭之法官來加以審理，如此可避免兩庭裁判的矛盾，亦可節省司法資源。但是如本件訴訟法院認為應就主參加訴訟先進行審理，而不應該兩案件一起審理時，當然亦可以依照其意思裁定停止訴訟程序。

(八) 當事人為告知訴訟

民事訴訟的基本要求之一，在於發現真實，而給予當事人雙方一個公平正確的判決，為達到此要求，法院應盡可能地獲得訴訟資料。訴訟參加（民訴§58），對於參加人以及參加人所輔助的當事人均有利益，而且有第三人參加為訴訟行為，可獲得較多的訴訟資料，有助於真實的發現。是以，法院若認為受告知人能為參加訴訟，不妨於參加人參加前，以裁定停止訴訟之進行，等到參加人參加訴訟後，再就整個訴訟加以審理[23]，亦方便參加人能及時為其所輔助的當事人提出攻擊或防禦方法（民訴§196 I）。但是必須當事人之一已向受告知人告知訴訟後，才可裁定停止訴訟程序，假如當事人一方只是認為有向第三人告知訴訟的必要，但事實上並未告知，則不可用此理由向法院聲請裁定停止訴訟程序。

(九) 民事訴訟法第173條但書之情形者

若有民事訴訟法第168條、第169條第1項及第170條至第172條之規定當然停止原因且有訴訟代理人者，依民事訴訟法第173條但書規定，此等情形雖然不生當然停止，但法院得酌量情形，裁定停止其訴訟程序。

---

[23] 最高法院37年抗字第1738號判例：「民事訴訟法第一百八十五條之規定，係指依同法第六十五條之規定為訴訟之告知後，法院如認受告知人能為參加者，得命在其參加以前，中止訴訟程序，並非當事人之一方認他方有為訴訟告知之必要，即得據以聲請中止訴訟程序。」

(十) 各級法院認所適用之法律或命令違憲而聲請大法官解釋者（司法院大法官審理
案件法§5Ⅱ，釋字第371號解釋）

(十一)當事人聲請裁定停止

原則上此屬法院之權限[24]，惟家事事件法第43條規定：「依第四十一條第三項
規定裁定移送時，繫屬於受移送法院之事件，其全部或一部之裁判，以移送事件之
請求是否成立爲前提，或與其請求不相容者，受移送法院得依聲請或依職權，在該
移送裁定確定前，以裁定停止訴訟程序。」爲其例外。

二、裁定停止及撤銷停止程序

法院可以依照聲請或者自己本身的職權而裁定停止訴訟程序。於條文中並沒有
明定當事人有聲請權，但民事訴訟法第181條第1項規定，法院得依聲請裁定停止訴
訟程序，以及依同法第186條當事人得聲請法院撤銷停止訴訟程序之裁定，可見當
事人亦可聲請停止程序的裁定。法院於裁定停止訴訟程序之後，可在停止原因消滅
後，撤銷裁定停止訴訟程序，即使是在停止原因消滅以前[25]，法院若認爲沒有停止
程序的必要及實益，亦可以撤銷停止訴訟程序的裁定；換言之，法院在裁定停止訴
訟程序之後，可以依當事人的聲請或者依自己的職權，隨時撤銷停止訴訟程序的裁
定。

民事訴訟法第187條規定是指當事人對於法院所下的停止訴訟程序裁定以及撤
銷停止訴訟程序的裁定可以提起不服抗告。此外，因訴訟程序停止與否以及停止的
撤銷與否[26]，與當事人的利益有密切關聯，當事人對於法院駁回停止聲請之裁定以

---

[24] 最高法院28年抗字第164號判例：「民事訴訟法第一百八十二條第一項既明定法院得命
中止訴訟程序，則有同條項所定情形時，應否命其中止，法院本有自由裁量之權，並
非一經當事人聲請，即應命其中止。」

[25] 最高法院26年滬聲字第14號判例：「民事訴訟法第一百八十六條規定中止訴訟程序之
裁定，法院得撤銷之，是中止訴訟程序之裁定，不惟中止應終竣之事由發生時，不可
不予撤銷，即在此項事由發生前，如法院認爲有必要時，亦得予以撤銷。」

[26] 另參照最高法院22年聲字第597號判例：「第三審法院應以第二審確定之事實爲判決
基礎，不得斟酌第二審辯論終結前未發生或未主張之事實，故基於此項事實之法律
關係爲他訴訟之標的時，縱令本訴訟之法律關係是否成立，在實體法上以該法律關
係是否成立爲據者，第三審之裁判仍不以此爲先決問題，自不得援用民事訴訟法第
一百七十八條第一項之規定，命在他訴訟終結前，中止第三審訴訟程序。」

及駁回撤銷停止聲請之裁定，亦可依第187條規定提起抗告。

第四節　訴訟程序合意停止

壹、訴訟程序之合意停止

一、明示合意停止

民事訴訟法基本上採「當事人進行主義」，亦即訴訟程序的開始、進行及終了，原則上以當事人的意思爲準。因此，爲尊重當事人，於提起訴訟後、判決確定前，不問訴訟進行至何程度，得因當事人的合意，而停止該訴訟程序的進行[27]。當事人的此項合意，沒有一定的程式，但爲避免法院浪費人力及時間，進行無益的訴訟行爲，兩造當事人應將其合意向受訴法院陳明（以言詞或書狀均可[28]），且毋庸法院爲許可的裁定，一經陳明，即生訴訟程序停止的效力（民訴§189）。

民事訴訟法第189條第2項原條文規定向受訴法院陳明，易誤解爲於準備程序期日向受命法官陳明者，不生合意停止的效力，業已於民國92年予以修正，俾資明確。

二、擬制合意停止

當事人兩造如有正當理由而遲誤言詞辯論期日者，應無民事訴訟法第191條之適用，爲求明確，爰予修正。又兩造無正當理由，則除別有規定外，遲誤言詞辯論期日而在法律上視爲合意停止訴訟程序者，解釋上如於四個月內不續行訴訟者，亦

---

[27] 最高法院85年台抗字第277號裁定：「訴訟程序之合意停止，乃當事人兩造以合意停止訴訟程序之進行。此項合意於兩造向法院陳明時，始發生合意停止之效力，觀諸民事訴訟法第一百八十九條規定自明。是訴訟程序得因合意而停止者，須兩造間有停止訴訟程序之合意，且須此項合意已由兩造向受訴法院陳明。」

[28] 最高法院80年台抗字第382號裁定：「兩造當事人得向受訴法院陳明，以合意停止訴訟程序；又合意停止訴訟程序之當事人，自陳明合意停止時起，如於四個月內不續行訴訟者，視爲撤回其訴或上訴。民事訴訟法第一百八十九條、第一百九十條第一項前段分別定有明文。而所謂合意之陳明，以使法院知悉其有停止之合意，即足當之，其同時聯合或分別以書狀或言詞爲之，均無不可。其以言詞爲之者，僅於期日到場陳明，由書記官作成筆錄附卷，即生效力，無待於法院之另爲裁定，應屬當然之解釋。」

應視爲撤回其訴或上訴，爰於第1項加以明定。

　　所謂「當事人兩造遲誤言詞辯論期日」，是指經合法通知的兩造當事人，於言詞辯論期日開始後，均不到場或到場不爲辯論而言[29]。而所謂「別有規定」，是指調查證據期日及宣示裁判期日而言。原則上，調查證據及宣示裁判均於言詞辯論期日進行（民訴§209、§223、§239），且不問當事人是否在場，均有效力（民訴§225 I、§239、§296）。倘若當事人兩造所遲誤的言詞辯論期日，僅係調查證據期日或宣示裁判期日的話，則不得視爲合意停止訴訟程序。

　　民事訴訟法第191條第2項則規定，當事人兩造遲誤言詞辯論期日，雖視爲合意停止訴訟程序，但因當事人事實上未必有停止訴訟程序的合意，且爲免訴訟程序無謂的延滯，因此法院若認爲有必要時，得依職權續行訴訟。但須注意的是，如果視爲合意停止訴訟程序後，已逾四個月而未續行訴訟，法院不得依職權續行訴訟，因爲此時已視爲當事人撤回其訴或上訴（民訴§190前段）。又法院依職權續行訴訟後，兩造當事人仍遲誤言詞辯論期日，且無正當理由時，視爲當事人撤回其訴或上訴。至於當事人兩造無理由遲誤「準備程序期日」，是否發生民事訴訟法第191條之效力，實務採否定見解[30]。

三、合意停止之期間及次數之限制

　　當事人合意停止訴訟程序，如果未定停止期間，則訴訟程序的停止，因當事人中任何一造向法院表示續行訴訟時而終竣。倘若當事人兩造均不向法院表示續行

---

[29] 最高法院70年台上字第3904號判例：「當事人兩造遲誤言詞辯論期日者，除別有規定外，視爲合意停止訴訟程序。但法院於認爲必要時，得依職權續行訴訟，如無正當理由，兩造仍遲誤不到者，視爲撤回其訴或上訴，民事訴訟法第一百九十一條定有明文。所謂兩造遲誤言詞辯論期日，係指當事人兩造受合法通知，均無正當理由，未於言詞辯論期日到場，或到場不爲辯論之情形而言，其視爲合意停止訴訟程序者，祇須兩造遲誤言詞辯論期日，當然生停止之效力，與筆錄有無記載視爲停止訴訟程序在所不問。」

[30] 最高法院59年度第1次民、刑庭總會會議決議(二)：「按訴訟法重在明示其程序，民事訴訟法第一百九十一條既未明示包含準備程序在內，若依解釋而云準備程序爲言詞辯論之一部，兩造遲誤準備程序期日兩次者，即得視爲撤回其訴或上訴，殊違『立法明信』之原則，況行準備程序在闡明訴訟關係，而行言詞辯論則在確定訴訟關係，二者目的不同，自不能謂民事訴訟法第一百九十一條規定之言詞辯論期日當然包含準備程序期日在內。」

訴訟時，該訴訟將久懸不結，如果當事人自陳明合意停止訴訟程序時起，於四個月內不續行訴訟，則視爲撤回其訴[31]，若在上訴審則視爲撤回上訴。當事人續行訴訟後，仍得再以合意停止訴訟程序，但爲避免當事人濫行停止，致訴訟延滯，只能以一次爲限（民訴§190）。

至於當事人合意停止訴訟程序，若定有停止期間，則訴訟程序的停止，將因停止期間的屆滿而終竣。不過，於停止期間屆滿前，當事人得以另一合意，使訴訟程序的停止提前終竣。但須注意的是，當事人所定停止期間，最多不得超過四個月，因爲自陳明合意停止時起，如於四個月內未向法院聲請續行訴訟的話[32]，視爲撤回其訴或上訴。因此，當事人所定停止期間如超過四個月，對於法院不生任何效力[33]；當事人若於四個月後始提出續行訴訟的聲請，法院得以「當事人已撤回其訴或上訴」爲由，裁定駁回其聲請。

關於違背合意停止訴訟程序次數限制者，民事訴訟法第190條後段明定如再次陳明合意停止訴訟程序，不生合意停止訴訟的效力，法院得依職權續行訴訟；如兩造無正當理由仍遲誤言詞辯論期日者，視爲撤回其訴或上訴，以臻明確。

---

[31] 最高法院80年台抗字第330號判例：「合意停止訴訟程序之當事人，自陳明合意停止時起，如於四個月內不續行訴訟者，視爲撤回其訴或上訴，民事訴訟法第一百九十條第一項前段定有明文。此項法律擬制撤回其訴或上訴之效力，於法定要件具備時當然發生，不因嗣後法院或當事人之訴訟行爲，使已消滅之訴訟繫屬又告回復。」

[32] 最高法院45年度台抗字第73號裁定略以：「抗告人既於休止訴訟程序期限屆滿前，聲請中止訴訟程序，即不得謂其未爲續行訴訟之行爲，是因休止而視爲撤回其訴之法律上效力尚未發生，自應以有無中止訴訟之原因爲准駁，方屬正當。」

[33] 最高法院70年台抗字第33號判例：「合意停止訴訟之當事人，自陳明合意停止時起，如於四個月內不續行訴訟者，視爲撤回其訴或上訴，續行訴訟而再以合意停止訴訟程序者，以一次爲限，民事訴訟法第一百九十條定有明文。基此規定，當事人合意停止訴訟未定有期間者，固應於四個月內續行訴訟，其定有期間者，所定期間，亦不得逾四個月。如當事人約定停止訴訟期間逾四個月，而不於四個月法定期間內續行訴訟者，仍應生視爲撤回其訴或上訴之效果。」

第五節　訴訟程序停止之效力

壹、訴訟程序停止之效力

一、訴訟程序當然停止及裁定停止之效力

所謂民事訴訟法第188條所稱「本案之訴訟行爲」，是指非關於當然停止、裁定停止而爲的訴訟行爲，而是可使已停止的訴訟程序繼續進行或終結者而言，例如：聲請續行訴訟、提起上訴、指定期日、調查證據、行言詞辯論等行爲。訴訟程序處理當然停止及裁定停止的期間時，法院及當事人不可以爲會使已停止的訴訟程序繼續進行或終結的訴訟行爲[34]。違反此規定時，當事人的行爲原則上無效，但是若他造當事人符合民事訴訟法第197條第1項之規定情形時，則因爲其捨棄責問權的結果，就不可再主張無效。因爲此制度設計的目的，是爲保護當事人的利益，當事人既然漠視其權利，則法院也不須強使其無效。假如法院違反規定，其在訴訟停止間所爲本案的訴訟行爲，也並非無效，僅是有法律上的瑕疵，當事人得表示不服而提起上訴或抗告。

當然停止發生在言詞辯論終結之後，而其當然停止的原因，因民事訴訟法第181條已將當事人因戰事與法院交通隔絕者，修正爲裁定停止訴訟程序之原因，自無再適用原條文第1項但書的餘地。因此但書係針對當然停止原因的設計，爲免日後相關條文變動而須再予修正，特將其修正爲概括規定，以求法律上的周延。因爲當然停止制度，是在使當事人不要失去參與訴訟，以助法院發現眞實、下眞實正確判決的機會，然而裁判的宣示，是不須當事人的行爲，不問當事人是否在場，均有效力（民訴§225），所以當事人無參與的必要。至於言詞辯論終結後，裁定停止訴訟程序者，則因爲法院於下停止程序裁定時，必定已經預料到沒有宣示裁判的必要，否則法院可以先宣示後，再下停止訴訟的裁定，因此在裁定停止訴訟的情形，不在場仍得宣示之列。

---

[34] 最高法院22年上字第804號判例：「中斷生於言詞辯論終結後者，本於其辯論之裁判得宣示之，此在民事訴訟法第一百八十條第一項但書定有明文。第三審不經言詞辯論而爲判決者，固無所謂言詞辯論之終結，惟當事人對於判決前應爲之訴訟行爲若已完畢，即與言詞辯論之終結無異，故中斷生於當事人應爲之訴訟行爲完畢後者，自得本其行爲而爲判決。」

　　所謂「更始進行」，即更令全期間進行，例如：第一審判決是6月15日送達，7月1日有當然停止原因發生，7月7日當然停止的原因結束，則判決視為是7月7日送達，7月27日確定。而以前6月15日至7月1日之16天期間，不與以後的期間合併計算，而是在當然停止的原因結束後起，重新進行期間，此亦是為保護當事人之利益而設。

二、合意停止效力

　　訴訟程序合意停止的效力，民事訴訟法未設明文規定，原則上與當然停止及裁定停止的效力相同，也就是於合意停止後，法院及當事人不得為關於本案的訴訟行為；但須注意的是，訴訟程序當然或裁定停止者，期間停止進行，自停止終竣時起，其期間更始進行（民訴§188 II）。而民事訴訟法第189條第1項但書規定：「但不變期間之進行，不受影響。」換言之，合意停止後，並非所有期間均停止進行；通常法定期間及裁定期間，因合意停止而停止進行，但不變期間則不受影響，仍繼續進行。這是因為不變期間，不因當事人的合意而伸長，如果合意停止後，不變期間亦停止進行，無異承認當事人得依己意伸長不變期間。因此，於不變期間內應為的訴訟行為（例如上訴、抗告等），縱使訴訟程序已經合意停止，仍應於該不變期間內為之。

第二十一章
言詞辯論

壹、言詞辯論之意義

一、廣義之言詞辯論

廣義的言詞辯論，係指法院、當事人及其他訴訟關係人（如：證人、鑑定人等）於法院所訂期日所為的一切訴訟行為，例如：法院的詢問證人、調查證據或當事人的聲明、陳述及證人、闡明法律關係、爭點整理、鑑定人的陳述……等皆屬之，其並不以期日之種類為稱為言詞辯論為必要，亦不以參與該訴訟行為之人為當事人或者非當事人，均屬廣義言詞辯論之範圍。例如：民事訴訟法第196條第1項規定：「攻擊或防禦方法，除別有規定外，應依訴訟進行之程度，於言詞辯論終結前適當時期提出之」，本條所指之言詞辯論即係指廣義之言詞辯論。

二、狹義之言詞辯論

狹義之言詞辯論，專指當事人兩造於法院所訂之期日，以言詞所為之一切訴訟行為，包含法院之言詞辯論期日與準備程序期日均屬之。民事訴訟法第221條規定：「判決，除別有規定外，應本於當事人之言詞辯論為之。法官非參與為判決基礎之辯論者，不得參與判決。」本條所指之言詞辯論即指狹義之言詞辯論。

三、最狹義之言詞辯論

最狹義之言詞辯論，則專指法院所訂之期日種類為言詞辯論期日，當事人兩造於該期日以言詞所為之訴訟行為，在此定義下，準備程序期日亦被排除在言詞辯論之外。例如，民事訴訟法第276條規定：「未於準備程序主張之事項，除有下列情形之一者外，於準備程序後行言詞辯論時，不得主張之」，本條所指之「言詞辯論」即僅指最狹義之言詞辯論。

基於以上之說明，究竟「言詞辯論」四字在各別法條中之實質內涵屬於廣義或狹義或最狹義不可一概而論，須依各別條文之立法脈絡及目的而作判斷。

四、言詞辯論之分類（見表21-1）

(一)「本案言詞辯論」與「非本案言詞辯論」

以「辯論對象」是否涉及訴訟標的之法律關係作爲分類標準，可將言詞辯論分爲本案之言詞辯論及本案外之言詞辯論（非本案之言詞辯論）。前者乃係針對訴訟標的之請求有無理由的辯論，本案之言詞辯論以自由提出主義爲原則，輔以適時提出主義之限制；而後者則是指針對訴訟標的以外之辯論，例如：就當事人不適格、代理權有問題、起訴不合程式等提出抗辯所進行之法庭攻防稱爲非本案言詞辯論。第249條第1款、第3款主張沒有當事人能力，即並沒有針對訴訟標的的法律關係。

關於本案之言詞辯論及非本案之言詞辯論其區別實益，例如：民事訴訟法第25條、第255條、第262條第1項但書、第427條第4項、第436-26條第1項。第25條：「被告不抗辯法院無管轄權，而爲本案之言詞辯論者，以其法院爲有管轄權之法院。」稱之爲擬制合意管轄，意旨如原告誤送起訴狀至無管轄權之法院時，被告不抗辯法院管轄權，且還作本案言詞辯論，可發生擬制合意管轄之效力。又例如：民事訴訟法第255條第2項：「被告於訴之變更或追加無異議，而爲本案之言詞辯論者，視爲同意變更或追加。」民事訴訟法第262條第1項但書：「原告於判決確定前，得撤回訴之全部或一部。但被告已爲本案之言詞辯論者，應得其同意。」民事訴訟法第427條第4項：「不合於第一項及第二項之訴訟，法院適用簡易程序，當事人不抗辯而爲本案之言詞辯論者，視爲已有前項之合意。」民事訴訟法第436條第1項：「應適用通常訴訟程序或簡易訴訟程序事件，而第一審法院行小額程序者，第二審法院得廢棄原判決，將該事件發回原法院。但第四百三十六條之八第四項之事件，當事人已表示無異議或知其違背或可得而知其違背，並無異議而爲本案辯論者，不在此限。」以下將民事訴訟法中對於本案之言詞辯論及非本案言詞辯論之裁判及其效果區別如下表。

(二)以「是否爲裁判之必要基礎」爲分類標準

依此分類標準可分爲必要的言詞辯論及任意的言詞辯論，前者則是指判決之作成必須以言詞辯論爲基礎始能爲之的辯論，必要的言詞辯論，例如民事訴訟法第221條第1項規定：「判決，除別有規定外，應本於當事人之言詞辯論爲之。」但有少數例外，例如：依民事訴訟法第249條第2項：「原告之訴，依其所訴之事實，在法律上顯無理由者，法院得不經言詞辯論，逕以判決駁回之。」而後者，任意的言詞辯論，通常是指裁定是否經由言詞辯論，全由法院自由裁量爲之，不以進行言

表21-1　言詞辯論之分類

		違反之效果		發言內容
訴訟成立要件	一、要有審判權 二、要有管轄權 三、有當事人能力 四、有訴訟能力 五、訴代有權限 六、要合程式 七、不違反一事不再理	裁定駁回 民事訴訟法§249Ⅰ第1至第7款 （註：其中無管轄區應適用第28條移送；而無審判權則應依本法第31-2條第2項裁定移送，不可逕駁回原告之訴。）	依職權調查	非本案言詞辯論
權利保護要件	八、當事人適格 　　（主觀訴之利益） 九、訴之利益 　　（客觀訴之利益）	甲說→裁定駁回§249Ⅰ第6款（無一事不再理之拘束） 乙說→判決駁回§249Ⅱ（有一事不再理之拘束）	依職權調查	
實體上要件	十、實體有理由 　　（無） 　　（實質上的權利義務關係）	一律以判決為之 （如確定後可發生既判力）	辯論主義	本案言詞辯論

詞辯論為必要。例如：假扣押、假處分、保全證據、法官迴避……等裁定事項，此類裁定所涉及之事項均為程序上事項，原則上可不經言詞辯論，稱為任意之言詞辯論，亦即是否要進行言詞辯論程序任由法院裁量，法律無強制之規定要求要進行言詞辯論。民事訴訟法第234條第1項規定：「裁定得不經言詞辯論為之。」即屬任意之言詞辯論。

貳、言詞辯論之內容

一、言詞辯論之開始

民事訴訟法第192條規定：「言詞辯論，以當事人聲明應受裁判之事項為始。」

言詞辯論一開始時，第一個為訴之聲明（應受裁判事項之聲明），即分為原告的訴之聲明，被告的訴之聲明。訴之聲明，依民事訴訟法第244條第1項第3款之規

定：「起訴，應以訴狀表明下列各款事項，提出於法院爲之：三、即應受判決事項之聲明。」

依民事訴訟法第158條規定：「期日，以朗讀案由爲始。」言詞辯論期日也不例外，亦因朗讀案由而開始。依第158條之規定，言詞辯論因當事人聲明應受裁判之事項而開始，是以，言詞辯論期日因朗讀案由而開始後，當事人若未以言詞聲明應受裁判之事項，則言詞辯論仍未開始。所謂「應受裁判之事項[1]」，是指請求爲如何具體的裁判而言，例如：原告聲明「被告應賠償原告80萬元」；或是「確認原告與被告間的買賣契約不成立」；或是「被告應與原告離婚」等。原告爲聲明後，理論上被告亦須爲聲明，但若被告僅係消極的爲「駁回原告之訴」的聲明，因是否駁回原告之訴，法院本應依職權而爲，不待被告聲明，所以被告此項聲明並非必要。

二、事實上及法律上之陳述

民事訴訟法第193條規定：「當事人應就訴訟關係爲事實上及法律上之陳述（第1項）。當事人不得引用文件以代言詞陳述。但以舉文件之辭句爲必要時，得朗讀其必要之部分（第2項）。」本條係彰顯民事訴訟法立法準則採言詞審理主義之規定。

當事人依據民事訴訟法第192條規定固應先向法院聲明應受判決的事項，此一聲明僅係其請求法院裁判的結論。但若只有結論，而沒有得此結論的事實以及理由，法院無從判斷兩造之勝敗，所以當事人於陳述訴之聲明後，尚應就訴訟事件的內容情節爲事實上以及法律上的陳述。例如：原告請求被告賠償因被毆傷所受的損害，陳述某年、月、日在某地被告動手打他，因而支出醫藥費10萬元，依民法第184條第1項前段規定，被告應負賠償責任。

此處所謂「法律上之陳述」，非指當事人須具體指出訴訟關係應適用某法所規定的某條文[2]，而是指就該訴訟事件之權利義務，即法律關係的發生、變更或消

---

[1] 最高法院70年台上字第4344號判例：「審理事實之法院，所爲判決，應本於言詞辯論爲之，而當事人應受判決事項之聲明，必於言詞辯論時爲之，始爲有效。上訴人於原審上訴理由中，追加預備聲明，惟未於言詞辯論時爲此項之聲明，原審未對之爲判決，亦非違法。」

[2] 最高法院95年台上字第642號裁定：「依民事訴訟法第一百九十三條第一項規定，當事人固應就訴訟關係爲事實上及法律上之陳述，惟關於法規之適用，當事人並無陳述之

滅，因基於辯論主義之故，非經當事人陳述，法院不得採為判決基礎。例如：債務已經由第三人承擔的陳述，不負保證責任的陳述。所謂「事實上之陳述」，除法律有特別規定（民訴§278 II）外，法院僅得依當事人的主張為裁判之基礎。例如：原告主張被告親自蓋章出立借據向原告借款的事實，若被告否認，法院不得斟酌被告將印章交他人使用的事實，是表見代理，依表見代理之規定（民§169），被告須負清償借款的責任而判決被告敗訴。因表見代理是非原告主張的事實，法院不可加以判斷。

　　無論事實上或法律上之陳述，基於言詞審理主義，原則上均應以言詞表達，且此言詞應依通常說話方式為之，不宜以朗讀文件方式代替口語之陳述，因為文件的詞句結構，與口語方式多有差異。但有舉文件詞句的必要時，則得朗讀其必要部分（民訴§193 II），例如：解釋某一證書某一段文字的意思，得先朗讀該段文字之後再為解釋。假若書狀陳述與用言詞陳述有不符合時，應以言詞陳述為準。

三、聲明所用之證據

　　民事訴訟法第194條規定：「當事人依第二編第一章第三節之規定，聲明所用之證據。」當事人依第193條規定，就訴訟關係為事實上及法律上的陳述後，為使法院相信其陳述為真實，必須更進一步聲明證據，請求法院加以調查（依民事訴訟法第209條規定，法院調查證據，除別有規定外，於言詞辯論期日行之）。然而當事人並非對於自己所為的陳述均須聲明證據，應依第二編第一章第三節之規定，負有舉證責任的當事人方須聲明證據。又當事人除依第194條規定，於言詞辯論期日聲明證據外，亦得於言詞辯論期日前，為證據之聲明（民訴§285）。

四、當事人之陳述

　　為使法院迅速發現真實，避免人力及時間無謂的浪費，當事人就其提出的事實，負有真實及完全陳述的義務[3]；且當事人除陳述自己所提出的事實外，對於他

義務。故上開所謂之法律上陳述，係指就該訴訟事件所生之權利義務即法律關係之發生、變更或消滅，非經當事人陳述，法院不得採為判決之基礎者而言。至於當事人就與事件有關之法規應如何解釋及如何適用之陳述，不過供法院參考而已。法院為法律上之判斷時，不受該陳述之拘束，而應依職權為法律之適用。」

[3] 另參照最高法院98年台上字第391號判決：「關於不當得利之無法律上原因之消極要件，原則上固應由主張權利者負舉證責任。惟此一消極事實本質上難以直接證明，僅

造當事人所提出的事實及證據，亦應為陳述，因惟有在兩造當事人互為陳述下，方較易發現實體上的真實（民訴§195）。真實及完全之陳述，對他造提出之事證應為陳述，對他造提出之事證每一項都應為回應陳述。民事訴訟法第193條規定當事人應就訴訟關係為事實上及法律上之陳述。民事訴訟法第195條規定：「當事人就其提出之事實，應為真實及完全之陳述（第1項）。當事人對於他造提出之事實及證據，應為陳述（第2項）。」所謂「對於他造提出之事實及證據，應為陳述」，其回應他造當事人之陳述內容，不外乎下列幾種情形：

(一) 對他造所提出事實之陳述

1. 自認

所謂的「自認」是對於他造提出的事實，為承認的陳述。另有所謂「擬制自認」之規定，其他關於自認之相關說明，請參閱本書第二十七章第一節之伍。

2. 爭執

對於他造提出的事實，為否認的陳述，即是所謂的「爭執」，並輔以其他補充的否認。

3. 表示不知或不記憶

對於他造提出的事實，為「不知或不記憶」的陳述，表示日後不記憶（忘記），此時，法院應審酌情形，斷定是否視同自認（民訴§280 II）。

4. 完全沉默

如當事人對於他造提出的事實或證據根本不為任何陳述，則可能發生視同自認之效果（民訴§280 I）。

(二) 對他造提出之證據所可能之陳述

當事人對於他造提出之證據應為陳述，約可分為下列各種情形：

能以間接方法證明之。因此，倘主張權利者對於他方受利益，致其受有損害之事實已為證明，他造就其所抗辯之原因事實，除有正當事由（如陳述將使其受到犯罪之追訴等），應為真實完全及具體之陳述，以供主張權利者得據以反駁，俾法院憑以判斷他造受利益是否為無法律上原因。如他造違反上開義務時，法院應於判決時依全辯論意旨斟酌之。」

1. 主張證據偽變造

對於他造主張之證據表示「偽造」、「變造」或「虛偽」，例如：對提出之「書證」否認其真正，對證人之證詞表示「虛偽」。

2. 承認證據為真正，但抗辯其證明力

對他造提出之證據，不否認其真正，但抗辯其證明力或與本案爭執之關聯性，以及表示該證物須經鑑定等。

3. 完全沉默

如當事人對於他造提出的證據根本不為任何陳述，則可能發生視同自認之效果（民訴§280 I）。

五、例外不公開審理之情形

民事訴訟法立法準則採公開審理主義為原則，不公開審理為例外，法院組織法第86條規定：「訴訟之辯論及裁判之宣示，應公開法庭行之。但有妨害國家安全、公共秩序或善良風俗之虞時，法院得決定不予公開」，即屬例外。另民事訴訟法第195-1條亦屬不公開審理之例外規定，其條文為：「當事人提出之攻擊或防禦方法，涉及當事人或第三人隱私、業務秘密，經當事人聲請，法院認為適當者，得不公開審判：其經兩造合意不公開審判者，亦同。」原則上審判應公開行之（如此可以避免法官枉法專斷之弊病）[4]，惟因當事人提出有關的攻擊或防禦方法，涉及當事人或第三人隱私或業務秘密時，如仍一律公開審判，可能導致當事人或第三人蒙受重大損害，自有未宜。民事訴訟法第195-1條規定於言詞辯論時雙方當事人合意不公開審判，係基於程序主體權，原告與被告都是程序主體而有程序主體之選擇權利，所賦予當事人的權限，即使沒有國家安全機密或有影響公序良俗之事由，只要

---

[4] 另參照臺灣苗栗地方法院98年簡上字第3號：刑法第309條第1項公然侮辱罪，係行為人在不特定或多數人得共見共聞狀態下，以使人難堪為目的，用言語、文字、圖畫或動作，表示不屑、輕蔑或攻擊之意思，而足以對於個人在社會上所保持之人格及地位，達貶損其評價之程度。至民事訴訟審理程序乃以公開法庭為原則，於審理中屬「不特定」民眾得自由進出之場所，審理現場有法官、書記官及通譯至少3人以上在場，亦符合「多數人」之要件。況社會上通常一般人若遭他人指稱「白癡」一詞，均足生貶低其人格評價之難堪與不快。故被告於法庭上以手指指向告訴人稱「你是白癡嗎？」一詞，其公然侮辱之犯行實堪認定。

雙方合意，或有商業機密或合約保密方面，皆可透過雙方合意不公開審判。如經當事人一方聲請，而法院認為適當者，得不公開審判[5]。至於案件終結後，法院製作判決書時，亦應注意妥適記載應保密之部分，例如於判決書內：以代號代替或僅為必要的敘述，以避免當事人或第三人因資訊公開而遭受到不當的損害。實則如經兩造合意不公開審理，即屬當事人雙方自認不會因審判不公開致生影響公平審判的結果，法院當無不准之理，故於後段明定兩造合意不公開審判者亦同。基此，合意不公開審判係基於民事訴訟法尊重當事人程序主體權、選擇權之具體落實條款。

六、言詞辯論終結前之適當時期提出攻防方法

民事訴訟法第196條規定：「攻擊或防禦方法，除別有規定外，應依訴訟進行之程度，於言詞辯論終結前適當時期提出之（第1項）。當事人意圖延滯訴訟，或因重大過失，逾時始行提出攻擊或防禦方法，有礙訴訟之終結者，法院得駁回之。攻擊或防禦方法之意旨不明瞭，經命其敘明而不為必要之敘明者，亦同（第2項）。」

於民事訴訟中，當事人為求勝訴所提出的一切訴訟資料，稱為「攻擊」或「防禦方法」，例如：事實上及法律上的陳述、證據的提出、抗辯及提出反證等。

提出攻擊或防禦方法我國原採自由主義，不問訴訟進行至何程度或係第幾次辯論日，只要在言詞辯論終結前均得提出，惟修法改採「適時提出主義」，如逾時提出者，法院得駁回之。但如民事訴訟法另有規定提出攻擊、防禦方法之時期者，不在此限，例如：民事訴訟法第276條、第447條是其適例。

為促使訴訟早日終結，如果當事人意圖延滯訴訟[6]，或因重大過失，逾時始行提出攻擊或防禦方法以致妨害訴訟之終結者，雖言詞辯論尚未終結，法院仍得駁回，例如：就某一事實，於多次言詞辯論期日均不主張，直至最後一次的言詞辯

---

[5] 如當事人依民事訴訟法第195-1條後段，合意聲請不公開審理，法院即應受其拘束，以保障當事人之訴訟主體權。

[6] 最高法院88年台上字第1740號判決：「攻擊或防禦方法，得於言詞辯論終結前提出之。當事人意圖延滯訴訟或因重大過失，逾時始行提出攻擊或防禦方法者，法院得駁回之。但不致延滯訴訟者，不在此限。民事訴訟法第一百九十六條定有明文。是雖係意圖延滯訴訟提出攻擊防禦方法，或雖因重大過失逾時始行提出攻擊防禦方法，仍須以將致延滯訴訟為前提，法院始得予以駁回。若並不致延滯訴訟者，法院仍不得駁回其提出，觀之該法條文意自明。」

論期日始行提出。所謂「逾時」，是指客觀上已逾「適當時機」而言，當事人是否意圖延滯訴訟、是否有重大過失、是否已逾適當時機及是否延滯訴訟，均由法院依自由心證加以認定。法院駁回當事人提出的攻擊或防禦方法，應於判決理由中記載其意見。如果當事人意圖延滯訴訟，或因重大過失，逾時始行提出攻擊或防禦方法，但不致延滯訴訟的話，則法院不得駁回。又當事人所提之攻擊防禦方法意旨不明瞭，經法院令其敘明而仍然不予敘明者，顯已妨礙訴訟之終結，法院自亦得駁回之。

七、行使責問權

當事人對於法院訴訟程序規定之違背，得提出異議，稱為責問權。法院訴訟程序規定的違背，可分為兩類，一種是「僅為當事人的利益而設」，另一是「非僅為當事人的利益而設」兩種。對於違背訴訟程序規定的訴訟行為，不論是由法院、他造當事人或是其他訴訟關係人所為，當事人均得於言詞辯論時或言詞辯論外，向法院提出異議，主張法院所為之該訴訟行為違法或有瑕疵，此乃所謂的「責問權」（民訴§197）。訴訟行為所違背的規定，如係僅為當事人的利益而設，例如：書狀未按應受送達的他造人數提出繕本（民訴§119 I），若當事人表示無異議（明示捨棄責問權），並無異議而為本案之言詞辯論（默示捨棄責問權），則為了訴訟進行的迅速及安定，避免徒耗勞力、時間及費用，即視同已經補正，日後即不得就法院該違背規定的訴訟行為，再提出異議[7]，及以之違上訴之理由[8]。

---

[7] 最高法院101年度台簡上字第2號判決略以：「(一)按民事訴訟法第一百九十七條第一項規定：當事人對於訴訟程序規定之違背，得提出異議。但已表示無異議或無異議而就該訴訟有所聲明或陳述者，不在此限。此項『責問權』之行使，須當事人對於『法院或他造』在法律上有瑕疵之訴訟行為始得為之，若就自己所為違背非屬公益事項之訴訟程序規定之行為，即不得自為無效之主張，並於事後提出異議而行使『責問權』（僅他造得對之行使責問權）。且尋繹該條項但書於九十二年二月七日修正時之立法說明，既揭櫫：『……惟若並未表示無異議而仍就該訴訟有所聲明或陳述，仍應視為默示之無異議，爰修正第一項文字，以杜爭議』等意旨，則該條項但書所定『責問權』之例外喪失，除該訴訟程序之規定，非僅為當事人之利益而設者外，初不問其係已表示無異議（明示捨棄責問權），或未表示無異議而就該訴訟有所聲明或陳述（默示之無異議）而有不同，此對照該條項修正前後之文字自明。」

[8] 最高法院90年度台簡上字第25號裁定略以：「地方法院獨任法官將應適用通常訴訟程序之事件，誤為簡易訴訟事件，依簡易程序而為第一審判決者，當事人對之提起上

　　然因當事人對於訴訟程序規定的違背，原即得提出異議，如其已明示無異議，乃明示捨棄其責問權，殆無疑義。惟若並未表示無異議而仍就該訴訟有所聲明或陳述，仍應視爲默示的捨棄而爲無異議[9]。所謂「本案辯論」，是指本案言詞辯論，是針對實體法上的請求權存在與否，進行辯論，另在受命法官行準備程序時，依法院見解仍有第197條規定之適用。

　　至於訴訟行爲所違背的規定，如係「非僅爲當事人的利益而設」，例如：具有民事訴訟法第32條所列之情形的法官，未自行迴避，因此種規定大多係爲保護公益而設，故當事人縱使捨棄責問權，亦不發生捨棄之效力，日後於訴訟中仍可隨時就法院之該項違背程序規定的訴訟行爲，提出異議，此乃基於公益之考量也。

　　原告起訴時，未具起訴繕本，經法院限期令其補正，屆期仍不補正，法院可否認其訴不合法而以裁定駁回？於此，雖起訴狀與答辯狀都需要提出繕本，但提出繕本非爲訴訟之必要程式要件，因此法院不能以其未提出繕本即以訴不合法而裁定駁回之。至於被告之責問權部分，於原告未遵守訴訟程序未提出繕本時，被告究竟是否行使責問權是依其意思而爲之，因責問權是爲私益而設，可由當事人決定是否行使或拋棄。

八、對審判長或陪席法官訴訟行爲之異議

　　民事訴訟法第201條規定：「參與辯論人，如以審判長關於指揮訴訟之裁定，或審判長及陪席法官之發問或曉諭爲違法而提出異議者，法院應就其異議爲裁定。」參與辯論之人，泛指一切參與辯論之人不以當事人爲限，包括當事人、參加人、代理人、輔佐人、證人、鑑定人等。所謂「提出異議」，是針對審判長或陪席法官所作的訴訟行爲提出。而當事人對於審判長在指揮言詞辯論程序時所作的裁定

訴，第二審法院即地方法院合議庭得準用民事訴訟法第四百五十一條第一項規定，爲發回之判決者，以當事人在第一審程序曾依同法第一百九十七條第一項行使責問權者爲限。而上訴人在第一審對於訴訟程序規定之違背，並未提出異議，依同條項但書規定，應認其責問權已喪失，嗣後不得更以此訴訟程序規定之違背，爲上訴理由。」

[9] 最高法院67年台上字第1951號判例：「上訴人在原審委任甲、乙、丙三律師爲訴訟代理人，於原審言詞辯論時，有甲、乙二律師到場辯論，應已知悉該言詞辯論期日係由受命推事於準備程序所指定，乃對此訴訟程序上之瑕疵未爲異議，而爲本案辯論，應認其瑕疵已經補正。」

不可以抗告[10、11]（民訴§483）；再者，審判長或者陪席法官所爲的發問或曉諭並不是裁定，當事人不可以對此爲抗告。因此，爲避免當事人毫無救濟途徑起見，特規定當事人如認爲審判長對於有關指揮訴訟所下的裁定，或者審判長以及陪席法官所行使的發問與曉諭有違法的情形，應可以當場提出異議，而法院於參與辯論之人提出異議權時，也要就此異議有無理由下裁定。另外，此項異議，僅可因違法而成立，如果出庭參與辯論之人只是認爲審判長或陪席法官作得不當或不必要爲理由而提出異議，則異議將不成立。

參、審判長之職權

一、開閉及指揮言詞辯論

民事訴訟法第198條第1項規定：「審判長開閉及指揮言詞辯論，並宣示法院之裁判。」據此，依民事訴訟法第158條及第192條綜合觀之，所謂「開言詞辯論」，係指書記官朗讀案由後，審判長命當事人聲明應受判決的事項。而「閉言詞辯論」，須於訴訟事件已達可裁判或者應裁定停止訴訟程序或延展期日時，及因訴訟程序當然停止、合意停止，或因撤回、和解等不得更行辯論時爲之。閉言詞辯論時，審判長毋庸明示其意思，即默示亦可，例如：審判長退庭、宣示判決或延展期日之裁定等。言詞辯論已閉後，仍得於宣示裁判前再開之（民訴§210）。

二、注意令當事人得為適當完全之辯論

民事訴訟法第199條第1項：「審判長應注意令當事人就訴訟關係之事實及法律爲適當完全之辯論。」爲求裁判合於眞實及訴訟得儘速終結，必須當事人之辯論能既詳盡又不失於支離重複。然而如何始能令當事人得爲適當完全之辯論，則屬於指揮辯論的技術課題。

---

[10] 最高法院20年抗字第216號判例：「法院命將已閉之辯論再開，屬於訴訟指揮之性質，在不得抗告之列。」

[11] 最高法院17年抗字第265號判例：「含有訴訟指揮性質之批示，當事人如認係阻礙訴訟之進行，祇能逕向該法院聲請，其自行依法撤銷，不許聲明抗告。」

三、法官闡明權之行使

(一) 闡明權的意義與內涵

民國89年修正前之民事訴訟法第199條，就有關法官闡明權之行使規定如下：「審判長應注意令當事人得為適當完全之辯論（第1項）。審判長應向當事人發問或曉諭，令其陳述事實、聲明證據或為其他必要之聲明及陳述；其所聲明或陳述有不明瞭或不完足者，應令其敘明或補充之（第2項）。陪席推事告明審判長後，得向當事人發問或曉諭（第3項）。」此一條文的設置乃係為補救處分權主義及辯論主義之缺點。並且最高法院乃於43年台上字第12號判例中認為，法官闡明權之行使，除係為其權利外，毋寧更是為義務的一環，法院若未盡其闡明義務即屬違背法令[12]及發回更審之原因[13]。

民事訴訟法原則上係採辯論主義，法院僅能依據當事人所提出聲明的範圍以及提供的訴訟資料，作為裁判的基礎。但因訴訟程序繁雜、當事人的法律知識有限，難免發生諸如其聲明或陳述的意義或內容不明瞭、不充足，或有錯誤、不適當、不必要的缺點。為補救上述缺點，使法院運用其訴訟指揮權，使應勝訴者能勝，以達公平正義的目的，民事訴訟法第199條第2項規定審判長的闡明權（同時亦為其義務）[14]，包括事實上、法律上陳述[15]、證據及其他必要事項，均在闡明之內。

---

[12] 最高法院43年台上字第12號判例：「民事訴訟法第一百九十九條第二項規定，審判長應向當事人發問或曉諭，令其陳述事實、聲明證據，或為其他必要之聲明及陳述，其所聲明及陳述有不明瞭或不完足者，應令其敘明或補充之云云，此為審判長（或獨任推事）因定訴訟關係之闡明權，同時並為其義務，故審判長對於訴訟關係未盡此項必要之處置，違背闡明之義務者，其訴訟程序即有重大瑕疵，而基此所為之判決，亦屬違背法令。」

[13] 最高法院49年度台上字第1530號判決略以：「當事人對於代位權行使與否，意思不明時，審理事實法院之審判長，有依民事訴訟法第一百九十九條第二項行使闡明權之職責，其疏於行使，僅以其所有權生效要件欠缺，而為其敗訴之判決時，應認為有發回更審之原因。」

[14] 最高法院100年台上字第1438號判決：「依民事訴訟法第199條第2項規定，審判長應向當事人發問或曉諭，令其為事實上及法律上陳述、聲明證據或為其他必要之聲明及陳述；其所聲明或陳述有不明瞭或不完足者，應令其敘明或補充之。準此，當事人之聲明如有不明瞭或不完足者，審判長應行使闡明權，令其補充之，此為審判長因定訴訟關係之闡明權，同時亦為其義務。」

[15] 最高法院109年度台抗字第1485號可資參照。

　　另外，法院固不受當事人主張之法律見解所拘束，然受訴法院所持法律見解，倘與當事人陳述或表明者不同，因將影響裁判結果，審判長自應向當事人爲發問或曉諭，令其爲必要之法律上陳述，以利當事人爲充分之攻擊防禦及適當完全之辯論[16]，此乃法院應適當公開心證之積極意義。

　　「民事訴訟法第199條第2項規定，審判長應向當事人發問或曉諭，令其爲事實上及法律上陳述、聲明證據，或爲其他必要之聲明及陳述，其所聲明及陳述有不明瞭或不完足者，應令其敍明或補充之，此爲審判長因定訴訟關係之闡明權，同時並爲其義務，故審判長對於訴訟關係未盡此項必要之處置，違背闡明之義務者，其訴訟程序即有重大瑕疵，而基此所爲之判決，亦屬違背法令。」

　　訴訟關係有依發問或曉諭闡明之必要，而審判長違背者，其訴訟程序即屬有重大瑕疵（民訴§451），其訴訟程序即有重大瑕疵，而基此所爲之判決，亦屬違背法令[17、18、19]。但當事人如於言詞辯論時毫無主張，而書狀中亦無足以引起審判長

---

[16] 最高法院110年度台上字第621號判決可資參照（此判決被選爲110年1-2月最高法院民事具有參考價值之裁判）。

[17] 最高法院110年度台上字第824號判決略以：「民事訴訟法第199條第2項規定，審判長應向當事人發問或曉諭，令其爲事實上及法律上陳述、聲明證據，或爲其他必要之聲明及陳述，其所聲明及陳述有不明瞭或不完足者，應令其敍明或補充之，此爲審判長因定訴訟關係之闡明權，同時並爲其義務，故審判長對於訴訟關係未盡此項必要之處置，違背闡明之義務者，其訴訟程序即有重大瑕疵，而基此所爲之判決，亦屬違背法令。」

[18] 最高法院109年度台上字第75號判決略以：「審判長應注意令當事人就訴訟關係之事實及法律爲適當完全之辯論，並應向當事人發問或曉諭，令其爲事實上及法律上陳述、聲明證據或爲其他必要之聲明及陳述；其所聲明或陳述有不明瞭或不完足者，應令其敍明或補充之。民事訴訟法第199條第1項、第2項定有明文。此爲審判長因定訴訟關係之闡明權，同時爲其義務，若審判長對於訴訟關係未盡此項必要之處置，違背闡明之義務者，其訴訟程序即難謂無重大瑕疵，基此所爲之判決，自屬違背法令。」

[19] 最高法院43年台上字第12號判例：「民事訴訟法第一百九十九條第二項規定，審判長應向當事人發問或曉諭，令其陳述事實、聲明證據，或爲其他必要之聲明及陳述，其所聲明及陳述有不明瞭或不完足者，應令其敍明或補充之云云，此爲審判長（或獨任推事）因定訴訟關係之闡明權，同時並爲其義務，故審判長對於訴訟關係未盡此項必要之處置，違背闡明之義務者，其訴訟程序即有重大瑕疵，而基此所爲之判決，亦屬違背法令。」

發問或曉諭的根據，或依訴訟上情事可認為當事人已經不能或不欲再為聲明或陳述時，此際，審判長得不為發問或曉諭。

陪席法官因其就訴訟事件亦參與裁判，故負有闡明義務，但為維持法庭審理秩序，於向當事人發問或為曉諭時，應預先告明審判長，至於有關其發問或曉諭的內容以及如何實行，毋庸向審判長告知。

(二) 闡明權範圍的擴大

民國89年民事訴訟法修正後，擴大法官行使闡明權之範圍，除原先的第199條修正為：「審判長應注意令當事人就訴訟關係之事實及法律為適當完全之辯論（第1項）。審判長應向當事人發問或曉諭，令其為事實上及法律上陳述、聲明證據或為其他必要之聲明及陳述；其所聲明或陳述有不明瞭或不完足者，應令其敘明或補充之（第2項）。陪席法官告明審判長後，得向當事人發問或曉諭（第3項）。」外，更增訂第199-1條規定，其稱：「依原告之聲明及事實上之陳述，得主張數項法律關係，而其主張不明瞭或不完足者，審判長應曉諭其敘明或補充之（第1項）。被告如主張有消滅或妨礙原告請求之事由，究為防禦方法或提起反訴有疑義時，審判長應闡明之（第2項）。」

為貫徹使當事人充分利用訴訟制度來解決紛爭，特別注重一次糾紛能夠一次訴訟來解決，而不必一個紛爭分成多次訴訟來解決。是以第199-1條第1項規定，依原告之聲明及事實上之陳述，如可以主張多項法律關係，而其主張不明瞭或不完足者，審判長應曉諭其敘明或補充之，以便達到糾紛一次解決之目的，基此，法院亦有適度公開心證之義務[20]；又因為我國目前民事訴訟只有在第三審是採強制律師代

---

[20] 最高法院99年度台上字第2032號判決略以：「按受訴法院為充實言詞辯論內容，保障當事人程序權，防止發生突襲性裁判，應依民事訴訟法第一百九十九條第二項及第二百九十六條之一第一項規定，於調查證據前，運用訴訟指揮權，將未經或已經整理及協議簡化之『事實上爭點』、『法律上爭點』、『證據上爭點』暨其他『攻擊或防禦方法上爭點』，分別曉諭當事人，且將其中關於『證據上爭點』之曉諭，依具體案情狀況之需要，擴及於將法院對當事人聲明證據與待證事實關連所為『證據評價』之認識、判斷（心證或法律觀點），作『適時或適度』之公開，再就訴訟關係及相關之各該爭點，向當事人發問或曉諭，使兩造知悉事件之爭點及聲明證據與待證事實關連後，促使其為必要之聲明、陳述或提出證據，以進行證據之調查，並令當事人就該訴訟關係之事實及法律為適當而完全之辯論，其踐行之訴訟程序始得謂為無瑕疵。」

理，而在第一審及第二審並沒有採取律師強制代理制度，因此如果原告沒有委任律師代理訴訟的時候，依原告的聲明及事實上之陳述，可能可以主張多項法律關係，但是卻沒有辦法充分的主張，此時審判長依據第199-1條第1項的規定，就必須曉諭原告來敘明或補充。

例如：原告起訴請求被告給付一定額度之金錢，其所附之證物係為支票一張，此時原告究竟是主張這個票款請求權，或者是票據上之追索權，或者是借款返還請求權，其不明瞭時審判長就必須依據第199-1條第1項的規定向原告曉諭其敘明或補充之，惟原告究欲主張何項法律關係，及其是否為訴訟之變更或追加，應由原告自行斟酌決定[21]。而為達到一次解決之目的，如被告所主張的抗辯事由，究竟是防禦的方法或者是提起反訴，有疑問時，審判長亦必須依據第199-1條第2項之規定，適時行使闡明權。

又如：法院就當事人之訴之聲明有不當時，得以闡明之，即為保障當事人訴訟權益，避免當事人將先、備位聲明順序倒置，致發生與其真意不符之情形，造成不可彌補之損害，自應涵攝當事人先、備位聲明何者居先有不明瞭或不完足之情形在內[22]。以及新攻擊防禦方法之提出，法院亦應闡明當事人為辯論[23]；另法院所採

---

[21] 臺灣板橋地方法院99年家訴字第228號判決：「闡明權固為法院之訴訟指揮權能及義務，然審判長依民事訴訟法第199條為闡明權時，不得出以嚴厲詞色或輕率態度，並切忌使用具有暗示性或誘導性之語句。又依民事訴訟法第199條之1第1項規定，依原告已為之聲明及事實上陳述，於實體法上得主張數項法律關係而其主張有不明瞭或不完足者，審判長應曉諭其敘明或補充之，以利其衡量實體利益與程序利益而為適當之主張，惟原告究欲主張何項法律關係，及其是否為訴訟之變更或追加，應由原告自行斟酌決定，否則，法院過度行使闡明權之結果，可能危及當事人程序主體之地位及權能。」

[22] 最高法院97年度台上字第1950號判決參照；最高法院96年度台上字第732號判決略以：「另本件依上訴人所主張之事實，係認被上訴人於劉郭秋河八十五年間死亡後有塗銷地上權登記之原因，且被上訴人迄未就該地上權辦理繼承登記，上訴人請求被上訴人塗銷該地上權登記，依民法第七百五十九條規定，顯無法達成塗銷之目的。原審未依上揭規定向上訴人闡明依其主張所生之法律效果，並就法律觀點向其為發問或曉諭，令為適當完全之辯論，促使其為必要聲明、陳述或提出證據，遽行判決，已有未合。」亦為聲明不當之闡明適例。

[23] 最高法院102年度台上字第1220號判決略以：「按當事人於第二審行言詞辯論時，始提出新攻擊或防禦方法，如有民事訴訟法第四百四十七條第一項但書及第四百六十三條

見解與當事人之主張不同時，亦有闡明並爲適當辯論之必要[24]；法院對於是否適用情事變更原則，亦有闡明之義務[25]，就當事人之主張之更正，若涉及提起之訴訟類型，法院亦有闡明義務[26]。不過當事人是否提起反訴，因涉及處分權主義故並非法

準用第二百七十六條第一項各款規定情形，尚不生失權效果。此爲法院應依職權調查之事項，不待當事人主張或抗辯，均應本於職權予以探知；審判長並應曉諭當事人就此爲適當完全之辯論。」

[24] 最高法院98年度台上字第1500號判決略以：「按適用法律固屬法院之職權，不受當事人表示法律意見之拘束，惟當事人主張之事實，究應適用何種法律，並非當事人所能預測及瞭解。倘法院所持法律見解與當事人法律上之陳述不同時，審判長應將法律上之爭點曉諭當事人，並命其就法律觀點爲必要之陳述及作適當完全之辯論，以保障當事人程序上之正當權益，而避免產生適用法律之突襲，並利於法院藉此發現及尋求系爭事件中所應適用之法律。又爲擴大訴訟制度解決紛爭之功能，如原告主張之事實，於實體法上得主張數項法律關係而不知主張時，審判長應曉諭其得於該訴訟程序中主張，以便徹底解決當事人之紛爭。此觀民事訴訟法第一百九十九條、第一百九十九條之一第二項、第二百九十六條之一第一項之規定及其立法理由自明。」

[25] 最高法院95年度台再字第37號判決略以：「按在第二審爲訴之變更或追加，非經他造同意，不得爲之。但第二百五十五條第一項第二款至第六款情形，不在此限，民事訴訟法第四百四十六條第一項定有明文。則在第二審因情事變更以他項聲明代最初之聲明，原非法所不許。又審判長應向當事人發問或曉諭，令其爲事實上及法律上陳述，聲明證據或爲其他必要之聲明或陳述，其所聲明或陳述有不明瞭或不完足者，應令其敘明或補充之。依原告之聲明及事實上之陳述，得主張數項法律關係，而其主張不明瞭或不完足者，審判長應曉諭其敘明或補充之。同法第一百九十九條第二項及第一百九十九條之一第一項亦著有明文。是在訴訟進行中情事變更，若未以他項聲明代最初之聲明，將致其聲明爲不當或訴訟目的難以達成者，即難謂審判長就此無闡明之義務。查本件執行標的系爭房屋既被拆除，若未以回復原狀或等值賠償以代最初之聲明，其訴訟目的顯無以達成，依上開規定審判長自應曉諭當事人爲完足之聲明，第二審未踐行此闡明義務，其訴訟程序顯有重大瑕疵，原確定判決對此違背法令未爲論斷，難謂無違誤。再審論旨，指摘原確定判決適用法規顯有錯誤，求予廢棄，非無理由。」

[26] 最高法院97年度台上字第1885號判決略以：「查基於民事訴訟採處分權主義之原則，當事人就其請求之事項欲主張何種法律關係，以及提起何種訴訟型態，應由當事人自行決定之，以尊重其程序主體權及程序處分權。」

院闡明義務之範圍[27]。

(三) 闡明權的界限

　　關於法院闡明權行使的界限，最高法院93年度台上字第18號判決略以：「民事訴訟法為擴大訴訟制度解決紛爭之功能，就審判長闡明權之行使，固於八十九年二月間增訂第一百九十九條之一之規定，然仍以原告『已』陳述之事實及其聲明，於實體法上得主張數項法律關係而原告不知主張時，審判長始須曉諭原告於該訴訟程序中併予主張，以便當事人得利用同一訴訟程序徹底解決紛爭。倘原告於事實審未為該陳述及聲明，縱各該事實與其已主張之訴訟標的法律關係有關，本於當事人處分權主義及辯論主義，審判長仍無闡明之義務。」即以當事人所提出之訴訟資料及主張為端緒，即原告所主張之所有事實群[28]，法院始得為之，例如：原告向被告主張民法第184條第1項前段侵權行為之損害賠償時，若原告所提出之訴訟資料中未明白表示，其受有痛苦云云，此時法院即不得闡明其得依民法第195條之精神慰撫金。又如：上訴人於原審固陳稱系爭重劃經彰化縣政府核定後，迄今已逾十三年，被上訴人起訴至今也逾十年等語，惟綜觀其前後文義，上訴人係就被上訴人獲配系爭土地是否受有損害乙節而為爭執，並非就時效消滅為抗辯，則原審審判長未就是否時效消滅之抗辯行使闡明權，並無違誤[29]。另外，當事人是否得提起反訴法院得否闡明？過去實務見解認為，蓋其涉及處分權主義，因此提起反訴亦非闡明權行使之範圍[30]，然而在民事訴訟法增訂第199-1條後，即採有條件之肯認法院就此得闡明之。

　　又法院闡明時可否就訴訟資料以外作闡明？亦為重要之爭議問題。

---

[27] 最高法院67年台上字第425號判例略以：「提起反訴，非屬審判長行使闡明權之範圍，上訴人主張原審未行使闡明權令其提起請求地役權登記之反訴，顯屬誤會。」

[28] 許士宦，法律關係之曉諭義務，集中審理與原理原則，2009年4月，頁291-294。

[29] 最高法院95年度台上字第2638號判決參照。

[30] 最高法院67年台上字第425號判例：「提起反訴，非屬審判長行使闡明權之範圍，上訴人主張原審未行使闡明權令其提起請求地役權登記之反訴，顯屬誤會。」然此決議於本則判例於民國90年3月20日經最高法院90年度第3次民事庭會議決議不再援用，並於90年5月8日由最高法院依據最高法院判例選編及變更實施要點第9點規定以(90)台資字第00300號公告之。理由：本則要旨於增訂民事訴訟法第199-1條公布施行後，不再援用。

民事訴訟法新論

試舉一例：乙欠甲100萬並由丙擔任普通保證人，乙屆期未還。甲對乙丙訴請連帶給付，丙在言詞辯論到期到場但未為先訴抗辯權行使，法院應如何處理？（90年司法官）本題情形，涉及法院可否就訴訟資料以外作闡明？本書認為，既然丙是否主張先訴抗辯權主張不明確，審判長得依第199-1條曉喻其敘明或補充之，如經闡明後丙仍未主張法院即不得再闡明，以維護辯論主義之精神。反之，如法院闡明後，看得出丙實質上有主張先訴抗辯權之意思，法院即可將丙之主張做為判決之基礎。

下列案例，審判長於審理時，有無闡明之義務？若有，則應就何種事項為闡明？甲主張乙將其所有之A地出賣予甲後，拒不履行移轉所有權之義務，且又將該地出賣並移轉登記予丙。甲遂以乙為被告，起訴請求判決乙應將A地之所有權移轉登記予甲。（90司法官）本題因所有權已經移轉登記給丙，縱始判決確定後，由於訴之聲明係有問題的（無法執行）。因此法院應有行使闡明權之義務，命甲補充及敘明變更其訴之聲明應改主張民法第266條的債務不履行損害賠償請求權。因丙已善意受讓取得所有權至於甲對乙之請求，審判長應曉喻其敘明或補充之（§199-1）改依民法第226條損害賠償請求權或請求解除契約，返還價金。

四、受當事人聲請而發問

民事訴訟法第200條規定：「當事人得聲請審判長為必要之發問，並得向審判長陳明後自行發問（第1項）。審判長認為當事人聲請之發問或自行發問有不當者，得不為發問或禁止之（第2項）。」

倘若一造當事人直接向他造當事人發問，容易紊亂辯論的秩序，是以，原則上當事人並沒有直接發問權，但審判長的發問恐有未完足的地方，因此為讓辯論能完全充分，民事訴訟法第200條第1項規定當事人得聲請審判長為必要之發問。然為發現真實及保障當事人的程序權，審判長應使當事人有發問權。依原條文第1項規定，當事人須經審判長許可後，始得自行發問，所以為保障當事人的發問權及強化當事人為訴訟主體的法律上地位，爰修正為：「當事人得向審判長陳明後自行發問。」

當事人聲請審判長發問，如果審判長認為不必要或是不適當，得拒絕而不為發問；又倘若當事人向他造直接發問後，審判長認為其發問不必要或不適當時，亦得禁止其發問，此為民事訴訟法第200條第2項所明定。然因當事人聲請發問或自行發問若有不當之情形者，審判長本其訴訟指揮權，自得不為發問或禁止之，爰配合前項修正文字修正，蓋為免當事人不必要或不適當的發問，阻礙訴訟的進行。

五、指定受命法官

民事訴訟法第202條第1項：「凡依本法使受命法官爲行爲者，由審判長指定之。」所謂「使受命法官爲行爲」，例如：使行準備程序（民訴§270 I）、使調查證據（民訴§290）、使試行和解（民訴§377）等。使受命法官爲行爲，應由法院裁定，但以何人爲受命法官，則由審判長指定，審判長可以指定庭員，亦得指定自己爲受命法官。

六、法院之囑託

民事訴訟法第202條第2項：「法院應爲之囑託，除別有規定外，由審判長行之。」所謂「法院應爲之囑託」，例如：囑託調查證據（民訴§290）、囑託試行和解（民訴§377）等。原則上，由審判長實施。所謂「別有規定」，例如：民事訴訟法第292條第1項規定，由受託法院代替審判長囑託他法院調查證據。如是於獨任制審判，由法官一人獨任審判時，則由獨任法官爲囑託。

七、應用通譯

在「言詞審理主義」的要求下，法院所作的判決，必須以當事人言詞陳述的訴訟資料爲基礎。然於言詞辯論進行中，往往因語言的障礙，致意思的表達及理解有所出入，此種情況不僅令法院難以發現眞實，且常延滯訴訟，是以，有使用通譯的必要。若法官和參與辯論人語言不通時，應用通譯（民訴§207 I）；若參與辯論人爲聽覺、聲音或語言障礙者[31]，不能用文字表達意思時，應用通譯。然因參與辯論人如爲聽覺、聲音或語言障礙者，現行實務多以通譯代爲溝通，而無須先判斷該聾啞人是否能用文字表達意思。故第207條第2項乃修正爲以使用通譯爲原則，但亦得以文字發問或使其以文字陳述，以利適用。

民事訴訟法第207條第2項前段之原文係「參與辯論人如爲聾、啞人，法院應用通譯。」然「參考身心障礙者權益保障法第5條、特殊教育法第3條、法院組織法第98條後段及公證法第74條之用語[32]」，立法院遂於110年6月16日將民事訴訟法第207條條文中之「聾、啞人」之用語改爲「聽覺、聲音或語言障礙者」，具有將相

---

[31] 立法院參考身心障礙者權益保障法第5條、特殊教育法第3條、法院組織法第98條後段及公證法第74條之用語，於民國110年6月16日將原先「聾、啞人」之條文用字改爲聽覺、聲音或語言障礙者。對此次修正將法制中相關用語統一，本書贊同之。

[32] 立法院公報，110卷，66期，頁165-166。

關法制中關於「聾、啞人」之用語統一之功能，本文贊同之。

八、令朗讀筆錄

請參閱本章「陸之五、筆錄之朗讀及閱覽」之說明。

九、宣示法院之裁判

經言詞辯論的裁判必須宣示，一經宣示，為該裁判的法院即受羈束，是以，凡裁判經宣示者，皆應將已行宣示之事，記入言詞辯論筆錄（民訴§213 I 第6款）。

肆、法院為利訴訟之進行得為之處置

一、分別辯論

民事訴訟法第204條規定：「當事人以一訴主張之數項標的，法院得命分別辯論。但該數項標的或其攻擊或防禦方法有牽連關係者，不得為之。」

當事人以一個訴狀主張數項訴訟標的（「訴訟標的」，一般而言，是指原告起訴所主張的實體法上權利義務等法律關係，即是原告起訴請求法院審判的對象），例如：原告本於租賃關係請求被告返還租賃之不動產，同時本於借貸關係請求返還汽車乙部，基於訴訟經濟原則，通常應就該合併的數項訴訟標的合併辯論及合併裁判[33]。然因該數項訴訟標的，其法律關係有繁雜，或有簡單，如果一律必須全部合併辯論及合併裁判時，對法律關係簡易的訴訟事件反而多生滯礙，不能夠迅速終結的效果，例如前述之例子中，法院如認為返還汽車之請求已經明確可以獨立裁判，但返還不動產之訴還需要作大量之調查及闡明，即可將原告原合併提起之兩訴命分別辯論，一旦命分別辯論之後法院即可先就單純之返還汽車之訴先為裁判。所以民事訴訟法賦予法院可以裁量，若認為數項訴訟標的的法律關係繁簡程度不相當，不適宜或不需要合併辯論，則由法院以裁定命分別辯論，既然已經命分別辯論，則應

---

[33] 最高法院88年台上字第2192號判決：「按當事人以一訴主張之數項標的，無論主觀或客觀訴之合併，法院固得依民事訴訟法第二百零四條規定，依職權任意決定為合併或分別辯論。惟其訴訟標的對於共同訴訟之各人必須合一確定之必要共同訴訟，該多數的共同訴訟人應一同起訴或被訴而視為一體，不得分為數人處理，在性質上自不得為分別辯論或裁判而無上開得命分別辯論規定之適用。」

分別裁判[34]，此時就與當事人各別提起數個訴訟的情形相同，但是法院亦可隨時撤銷分別辯論的裁定。

當事人以一訴主張數項標的者，乃指訴的合併。為達訴訟經濟之目的，並防止裁判牴觸，原則上應合併辯論裁判，然法院於必要情形，亦得依職權命為分別辯論已如前述。惟該數項標的或其攻擊或防禦方法有牽連關係者，即不宜分別辯論，否則即有違前揭原則。

二、合併辯論

民事訴訟法第205條：「分別提起之數宗訴訟，其訴訟標的相牽連或得以一訴主張者，法院得命合併辯論（第1項）。命合併辯論之數宗訴訟，得合併裁判（第2項）。第五十四條所定之訴訟，應與本訴訟合併辯論及裁判之。但法院認為無合併之必要或應適用第一百八十四條之規定者，不在此限（第3項）。」分別提起的數宗訴訟，本應分別審判，其訴訟標的如不相牽連，則無合併辯論之實益。但為促使訴訟迅速進行，如果法院認為將其合併辯論較為便利，得以裁定命合併辯論，此僅限於當事人均相同之前提下，僅有適用[35]。故民事訴訟法第205條明定以訴訟標的相牽連或得以一訴主張者為限，方得命合併辯論。不過，若該數宗訴訟不能依照同種類的訴訟程序進行審判，則合併辯論反添不便，因此不得合併。例如：應行通常訴訟程序的訴訟（如請求被告拆屋還地），與應行特別訴訟程序的訴訟（如請求判

---

[34] 最高法院83年台上字第314號判決：「查訴訟標的之一部或以一訴主張之數項標的，其一達於可為裁判程度者，法院得為一部之終局判決。本訴或反訴達於可為裁判之程度者，亦同。民事訴訟法第三百八十二條定有明文（另見同法第二百零四條）。故法院就本訴或反訴，自得命分別辯論或先就其一為一部判決（本院二十二年抗字第三〇三號判例）。原審謂，第一審之反訴原告即被上訴人遲誤言詞辯論期日而視為『撤回』其反訴時，不得將本訴、反訴之訴訟程序予以割裂，准許上訴人聲請就『本訴』部分，由其一造辯論而為判決。衡之前揭說明，已難謂於法無違。且上訴人主張之訴訟標的既有『票據』及備不當得利（嗣此部分變更為『承攬』）等二項，縱不當得利之法律關係所為之變更不合法定程序而不得為一辯論判決，然其請求被上訴人『給付票款』部分，似非不得先行辯論而為一部之判決，原審未詳加研求，遽將第一審判決全部廢棄，亦有可議。」

[35] 最高法院31年上字第2797號判例：「民事訴訟法第二百零五條第二項載命合併辯論之數宗訴訟，其當事人兩造相同者，得合併裁判之等語，是命合併辯論之數宗訴訟，其當事人兩造俱不相同或僅有一造相同者，均不得合併裁判自甚明顯。」

決離婚），不得合併辯論，乃當然之理。

　　就他人間的訴訟標的全部或一部，為自己有所請求，或主張因其訴訟之結果，自己的權利將被侵害，而向本訴訟現在繫屬的第一審或第二審法院，於其辯論終結以前，提起主參加訴訟者（民訴§54），因主參加訴訟與本訴訟有密切的牽連關係，為謀訴訟進行便利，兼防裁判牴觸起見，由於依民事訴訟法第54條所提起之訴訟，已修正僅得向本訴訟繫屬之法院起訴[36]，目的即在求訴訟之經濟並防止裁判結果之牴觸，故應與本訴訟合併辯論及裁判之，不再適用第205條之合併辯論，因此民國92年修正前之舊民事訴訟法第3項文字關於：「第五十四條所定之訴訟，如係向本訴訟現在繫屬之法院提起而在其辯論未終結以前者，應與本訴訟合併辯論及裁判之。」現行法認無此必要而已經刪除。

三、限制辯論

　　民事訴訟法第206條：「當事人關於同一訴訟標的，提出數種獨立之攻擊或防禦方法者，法院得命限制辯論。」

　　當事人於言詞辯論終結前，有提出攻擊或防禦方法的權利（民訴§196Ⅰ參照），且為發現真實，應讓當事人就攻擊或防禦方法為充分完全的辯論。而就同一訴訟標的，當事人提出兩個以上的獨立攻擊或防禦方法時，為防止訴訟程序的紛亂及費時，法院得以裁定限制當事人就已提出的數種獨立攻擊或防禦方法為全面辯論。

　　所謂「獨立之攻擊或防禦方法」，是指當事人所主張的事實，可獨立地發生法律上效果；亦即當事人所主張的事實成立時，無需其他事實的輔助，法院即得根據該事實，為有利於該當事人的裁判。民事訴訟法第206條於民國57年修正時，為避免使人誤解為法院得禁止當事人為適當完全之辯論，而將文字修正為法院得命限制其種類而為辯論，然何謂「限制其種類」，更滋誤會，不若簡明規定為「法院得命限制辯論」為佳，乃利用92年修正民事訴訟法時，一併將舊法修正為現行之第206條條文內容。

四、禁止陳述

　　民事訴訟法第208條規定：「當事人欠缺陳述能力者，法院得禁止其陳述（第

---

[36] 另依最高法院19年抗字第544號判例：「數宗訴訟之當事人兩造或一造相同，得由法院合併審理者，自以該數宗訴訟均繫屬於同一審級之法院時為限」，亦限於同一審及之法院為限。

1項）。前項情形，除有訴訟代理人或輔佐人同時到場者外，應延展辯論期日；如新期日到場之人再經禁止陳述者，得視同不到場（第2項）。前二項之規定，於訴訟代理人或輔佐人欠缺陳述能力者準用之（第3項）。」

所謂「欠缺陳述能力」，是指於應陳述時欠缺說明描述的能力，致不能使訴訟關係明顯而言。當事人（法定代理人亦同）若於言詞辯論期日欠缺陳述能力，法院得禁止其陳述[37]，而由同時到場且有陳述能力的訴訟代理人或輔佐人陳述；若訴訟代理人或輔佐人並無同時到場，或是亦欠缺陳述能力，則言詞辯論無法進行，審判長應延展辯論期日。

延展辯論期日後，若新期日到場的當事人、訴訟代理人或輔佐人再經禁止陳述時，為防止訴訟延滯起見，依民事訴訟法第208條第2項、第3項規定，得視同不到場。換言之，因為遭禁止陳述，故縱使其到場，亦使其發生不到場的效果；換言之，他造當事人得聲請法院，由其一造辯論而為判決（民訴§385）。

五、再開辯論

民事訴訟法第210條規定：「法院於言詞辯論終結後，宣示裁判前，如有必要得命再開言詞辯論。」

一般而言，法院應於言詞辯論終結期日或辯論終結時指定的期日宣示判決（民訴§223 II），但如有必要的話，例如：訴訟尚未達到可為裁判的程度，或是參與辯論的法官死亡、去職，不能作成判決等，於言詞辯論終結後，宣示裁判前，法院仍得以裁定命再開言詞辯論[38]，對於法院命再開言詞辯論之裁定，不得抗告[39]。

---

[37] 最高法院48年台上字第1627號判決：「民事訴訟法第四百六十六條第四款所謂當事人於訴訟未經合法代理者，係指當事人無訴訟能力，而未由法定代理人代理，或其法定代理人無代理權或未受必要之允許，又或當事人之訴訟代理人無代理權者而言。又為他人之訴訟代理人而為訴訟行為，在現行民事訴訟法並未限定其須有訴訟能力，雖係無訴訟能力人亦屬無妨，惟法院認為不適當或欠缺陳述能力時，得依民事訴訟法第六十八條或第二百零八條第三項規定，禁止代理或陳述。」

[38] 最高法院29年上字第1273號判例：「命再開已閉之言詞辯論，原屬法院之職權，非當事人所得強求，且法院亦不得專為遲誤訴訟行為之當事人，除去遲誤之效果而命再開辯論。」

[39] 最高法院20年抗字第216號判例：「法院命將已閉之辯論再開，屬於訴訟指揮之性質，

 民事訴訟法新論

六、遠距審理

基於「現行法僅就法院使用相互傳送聲音及影像之科技設備訊問證人、鑑定人及當事人本人或其法定代理人設有明文規定（第324條、第367條之3準用第305條第5項），為便利處於遠隔法院處所之當事人、法定代理人、訴訟代理人、輔佐人或其他訴訟關係人（如參加人、特約通譯等），於法院認為適當時，亦得利用上述科技設備參與訴訟程序，並兼顧審理之迅捷」，「法院以科技設備進行審理者，攸關當事人程序利益，宜先徵詢其意見，俾供法院判斷以該設備審理是否適當，參考智慧財產案件審理法第3條第2項、商業事件審理法第18條第2項規定，爰設第2項」，「法院依第1項規定審理時，其期日通知書記載之應到處所，為該設備所在處所，俾當事人及其他訴訟關係人知悉，爰設第3項」，「第4項明定法院進行遠距視訊審理，其程序筆錄及其他文書須陳述人簽名時之傳送方式」，「以第1項科技設備審理及文書傳送之辦法，宜授權司法院訂定，俾得以隨科技進步而與時俱進[40]」等理由，立法院於民國110年1月20日新增第211條之1「當事人、法定代理人、訴訟代理人、輔佐人或其他訴訟關係人所在與法院間有聲音及影像相互傳送之科技設備而得直接審理者，法院認為適當時，得依聲請或依職權以該設備審理之（第1項）。前項情形，法院應徵詢當事人之意見（第2項）。第一項情形，其期日通知書記載之應到處所為該設備所在處所（第3項）。依第1項進行程序之筆錄及其他文書，須陳述人簽名者，由法院傳送至陳述人所在處所，經陳述人確認內容並簽名後，將筆錄及其他文書以電信傳真或其他科技設備傳回法院（第4項）。第一項審理及前項文書傳送之辦法，由司法院定之（第5項）。」

本條之新增，司法院倘能一併建置起完善之遠距開庭技術規範，對於臺灣司法而言，將是後疫情時代面對不知何時將突然再發生三級警戒之危機的進展。對此修法，本書樂觀視之。

伍、法院爲闡明或確定法律關係得爲處置

民事訴訟法第203條規定：「法院因闡明或確定訴訟關係，得為下列各款之處置：一、命當事人或法定代理人本人到場。二、命當事人提出圖案、表冊、外國文

在不得抗告之列。」

[40] 立法院公報，110卷，11期，頁330-331。

文書之譯本或其他文書、物件。三、將當事人或第三人提出之文書、物件，暫留置於法院。四、依第二編第一章第三節之規定，行勘驗、鑑定或囑託機關、團體爲調查。」民事訴訟法雖採當事人進行主義爲原則，但爲使訴訟程序能適當進行，有必要賦予法院相當的職權來指揮訴訟，以期正確及迅速的裁判，因此兼採職權進行主義之精神，訂立依職權得爲之處置。

一、命當事人或法定代理人本人到場

在當事人委任訴訟代理人的場合，法院爲闡明或確定訴訟關係，認爲有必要時，仍得以裁定命當事人到場，如果當事人本人不遵命到場者，法院得斟酌其不到場之情形，爲該當事人不利益之認定[41]。若當事人無訴訟能力，得命其法定代理人到場。

二、命當事人提出圖案、表冊、外國文文書之譯本或其他文書、物件

法院可命當事人提出供證據用的文書物件以外的其他一切文書物件，例如：在當事人請求分割共有物的訴訟時，可命當事人提出共有物分割圖等是。假如當事人不遵守法院命令提出者，只可作爲民事訴訟法第222條第1項的辯論意旨，而加以斟酌，不可認爲是當事人沒有舉出證據。

三、留置當事人提出之文書

當事人或者第三人在法院提出非供證據用的文書、物件，法院閱覽後若認爲有繼續參考之必要，則可將此些文書、物件暫時留置在法院。

四、命勘驗鑑定或囑託機關團體調查

法院爲使訴訟關係明瞭，或爲驗證訴訟上應經證明的事實，都可任意依照職權命令行使勘驗（民訴§364至§367）、鑑定（民訴§324）或者囑託機關、團體行使調查，而不受民事訴訟法第288條規定之限制，亦即法院不必限於「不能依當事人聲明之證明而得心證」（民訴§222）以及「因其他情形認爲必要者。例如：民

---

41 最高法院28年上字第1727號判例：「法院如認爲須就應證之事實訊問當事人本人，以期發見眞實，亦得依民事訴訟法第二百零三條第一款命當事人本人到場，當事人本人不遵命到場者，法院於依自由心證判斷事實之眞僞時，自得斟酌其不到場之情形，爲該當事人不利益之認定。」

事訴訟法第283條規定，習慣、地方制定之規章及外國法爲法院所不知者，當事人有舉證之責任。前述情形，才可調查證據。民事訴訟法第203條第4款所謂「第二編第一章第三節之規定」，即指民事訴訟法第288條。

爲闡明或確定訴訟關係，是否要採行上述四種處置辦法，係由法院裁量後決定，當事人不可因法院未爲上述某種處置，而指判決違法。

陸、言詞辯論筆錄

一、意義

言詞辯論筆錄是指言詞辯論期日中，法院書記官記載言詞辯論進行之要領及一定事項之公文書[42]。

二、製作

民國92年修法係爲配合促進司法業務的整體革新，並徹底改善法庭記錄作業的弊病，應許利用錄音機或其他機器設備，輔助製作言詞辯論筆錄，以提升筆錄製作的效率及準確度，故增訂民事訴訟法第213-1條的規定。至於其細節，宜另以辦法定之，爰並規定其辦法由司法院另行制定。當事人聲請之時點上，依據司法院頒布之法庭錄音辦法，當事人於認爲筆錄有錯誤或遺漏，並聲請法院播放錄音，核對更正筆錄而未准更正者，始有請求交付錄音光碟之必要[43]。

---

[42] 陳計男，民事訴訟法論（上），三民書局，2010年6月，頁456。

[43] 臺灣高等法院100年重上字第256號裁定：「又依法得聲請檢閱或閱覽卷宗之人，得於開庭翌日起至裁判確定後30日前，繳納費用請求交付法庭錄音光碟，法庭錄音辦法第6條、第7條定有明文。又法庭錄音光碟之目的係爲輔助筆錄記載，並作爲校正筆錄是否正確之參考，此觀民事訴訟法第213條之1、法庭錄音辦法第5條之規定自明。準此，依法得聲請檢閱或閱覽卷宗之人，如認筆錄有錯誤或遺漏，並聲請法院播放錄音，核對更正筆錄而未准更正者，始有請求交付錄音光碟之必要。」另司法院於102年10月修訂法庭錄音辦法，限制庭訊光碟必須取得在場全體人員書面同意始可核發，引起極大爭議，遭各界質疑有侵害人民訴訟權之虞。

三、應記載事項

(一) 形式上應記載事項

民事訴訟法第212條規定：「法院書記官應作言詞辯論筆錄，記載下列各款事項：一、辯論之處所及年、月、日。

二、法官、書記官及通譯姓名。

三、訴訟事件。

四、到場當事人、法定代理人、訴訟代理人、輔佐人及其他經通知到場之人姓名。

五、辯論之公開或不公開，如不公開者，其理由。」

為保存當事人或其他訴訟關係人於言詞辯論時所提出的資料，以防止將來無謂的爭執，必須對於言詞辯論的進行作一文字記錄，此文字記錄即稱為「言詞辯論筆錄」。製作言詞辯論筆錄係屬法院書記官的職務，其他法院人員如司法事務官等並非筆錄製作人，當無為准駁筆錄更正聲請之權限，當事人聲請更正筆錄或與筆錄同一效力之文書，自應由書記官本其職權處分更正與否，當事人如不服書記官此項處分，始依異議程序救濟[44]。是依第212條規定書記官於製作時須遵循一定的程式，且言詞辯論筆錄應按期日分次製作，不得將多次辯論期日的辯論情形，合製成一個筆錄。依民事訴訟法第212條規定，言詞辯論筆錄，於形式上，應記載事項如下：

1. 辯論之處所及年、月、日：原則上言詞辯論程序係於法院內進行，但在法院內不能為或為之而不適當者，不在此限（民訴§157），因此，須加以記載。

2. 法官、書記官及通譯姓名：以便查知參與言詞辯論程序的法院職員是否有

---

[44] 最高法院100年台抗字第844號裁定：「又筆錄之製作及更正，專屬書記官之職權（民事訴訟法第二百十二條及法院組織法第二十二條），司法事務官並非筆錄製作人，當無為准駁筆錄更正聲請之權限，當事人聲請更正筆錄或與筆錄同一效力之文書，依上說明，自應由書記官本其職權處分更正與否，當事人如不服書記官此項處分，始依異議程序救濟。本件再抗告人對與系爭筆錄同一效力之指封切結書記載異議，聲請執行法院書記官更正，執行法院司法事務官竟予駁回，乃對書記官與司法事務官權限分際有所誤解，所為駁回裁定自有不適用上開民事訴訟法規定影響裁判之顯然錯誤，且所涉及之法律見解具有原則上重要性，原裁定遽然維持，自有未洽。再抗告人執以指摘原裁定為不當，求予廢棄，非無理由。爰由本院將原裁定及臺北地院裁定均予廢棄，並並由該院另為適當之處理，以資糾正。」

變更，如法官有變更，須更新辯論（民訴§211）。

　　3. 訴訟事件：例如：請求損害賠償事件等。

　　4. 到場當事人、法定代理人、訴訟代理人、輔佐人及原第4款所列除到場當事人等的姓名外，尚應包括其他經通知到場的人姓名，例如參加人、證人、鑑定人等是，爰予修正，以臻周延。

　　5. 辯論之公開或不公開，如不公開者，其理由：訴訟之辯論，應公開法庭行之，法庭不公開時，審判長應將不公開之理由宣示（法組§86、87Ⅰ），故應將審判長宣示的理由加以記載。

(二) 實質上應記載事項

　　民事訴訟法第213條規定：「言詞辯論筆錄內，應記載辯論進行之要領，並將下列各款事項，記載明確：

　　一、訴訟標的之捨棄、認諾及自認。

　　二、證據之聲明或捨棄及對於違背訴訟程序規定之異議。

　　三、依民事訴訟法規定應記載筆錄之其他聲明或陳述。

　　四、證人或鑑定人之陳述及勘驗所得之結果。

　　五、不作裁判書附卷之裁判。

　　六、裁判之宣示。

　　除前項所列外，當事人所為重要聲明或陳述，及經曉諭而不為聲明或陳述之情形，審判長得命記載於筆錄。」

　　言詞辯論筆錄除依第212條規定，為形式上之記載外，更須依第213條規定為實質上之記載。然言詞辯論筆錄並非將言詞辯論期日的經過情形鉅細靡遺地加以記錄，僅須記載辯論進行的要領及其他重要事項即可。所謂「辯論進行之要領」，是指辯論經過的大概情形而言，至於其他重要事項，則須記載明確，計有：

　　1. 訴訟標的之捨棄、認諾及自認：所謂「訴訟標的之捨棄」，指原告就其起訴所主張的訴訟標的，向法院為否定意旨的陳述而言；而「訴訟標的之認諾」，則指被告就原告所主張的訴訟標的，向法院為肯定其訴之聲明的陳述而言（民訴§384）；至於「自認」，乃指對於他造所主張不利於自己的事實，為承認的陳述。

　　2. 證據之聲明或捨棄及對於違背訴訟程序規定之異議：此乃關係重大的事項，應記載於筆錄內，令其明確。

　　3. 依民事訴訟法規定應記載筆錄之其他聲明或陳述：例如：於言詞辯論時所

爲訴之變更、追加或反訴（民訴§261 II）、和解成立（民訴§379 I、II）、訴及上訴之撤回（民訴§262 III、§459 III）等皆是。

4. 證人或鑑定人之陳述及勘驗所得之結果：此係裁判的重要基礎，故應記載於筆錄，使其明確。

5. 不作裁判書附卷之裁判：判決，皆應作成判決書，並編入訴訟卷宗。而指揮言詞辯論的裁定，多不作成裁定書，此時，自應將該裁定的內容記載於言詞辯論筆錄內。又一般關於指揮訴訟之裁定，得不作裁判書附卷，僅須記載於言詞辯論筆錄即足，惟如就有爭執或影響當事人、其他關係人利益之聲請或聲明所爲之裁定，即須送達者，自有製作裁定書之必要，並應附理由，以使當事人或其他關係人知悉裁定之依據，以昭折服，否則，將使受不利裁定之當事人或其他關係人不知法院准、駁之依據，上級法院亦無從揣測原裁定之眞意而爲判斷[45]。

6. 裁判之宣示：經言詞辯論的裁判必須宣示，一經宣示，爲該裁判的法院即受覊束，是以，凡裁判經宣示者，皆應將已行宣示之事，記入言詞辯論筆錄。

(三) 得記載事項

除上述六項應記載明確外，當事人於言詞辯論時所爲重要聲明或陳述及經曉諭而不爲聲明或陳述的情形，審判長得命書記官記載於筆錄。

四、筆錄之附件

民事訴訟法第214條爲貫徹言詞審理主義的要求，於言詞辯論程序中，當事人須以言詞所爲的聲明或陳述，法院方得採爲裁判的基礎；且原則上法院書記官須將當事人以言詞所爲的聲明或陳述記載於言詞辯論筆錄上。但爲免書記官記載欠明確，以及爲節省其勞力、時間起見，當事人得將其在言詞辯論時以言詞所爲的聲明

---

[45] 最高法院98年台抗字第1081號裁定：「民事訴訟法第226條規定，判決應作判決書，記載下列各款事項。惟該法並未規定裁定書應具備如何法定方式，此觀第239條未準用第226條規定自明。又裁定是否必須以書面爲之，應視裁定性質之不同而異。一般關於指揮訴訟之裁定，依同法第213條第1項第5款規定，得不作裁判書附卷，僅須記載於言詞辯論筆錄即足，惟如就有爭執或影響當事人、其他關係人利益之聲請或聲明所爲之裁定，即須送達者，自有製作裁定書之必要，並應附理由，以使當事人或其他關係人知悉裁定之依據，以昭折服，否則，將使受不利裁定之當事人或其他關係人不知法院准、駁之依據，上級法院亦無從揣測原裁定之眞意而爲判斷。」

或陳述記載於書狀，於行辯論時當場提出。若審判長認為適當的話，得命法院書記官以該書狀附於筆錄，並於筆錄內記載其事由，此時該書狀即成為筆錄的附件，其所記載的事項與記載於筆錄者，有同一效力。而為此命令與否，乃審判長的權限，當事人不得強求。至於所謂「審判長認為適當者」，必須當事人的書狀所記載的聲明或陳述，與其在辯論時以言詞所為者相符，始得認為適當。

依前揭條文規定將書狀附於筆錄者，此時該書狀即成為筆錄之附件，書狀所記載之事項與將書狀記載之事項再記載於筆錄者，有同一之效力（民訴§215），此是為避免書記官書寫筆錄之勞苦。若當事人提出之書狀雖非於言詞辯論時當場提出，法院書記官仍得在筆錄內加以引用。一經引用，亦即與記載於筆錄者同。因為該書狀既然不是當場而是先行提出，則書記官必然已先見到，所以可以不待審判長的命令，而自行引用，可是審判長亦得命書記官引用。筆錄內除可引用當事人書狀之外，也可引用其他文書，例如：引用準備程序筆錄者，亦同。書記官在筆錄引用某一文書，如記為「原告陳述請求之原因事實與訴狀同」、「被告提出之防禦方法，與準備程序筆錄記載者同，茲引用之」等是。

五、筆錄之朗讀及閱覽

民事訴訟法第216條第1項規定：「筆錄或前條文書內所記第二百十三條第一項第一款至第四款事項，應依聲請於法庭向關係人朗讀或令其閱覽，並於筆錄內附記其事由。」

言詞辯論筆錄，是用以確定關於言詞辯論之事項，可推知言詞辯論筆錄應於當庭作成，不得事後補作，尤其是筆錄中有關「訴訟標的之捨棄、認諾以及自認」、「證據之聲明或捨棄及對於違背訴訟程序規定之異議」、「依民事訴訟法規定應記載筆錄之其他聲明或陳述」、「證人或鑑定人之陳述及勘驗所得之結果」（民訴§213Ⅰ）四項，對當事人、關係人之利益影響甚大，必須記載明確而無誤，因此應准許當事人提出聲請，在法庭上由書記官朗讀其所製作筆錄予關係人聆聽，或者使關係人親自閱覽書記官之筆錄，並且由書記官於筆錄內附記向關係人朗讀或令其閱覽之事由，以求保護利害關係人之利益。但是若關係人不聲請，法院毋庸依職權為之。假使關係人聲請，而書記官不朗讀或不令其閱覽，則此份筆錄的記載固然有瑕疵，但是筆錄內所載的言詞辯論不因而受影響；且此份筆錄，非絕對沒有證據力，還是由法官斟酌全辯論意旨及調查證據之結果，依自由心證判斷事實真偽。而民事訴訟法第215條之文書內所記，因與記載於筆錄者有同一效力，此亦適用，且

筆錄不以當事人之簽押爲要式，故此筆錄未有當事人之簽押亦不影響其效力[46]。

六、更正及補充

民事訴訟法第216條第2項：「關係人對於筆錄所記有異議者，法院書記官得更正或補充之；如以異議爲不當，應於筆錄內附記其異議。」

假設關係人聆聽書記官之朗讀或親自閱覽之後，對筆錄內所記載有錯誤遺漏者，法院書記官可依關係人之意見更正其內容，或加以補充，此稱作「異議」，審判長亦可命書記官更正或補充。但若審判長、書記官認爲關係人所提出的異議是不適當的話，書記官亦要在筆錄內附記其認爲不適當者。此時此份筆錄的效力如何，由法院自由判斷。

關係人聲請更正或補充筆錄，係因經閱覽筆錄或聆聽朗讀筆錄而來，而閱覽或朗讀筆錄是當庭爲之。此處所稱更正或補充筆錄，亦是限於當庭才可聲請。假使關係人於法庭上不聲請閱覽或朗讀筆錄，則表示已信任法院書記官的記錄，不可在事後提出更正或補充筆錄之聲請。又按書記官依民事訴訟法第216條第2項之筆錄更正及補充，爲關於訴訟上對於訴訟關係人所爲之意思表示，其性質爲同法第240條第1項規定之處分，應依送達或其他方法通知關係人，訴訟關係人對該處分，如有不服，依同條第2項規定，得於送達後或受通知後十日內提出異議，由其所屬法院裁定。經裁定後，訴訟關係人，如仍不服，則得依一般規定，提起抗告[47]。

七、筆錄之簽名

民事訴訟法第217條規定：「審判長及法院書記官應於筆錄內簽名；審判長因故不能簽名者，由資深陪席法官簽名，法官均不能簽名者，僅由書記官簽名，書記官不能簽名者，由審判長或法官簽名，並均應附記其事由。」

言詞辯論筆錄中記載著整個訴訟進行之程式以及辯論進行之要領，而審判長指揮整個訴訟程序之流程，書記官是筆錄之製作者，因此爲使名爲公證書之筆錄更具

---

[46] 最高法院18年上字第2128號判例：「筆錄不以當事人之簽押爲要式。」
[47] 最高法院98年台上字第1867號判決：「按書記官依民事訴訟法第二百十六條第二項之筆錄更正及補充，爲關於訴訟上對於訴訟關係人所爲之意思表示，其性質爲同法第二百四十條第一項規定之處分，應依送達或其他方法通知關係人，訴訟關係人對該處分，如有不服，依同條第二項規定，得於送達後或受通知後十日內提出異議，由其所屬法院裁定。經裁定後，訴訟關係人，如仍不服，則得依一般規定，提起抗告。」

有公信力，能取信於當事人，是以規定審判長以及法院書記官要在筆錄內簽名。但民事訴訟法第217條只規定此二人之簽名，因此，陪席法官、當事人及其他與訴訟有關的人，都不須在筆錄簽名。

假使審判長因為某些原因不能簽名（如死亡、去職等），則在行使合議庭之場合，由陪席法官中較年長資深的法官簽名，並有附記審判長不能親自簽名之事由；而在行獨任制之場合，審判之法官亦因某些原因不能簽名，且整個組織法院的全部法官，全部因為某些原因不能簽名，或者因為位居地狹人稀之法院，有時僅有一法官坐鎮，此時，法律准許只由書記官簽名，且須附記法官不能簽名之事由。然而因為審判長及法院書記官均應於筆錄內簽名，是為基本原則，倘如法官均不能簽名，或書記官不能簽名時，應如何處理，法無明文，故修正民事訴訟法第217條以明定若有法官不能簽名的情形，則均應記載不能簽名的理由，以利正確妥適的運用。

筆錄違背簽名之規定，只是筆錄本身可採為證據的證明力較薄弱，整個進行過程的言詞辯論並不會無效。但倘若審判長未依民事訴訟法第217條規定於筆錄內簽名，經當事人提出異議，且其內容又與判決有因果關係者，法院始得認為訴訟程序有重大瑕疵，若當事人於上訴時未予異議，法院即不得依職權認有瑕疵而發回更審，而於法院書記官漏未簽名時，亦得認為是屬於訴訟程序有重大瑕疵[48]。

八、筆錄之增刪

民事訴訟法第218條：「筆錄不得挖補或塗改文字，如有增加、刪除，應蓋章並記明字數，其刪除處應留存字跡，俾得辨認。」

言詞辯論之筆錄在性質上是公證書，且具有一定之證據力，於整個訴訟進行程序中有其一定之重要性。因此，書記官在製作筆錄時，不可以挖補或者是塗改文字，如果要增加或刪減文字，則應在該處蓋章，並且記明增加或刪除的字數，另外，在刪除的地方，應寫明「刪除」兩字，使人能加以辨認。

假使筆錄之增加、刪除完全依照民事訴訟法第218條的規定製作，則此份筆錄就不算是有瑕疵的筆錄，在法律上仍有公證書的證明力。

---

[48] 最高法院50年台上字第1024號判例：「審判長未依民事訴訟法第二百十七條規定於筆錄內簽名，經當事人提出異議，且其內容又與判決有因果關係者，法院始得認為訴訟程序有重大瑕疵，若當事人於上訴時未予異議，法院即不得依職權認有瑕疵而發回更審，此為本院裁判上所持之見解（四十七年三月五日本院民刑庭總會決議參照），此項見解於法院書記官漏未簽名時，亦適用之。」

柒、更新辯論

民事訴訟法第211條規定：「參與言詞辯論之法官有變更者，當事人應陳述以前辯論之要領。但審判長得令書記官朗讀以前筆錄代之。」

為發現真實，作成正確的裁判，民事訴訟法採取「言詞審理主義」及「直接審理主義」，受訴法院必須以直接由當事人言詞陳述所得的資料，作為裁判的根據。是以，原則上必須參與言詞辯論程序的法官，才能參與判決；亦即全程參與言詞辯論的法官和參與判決的法官，原則上必須相同。

由於人事因素（如法官去職）或其他不可避免的因素（如法官死亡），參與言詞辯論的法官因而前後易人，發生變更，此時，為貫徹言詞審理主義及直接審理主義的要求，必須更新辯論[49]；換言之，所有之前已辯論過的事項，必須再經當事人陳述，否則不得作為裁判的根據。為恐訴訟遲延，當事人只須陳述以前辯論的要領即可，但當事人的陳述，未必完全，因此，審判長得命令庭員或書記官朗讀以前的筆錄，以代替當事人的陳述；且因言詞辯論筆錄係由書記官製作，如有必要更新辯論，由審判長令書記官朗讀以前筆錄為已足，殊無命庭員朗讀的必要，爰92年修正第211條原條文但書的規定。

又法院若於言詞辯論終結後，作成宣示裁判前，若法官有變更，此時除應依民事訴訟法第210條規定再開言詞辯論外，更須依民事訴訟法第211條規定更新言詞辯論。

---

[49] 司法院36年院解字第3447號解釋：「地方法院兼院長之丁推事對於丙推事終結辯論定期宣判之事件，認為尚應調查證據，自為再開辯論之裁定，其行使監督權已影響於丙推事審判權之行使，顯係違背法院組織法第九十條之規定，惟該事件既經高等法院依當事人之聲請為丁推事應行迴避並指定其他地方法院管轄之裁定，受指定之法院依民事訴訟法第二百二十一條第二百十一條之規定，仍非再開辯論不得裁判。」

第二十二章
裁　判

第一節　裁判之意義、種類與區別

　　裁判，原則上是指法院就特定訴訟事件，對於當事人或其他訴訟關係人所為之意思表示。前述之「法院」，是指獨任法官或合議庭。但如係由審判長、受命法官或受託法官所為者亦為裁判[1]。民事訴訟法第220條規定：「裁判，除依民事訴訟法應用判決者外，以裁定行之。」是以，判決與裁定統稱為「裁判」。

　　裁判，依照形式上的不同得區分為裁定及判決兩種，另對於事件性質法院應為裁定之訴訟行為者，司法實務認為尚不得恣意省略不作者，仍須依法完成裁定[2]。兩者之重要區別如下：

壹、作成主體

　　裁定除法院外，審判長、受命法官及受託法官均得為之；而判決則僅得由法院（合議制之合議法官、獨任制之獨任法官）為作成主體。

---

[1]　姜世明，民事訴訟法（下），新學林出版，2013年5月，頁232-233。

[2]　前司法行政部(42)台令民字第1056號：「查法院所為裁判，除依法應用判決者外，應以裁定行之，民事訴訟法第二百二十條，刑事訴訟法第一百九十九條定有明文。關於裁定之格式，民刑訴訟法雖無明文規定，但歷來實例上已有定式，且有部頒格式可資遵循。近查各法院對於應為之裁定，間有以批示等形式之文書代替者，亦有依法應由法院為裁定之訴訟行為而省略不作者，例如依民事訴訟法第一百四十九條第一項、第三項命為第一次之公示送達，依同法第一百八十六條命撤銷中止訴訟程序之裁定，每率予省略，即以布告公示送達或不為撤銷中止訴訟而逕行續行訴訟，凡此均屬違誤，嗣後務須切實改正，不得以批示代替裁定，或省略不作。」

貳、是否須作成裁判書

裁定得不作成裁定書，如作成裁定書，無一定的程式，少數的裁定以書面為之，例如：法官迴避、訴訟救助、訴訟費用、假扣押、假處分必須以書面為之。

而判決則必須依一定的程式作成判決書。

參、言詞辯論與書面審理

言詞辯論只是一過程，最後是得到一個判決結果。裁定得不經言詞辯論（民訴§234 I）；而判決原則上須經言詞辯論（民訴§221 I）。

肆、作成對象是否包含其他訴訟關係人

裁定係對當事人或其他訴訟關係人所為的意思表示；而判決則是對於當事人所為的意思表示。

伍、係對於實體事項或程序事項之判斷

裁定原則上係就訴訟程序上的爭點所為的意思表示；而判決原則上乃是就實體上的爭點所為的意思表示。

陸、救濟方式

對於裁定不服者，當事人或其他訴訟關係人得提起抗告或聲明異議；而對於判決不服者，當事人得提起上訴。

第二節　判決

壹、判決之種類

一、全部判決及一部判決

判決之種類，若以依「能否終結本案訴訟之全部」為區分標準，得分為全部判決及一部判決：

所謂一部判決，依民事訴訟法第382條規定：「訴訟標的之一部或以一訴主張

之數項標的，其一達於可爲裁判之程度者，法院得爲一部之終局判決；本訴或反訴達於可爲裁判之程度者亦同。」

　　當事人請求之一部，其判決之時機已至者；或以一訴而主張數請求中，其一之判決時機已至者，法院得就其判決時機已成熟之部分，爲終局判決，以完結訴訟之一部[3]；又本訴及反訴合併審理者，如其中之一判決時機已至即可爲一部判決，俾訴訟得以儘速完結[4]。然爲一部終局判決，反有不適於事件之情況者，例如：請求之他部，其判決時機不久即可成熟時，則不爲一部終局判決。故民事訴訟法第382條規定一部判決與否，係憑法官就實際案況自行酌定。一部判決，仍係一終局判決，與全部之終局判決無異，自可以據以單獨上訴，併此說明。

二、終局判決及中間判決

　　判決得依「能否終結某一特定審級之訴訟程序」爲區分，終局判決及中間判決。所謂終局判決係指終結某一審級的訴訟繫屬之判決，但終局判決若尙未確定者，原則上尙不具執行力，除非法院判決主文有宣告假執行。而所謂中間判決，依民事訴訟法第383條規定：「各種獨立之攻擊或防禦方法，達於可爲裁判之程度者，法院得爲中間判決。請求之原因及數額俱有爭執時，法院以其原因爲正當者，亦同（第1項）。訴訟程序上之中間爭點，達於可爲裁判之程度者，法院得先爲裁定（第2項）。」

　　各種獨立之攻擊或防禦方法，若達至可以裁判之程度時，即應由法院爲中間判決，以防止訴訟程序錯雜。所謂獨立之攻擊防禦方法係指不需其他之輔助攻防方法，該攻擊防禦方法若受法院採信即可直接獲得有利認定而言。若此種情形法院作成中間判決者通常是不採信該獨立攻防方法，蓋若該獨立之攻擊防禦方法獲得採信時，即可直接獲得有利之終局判決無需作中間判決了。

　　又請求原因及數額有爭執者，法院得先就其原因裁判之，若無訴之原因，則其

---

[3]　臺灣高等法院臺南分院96年上字第144號判決：「故合夥解散後，合夥財產，在未經清算終結確定盈虧以前，固不得爲原來出資或利潤爲返還或給付之請求。惟依民事訴訟法第245條規定，以一訴請求計算，應並請求被告本於該法律關係而爲給付者，法院就該請求計算之部分，應依民事訴訟法第382條規定爲一部判決。」參照。

[4]　最高法院93年度第2次民事庭會議：「民事訴訟法第二百零四條雖已將本訴及反訴得分別辯論之規定刪除，惟同法第三百八十二條本訴或反訴得先爲一部終局判決之規定既未修正，於新法施行後，仍應繼續適用。」

裁判為終局判決（判決請求之一造敗訴），而訴訟由此終結。若有訴之原因，則其裁判乃中間判決（確認起訴合法），而使訴訟程序歸於單純。例如提起損害賠償請求訴訟時，就損害之原因，及其數額有爭執者是也。另法院以訴之原因為正當之判決，雖為中間判決但該判決不能單獨依上訴聲明不服，而只得在終局判決後提起上訴，再審程序亦然。

所謂訴訟程序上之中間爭點例如：訴是否合法、訴有無變更、應否許為訴之變更、某證據是否必要等爭執，關於此等爭點之裁判，法院應以裁定為之。

此外，為簡化裁判書之製作，就中間判決或捨棄、認諾判決之判決書，其製作程式應予簡化；民事訴訟法第384-1條第1項明定前述三種判決書，得合併記載其事實及理由要領。至於第383條第2項就訴訟程序上之中間爭點所為之裁定，除依第237條規定應附理由外，其製作之程式，依第239條規定，並不準用第226條關於判決書製作程式之規定，故無必循一定程式之必要。

當事人於言詞辯論時為訴訟標的之捨棄或認諾者，就本案訴訟已無爭執，故其判決書之製作方式得再予簡化，第384-1條第2項因此明定法院亦得於宣示此二種判決時，命將判決主文所裁判之事項及理由要領，記載於言詞辯論筆錄，以代替判決書之製作。並規定該筆錄正本或節本之送達，與判決正本之送達，有同一之效力。另第230條關於判決正本或節本程式之規定，於第384-1條第2項之筆錄亦有準用。

三、捨棄認諾判決

民事訴訟法第384條規定：「當事人於言詞辯論時為訴訟標的之捨棄或認諾者，應本於其捨棄或認諾為該當事人敗訴之判決。」此所謂捨棄或認諾，係指捨棄或認諾關於訴訟標的之訴訟上主張而言，非捨棄訴訟標的或認諾訴訟標的，且該訴訟標的應為現行法承認、並不違公序良俗。原告於事實審言詞辯論無條件捨棄其請求時，法院得因被告之聲明或以職權，就其拋棄而為駁回原告請求之判決，以完結訴訟；若係被告於事實審言詞辯論時，無條件以原告之請求為有理由者，法院則應依職權或原告之聲請，以判決諭知被告敗訴，使訴訟終結[5]。

---

5 臺灣高等法院97年上更(一)字第116號判決：「按當事人於言詞辯論時為訴訟標的之捨棄或認諾者，應本於其捨棄或認諾為該當事人敗訴之判決，民事訴訟法第384條定有明文。中租公司既未將系爭12紙本票之票據權利背書轉讓予託收銀行，且中租公司就上訴人先位請求其就系爭12紙本票不得提示付款或轉讓，並將系爭12紙本票返還上訴人部分，已為認諾，依上開規定，本院就上訴人所為此部分請求，自應為中租公司敗訴

四、一造辯論判決

依「有無兩造參與言詞辯論」為區分，得分為一造辯論判決及兩造辯論判決。

(一) 一造辯論判決之意義

當事人之一造於法院言詞辯論期日經合法通知後而無正當理由未到場者，法院得依到場當事人之陳述及聲請，於斟酌兩造先前已提供之書狀、聲明及證據資料後，為一造辯論判決[6]（民訴§385）。如法院該次未為一造辯論判決，而於下次庭期該未到場之當事人仍未到場時，法院即得不待當事人之聲請直接依職權由一造辯論而為判決（另：簡易、小額程序僅須第一次言詞辯論期日不到場，法院即得依職權為一造辯論判決；§433-3、§436-23準用§433-3參照）。

過去於訴訟標的對於共同訴訟之各人必須合一確定之事件，如一造當事人全部不到場，而他造之共同訴訟人未全部到場時，依原規定，法院尚不得依聲請或依職權為一造辯論判決，案件將因此而延滯不決，為解決實務上之困難，乃增訂第385條第2項，於言詞辯論期日，共同訴訟人中一人到場時，亦得適用第385條第1項聲請法院為一造辯論判決（按：普通共同訴訟本即為獨立之數訴訟，因此可否一造辯論判決，應就各共同訴訟人觀察。至於必要共同訴訟則是除了兩造當事人全體當事人皆未到場之情形外，皆可為一造辯論判決）。

此外，依照民事訴訟法第387條規定，當事人於言詞辯論日期，雖到場而不為辯論者，與未到場實無甚差異，故當事人於此情形亦得第385條之規定，聲請法院為一造辯論判決。

(二) 一造辯論判決之限制

民事訴訟法第386條規定：「有下列各款情形之一者，法院應以裁定駁回前條聲請，並延展辯論期日：一、不到場之當事人未於相當時期受合法之通知者。二、當事人之不到場，可認為係因天災或其他正當理由者。三、到場之當事人於法院應依職權調查之事項，不能為必要之證明者。四、到場之當事人所提出之聲明、事實

之判決。」參照。

[6] 臺灣高等法院98年上易字第1139號判決：「本件被上訴人甲、丁均經合法通知，未於言詞辯論期日到場，核無民事訴訟法第386條所列各款情形，爰依上訴人之聲請，由其一造辯論而為判決。」參照。

或證據，未於相當時期通知他造者。」

當事人因有正當理由而未於言詞辯論期日到場者，法院自不宜依第385條規定准依到場當事人之聲請由其一造辯論而爲判決，以保障有正當理由不到場當事人在程序上之權利[7]。故若有第386條所規定之四種情形（即：不到場之當事人係未於相當時期受合法之通知；當事人不到場係因天災或有其他正當理由；到場之當事人於法院應依職權調查之事項，不能爲必要之證明；到場之當事人所提出之聲明、事實或證據，未於相當時期通知他造），法院應以裁定駁回一造辯論判決聲請，並延展辯論期日。另外，如於「準備程序」一造不到場，法院尚不得爲一造辯論判決[8]。

五、假執行之宣告

(一) 職權宣告假執行

民事訴訟法第389條規定：「下列各款之判決，法院應依職權宣告假執行：一、本於被告認諾所爲之判決。二、（刪除）。但以起訴前最近六個月分及訴訟中履行期已到者爲限。三、就第四百二十七條第一項至第四項訴訟適用簡易程序所爲被告敗訴之判決。四、（刪除）。五、所命給付之金額或價額未逾新臺幣五十萬元之判決（第1項）。計算前項第五款價額，準用關於計算訴訟標的價額之規定（第2項）。第一項第五款之金額或價額，準用第四百二十七條第七項之規定（第3項）。」

假執行制度之目的，乃在防止敗訴當事人提起無益之上訴，使權利人能早日實現其權利。故對於較無爭議之案件，如因被告認諾所爲之判決，第389條規定法院應依職權宣告假執行。

另按請求扶養者，通常皆生活窘迫，無法維持依一般正常生活水準，故法院爲命履行扶養義務之判決時，應及時執行之，以解當事人燃眉之急。

又簡易訴訟制度之目的，亦在謀求訴訟迅速終結，儘速實現權利人之權利。故

---

[7] 最高法院30年度上字第180號判例：「訴訟代理人於言詞辯論期日，因別一事件向他法院到場而不到場者，非民事訴訟法第386條第2項所謂因不可避之事故而不到場。」參照。

[8] 最高法院30年度滬上字第169號判例：「言詞辯論期日當事人之一造不到場者，得依到場當事人之聲請，由其一造辯論而爲判決，固爲民事訴訟法第三百八十五條第一項所明定，但此所謂言詞辯論期日，係指受訴法院之言詞辯論期日而言，若當事人於準備程序之期日或於言詞辯論前之調查證據期日不到場者，則無本條之適用。」

適用簡易程序所爲被告敗訴之判決，應許法院依職權宣告假執行，以發揮假執行制度及簡易訴訟制度之功能。

爲配合社會經濟之變動，並發揮假執行制度之功能，加強對權利人之保障，民事訴訟法第389條第1項第5款所定法院應依職權宣告假執行判決之金額或價額之數額宜予提高。爰配合第389條第1項第3款之修正，將第5款之金額提高爲新臺幣50萬元[9]。

(二) 依聲請宣告假執行

民事訴訟法第390條：「關於財產權之訴訟，原告釋明在判決確定前不爲執行，恐受難於抵償或難於計算之損害者，法院應依其聲請，宣告假執行（第1項）。原告陳明在執行前可供擔保而聲請宣告假執行者，雖無前項釋明，法院應定相當之擔保額，宣告供擔保後，得爲假執行（第2項）。」

所謂難於抵償之損害，係指雖非不能抵償，但屬於不易抵償者；另有關難於計算之損害，則指雖非不能確知其範圍之損害，然亦必係不易確知其範圍者[10]。故原告若向法院釋明於確定判決以前，若不爲執行，將受此等損害時，法院得因其聲明爲保護債權人之利益計，宣告就該案爲假執行。

另原告雖未爲前項釋明，但聲請宣告假執行時已陳明在執行前可供擔保，法院應審酌情形定相當之擔保額，宣告原告供擔保後，得依法聲請執行。

(三) 假執行之障礙

民事訴訟法爲保護債權人利益計，得宣告假執行，然於債務人聲明恐因假執行，致受不能回復之損害時，爲保護債務人並平衡當事人雙方之利益，於第389條之情形，法院應依被告之聲請宣告不准假執行；如係第390條之情形，法院應駁回

---

[9] 臺灣高等法院高雄分院100年上易字第11號判決：「原審就上訴人請求附帶上訴人連帶給付20萬元及遲延利息部分爲上訴人勝訴之判決，並依民事訴訟法第389條第1項第5款規定，依職權宣告假執行。」參照。

[10] 臺灣高等法院98年上字第824號判決：「按關於財產權之訴訟，原告釋明在判決確定前不爲執行，恐受難於抵償或難於計算之損害者，法院應依其聲請，宣告假執行，民事訴訟法第390條第1項定有明文。被上訴人請求就第一審判決主文第2項、第3項宣告假執行。經核第一審判決主文第1項爲確認績效考核要點無效，第2項爲不得施行96績效考核要點，不符聲請宣告假執行之要件，應予駁回。」參照。

原告假執行之聲請（民訴§391參照）。

(四) 免為假執行之宣告

民事訴訟法第392條為宣告附條件或免為假執行之依據，賦予法院除依被告之聲請外，亦得依職權宣告被告預供擔保，或將請求標的物提存，而作出免為假執行之宣告。

另假執行之實施，執行法院於執行前非必通知被告，每為被告所不及知，致無法預供擔保或提存而免為假執行。故第392條第3項規定，被告預供擔保或提存而免為假執行，應於執行標的物拍定、變賣或物之交付前為之。換言之，於拍賣終結前，被告仍得供擔保或提存，而免受假執行。

(五) 假執行裁判之時期

關於假執行之聲請，依民事訴訟法第393條之規定，必須於言詞辯論以前為之，蓋以宣告假執行為訴訟之一部分，而與該案件同為言詞辯論之目的者也。又對於宣告假執行之防禦聲明，其性質上亦應於言詞辯論終結前為之，否則其防禦即為無效。法院於宣告假執行時，其既為訴訟之一部分，法院便應將其記明於判決主文中。

若一審判決附有假執行宣告但未定履行期，上訴二審後，二審判決定有履行期且已確定者，履行期應自何時起算？實務上認為，第一審法院宣告假執行判決，該假執行判決於第二審所定履行期間，應自假執行判決正本送達時起算[11]。

(六) 假執行裁判之補充

民事訴訟法第394條於92年修正前，法院應依職權宣告假執行而未為宣告（民訴§389、§436-20），或忽視原告假執行之聲請者（民訴§390、§457 I），依原

---

[11] 最高法院67年度台抗字第193號判例要旨：「履行期間，自判決確定或宣告假執行之判決送達於被告時起算，為民事訴訟法第三百九十六條第三項所明定。則定履行期間之判決，未經宣告假執行者，其履行期間自該判決確定時起算，反之，如經宣告假執行者，其履行期間應自宣告假執行之判決正本送達於被告（即債務人）時起算，為解釋上所當然。本件相對人據以聲請強制執行之執行名義，係第一審法院宣告假執行判決，該假執行判決於第二審所定履行期間，應自假執行判決正本送達再抗告人（即債務人）時起算。」參照。

條文規定，法院可準用第233條規定以判決補充之；至於忽視被告免爲假執行之聲請者（民訴§392），則不在得聲請補充判決之列（最高法院63年台抗字第275號判例[12]參照）。

　　原第394條於兩造利益之保護，有失均衡，立法者因此於民事訴訟法第394條增訂：法院忽視免爲假執行之聲請者，亦準用第233條之規定。即法院就第389、390或392條之裁判有脫漏者，均有本條規定之適用。至第391條乃係有關宣告不准假執行或駁回原告假執行聲請之規定，就有關第391條之裁判如許聲請補充判決，則必須變更原判決之假執行宣告，與補充判決之意旨不合，自不在得聲請補充判決之列。

(七) 假執行宣告之失效

　　民事訴訟法第395條：「假執行之宣告，因就本案判決或該宣告有廢棄或變更之判決，自該判決宣示時起，於其廢棄或變更之範圍內，失其效力（第1項）。法院廢棄或變更宣告假執行之本案判決者，應依被告之聲明，將其因假執行或因免假執行所爲給付及所受損害，於判決內命原告返還及賠償，被告未聲明者，應以得爲聲明（第2項）。僅廢棄或變更假執行之宣告者，前項規定，於其後廢棄或變更本案判決之判決適用之（第3項）。」

　　當事人上訴之結果，致本案之判決被廢棄或變更者，其假執行之基礎已失，故於所廢棄或變更之範圍內，當然失其效力，裁判上不必更費程序。又假執行之宣告，即爲上訴之目的，致被廢棄或變更者，其假執行，於其廢棄或變更之範圍內失其效力，亦當然之理也；其內容如下：1.二審廢棄一審本案判決及宣告，又三審廢棄二審者：一審本案判決與宣告已廢棄不存在，故無從假執行；2.二審自爲原告勝訴之判決並宣告，三審三審廢棄二審之判決者：雖二審假執行之裁判不得聲明不服，惟假執行之宣告既附麗於本案判決，當本案判決廢棄不存在時，假執行即無從附麗；3.二審就一審判決宣告假執行，三審廢棄二審者：三審廢棄二審判決經發回，即回復爲本件繫屬二審之狀態，一審判決並未被廢棄而依然存在，故無民事訴訟法第395條第1項之適用；4.一審爲原告勝訴並宣告假執行，二審維持，三審廢棄

---

[12] 本則判例於94年7月19日經最高法院94年度第8次民事庭會議決議通過，並於94年8月19日由最高法院依據最高法院判例選編及變更實施要點第9點規定以(94)台資字第0940000523號公告之。不再援用理由：本則判例與現行民事訴訟法第394條之規定不符。

二審者：三審廢棄二審判決經發回，回復爲本件繫屬二審之狀態，一審判決與假執行宣告仍存在。

另假執行因諭知撤銷本案判決，或其假執行宣告之判決，前假執行之宣告即失其效力，不必待其判決確定，否則恐損害相對人之權益。

又宣示假執行之本案判決，既經廢棄或變更時，而原告所執行者，原屬尚未確定之判決。故不問其有無故意過失，對於被告因假執行或因免假執行所給付之物，須負返還及損害賠償之義務，是爲預防濫用假執行以保護被告之利益[13]。

關於請求程序，回復原狀與損害賠償除得依民事訴訟法第395條第2項爲請求外，亦得以提起獨立訴訟之方式爲之。民事訴訟法第395條第2項回復原狀及損害賠償請求僅於第二審法院方有適用：「民事訴訟法第395條第2項之規定，固未明定其適用於何審級法院，惟第一審法院無廢棄或變更宣告假執行之本案判決之情形，則該項規定，在第一審應無適用之餘地。而本院爲法律審，關於因假執行或因免假執行所爲給付及所受損害之範圍、種類及數額，不能爲事實之認定，即無從爲命返還及賠償之判決。故首揭條項，雖規定於第二編第一審程序中，應解爲僅限於第二審法院有其適用（最高法院74年度台上字第764號判例參照）。」

六、定有履行期間或分次履行之判決

法院判決命被告所爲之給付，依其性質若非長期間不能順利履行，或斟酌被告之境況，兼顧原告之利益，法院得於判決內定相當之履行期間或命分期給付。若經原告同意時，法院亦得命被告爲上述作法[14]。

---

[13] 臺灣高等法院99年上易字第31號判決：「經查乙確實因過失與甲爲相姦行爲，而侵害丙之身分權，構成過失侵權行爲，則原判決命乙給付丙45萬元本息，即無不合。從而丙以宣告假執行之原判決爲執行名義，聲請法院對乙實施強制執行，且該原判決並未經本院廢棄或變更，則其假執行之宣告並未因而失其效力，故丙因假執行所受領之給付，仍有其受領權利之基礎，乙即無受損害可言。從而乙依民事訴訟法第395條第2項規定，聲明請求丙返還乙所爲給付46萬2,045元，並賠償所受損害45萬元，即屬無據，不應准許。」參照。

[14] 臺灣高等法院臺中分院99年上易字第323號判決：「本案判決所命之給付，其性質非長期間不能履行，或斟酌被告之境況，兼顧原告之利益，法院得於判決內定相當之履行期間或命分期給付，民事訴訟法第396條第1項定有明文。按本件被上訴人請求上訴人遷移溝渠並返還土地，非長期間不能履行，被上訴人亦表示願意給上訴人履行期間二年，爰就上訴人應將附圖一編號C部分溝渠遷移及將該部分土地返還被上訴人之履行期

　　為督促被告遵期履行，其遲誤履行者，應受不利益之制裁，故民事訴訟法第396條第2項規定，被告遲誤一次履行，其後之期間視為亦已到期。

　　法院依第396條第1項規定定履行期間或命分期給付者，為兼顧兩造當事人之利益，及保障當事人之程序權利，於裁判前應令當事人有辯論之機會，此為同條第4項規定所由設。

　　又當事人得否以期間酌定不當提起第三審上訴？實務上認為，民事訴訟法第396條第1項之規定，不過認法院有斟酌判決所命給付之性質，得定相當之履行期間之職權，非認當事人有要求定此項履行期間之權利，故法院斟酌判決所命給付之性質所定之履行期間，當事人不得以酌定不當，為提起第三審上訴之理由（最高法院41年度台上字第129號判例參照）。

七、情事變更判決

　　民事訴訟法第397條規定：「確定判決之內容如尚未實現，而因言詞辯論終結後之情事變更，依其情形顯失公平者，當事人得更行起訴，請求變更原判決之給付或其他原有效果。但以不得依其他法定程序請求救濟者為限（第1項）。前項規定，於和解、調解或其他與確定判決有同一效力者準用之（第2項）。」學說及實務上認為民事訴訟法第397條兼具形成與給付之訴之性質。當事人就原判決尚未形成之內容，基於言詞辯論終結後發生之事實，請求變更此範圍內之原判決內容，具形成之訴之性質。且在原判決內容變更之範圍內請求對造為一定之給付，故尚具給付之訴之性質。

　　另當事人欲依民事訴訟法第397條請求之要件有三：1.原判決確定但尚未實現；2.須以言詞辯論終結後所生之事由致顯失公平者為主張[15]；3.限於不得依其他法定程序請求救濟者為限。

　　又和解、調解或其他與確定判決有同一效力者，亦可能發生情事變更情形，立法者爰於第2項設準用規定。

間酌定為二年，以兼顧兩造之利益。」參照。

[15] 臺灣高等法院100年上字第952號判決：「系爭支付命令業因上訴人未於合法期間內提出異議而告確定，上訴人即不得再執上開實體爭執事由，主張其對被上訴人不負連帶保證債務，本院亦不得為反於系爭支付命令意旨之裁判。又上開主張並非臺南地院於91年7月9日核發系爭支付命令後有何情事變更，上訴人無依民事訴訟法第397條第1項本文、第2項請求變更系爭支付命令所命給付之理。」參照。

貳、判決之要件

一、形式要件

(一) 須法院之組織合法

憲法所定訴訟權之保障包括接受法定法官之審判，如無法官資格者參與審判，或參與辯論裁判之法官不足法定人數，則判決法院之組織不合法。

(二) 須經言詞辯論

為發現真實，作出正確的裁判，民事訴訟法原則上採取言詞審理主義，此主義的最大特徵在於法院乃以當事人言詞陳述的資料，作為判決的基礎。亦即以言詞審理主義作為指導原則，就訴訟事件的事實認定較不易錯誤，且較易得到完全的訴訟資料。

依民事訴訟法第221條第1項之規定：「判決，除別有規定外，應本於當事人之言詞辯論為之。」就此，當事人以提供判決資料為目的的聲明或陳述，均應於言詞辯論中以言詞提出，方屬有效；若僅記載於其所提出的書狀，而未以言詞提出者，不得作為判決的基礎[16]，如果違反的話，該判決即屬違背法令[17]。但是若法律有特別規定時（如民訴§249 II、§474等），則不在此限。

而強制執行法第4-1條第1項規定，依外國法院確定判決，聲請強制執行，應經我國法院以判決宣示許可其執行，是否須踐行言詞辯論程序？在此，外國法院確定判決宣示許可強制執行，既無規定不須言詞辯論，仍應按民事訴訟法之規定，踐行言詞辯論程序。

(三) 須法官參與為判決基礎之辯論

民事訴訟法第221條第2項規定，法官非參與為判決基礎之辯論者，不得參與

---

[16] 最高法院32年上字第5644號判例：「判決，除別有規定外，應本於當事人之言詞辯論為之，民事訴訟法第二百二十一條定有明文。故當事人在事實審提供為判決資料之事項，僅記載於準備書狀，而於到場辯論時未以言詞提出者，如無特別規定，不得據為判決之基礎。」

[17] 最高法院50年台上字第725號判例：「當事人應受判決事項之聲明，通常必於言詞辯論時以言詞為之，始為有效，而法院所為判決，以本於當事人之言詞辯論為原則，故經言詞辯論之判決，而非本於言詞辯論時當事人之聲明為基礎者，即屬違背法令。」

判決，係指在判決以前參與言詞辯論之法官有變更者，應更新辯論程序，至若言詞辯論前行準備程序或調查證據程序之法官縱有變更，如未參與為判決基礎之辯論，不生更新辯論之問題[18]。但若有參與言詞辯論之法官有變更者，但未更新辯論程序者，所作成之判決自屬判決違背法令[19]。

二、實質要件

(一) 須達於可為裁判之程度

依照民事訴訟法第381條規定，若訴訟已達可為裁判之程度，法院即須以全部之終局判決，將繫屬之訴訟予以終結，始不至於延滯程序，致生損害當事人訴訟上之權益；另法院命合併辯論之數個訴訟中，其一之審判時機已至時，除有適用第205條第3項之規定情形者外，亦應予以判決。

(二) 須就當事人之聲明而為判決

我國民事訴訟法係採取不干涉審理主義，即不告不理，故法院不得於當事人所未經聲明之事項為判決[20]，否則即為訴外裁判[21]。然如訴訟費用之裁判，則為例

---

[18] 最高法院85年台上字第2460號判決：「民事訴訟法第二百二十一條第二項規定：『法官非參與為判決基礎之辯論者，不得參與判決』，係指在判決以前參與言詞辯論之法官有變更者，應更新辯論程序，至若言詞辯論前行準備程序或調查證據程序之法官縱有變更，如未參與為判決基礎之辯論，不生更新辯論之問題。」

[19] 最高法院17年上字第678號判例：「判決，非參與該訴訟言詞辯論之推事不得為之，故在判決以前推事若有變更，即應踐行更新審理程序，如審理與判決推事異人，則該判決自屬違法。」

[20] 最高法院100年台上字第2048號判決要旨：「共有人中之一人或數人依具其所訂立的共有物之協議分割契約，提起請求履行協議分割契約之訴，性質上仍屬給付之訴，非如共有物裁判分割之屬形成訴訟，依民事訴訟法第388條規定，法院尚不得就當事人所未聲明之事項逕為裁判。」參照。

[21] 最高法院100年台上字第211號判決要旨：「民事訴訟採取不干涉主義，依民事訴訟法第388條，法院不得就當事人未聲明之事項為判決。故成為法院審理具體個案範圍之訴之聲明及訴訟標的，除別有規定外，應由當事人決定之，法院不得逾越當事人所特定之訴之聲明及訴訟標的範圍而為裁判，此為採取處分權主義之當然解釋。又當事人未以訴之聲明表明之事項，除定履行期間或同時履行等之條件外，法院不得於判決主文中為准駁之諭示，否則即為訴外裁判。」參照。

外，得由法院依職權爲判決。

(三) 須依自由心證判斷事實之真偽

　　法院爲裁判前，必須先對訴訟事件的事實加以認定；換言之，認定事實乃法院作成裁判的前提，事實的認定越精細，則所作裁判的正確性越高[22]。依民事訴訟法第222條規定，受訴法院須依自由心證，斟酌全辯論意旨及調查證據的結果，以判斷事實的眞偽。

　　所謂「全辯論意旨」，不僅指言詞辯論中當事人的聲明及一切陳述，並包括陳述的態度、對於發問不爲回答、不依法院之命到場等情形在內。所謂「調查證據之結果」，係指依法調查一切證據所得的結果。而所謂「依自由心證判斷事實之眞偽」，是指法院於斟酌全辯論意旨及調查證據的結果後，憑法官的學識及經驗，按經驗法則與邏輯推理，爲客觀的衡量，依其內心合理的確信，判斷當事人所主張的事實是否屬實。

　　實務上常見的就是在損害賠償的訴訟中，原告已經證明受有損害，但是客觀上不能完全證明損害之具體數額或證明顯有重大困難，如果仍然強迫令原告要負舉

---

[22] 最高法院98年台上字第643號判決：「按個案之具體事實應依證據認定之。無證據不得臆斷事實之眞偽，更不容以『假設』之事實，作爲『事實』，以之爲判斷之基礎，此觀民事訴訟法第二百二十二條第一項、第三項之規定自明。查桃園地檢署相驗報告書記載：『……，雖其母親甲○○（即被上訴人）認吳昇翰（被保險人）係因澆花不愼滑倒意外墜樓，然依卷附事發地點相片觀之，該處陽台設有欄杆，縱因意外滑倒亦不致墜樓。參以死者生前有憂鬱症病史，本件應係自殺墜樓』等情（相驗卷宗，三七頁）。似見系爭墜樓事故之發生究爲意外或故意（自殺）行爲，應就被保險人於墜樓前之所在（若站於陽台圍欄之水泥底柱上或非站於水泥底柱上），以當時之圍欄設備、花卉盆栽置放位置（相驗卷宗所附照片），並按被保險人身高計算人體通常之重心所在，是否有意外墜樓之可能？先予查明。而後再由站於水泥底柱上或不站於水泥底柱上澆花，究明何者爲常態，何者爲變態，依民事訴訟法第二百七十七條規定，適用舉證責任之分配原則，命兩造各盡其舉證證明之責任，始得爲事實眞偽之認定。原審未遑詳查審認，徒以：被保險人爲精神分裂症患者，其思考及行爲方式與常人不同，設『若』其站在陽台水泥底座上澆花，僅有顯然低於其身體重心位置之高七十公分之鐵架圍籬可以依憑，其因重心不穩自十樓墜樓，要『非不可能』等臆測之詞，而執所建構之假設事實，作爲判決之基礎，衡諸首揭說明，自有判決未憑證據之違誤。」

證責任來證明損害的數額，對原告不但太過於苛刻，亦不符合訴訟經濟的原則，在此種情形下法院應審酌一切情況，依其所得心證酌定數額，以求公平。至於如果損害的數額在客觀上有證明之可能，且衡情亦無重大困難而原告未爲證明者，即無第222條第2項規定之適用。

民事訴訟法第222條第3項規定：「法院依自由心證判斷事實之眞僞，不得違背論理及經驗法則。」依據最高法院歷年來相關的判決以及判例之意旨早已闡明各級法院，依自由心證判斷事實之眞僞時，不得違背論理及經驗法則[23]。以解釋契約爲例，法院應從契約之主要目的及經濟價值作全盤之觀察，以探求當事人立約時之眞意[24]，尤以當事人自行簽訂契約用詞之眞意，應以一般人之理解斷定之，非得因該用詞恰與法律專業術語相同，即逕以該詞之法律意義作爲解釋之依據[25]。

又爲防止法官於判斷事實眞僞時，違背第222條第1項規定及避免自由心證的流弊，第222條第4項特規定：「得心證之理由，應記明於判決。」若違背此項規定，該判決即屬違背法令，足爲上訴第三審的理由[26]（民訴§467、§469）。

---

[23] 最高法院69年台上字第771號判例：「法院依調查證據之結果，雖得依自由心證，判斷事實之眞僞，但其所爲之判斷如與經驗法則不符時，即屬於法有違。」

[24] 最高法院108年度台上字第2637號民事判決：「解釋契約，應於文義上及論理上詳爲推求，以探求當事人立約時之眞意，並通觀契約全文，斟酌訂立契約當時及過去之事實、交易上之習慣等其他一切證據資料，本於經驗法則及誠信原則，從契約之主要目的及經濟價值作全盤之觀察，以爲判斷之基礎」

[25] 最高法院108年度台上字第1992號民事判決：「解釋契約，應於文義上及論理上詳爲推求，以探求當事人立約時之眞意，並通觀契約全文，斟酌訂立契約當時及過去之事實、交易上之習慣等其他一切證據資料，本於經驗法則及誠信原則，從契約之主要目的及經濟價值作全盤之觀察，以爲其判斷之基礎，不能徒拘泥字面或截取書據中一二語，任意推解致失其眞意。尤以當事人自行簽訂契約用詞之眞意，應以一般人之理解斷定之，非得因該用詞恰與法律專業術語相同，即逕以該詞之法律意義，作爲解釋之依據。」

[26] 最高法院43年台上字第47號判例：「得心證之理由，應記明於判決，爲民事訴訟法第二百二十二條第二項所明定，故法院依自由心證判斷事實之眞僞時，所斟酌調查證據之結果，其內容如何，與應證事實之關聯如何，以及取捨之原因如何，如未記明於判決，即屬同法第四百六十六條第六款所謂判決不備理由。」

參、判決之製作

一、應記載事項

　　判決，不論為終局判決或中間判決，依法律規定皆應作成判決書附卷，且有一定的程式。是以，民事訴訟法第226條第1項規定，判決書之作成，須記載下列各款事項：

(一) 當事人姓名及住所或居所：當事人為法人或其他團體者，其名稱及公務所、事務所或營業所

　　此目的在表明當事人為何人，以避免與他人相混，是以若記載當事人姓名、住居所或其名稱及公務所、事務所或營業所，還是無法區別時，則應記載當事人的職業以及其他特徵。此等事項，以當事人的起訴狀為依據。若判決書未表明當事人者，則構成提起上訴的理由。另外，訴訟有參加人時，亦應於判決書中表明。民事訴訟法於民國92年修法時，並同時配合民事訴訟法第40條第4項而增訂有中央或地方機關亦有當事人能力的規定，於同法第226條第1款增訂當事人為機關者，其名稱及公務所為應記載的事項。

(二) 有法定代理人、訴訟代理人者，其姓名、住所或居所

　　除非無法定代理人者外，其法定代理人的記載，不可遺漏，否則此判決即有重大瑕疵，得為上訴之理由。

　　至於訴訟代理人漏未記載者，於判決效力則沒有影響。若是記載稍欠正確，則依同法第232條加以更正。

(三) 訴訟事件

　　判決經言詞辯論者，其言詞辯論終結日期：判決既判力之客觀範圍係以事實審言詞辯論終結時為準，於該期日之後所生之新事實，不為既判力所及，而在該期日前所生之事實，當事人得提出而未提出者，應為既判力所及。如判決書有記載言詞辯論終結日期，即可使既判力之基準時點顯現於判決書中，故增列第226條第1項第3款的規定。

(四) 主文

　　就訴訟標的之事項所為的裁判，亦即本於判決事實及理由所生的結論。主文應以簡明的語句，將法院所為裁判的內容揭明。當事人的聲明，通常是判決主文的依

據。惟當事人的聲明文字有欠通順或明確者，在不違背當事人眞意之下，不必拘泥其聲明所用的詞句，得自行組織文字爲判決主文。在主文中不宜引用其他文件，但遇標的物有多數或名稱冗長時，得另作成目錄，附於判決書之後。又判決書中所記主文，須與當庭宣示之主文相符，否則足以構成上訴第三審的理由[27]。

(五) 事實

是指判決理由的根據。兩造當事人於言詞辯論時所爲應受判決事項的聲明，及其所爲的陳述、證據方法，對於他造所用證據之陳述等攻擊防禦方法，皆應載明於判決書內事實項下，雖法院認爲不必要或已不許使用者亦然（民訴§196Ⅱ、§286及§287參照）。又訴訟經過的重要情形，如當事人的變更、追加及分別或合併辯論及依職權調查證據等事，亦應記載。事實的記載須簡明扼要，並且按論理排列，不必拘泥於事實發生或辯論經過的順序。判決書內記載事實有欠缺者，足爲上訴的理由。

(六) 理由

理由是判決主文的依據。法院關於攻擊防禦方法的意見與法律意見及就於判決有影響的爭點所爲的裁判及理由等皆應記載；法院依自由心證判斷事實，是以如何的辯論意旨或調查證據的結果爲基礎，及如何按經驗法則而爲判斷，均應記載。判決書理由應載事項，如有遺漏，則爲理由不備，如對判決結果有影響者，其判決當然違背法令，得上訴第三審[28]（民訴§469-6）。

(七) 年月日

在實務上，判決書之製作，均記載年月日，故第226條第1項第7款增列「年、

---

[27] 最高法院64年台上字第1300號判例：「判決主文乃由判決事實及理由所生之結論，苟判決內容不能自主文見之，即無從認有合法判決之存在。雖民事訴訟遇訟爭標的繁多，或名稱冗長者，得作一目錄附於判決書之後，或需繪圖者，得於主文內載『如附圖』而另作一圖附於判決書之後，作爲判決主文之一部分，然不允許引用存於他處之文書作爲判決主文。」

[28] 最高法院101年台上字第26號判決：「惟按判決書理由項下，應記載關於攻擊或防禦方法之意見，民事訴訟法第二百二十六條第三項定有明文。是法院爲當事人敗訴之判決，關於攻擊防禦方法之意見，有未記載於理由項下者，即爲同法第四百六十九條第六款所謂判決不備理由，其判決自屬違背法令。」

月、日」，以符實際。

(八) 法院

係指爲裁判之法院。於判決書內記載上列各事項，爲求其明瞭，以分欄記載爲宜。至於記載的順序，得任由法院自由決定。

二、法官之簽名

民事訴訟法第227條規定：「爲判決之法官，應於判決書內簽名；法官中有因故不能簽名者，由審判長附記其事由；審判長因故不能簽名者，由資深陪席法官附記之。」

判決書作成後，爲判決的法官（亦即是民事訴訟法第221條第2項所指的參與判決的法官）應於判決書內簽名。在合議審判時，係由審判長與陪席法官以評議的方式作成判決，因此，審判長與陪席法官均應於判決書內簽名。不過，法官中有因故不能簽名時（例如法官請假、去職等），由審判長附記其事由；若審判長因故不能簽名時，則由資深陪席法官附記其事由於判決書，以資補救。否則判決書未經法官簽名，亦未附記不能簽名之理由，在法律上不能認爲有效[29]。

然而，於獨任審判時，因僅由一位法官作成判決，如該法官因故不能於判決書內簽名，則無補救的辦法。

肆、判決之宣示或公告

一、判決宣示之意義

舊民事訴訟法第223條第1項規定：「經言詞辯論之判決，應宣示之；不經言詞辯論之判決，應公告之。」立法院嗣於民國107年11月28日將第1項修法爲：「判決應公告之；經言詞辯論之判決，應宣示之，但當事人明示於宣示期日不到場或於宣示期日未到場者，不在此限。」

立法理由略以：「爲使外界知悉判決結果，明定判決不論是否經言詞辯論，均應公告之。又經言詞辯論之判決固應宣示之，然若當事人已明示於宣示期日不

---

[29] 最高法院17年上字第273號判例：「判決書未經推事簽名，亦未附記不能簽名之理由，在法律上不能認爲有效。」

到場，或於宣示期日未到場者，法院即毋庸宣示[30]。」同時判決宣示之內容，應以判決原本之內容為準，不得任意違背或更動，以維護判決的公信力（民訴§223 IV）。

二、判決宣示之期日

舊民事訴訟法第223條第2、3項規定：「宣示判決，應於言詞辯論終結之期日或辯論終結時指定之期日為之（第2項）。前項指定之宣示期日，自辯論終結時起，不得逾二星期（第3項）。」

然依訴訟事件難易之不同，應區別對待，立法院遂基於「判決之宣示，應本於已作成之判決原本為之，判決原本，應於判決宣示後，當日交付法院書記官，第223條第4項、第228條第1項分別定有明文。惟相較於獨任審判之情形，合議審判事件，於辯論終結後，尚需經評議及製作判決書等程序，耗費時間較多；另為因應案情繁雜或特殊情形，致無法於法定期間內製作判決書，宜放寬宣示期日，爰於第3項增訂合議審判之事件，自辯論終結時起，不得逾3星期，案件繁雜或有特殊情形者，則不在此限，以符實際需要[31]。」之立法理由，於民國107年11月28日將第223條第3項修改為：「前項指定之宣示期日，自辯論終結時起，獨任審判者，不得逾2星期；合議審判者，不得逾3星期。但案情繁雜或有特殊情形者，不在此限。」另外值得注意的是，此期日規定僅係訓示規定，縱使違背，對於判決的效力，不生任何影響，亦不得作為上訴理由（民訴§223 III）。

三、判決宣示及公告之方式

民事訴訟法第224條原先規定：「宣示判決，應朗讀主文，其理由如認為須告知者，應朗讀或口述要領（第1項）。公告判決，應於法院公告處公告其主文，法院書記官並應作記載該事由及年、月、日、時之證書附卷（第2項）。」

立法院「為提升法院資訊之透明度及供公眾使用之便利性，且目前各法院均有建置網站，因應電子e化趨勢，爰增訂法院網站亦為公告方式之一[32]」，爰於民國107年11月28日修法時修正第2項為：「公告判決，應於法院公告處或網站公告其主文，法院書記官並應作記載該事由及年、月、日、時之證書附卷。」

---

[30] 立法院公報，107卷，99期，頁255-256。
[31] 立法院公報，107卷，99期，頁255-256。
[32] 立法院公報，107卷，99期，頁256。

　　宣示判決，乃就已成立的判決，對外發表，其方法為於公開法庭由審判長（或獨任法官）朗讀判決主文，至法院電腦查詢系統不過為方便當事人查詢之行政作業，究不能作為判決有無宣示之依據[33]。所謂「判決主文」，是指判決的結論而言，乃判決的重要部分，為避免浪費勞力及時間，毋須朗讀整個判決全文，僅須朗讀判決的主文即可。而判決的理由，原則上亦毋庸宣示，但若依法院的意見認為須告知，得於宣示判決時一併朗讀理由或口述其要領。又判決，不論是於言詞辯論終結之期日宣示，或於言詞辯論終結時指定的期日宣示，均須由書記官將關於宣示判決一事記載於言詞辯論筆錄（民訴§213 I第6款參照）。

　　因為民事訴訟法已將公告規定為不經言詞辯論的判決對外發表的方式，並以公告時發生羈束力，自宜明定其程式，俾資相互配合應用，爰增訂第224條第2項，明定公告判決應於法院公告處公告其主文。又為便於稽考，並規定法院書記官應製作記載該事由及年、月、日、時之證書附卷。又所稱的證書，並非形式上必須以「證書」名義作成的文件，僅須能表明已依法公告及載明公告時間的文書即可，例如：得以公告文稿記載該事由及公告時間，以減輕書記官工作負擔，併此一併敘明，以資遵循。

四、判決宣示之效力

　　有關於判決宣示後之效力，民事訴訟法乃於第231條有所規定，其稱：「判決經宣示後，為該判決之法院受其羈束；不宣者，經公告後受其羈束（第1項）。判決宣示或公告後，當事人得不待送達，本於該判決為訴訟行為（第2項）。」

　　蓋以判決，乃法院的意思表示，須向外發表，所以判決一經對外發表，其發表方式為宣示或公告，為該判決之法院即應受羈束。民事訴訟法第223條第1項規定，不經言詞辯論的判決依法應予公告之。是以法院自應於公告後受其羈束，亦即法院所作判決，一經對外發表，則為該判決的法院即受其判決的羈束。

　　所謂「為該判決之法院受其羈束」，是指該法院不得任意自行撤銷或變更其先

---

[33] 最高法院86年台抗字第182號裁定：「判決之宣示，係指法院將內部已成立之判決在公開法庭將判決主文予以朗讀，並由書記官記載於筆錄而向外發表之方法，此觀民事訴訟法第二百二十四條、第二百二十五條，及第二百十三條第一項第六款規定自明。至法院電腦查詢系統不過為方便當事人查詢之行政作業，究不能作為判決有無宣示之依據。」

前所作的判決，縱使當事人同意撤銷或變更時亦同[34]。如此，乃為避免法院濫為判決，並確保法院的威信。惟法院若違背本條的規定，任意自行撤銷或變更原判決，而為另一判決，該後判決並非當然無效，於當事人有合法上訴時，上訴審法院應將該判決廢棄[35]。

又第二審不能上訴第三審之終局裁判及第三審之終局裁判，其裁判均屬確定判決。確定判決的定義，是指已不能再依照通常的上訴程序救濟，請求變更或廢棄。判決宣示後，為該判決之法院受其羈束，如不經宣示者，經公告後受其羈束（民訴§231），此情形屬於羈束力與確定力同時發生。

伍、判決正本之交付與送達

一、交付與送達之程序規定

民事訴訟法第229條規定：「判決，應以正本送達當事人（第1項）。前項送達，自法院書記官收領判決原本時起，至遲不得逾十日（第2項）。對於判決得上訴者，應於送達當事人之正本內，記載其期間及提出上訴狀之法院（第3項）。」為使當事人知悉判決的內容，法院書記官應將判決正本依職權送達給當事人（民訴§123）。所謂「正本」，乃載錄原本全文，對外與原本有相同效力者；判決原本應由書記官編為卷宗（民訴§241 II）永遠保存，故不能送達於當事人；而判決節本，僅節錄原本一部分的內容，亦不宜送達於當事人。因此，以判決正本送達於當事人，最為妥適。

為使當事人早日知悉判決內容，俾有所因應，判決正本的送達，自法院書記官收領判決原本時起，至遲不得逾十日；又考慮到當事人法律知識的不足，對於得上訴的判決，應於送達當事人的正本內，記載上訴期間及提出上訴狀的法院。然第

---

[34] 最高法院20年抗字第100號判例：「訴訟案件經受理法院判決後，當事人如有不服，祇應依法上訴以求救濟，非經上級法院判決，將原判廢棄發回更為審判，該法院殊無自行破毀原判之餘地。」

[35] 司法院35年院解字第3209號解釋：「關於民事判決部分違背民事訴訟法第二百三十一條所為之後判決，非當然無效，惟於當事人有合法上訴時，上訴審法院應將該判決廢棄，原代電所述情形，不服後判決之當事人對於後判決提起上述既在上訴期間內，即不生回復原狀之問題。至不服前判決之當事人，未於上訴期間內，對於前判決聲明不服者，不得以法院於上訴期間內另為判決為聲請回復原狀之理由。」

229條第2項及第3項均僅係訓示規定，若違背，對於判決及送達的效力，均不生任何影響[36]。

另依照民事訴訟法第228條規定：「判決原本，應於判決宣示後，當日交付法院書記官；其於辯論終結之期日宣示判決者，應於五日內交付之（第1項）。書記官應於判決原本內，記明收領期日並簽名（第2項）。」所謂「判決原本」，是指經法官簽名的判決書而言，依第226條及第227條規定所作成的判決書。為防止判決原本制作緩慢，影響當事人的權益，為判決的法官，應於判決宣示後，當日將判決原本交付法院書記官，或者在辯論終結之期日宣判者，則應於五日內交付，以求明確翔實的控制訴訟流程，書記官並應於判決原本內記明收領日期並簽名。

但第228條僅係訓示規定，法官若逾當日始交付判決原本，或是書記官未於判決原本內記明收領日期並簽名，對於判決的效力，並不發生任何影響[37]。

二、判決正本與原本、繕本及節本之意義與比較

依照民事訴訟法第230條之規定：「判決之正本或節本，應分別記明之，由法院書記官簽名並蓋法院印。」

前曾提及，正本乃錄有原本全文，且對外與原本有相同效力的文書；換言之，正本有代替原本的功用。而所謂「節本」，係僅摘錄原本部分內容的文書，並無代替原本的功能。判決正本或節本，應在其內記載正本或節本的字樣，由法院書記官簽名，並加蓋法院的印。然而，若判決正本未蓋法院印，雖違背訴訟程序的規定，但此不過判決正本不合法定程式，致其送達不生效力，既與判決內容之當否無

---

[36] 最高法院29年抗字第98號判例：「民事訴訟法第二百二十九條第三項雖規定對於判決得上訴者，應於送達當事人之正本內記載其期間，及提出上訴狀之法院，惟此原為訓示之規定，送達當事人之判決正本內縱未為此記載，亦僅法院書記官之職責有所未盡，至於上訴期間之進行，並不因此而受影響。」

[37] 臺灣士林地方法院90年度小上字第1號裁定：「次按判決原本，應於判決宣示後，當日交付法院書記官，其於辯論終結之期日宣示判決者，應於五日內交付之，書記官應於判決原本內記明收領期日並簽名，民事訴訟法第二百二十八條固定有明文，惟該規定僅為一訓示規定，縱有違反，亦不影響判決之效力。上訴人指摘原審判決違反前開規定縱令屬實，亦不因此影響原審判決之效力，是此部分之上訴顯無理由，應予駁回。」

關，即不得以此為上訴理由[38]。

陸、判決之更正

一、意義

判決經宣示或送達後，為該判決的法院即應受所為判決的羈束（民訴§231）。但判決中有誤寫、誤算或其他類似之顯然錯誤者，若仍不許更正，則對於法院及當事人均是有弊而無利，且也不符合訴訟經濟之基本要求。因此同法第232條第1項規定，法院依當事人之聲請或依職權用裁定更正；而所謂「依職權」，即不論該判決是否已經上訴或已確定，均得為之。故將原第1項文字「隨時」修正為「依職權」，並將文字稍加調整，以資明確。所謂「顯然錯誤」，指判決中所表示者，與法院本來的意思顯然不符[39]、[40]，法院或者訴訟關係人只要參照該判決意旨與訴訟事件之內容，均能一望而知者而言，如當事人姓名或名稱之錯誤而言[41]。除法文所舉的誤寫、誤算外，如關於當事人、法定代理人的姓名表示不正確，或者依判決意旨已足認法院就某事項已裁判，而在判決理由或主文中漏未論列等。此項顯然錯誤，無論是法院的過失，或是依照當事人的陳述，皆得以裁定加以更正。

更正判決，不問何時，得依法院之職權或依當事人之聲請而更正，即使在該判

---

[38] 最高法院26年上字第920號判例：「判決正本未蓋法院印，雖違背訴訟程序之規定，但此不過判決正本不合法定程式，致其送達不生效力，既與判決內容之當否無關，即不得以此為上訴之理由。」

[39] 最高法院18年聲字第307號判例：「判決書如有誤寫、誤算及其他顯然錯誤者，法院固得隨時更正之，惟其所謂顯然錯誤者，乃指判決中所表示者與法院本來之意思顯然不符者而言。」

[40] 最高法院100年台抗字第718號裁定：「按判決有誤寫、誤算或其他類此之顯然錯誤者，法院得依聲請或依職權以裁定更正，民事訴訟法第二百三十二條第一項前段定有明文。所謂顯然錯誤，乃指判決中所表示者與法院本來之意思顯然不符者而言，故判決理由中所表示之意思，於判決主文中漏未表示者，亦屬顯然錯誤。」

[41] 最高法院69年台職字第3號判例：「判決如有誤寫、誤算或其他類此之顯然錯誤者，法院得隨時以裁定更正之，民事訴訟法第二百三十二條第一項定有明文。所謂錯誤，應包括當事人姓名或名稱之錯誤在內。關於當事人姓名或名稱之錯誤，祇須為訴訟標的之法律關係不變，實際上由該當事人參與訴訟，雖原告起訴所主張被告之姓名或名稱錯誤，並經法院對於姓名或名稱錯誤之當事人為裁判，仍應有上開法條之適用。」

決已上訴或已確定後，也可為之。參與更正裁定的法官，非參與原判決者亦可，此裁定應附記於判決原本及正本，若正本已經送達，而因當事人不提出正本或因其他情事不能追記時，應作該裁定的正本送達當事人。更正的效果，可溯及最初為判決時，因此對於該判決的上訴與其判決的確定或者執行，應根據更正而定其效果。

　　更正判決的聲請，可用書狀（民訴§116以下）或者言詞（民訴§122）提出。然依原第232條第3項規定，僅限於對更正的裁定始得抗告，然駁回更正聲請的裁定，有時會影響當事人權益，且無堅強的理由認為對於該裁定的抗告應予適當的限制，爰修正第3項，明定對於更正或駁回更正聲請的裁定，均得抗告，以平衡當事人的權益。當事人除可向為原判決的法院聲請更正外，尚得用上訴請求為更正，其更正判決的聲請，也得與對於判決不服而欲為上訴行為同時為之。不過如果對本案判決已有合法之上訴時，則不得再以抗告程序聲明不服，而應一併交由上訴審處理，爰增列但書明定。

　　判決的正本與原本內容不符時，如更正其正本，亦適用本條程序，由法院裁定更正，將其裁定附記於正本。

　　另外若和解筆錄有誤寫誤算者，雖法無更正之明文，但依據實務之見解，有關於判決書更正錯誤之規定，於和解筆錄有同一之法律理由，故得以類推適用之[42]。

柒、補充判決

一、意義

　　民事訴訟法第233條規定：「訴訟標的之一部或訴訟費用，裁判有脫漏者，法院應依聲請或依職權以判決補充之（第1項）。當事人就脫漏部分聲明不服者，以聲請補充判決論（第2項）。脫漏之部分已經辯論終結者，應即為判決；未終結者，審判長應速定言詞辯論期日（第3項）。因訴訟費用裁判脫漏所為之補充判

---

[42] 司法院32年院字第2515號解釋：「和解筆錄如有誤寫誤算或其他類此之顯然錯誤者，法律上雖無得為更正之明文，而由民事訴訟法第三百八十條強制執行法第四條第三款等規定觀之，訴訟上之和解與確定判決有同一之效力，關於判決書更正錯誤之規定，於和解筆錄有同一之法律理由，自應類推適用，惟民事訴訟法第二百三十二條係以判決書為法院所作，故規定判決書錯誤之更正，以法院之裁定為之，和解筆錄則為法院書記官所作，其錯誤之更正，自應以法院書記官之處分為之，對於此項處分提出異議時，依同法第二百四十條第二項之規定，始由其所屬法院裁定。」

決，於本案判決有合法之上訴時，上訴審法院應與本案訴訟同爲裁判（第4項）。駁回補充判決之聲請，以裁定爲之（第5項）。」

所謂「判決有脫漏」，是指法院就當事人請求判決事項之一部或者訴訟費用，本應於主文表示裁判結果，但實際上法院並未爲裁判之表示，或僅在理由中論斷者而言，是依據第233條第1項規定聲請補充判決者，以訴訟標的之一部，或訴訟費用之裁判有脫漏爲限，不包括爲裁判所持之理由在內[43]。就訴訟標的脫漏而言，例如：原告請求與被告離婚，並命賠償50萬元，法院僅就離婚部分表示於判決主文，對於損害賠償部分未表示在判決主文。就訴訟費用脫漏言，例如：爲終局判決時，未依職權爲訴訟費用之裁判。另外，關於訴訟標的之一部或訴訟費用的裁判，法院雖在判決理由中表示其意見，但若未記載在判決主文者，仍然屬於裁判有脫漏。

二、當事人之聲請

過去補充脫漏判決，必須由當事人聲請，法院不得依職權爲之，即使是本來應由法院依職權而爲的訴訟費用的裁判，亦不例外。然因法院就訴訟標的之一部或訴訟費用漏未裁判者，該部分應仍繫屬於法院，法院就該脫漏部分，仍有續行審判的義務，即應依職權爲補充判決，而無待當事人的聲請；雖然當事人爲維護自己的權利，自亦得聲請法院補充裁判。

三、法院之裁判

脫漏的部分若已經進行過言詞辯論者，則法院應該不必行言詞辯論，而且接補下判決。但是基於直接言詞審理主義，沒有參與言詞辯論的法官，不可以補下判決，如果法官有變更，則要重新進行言詞辯論；縱然法官沒有變更，在認爲有必要時，仍應再開辯論（民訴§210、§211、§221）。若脫漏的部分還未經言詞辯論終結者，則法院應即定言詞辯論期日，於辯論後爲補充判決。

因訴訟費用裁判脫漏而爲補充判決，於本案判決有合法的上訴時，自應由上訴審法院與本案訴訟同爲裁判（民訴§233 IV）。

對於當事人聲請補充判決的准許與否，法院應依職權調查，若准許當事人之聲

---

[43] 最高法院100年台抗字第858號裁定：「惟按依民事訴訟法第二百三十三條第一項規定聲請補充判決者，以訴訟標的之一部，或訴訟費用之裁判有脫漏爲限，不包括爲裁判所持之理由在內，此觀上開法條之規定自明。」

請，則應以判決補充脫漏的判決，假如不准許當事人的聲請，則要用裁定駁回。

　　當事人對於駁回聲請的裁定，得依一般規定提起抗告（民訴§482）。

四、效力

　　基於當事人的審級利益，不得用上訴或附帶上訴請求為補充判決，亦即下級審法院還未審判的訴訟標的事項，上級審法院不得加以判決。如當事人就第一審脫漏的事項，依上訴或附帶上訴請求第二審法院判決者，不符合第233條第2項後段「視為補充判決之聲請」的規定。

捌、判決之確定及其效力

　　民事訴訟法第399條規定，法院判決確定後，當事人為向他造主張權利，或有聲請強制執行之需要，得向法院書記官聲請付與判決確定證明書。判決確定證明書，原則上係由第一審法院付與聲請人，但若卷宗係在上級法院者，例外則由上級法院付與之。第399條第3項應於七日內付與判決確定證明書之規定，實務上率皆認為屬訓示期間，故並不嚴格遵守。

　　此外，判決確定後，乃附隨地發生以下之效力：

一、裁判之羈束力

　　又稱裁判之自縛性，指判決經宣示後，為該判決之法院應自受其裁判之羈束；不宣示者，經公告後受其羈束（民訴§231 I）。

二、判決之形式確定力

　　所謂形式確定力，係指該判決之當事人不得再以上訴聲明不服，即認其具有形式之確定力。具形式確定力之判決係指其已經在訴訟法上不能再用通常（法定上訴）程序予以推翻（變更），形式上發生不可再變更的效力，除非有再審特殊的例外救濟程序。

三、判決之實質確定力

(一) 實質確定力之概念

1. 意義與功能

　　所謂實質確定力，又稱既判力，其意義係指：「訴訟標的之法律關係經確定

終局判決之裁判者，當事人不得就該法律關係更行起訴；若該訴訟標的法律關係在他訴訟用作攻擊防禦方法時，法院亦不得為與確定判決意旨相反之認定與裁判。」（民訴§400Ⅰ）既判力之拘束對象包含當事人及法院，與羈束力及形式確定力不同。且既判力之存在與否，乃法院應依職權調查之事項。

　　判決確定後在訴訟法上發生既判力之功能，乃在於維持當事人間之法安定性，使紛爭當事人間之權利義務關係，得透判決予以維持及確定，以保護私權。就當事人而言，即禁止其反覆或相反的主張；就法院而言，禁止裁判矛盾，法院不能再做相反的認定。既判力亦賦予判決內容具有終局性，不允許同一紛爭再提起訴訟加以爭執，以防止紛爭再燃，以達成強制性、終局性解決紛爭之「判決公益性」之目的。

2. 既判力之法理基礎

　　既判力之依據，學說實務上認為係基於程序保障之考量（程序保障說）。既判力正當化之依據係因在裁判之過程中，承認當事人具有當事者權，就訴訟標的法律關係之審理裁判，具有程序上之保障；當事人既已被賦予程序保障，即應就該裁判之結果負責，而須受既判力之拘束。

　　(1) 法安定性之要求

　　既判力有助於法的安定性，乃是法治國家原則所導出的結果，避免同一紛爭之反覆進行訴訟程序以及相矛盾之裁判，因此對於經法院確定判決所確定之法律關係，應不許其重新審理及裁判。

　　(2) 既判力之風險

　　由於既判力之效力使國家機關及當事人均受確定裁判之拘束，因此承認既判力之結果必須在具體案件忍受其可能有錯誤裁判之風險，但此種風險相對於法的不安定性而言，乃是兩害相權取其輕。既判力的風險及忍受確定判決可能有裁判錯誤的風險存在（按：如有法定事由仍可依再審程序加以救濟），兩者之間的選擇乃是立法政策上之選擇。

3. 既判力之作用

　　既判力之作用有二：(1)禁止反覆：即「一事不再理」，當事人不得就同一訴訟標的更行起訴；法院亦不得已判斷之事項再行審判；(2)禁止矛盾：法院應以既判事項為基礎處理後訴，關於基準時點之權利義務關係，應以既判事項為基準，不得為相歧異之認定；當事人亦不得為不同之主張。

(二) 既判力存在之態樣

1. 確定之終局判決

針對為訴訟標的法律關係所為之判決，僅須當事人或充分之程序保障，即具有既判力。而以當事人不適格或欠缺權利保護必要而駁回原告之訴之判決，因未就訴訟標的法律關係為判斷，學說實務通說認為不具既判力。

2. 確定之裁定

訴訟指揮之裁定，與既判力之目的及作用無關，自無賦予既判力之必要。但若係終局性解決實體上事項之裁定（如：訴訟費用確定、支付命令異議不合法而駁回之裁定）。至於欠缺訴訟合法要件或上訴合法要件之裁定，學說實務上則有不同看法：

(1) 否定說[44]

通說與實務認為，僅「關於訴訟標的所作之確定判決」始生既判力；若僅針對訴訟要件欠缺所為之裁定，縱始已經確定亦不生既判力。

(2) 肯定說

學者駱永家與邱聯恭教授認為，基於紛爭解決一次性、法安定性之要求，承認就訴訟要件所為裁判之既判力有實際上之必要；故同一訴訟在同一訴訟要件欠缺未被補正之情況下再度被提起時，法院就該訴訟要件之存在與否毋須再為審查，而得逕自駁回該訴訟。

(三) 既判力之範圍

1. 時之範圍（既判力之基準時、失權效、遮斷效）

既判力基準時點部分，法院在確定判決內對訴訟標的法律關係所為之判斷，為嗣後規範當事人間法律關係之基準，當事人於後訴不得為相反之主張，而對該判斷再為爭執。為判決內所判斷之基準事實，常因嗣後所生之新事由而有變動，此時前判決究應以何時點為規範當事人間法律關係之基準，即「既判力基準時」之問題。現行法下第二審法院仍為事實審之型態，因此至第二審言詞辯論終結前，當事人所

---

[44] 最高法院22年度抗字第2034號判例：「以訴為不合法而駁回之確定裁判，並非所謂關於訴訟標的之判決，故因不繳審判費或繳不足額致其訴被駁回者，無論其係由第一審駁回，抑由第二審駁回，均得更行起訴。」參照。

提出之訴訟資料，皆可以做爲法院判斷並賦予既判力之參考；而在事實審言詞辯論終結後，相關訴訟資料之變遷即無法反映在判決中[45]，故本書認爲判決之既判力應

---

[45] 此參最高法院98年度台再字第35號判決略以：「按民事訴訟法第四百零一條第一項所謂繼受人，包括因法律行爲而受讓訴訟標的之特定繼承人在內。而所謂訴訟標的，係指爲確定私權所主張或不認之法律關係，欲法院對之加以裁判者而言。至法律關係，乃法律所定爲權利主體之人，對於人或物所生之權利義務關係。其中對物之關係，指依實體法規定爲權利主體之人，基於物權，對於某物得行使之權利關係而言，此種權利關係，具有對世效力與直接支配物之效力，如離標的物，其權利失所依據，其以此項對物之關係爲訴訟標的時，所謂繼受人，固包括繼受該法律關係中之權利或義務人及受讓標的物之人（本院六十一年台再字第一八六號判例意旨參照）。惟倘繼受人未繼受存在於特定之債權人與債務人間（對人關係）之權利義務關係，而僅受讓標的物之所有權，並依實體法規定成爲權利主體之人者，自己合法取得其固有之物權（如移轉登記、土地法第四十三條、民法第八百零一條、第八百八十六條、第九百四十八條）。於此情形，爲調和實體法與程序法所規範之法律狀態，前案確定判決對於該標的物繼受人之既判力客觀範圍，應祇以該判決事實審言詞辯論終結時原告所主張之權利義務關係（即訴訟標的）本身之存否，經於判決主文對其所爲之判斷者爲限，即繼受人不得反於前案既判力，主張其前手對於前案被告仍享有對物之權利，至於該判決事實審言詞辯論終結後，始受讓標的物之所有權者，既在上揭既判力客觀範圍之外，自非不得基於實體法所取得之固有物權，爲自己對其前手之前案被告提起後訴訟。查本件前案確定判決之訴訟標的，係該案原告廖天來本諸其就系爭房屋之所有權，依民法第七百六十七條規定，對該案被告即再審原告所主張之所有物返還請求權，法院審理結果，並未否認廖天來對系爭房屋之所有權，僅認該案被告即再審原告所爲其係經楊席珍指示而占有，楊席珍乃基於與廖天來間之買賣關係而占有，其非無權占有之抗辯爲有理由，判決廖天來敗訴確定，故『廖天來與再審原告間之系爭房屋所有物返還請求權，於該案事實審言詞辯論終結時並不存在』一事，始爲該前案確定判決既判力之客觀範圍。嗣再審被告於前案確定判決後，始經合法之物權移轉登記而取得系爭房地所有權，依上說明，再審被告取得系爭房屋所有權之物上請求權，因與前案確定判決既判力客觀範圍所示之權利主體不同，非在前案既判力客觀範圍內，再審被告自得本於其對系爭房屋自己之所有權，併同未經裁判之系爭土地所有權提起前訴訟程序之後訴訟。本院原確定判決所認『債之關係僅在特定當事人間發生效力，於實體法上既無拘束被上訴人（即本件再審被告）之效力，依上說明，該確定判決之效力不及於被上訴人』，係自再審原告之角度立論，無違本院六十一年台再字第一八六號判例，亦與上揭從再審被告角度而爲闡述，並無扞格之處。原確定判決因爲再審原告敗訴之判決，經核並無適用法規顯有錯誤之情形。再審原告據以提起再審之訴，求予廢棄原

以事實審言詞辯論終結時為基準。按所謂既判力之遮斷效（失權效），其係指當事人就訴訟標的法律關係在基準時前已存在之攻擊防禦方法，不問是否加以主張；即使未曾在訴訟過程中主張，亦不問其未主張是否有過失，均因既判力之效用而被遮斷[46]。

亦即，當事人在前訴事實審言詞辯論終結前已存在、得提出而未提出之攻擊防禦方法，以後在後面之其他相關係之訴訟亦不得再加以主張。性質上，遮斷效係既判力之作用（或效果），並非與既判力不同之個別效力。蓋若不承認遮斷效，則前訴訟中當事人得提出而未提出之攻擊防禦方法可於後訴提出要求另行確定或重新評價，將使既判力實際上失其意義，故排除該等攻擊防禦方法之提出，正係既判力之作用。

又形成權之行使與遮斷效之關係：

(1) 若該形成權係解除權、撤銷權或終止權

當事人間法律關係若存有無效之事由，其瑕疵相較於有解除事由、得撤銷、得終止等更為重大，而無效之主張既因既判力而被遮斷，則以行使解除權、撤銷權、終止權等所為之主張若反不被遮斷，有失均衡，故該等形成權亦應同受既判力所遮斷，當事人於事實審言詞辯論終結前如「有行使（主張）之可能而未行使（主張）」，其後亦不得主張行使該等權利之效果，對已確定之法律關係再為爭執。

確定判決，非有理由。」

[46] 最高法院96年度台上字第1629號判決略以：「按民事訴訟法第四百條第一項所稱既判力之客觀範圍，不僅關於其言詞辯論終結前所提出之攻擊防禦方法有之，即其當時得提出而未提出之攻擊防禦方法亦有之。是為訴訟標的之法律關係，於確定之終局判決中經裁判者，當事人之一造以該確定判決之結果為基礎，於新訴訟用作攻擊防禦方法時，他造應受其既判力之拘束，不得以該確定判決言詞辯論終結前，所提出或得提出而未提出之其他攻擊防禦方法為與該確定判決意旨相反之主張，法院亦不得為反於確定判決意旨之認定，亦即當事人於既判力基準時點前得提出而未提出之其他攻擊防禦方法，因該既判力之遮斷效（失權效或排除效）而不得再為與確定判決意旨相反之主張，此乃法院應以『既判事項為基礎處理新訴』及『禁止矛盾』之既判力積極的作用，以杜當事人就法院據以為判斷訴訟標的權利或法律關係存否之基礎資料，再次要求法院另行確定或重新評價，俾免該既判力因而失其意義。」最高法院110年度台聲字第1471號裁定亦採相同見解。

(2) 若該形成權爲抵銷權

抵銷權之行使與上述三者不同，並非「附著於訴訟標的法律關係本身」之權利，而係當事人另外主張之法律效果，當事人本身可選擇是否抵銷、何時抵銷，故應不受既判力之遮斷效所及。

2. 既判力之客觀範圍（物之範圍）

原則上，除別有規定外，確定之終局判決就經裁判之訴訟標的，有既判力：僅以法院於判決主文中所爲之判斷爲限，不及於判決理由中就攻擊防禦方法所爲之判斷[47]。試舉一例：甲對乙提起一民事訴訟主張請求乙返還無權占有的A土地，乙於訴訟中向法院抗辯，其非無權占有，是基於租賃關係，乙與甲的父親簽的租賃契約，乙抗辯有租賃關係，法院不採信，於是判決甲全部勝訴確定，法院於判決理由書中論斷兩造雙方無租賃關係，本案的訴訟標的爲所有物返還請求權（§767）有既判力，然租賃關係只是被告的防禦方法，不是訴訟標的，並不受既判力之拘束，即不符合民事訴訟法第400條物之範圍（訴訟標的）。本案乙敗訴之後，乙另案可以向法院提起確認租賃關係存在之訴，其他法院亦不受其前案之確定判決中對於無租賃關係之論斷。

惟近年最高法院屢有採取學者所提出之爭點效理論[48]，所謂爭點效理論，係指

---

[47] 最高法院18年度上字第1885號判例：「上訴須對於原判決所宣示之主文爲之，若說明主文之理由雖於當事人有所不利，因無裁判效力，即與該當事人之權利義務初無所妨，自不容對之提起上訴。」參照。同院23年度上字第2940號判例及74年第4次民事庭決議亦同此意旨。

[48] 最高法院99年度台上字第1717號判決關於爭點效之論述略以：「學說上所謂之爭點效，係指法院於確定判決理由中，就訴訟標的以外當事人所主張之重要爭點，本於當事人辯論之結果已爲判斷時，除有顯然違背法令，或當事人已提出新訴訟資料足以推翻原判斷之情形外，於同一當事人間就與該重要爭點有關所提起之他訴訟，不得再爲相反之主張，法院亦不得作相反之判斷，以符民事訴訟法上之誠信原則而言。是爭點效之適用，必須前後兩訴訟當事人同一，且前案就重要爭點之判斷非顯然違背法令，及當事人未提出新訴訟資料足以推翻原判斷等情始足當之。且此效力應發生在前後訴訟均處在對立當事人之兩造間，倘第三人以兩造（即本件當事人）爲共同被告提起之訴訟，兩造於該訴訟係利害相反之同造當事人者，因其對爭點之攻擊防禦對象係爲該訴訟對造之第三人，應認其後訴訟不受前訴訟確定判決既判力或前訴訟對重要爭點之判斷之拘束，而得爲相反之主張，法院亦得爲相反之判斷。又學說上所謂之爭點

當事人在前訴就訴訟標的以外之主要爭點加以爭執，且法院就該爭點亦經實質審理而於判決理由中爲判斷，則在該爭點爲先決問題之後訴審理上，當事人不得爲與前訴判決理由中判斷相反之主張或舉證，法院亦不得爲相反之判斷。實務近來甚至將爭點效的適用範圍有擴張的情形，可發生在前後訴訟當事人不同之情形[49]。學者提出爭點效理論之目的，主要乃在令法院於判決理由中所爲之判斷有一定之拘束力，對此學說上多基於紛爭解決一次性（訴訟經濟）、避免裁判矛盾、誠信原則等理由加以肯認。如前所述，傳統實務上一向否定判決理由中法院所爲關於攻擊防禦方法之判斷有拘束力，惟近年來最高法院則屢有於判決中明文肯認判決理由之判斷如果具備「於同一當事人間」、「非顯然違背法令」、「當事人未提出新訴訟資料足以推翻原判斷」、「該重要爭點經兩造各爲充分之舉證及攻防，使當事人爲適當完全之辯論」則肯定爭點效之理論[50]。應注意者係，爭點效理論仍未經最高法院作成有效之判例，如判決未依前案確定判決之爭點而爲不同之論斷，亦無適用法規錯誤

效，係指法院於確定判決理由中，就訴訟標的以外當事人所主張之重要爭點，本於當事人辯論之結果已爲判斷時，除有顯然違背法令，或當事人已提出新訴訟資料足以推翻原判斷之情形外，於同一當事人間就與該重要爭點有關所提起之他訴訟，不得再爲相反之主張，法院亦不得作相反之判斷，以符民事訴訟法上之誠信原則而言。是爭點效之適用，必須前後兩訴訟當事人同一，且前案就重要爭點之判斷非顯然違背法令，及當事人未提出新訴訟資料足以推翻原判斷等情形始足當之。且此效力應發生在前後訴訟均處在對立當事人之兩造間，倘第三人以兩造（即本件當事人）爲共同被告提起之訴訟，兩造於該訴訟係利害相反之同造當事人者，因其對爭點之攻擊防禦對象係爲該訴訟對造之第三人，應認其後訴訟不受前訴訟確定判決既判力或前訴訟對重要爭點之判斷之拘束，而得爲相反之主張，法院亦得爲相反之判斷。」

[49] 最高法院101年台上字第994號判決要旨：「爭點效之適用，固必須前後兩訴之訴訟當事人同一，始有適用。惟前後二訴之當事人不同，如係因其中一訴爲普通共同訴訟（主觀的訴之合併）之故，則在前後二訴相同之當事人間，仍可發生爭點效。」

[50] 最高法院100年台上字第1627號判決要旨：「按法院判決理由之判斷具備『於同一當事人間』、『非顯然違背法令』、『當事人未提出新訴訟資料足以推翻原判斷』、『該重要爭點，在前訴訟程序已列爲足以影響判決結果之主要爭點，並經兩造各爲充分之舉證及攻防，使當事人爲適當完全之辯論，由法院爲實質之審理判斷』及『兩造所受之程序保障非顯有差異』者，始符合基於公平理念之訴訟上誠信原則而產生之爭點效理論，俾由當事人就該事實之最終判斷，對與該重要爭點有關之他訴訟結果負其責任。」參照。同院96年台上字第761、633、307號判決亦同此意旨。

可言[51]。

　　民事訴訟法第400條第2項抵銷抗辯亦承認其既判力，其立法意旨係認為，抵銷之抗辯性質上本僅屬單純之攻擊防禦方法，而非訴訟標的，本不具既判力，惟為防止重複利用抵銷債權，以及紛爭一次解決與訴訟經濟，民事訴訟法乃例外明文賦予經抵銷抗辯者亦具有既判力。蓋如令抵銷之抗辯不生既判力，則在法院任抵銷債權不成立，抵銷抗辯被排斥而敗訴時，被告得於另訴主張該抵銷債權；而若法院認為被告之抵銷成立，判決原告敗訴時，被告尚得另訴主張抵銷債權，如此則殊失公平且再燃紛爭。

　　抵銷抗辯要具有既判力仍然必須符合下列三要件，始有既判力：(1)抵銷之抗辯經法院實質審理；(2)以主張之額度為限始有既判力；(3)以原告本案請求成立為前提：在審理順序上，當事人提出數個攻擊防禦方法時，基於法院訴訟上之指揮權，原則上法院審理之順序不受當事人之意思，或提出時間之限制。惟關於抵銷之抗辯，乃法院訴訟指揮權之例外，法院須置於所有攻擊防禦方法之最後始得加以判斷。蓋抵銷之抗辯與一般之攻擊防禦方法不同，在符合特定條件下始具有既判力，若被告其餘攻擊防禦方法已得有效阻卻原告之請求，致法院無需審究被告之抵銷抗辯有無理由，則該抵銷抗辯仍無既判力。

　　主張抵銷之請求，大都是金錢債權（金錢給付）或以可替代物抵銷，其成立與否經裁判者，經過法院實質審查認定才成立。

　　試舉一例：甲對乙起訴請求返還借款500萬，乙並在訴訟中做抵銷抗辯，乙主張甲之前打破乙家的古董花瓶500萬之損害賠償，主張抵銷，乙自認有欠甲500萬（債權），試問乙之主張抵銷是否有發生既判力？

　　民事訴訟法第400條第2項：主張抵銷之請求，其成立與否經裁判者，經過法院實質審查認定才成立。經法院實質審查認定後，抵銷抗辯成立，判決駁回原告之訴，剛好互相抵銷。故乙之主張抵銷有既判力。

3. 既判力之主觀範圍（人之範圍）

　　民事訴訟法第401條規定：「確定判決，除當事人外，對於訴訟繫屬後為當事人之繼受人者，及為當事人或其繼受人占有請求之標的物者，亦有效力（第

---

[51] 最高法院96年台上字第727號判決：「學者所稱『爭點效』理論迄未經本院作成有效之判例，原確定判決未依前案判決爭點認定為論斷，亦無適用法規顯有錯誤可言。」參照。

1項）。對於爲他人而爲原告或被告者之確定判決，對於該他人亦有效力（第2項）。前二項之規定，於假執行之宣告準用之（第3項）。」

第401條第1項所稱確定判決，指判決已無上訴之途徑，而處於不能撤銷、廢棄或變更之狀態之謂。確定判決並非毫無限制的對任何人均具有效力，因訴訟制度之目的本即係就當事人間，所爭執之法律關係所爲之判斷，判決具有對人、相對之性格，故判決之效力原則上僅在形式當事人之原被告間發生作用，此即爲「判決效之相對性」。

(1) 對於訴訟繫屬後爲當事人之繼受人者[52]

訴訟繫屬後爲當事人之繼受人，包括一般繼受人及特定繼受人。一般繼受人，係指當事人死亡或法人消滅時，概括的繼受當事人之權利義務而言，該一般繼受人如繼承時之繼承人、公司合併時之合併公司等，概括承受其被繼承人或前公司之權利義務，自然亦被既判力所及。特定繼受人則視其係僅爲「訴訟標的物」之繼受或是「訴訟標的」之繼受，若係訴訟標的之繼受，如：債權讓與、債務承擔，此等人爲既判力所拘束。若爲訴訟標的物之繼受，依據通說實務（61年台再字第186號判例所採）[53]則尚須區分原訴訟之訴訟標的爲債權或物權而有不同之見解。如該

---

[52] 最高法院71年台抗字第8號判例略以：「確定判決，除當事人外，對於訴訟繫屬後爲當事人之繼受人者，及爲當事人或其繼受人占有請求之標的物者，亦有效力，民事訴訟法第四百零一條第一項定有明文。倘現時占有執行標的之房屋之第三人，係本案訴訟繫屬後爲再抗告人之繼受人，或爲再抗告人占有前開房屋時，自不能謂非本件執行名義效力所及之人。」

[53] 最高法院61年台再字第186號判例略以：「民事訴訟法第四百零一條第一項所謂繼受人，依本院三十三年上字第一五六七號判例意旨，包括因法律行爲而受讓訴訟標的之特定繼承人在內。而所謂訴訟標的，係指爲確定私權所主張或不認之法律關係，欲法院對之加以裁判者而言。至法律關係，乃法律所定爲權利主體之人，對於人或物所生之權利義務關係。惟所謂對人之關係與所謂對物之關係，則異其性質。前者係指依實體法規定爲權利主體之人，得請求特定人爲特定行爲之權利義務關係，此種權利義務關係僅存在於特定之債權人與債務人之間，倘以此項對人之關係爲訴訟標的，必繼受該法律關係中之權利或義務人始足當之，同法第二百五十四條第一項亦指此項特定繼受人而言。後者則指依實體法規定爲權利主體之人，基於物權，對於某物得行使之權利關係而言，此種權利關係，具有對世效力與直接支配物之效力，如離標的物，其權利失所依據，倘以此項對物之關係爲訴訟標的時，其所謂繼受人凡受讓標的物之人，均包括在內。」

348

訴訟標的為對世之物權，既判力應及於該第三人，該第三人即為第401條第1項中段之繼受人。若該訴訟標的為對人之債權，如基於買賣契約之給付請求權，既判力應不及於該第三人。

(2) 為當事人或其繼受人占有請求之標的物者

在給付之標的物為特定物，於訴訟繫屬後為第三人占有，如該第三人係為當事人或繼受人所占有者，專指「他主占有」之情形，例如受任人、保管人、受寄人等[54]。

第401條第2項所謂「為他人而為原告或被告者」，係指為他人之權利以自己名義為訴訟的實施者而言訴訟擔當之情形時，例如：破產管理人、遺囑執行人、遺產管理人等，係在於當形式當事人與實質當事人分離時，使實質當事人亦得為判決既判力所及[55]。

舉例，如例1：甲起訴對乙請求移轉登記並交付A屋（予甲），甲獲勝訴確定（有既判力），而乙將A屋轉賣（乙丙訂有買賣契約）給丙，並且辦理移轉登記予丙，試問甲之判決效力是否及於丙？

例2：如乙敗訴確定之後，請一位管家小陳為受僱人看管A屋，乙未履行移轉登記交付房屋，甲依確定判決聲請強制執行A屋之交付，案中之小陳屬於為當事人

---

[54] 最高法院101年度台上字第822號判決略以：「按確定判決就訴訟標的之法律關係所生之既判力，基於『既判力相對性』之原則，原則上僅在訴訟當事人間發生作用，而不能使未實際參與訴訟程序之第三人受到拘束，以免剝奪該第三人實質上受裁判之權利，及影響其實體上之利益，避免其因未及參與訴訟程序及享有程序主導權之保障致權益遭受損害。至確定判決如係以對世權之物權請求權為訴訟標的者，其既判力固可擴張及於受讓訴訟標的物之第三人（特定繼受人）（本院六十一年台再字第一八六號判例參照），惟該第三人須為於訴訟繫屬後為該當事人之繼受人（包括一般繼受人及特定繼受人），始足當之，此觀民事訴訟法第四百零一條第一項前段之規定自明；如該第三人之前手有非訴訟當事人之繼受人者，該第三人即不能認為係訴訟當事人之繼受人，以維護既判力主觀範圍效力應有之機能。」

[55] 臺灣新竹地方法院97年訴字第119號判決略以：「為免同一紛爭再燃，維持法之安定及保障當事人權利、維護私法秩序，達成裁判之強制性、終局性解決紛爭之目的，確定判決所生之既判力，除當事人就確定終局判決經裁判之訴訟標的法律關係，不得更行起訴或為相反之主張外，法院亦不得為與確定判決意旨相反之裁判。確定之支付命令與確定判決有同一之效力，凡確定判決所能生之既判力及執行力，支付命令皆得有之，是當事人亦不得就該法律關係更行起訴。」

乙占有請求之標的物者，因此依本法第401條所述之為他人占有請求標的物者受既判力拘束。因小陳受僱於乙，為當事人乙而占有請求之標的物者。

(3) 近年最高法院關於既判力主觀範圍之重要見解

若當事人繼受訴訟標的物為善意取得者，依最高法院96年度台抗字第47號裁定：「民事訴訟法第四百零一條第一項所稱之繼受人，如其訴訟標的為具對世效力之物權關係者，依法律行為受讓該訴訟標的物之人，雖應包括在內。惟該條項規範之目的，並非在創設或變更實體法上規定之權義關係，有關程序法上規定之『既判力之主觀範圍』本不能與土地法及民法有關實體法上之重要權義關係規定相左，為確保交易安全，倘受讓該訴訟標的物之第三人，係信賴不動產登記或善意取得動產者，因受土地法第四十三條及民法第八百零一條、第八百八十六條、第九百四十八條規定之保護，其『既判力之主觀範圍』，基於各該實體法上之規定，即例外不及於該受讓訴訟標的物之善意第三人，否則幾與以既判力剝奪第三人合法取得之權利無異，亦與民事訴訟保護私權之本旨相悖，此參酌德國民事訴訟法第三百二十五條特於第二項規定其民法關於保護由無權利人取得權利之規定準用之，以限制第一項所定既判力繼受人之主觀範圍自明。」準此，此乃61台再字186號判例之例外（既判力主觀範圍擴張）。再者，最高法院97年度台上字第1842號判決略以：「若前訴訟判決理由係基於債之相對性而敗訴亦訴訟標的物之後手不受拘束，按確定判決，除當事人外，對於訴訟繫屬後為當事人之繼受人者，亦有效力，民事訴訟法第四百零一條第一項定有明文。所謂繼受人，如確定判決之訴訟標的為具對世效力之物權關係者，依法律行為受讓該訴訟標的物之人，雖應包括在內，惟該項規範之目的，並非在創設或變更實體法上之權利義務，故讓與人因一己事由受不利益之確定判決，而該事由於實體法上受讓人並不受其拘束時，原確定判決之效力即不及於該受讓人，以避免因訴訟法上之規定，變更實體法上之權利義務關係。查系爭房地之讓與人廖天來前雖曾本於民法第七百六十七條規定，起訴請求上訴人遷讓返還系爭房屋，經法院認定上訴人係經訴外人楊席珍指示占有系爭房屋，楊席珍則係基於與廖天來間債之關係而占有系爭房屋，上訴人非屬無權占有等情，而判決廖天來敗訴確定；惟債之關係僅在特定當事人間發生效力，於實體法上既無拘束被上訴人之效力，依上說明，該確定判決之效力即不及於被上訴人。」此乃因程序法不應違反實體法債之相對性之法理所生之訴訟法上之評價結果。

(4) 反射效力

按在實體法上與訴訟當事人有特殊關係之一定第三人，由於訴訟當事人受確定判決效力之拘束，致反射地對第三人發生利或不利之影響，學說上稱為判決之「反

射效力」，基於防止裁判矛盾、避免重複審理之考量，若實體法上前訴當事人與後訴當事人間之法律關係居於相互依存之緊密結合關係，且前訴當事人間所受判決之內容（結果）不論係基於何種事由，後訴當事人之法律關係均需受其影響者，縱為不利之結果，亦應發生反射效[56]。例如：甲為乙之主債務人，丙為保證人，若甲向乙請求借款返還請求權（民法第478條）遭法院認為系爭借款債權不存而遭敗訴判決，若之後甲向丙主張保證責任時，則丙得援用乙之勝訴判決，主張受訴法院不得為不同之判斷。

四、判決之執行力

給付判決中，債務人若不照判決內容而為履行時，則債權人得依照強制執行法之規定，以給付判決為執行名義，請求法院強制執行者，稱為判決之執行力，而在其範圍上，民事訴訟法第401條第3項乃規定假執行效力準用判決效力之規定。

而例外情形包括有強制執行法第128條第2項（夫妻同居之判決）即不得予以強制執行者。

五、判決之形成力

所謂形成力，是指當事人間之權利義務關係，因為形成判決之作成，而發生消滅或變更之效力[57]。有關權利義務關係之變動，有包括實體法上權利義務關係之變動或是訴訟法上法律狀態之變動等原因。

六、外國法院確定判決之效力

原則上為解決私權爭端及與外國相互間之貿易往來，應適當的承認外國法院之確定判決、裁定與我國之確定判決有一樣之效力，例外有民事訴訟法第402條第1項之情形時，始否認其效力。另外，我國是否認可外國法院判決之效力，應以外國法院判決有無民事訴訟法第402條所列各款情形，為認定之標準，並非就同一事件重為審判，對外國法院認定事實或適用法規是否無瑕疵，不得再行審認。

(一) 例如：民事訴訟法第10條係關於不動產物權涉訟之管轄規定，若係專屬於不動產所在地法院管轄時，外國法院即無管轄權。又管轄權之有無，應依上訴人主張之事實，按諸法律關於管轄之規定而為認定，與其請求之是否成立無涉。

---

[56] 最高法院100年度台上字第2179號判決參照。

[57] 姜世明，民事訴訟法（下），新學林出版，2013年5月，頁294。

(二) 民事訴訟法第402條第1項第2款之立法本旨[58]，在確保我國民於外國訴訟程序中，其訴訟權益獲得保障。所謂「應訴」應以被告之實質防禦權是否獲得充分保障行使為斷。倘若被告所參與之程序或所為之各項行為與訴訟防禦權之行使無涉，自不宜視之為「應訴」之行為。而在外國行送達者，須向當事人或法定代理人本人為之，向其訴訟代理人送達者，亦無不可，惟以該國之替代送達方法為之，對於當事人之防禦權是否充分保障，上訴人可否充分準備應訴，自應予詳細調查。按外國法院為被告敗訴判決，該被告倘於外國法院應訴，其程序權已受保障，原則上固應承認該外國法院確定判決於我國之效力。惟被告未應訴者，為保障其程序權，必以開始訴訟之通知或命令已於相當時期在該外國域內對該被告為合法送達，或依我國法律上之協助在該外國域外對該被告為送達，給予被告相當期間以準備行使防禦權，始得承認該外國法院確定判決於我國對被告之效力。且程序權之保障不宜以本國人為限，凡遭受敗訴判決之當事人，如在我國有財產或糾紛，而須藉由我國承認外國判決效力以解決紛爭者，均應予以保障。爰將本款「為中華民國而」等字刪除。

(三) 是否違反公共秩序或善良風俗，得以參照我國之社會通念或衡平之觀念，是否令人實在難以忍受或帶來過於苛刻或殘酷與否，作為應否承認之「相當範圍」之判斷基準。「內容有背公序良俗」，指判決之內容，違反公序良俗（實體的公序良俗），例如基於買賣奴隸之請求權之勝訴判決。「訴訟程序有背公序良俗」，指違反訴訟程序上之公共秩序與善良風俗，例如被告未被賦予聽審或辯論之機會，而有防禦權遭受侵害之情事、法官應迴避而未迴避致影響審判中立性、或公開審理未受保障等情形。而公序良俗乃應依職權調查事項，並無異論，法官應依職權加以斟酌。惟依通說，於審查時，不許提出新證據，應受外國判決所認定事實拘束，這是基於實質的再審查禁止原則而來。但是，只要依外國判決所認定之事實，可以判斷

---

[58] 臺灣高等法院100年上易字第539號判決略以：「按管理委員會既依公寓大廈管理條例第38條之規定，為全體區分所有權人實施訴訟而為原告，依強制執行法第15條之規定，提起第三人異議之訴，其訴訟標的係強制執行法第15條之異議權，至於管理委員會起訴主張依自來水法第61條之1規定，取得法定地上權，而得主張依強制執行法第15條之異議權，排除系爭執行事件之強制執行程序，僅為事實之主張，並非訴訟標的之本身，而管理委員會提起第三人異議之訴，其訴訟標的既已經法院實體審認後，認其請求為無理由而應受敗訴之判決，依民事訴訟法第401條第2項之規定，則該確定判決之效力自應及於管理委員會全體區分所有權人。」

一旦承認即屬違反公序時，即可允許提出新事實，特別是在該國已提出卻未被考量之主張，應允許再提出，此時，根據外國判決中所未被認定之事實，作爲補強認定違反公序良俗之依據，應解爲未牴觸實質的再審查禁止原則。

(四) 民事訴訟法第402條第1項第4款所謂「相互之承認」，係指外國法院承認我國法院判決之效力者，我國法院始承認該外國法院判決之效力而言。其承認方式，除依雙方法令、慣例或條約外，如兩國基於互惠原則有相互承認他方判決之協議者，亦可承認該外國法院判決之效力，不以有外交關係爲必要[59]。

而同條第2項乃規定外國法院所爲之確定裁定，例如命扶養或監護子女等有關身分關係之保全處分、確定訴訟費用額度之裁定、就父母對於未成年子女權利義務之行使或負擔之事項所爲之裁定等，其目的係爲解決當事人間之紛爭，故亦有承認其效力之必要。惟若係基於訴訟指揮所爲程序上之裁定，因有隨時變更之可能，固其非屬本項所指之確定裁定，應予注意。

第三節　裁定

壹、意義

「裁定」，原則上乃法院、審判長、受命法官或受託法官對於當事人或其他訴訟關係人，就訴訟程序上的爭點所爲之意思表示，因此得不踐行言詞辯論程序。即使於裁定前命行言詞辯論，亦屬「任意的言詞辯論」（即應否經言詞辯論，由法院自由決定），並非指裁定不能進行言詞辯論[60]，故當事人不遵命到場辯論的話，並

---

[59] 參最高法院100年台上字第2029號判決略以：「民事訴訟法第402條第1項第4款『相互之承認』，係指法院間相互承認判決之互惠。如該外國未明示拒絕承認我國判決之效力，應盡量從寬及主動立於互惠觀點，承認該國判決之效力。又香港特別行政區終審法院已於八十九年一月二十七日作出判決指出臺灣法院判決涉及私權，承認其效力符合正義之利益、一般通念之原則及法治之需求，且未牴觸公共政策時，應爲香港地區法院承認之。本件系爭判決並無該項各款所定情事，香港法院亦曾於承認臺灣法院判決之效力，故當事人訴請許可系爭香港法院所爲之判決強制執行，自屬有據，應予准許。」

[60] 最高法院18年抗字第181號判例：「決定（裁定）亦得經言詞辯論爲之，不能謂用決定（裁定）不能開言詞辯論。」

不生不到場辯論的效果，法院、審判長、受命法官或受託法官仍得僅依書面審理而為裁定[61]。

　　法院以裁定的方式，發表其意思表示，就民事訴訟法而言，可說占極大的比例。一般而言，裁定得分為指揮訴訟的裁定及其他裁定兩類。所謂「指揮訴訟的裁定」，是指法院、審判長、受命法官或受託法官因使訴訟適當進行所為的意思表示而言，例如：指定期日及變更或延展期日的裁定（民訴§154、§159、§167）、伸長或縮短期間的裁定（民訴§163、§167）、裁定停止訴訟程序或撤銷裁定停止的裁定（民訴§173、§181至§186）、關於指揮言詞辯論的裁定及命調查證據的裁定等。至於「其他裁定」，則指與指揮訴訟無關的裁定而言，例如：以訴或上訴為不合法而駁回其訴或上訴的裁定（民訴§249 I、§442）、支付命令及駁回支付命令聲請的裁定（民訴§508至§513）、關於指定管轄的裁定（民訴§23）及關於法官迴避的裁定（民訴§35、§38）等。

貳、裁定之審理

　　裁定前若不行言詞辯論的話，如法院、審判長、受命法官或受託法官認為有必要時，得命關係人以書狀或言詞為陳述，但若法律有例外規定的話，則應從其規定，例如：民事訴訟法第512條規定：「法院應不訊問債務人，就支付命令之聲請為裁定。」此時，法院為裁定前既不得命行言詞辯論，亦不得命關係人以書狀或言詞為陳述。

參、宣示或公告

　　「裁定」乃法院、審判長、受命法官或受託法官，就訴訟程序上的爭點所為的意思表示，原則上不經言詞辯論[62]。民事訴訟法第235條原規定：「經言詞辯論之

---

[61] 最高法院95年度台抗字第523號裁定：「抗告程序，以不行言詞辯論為原則，此觀民事訴訟法第二百三十四條規定自明，兩造既已於原法院以書面為充分之陳述（見原法院卷附抗告人提出之抗告狀、補充理由狀、聲請狀暨相對人提出之答辯書狀各六份），原法院復於民國九十四年五月十九日、九十四年十二月十七日、九十五年一月二十五日行三次準備程序，兩造訴訟代理人均到場陳述，有調查筆錄、準備程序筆錄在卷足據，自難謂兩造未有陳述之機會。」

[62] 最高法院96年台上字第1852號判決：「按裁定乃法院所為得以發生特定法律效果之意

裁定，應宣示之；終結訴訟之裁定，不經言詞辯論者，應公告之。」但若法院、審判長、受命法官或受託法官於爲裁定前，命訴訟關係人就該爭點爲言詞辯論的話，則因該裁定係本於訴訟關係人於公開法庭，以言詞辯駁、爭論而作成，「其宣示自應與判決爲相同處理[63]」。

　　立法院遂於民國107年11月28日修法時，「配合修正條文第223條第1項，修正本條前段規定，列爲第一項，且如當事人明示於宣示期日不到場，或於宣示期日未到場者，法院毋庸宣示，得以公告代之，使當事人及公衆知悉法院裁定結果。」新條文分列2項：「經言詞辯論之裁定，應宣示之。但當事人明示於宣示期日不到場或於宣示期日未到場者，得以公告代之（第1項）。終結訴訟之裁定，不經言詞辯論者，應公告之（第2項）。」立法院透過包裹式修正一次處理判決及裁定之宣示方式，值得肯定。

肆、送達

　　民事訴訟法第236條規定：「不宣示之裁定，應爲送達（第1項）。已宣示之裁定得抗告者，應爲送達（第2項）。」所謂「不宣示之裁定」，是法院不將訴訟事件所爲之意思表示，當庭朗讀或口述給當事人知道的意思。如此，當事人就無從得知法院裁定的結果，故第236條規定，若裁定不宣示，就要以送達給當事人的方式；此送達，是法院向外發表的一種方法[64]。例如：准予拍賣抵押物之裁定，既未

思表示，裁定之宣示，係就已成立之裁定向外發表，並非裁定之成立要件，裁定究於何時成立，應分別情形定之。法院合議庭之裁定，於評決時成立；獨任法官之裁定，先作成裁定書而後宣示、公告或送達者，於作成裁定書時成立；先宣示而後作成裁定書者，於宣示時成立。而執行名義成立後，如有消滅或妨礙債權人請求之事由發生，債務人得於強制執行程序終結前，向執行法院對債權人提起異議之訴，強制執行法第十四條第一項前段定有明文；又同項後段：『以裁判爲執行名義時，其爲異議原因之事實發生在前訴訟言詞辯論終結後者，亦得主張之』之規定，乃對以經言詞辯論之裁判爲執行名義者，放寬其異議原因事實之發生時點，使異議原因事實提前至前訴訟言詞辯論終結後者即可提起債務人異議之訴，不限於在裁判成立後發生者，始得提起債務人異議之訴。」

[63] 立法院公報，107卷，99期，頁256-257。

[64] 最高法院18年上字第1005號判例：「法院所爲一種指揮訴訟之裁判，縱屬不得抗告之件，而苟未經過宣告，即應以送達爲必要程序。」

經宣示，自應合法送達於債務人，對該債務人始生執行力[65]。而已宣示的裁定，既已用當庭朗讀或口述之方法向外發表，本可以不用再向當事人送達，但是若已宣示的裁定，當事人表示不服而得提起抗告的話，為使當事人可以計算抗告期間（民訴§487），以免遲誤為訴訟行為之機會起見，法院仍然應該向當事人送達。

伍、關於判決規定之準用

判決與裁判，都是裁判機關對於訴訟事件以及與訴訟事件有關的附隨事件所作成的意思表示。其作成對當事人以及訴訟事件本身皆有極大的影響。民事訴訟法第239條規定，依同法第221條第2項的準用，裁定經言詞辯論而為者，非參與其辯論之法官不得參與裁定；第223條第2項及第3項之準用，宣示裁判；第224條第2項明定公告判決；第225條之準用，宣示裁定，不問當事人是否在場均有效力，當事人於裁定宣示後，得不待送達本於該裁定為訴訟行為；依第227條有關裁定書之簽名；依第228條裁定原本之交付；依第229條判決正本之送達；依第230條裁定正本及節本之程式；第231條第2項，於裁定亦得準用；第232條裁定之更正[66]及第233條裁定之補充，有上述條文準用於裁定的規定。

陸、效力

民事訴訟法第238條：「裁定經宣示後，為該裁定之法院、審判長、受命法官或受託法官受其羈束；不宣示者，經公告或送達後受其羈束。但關於指揮訴訟或別有規定者，不在此限。」為有關裁定羈束力的規定，亦即裁定一經法院用朗讀或口述的方法向外表示之後，或者用公告或送達給當事人的方式（配合民訴§223 I 之修正）之後，作成此項裁定的法院、審判長、受命法官或受託法官就作成的裁定內

---

[65] 臺灣高等法院100年抗字第405號裁定：「又准予拍賣抵押物之裁定，雖不待確定即得為執行名義，然不經宣之裁定，應為送達，此為民事訴訟法第236條第1項所明定，故准予拍賣抵押物之裁定，既未經宣示，自應合法送達於債務人，對該債務人始生執行力，而具備開始執行之要件；若拍賣抵押物之裁定未經合法送達債務人，其執行力尚未成立，執行法院即不得據以為強制執行。」

[66] 最高法院100年台聲字第1034號裁定：「按裁定如有誤寫、誤算或其他類此之顯然錯誤者，法院得依聲請或依職權以裁定更正；其正本與原本不符者，亦同。觀之民事訴訟法第二百三十九條準用第二百三十二條第一項之規定自明。」

容，不可以再自行加以變更或者撤銷，但非謂係指後經當事人上訴而受理之上級審法院亦同受拘束[67]。而民事訴訟法第238條文中所述「別有規定」，是指民事訴訟法第159、163、386條、第490條第1項、第507、529、530、567條等。

柒、判決與裁定之區別

表22-1　判決與裁定之區別

	判　　決	裁　　定
一、作成主體	法院	審判長、受命法官、受託法官
二、是否須做成裁判書	要有裁判書	不一定要有裁判書
三、言詞辯論與書面審理	原則上經言詞辯論（開庭）	原則書面審理，不一定要開庭
四、做成對象是否包含其他訴訟關係人	針對訴訟當事人（原告、被告，上訴人、被上訴人）	當事人或證人等其他訴訟關係人（對象較多）
五、應否宣示不同	應宣示（§223）	原則上不用，公告即可（§235）
六、是否必定須向兩造送達	判決書務必送達（書面送達、公示送達）	裁定一原則上不一定要送達給訴訟當事人（§236）
七、作成之範圍是否限於當事人之聲明	基於當事人聲明範圍之內（§388）	不限；法院有很大決定權限，不受當事人聲明範圍之限制
八、作成者是否受其拘束一羈束力	受拘束一判決羈束力	裁定多數無羈束力
九、係對於實體事項或程序事項之判斷之不同	實體事項（當事人實質爭議的法律關係）	程序事項
十、救濟方式不同	上訴（§437）	抗告（§482）
十一、救濟期間	收受判決書起20日內	10日內提出抗告

---

[67] 最高法院98年台抗字第673號裁定：「至民事訴訟法第二百三十八條規定，係指為裁定之原法院於裁定宣示後應受拘束，不得自行變更，非謂上級審法院亦應受拘束；又本件並無錯誤或脫漏情事，與裁定之補充或更正，尤不關涉。均併此敘明。」

表22-1 判決與裁定之區別（續）

	判　　決	裁　　定
十二、生執行力之時間不同	判決確定後才有執行力（可用強制執行手段實現判決的內容）例外：除非有假執行之宣告可於判決前申請取得執行力	立即有執行力（程序事項）
十三、既判力	判決確定後有	無

第四節　司法事務官

壹、司法事務官處理之事件

　　民事訴訟法第240-1條規定：「民事訴訟法所定事件，依法律移由司法事務官處理者，除別有規定外，適用本節之規定。」前揭條文所稱之「民事訴訟法所定事件」，乃是指依照民事訴訟法之規定，原應由法官本身處理之事件而言[68]；其次，「依法律移由司法事務官處理者」，其中依照民事訴訟法移由司法事務官處理者，例如有：督促程序、公示催告裁定及確定訴訟費用額等相關事件。有關司法事務官之處理程序，除別有規定外，則應適用本節的規定，故而增訂民事訴訟法第240-1條以資遵守。至於本節所未規定者，自仍應適用民事訴訟法就各該事件原為法官處理而設的相關規定，應無疑義[69]。

---

[68] 楊建華、鄭傑夫，民事訴訟法要論，作者自版，2012年10月印行，頁208。

[69] 臺灣板橋地方法院100年聲字第176號裁定：「又依『民事訴訟法所定事件，依法律移由司法事務官處理者，除別有規定外，適用本節之規定。』民事訴訟法第240條之1著有明文。而依其立法理由並指明『至於本節所未規定者，自仍應適用民事訴訟法就各該事件原為法官處理而設之相關規定。』本件聲請司法事務官迴避之事件，為民事訴訟法司法事務官之處理程序一節未規定之事項，自仍應適用民事訴訟法就各該事件原為法官處理而設之前揭相關之規定，合先敘明。」

貳、作成文書之必要記載事項

　　為配合法院新增司法事務官就處理受移轉事件所作成的文書，其名稱及應記載事項應與原由法官處理者相同，是以，民事訴訟法爰於民國92年修法時，增訂第240-2條第1項予以明定，其稱：「司法事務官處理事件作成之文書，其名稱及應記載事項各依有關法律之規定。」故而，如司法事務官依法為支付命令之裁定，即依民事訴訟法第513條第1項規定，其名稱及應記載事項即依支付命令之相關規定為之[70]。

　　同時為充分發揮司法事務官設置功能，並簡化文書製作程序，爰明定前項文書的正本或節本應逕由司法事務官簽名並蓋法院印後核發；如司法事務官係配置在地方法院簡易庭處理事件時，則前項文書的正本或節本得僅蓋簡易庭的關防，故第240-1條於修訂時一併增設第2、3項以資區別[71]。

參、處理受移轉之非訟事件

　　依照非訟事件法第51條：「司法事務官處理受移轉之非訟事件，得依職權調查事實及必要之證據。但命為具結之調查，應報請法院為之。」第53條規定：「司法事務官就受移轉之非訟事件所為處分，其文書正本或節本，由司法事務官簽名，並蓋法院印信（第1項）。司法事務官在地方法院簡易庭處理受移轉之非訟事件時，前項文書正本或節本，得僅蓋該簡易庭之關防（第2項）。第一項處分確定後，由司法事務官付與確定證明書（第3項）。」

---

[70] 臺灣臺北地方法院100年度店事聲字第59號裁定：「查本件聲明異議人就本院司法事務官於民國100年10月26日100年度司促字第22629號所為駁回其對本院聲請核發支付命令之處分（依民事訴訟法第240條之2第1項、第513條第1項規定以『裁定』名稱為之），聲明不服提起異議，是本院依法自應就本院司法事務官所為之裁定，審究聲明異議人之異議有無理由，合先敘明。」

[71] 民事訴訟法第240-1條第2項：「前項文書之正本或節本由司法事務官簽名，並蓋法院印。」第3項：「司法事務官在地方法院簡易庭處理事件時，前項文書之正本或節本得僅蓋簡易庭關防。」

肆、處分之效力

民事訴訟法第240-3條規定：「司法事務官處理事件所爲之處分，與法院所爲者有同一之效力。」司法事務官所設置的目的，係在於合理分配司法資源並減輕法官工作負擔，若其處理事件所爲處分的效力與原由法官作成者不相同，將會導致程序繁複，影響當事人的權益，爰增訂本條明定其法源依據，以杜絕社會爭議。如在強制執行上之拘提管收以外之強制執行程序，司法院已發函委由司法事務官辦理，故透過此條之規定，訂立司法事務官處理事件所爲之處分之效力，以避免行使時發生爭議[72]。

伍、終局處分之救濟

民事訴訟法第240-4條於立法時考慮到保障當事人的權益，並達到追求程序迅速與訴訟經濟的雙重目的，對於司法事務官處理事件所爲的終局處分，應許當事人得逕向爲處分的司法事務官提出異議，由其儘速重行審查原處分是否妥當，而爲適當的救濟。但債務人對於支付命令提出異議者，仍應適用同法第518條及第519條規定，而無本條規定的適用，爰增訂第1項明定之。

第2項則規定，當司法事務官受理前項異議，如認異議爲有理由者，應自行另爲適當的處分；如認異議爲無理由者，則仍應由原法院的法官處理，以充分保障當事人的權益。

第3、4項則是針對法院受理第1項的異議時，應依各該事件的規定加以審理，如認異議爲有理由者，應即爲適當的裁定；如認異議爲無理由者，應以裁定駁回[73]。而法院所爲上開裁定，均應敘明理由，並送達於當事人；至於對法院所爲的

---

[72] 臺灣高等法院98年抗字第1992號裁定：「次按關於拘提、管收以外之強制執行事件，司法院已於民國96年10月30日以院台廳司一字第0960022692號函依法院組織法第17條之2第3項規定指定自97年1月21日起由司法事務官辦理，復依強制執行法第30條之1準用民事訴訟法第240條之3規定，司法事務官處理事件所爲之處分，與法院所爲者有同一之效力。」

[73] 臺灣臺北地方法院100年度店事聲字第55號裁定：「按民事訴訟法第240條之4第1、2、3項分別規定：『當事人對於司法事務官處理事件所爲之終局處分，得於處分送達後十日之不變期間內，以書狀向司法事務官提出異議』、『司法事務官認前項異議有理由時，應另爲適當之處分；認異議爲無理由者，應送請法院裁定之』、『法院認第1項之

裁定是否得提起抗告，則仍應依各該事件的相關規定辦理。

第五節　法院書記官

　　民事訴訟法第240條規定：「法院書記官所爲之處分，應依送達或其他方法通知關係人（第1項）。對於法院書記官之處分，得於送達後或受通知後十日內提出異議，由其所屬法院裁定（第2項）。」

　　所謂「書記官所爲之處分」，是指書記官於訴訟上對於訴訟關係人所爲的意思表示，例如：筆錄的更正或補充（民訴§216 II），卷內文書的閱覽、抄錄、攝影或付與繕本、影本、節本（民訴§242）等。書記官所爲的處分，爲使訴訟關係人有所因應，應依送達或其他方法，例如：請法院工友投送，或打電話告知等，通知訴訟關係人。

　　訴訟關係人不服法院書記官所爲的處分時，不得提起抗告，僅得向書記官所屬的法院提出異議[74]。然因對於法院書記官所爲的處分，民事訴訟法第240條原條文未規定其得提出異議的期間，爲使處分早日確定，避免久懸，故於92年修正第2項，明定得於送達後或受通知後十日內提出異議，由所屬法院針對該異議爲裁定。訴訟關係人對此裁定若仍不服，得依一般規定，對該裁定提起抗告。

第六節　訴訟卷宗

壹、編定卷宗之意義

　　「卷宗」是指經分類保存的文書；而所謂「訴訟卷宗」，則是指經分類保存的

　　異議爲有理由時，應爲適當之裁定；認異議爲無理由者，應以裁定駁回之』。查本件聲明異議人就本院司法事務官於民國100年10月12日100年度司促字第20263號所爲駁回其對本院聲請核發支付命令之處分（依民事訴訟法第240條之2第1項、第513條第1項規定以『裁定』名稱爲之），聲明不服提起異議，是本院依法自應就本院司法事務官所爲之裁定，審究聲明異議人之異議有無理由，合先敍明。」

[74] 最高法院30年抗字第288號判例：「抗告係對裁定聲明不服之方法，對於法院書記官之處分，除依民事訴訟法第二百四十條第二項規定得提出異議外，究不得對之提起抗告。」

有關訴訟事件的文書而言。然而，並非所有關於訴訟事件的文書均應編入卷宗，必須是法院應保存的文書，才由法院書記官編爲卷宗；若非屬法院應保存的文書，例如：當事人提出的所有權狀、債權憑證等，因須發還給當事人，法院不應保存，則不得編爲卷宗。

貳、訴訟卷宗之利用及其限制

一、訴訟卷宗之利用：閱覽、抄錄或攝影

爲使當事人能利用訴訟卷宗保護自己利益起見，民事訴訟法第242條第1項賦予當事人得向法院書記官請求閱覽、抄錄或攝影卷宗內文書，或預納費用請求付與繕本、影本或節本的權利，均屬程序上之聲請，爲使與實體上之請求有所區別，並統一當事人的用語，民國92年修法時，特將第1項「請求」二字修正爲「聲請」。當事人行使此項權利時，不須有其他條件，或依照一定的程式，一經請求，法院書記應即許可，若書記官拒絕的話，當事人得向法院提出異議（民訴§240Ⅱ）。而爲保障其他當事人權益及避免文書滅失，閱覽、抄錄或攝影卷內文書，應於法院內進行。

原先依民事訴訟法第242條第2項規定，第三人必須證明已得兩造當事人的同意，或釋明有法律上利害關係，亦得爲第1項之請求。而基於同一法理，故於修法時亦將第2項之「請求」修正爲「聲請」。又訴訟文書應否許可第三人閱覽、抄錄或攝影，審判法院最爲清楚，本項原規定經法院長官許可，未盡妥適，爰修正爲「經法院裁定許可」。

而第3項規定，卷內文書如有涉及當事人或第三人隱私或業務秘密者，如准許閱覽、抄錄或攝影，有足致其受重大損害之虞時，爲保護當事人或第三人，法院得依其聲請或依職權裁定不予准許或限制本條第1、2項的行爲。惟此項裁定，應在不影響當事人行使辯論權的範圍內始得爲之[75]。又所謂「業務秘密」，包括營業秘密

---

[75] 最高法院98年台抗字第176號裁定：「按當事人得向法院書記官聲請閱覽、抄錄或攝影卷內文書，或預納費用聲請付與繕本、影本或節本，惟卷內文書涉及當事人或第三人隱私或業務秘密，如准許聲請，有致其受重大損害之虞者，法院得依聲請或依職權裁定不予准許或限制之，此觀民事訴訟法第二百四十二條第一項、第三項之規定自明。是以卷內文書涉及隱私或業務秘密，如准許聲請，將致當事人或第三人受重大損害之

法第2條所定「營業秘密」以及其他業務上的秘密而言。第4項則規定，法院依本條第3項規定為不予准許或限制第1、2項行為之裁定後，如該裁定所認不予准許或應限制之原因消滅者，應許當事人或第三人聲請法院撤銷或變更原裁定。

因為第242條第3項及第4項裁定，影響當事人或第三人權益較大，應得抗告，爰增設本條第5項前段。如於抗告中得准許閱覽、抄錄或攝影行為，可能使該當事人或第三人遭受重大損害，有失准其提起抗告的立法意旨。故增設第242條第5項後段，明定於前開裁定確定前，為第1項、第2項之聲請，不予准許；其已准許之處分及前項撤銷或變更之裁定，若於抗告中，則應立即停止執行。

增設第6項，係為因應行政程序法的規定，當事人、訴訟代理人、參加人及其他經許可的第三人的閱卷規則，授權由司法院定之以為準據。

二、訴訟卷宗利用之限制

為配合民事訴訟法法第242條第1項之規定，爰於第243條增列「攝影」及「影本」等字。裁判的草稿、為準備裁判所作的文件及評議文件不可公開，因此不許交當事人或第三人閱覽、抄錄或攝影，或付與繕本、影本或節本。

應宣示的裁判，於裁判書作成後，宣示前；或不宣示的裁判，於裁判書作成後，公告前（配合第223條第1項後段業經修正為：「不經言詞辯論之判決，應公告之」；第235條後段亦增設：「終結訴訟之裁定，不經言詞辯論者，應公告之」，且均以公告為發生羈束力時點，故裁判書在公告前尚未對外發生效力，自不得交當事人或第三人為閱覽或抄錄等行為，爰增訂以資配合）；或未經法官簽名的裁判書，均不許交當事人或第三人閱覽、抄錄或攝影，或付與繕本、影本或節本[76]。同時就第243條所規定書類的閱覽、抄錄、攝影等的限制，如法律另有規定者，優先適用該規定，爰增加「除法律別有規定外」等字，以利實務上的適用。

虞時，法院即得依聲請或依職權裁定不予准許或限制閱覽、抄錄或攝影卷內文書，此乃訴訟平等原則之例外。」

[76] 臺灣高等法院台南分院100年聲字第124號裁定：「民事訴訟法第243條後段係規定裁判書於宣示或公告前尚未發生效力，自不得交當事人或第三人為閱覽或抄錄等行為，不得據以閱覽、抄錄或攝影裁判書原本。在法院組織法就案件之當事人，就聲請閱覽裁判原本部分，亦未如聲請閱覽評議意見作相同規定。是當事人聲請閱覽裁判原本，於法自屬無據。」

三、訴訟卷宗之滅失

　　有關訴訟卷宗滅失之處理，民事訴訟法第241條第2項規定：「卷宗滅失事件之處理，另以法律定之。」乃制訂有民刑事訴訟卷宗滅失案件處理法，得依憑辦理[77]。

---

[77] 民刑事訴訟卷宗滅失案件處理法於中華民國62年5月2日總統(62)台統(一)義字第1984號令制定公布全文19條。

|第二十三章|
準備程序與爭點整理

第一節　準備程序

壹、準備程序之意義

　　廣義的準備程序泛指在眞正進行言詞辯論之前所有一切準備作爲程序皆屬之。而狹義的準備程序，指民事訴訟法第270條第1項，「行合議審判之訴訟事件，法院於必要時以庭員一人爲受命法官，使行準備程序。」準備程序之設置目的，首先，在於案情複雜者在言詞辯論之前爲相當準備，有助於言詞辯論時之效率。若沒有透過準備程序而直接爲言詞辯論將沒有意義。其次，使兩造先有充分之準備程序，促使其言詞辯論順利進行。雙方的攻擊防禦方法公開化，而已有所知悉。

貳、言詞辯論之準備

一、書狀先行程序

　　民事訴訟法第250條規定：「法院收受訴狀後，審判長應速定言詞辯論期日。但應依前條之規定逕行駁回，或依第28條之規定移送他法院，或須行書狀先行程序者，不在此限。」

　　民事訴訟採集中審理程序，已如前述。法院於收受訴狀後，先行確認有管轄權，復按照民事訴訟法第249條檢視起訴程式合法後，依照事件的性質、案情的簡繁及證據聲明的充足與否，得定言詞辯論期日或準備程序期日；或暫不指定期日，先踐行書狀先行程序；或交換書狀程序與指定期日並行。

　　換言之，若法院對訴狀初步判定的結果爲沒有管轄權，則應依民事訴訟法第28條之規定，移送有管轄權之法院；若是違反民事訴訟法第249條之規定而無法補正者，則以裁定或判決駁回起訴，皆無需指定期日進行訴訟程序。

　　若案情複雜繁瑣、證據聲明不充足，法院亦可依民事訴訟法定書狀先行程

序，踐行書狀先行程序者，其交換書狀至相當程度時，審判長或受命法官即應速定言詞辯論期日或準備程序期日（民訴§250、§266至§268-1、§270）。另關於言詞辯論期日之指定，實務上認應由審判長為之，若由受命法官為之，則不合法[1]。

民事訴訟法第268條規定：「審判長如認言詞辯論之準備尚未充足，得定期間命當事人依第265條至第267條之規定，提出記載完全之準備書狀或答辯狀，並得命其就特定事項詳為表明或聲明所用之證據。」在此，為促使當事人善盡其協力促進訴訟之義務，爰賦予法院第268條之訴訟指揮權，且準備程序應否再開及另定期日，為法院自由裁量之範圍[2]，當事人不得主張準備程序違法[3]，執為上訴第三審之事由，俾達到審理集中化之目標，倘當事人未依規定提出書狀，其所生之不利益（民訴§82、§276）由當事人自行承受。

二、準備書狀

依民事訴訟法第265條第1項規定：「當事人因準備言詞辯論之必要，應以書狀記載其所用之攻擊或防禦方法，及對於他造之聲明並攻擊或防禦方法之陳述，提出於法院，並以繕本或影本直接通知他造。」

(一) 準備書狀之內容

1. 準備書狀之內容

針對原告準備書狀之內容，民事訴訟法第266條第1項規定：「原告準備言詞

---

[1] 最高法院84年台抗字第9號裁定：「按言詞辯論期日之指定，應由審判長為之。此觀諸民事訴訟法第四百六十三條、第二百五十條、第一百五十四條之規定自明。卷查本件原法院八十三年九月十六日言詞辯論期日係由受命法官羅紀雄所指定，而非由審判長所指定。法院書記官根據該期日之指定，通知兩造為言詞辯論，自非合法。」

[2] 最高法院52年台上字第1845號判例：「準備程序應否再開及另定期日，均屬於受命推事自由裁量之範圍，並非當事人有此要求之權，故當事人不得以準備程序違法，為提起第三審上訴理由。」

[3] 另參考最高法院71年台上字第3494號裁定：「法院應否依民事訴討法第二百六十八條規定延展辯論期日，本有自由裁量之權，其不屬延展，亦不生違背法令問題。本件上訴人對第二審判決提起上訴，係以原審未延展辯論期日，致無法準備為完全之辯論，訴訟程序即有瑕疵云云，而未具體說明原判決另有違背法令之處。應認其上訴為不合法。」

辯論之書狀，應記載下列各款事項：一、請求所依據之事實及理由。二、證明應證事實所用之證據。如有多數證據者，應全部記載之。三、對他造主張之事實及證據為承認與否之陳述；如有爭執，其理由。」而同法第2項、第3項亦規定有被照準備書狀之內容：「被告之答辯狀，應記載下列各款事項：一、答辯之事實及理由。二、前項第二款及第三款之事項（第2項）。前二項各款所定事項，應分別具體記載之（第3項）。」

民國89年民事訴訟法修法主要精神之一就是達到審理集中化，故為充分準備言詞辯論，達到審理集中化之目標，爰於民事訴訟法第266條增訂關於準備書狀及答辯狀應記載事項、記載方式及添具用書證影本等規定，以促使當事人善盡其一般的協力迅速進行訴訟之義務。

再者，為使法院及當事人易於掌握案情全貌，進而整理爭點，當事人於準備書狀或答辯狀中記載第1項及第2項所定應記載事項時，應分別具體記載，以求明確。

當事人依民事訴訟法第266條提出之準備書狀，有使他造知悉其主張，而有充分時間對之提出攻擊或防禦方法，促進審判公平之作用[4]。

(二) 書狀交換程序

民事訴訟法第267條規定：「被告於收受訴狀後，如認有答辯必要，應於十日內提出答辯狀於法院，並以繕本或影本直接通知原告；如已指定言詞辯論期日者，至遲應於該期日五日前為之（第1項）。應通知他造使為準備之事項，有未記載於訴狀或答辯狀者，當事人應於他造得就該事項進行準備所必要之期間內，提出記載該事項之準備書狀於法院，並以繕本或影本直接通知他造；如已指定言詞辯論期日者，至遲應於該期日五日前為之（第2項）。對於前二項書狀所記載事項再為主張或答辯之準備書狀，當事人應於收受前二項書狀後五日內提出於法院，並以繕本或影本直接通知他造；如已指定言詞辯論期日者，至遲應於該期日三日前為之（第3

---

[4] 最高法院95年台上字第636號判決：「當事人因準備言詞辯論之必要，應以書狀記載其所用之攻擊或防禦方法，及對於他造之聲明並攻擊或防禦方法之陳述，提出於法院，並以繕本或影本直接通知他造，民事訴訟法第二百六十五條第一項定有明文。當事人提出之準備書狀，有使他造知悉其主張，而有充分時間對之提出攻擊或防禦方法，促進審判公平之作用。故當事人提出之準備書狀，若未經其將繕本或影本直接送達他造或未聲請由法院書記官為之送達，他造因不知準備書狀所載內容而無法於言詞辯論期日為適當攻防之提出者，法院即不得逕行為終結訴訟之言詞辯論。」

項）。」

為使法院及當事人能於期日前為充分準備，均應命當事人於一定期間內提出書狀及所用書證之影本，以促其善盡一般的協力迅速進行訴訟之義務[5]。

民事訴訟法第267條第1項係規定被告於收受原告知起訴狀後，應提出答辯狀之時間，第267條第2項則係規定，雙方所提出之書狀，若又卻漏或有其他攻擊防禦方法尚未提出，為使他造有充分時間可進行準備，明定為補充之一方，應在他造得先行準備之必要時間內，提出書狀通知他造。民事訴訟法第267條第3項規定，則係要求當事人就前二項之書狀再為主張或答辯者，亦應遵守相關期間之規定，俾使兩造均有充分進行準備攻擊、防禦方法，避免遭到突襲。

上開規定除可達到促進訴訟目的外，最重要者係透過民事訴訟法第267條規定，使兩造均得有充分準備下進行攻擊防禦，法院亦可透過兩造書狀往返，詳盡瞭解兩造之訴訟上主張，而避免突襲性裁判之產生。

書狀交換程序雖然與書狀先行程序相同，兩者皆須進行書狀之交換，惟書狀先行程得先不訂言詞辯論期日（民訴§250），而書狀交換程序之書狀交換則是強制要求（民訴§267）。

(三) 未依規定提出準備書狀之效果

民事訴訟法第268-1條規定：「當事人未依第二百六十七條、第二百六十八條及前條第三項之規定提出書狀或聲明證據者，法院得依聲請或依職權命該當事人以書狀說明其理由。當事人未依前項規定說明者，法院得準用第二百七十六條之規定，或於判決時依全辯論意旨斟酌之。」

民事訴訟法第268-2條規定：「當事人未依第二百六十七條、第二百六十八條及前條第三項之規定提出書狀或聲明證據者，法院得依聲請或依職權命該當事人以書狀說明其理由。當事人未依前項規定說明者，法院得準用第二百七十六條之規定，或於判決時依全辯論意旨斟酌之。」依民事訴訟法第267、268條及第268-1條第3項規定，當事人有義務在規定之時間內提出相關之書狀，當事人不依規定或審判長命令提出書狀或聲明證據，或逾時始提出書狀或聲明證據，或雖提出書狀或聲明證據，而其記載不完全者，法院應依民事訴訟法第268-2條規定，依對造之聲請或依職權，命該當事人以書狀說明其理由；如當事人違反法院之命令未提出說明，

---

[5] 本條89年立法理由參照。

法院得斟酌情形使生失權效果，或於判決時，將其作為全辯論意旨之一部分，同法第268-2條明文賦予失權效果，具有督促當事人協力促進訴訟之義務之效果。

(四) 法院所得為之必要處置

民事訴訟法第269條規定：「法院因使辯論易於終結，認為必要時，得於言詞辯論前，為下列各款之處置：一、命當事人或法定代理人本人到場。二、命當事人提出文書、物件。三、通知證人或鑑定人及調取或命第三人提出文書、物件。四、行勘驗、鑑定或囑託機關、團體為調查。五、使受命法官或受託法官調查證據。」

為使言詞辯論程序順利進行，賦予法院一定訴訟指揮權，法院可以依照第269條規定，為各種必要之處置，其中依民事訴訟法第269條第1款規定，法院認為必要時，得命當事人本人到場，且法院認為有必要，亦可依民事訴訟法第367-1條規定，訊問證人，故當事人之陳述不僅可作為訴訟資料，於民事訴訟法第367-1條之情形下，更可作為證據方法，以發現真實並促進訴訟[6]。另所謂「言詞辯論終結前」，並不以第一次的言詞辯論前為限，縱使於續行辯論之情形，法院亦可依民事訴訟法第269條規定為必要的處置。

第二節　準備程序之進行事項

壹、準備程序之先行

民事訴訟法第270條第1項規定：「行合議審判之訴訟事件，法院於必要時以庭員一人為受命法官，使行準備程序。」行合議審判的訴訟事件，不限訴訟種類及性質均得先行準備程序，準備程序制度之主要作用在於促進訴訟，使訴訟程序得順利並快速終結，具有促進審理集中化之功能，準備程序事前由受命法官進行爭點（包含事實上爭點、法律上爭點）整理，過濾相關證據之證據能力，使合議庭於行言詞辯論時，可直接就相關爭點進行辯論，節省法院及當事人之勞力、時間、費

---

[6] 最高法院97年台上字第578號判決：「法院因闡明或確定訴訟關係，或因使辯論易於終結，認為必要時，得命當事人本人到場，民事訴訟法第二百零三條第一款、第二百六十九條第一款定有明文。且同法第三百六十七條之一第一項更規定，法院認為必要時，得依職權訊問當事人。故當事人之陳述不僅可作為訴訟資料，於後者（同法第三百六十七條之一）之情形下，更可作為證據方法，以發現真實並促進訴訟。」

用。

民事訴訟法第270條第2至4項規定：「準備程序，以闡明訴訟關係為止。但另經法院命於準備程序調查證據者，不在此限（第2項）。命受命法官調查證據，以下列情形為限：一、有在證據所在地調查之必要者。二、依法應在法院以外之場所調查者。三、於言詞辯論期日調查，有致證據毀損、滅失或礙難使用之虞，或顯有其他困難者。四、兩造合意由受命法官調查者（第3項）。第251條第1項、第2項之規定，於行準備程序準用之（第4項）。」

民事訴訟法第270條第1項雖稱「行合議審判」之訴訟事件，得行準備程序，惟我國民事訴訟法並無獨任審判案件之法官不得行準備程序之規定，相反地該法第271-1條明文規定，同法第270-1條及第271條有關準備程序之相關規定，於行獨任審判之訴訟事件準用之。其立法理由揭明準備程序有關事項之進行，於行獨任審判之事件，亦屬有其必要，尤以整理並協議簡化爭點，如不在公開法庭行之，對訴訟關係之闡明，更大有助益。是尚不得以書記官所製作者是準備程序筆錄，又或第一審法院曾行準備程序，即認定本件在第一審是採合議審判。

並且，前揭規定所稱之闡明訴訟關係，只是在確認兩造之主張及爭點，不含調查證據在內。蓋依直接審理主義之精神，證據調查原則上應由受訴法院直接為之，僅於例外情形得由受命法官行之。

貳、爭點整理

一、爭點整理之意義

爭點整理乃是在確定當事人所提出之主要事實及其相關聯的間接事實，並且就有關證據、雙方當事人所爭執等事項予以取捨的相關程序而言[7]。

民事訴訟法設置爭點整理程序之目的乃有助於避免法院突襲性裁判之機率，並且有助於當事人實體利益與程序利益的保障，而達到集中審理目的、促使增進法院審理之效率的功能[8]。

---

[7]　邱聯恭，爭點整理方法論，作者自版，2011年4月4刷，頁24。

[8]　邱聯恭，爭點整理方法論，作者自版，2011年4月4刷，頁24。

二、爭點整理之類型

(一) 在受命法官面前協議

準備程序主要在促進訴訟，並僅以闡明關係爲止，就簡化或爭點整理，有時視案件類型，採不公開的方式進行審理或較能夠達到預期目的，是以民事訴訟法第270-1條亦賦予法院裁量權，就同條第1項各款事項得不採用公開法庭方式審理，法官於行使此裁量權時，宜盡量聽取當事人之意見，尤於兩造已合意求爲公開或不公開程序時，應尊重其程序選擇權。就特需保護隱私權或營業、職業上祕密之事件，宜採不公開法庭方式爲之。

(二) 在準備程序庭令雙方自行協議

民事訴訟法第270-1條第2項規定：「受命法官於行前項程序認爲適當時，得暫行退席或命當事人暫行退庭，或指定七日以下之期間命當事人就雙方主張之爭點，或其他有利於訴訟終結之事項，爲簡化之協議，並共同向法院陳明。但指定期間命當事人爲協議者，以二次爲限。」

(三) 法庭外自行協議爭點

1. 受命法官發動

民事訴訟法第270-1條第2項規定：「受命法官於行前項程序認爲適當時，得暫行退席或命當事人暫行退庭，或指定七日以下之期間命當事人就雙方主張之爭點，或其他有利於訴訟終結之事項，爲簡化之協議，並共同向法院陳明。但指定期間命當事人爲協議者，以二次爲限。」

2. 審判長發動

民事訴訟法第268-1條第2項及第3項：「法院於前項期日，應使當事人整理並協議簡化爭點。」「審判長於必要時，得定期間命當事人就整理爭點之結果提出摘要書狀。」第268-1條第2項，所謂爭點，包括事實上爭點、法律上爭點、與訴訟有關之各種證據上爭點等。

並爲便於審理集中化，審判長於必要時，得定相當期間命當事人提出整理爭點結果之摘要書狀，必須特別注意者，法條明文規定係摘要書狀，自須以簡明的文字記載之，不宜重複引用原有書狀（民訴§268-1 IV）。

經當事人協議簡化之爭點，除有民事訴訟法第270-1條第3項但書情形外，當事

人應受其拘束，即嗣後應以此爭點爲攻擊或防禦及言詞辯論之範圍，既不得擴張原已協議簡化之爭點，更不得以其他爭點代之。

3. 當事人自己發動自行協議

　　民事訴訟法第270-1條第3項，當事人就其主張訴訟上之爭點，若已經兩造協議並同意加以簡化時，即發生拘束雙方當事人之效力[9]，此係基於禁反言及誠信原則之要求。法院爲訴訟指揮時，亦不得超出該協議之範圍。該條項規定主要用意，則係在求兩造衡平，使當事人之一造不得擅自變更或擴張爭點範圍，更不得以其他爭點代替原有之爭點。而後段乃有「但經兩造同意變更，或因不可歸責於當事人之事由或依其他情形協議顯失公平者，不在此限」規定，以符正義要求[10]。然而，自行爭點協議並不拘束法院[11]，且此協議與準備程序中受命法官整理之不爭執事項，應屬有別[12]。最後，多數實務見解認爲，即便經當事人協議整理爭點後。未經協議之爭點亦不發生失權效[13]。

---

[9] 最高法院100年台上字第1187號判決：「按法院調查證據認定事實，不得違反舉證責任分配之原則，且認定事實應憑證據，法院採爲認定事實之證據，必須於應證事實有相當之證明力者，始足當之，不得僅以推測之詞作爲認定之依據，否則即屬違背證據法則。又審判長依民事訴訟法第271條之1準用同法第270條之1第1項第3款，整理協議簡化爭點者，除有同條第3項但書之情形外，兩造應受其拘束，法院並應以此協議之事項你不是作爲裁判之基礎。」

[10] 民事訴訟法第270條之1第3項但書參照。

[11] 最高法院95年度台上字第1302號判決略以：「按當事人就其主張之爭點，經依民事訴訟法第二百七十條之一第一項第三款或第二項爲協議者，依同條第三項前段規定，固應受其拘束，惟依『法官知法』及『法官審判獨立』之原則，法官適用法律之職責，並不當然受當事人基於聽審請求權、辯論權所主張法律上見解之拘束。是法院就當事人所主張起訴原因之事實判斷其法律上之效果，自不因當事人就其主張之法律上爭點，經依上開條項爲整理並協議時自認或不爭執而受影響。」

[12] 最高法院100年度台上字第1939號判決略以：「當事人於準備程序中經受命法官整理協議之不爭執事項，既係在受命法官前積極而明確的表示不爭執，性質上應屬民事訴訟法第二百七十九條第一項所規定之自認，倘當事人能證明其所不爭執之事項與事實不符，爲發現眞實，仍得適用同條第三項之規定，許其撤銷與該事實不符之不爭執事項，而可不受其拘束，始符公平原則，此與同法第二百七十條之一第三項但書係專指協議爭點之情形尚有不同。」

[13] 最高法院94年度台上字第493號判決略以：「民事訴訟法第二百七十條之一第三項前段

參、準備程序之進行

一、準備程序筆錄之製作

民事訴訟法第271條規定：「準備程序筆錄應記載下列各款事項：一、各當事人之聲明及所用之攻擊或防禦方法。二、對於他造之聲明及攻擊或防禦方法之陳述。三、前條第一項所列各款事項及整理爭點之結果。」第271條係規定準備程序筆錄應具備之內容，準備程序係為使言詞辯論程序迅速終結，且經協議簡化之爭點及訴訟上主張，具有拘束雙方當事人之效力，準備程序筆錄上當宜一併記載，以杜爭議。

二、獨任審判訴訟事件之準用

民事訴訟法第271-1條規定行獨任審判之案件，亦得行準備程序，蓋整理並協議簡化爭點，對訴訟關係之闡明，於獨任審判之案件亦有助益，爰明定獨任審判案件，亦可準用第270條、第270-1條之規定。

三、受命法官於準備程序之權限[14]

民事訴訟法第272條乃規定受命法官於準備程序中之權限，依民事訴訟法第270-1條第1項第3款規定，受命法官為闡明訴訟關係，得進行整理並協議簡化爭點，基於此項權限，受命法官於必要時，本即得定期間命當事人就整理爭點之結果

規定應受其拘束之爭點協議，係指當事人就其既已主張之爭點，經依同條第一項第三款或第二項為協議者而言；至於協議前未經當事人主張之爭點，既不在協議範圍，自不受協議之拘束。」

[14] 另參考最高法院91年台抗字第244號裁定：「法院裁定停止訴訟程序，於第二審程序中，應由合議庭為之。民事訴訟法第一百八十三條關於法院權限之規定，於受命法官行準備程序時並無準用，此觀同法第二百七十條第二項、第二百七十二條第一項規定自明。本件損害賠償訴訟係抗告人於相對人被訴偽造文書案中提起之刑事附帶民事訴訟，而經刑事庭以裁定移送民事庭審判者，乃獨立之民事訴訟，縱因兩造爭執之諸多證據資料均附於刑事案卷，受命法官於準備程序中詢問雙方是否同意待刑事程序確定後，再進行民事訴訟，亦僅在查明兩造有無同意停止訴訟之意願，並非屬於法院之裁定，不生裁定停止訴訟之效力。依筆錄所載，受命法官於當日開庭結束時，僅諭知候核辦，並未告知依第一百八十三條裁定停止訴訟程序，嗣後自無須另為撤銷停止訴訟之裁定。」

提出摘要書狀，於當事人未依規定提出書狀或聲明證據時，亦得依聲請或依職權命該當事人以書狀說明其理由。為求明確，爰於民事訴訟法第272條第1項增訂關於法院或審判長權限之規定，於受命法官行準備程序時準用之：「第四十四條之四、第四十九條、第六十八條第一項至第三項、第七十五條第一項、第七十六條、第七十七條之一第三項、第九十四條之一第一項前段、第一百二十條第一項、第一百二十一條第一項、第二項、第一百三十二條、第一百九十八條至第二百條、第二百零三條、第二百零七條、第二百零八條、第二百十三條第二項、第二百十三條之一、第二百十四條、第二百十七條、第二百四十九條第一項但書、第二百五十四條第四項、第二百六十八條、第二百六十八條之一第三項、第二百六十八條之二第一項、第二百六十九條第一款至第四款、第三百七十一條第一項、第二項及第三百七十二條關於法院或審判長權限之規定，於受命法官行準備程序時準用之（第1項）。第九十六條第一項及第九十九條關於法院權限之規定，於受命法官行準備程序時，經兩造合意由受命法官行之者，準用之（第2項）。」

而鑑於「關於利用遠距視訊審理、欠缺訴訟要件或未符一貫性審查要件之補正等規定，於受命法官行準備程序時亦有準用之必要[15]」。立法院遂於民國110年1月20日修法時，將第272條第1項擴大準用條文修正為：「第四十四條之四、第四十九條、第六十八條第一項至第三項、第七十五條第一項、第七十六條、第七十七條之一第三項、第九十四條之一第一項前段、第一百二十條第一項、第一百二十一條第一項、第二項、第一百三十二條、第一百九十八條至第二百條、第二百零三條、第二百零七條、第二百零八條、第二百十一條之一第一項、第二項、第二百十三條第二項、第二百十三條之一、第二百十四條、第二百十七條、第二百四十九條第一項但書、第二項但書、第二百五十四條第四項、第二百六十八條、第二百六十八條之一第三項、第二百六十八條之二第一項、第二百六十九條第一款至第四款、第三百七十一條第一項、第二項及第三百七十二條關於法院或審判長權限之規定，於受命法官行準備程序時準用之。」受命法官行準備程序時，如就有關為原告依法選任訴訟代理人（§44-4）、因核定訴訟標的價額而為調查證據（§77-1 III）、命當事人預納訴訟行為須支出之費用（§94-1 I 前段）等程序上較為細瑣之問題，得由受命法官先行處理，將有助於訴訟程序之迅速進行，而達到審理集中化之目標。

---

[15] 立法院公報，110卷，11期，頁339-340。

第三節　準備程序之終結

壹、準備程序終結及再開

　　民事訴訟法第273條規定：「當事人之一造，於準備程序之期日不到場者，應對於到場之一造，行準備程序，將筆錄送達於未到場人（第1項）。前項情形，除有另定新期日之必要者外，受命法官得終結準備程序（第2項）。」

　　當事人兩造，若均於準備程序之日期到場，則受命法官，應審問當事人兩造作成筆錄，以終結準備程序，若當事者之一造，是日未到，則受命法官不得即終結準備程序，應使得爲必要之程序。當事人之一造，若不於準備程序日期到場，則受命法官得先本於到場當事人之陳述，作成準備程序筆錄，且另定日期以該筆錄之繕本送達於未到場之當事人，而命其於新期日到場，若受命法官認爲準備程序已告一段落，亦得逕行終結準備程序，而不在另訂新期日命他造到場。

　　而已終結之準備程序，依照民事訴訟法第274條之規定，如尚未闡明訴訟關係，或有其他必要情形，自得隨時再開，如在訴訟卷宗尚未送交受訴法院之前，受命法官認有再開之必要者，得自行撤銷終結準備程序之裁定[16]。法院再開準備程序後，兩造當事人仍得提出新訴訟資料，曾遲誤訴訟行爲之當事人已得於再開準備程序時到場，到場陳述後，亦得免除曾因遲誤訴訟行爲所生之不利益。

貳、準備程序終結之處置

　　民事訴訟法規定之民事訴訟程序原則上均應以言詞之方式進行（民訴§221 I規定參照），於民國89年修法後則採「言詞審理」與「書狀審理」並行，以彌補言詞審理之不足。

　　於準備程序後行言詞辯論時，當事人應陳述準備程序之要領，但審判長得令書

---

[16] 最高法院89年台上字第2448號裁定：「已終結之準備程序如尚未闡明訴訟關係，或有其他必要情形，自得隨時再開，如在訴訟卷宗尚未送交受訴法院之前，受命法官認有再開之必要者，得自行撤銷終結準備程序之裁定，蓋該裁定爲指揮訴訟之裁定，爲裁定之受命法官原不受其羈束故也（民事訴訟法第二百三十八條但書參照）。若在卷宗已送交受訴法院後，受訴法院認有必要時，亦得以裁定命再開已終結之準備程序，此爲修正前民事訴訟法第二百七十四條第二項之當然解釋。」

記官朗讀準備程序筆錄代之（民訴§275）。應陳述準備程序之要領，其內容應包括整理爭點的結果，俾發揮直接審理主義及言詞審理主義之功能。

參、準備程序終結之效果

民事訴訟法第276條規定：「未於準備程序主張之事項，除有下列情形之一者外，於準備程序後行言詞辯論時，不得主張之：一、法院應依職權調查之事項。二、該事項不甚延滯訴訟者。三、因不可歸責於當事人之事由不能於準備程序提出者。四、依其他情形顯失公平者（第1項）。前項第3款事由應釋明之（第2項）。」

準備程序之目的，主要在於透過準備程序，加速訴訟程序之進行，在言詞辯論程序中，主要係依據準備程序中之記載進行審理，故為督促當事人善盡訴訟促進義務，對於當事人在準備程序未主張之事項，賦予一定失權效果，以收警惕之效。惟若當事人因不可歸責於己事由，未能於準備程序中提出（按：所謂未於準備程序主張之事項，係指未經當事人於準備程序提出之攻擊或防禦方法而言；凡該當事人之聲明，包括證據之聲明，所用攻擊或防禦方法、及對於他造之聲明並攻擊或防禦方法之陳述[17]，均包含在內），則例外允許其可於言詞辯論時再行提出。而依民事訴訟法第276條第2項規定，當事人一方主張有本條第2項之情形，應向法院釋明之。

---

[17] 臺灣高等法院100年建上易字第53號判決：「依民事訴訟法第276條，未記載於準備程序筆錄之事項，於準備程序後行言詞辯論時，不得主張之。但法院應依職權調查之事項，或主張該事項不甚延滯訴訟，或經釋明非因重大過失不能在準備程序提出者，不在此限。蓋為強化當事人之促進訴訟義務及充實審理程序，以期減輕司法負擔，與維護當事人程序利益，是以，當事人權利救濟過程中，須藉當事人之協力義務，課以失權效果。又所謂未於準備程序主張之事項，係指未經當事人於準備程序提出之攻擊或防禦方法而言；凡該當事人之聲明，包括證據之聲明，所用攻擊或防禦方法、及對於他造之聲明並攻擊或防禦方法之陳述均屬之。」

|第二十四章|
訴之基礎理論

第一節　概說

壹、訴之意義

　　訴是訴訟之簡稱。訴之意義即是原告向被告主張權利，請求法院就其私法上之主張予以判決。

貳、訴之要素

　　所謂民事訴訟，是指當事人間就私法上權利，向法院請求為特定判決之程序而言[1]。因此，民事訴訟必有三大要素，即：當事人（原告及被告）、訴之聲明及訴訟標的。

參、訴之種類

一、給付之訴

　　所謂給付之訴，是指原告主張其對被告有私法上之請求權存在，而向法院請求判決被告應對其為一定給付。而原告請求之權利基礎係有債權、物權等請求權，其所得請求給付之內容則包括有金錢、物及行為、不行為等。

　　民事訴訟法第246條規定：「請求將來給付之訴，以有預為請求之必要者為限，得提起之。」此乃有將來給付之訴的規定，蓋以民事訴訟程序中，原告起訴請求被告給付債權，原則上應以已屆履行期之債權為標的，未屆返還履行期的債權，原告應不得提起給付之訴。但是若假設乙的公司已傳出財務危機，三個月內恐將倒

---

[1]　楊建華、鄭傑夫，民事訴訟法要論，作者自版，2012年10月，頁214。

閉，乙積欠甲之債權尚有六個月才屆返還履行期，此時甲豈不眼睜睜看著借給乙的
錢拿不回來，是以，如僅以已屆履行期之債權才能爲給付之訴之標的，顯然不符訴
訟權保障人民權利的要求。因此，民事訴訟法規定有預爲請求之必要者，得就未屆
債權返還履行期之債權提起將來給付之訴。

　　而民事訴訟法第246條於民國89年修正前，以被告有到期不履行之虞者爲提起
將來給付之訴的要件，現行法則爲擴大將來給付之訴的範圍，以爲「預爲請求之
必要」要件，「預爲請求之必要」爲提起將來給付之訴的要件，而條文並無明文
規定，係由法院依個案判斷之[2]。例如是分期給付的情況，被告已經有一期無法給
付，顯然難以期待被告能按時給付其他未到期的給付，此時即可提出將來給付之
訴。

二、確認之訴

(一) 確認之訴之意義

　　原告除了要求被告給付一定之物或是金錢、要求與被告形成一定之法律關係之
外，亦可要求法院確認與被告間之法律關係，此即學說上所稱之確認之訴。

　　而要求法院確認與被告間之法律關係的確認之訴，相較於給付一定之物或是金
錢的給付之訴或是要求與被告形成一定之法律關係的形成之訴，其並無實體法上權
利作爲訴訟上之標的，因此何者得爲確認之訴的訴訟標的，則成爲民事訴訟程序運
作上的焦點。

　　民事訴訟法第247條規定：「確認法律關係之訴，非原告有即受確認判決之法
律上利益者，不得提起之；確認證書眞僞或爲法律關係基礎事實存否之訴，亦同

---

[2]　最高法院95年台上字第1936號民事判決：「民國八十九年二月九日修正公布施行之
　　民事訴訟法第二百四十六條，將『於履行期未到前請求將來給付之訴，非被告有到期
　　不履行之虞者，不得提起』之規定，修正爲『請求將來給付之訴，以有預爲請求之
　　必要者爲限，得提起之』。考其立法意旨，係認原條文在履行期未到而有不履行之虞
　　者，始得提起將來給付之規定，失之過狹，爲擴大將來給付之訴適用之範圍，爰參酌
　　日本、德國立法例予以修正。配合上開修正，九十二年二月七日修正公布、於同年九
　　月一日施行之同法第五百二十二條第二項，乃一併修正增訂關於附條件之請求，亦得
　　聲請爲假扣押之規定。……。準此，則請求之附有條件者，於上開各法條修（增）訂
　　後，如有預爲請求之必要時，已非不得提起將來給付之訴。」

（第1項）。前項確認法律關係基礎事實存否之訴，以原告不能提起他訴訟者爲限（第2項）。前項情形，如得利用同一訴訟程序提起他訴訟者，審判長應闡明之；原告因而爲訴之變更或追加時，不受第二百五十五條第一項前段規定之限制（第3項）。」因此，依民事訴訟法第247條第1項之規定，得成爲確認之訴的標的有：

1. 法律關係

債權關係、物權關係、親子關係……等。

2. 確認證書眞僞

確認證書眞僞之訴，須證書之眞僞，即證書是否由作成名義人作成，有不明確之情形始得提起（最高法院90年台上字第2306號判決）[3]。

3. 確認法律關係基礎事實

提起確認之訴，除了訴訟標的須符合法律規定外，另須有確認之訴的訴之利益，即民事訴訟法第247條所謂即受確認判決之法律上利益。實務上係指因法律關係之存否不明確，致原告在私法上之地位有受侵害之危險，而此項危險得以對於被告之確認判決除去之者而言，故確認法律關係成立或不成立之訴，苟具備前開要件，即得謂有即受確認判決之法律上利益，縱其所求確認者爲他人間之法律關係，亦非不得提起（42年台上字第1031號判例）[4]。

提起確認之訴，在實務操作上應特別注意：

1. 單純的事實行爲並無法成爲確認之訴的標的[5]

單純之事實無法成爲確認之訴的訴訟標的，係因於其眞實的事實無法在法官面

---

[3] 最高法院90年台上字第2306號判決：「確認法律關係之訴，非原告有即受確認判決之法律上利益者，不得提起之；確認證書眞僞或爲法律關係基礎事實存否之訴，亦同。民事訴訟法第二百四十七條第一項定有明文。依該規定提起確認證書眞僞之訴，須證書之眞僞，即證書是否由作成名義人作成，有不明確之情形始得提起。」

[4] 最高法院42年台上字第1031號判例：「民事訴訟法第二百四十七條所謂即受確認判決之法律上利益，係指因法律關係之存否不明確，致原告在私法上之地位有受侵害之危險，而此項危險得以對於被告之確認判決除去之者而言，故確認法律關係成立或不成立之訴，苟具備前開要件，即得謂有即受確認判決之法律上利益，縱其所求確認者爲他人間之法律關係，亦非不得提起。」

[5] 最高法院57年台上字第3346號判例：「確認之訴，除確認證書眞僞之訴外，事實問題

前重現，只能經由當事人所呈現的相關證據調查二者間的法律關係。舉例，甲向法院主張要求乙返還借款一百萬，甲不能向法院主張確認乙到底有沒有向甲借貸的事實，如果甲提出借據，乙不爭執，那法官就會認定乙有向甲借款一百萬，縱使乙根本沒有跟甲借款亦同，所以單純的事實真相因無法重現，而使法官無從知悉，無法成為確認之訴的標的。

2. **確認法律關係成立或不成立之訴，以確認現在之法律關係為限，如已過去或將來應發生之法律關係，則不得為確認標的**

已成過去或將來應發生之法律關係，不得為確認標的，其原因有，以過去發生之法律關係為訴訟標的，確認之範圍將無遠弗屆，亦即，被告在確認現在法律關係存否之訴敗訴後，可以提起確認一年前該訴之法律關係存否之訴，以此類推，兩年前、三年前，被告則將陷於應訴之煩。然而，若被告以一年前法律關係存否之訴為確認之標的，縱使勝訴，則該法律關係是否因為其他法定原因發生於「現在」消滅，則需一併確認，因此以一年前法律關係存否之訴為確認之標的，並無確認實益存在。

(二) 確認之訴之種類

關於確認之訴之種類，若原告請求確認的是某一法律關係之成立或存在者，稱為「積極確認之訴」，而原告所請求確認的是某一法律關係的不成立或不存在，則稱為「消極確認之訴」。原告依訴之變更追加之方式提起確認之訴者，則稱為中間確認之訴（民訴§255 I 第6款參照）。

三、形成之訴

所謂形成之訴，是指原告主張其存在有實體法上的形成權，且該形成權須得以「訴訟」方式行使，而原告亦就此請求法院以判決來變更、消滅或創設新的法律關係。因此，得提起形成之訴之情形基本上以法律明文的規定為限，因此其訴之利益的判斷亦以法律對提起形成之訴所為的規定作為判斷的基準。

一般而言，形成之訴分成實體法上之形成之訴及程序法上之形成之訴。前者如

雖不得為確認之訴之標的，但苟非單純事實，而係權利義務之存否，則非不得提起確認之訴。」最高法院109年度台上字第2958號判決亦可資參照。參照。

分割共有物之訴等，後者則如再審之訴等是[6]。

肆、訴權

一、訴權之意義

訴權，係指當事人得請求法院判決之權能[7]。亦即利用訴訟制度請求法院審判的一種公法上的權利。而訴權之探討，係在於訴訟中當事人有無訴權、其訴權性質爲何、當事人應具備何等要件始能承認有訴權存在，而法院又應依當事人訴權之請求爲何等方式之裁判等，對此則有諸多學說針對訴權予以闡釋。

二、訴權的學說理論

訴權學說可大致區分爲私法訴權說、公法訴權說以及訴權否定說等見解，分述如下：

(一) 私法訴權說

私法訴權說，承認訴權之存在，但認爲訴權應屬於私權性質，而係源自於民法上等私權而來。故訴權屬於私權之延長或變形物，例如有損害賠償請求權，在訴訟上即改變型態而成爲訴權，透過民事訴訟制度進而使實體法上之私權具有實現之力量[8]。

私法訴權說具有諸多問題，蓋訴權並非對被告者，而係對國家機關之法院的權利，但此說僅著眼於訴訟兩造之關係，就法院與當事人間之關係，未加考慮，且現今在給付訴訟外，尚存有確認訴訟及形成訴訟，對此兩種訴訟而言，私法訴權說亦無法解釋訴權係從何而來[9]，鑑於此說有諸多缺點，已逐漸受人揚棄。

(二) 公法訴權說

公法訴權說認爲訴權係人民對國家之一種公權利。保護人民係國家之任務，自可認爲人民可以請求國家保護其權利，著重於訴訟程序上法院與當事人之間的法

6　就此，請參楊建華、鄭傑夫，民事訴訟法要論，作者自版，2012年10月，頁216-217。

7　參照駱永家，民事訴訟法Ⅰ，1999年3月8版，頁6。

8　參照邱聯恭，口述民事訴訟法講義(二)，2010年筆記版，頁122。

9　參照駱永家，民事訴訟法Ⅰ，1999年3月8版，頁6。

律關係，認爲人民之當事人與法院之間的關係，係一種公法請求權[10]，此說亦可區分爲抽象訴權說、具體訴權說、本案判決請求權說和司法行爲請求權說，茲分述如下：

1. 抽象訴權說

抽象訴權說認爲訴權係無具體內容之公權利，並非要求具體的內容之判決權利；而僅係要求一正當的判決之公權利，是縱使僅受訴訟判決亦可滿足，故稱爲抽象的訴權說[11]。

2. 具體訴權說

具體訴權說認爲民事訴訟之目的在於保護私權，國家設置訴訟制度之目的則在於禁止人民自力救濟，故人民因私權受侵害而向國家請求時，法院爲保護當事人權利之目的自應負有裁判之義務，故而訴權即爲當事人請求以判決保護其私權之權利，原告起訴之目的在於獲得勝訴之判決[12]。

3. 本案判決請求權說

本案判決請求權說，係源自於公法訴權說之概念，認爲民事訴訟之目的不在於保護私權，而係依賴國家的公權力解決當事人間之紛爭，故國家設置訴訟制度之目的並非專爲保護某造當事人之私權利，而是在爲兩造解決紛爭，故此學說認爲訴權係指當事人請求以判決解決紛爭之權利，原告起訴之目的在於請求法院爲一本案判決[13]。

4. 司法行爲請求權說

司法行爲請求權說認爲訴權係指法院得依具體的狀況或階段，要求一切法律上必要之行爲[14]。此說於德國學界屬於有力說。

---

[10] 參照邱聯恭，口述民事訴訟法講義(二)，2010年筆記版，頁122。

[11] 參照駱永家，民事訴訟法 I，1999年3月8版，頁7。

[12] 參照駱永家，民事訴訟法 I，1999年3月8版，頁7；楊建華，問題研析民事訴訟法(二)，2010年10月再版，頁813-814。

[13] 參照駱永家，民事訴訟法 I，1999年3月8版，頁8；楊建華，問題研析民事訴訟法(二)，2010年10月再版，頁813-814。

[14] 參照駱永家，民事訴訟法 I，1999年3月8版，頁8。

(三) 訴權否定說

訴權否定說，認為訴權觀念為19世紀過渡的權利意識之產物、性質上屬被誇張的權利意識所產生之幻想，故對訴權之概念採否定見解。認為人民與訴訟制度之關係，並非嚴格意義下之權利義務關係，僅是一種國民服從審判權的反映；訴權不過為訴訟制度之目的投影，不以其作為訴訟理論之中心[15]。意即在國家針對訴訟制度已有明確之規範下，即無必要再以「訴權」作為人民得否進入訴訟之判斷標準[16]。

(四) 實務見解

目前對於訴權理論學說，我國係以公法訴權理論中之「本案判決請求權」及「具體訴權說」為爭執之焦點，對此爭議，實務看法認為訴權存在之要件分三種，一為關於訴訟標的之法律關係之要件，二為關於保護之必要之要件，三為關於當事人適格之要件，原告起訴於當事人適格有欠缺者，係屬訴無理由，法院應以判決駁回之，不得認為不合法，以裁定形式予以裁判[17]，學者間或有採取本案判決請求權說者，我國實務係採取「具體訴權」說。

三、存在要件（即程序要件）

(一) 訴訟成立要件

原告提起之訴訟應先為訴訟程序之審查，如程序不合法，則法院即無法進行實體審理。換言之，提起訴訟應符合一定之要件，欠缺訴訟要件，法院應不得為本案實體判決，而應以裁定駁回。

訴訟成立要件依分類得分為積極之訴訟成立要件與消極之訴訟成立要件，詳如下述：

1. 積極之訴訟成立要件

對於積極之訴訟成立要件的有無，法院應依職權調查探知，不受當事人主張及舉證之拘束，縱當事人未主張亦應主動依職權來調查之[18]。以下分就民事訴訟法第

---

[15] 參照駱永家，民事訴訟法 I，1999年3月8版，頁8。

[16] 參照邱聯恭，口述民事訴訟法講義(二)，2010年筆記版，頁123。

[17] 參照最高法院31年11月19日(14)民刑庭總會決議；最高法院29年抗字第347號判例。

[18] 例如：最高法院31年第13次民事庭會議決議：「民事訴訟法第四百七十三條第一項

249條各款說明之：

(1) 訴訟事件不屬普通法院之權限，即指民事訴訟法院審判權的有無，我國現行法制中將訴訟制度分為民事訴訟、刑事訴訟及行政訴訟，分由不同法院為事務管轄。舉例而言，甲酒駕撞死了乙，可能產生幾種法律效果，第一，甲要賠償乙的繼承人，乙死前的醫藥費、喪葬費用、甚至精神撫慰金；第二，甲有刑法上的刑責；第三，甲的駕照應該要吊銷，並請因為酒醉駕車會收到一張六萬元的罰單。刑法上的刑責應是用刑事訴訟法由檢察官起訴並受刑事法院審判；甲若對六萬元酒駕罰單不服，欲尋求救濟則需向行政法院為之；僅有民事上損害賠償之責任由民事法院審判。因此，若將行政或是刑事案件於民事法院起訴，則民事法院顯然沒有權限審理[19]。但需注意的是，我國的制度中，有些應由行政法院審判之案件，民事法院有管轄權限，例如國家賠償案件，雖屬公法之範圍，但是卻是由民事法院管轄。在這種複雜的審判權規定中，為不使訴訟審判權歸屬認定困難之不利益由當事人負擔，如普通法院認其對訴訟無審判權，應依職權以裁定移送至有審判權法院，參酌司法院大法官釋字第540號解釋意旨及行政訴訟法第12-2條第2項規定，移送該管法院。

(2) 訴訟要件的欠缺，若是管轄權欠缺，法院原則上應移送有管轄權之法院，但是在特殊情況下，應以裁定直接駁回，例如：原告甲臺灣公司與乙香港公司臺灣分公司簽約一起展覽，但因出資糾紛，甲公司不願再參加展覽，起訴請求乙返還出資金額，但乙依契約關於司法管轄權及管轄法律之約定，主張契約之爭議約定由香港法院管轄並適用香港法律，甲不得逕向臺北地院起訴。法院認為合意指定外國法院為專屬管轄法院而排除我國法院之管轄權之約定有效力，甲就該契約爭議逕向臺北地院起訴不合法，但因香港與臺北地方法院互不相屬，不能將之移送與有管轄權之外國法院，應以裁定駁回其訴。

（舊法）之規定，於法院應依職權調查之事項，不適用之，此雖未如外國立法例定有明文，亦應如是解釋，當事人之適格，為法院應依職權調查之事項，第二審未認當事人不適格，第三審調查卷宗之結果，已足認定當事人之適格有欠缺者，自得逕以當事人不適格為理由，而為裁判。」

[19] 可參考最高法院69年台上字第1406號判例：「土地徵收乃行政處分之一種，依土地法第二百三十六條第一項規定徵收土地應給予之補償地價補償費及遷移費，由該管市縣地政機關規定之。土地所有人如對於政府徵收其土地發給補償地價之數額有所爭執，自應循行政爭訟程序解決。非審理私權之普通法院所可審認。」

(3) 原告或被告無當事人能力、無訴訟能力，未由法定代理人合法代理者[20]，請參閱前述之說明。

(4) 民事訴訟法第249條第6款起訴不合程式或不備其他要件者，此為概括指明起訴不符程式之情況，除不符民事訴訟法第244條之程式者，例如欲與他人共同為原告，卻未經過他人同意，僅在訴狀上列其名而沒有蓋章，命補正仍不補正，則此時違反起訴程式，法院則駁回其訴外，諸如未繳裁判費亦是依本款駁回起訴；而實務上常見的例子則是依國家賠償法請求損害賠償時，應先以書面向賠償義務機關請求之。賠償義務機關對於前項請求，應即與請求權人協定。協定成立時，應作成協定書，該項協定書得為執行名義；賠償義務機關拒絕賠償，或自提出請求之日起逾30日不開始協定，或自開始協定之日起逾60日協定不成立時，請求權人始得提起損害賠償之訴，所以未以書面向被告機關請求、被告機關未拒絕賠償或逾30日不開始協定，或自開始協定之日起逾60日協定不成立時，即逕行提起國家賠償訴訟，法院應依民事訴訟法第249條第1項第6款規定，以其起訴不備其他要件裁定駁回之。

(5) 起訴違背民事訴訟法第31-1條第2項，訴訟已繫屬於不同審判權之法院者，當事人不得就同一事件向普通法院更行起訴者、第253條就已起訴之事件，於訴訟繫屬中，更行起訴、第263條第2項之規定於本案經終局判決後將訴撤回者，不得復提起同一之訴，或其訴訟標的為確定判決之效力所及者之規定者，法院應裁定駁回之。在我國實務運作上，有公法上事件由民事法院審判者，例如國家賠償案件性質上是公法上事件，卻由民事法院審判之，故關於案件審判權若有疑義時，應如何處置，屢生困擾。故民國98年，民事訴訟法增訂第31-1條第2項規定：訴訟已繫屬於不同審判權之法院者，當事人不得就同一事件向普通法院更行起訴。第249條規定與民事訴訟法第253條重複起訴的禁止，有異曲同工之妙，同法第249條配合修訂第1項第7款之規定，當事人若有上開情事，再向普通法院起訴者，法院應以裁定駁回之。

---

[20] 最高法院67年台抗字第29號判例：「民事訴訟法第二百四十九條第一項第四款規定原告或被告無訴訟能力，未由法定代理人合法代理者，應以裁定駁回原告之訴，是否具有此項情形，應以起訴時決之，如無訴訟能力之原告或被告，於起訴時係由法定代理人合法代理，而於訴訟繫屬中發生法定代理人代理權消滅之事由，僅生民事訴訟法第一百七十條所定訴訟程序當然停止之問題，核與原告或被告未經法定代理人合法代理之起訴合法要件無涉。原法院以抗告人法定代理人之代理權，於訴訟繫屬中因解任而消滅，遽認抗告人之訴為不合法，尚有未合。」

　　另外，爲維被告權益及合理利用司法資源，立法院特於110年1月20日新增第249條第1項第8款：「起訴基於惡意、不當目的或有重大過失，且事實上或法律上之主張欠缺合理依據。」本款立法理由則略以：「原告起訴所主張之事實或法律關係，倘於客觀上並無合理依據，且其主觀上係基於惡意、不當目的，例如爲騷擾被告、法院，或延滯、阻礙被告行使權利；抑或一般人施以普通注意即可知所訴無據，而有重大過失，類此情形，堪認係屬濫訴。現行法對於此濫訴仍須以判決駁回，徒增被告訟累，亦無謂耗損有限司法資源。爲維被告權益及合理利用司法資源，應將不得爲該濫訴列爲訴訟要件。原告之訴如違反此要件，其情形不可以補正者；或可以補正，經命補正而未補正者，法院均應以其訴爲不合法，裁定予以駁回。」

　　至於第2項，立法院於本次修法則進一步將原規定：「原告之訴，依其所訴之事實，在法律上顯無理由者，法院得不經言詞辯論，逕以判決駁回之。」區分爲：「原告之訴，有下列各款情形之一者，法院得不經言詞辯論，逕以判決駁回之。但其情形可以補正者，審判長應定期間先命補正：一、當事人不適格或欠缺權利保護必要。二、依其所訴之事實，在法律上顯無理由。」特別加以區分之立法理由略以：「當事人適格及權利保護必要，亦屬訴訟要件。原告之訴欠缺該要件者，實務上雖認其訴爲無理由，以判決駁回之；惟此判決之性質爲訴訟判決，與本案請求無理由之實體判決有別，現行條文第二項未予區分，容非妥適。爲免疑義，宜將之單獨列爲一款，以示其非屬無理由之本案實體判決。此項訴訟要件是否欠缺，通常不若第一項各款要件較單純而易於判斷，故仍依現制以判決程序審理。原告之訴如欠缺該要件，或未符現行條文第二項之一貫性審查要件（合理主張），其情形可以補正，爲保障原告之訴訟權及維持訴訟經濟，應予補正機會；須經命補正而未補正，法院始得不經言詞辯論，逕以判決駁回之。爰增訂第二項序文及第一款，並將現行條文第二項列爲第二款。又原告之訴有欠缺第一款要件情形者，不論是否經言詞辯論，法院均應踐行補正程序。而第二款要件之欠缺，既應行補正程序，自得爲調查，而以原告最後主張之事實爲判斷依據[21]」。

　　所謂「法律上顯無理由」，即法院單就被告上訴狀之記載，無須調查證據即可判定法律上不能獲得勝訴之判決[22]。其情形繁多，試舉一例：甲乙間有100萬借貸

---

[21] 立法院公報，110卷，11期，頁333-336。

[22] 最高法院96年台上字第2510號民事判決：「民事訴訟法第二百四十九條第二項所謂

關係，丙在無任何法律關係下，請求乙返還其欠甲的100萬予己，或是甲起訴請求乙交付槍枝（被告主張之原因事實違反法律上強制規定），但是需要辨明的是，關於訴之利益的有無[23]，即上例丙和甲之間究竟有無法律關係，需要法院查證始可得知，法院起訴時依原告之聲明判明原告究竟有無訴訟實施權，故若丙主張對甲有債權讓與之關係（實際上沒有），法院不當然可以依民事訴訟法第249條規定，認為丙有欠缺訴之利益之情形，判決駁回[24]。

所謂一貫性審查，係指法院就原告起訴所表明之應受判決事項之聲明（訴之聲明）及訴訟標的法律關係均予特定後，應以其依民事訴訟法第266條第1項第1款規定所主張之「請求所依據之事實及理由」為據，審查其訴訟上之請求是否具備一

原告之訴，依其所訴之事實，在法律上顯無理由者，係指依原告於訴狀內記載之事實觀之，在法律上顯然不能獲得勝訴之判決者而言。申言之，必須依據原告所訴之事實『不經調查』，即可認其訴在法律上顯無理由而應受敗訴之判決者，始足當之。倘依其所訴之事實，尚待法院之調查證據，始能確定該事實之存否，自無本條項規定之適用。」且上開針對濫訴處罰之規定，實務上業已認可並且於濫訴裁罰之數額上亦甚鉅，足證我國實務上針對濫訴此等行為之可非難性亦日趨重視：此有臺灣士林地方法院110年重訴字第30號判決主文：「被告應給付原告乙○○新臺幣肆拾壹萬伍仟元，給付原告丙○○○新臺幣肆拾萬參仟貳佰伍拾元，給付原告戊○○新臺幣肆拾玖萬柒仟貳佰伍拾元，給付原告甲○○新臺幣拾陸萬零貳佰伍拾元，給付原告丁○○新臺幣肆拾壹萬柒仟肆佰伍拾元，及均自民國一百一十年二月十九日起至清償日止，按年息百分之五計算之利息。」且該判決理由略以：「……詎被告於108年5月14日寄予丙○○○等4人之書信信封上，以手寫文字揚稱：『不知對我花了500萬訴訟費了嗎？打20年OK，要奉陪哦，還有數百件小額訴訟要打』等語（見本院卷一第498至499頁），並果真自108年至109年間，分別對原告等人提起如起訴狀附表1所示之36件民事訴訟……足徵被告於主觀上，係因不滿原告等人對其聲請強制執行之作為，乃於短期內密集對原告等人提起多項民事訴訟，其真正之用意，並非在於尋求司法程序之正當救濟，而係出於焦土策略，故意發動案海戰術，使原告等人眼花撩亂，疲於奔命，窘於應對，並藉此消耗原告等人為應訴所支出之訴訟費用成本，以達其所稱欲反制原告等人之不當目的……揆諸前揭說明，被告上開濫訴行為，業已逾越憲法保障人民訴訟權之合理範疇，顯係故意以背於善良風俗之方法加損害於他人，應對原告等人負侵權行為損害賠償責任。」

[23] 這一個例子同時也可能包含當事人不適格的問題。

[24] 訴之利益為訴訟要件之一，若有欠缺時，應依裁定或訴訟判決駁回，若依判決駁回，理論上似有所矛盾之處。

貫性。即法院於行證據調查前，先暫認原告主張之事實係眞實，輔以其主張之訴訟標的法律關係，依實體法予以法律要件評價，倘其所主張之事實足以導出其權利主張，始具備事實主張之一貫性；繼而再依實體法予以法律效果評價，倘足以導出其訴之聲明，始具備權利主張之一貫性。而原告所提起之訴訟不具備一貫性，經法院闡明後仍未能補正，其主張即欠缺實體法之正當性，法院可不再進行實質審理，逕依民事訴訟法第249條第2項規定，以其請求爲無理由而予以判決駁回[25]。

為有效嚇阻少數國人濫行起訴之惡習，立法院特於民國110年1月20日新增第249條之1：「前條第一項第八款，或第二項情形起訴基於惡意、不當目的或有重大過失者，法院得各處原告、法定代理人、訴訟代理人新臺幣十二萬元以下之罰鍰（第1項）。前項情形，被告之日費、旅費及委任律師爲訴訟代理人之酬金，爲訴訟費用之一部，其數額由法院酌定之；並準用第七十七條之二十四第二項、第七十七條之二十五第二項、第四項之規定（第2項）。第一項處罰，應與本訴訟合併裁判之；關於訴訟費用額，應併予確定（第3項）。原告對於本訴訟之裁判聲明不服，關於處罰部分，視爲提起抗告或上訴；僅就處罰部分聲明不服時，適用抗告程序（第4項）。受處罰之法定代理人或訴訟代理人，對於處罰之裁判聲明不服者，適用抗告程序（第5項）。第三項處罰之裁判有聲明不服時，停止執行（第6項）。原告對於本訴訟之裁判聲明不服者，就所處罰鍰及第三項之訴訟費用應供擔保（第7項）。」

第249條之1之立法理由本書實爲贊同，立法理由略以如下[26]：

「濫訴對被告構成侵害，並浪費司法資源，得予非難處罰，以遏制之。原告之訴有修正條文第249條第1項第8款情形者，係屬濫訴，宜設處罰之規定。同條第2項情形，亦應以其主觀上係基於惡意、不當目的或有重大過失，始該當濫訴，而得予處罰。現行條文第249條第3項對於第2項主觀情形未予區分，一概得予處罰，尙嫌過當。另原告濫訴之訴訟行爲，倘實質上係由其法定代理人、訴訟代理人所爲，或共同參與，法院斟酌個案情節，應得對其等各自或一併施罰。爰予修正明定，並提高罰鍰數額，列爲本條第一項。」

「法院依第一項規定，對原告或其法定代理人、訴訟代理人施以處罰者，堪認濫訴情節非輕。此際，被告因應訴所生之日費、旅費及委任律師爲訴訟代理人之酬金，係因此所受損害，宜簡化其求償程序，逕予納入訴訟費用，使歸由原告負擔

---

[25] 最高法院108年度台上字第2246號判決要旨參照。

[26] 立法院公報，110卷，11期，頁356-359。

（第78條）。其數額由法院酌定，並準用費用額計算、支給標準及其救濟程序相關規定，爰增訂第二項。至被告如受有其他損害，得依民法之規定另行請求賠償。法院酌定律師酬金之數額，應斟酌個案難易繁簡，均附此敘明。」

「第1項處罰係以原告提起之本訴訟乃濫訴爲前提，爲免裁判歧異，並利程序經濟，應合併裁判之；且就訴訟費用之裁判，應一併確定其費用額，爰增訂第三項。又本項規定於抗告、上訴程序亦有準用（第495條之1、第463條）。如法院漏未併予確定訴訟費用額，爲裁判之脫漏，應爲補充裁判，附此敘明。」

「第3項對原告處罰之裁判，於本訴訟裁判確定前，不宜使之單獨確定。是原告對於駁回本訴訟之裁定或判決聲明不服，關於其受處罰部分，即將之視爲提起抗告或上訴（此部分不另徵收裁判費）；僅就處罰部分聲明不服時，本訴訟裁判既已確定，尚無須以上訴程序審理，應適用抗告程序（應徵收抗告裁判費），爰增訂第4項。」

「原告之法定代理人、訴訟代理人受處罰時，因其非本訴訟當事人，就本訴訟裁判無不服之餘地，僅可對於處罰之裁判聲明不服，自應適用抗告程序，爰增訂第5項。」

「對於第3項處罰之裁判聲明不服，依第4項規定，不限於抗告，亦可能併同對於本訴訟敗訴判決提起上訴。爰修正現行條文第249條第4項，移列本條第6項。」

「原告提起之本訴訟，業經裁判認定係濫訴，予以駁回。爲避免其利用救濟程序續爲濫訴，並擔保處罰及應負擔訴訟費用之執行，於原告對本訴訟之裁判聲明不服時，允宜爲合理之限制，即應就其處罰鍰及訴訟費用分別提供擔保，爲提起抗告、上訴之合法要件。至關於應供擔保原因是否消滅，則各以處罰及本訴訟之裁判最後確定結果爲據，爰增訂第7項。」

2. 消極之訴訟成立要件

訴訟要件中的消極之訴訟成立要件，學者有稱爲訴訟障礙要件者[27]、或是相對的起訴程序合法要件[28]等。其有關之要件如下：

(1) 雙方未訂仲裁協議

仲裁協議可以排除私法的管轄權、排除民事訴訟的權利。依據仲裁法第4條規

[27] 姜世明，民事訴訟法（上冊），新學林出版，2012年11月，頁452-453。
[28] 楊建華、鄭傑夫，民事訴訟法要論，作者自版，2012年10月，頁225以下。

定：「仲裁協議，如一方不遵守，另行提起訴訟時，法院應依他方聲請裁定停止訴訟程序，並命原告於一定期間內提付仲裁。但被告已爲本案之言詞辯論者，不在此限（第1項）。原告逾前項期間未提付仲裁者，法院應以裁定駁回其訴（第2項）。第一項之訴訟，經法院裁定停止訴訟程序後，如仲裁成立，視爲於仲裁庭作成判斷時撤回起訴（第3項）。」

(2) 有訴訟費用擔保義務之原告須已供擔保

民事訴訟法第101條規定：「原告於裁定所定供擔保之期間內不供擔保者，法院應以裁定駁回其訴。但在裁定前已供擔保者，不在此限。」如果法院准許被告的聲請，而依民事訴訟法第99條的規定，裁定命原告提供擔保，而原告沒有在法院所規定之期間內提供擔保時，法院就可以直接將原告所提起的訴訟，從程序上直接裁定駁回，而不作實體上的審查。

立法者因爲避免被告或原告當事人於中華民國無住所、事務所及營業所者，致將來訴訟終結命其負擔賠償訴訟費用時，發生執行困難而難以執行之情況。而於民事訴訟法第96條定有命被告或原告當事人供訴訟費用之擔保，但法院命原告供訴訟費用之擔保或補供擔保，應依被告之聲請，不得逕以職權爲之[29]。

(3) 須無起訴前應經法院調解之合意

民事訴訟法第404條規定：「不合於前條規定之事件，當事人亦得於起訴前，聲請調解（第1項）。有起訴前應先經法院調解之合意，而當事人逕行起訴者，經他造抗辯後，視其起訴爲調解之聲請。但已爲本案之言詞辯論者，不得再爲抗辯（第2項）。」當事人必須沒有於起訴前經法院調解的合意（排除訴訟的障礙）。

(二) 權利保護要件

1. 意義

權利保護要件又稱爲「廣義的訴之利益」，係指除了一般訴訟均可抽象判斷的民事訴訟法第249條第1項「訴訟要件」外，尚須就每個訴訟具體認定權利保護要件。此雖非本文具體之規定，但通說實務均肯認之。其內涵包括「當事人適格」、「請求對象適格」及「（狹義的）訴之利益」三者。

---

[29] 參照最高法院94年台抗字第182號判例略以：「法院命原告供訴訟費用之擔保或補供擔保，應依被告之聲請，不得逕依職權爲之，此觀同法第九十六條第一項規定自明。」

2. 當事人適格

所謂當事人適格，係指於具體訴訟中，以何人爲該訴之原、被告，最有解決紛爭之實益而言。故所謂「當事人適格」即是在判斷成爲具體訴訟當事人之資格。應注意之處，當事人適格與當事人能力係抽象判斷當事人成爲訴訟中主體之能力者有別。

3. 請求對象適格

具體訴訟中，以何種法律關係作爲訴訟標的，最有解決紛爭之實益。故相對於當事人適格是在判斷具體訴訟之訴訟主體資格，請求對象適格則係在判斷具體訴訟之訴訟客體資格。

4. 各種訴訟類型之訴之利益

訴之利益有給付、確認、形成三種之訴所共同者，以及各該訴所固有者。訴之利益係就請求之內容下判斷所須具備之前提要件。如無訴之利益，法院不得爲本案判決，而應以判決駁回之。

(1) 各種之訴所共同之訴之利益

各種之訴所共同之訴之利益，依學者之見解可分爲三種態樣[30]，首先法律上不允許起訴者，無論是何種訴訟類型，當然無訴之利益。如就同一事件重複起訴（民訴§253）；於本案終局判決後將訴撤回復提起同一之訴（民訴§263 II）；於確定判決後，就同一事件更行起訴（民訴§400 I）等均屬適例。

再者，當事人若對於某法律關係依合意而不利用判決程序之情形者，則可認定嗣後當事人據此提起之訴無訴之利益，如仲裁契約、不起訴之合意等均屬之。

在法律規範上，亦有於通常之訴外，設有特殊程序者，若當事人不依其特別程序，反而向法院起訴時，則應認爲所提起之訴訟並無訴之利益。如訴訟費用確定程序（民訴§91）、對執行方法之異議（強執§12）等。

(2) 各種之訴個別之訴之利益

A. 給付之訴

對於民事訴訟法之給付之訴，可依據給付之時點分爲現在給付之訴與將來給付之訴，是對於訴之利益是否存在，兩者亦有所不同，詳言之：

對於原告所提起之現在給付之訴而言，只需主張給付受領權已屆履行期，即應

---

[30] 參照駱永家，民事訴訟法 I，1999年3月8版，頁94-95。

肯定其具有訴之利益，不必顧慮未來強制執行之實效性。但對於受讓具有確定判決債權之受讓人而言，由於已享有既判力和執行力，故解釋上此債權受讓人對債務人並無提起獨立的給付之訴的訴之利益[31]。

至於將來給付之訴，規範於民事訴訟法第246條，當債務人有到期不履行之虞時，債權人即可提起將來給付之訴。所提起之將來給付之訴是否具有訴之利益則應以「有預為請求之必要者」，始足當之。其必要性之有無，可以從債務人之態度及給付義務之性質為其判斷。

例如在一種繼續性之給付或反覆給付（租金給付爭議等），倘亦屆清償期之部分，債務人不履行，通常均可認定不能夠期待債務人將來就未到期部分會確實地履行，因此對於租金給付之訴，可以認為出租人就將來才屆履行期之給付部分亦可與現在到期之部分一併提起訴訟請求給付。另外，由債權之性質觀之，如縱使些許之給付遲延亦會無法達成債之本旨（如明定履行期日之一定行為請求）或如給付遲延會造成極大之損害之請求（如扶養之請求），肯認其有訴之利益，或就現在給付之訴合併提起將來代償給付之訴時，就代償之請求亦有訴之利益[32]。

B. 確認之訴

對於確認之訴之訴之利益而言是否存在，判斷上係以受確認之法律關係，在內容上則為「有即受確認判決的法律上利益」而言，而該利益一般解為「法律關係的存否在當事人間不明確，因其不明確致原告的權利或其他法律上的學位有不安的危險，此項不安的危險得以藉確認判決之既判力加以除去者[33]。是只要具備「因法律關係之存否不明確，致原告在私法上之地位有受侵害之危險，而此項危險得以對於被告之確認判決除去之者」，即為有即受確認判決之法律上利益，得提起確認訴訟，反之若法律關係雖有不安之狀態，但其不安之狀態非可以透過判決將其除去者，則不能認為有確認之利益[34]。

C. 形成之訴

由於得提起形成之訴之情形基本上以法律明文的規定為限，是以，其訴之利益

---

[31] 對此，對受讓債權人之債權若有執行無結果或妨害時，應依強制執行法第12條聲明異議，以為救濟，參照駱永家，民事訴訟法 I，1999年3月8版，頁96。

[32] 參照邱聯恭，口述民事訴訟法講義(二)，2010年筆記版，頁105。

[33] 最高法院42年台上字第1031號判例。

[34] 參照駱永家，民事訴訟法 I，1999年3月8版，頁100。

的判斷亦以法律對提起形成之訴所爲的規定作爲判斷的基準。原則上，依法律之明文規定得提起形成之訴者，即認其有訴之利益[35]。如民法第1052條規定裁判離婚之要件，夫妻一方提起離婚訴訟時，須符合該條所訂之各款離婚事由要件，始得以認爲所提起之形成之訴具有訴之利益。

較有疑問者乃爲如果在訴訟程序進行中，原告所訴請變更的法律關係，已因其他事由之發生產生與所請求變化相同的法律關係狀態時，應否認爲該形成訴訟仍有訴之利益的問題，典型之例子爲訴請離婚的訴訟進行中，當事人已協議離婚；訴請撤銷股東會選任董事之決議，而於訴訟完結前該董事已因任期屆滿而退任[36]。

伍、訴訟標的理論

一、訴訟標的之意義

所謂訴訟標的，原則上係指原告對被告所主張之私法上權利或法律關係之主張或解釋爲原告向法院就特定法律關係請求法院審判之對象[37]，若以原告私法上權利或法律關係之觀點加以考量，則訴訟標的即可認爲係實體法上之請求權；若以原告向法院請求審判要求之觀點而言，訴訟標的則可解釋爲原告向法院請求裁判之地位，此即新舊訴訟標的理論之濫觴。

民事訴訟法中對於訴訟標的之認定之理解具有重要功能，訴訟標的理論的三大功能如下：

(一) 作為判斷一事不再理之標準

如果前後的訴訟標的相同，就是同一事件，訴訟標的不同，就不會是同一事件，所以瞭解訴訟標的，可作爲判斷一事不再理的標準。

(二) 作為訴有無變更或追加之判準

起訴之後，原則上不得作訴的變更或追加。但是究竟其有無變更或追加，亦須

---

[35] 參照駱永家，民事訴訟法 I，1999年3月8版，頁102。

[36] 參照邱聯恭，口述民事訴訟法講義(二)，2010年筆記版，頁120。

[37] 最高法院100年度台上字第2092號民事判決：「訴訟標的爲訴之要素之一，乃訴訟客體，亦爲審判對象，依民事訴訟法第244條第1項第2款規定，原告起訴時，其訴狀應記載訴訟標的及其原因事實，故訴訟標的須與原告主張之原因事實相結合，始得辨識。」

瞭解訴訟標的之理論，並以其原來起訴的訴訟標的與後來又變更成的訴訟標的，才能判斷其有變更或有追加。

(三) 法院有無訴外裁判之判準

法院僅可在原告所主張的訴訟標的範圍之內做裁判。

二、訴訟標的之認定

(一) 舊訴訟標的理論

舊訴訟標的理論的學者認為，所謂的訴訟標的，係指原告向法院為確定私權所主張之法律關係，欲請法院對之加以裁判者即為訴訟標的。因認給付之訴之訴訟標的是原告對於被告以訴或反訴所請求判決範圍內之私法上請求權（例如：侵權行為之損害賠償請求權等），確認之訴之訴訟標的即為原告對於被告以訴請求法院判決確認之該特定法律關係，然而，形成之訴之訴訟標的則為原告對於被告以訴請求判決範圍內之可單方透過訴訟形式所形成之法律上效果之形成權。

(二) 新訴訟標的理論

新訴訟標的理論的學者，則是認為訴訟標的不應該受限於實體法上請求權，而應將訴訟標的之概念以純粹訴訟法上之概念建構。換言之，新訴訟標的理論係以「原因事實」單位為訴訟標的，優點是訴訟經濟並強調紛爭一次解決。而舊訴訟標的理論則以實體法上之「權利單位」為訴訟標的（以實體法上請求權之個數為判準）。

實務見解亦有，按民國89年2月9日修正之民事訴訟法第244條第1項第2款，將原規定之「訴訟標的」修正為「訴訟標的及其原因事實」，乃因訴訟標的之涵義，必須與原因事實相結合，以使訴狀所表明請求法院審判之範圍更加明確。則於判斷既判力之客觀範圍時，自應依原告起訴主張之原因事實所特定之訴訟標的法律關係為據，凡屬確定判決同一原因事實所涵攝之法律關係，均應受其既判力之拘束，且不得以該確定判決言詞辯論終結前，所提出或得提出而未提出之其他攻擊防禦方法，為與該確定判決意旨相反之主張[38]。

關於新舊訴訟標的理論在實務應用上之差異，試舉一例：甲與乙之間訂有一租

---

[38] 最高法院100年度台抗字第62號裁定參照。

賃契約，甲出租A屋予乙，租約到期，乙拒不還屋，亦不給付租金，甲欲請求乙返還A屋，則甲對乙可依民法第455條租賃物返還請求權請求乙返還A屋，亦可依民法第767條所有物返還請求權請求乙返還A屋，甲若並依上開二請求權向乙請求，依照舊訴訟標的理論，以實體法上之請求權為訴訟標的，則甲於本件起訴則有租賃物返還請求權與所有物返還請求權二個訴訟標的；但若以新訴訟標的理論，原告向法院請求裁判之地位，亦即甲請求乙返還A屋之給付地位而言，則僅有一訴訟標的，此時租賃物返還請求權與所有物返還請求權俱僅居於攻擊防禦方法之地位而非獨立之訴訟標的。新舊訴訟標的理論，在學術研究中各有其擁護者，惟我國實務向採舊訴訟標的理論，但為訴訟經濟，透過法院行使闡明權之方式盡量使紛爭一次解決。

　　另需注意的是，採行舊訴訟標的之理論者，在不同訴訟類型中，亦有需要補充之處。例如：甲縱火燒毀乙的房屋，乙房屋內物件甚多，有電視、冰箱、冷氣、財物……等，依照實體法上所有權係個別獨立，每一所有權之毀損，均構成一獨立之訴訟標的（損害賠償請求權），顯然無法為一般人所接受，在實務操作上，也會衍生困擾[39]，因此在訴訟程序中，以甲對乙的損害行為僅有一次作為區分，概括地認為此時乙對甲僅有一個損害賠償請求權。

(三) 訴訟標的相對論

　　學者考量到上述二種理論皆有其本質上的缺失及限制後，認為當事人基於處分權主義所享有之程序主體權（選擇權），當事人所聲明者究竟係應以「實體權利」為單位，抑或者係以「紛爭事實」為單位，法律不予以強求，非絕對的二分法，應依個案而決定，讓當事人自由選擇。因此可知，訴訟標的相對論之理論目的在於保障當事人之程序主體權，並避免民事訴訟之過度技術性而導致人民為憲法所保障之訴訟權受到影響[40]。

(四) 相對的訴訟標的理論

　　此說考量訴訟標的之認定應依不同訴訟階段之需求及其功能與任務而為決定，例如：在訴訟審理階段，是否為訴之變更追加，應採一分肢說（即以原因事實為判斷）與訴訟後階段之判決後，應採二分肢說（即以訴之聲明及原因事實為判

---

[39] 例如法官對於每一個訴訟標的均需下一個主文，若有一百件物品毀損，則法官需個別下主文，則在實務運作上顯然徒增困擾。

[40] 邱聯恭，司法之現代化與程序法，作者自版，1992年4月，頁213-215。

斷）[41]。

(五) 浮動的標的理論

此說亦主張，訴訟標的之概念應隨訴訟之不同階段負擔不同之功能且其範圍亦會隨著訴訟程序之進行而發生變化，故於起訴階段，基於處分權主義得由當事人自行擇定，然後在審理終結時既判力之客觀範圍，必須由評價規範之觀點，以回顧既往之訴訟程序，考察被告之訴訟行為及法院之闡明活動，由原告、被告及法院三者共同決定之[42]。

三、各類訴訟類型之訴訟標的

(一) 給付之訴之訴訟標的

若依循舊訴訟標的理論之見解，給付之訴之訴訟標的為原告對於被告以訴或反訴所求判決範圍內之私法（實體法）上請求權。例如：侵權行為之損害賠償請求權等；然而，如採新訴訟標的理論，則是指原告請求之「原因事實」。

(二) 確認之訴之訴訟標的

確認之訴之訴訟標的即為原告對於被告以訴請求法院判決確認之該特定法律關係。

(三) 形成之訴之訴訟標的

關於形成之訴之訴訟標的，舊訴訟標的理論認為此乃為原告對於被告以訴請求判決範圍內之可單方透過訴訟形式所形成之法律上效果之形成權；而支持新訴訟標的理論之學者則是認為，形成之訴的訴訟標的乃是形成某法律關係之特定地位。

綜合前述之觀念澄清，當採取舊訴訟標的理論時，其權利名稱相同，並不一定訴訟標的都會相同必須回歸到其特定的原因事實去判斷。

試舉一例：甲對乙提起一訴訟請求返還借款100萬（發生於民國99年1月），三個月之後，甲對乙又提起另一訴訟請求返還借款150萬（發生於民國101年2

---

[41] 楊淑文，訴訟標的理論在實務上之適用與評析，政大法學評論，第61期，1999年6月，頁250-251。

[42] 黃國昌，既判力：第三講既判力之客觀範圍，月旦法學教室，第34期，2005年8月，頁41。

月），第一件訴訟的訴訟標的，依舊訴訟標的理論為消費借貸返還請求權（民
§478），第二件訴訟的訴訟標的法律關係亦為消費借貸返還請求權。第一件與第
二件的訴訟標的的名稱一樣，就可以認定其為同一訴訟標的？不可。必須判斷其原
因事實是否相同，如果原因事實不同，即使其主張的訴訟標的請求權一樣，但還是
屬於不同的訴訟標的。

　　接續本題二件訴訟分別不同的二個原因事實（民國99年1月、101年2月），不
可因而主張前後兩件訴訟的訴訟標的相同所以是同一事件不能重新起訴。係因其原
因事實不同。特定一訴訟的訴訟標的，無論如何都脫離不了原因事實。即使是採取
舊訴訟標的理論，仍然要與原因事實相結合，才能夠特定其訴訟標的為何。

　　再例：承上例題中，第二件起甲對乙又提起另一訴訟請求返還借款150萬其中
的100萬是發生於民國99年1月借款而50萬是新借款，那此重新起訴中有一部分訴
訟標的是重複的，就此重複的部分，訴訟標的是相同，即不得再起訴，否則就違反
一事不再理的原則。此第二件之訴即欠缺訴訟之成立要件。結論：訴訟標的要結合
原因事實，才能夠特定其訴訟標的，切勿以為請求權基礎相同，就認定其為相同的
訴訟標的。雖然舊訴訟標的以權利為單位，但是權利名稱相同，原因事實不同，還
是不同的訴訟標的。

(四) 三種訴訟類型的訴訟標的之認定比較表（表24-1）

表24-1　三種訴訟類型的訴訟標的認定比較表

	舊訴訟標的理論	新訴訟標的理論
給付之訴	訴訟標的加上原因事實	表明請求的原因事實，加上依此最後請求法院訴求的目的
確認之訴	確認法律關係或事實	
形成之訴	形成某法律關係之特定形成權可能有數個。而一個形成權就是一個訴訟標的。例如：請求民法第1052條各款中，如請求其中的三款，就有三個訴訟標的	形成某法律關係之特定地位。例如：請求民法第1052條各款中，如請求三款就只有一個訴訟標的請求離婚的形成權的法律上地位，不堪同居虐待等為其攻擊防禦之方法

第二節　起訴

壹、起訴之程式

一、訴狀之提出

民事訴訟法第244條第1項規定：「起訴，應以訴狀表明下列各款事項，提出於法院為之：一、當事人及法定代理人。二、訴訟標的及其原因事實。三、應受判決事項之聲明。」訴訟是當事人間就具體法律關係以他人為對造所為之權利主張，請求法院加以審判。起訴係為一種要式行為，需表明一定的內容[43]，始得請求法院就特定司法上權利或法律關係為審判。

二、訴狀之記載事項

(一) 絕對應記載事項

1. 當事人及法定代理人

何人得成為訴訟上之當事人，請參閱民事訴訟法第40條之說明。

2. 訴訟標的及其原因事實

就此請參閱前述有關訴訟標的理論之說明。

3. 應受判決事項之聲明

實務上均稱「訴之聲明」，係指當事人於訴狀中需表明請求法院為何種判決之內容或稱為原被告之請求之結論或假設該造勝訴時之法院判決主文。應受判決事項之聲明一般要求上必須符合：明確性、具體性、中性描述等三大要求。因此，如有訴之聲明內容不明確，法院亦不察而為其勝訴之判決，日後將造成勝訴確定亦面臨無法強制執行之窘竟，而必須另行起訴不可不察。判決之類型，一般而言，分成給付、確認與形成之訴訟類型。析言之，給付之訴，請求法院判定給付之物為金錢時，應記載其金額，若因損害事實不明，在起訴時未能確定者，依民事訴訟法第244條第4項規定，於請求金錢賠償損害之訴，原告得在第1項第2款之原因事實範

---

[43] 最高法院32年上字第5502號判例：「給付判決必須明確其給付之範圍，原告提起給付之訴，亦須於其訴之聲明表明給付之範圍。」

圍內，僅表明其全部請求之最低金額，而於第一審言詞辯論終結前補充其聲明，若其後未補充者，審判長應告以得為補充。

　　以上為訴狀之必要記載事項。原告於起訴時，若未記載上列事項，經法院通知補正仍未補正，則法院應依民事訴訟法第249條第1項第6款裁定駁回。但關於訴訟標的之記載由於涉及高度之技術性連法律專業者都尚且無法精確表達訴訟標的，因此實務之認定上只要原告載明其具體之原因事實即從寬認定其已載明訴訟標的，以免侵害人民之訴訟權。

　　民事訴訟法第245條規定：「以一訴請求計算及被告因該法律關係所應為之給付者，得於被告為計算之報告前，保留關於給付範圍之聲明。」訴之聲明為必要記載事項，但是在訴訟類型中，原告若在起訴時無法確定被告應給付之範圍，為了避免原告需先行提起確認之訴後，再行提起給付之訴的麻煩[44]，民事訴訟法規定，原告在起訴時，關於訴之聲明的部份可以保留關於給付範圍之聲明。

　　試舉一例：甲乙合夥經營水產事業，約定由甲執行經營事務，然因為理念不同無法繼續經營，甲乙同意解散合夥，乙向甲提起清算合夥財產之訴訟，得以一訴請求計算清償債務後出資的返還及甲因該合夥法律關係結束所應為之給付，乙並得於甲清算合夥財產前向法院保留關於給付範圍之聲明，而不違反起訴訴之聲明應明確之規定。

(二) 相對應記載事項

　　民事訴訟法第244條第2項及第3項所分別規定因定法院管轄及其適用程序所必要之事項及準備言詞辯論之事項則係任意記載事項，如不記載對於訴狀，亦不生影響。

---

[44] 最高法院100年度台上字第391號民事判決：「以一訴請求計算及被告因該法律關係所應為之給付者，得於被告為計算報告前，保留關於給付範圍之聲明，民事訴訟法第二百四十五條定有明文。且原告依民事訴訟法第二百四十五條規定，以一訴請求被告計算，並請求被告本於該法律關係而為給付者，法院就該請求報告計算之部分，應依民事訴訟法第三百八十二條規定為一部判決；俟被告為計算之報告後，再依原告之請求，就給付部分再為裁判。」

三、起訴之效力

(一) 訴訟繫屬之概念

訴訟一經提起就產生繫屬於法院之效力，換言之，是當事人之間就特定的法律關係或權利的爭執，由同一法院進行審理的狀態[45]。

(二) 三大恆定原則

訴訟法上合法之起訴發生三項重要之效力，學說稱為起訴之三大恆定原則：第一，管轄恆定原則（民訴§27）、第二，訴訟標的價額之恆定原則（民訴§77-1 II）、第三，當事人恆定原則（民訴§254），分述之：

1. 管轄恆定

民事訴訟法第27條規定：「定法院之管轄，以起訴時為準。」法院管轄權有無涉及公益，在原告提起民事訴訟時，法院必須主動依職權先調查是否有管轄權。所謂法院主動依職權調查，即不須等當事人的抗辯，也不問訴訟程序進行到哪一個程度。當事人間雖然不爭執，法院也必須得有心證才可以認定管轄權的有無。而法院是否有管轄權，判斷的時間點依據本條的規定是依起訴時為準，此在學理上稱為「管轄恆定原則」[46]。原告在提起訴訟以後，其管轄權事實雖然有所變更，但是法院已經取得的管轄權，並不因而發生影響。

依前述，法院有無管轄權，必須在受理訴訟之時，就要依職權主動調查。但是必須注意，除了專屬管轄權以外，因為民事訴訟法承認擬制的合意管轄（民訴§25），所以被告如果不抗辯法院沒有管轄權，而作出本案的言詞辯論，即使沒有管轄權的法院，亦被擬制成有管轄權的法院。

2. 訴訟標的價額之恆定

民事訴訟法第77-1條規定：「訴訟標的之價額，由法院核定（第1項）。核定訴訟標的之價額，以起訴時之交易價額為準；無交易價額者，以原告就訴訟標的所有之利益為準（第2項）。法院因核定訴訟標的之價額，得依職權調查證據（第3項）。第一項之核定，得為抗告（第4項）。」

---

[45] 陳計男，民事訴訟法論（上），三民書局，2010年6月，頁275。

[46] 最高法院22年抗字第391號判例：「定法院之管轄以起訴時為準，依起訴時之情事法院有管轄權者，縱令以後定管轄之情事有變更，該法院亦不失其管轄權。」

　　一般訴訟標的價額，關係訴訟程序事項，法院如不能依當事人之主張而得有心證者，應得依職權調查證據。

　　至於訴訟標的價額核定，因為牽涉到當事人的利益甚鉅，故規定當事人對於訴訟標的價額的核定[47]，得依法為抗告，以資救濟。

3. 當事人恆定原則

　　民事訴訟法第254條規定：「訴訟繫屬中為訴訟標的之法律關係，雖移轉於第三人，於訴訟無影響。但第三人如經兩造同意，得聲請代當事人承當訴訟（第1項）。前項但書情形，僅他造不同意者，移轉之當事人或第三人得聲請法院以裁定許第三人承當訴訟（第2項）。前項裁定，得為抗告（第3項）。法院知悉訴訟標的有移轉者，應即以書面將訴訟繫屬之事實通知第三人（第4項）。第一項為訴訟標的之權利，其取得、設定、喪失或變更，依法應登記者，於當事人之起訴合法且非顯無理由時，受訴法院得依當事人之聲請發給已起訴之證明，由當事人持向該管登記機關請求將訴訟繫屬之事實予以登記（第5項）。法院於發給已起訴之證明前，得使當事人有陳述意見之機會（第6項）。當事人依已起訴之證明辦理訴訟繫屬事實之登記者，於事實審言詞辯論終結前，他造當事人得提出異議（第7項）。對於第五項駁回聲請之裁定及前項異議所為之裁定，均不得聲明不服（第8項）。訴訟終結後，當事人或利害關係人得聲請法院發給證明，持向該管登記機關請求塗銷該項登記（第9項）。」

　　民事訴訟法第254條即是此為起訴效力之三大恆定原則之一：「當事人恆定原則」。按一件訴訟的進行，從一審、二審到三審期間可能經歷數年。當事人恆定原則，即指訴訟實施權不因為當事人在漫長的審理過程中將訴訟標的之法律關係移轉於第三人而受影響[48]。

---

[47] 臺灣高等法院暨所屬法院94年法律座談會民事類提案第28號函釋略以：「民事訴訟法第77條之1第4項關於訴訟標的價額之核定應作同一解釋，亦包括訴訟標的金額之核定。」

[48] 最高法院44年台上字第1039號判例：「系爭房屋被上訴人於起訴後，訴訟繫屬中，以其所有權移轉於訴外人某公司，固為被上訴人所不爭執，第訴訟繫屬中為訴訟標的之法律關係，雖移轉於第三人，於訴訟無影響，民事訴訟法第二百五十四條第一項定有明文。所謂於訴訟無影響，係指原告或被告不因為訴訟標的之法律關係移轉於第三人，而影響關於為訴訟標的之法律關係之要件而言。是被上訴人在本件訴訟繫屬中，

民事訴訟法新論

　　試舉一例：甲有對乙的100萬債權並對乙起訴，訴訟進行中，甲將債權移轉給丙，此時訴訟的當事人並不會改變成丙，仍是甲和乙兩人，甲不會因為喪失債權而成為當事人不適格或影響其訴訟要件，判決最後的效力也因為民事訴訟法第401條第1項之規定而及於丙。學說上有稱甲為形式當事人，而丙為實質當事人，此概念區分，即可明瞭當事人恆定之概念。而訴訟標的之法律關係移轉於第三人，包含單純訴訟標的物移轉的情況（最高法院85年度台上字第380號判決[49]）。

　　從上例來說，既然甲已將債權轉讓給丙，此時甲是否仍會盡心盡力的進行訴訟，即存有疑問，相對而言，對丙幾乎在完全沒有保障的情況下被迫接受判決結果。因此，為平衡丙的程序上不利益，第254條規定，若經兩造同意，可由第三人聲請法院代當事人承受訴訟，即丙可以聲請代甲承受訴訟。縱使對照乙不同意，丙也可以直接聲請法院裁定由他承受訴訟。為保障第三人的利益，民國89年修法加入法院職權通知第三人使其得以承受訴訟之規定，更使受訴法院得依當事人之聲請發給起訴證明，由當事人持向登記機關將訴訟繫屬之事實予以登記。

　　同時，民國104年修法時，為兼顧第三人交易之維護及訴訟當事人權益之保障，當事人聲請發給已起訴證明，應符合起訴合法且非顯無理由為要件，爰修正第5項[50]。且法院發給已起訴之證明前，如認必要，得使當事人有陳述意見之機會，

將為訴訟標的之系爭房屋所有權移轉於訴外人某公司，而其關於為訴訟標的之法律關係之要件，仍不得因是而指為有欠缺。」

[49] 最高法院85年度台上字第380號判決：「訴訟繫屬中為訴訟標的之法律關係雖移轉於第三人，於訴訟無影響，為民事訴訟法第二百五十四條第一項所明定。此所謂移轉，祇問有移轉事實，不問移轉之原因究係基於法律行為抑法律規定，且無論權利移轉或義務移轉或請求標的物之占有移轉，均包括在內。」

[50] 民事訴訟法第254條第五項修正之立法理由：第一項為訴訟標的之權利，其取得、設定、喪失或變更，依法應登記者，如能於起訴後將訴訟繫屬之事實登記於登記簿冊上，使欲受讓該權利之第三人有知悉該訴訟繫屬之機會，將可避免其遭受不利益。又受讓人於知有訴訟繫屬之情形，而仍受讓該權利者，可減少因其主張善意取得而生之紛爭；如其未承擔訴訟或參加訴訟者，亦可推定其有委由移轉人續行本訴訟之意思，而應受本訴訟確定判決既判力之拘束。故為保障他造當事人及受讓人之權益，防止紛爭擴大，並期能避免採取當事人恆定主義所生之弊，爰參酌美國加州民事訴訟法第409條之規定，增訂本條第五項前段。又訴訟終結後，當事人或利害關係人（如受讓人）得聲請法院發給證明，持向該管登記機關請求塗銷該項登記，以免該登記久懸而未能處理，致影響當事人或利害關係人之權益，爰於同項後段明定之。對此，實務見解認

402

以求周延，爰增訂第6項。為兼顧第三人交易之維護及訴訟當事人權益之保障，訴訟繫屬事實登記後，他造當事人如認有違法情事，宜賦予異議權，以保障其權利，爰增訂第7項。至從參加人輔助當事人提出異議，應依本法第61條規定為之。為免程序久懸，明定法院駁回第5項聲請之裁定及就第7項異議所為之裁定，不得聲明不服，爰增訂第8項[51]。於民國106年5月26日，將民事訴訟法第254條第5項至9項大為修正，新法修正後須持登記許可裁定向地政機關請求訴訟繫屬之登記。並將第5項改為基於物權關係，以排除爭議，且刪除了於當事人之起訴合法且非顯無理由之要件。第6項則增加了釋明之規定；第7項新增釋明不足得以供擔保代之；第8項要求應記載訴訟繫屬之聲明、訴訟標的及其原因事實。

【專題】民事訴訟法第254條不動產爭議訴訟繫屬登記要件及其效力探討

民事訴訟法第254條明定訴訟標的之移轉不影響訴訟[52]，亦即當事人恆定原則[53]，又依最高法院61年台再字第186號判例意旨：「民事訴訟法第401條第1項所謂繼受人，依本院第33年上字第1567號判例意旨，包括因法律行為而受讓訴訟標的之特定繼受人在內。……依實體法規定為權利主體之人，基於物權，對於某物得行使之權利關係而言，此種權利關係，具有對世效力及直接支配物之效力……倘以此項對物關係為訴訟標的時，其所謂繼受人凡受讓標的物之人，均包括在內」[54]。

為，若民事訴訟之訴訟標的為「債權」不得聲請訴訟繫屬登記。臺灣臺北地方法院104年訴字1026號裁定參照。

[51] 詳參林家祺，民事訴訟法第254條不動產爭議訴訟繫屬登記要件及其效力探討，財產法暨經濟法，第44期，2015年12月，頁55-87。

[52] 林家祺，民事訴訟法，書泉出版社，2014年9版，頁331。

[53] 當事人恆定原則乃起訴效力之三大恆定原則之一，按一件訴訟的進行，從一審、二審到三審期間可能經歷數年，當事人恆定原則之適用，使訴訟實施權不因為當事人在漫長的審理過程中將訴訟標的法律關係移轉於第三人而受影響。參閱林家祺，民事訴訟法新論，五南出版社，2014年3月，頁341-342。當事人恆定原則適用之基礎時點，通說以起訴時，即訴狀提出予法院時即生效力，亦即產生訴訟繫屬時，惟有學者認應以訴狀送達被告時，認加入被告後，方形成當事人之對立。參閱駱永家，民事訴訟法I，自版，1999年9版，頁60、83以下。

[54] 就最高法院61台再186號判例之理解，必須配合「既判力之主觀範圍=執行力之主觀範圍」之傳統學說看法，方得完整其實質意涵；該判例是藉由區分債權請求權及物權請求權之特性，利用物權的對世性特徵，原則上排除於訴訟繫屬後之訴訟標的物繼受人，嗣後得對抗訴訟中就該標的物主張權利人之可能，而使該判決既判力及執行力

準此，若原告之請求權基礎為「物權」請求權時[55]、[56]，縱使訴訟進行當中訴訟標的物遭移轉予第三人，原告仍得對該第三人主張既判力[57]，而使判決之效力仍及於該第三人[58]。為此在民國89年修正民事訴訟法時，增訂254條第5項訴訟繫屬登記之規定，規定若為訴訟標的之權利，其取得，設定、喪失或變更，依法應登記者，得於起訴後將訴訟繫屬之事實登記於土地登記簿上，以為公示之方法。其修法理由敘明為「避免採取當事人恆定主義所生之弊」因而增定之。惟該條實施十餘年以來固然發揮了部分保障第三人之功能，但同時遭登記之相對人對於該條之訴訟繫屬登記主張侵害其所有權圓滿狀態，而提出爭議者亦層出不窮，為此內政部在102年改變了以往之作法就本條之訴訟繫屬登記作了限縮之函釋，此一作法是否妥適？法理基礎是否穩固？及本條之訴訟繫屬登記之法律性質、效力為何？該登記的確會影響受讓所有權之第三人之所有權圓滿狀態？如何救濟等？法院之實務及內政部於近兩年均有相關之新見解及作法，本文將以法院實務見解為主，來探討以上相關之疑義。

效力劃歸同一。參閱黃國昌，「既判力：第四講—既判力之主觀範圍」，月旦法學教室，第38期，2005年12月，頁61。該判例本身有學者認乃自實體法上之觀點出發，單純從實體法上面，考量訴訟標的之屬性為債權或物權，所具為對世效或對人效，來決定受讓訴訟標的的第三人要否受到判決效力所及。參許仕宦，「訴訟繫屬中系爭物移轉之當事人恆定與判決效擴張：民事訴訟法研究會第108次研討記錄」，《民事訴訟法之研討（十八）》，元照出版社，2012年5月，頁1-109。

[55] 物權者，直接支配物，而享受其利益之權利，謝在全，民法物權論（上），頁18，自版，2004年修訂3版：物權者，直接支配物，直接支配物，享受其利益而具有排他性之權利，鄭玉波，民法物權，2004年修訂14版，頁11，三民書局。

[56] 指基於物權而生之請求權，即物權人於其物被侵害或有被侵害之虞時，得請求回復圓滿狀態之權利。王澤鑑，民法物權，第一冊通則，所有權，自版，1992年版，頁53。

[57] 既判力之意義與功能：又稱實質確定力，其意義係指「訴訟標的之法律關係經確定終局判決之裁判者，當事人不得就該法律關係更行起訴；若該訴訟標的的法律關係在他訴訟作攻擊防禦方法時，法院亦不得為與確定判決意旨相反之認定與裁判。」既判力拘束之對象，包含當事人及法院，且既判力之有無乃法院應職權調查事項。而其功能乃在維持當事人間之法安定性，使紛爭當事人間之權利義務關係，得透過判決予以維持即確定，保護私權，並賦判決內容終局性，不允同一紛爭重複爭執，以防止紛爭再燃。

[58] 林家祺，民事訴訟法，書泉出版社，2014年9版，頁498-499。

一、訴訟繫屬登記之立法理由

按民事訴訟法第第254條第5項立法理由：「為訴訟標的之權利，其取得、設定、喪失或變更，依法應登記者，如能於起訴後將訴訟繫屬之事實[59]，登記於登記簿冊上，使欲受讓該權利之第三人有知悉該訴訟繫屬之機會，將可避免其遭受不利益[60]。又受讓人於知有訴訟繫屬之情形，而仍受讓該權利者，可減少因其主張善意取得而生之紛爭；如其未承當訴訟或參加訴訟者[61]，亦可推定其有委由移轉人續行本訴訟之意思，而應受本訴訟確定判決既判力之拘束。故為保障他造當事人及受讓人之權益，防止紛爭擴大，並期能避免採取當事人恆定主義所生之弊，爰參酌美國加州民事訴訟法第409條之規定，增訂本條第五項前段。又訴訟終結後，當事人或利害關係人（如受讓人）得聲請法院發給證明，持向該管登記機關請求塗銷該項登記，以免該登記久懸而未能處理，致影響當事人或利害關係人之權益[62]，爰於同項後段明定之」[63]。

---

[59] 訴訟繫屬之概念：訴訟一經提起就產生繫屬於法院之效力，換言之，是當事人之間就特定的法律關係或權利的爭執，由同一法院進行審理之狀態。參閱林家祺，民事訴訟法新論，五南出版社，2014年3月，頁340。唯有學者認，除訴之提起外，應待法院將起訴狀繕本送達被告知時，始生訴訟之繫屬，參閱駱永家，民事訴訟法I，自版，1999年9版，頁83以下。

[60] 林家祺、劉俊麟，新白話六法系列—民事訴訟法，書泉出版社，2014年版，頁331。

[61] 訴訟參加人之權限：原則上關於輔助所需一切必須的訴訟行為，都有權利為之，惟除四種例外，如不能為與背輔助當事人相牴觸之行為。

[62] 該訴訟繫屬登記之發動，法院乃被動依當事人之聲請發給已起訴之證明，再由當事人持向該管登記機關請求將訴訟繫屬之事實予以登記，介由當事人之一定積極作為，使第三人有公示方法可以知悉此狀態，以保障當事人權利。參閱林家祺，例解民事訴訟法，五南出版社，2012年版，頁325。

[63] 民事訴訟法第254條第五項修正之立法理由：第一項為訴訟標的之權利，其取得，設定、喪失或變更，依法應登記者，如能於起訴後將訴訟繫屬之事實登記於登記簿冊上，使欲受讓該權利之第三人有知悉該訴訟繫屬之機會，將可避免其遭受不利益。又受讓人於知有訴訟繫屬之情形，而仍受讓該權利者，可減少因其主張善意取得而生之紛爭；如其未承擔訴訟或參加訴訟者，亦可推定其有委由移轉人續行本訴訟之意思，而應受本訴訟確定判決既判力之拘束。故為保障他造當事人及受讓人之權益，防止紛爭擴大，並期能避免採取當事人恆定主義所生之弊，爰參酌美國加州民事訴訟法第409條之規定，增訂本條第五項前段。又訴訟終結後，當事人或利害關係人（如受讓人）

二、訴訟繫屬登記之要件

(一) 若民事訴訟之訴訟標的為「債權」不得聲請訴訟繫屬登記[64]

　　1. 訴訟繫屬中為訴訟標的之權利[65]，其取得、設定、喪失或變更，依法應登記者，於起訴後，受訴法院得依當事人之聲請發給已起訴之證明，由當事人持向該管登記機關請求將訴訟繫屬之事實予以登記，民事訴訟法第254條第5項前段定有明文。本項之立法，係因民事訴訟法第254條第1項所揭示之當事人恆定原則及同法第401條第1項前段另規定：「確定判決，除當事人外，對於訴訟繫屬後為當事人之繼受人者，亦有效力」。據此二規定，訴訟繫屬後繼受訴訟標的法律關係之繼受人，並未當然承繼原來之當事人在訟訟中之原、被告地位，但卻必須受確定判決之既判力所及，為避免繼受人因不知訴訟繫屬之事實，致受不利益，同時減少其主張善意受讓訴訟標的之權利以阻斷既判力，致生紛爭，故以公示制度揭示訴訟繫屬之事實，使其知悉，以預防紛爭[66]。然而關於民事訴訟法第254條第5項之適用要件，必須訴訟標的係以取得、設定、喪失、變更依法應登記之權利者，始在適用之列。故依此條項聲請訴訟繫屬登記者，必須原告起訴係以「得、喪、設定、變更依法應登記之權利」作為訴訟標的（例如：不動產所有權或其他物權），始足當之。若原告起訴主張之訴訟標的權利，其得、喪、設定、變更無須登記者（例如：債權之取得無須登記，因此債權即不得聲請），縱使其聲明之內容或請求給付之「標的物」為得、喪、設定、變更依法應經登記者（例如：不動產之移轉登記請求權），實務則認為與民事訴訟法第254條第5項規定之要件不符，不能聲請發給已起訴之證明去辦理繫屬登記[67]。

得聲請法院發給證明，持向該管登記機關請求塗銷該項登記，以免該登記久懸而未能處理，致影響當事人或利害關係人之權益，爰於同項後段明定之。

（89年）民訴第254條第五項修正之立法理由資料來源，http://lis.ly.gov.tw/lgcgi/lgmeetimage?cfcbcfcecfc6cfcec5cdcecfd2ccc7ca（最後瀏覽日：104年5月20日）。

[64] 臺灣臺北地方法院104年訴字1026號裁定參照。

[65] 依傳統訴訟標的理論，所謂訴訟標的原則上乃指「當事人間權利義務之法律關係」，參閱王甲乙、楊建華、鄭建才，民事訴訟法新論，三民出版社，2009年版，頁260以下。

[66] 林家祺、劉俊麟，新白話六法系列─民事訴訟法，書泉出版社，2014年版，頁331。

[67] 台北地方法院104年訴字1026號裁定即認：「本件原告起訴主張為訴訟標的之權利者，

2. 惟前實務見解本書認為似有過度限縮訴訟繫屬登記作用之疑慮：查部分學者及該條立法理由，或引述外國法制認訴訟繫屬登記制度主要用途乃阻止第三人善意取得之可能，並以條文之文義解釋為據，進而認為若當事人間是因債權請求權而涉訟，則不生「訴訟標的係以取得、設定、喪失、變更依法應登記之權利」之條文文義要件，認為無民事訴訟法第254條訴訟繫屬登記之適用；又我國民事訴訟法之訴訟繫屬登記，雖不生禁止處分之法律效力，惟就所有人處分系爭物時仍會有事實上的阻礙發生（例如：會影響銀行貸款之意願及成數），是我國原民事訴訟法制訴訟繫屬登記只要求「起訴後」即得為之的低門檻，或有可能被利用為惡意侵害有權人權利之手段，再加上前揭見解，因而認為仍需透過將訴訟繫屬登記制度之使用情狀限縮於「物權請求權而生者」[68]，而不及於債權請求權。惟訴訟繫屬登記，其制度目的不應為前述之窄化，蓋就糾紛當事人間，縱屬一「債權請求權」之爭執，尤其是涉及到不動產之移轉登記請求權之行使，當事人之一方，若透過此一繫屬登記制度相當程度內亦可保障其債權實現之可能性，因其仍足相當影響他人介入系爭債權標的法律關係之意願，是非無開放債權請求權訴訟繫屬登記之實益，而就學者擔心該制度遭過度濫用之可能，筆者認為現行民事訴訟法制修法後已明定訴訟繫屬登記制度以起訴合法且非顯無理由為前提，是已一定程度降低前開疑慮[69]。或亦得藉

先位係依民法第242條、第87條規定，代位確認相對人間買賣關係不存在，並依民法第113條規定，請求被告塗銷系爭不動產之移轉登記；備位則係依民法第244條第2項、第4項規定，撤銷相對人間就系爭不動產之買賣及所有權移轉行為，並回復登記為屠名蘭所有，核上開權利之性質均屬「債權」，且該權利之取得、設定、喪失、變更，非屬依法應登記者，揆諸前揭說明，自無前開發給起訴證明規定之適用。是聲請人聲請發給已起訴之證明，核與民事訴訟法第254條第5項前段規定之要件不合，應予駁回」。

[68] 參閱劉明生，訴訟繫屬登記、異議登記與善意取得——評最高法院102年度台抗字第1110號裁定，月旦裁判時報，第35期，2015年5月，頁33-40。

[69] 相似見解參最高法院102年度台抗字第1110號裁定：「再抗告人主張兩造間就系爭土地有無買賣契約存在有所爭執，相對人提起訴訟，請求再抗告人各將系爭土地應有部分二十分之一移轉登記與相對人，業據提出系爭契約、系爭協議書、起訴狀等件為證，堪認其已就兩造間有爭執之法律關係予以釋明。又再抗告人主張系爭土地因有系爭註記，銀行停止貸款，致伊等受有每月三百萬元利息之損害云云，雖提出貸款明細、承諾書、支票、函件為證，惟依民事訴訟法第二百五十四條第五項關於受訴法院得依當事人之聲請發給已起訴之證明，由當事人持向該管登記機關請求將訴訟繫屬之事實予以登記之規定，旨在使欲受讓為訴訟標的之權利或法律關係之第三人知悉訴訟繫屬

結合提供擔保制度作為雙方經濟利益風險的調和手段。

(二) 關於聲請時間之要件

1. 民事訴訟法

自民事訴訟法254條第5項法條以觀:「第一項為訴訟標的之權利,其取得、設定、喪失或變更,依法應登記者,於起訴後,受訴法院得依當事人之聲請發給已起訴之證明,由當事人持向該管登記機關請求將訴訟繫屬之事實予以登記。訴訟終結後,當事人或利害關係人得聲請法院發給證明,持向該管登記機關請求塗銷該項登記」。其聲請訴訟繫屬登記之時間及其移轉之時間不論係「起訴後訴訟終結前」均可聲請,此外並無其他之時間性限制。

2. 內政部民國102年前之函釋

內政部99年9月27日內授中辦地字第0990050723號函釋[70],乃依上述民事訴訟法之意旨亦未就登記之時間有相關之限制,惟實務上因一旦有訴訟繫屬之登記後,發生諸多受讓所有權之第三人認為其產權因而受有損害(諸如:交易價值貶損或貸款權利縮水或困難等),而有抗議或甚至訴請塗銷該註記之訴訟,因此內政部為了限縮該條訴訟繫屬登記之範圍,在民國102年作了新的函釋希望減少此類訴訟繫屬之登記,並減少紛爭。

3. 內政部民國102年函釋

依內政部102年12月27日台內地字第1020375043號令關於地政機關配合民事訴訟法第254條第5項規定辦理訴訟繫屬註記登記之處理事宜略以:「地政機關配

之事實,據為判斷是否善意受讓,若塗銷登記,第三人無從知悉兩造就系爭土地所有權有所爭執,引發日後是否為善意第三人之訟爭,有損法秩序之安定,維護此公共利益較再抗告人之私人利益更為重要,且系爭註記亦無禁止再抗告人處分系爭土地之效力,因認本件並無定暫時狀態處分之必要,爰以裁定駁回再抗告人之抗告。經核於法並無違背」。

[70] 內政部99.9.27內授中辦地字第0990050723號函:「訴訟標的之法律關係於訴訟繫屬後未辦理註記登記前已移轉於第三人,揆諸前開規定之立法目的,登記機關似仍可受理該註記登記,並俟訴訟終結後,由當事人或利害關係人持法院發給之證明文件,向該管登記機關請求塗銷該註記登記」。

合民事訴訟法第254條（以下簡稱本條）第5項規定辦理訴訟繫屬註記登記之處理
事宜如下：基於土地登記公示、維護實體法上（如民法第759條之1、土地法第43
條規定）之不動產交易安全，並參照司法院秘書長102年11月8日秘台廳民一字第
1020028911號函釋本條第5項規定將訴訟繫屬事實予以登記之立法理由，旨在保護
欲受讓該權利之善意第三人[71]；是就訴訟當事人持已起訴證明向登記機關申請訴訟
繫屬註記登記時，如該訴訟標的不動產已移轉（含於訴訟繫屬前移轉）登記予第
三人者，除該第三人係屬非得主張善意取得之情形（如繼承移轉取得）外，地政機
關將不予辦理訴訟繫屬註記登記。另訴訟當事人如認為該第三人非為善意受讓訴訟
標的不動產，因屬私權爭執範疇，應由其訴請法院判決，或另循民事訴訟保全程序
為之[72]。原業經地政機關依本部99年9月27日內授中辦地字第0990050723號函規定
辦竣訴訟繫屬註記登記者，得由該不動產登記名義人申請塗銷訴訟繫屬註記登記，
並由地政機關於辦竣塗銷登記完畢後通知訴訟當事人及申請人；惟登記名義人係於
辦竣訴訟繫屬註記登記後取得訴訟標的不動產者，因其非屬善意第三人，將不予受
理其申請。並明令內政部99年9月27日內授中辦地字第0990050723號函規定停止適
用。

4. 評析

內政部之新作法與以往最大之不同即在於申請訴訟繫屬註記登記時，如該訴
訟標的不動產已移轉(含於訴訟繫屬前移轉)登記予第三人者，地政機關將不予辦理
訴訟繫屬登記，此作法本文認為與立法目的尚屬無違，且可減少不不要之第三人爭
訟，應予肯定，理由如下：

(1)民事訴訟法第254條第5項之立法目的如前述既然在於「保護繼受標的之第
三人」，如該第三人已經「完成所有權登記」即無事後再予註記訴訟繫屬之必要，
因其已經取得「所有權登記」，其究竟屬於「善意或惡意取得所有權」係以「登記
時」之狀態為準據，而無法以事後之訴訟繫屬登記來影響其善意或惡意。

(2)此新作法限制民事訴訟法第254條第5項之適用範圍，不但與本條項之立法
目的無違，則該條在法學方法論上即有隱藏性之法律漏洞（應排除而未排除其適
用），內政部之前揭新函釋即係將民事訴訟法第254條第5項作目的性之限縮，此種

---

[71] 林家祺、劉俊麟，新白話六法系列—民事訴訟法，書泉出版社，2014年版，頁331。

[72] 民事訴訟法之保全程序，是指以保全日後強制執行行為為目的所進行之程序，包括假
扣押與假處分兩種。

民事訴訟法新論

為填補法律之隱藏性漏洞之方法在法律學領域比比皆是，應值贊同。

　　(3)由於第三人取得產權後法律上即屬合法之所有權人，其土地遭訴訟繫屬之登記確實會干擾其所有權之圓滿狀態，造成出售困難、貸款困難等，地政機關與行政法院均不斷地受到此類之爭議及行政訴訟，不但增加行政機關之負擔，本來立法目的欲「保護第三人」之法律竟成第三人爭訟之來源，足見原來之作法未符立法目的，新措施實施後將可有效減少第三人之爭訟。

(三) 起訴合法且非顯無理由

　　1. 立法院104年6月15日三讀通過民事訴訟法第254條之修正，其內容調整該條第5項，明訂當事人聲請發給已起訴證明，應符合起訴合法且非顯無理由之要件；而第6項規範法院於發給已起訴之證明前，得使當事人陳述意見；次再增訂第7項當事人已為訴訟繫屬事實之登記者，於事實審言詞辯論終結前，他造當事人得提出異議；末就此類爭執為盡速定紛止爭，及早進入實體審酌，同條第8項載明，對於第5項駁回聲請之裁定及就第7項異議所為之裁定，不得聲明不服。

　　2. 該條第5項立法理由揭示「為兼顧第三人交易之維護及訴訟當事人權益之保障，當事人聲請發給已起訴之證明，應符合起訴合法且非顯無理由為要件。」，蓋訴訟繫屬登記雖不生禁止轉讓之法效果，惟其仍相當程度的影響他人介入系爭訴訟標的之法律關係之意願，若聽任他人任意藉由訴訟繫屬登記制度來事實上侷限合法權利人之相涉法律舉措，顯失允妥，是新法不再單以形式外觀上起訴與否作為得否為訴訟係屬登記之考酌前提，而是要求聲請為訴訟繫屬登記之聲請人，需一定程度釋明其本訴訟非顯無理由始足當之，如此當得減低惡意當事人透過訴訟繫屬登記制度，濫行危害實質權利人行使其權利之可能。

三、訴訟繫屬登記之效果

　　綜整目前實務見解後，本文認為一旦完成民事訴訟法第254條第5項之訴訟繫屬登記後將發生以下之效力[73]：

(一) 僅生公示之效果，不生禁止處分之效力

　　學說與實務均認為民事訴訟法第254條第5項所定旨在使欲受讓該權利之第三

---

[73] 完成民事訴訟法254條第5項之訴訟繫屬登記後，是否發生「法律效力」因有爭議，因此本文以中性用語，登記後發生之「效力」稱之。

人有知悉該訴訟繫屬之機會[74]，避免其遭受不利益或減少因其主張善意取得而生之紛爭[75]，故一般均認縱使該登記完成亦僅有公示之效果，並無限制登記名義人處分其土地權利之效力，自非屬土地登記規則第136條所稱之限制登記[76]。因而，訴訟繫屬之事實登記，僅生公示之外觀，使第三人知悉系爭產權有訴訟繫屬乙事爾爾，但並未因而生有限制登記名義人處分該財產權之法律效果。易言之，登記名義人仍可自由處分該產權，此與查封或假扣押、假處分等剝奪該產權之處分權有異。換言之，實務見解一向認為民事訴訟法第254條第5項之訴訟繫屬登記僅係為保障交易安全，並無禁止移轉之效力，該規範僅使欲受讓為訴訟標的權利或法律關係之第三人，知悉訴訟繫屬於法院之事實[77]。

---

[74] 實務見解參照內政部100.1.21內授中辦地字第1000040662號函：「地政機關所為當事人訴訟繫屬事實之登記，並無限制訴訟標的之不動產登記名義人處分其不動產權利之效果。」

[75] 林家祺、劉俊麟，新白話六法系列—民事訴訟法，書泉出版社，2014年版，頁331。

[76] 參照最高行政法院96年度判字第1046號判決、參高雄市政府第101070397號訴願決定書。

[77] 臺灣高等法院102年度上易字第1179號民事判決：「按訴訟標的之權利，其取得、設定、喪失或變更，依法應登記者，於起訴後，受訴法院得依當事人之聲請發給已起訴之證明，由當事人持向該管登記機關請求將訴訟繫屬之事實予以登記。訴訟終結後，當事人或利害關係人得聲請法院發給證明，持向該管登記機關請求塗銷該項登記。民事訴訟法第254條第5項定有明文。該規定係為保障交易安全，並無禁止移轉之效力，僅使欲受讓為訴訟標的權利或法律關係之第三人，知悉訴訟繫屬於法院之事實。林福次對祭祀公業林太平之管理人林昭君提起確認管理權不存在及將公業所有土地所為管理者變更登記予以塗銷之訴，係在排除林昭君對公業之管理權，此僅影響上訴人是否以林昭君為法定代理人辦理土地所有權移轉登記是否合法，仍屬地政機關有權審核事項。林福次聲請法院發給已起訴證明，並持向該管登記機關將訴訟繫屬之事實予以登記，乃依法行使其權利，且該訴訟繫屬之註記，並未禁止祭祀公業林太平處分土地，此由101年8月17日列印之土地登記謄本上仍有「依臺灣基隆地方法院民事庭98年10月2日民事件已起訴證明書辦理註記，本件不動產現為該院98年度訴字第400號案件訴訟中」之登記，然祭祀公業林太平仍於99年1月15日與訴外人辜耀興調解成立，並於100年4月8日辦理所有權移轉登記之事實，即足佐證，是上開註記並無影響祭祀公業林太平出售土地之流程，亦無不法侵害公業之權利，是其以林福次應賠償該土地買賣因而增加之增值稅211萬1150元並以之抵銷林福次得請求之價金分配款云云，並無理由。」

(二) 具有防止承買人主張善意取得之功能[78]

1. 承上所述，既然訴訟繫屬登記，不生禁止處分之效力，亦即訴訟繫屬之登記無法限制該標的之處分，惟鑒於其仍有公示外觀存在，故登記後該產權之第三承買人日後將無法主張其係信賴登記之外觀（例如：土地法第43條之規定）而主張善意取得。換言之，訴訟繫屬之事實登記可以某種程度上阻止善意取得之情況發生[79]。因此，論者有謂，民事訴訟法第254條第5項之增修係將學界主張「買賣不看土地謄本，即屬重大過失，不應認為係善意」之過去判決見解加以法律明文化[80]。

2. 關於訴訟繫屬登記可資為判斷是否善意受讓之重要依據，以下即舉實務判決見解再闡述如下：

(1) 按訴訟繫屬登記之所以生排除善意受讓規定之脈絡在於「如已知登記有無效或得撤銷之原因，而仍執意續為登記，即難認其為信賴登記（應指信賴登記之完整性）而為新登記第三人，應不受土地法第43條之保護，……登記事項是公開之資訊，任何人均可從謄本中獲悉，……應買人為明瞭拍賣標的物之產權及抵押情形，自是謹慎小心，在交易經驗上理應向地政機關申請謄本閱覽以知悉訴訟情形；縱如拍定人主張未閱覽謄本，亦應認其有重大過失，未盡查閱土地謄本之注意義務，難認是善意」，其中尚進一步提及「縱未閱覽謄本，亦應認其有重大過失」而亦同得基於此重大過失而排除相關善意受讓之主張」[81]。臺灣高等法院101年度重上字第

---

[78] 善意取得之要件：「必須是無權處分」、「無權處分人與第三人間須為法律行為，非事實行為」、「法律行為必須完成交付或登記」、「第三人對於無權處分人欠缺處分權並不知情」；參閱蔡明誠，「民事普通地上權修正之評析」，月旦法學雜誌，第180期，2010年5月，頁5-22。

[79] 公示外觀，其作用在於提供一外部可供辨認之表徵，透明相關之法律關係，藉以提供交易安全之保護。參閱王澤鑑，民法物權，第一冊，通則·所有權，自版，1992年4月版，頁75。

[80] 參閱王澤鑑，民法物權，第一冊，通則·所有權，自版，1992年4月版，頁109；由內文可得知，土地登記簿冊內容，依社會交易習慣判斷，應推定屬相涉權利義務當事人已閱覽，而不問其實際閱覽與否；循此脈絡，背於此交易習慣，「買賣不看土地謄本」，至生相關的損害，則得一定程度的認定為有「重大過失」之情狀。相同見解見林家祺、劉俊麟，新白話六法系列—民事訴訟法，書泉出版社，2014年版，頁331。

[81] 臺灣高等法院花蓮分院97年度訴更一字第1號民事判決：「此2項（註：民事訴訟法第254條第4、5項）條文係89年2月9日修訂時增訂，立法理由是『訴訟標的之法律關係有移轉時，該受讓之第三人或不知有訴訟繫屬情形，為避免其遭受不利益，應有使

513號民事判決亦認為訴訟繫屬登記並無禁止移轉之效力[82]，僅使欲受讓為訴訟標的權利之第三人，知悉訴訟繫屬於法院之事實；但基於訴訟繫屬登記之公示外觀存在，第三人於訴訟繫屬登記後受讓訴訟繫爭標的物後，其主張自身符合善意受讓中「善意」要件之難度將會增加。

(2) 又基於訴訟繫屬登記之公示外觀存在，第三人（訴訟當事人以外之人）於訴訟繫屬登記後受讓訴訟繫爭標的物，第三人將可能排除民法善意受讓規定之主張可能。且更進一步有法院祖認為該訴訟繫屬登記認已一定程度給予興訟者權益保障，可能在一定範圍程度範圍內影響是否可再聲請假處分保全之必要性[83]。

其知悉之機會及欲受讓該權利之第三人有知悉該訴訟繫屬之機會，將可避免其遭受不利益』學者則以，若知悉訴訟繫屬於法院仍受讓為訴訟標的之法律關係，可據為是否善意受讓之重要參考資料。另按民訴訟法第401條第1項有關程序法上規定『既判力之主觀範圍』，並非在創設或變更實體法上規定之權義係，為確保交易安全，倘受讓該訴訟標的物之第三人，係信賴不動產登記或善意取得動產者，因受土地法第43條……規定之保護，基於各該實體法上之規定，固例外不及於該受讓訴訟標的物之善意第三人，惟必以該實體法上所規定『善意受讓之第三人』為限。及土地法第43條所謂登記有絕對效力，係為保護因信賴登記取得土地權利之第三人而設。第三人於訂立買賣契約時，雖屬善意，但其在辦妥登記前，如已知登記有無效或得撤銷之原因，而仍執意續為登記，即難認其為信賴登記而為新登記第三人，應不受土地法第43條之保護，……登記事項是公開之資訊，任何人均可從謄本中獲悉，……應買人為明瞭拍賣標的物之產權及抵押情形，自是謹慎小心，在交易經驗上理應向地政機關申請謄本閱覽以知悉訴訟情形；縱如拍定人主張未閱覽謄本，亦應認其有重大過失，未盡查閱土地謄本之注意義務，難認是善意。」

82 臺灣高等法院101年重上字第513號民事判決。
83 臺灣高等法院臺中分院102年度抗字第268號民事裁定：「本院復審酌：(1)抗告人基於買賣關係而受系爭不動產所有權移轉登記，其信賴不動產所有權登記制度之動態交易安全亦應受保障；(2)另一方面相對人對抗告人如提起前揭撤銷訴訟請求回復原狀，相對人可依民事訴訟法第254條第5項規定向法院聲請核發已起訴證明，持向地政機關辦理訴訟繫屬登記，抗告人如將系爭不動產所有權移轉第三人，該受讓系爭不動產之第三人除受該案判決效力主觀範圍所及之外，亦因前揭訴訟繫屬登記而不受民法善意受讓規定之保障，前揭制度亦足以保全相對人日後提起撤銷訴訟獲得勝訴判決之執行結果，本院基於前揭(1)(2)之利益衡量，認本件相對人既未能釋明前揭假處分及定暫時狀態處分之原因，其聲請即不應准許。」

(三) 登記並不生法律效果，但實質上影響所有權之圓滿狀態：

臺北高等行政法院101年度訴字第180號行政判決認為訴訟繫屬註記非屬行政處分性質，且不發生法律效果[84]（應指不符行政處分所需之法效性要件），但也務實的認為該項註記所在之土地，因該註記之存在，可能使得第三人望之卻步，影響土地之交易情形，事實上影響土地所有權之圓滿狀態，乃事實作用，而非法律作用，並據此認為所有權人得提起一般給付之行政訴訟救濟，本文認為此一見解務實地貼近民間之實際現況，而非僅拘泥於法律文義作咬文嚼字，應值贊同。也因此之故內政部前述102年限縮本法254條第5項之適用即有其必要性與正當性。

(四) 訴訟繫屬登記得與假扣押、假處分並存

按訴訟繫屬登記與假扣押、假處分之制度目的及要件均有不同，前者是旨在保護第三人，為避免其遭受不利益，使其有知悉訴訟之機會[85]，並可能向法院為承當

---

[84] 臺北高等行政法院101年度訴字第180號行政判決認為訴訟繫屬註記非屬行政處分性質，且不發生法律效果，判決意旨略以：「惟原告依行政訴訟法第8條第1項規定所提本件給付訴訟，於法洵屬有據，爰析述如下：按『所謂『行政處分』，依訴願法第3條第1項及行政程序法第92條第1項規定，係指中央或地方行政機關就公法上具體事件所為之決定或其他公權力措施而對外直接發生法律效果之單方行政行為而言。土地登記上之『註記』，係『在標示部所有權部或他項權利部其他登記事項欄內註記資料之登記』（見內政部訂定之『登記原因標準用語』），即『註記資料』。土地應受土地使用管制法令如何之限制，係以土地登記簿上『地目』、『使用分區』及『編定使用種類』欄之登記內容定之，而非土地登記簿標示部其他登記事項欄之註記所得變更。地政事務所在土地登記簿標示部其他登記事項欄註記：『本土地涉及違法地目變更，土地使用管制仍應受原『田』地目之限制』，法律並未規定發生如何之法律效果。」此外民事訴訟法學者姚瑞光亦認為此繫屬登記不生法律上效力，參見姚瑞光，民事訴訟法論，自版，2012年1月版，頁431。

[85] 最高法院97年度台抗字第339號民事裁定：「按訴訟繫屬中為訴訟標的之法律關係，雖移轉於第三人，於訴訟無影響。但第三人如經兩造同意，得聲請代當事人承當訴訟；法院知悉訴訟標的有移轉者，應即以書面將訴訟繫屬之事實通知第三人；第一項為訴訟標的之權利，其取得、設定、喪失或變更，依法應登記者，於起訴後，受訴法院得依當事人之聲請發給已起訴之證明，由當事人持向該管登記機關請求將訴訟繫屬之事實予以登記。訴訟終結後，當事人或利害關係人得聲請法院發給證明，持向該管登記機關請求塗銷該項登記。民事訴訟法第二百五十四條第一項、第四項、第五項固定有明文。惟此等規定，旨在保護第三人，為避免其遭受不利益，使其有知悉之機會，並

訴訟之主張。且效力上亦僅使欲受讓爲訴訟標的之權利或法律關係之第三人知悉訴訟繫屬於法院之事實，而以此據爲是否善意受讓之重要參考資料，並無禁止移轉之效力。後者，旨在保全強制執行及禁止債務人爲移轉處分，故認兩制度應屬平行存在，爲各自的訴訟目的服務。職是，當訴訟一方提出假扣押、假處分等聲請，法院不得以其已另爲訴訟繫屬登記爲由，即認定駁回其保全之聲請[86]。

(五) 訴訟繫屬之登記無預告登記之效力[87]

預告登記具有使妨害其所登記請求權所爲處分無效之效力，性質上介於介於

促其是否徵求兩造同意，或聲請法院許其承當訴訟。又於原告起訴後，當事人縱依上開第五項規定聲請主管機關爲登記，亦僅使欲受讓爲訴訟標的之權利或法律關係之第三人知悉訴訟繫屬於法院之事實，以此據爲是否善意受讓之重要參考資料，並無禁止移轉之效力。此與假處分制度，旨在保全強制執行及禁止債務人爲移轉處分之規範目的及法律效果均有所不同，故債權人就請求標的聲請對債務人爲假處分，縱令於起訴後，祇要符合假處分要件之相關規定，法院即應准許，初無因有上述訴訟繫屬事實登記規定，得認爲無假處分必要，而不予准許之理。次按民事訴訟法第五百三十二條第一項規定，債權人就金錢請求以外之請求，欲保全強制執行者，得聲請假處分，而未將得易爲金錢請求之請求除外，是債權人就得易爲金錢請求之請求爲保全強制執行，不聲請假扣押而聲請假處分，自爲上開條項之所許（本院四十二年台抗字第三八號判例參照）。」

[86] 但實務上有不同之見解，例如：臺灣高等法院臺中分院102年度抗字第268號民事裁定係認爲訴訟繫屬登記既然可排除民法善意受讓之保障，則訴訟繫屬登記已足以保全相對人日後提起撤銷訴訟獲得勝訴判決之執行結果，而據以認定其既已完成訴訟繫屬登記即不符合假處分之要件。

[87] 臺灣高等法院臺南分院102年度抗字第160號民事裁定：「查民事訴訟法第254條第5項前段：【……爲訴訟標的之權利，其取得、設定、喪失或變更，依法應登記者，於起訴後，受訴法院得依當事人之聲請發給已起訴之證明，由當事人持向該管登記機關請求將訴訟繫屬之事實予以登記】規定之註記（參內政部發布之登記原因標準用語），旨在使欲受讓該權利之第三人有知悉該訴訟繫屬之機會，以避免其遭受不利益，依此項規定所爲之註記，並無土地法第79條之1第2項：『前項預告登記未塗銷前，登記名義人就其土地所爲之處分，對於所登記之請求權有妨礙者無效』規定之效力。申言之，系爭不動產縱經地政機關於登記簿本已有本案撤銷贈與訴訟中爲註記，並無禁止移轉之效力，僅使欲受讓爲訴訟標的權利或法律關係之第三人，知悉訴訟繫屬於法院之事實，避免其遭受不利益，固亦可據爲是否善意受讓之參考資料，然當事人仍非不

債權與物權間，具有兩者之性質，可認為係於土地登記簿上公示，以保全對不動產物權之請求權為目的，具有若干物權效力之制度[88]；反之，訴訟係屬登記之制度，無禁止移轉之效力，已如前述，其僅使欲受讓為訴訟標的權利或法律關係之第三人，知悉訴訟繫屬於法院之事實，避免其遭受不利益，進而可據為是否善意受讓之參考資料[89]；且又土地法第79條之1條之預告登記與民事訴訟法第254條第5項之訴訟繫屬登記，就發動要件上亦有顯著之不同，前者需「檢附登記名義人之同意書為之」[90]，後者則否。

四、訴訟繫屬登記之法律性質

關於地政事務所訴訟繫屬登記之法律性質，有不同之實務見解分述如下：

(一) 行政事實行為說

1. 此說認為此繫屬登記民事訴訟法第254條第5項之登記有將訴訟事實公告周知，而無妨礙該產權處分之效力[91]，亦即，若有他人執意承買該產權，該產權所有

得就此另事爭執，殊難以此註記即謂已無日後不能或甚難強制執行之虞。抗告人將系爭不動產之訴訟繫屬註記，誤為土地法第79條之1第1項所定之預告登記，據以指稱系爭不動產已經相對人辦理註記，毋須再為假處分云云，自無可取」。另，臺灣高等法院101年度抗字第1733號民事裁定：「前揭民事訴訟法第254條第5項規定之註記（參內政部發布之登記原因標準用語），旨在使欲受讓該權利之第三人有知悉該訴訟繫屬之機會，以避免其遭受不利益，依此項規定所為之註記，並無土地法第79條之1第2項：『前項預告登記未塗銷前，登記名義人就其土地所為之處分，對於所登記之請求權有妨礙者無效』規定之效力。抗告人將系爭房地之訴訟繫屬註記，誤為土地法第79條之1第1項所定之預告登記，據以指稱：系爭房地已經相對人辦理預告登記，相對人所欲保全之移轉系爭房地請求權已無將來不能執行或甚難執行之虞，再為假處分即屬雙重保護云云，自無可取。」

88　王澤鑑，民法物權，第一冊通則・所有權，自版，1992年版，頁102。

89　林家祺、劉俊麟，新白話六法系列—民事訴訟法，書泉出版社，2014年版，頁331。

90　參閱王澤鑑，民法物權，第一冊通則・所有權，自版，1992年版，頁103。

91　基於該訴訟繫屬登記「無妨礙該產權處分之效力」，是認其作為欠缺行政處分所必需之法效性要件（法效性是指對人民的權利義務產生得、喪、變更的變動效果，或有所確認之謂）；行政處分之定義與法效性之意涵，參酌蔡茂寅，行政處分之概念，月旦法學教室，第108期，2004年5月，頁9-11。

人仍得辦理移轉登記，但地政事務所會將該註記內容轉載到新所有權人的登記資料中，故僅為事實行為非行政處分，蓋其不符合行政法上對行政處分須具備之法效性要件。然此事實之性質係公法或私法[92]，則有不同見解：

有認為此登記係行政機關提供資訊之行為，而屬行政事實行為[93]。甚至亦有認為此登記並非公法上之法律關係[94]。若採前者之見解，則若對於訴訟繫屬之登記不服者，則應提行政訴訟法第8條之一般給付訴訟，若採後者之見解，則不僅不得提行政訴訟法第8條之一般給付訴訟，而連行政訴訟皆不得提出。內政部中華民國98年5月20日內授中辦地字第0980724546號函亦認為此一登記民事訴訟法第254條第5項之登記並未限制登記名義人之系爭財產處分權，故非行政處分；內政部中華民國98年5月20日內授中辦地字第0980724546號函亦認為此種登記既未限制登記名義人處分其不動產權利，對外並未直接發生法律效果，非屬行政處分。

2. 行政事實行為，但得提起一般給付訴訟救濟[95]

臺北高等行政法院101年度訴字第180號判決略以：「次按『人民與中央或地方機關間，因公法上原因發生財產上之給付，或請求作成行政處分以外之其他非財產上之給付，得提起給付訴訟。』行政訴訟法第8條第1項定有明文。又『人民依民法第767條及行政訴訟法第8條第1項前段規定，主張其權利受公權力之違法干涉，請求排除該違法干涉之事實結果，以回復原有狀況之權利，此乃學說所稱之公法上

---

[92] 常見之公、私法區分理論：「主體說」，以法律行為的主體為認定，只要相涉法律關係中，一方為公權力主體，即屬公法領域。「利益說」以所涉者為公益或私益為區分。「從屬說」以相涉之法律關係為垂直關係，或水平關係加以區分。「新主體說」，以權利義務歸屬之主體為區分，僅只有國家為有權使者，則屬公法關係。參閱黃默夫，行政法—新體系與問題研析，自版，1999年初版，頁25。

[93] 參照台北高等行政法院101年度訴字第180號行政判決。所謂行政事實行為指，不以發生法律效果為目的而僅以發生實際上效果為目的之行政行為；林錫堯，行政法要義，自版，1998年版，頁423。

[94] 臺北高等行政法院103年度訴字第1333號行政裁定。

[95] 行政訴訟法中上之一般給付訴訟，依行政訴訟法第8條明文揭示，其訴訟限於「依公法上原因發生」，而臺北高等行政法院101年度訴字第180號判決與臺北高等行政法院103年度訴字第1333號裁定之所以對民事訴訟法第254條所涉之訴訟繫屬登記就否得依行政訴訟法於行政法院提起一般給付訴訟發生歧異，應因後者認民事訴訟法第254條所涉之訴訟繫屬登記，乃被告法院法官基於職權踐行訴訟法之程序所為，屬行使司法權之行為，非屬一公法上法律關係（非依公法上原因發生）。

之結果除去請求權。此項結果除去請求權，雖未見於我國行政法規之明文，惟其與行政程序法第127條所定之公法上不當得利返還請求權具有相同之性質，同有不容違法狀況存在之意義，應得以法理予以適用，而認許人民有此項請求權』，亦經最高行政法院著有97年度判字第374號判決可資參照。第以系爭土地應受使用管制法令如何之限制，係以系爭土地登記簿上標示部「地目」、「使用分區」及「編定使用種類」欄之登記內容定之，而非系爭土地登記簿標示部「其他登記事項」之註記所得變更。是被告在系爭土地登記簿標示部「其他登記事項」欄位記載「依臺灣板橋地方法院100年7月27日證明文件辦理註記，本件不動產現為該院100年度建字第99號履行合建契約等事件案件訴訟中」等字樣之註記，法律雖未規定發生如何之法律效果，然系爭註記所在之系爭土地，因該註記之存在，事實上可能影響其所有權之圓滿狀態，但因係屬事實作用，而非法律作用，該註記既未對外直接發生法律效果，自非屬行政處分性質甚明。且查系爭註記固非屬行政處分，惟因其係行政機關提供資訊之行為[96]，而屬行政事實行為，此一行政事實行為所依據者為參加人所屬秘書處100年8月8日函，乃行政機關間之行為，縱使通知當事人，尚無從對外直接發生法律效果，自非行政處分。由是，被告拒絕原告註銷系爭註記之請求，係拒絕作成事實行為之要求，該拒絕行為仍非屬行政處分。故原告無論針對系爭註記或被告所為拒絕註銷系爭註記之行政事實行為，均不得提起撤銷訴訟，以資救濟，甚為明白。又因系爭註記係屬行政訴訟法第8條第1項所稱之「公法上原因」，原告認該註記違法，且事實上影響系爭土地所有權之圓滿狀態，而侵害其所有權，依最高行政法院99年度3月第1次庭長法官聯席會議決議及判決意旨[97]，自得依行政訴訟法第

---

[96] 行政機關之資訊提供行為，為典型之行政事實行為：參閱羅傳賢，行政法概要，五南出版社，2007年修訂二版，頁75。

[97] 最高行政法院99年度3月份第1次庭長法官聯席決議，理由節錄：

……地政事務所在土地登記簿標示部其他登記事項欄註記：「本土地涉及違法地目變更，土地使用管制仍應受原『田』地目之限制」，法律並未規定發生如何之法律效果。系爭註記所在之土地，因該註記之存在，可能使得第三人望之卻步，影響土地之交易情形，事實上影響土地所有權之圓滿狀態，乃事實作用，而非法律作用。系爭註記既未對外直接發生法律效果，自非行政處分。

系爭註記雖非行政處分，然因其係行政機關提供資訊之行為，為行政事實行為。……人民之財產權應予保障，憲法第15條定有明文。憲法所保障之人民基本權利，具有防禦權功能，人民於其基本權利受到國家侵害時，得請求國家排除侵害行為。……國家

8條第1項規定，向行政法院提起一般給付訴訟，請求排除侵害行為即除去系爭註記（回復為無註記之狀態）。準此，本件原告以系爭註記影響其對於系爭土地之移轉利用，侵害其對於系爭土地所有權之完整性為由，依行政訴訟法第8條第1項規定，向本院提起一般給付之行政訴訟，即屬有據，自應予實體審理」[98]。

(二) 非公法關係說

此說認訴訟繫屬之事實登記並非行政處分，亦非屬公法關係[99]，不得對之提起

之侵害行為如屬行政事實行為，此項侵害事實即屬行政訴訟法第8條第1項所稱之「公法上原因」，受害人民得主張該行政事實行為違法，損害其權益，依行政訴訟法第8條第1項規定提起一般給付訴訟，請求行政機關作成行政處分以外之其他非財產上給付，以排除該侵害行為。

[98] 臺北高等行政法院101年度訴字第180號行政判決認為系註記所在之土地，因該註記之存在，可能使得第三人望之卻步，影響土地之交易情形，事實上影響土地所有權之圓滿狀態，乃事實作用，而非法律作用。系爭註記既未對外直接發生法律效果，自非行政處分。系爭註記雖非行政處分，然因其係行政機關提供資訊之行為，為行政事實行為。此一行政事實行為所依據之縣政府決議，乃上級機關指示下級機關作成行政事實行為之機關內部行為，縱使通知當事人，尚無從對外直接發生法律效果，亦非行政處分。準此，地政事務所拒絕土地所有權人註銷系爭註記之要求，係拒絕作成事實行為之要求，該拒絕行為亦非行政處分。人民之財產應予保障，憲法第15條定有明文。憲法所保障之人民基本權利，具有防禦權功能，人民於其基本權利受到國家侵害時，得請求國家排除侵害行為。國家之侵害行為如屬負擔行政處分，受害人民得主張該行政處分違法，損害其權益，依行政訴訟法第4條規定提起撤銷訴訟，以排除該侵害行為。國家之侵害行為如屬行政事實行為，此項侵害事實即屬行政訴訟法第8條第1項所稱之『公法上原因』，受害人民得主張該行政事實行為違法，損害其權益，依行政訴訟法第8條第1項規定提起一般給付訴訟，請求行政機關作成行政處分以外之其他非財產上給付，以排除該侵害行為。地政事務所在土地登記簿標示部其他登記事項欄註記：『本土地涉及違法地目變更，土地使用管制仍應受原田地目之限制』。事實上影響其所在土地所有權之圓滿狀態，侵害土地所有權人之所有權，土地所有權人認系爭註記違法者，得向行政法院提起一般給付訴訟，請求排除侵害行為即除去系爭註記（回復未為系爭註記之狀態），業經最高行政法院99年度3月第1次庭長法官聯席會議作成決議在案應予受理。」

[99] 公、私法（法律關係）之定性、區分、標準何在，各國學者主張不一，眾說紛紜，迄無定論。其中重要者如，主體說「公法是拘束保有統治權的團體和其對等者或其隸屬

行政訴訟：

臺北高等行政法院103年度訴字第1333號裁定：「此係爲保障交易之安全，使欲受讓該權利之第三人有知悉該訴訟繫屬之機會，將可避免其遭受不利益[100]，於89年2月9日修法時所增訂。而此項證明，係對『起訴事實』之通知，並不生物權得、喪、變更，或限制登記之效果，故受訴法院僅得依當事人之聲請發給證明，應由當事人持憑該證明向登記機關辦理訴訟繫屬註記登記或塗銷該項註記登記，尚不得主動通知登記機關辦理；而當事人持憑法院發給之已起訴證明向該管登記機關請求，將訴訟繫屬之事實予以登記，登記機關受理註記後，亦無限制訴訟標的之不動產登記名義人處分其不動產權利之效果，僅就當事人間已爲訴訟之事實爲『公示』，非對人、物之行政處分，故該證明之性質僅係事實之通知書函，非生訴訟上法律效果之裁定，自不得以抗告程序表示不服；若其通知內容有錯誤，亦當以書函更正，而非以裁定爲之。」等語（參見本院卷第21、22頁），則撤銷起訴證明書，乃爲審判訴訟程序進行中之行爲。原告固主張應依刑事訴訟法第490條規定、民事訴訟法第254條第5項規定核發「已起訴證明書」，爰請求撤銷系爭函云云。惟查，系爭函係被告法院法官基於職權踐行刑事訴訟法之程序所爲，屬行使司法權之行爲，要非行政處分，並非行政法院審判之範圍。是以，系爭函既非立於行政機關之地位所爲之行政行爲，亦非行政機關就公法上具體事件所爲之決定或其他公權力措施而對外直接發生法律效果之單方行政行爲，自非行政處分，亦非屬公法[101]上法律關係，核諸上開規定及說明，原告自不得對之提起行政訴訟以爲救濟。訴願決定以系爭函非屬行政處分，爲不受理之決定，並無不合；原告復提起本件行政訴訟，請求如聲明所示，顯非合法，應予駁回。又原告之訴程序上既非合法，其所提各項實體上攻擊防禦方法，即與本件結論無涉，本院自無再予審酌與調查之必要」可資

人民關係之法」、利益説「公法，是關於羅馬國制度的法，私法是關於個人利益的法」、意思説「公法的特色，在於其爲統治關係的法。所謂統治，是對自由人，命令其作爲不作爲或給付，並得強制其遵守的權利。公法和私法區分的要點，即於此，私法只能支配物，沒有支配自由人的權利，它對自由人只有請求權，對於義務人沒有強制力，亦沒有命令其爲某事的力量」，是基於此區分標準之不確定性，才會對同一事實究否生一公法上法律關係，產生不同之認定。參閱司法院解釋第324號李志鵬大法官不同意見書。

[100] 林家祺、劉俊麟，新白話六法系列─民事訴訟法，書泉出版社，2014年版，頁331。

[101] 公私法區分，參閱黃默夫，行政法─新體系與問題研析，自版，1999年初版，頁25。

參酌。

五、結論

　　本專論基於與立法目的無違且係合法之目的性限縮並減少第三人之爭訟事件，贊同內政部102年之新作法，而目前第三人雖可提出行政訴訟主張結果除去請求權，但應注意者係民事上第三人目前尚無法因繫屬登記而獲得民事求償，因民事法院多認為當事人以起訴證明向地政機關申請為訴訟繫屬之事實登記，係依法行使權利，並不具違法性，縱使因該登記使他人不願購買或承租該房地，亦難謂有何損害[102]，而駁回第三人之民事求償。另民事法院亦認為第三人不得主張訴訟繫屬登記屬權利瑕疵擔保範圍，例如：臺灣高等法院臺中分院103年度上字第108號民事判決意旨即認：「是主管登記機關依此規定為登記後，並無禁止移轉之效力，僅使欲受讓為訴訟標的權利或法律關係之第三人，知悉訴訟繫屬於法院之事實。故當事人持法院發給之已起訴證明向該管登記機關請求將訴訟繫屬之事實予以登記，該註記既無限制訴訟標的之不動產登記名義人處分其不動產權利之效力，僅係就當事人間已為訴訟之事實為公示，自難認係民法第349條規定出賣人應負之權利瑕疵擔保範圍」。可見訴訟繫屬登記對第三人目前很難在民事法律關係上作請求，目前第三人如欲圖救濟僅得依公法上之結果除去請求權訴請地政機關塗銷繫屬登記一途別無他法，在此基礎上內政部102民函釋限縮民事訴訟法第254條第5項之登記要件未來應可一定程度減少第三人之爭訟，但此一新函釋未來能否獲得法院裁判之支持仍有待觀察。

---

[102] 臺灣高等法院98年度上字第195號民事判決：「上訴人復辯稱被上訴人業以系爭房地向地政機關為起訴證明之登記，致第三人怕訴訟糾葛而不願意買受或承租系爭房地云云，然被上訴人係依民事訴訟法第254條第5項之規定，請求原審核發起訴證明，向地政機關申請將本件訴訟繫屬之事實予以登記（見原審卷(一)44頁），係依法行使權利，況本件訴訟終結後，當事人或利害關係人亦得聲請法院發給證明，持向該管登記機關請求塗銷該項登記，是縱使訴訟期間因該項登記致他人不願買受或承租系爭房地，亦難認有何違法性，得責令被上訴人負責，且究生何種損害，亦未見上訴人舉證以實其說，其空言辯稱受有損害云云，亦乏確據，故上訴人辯稱300萬元價金應全數沒收充作違約金云云，洵無足採。」

貳、一事不再理原則（禁止重複起訴原則）

一、意義

所謂一事不再理或重複起訴禁止，是指訴訟一經提起就產生繫屬於法院之效力，試想，若任由當事人於不同法院間就同一訴訟任意起訴，則造成被告不斷重覆應訴，且不同法院間可能產生裁判矛盾，有損法律安定性，而當事人間之權利關亦將無從確定，執行法院亦將無法執行。是以，民事訴訟法第253條規定：「當事人不得就已起訴之事件，於訴訟繫屬中，更行起訴。」

民事訴訟法第263條第2項：「於本案經終局判決後將訴撤回者，不得復提起同一之訴。」及第400條亦分別有一事不再理之規定：「除別有規定外，確定之終局判決就經裁判之訴訟標的，有既判力。」

二、同一事件之認定標準

民事訴訟法第253條所稱之「已起訴之事件」，係指前後訴為同一之訴而言。當前後兩訴，於同法第244條起訴上之程式均同一時[103]，則兩訴為同一之訴或稱為同一事件。此「同一事件」的判斷概念於既判力所及的範圍的判斷是相當重要[104]，亦是精通民事訴訟法的必要基礎概念。以下就現行學說與實務見解，綜整介紹如下：

同一事件的判斷有所謂同一事件說與新同一事件說，兩種看法。新同一事件說判斷標準較為精要，只要前後兩訴重新起訴的結果，會造成被告應訴之煩、法院審理重複及易生裁判矛盾，這樣前後兩訴就是同一事件，有重複起訴的問題。這樣的看法在學說中，有相當的地位，但是實務在操作上，另有同一事件說或稱為舊同一事件說與新同一事件說較不一混淆，其判斷標準，即為從起訴上之程式均同一的解

---

[103] 最高法院46年台抗字第136號判例：「已起訴之事件，在訴訟繫屬中，該訴訟之原告或被告不得更以他造為被告，就同一訴訟標的提起新訴或反訴，此觀民事訴訟法第二百五十三條之規定自明。所謂就同一訴訟標的之提起新訴或反訴，不僅指後訴係就同一訴訟標的之求為與前訴內容相同之判決而言，即後訴係就同一訴訟標的，求為與前訴內容可以代用之判決，亦屬包含在內。故前訴以某請求為訴訟標的之求為給付判決，而後訴以該請求為訴訟標的，求為積極或消極之確認判決，仍在上開法條禁止重訴之列。」

[104] 民事訴訟法第400條至第401條參照。

釋上來開展理論，在前面論及的起訴所必要記載的事項中，最主要需記載的事項為當事人、訴訟標的及訴之聲明，以此三者為前、後兩訴判斷是否為同一事件的比較基準[105]。

(一) 前後兩訴之當事人相同

所謂當事人同一，除原告與被告地位相同外，若原告與被告地位雖相反，前訴與後訴仍屬同一。換言之，也就是已經起訴之事件，在訴訟繫屬中，該訴訟之原告或被告不得變更以他造為被告，就同一訴訟標的提起一個新的訴訟或反訴[106]。

(二) 前後兩訴之訴訟標的相同

所謂就同一訴訟標的，與前述之訴訟標的理論需配合判斷，前後訴兩者的訴訟標的是否相同。

(三) 前後兩訴之起訴聲明相同、相反或可代用

所謂訴之聲明相同不僅指前後兩訴係就同一訴訟標的求為相同判決之聲明而言，其前後兩訴係就同一訴訟標的求為相反或可以代用判決之聲明[107]，亦包含在內，所前訴以某法律關係為訴訟標的，求為積極之確認判決，後訴以同一法律關係為訴訟標的，求為消極之確認判決，仍在上開法條禁止重訴之列。

試舉一例：甲欠乙100萬，甲起訴請求法院確認「甲乙間100萬債權存在」，乙起訴甲請求確認「甲乙間100萬債權不存在」，兩者原被告雖然異位，但仍屬當事人同一，繼而判斷，兩者訴訟標的，均為甲乙間的100萬債權，為同一訴訟標的，乙的聲明雖然是請求確認債權不存在，簡言之，聲明的內容仍為同一件事，此時就有重複起訴禁止之適用。違反重複起訴之規定，法院應以後訴不合法裁定駁回。

---

[105] 最高法院97年台抗字第542號裁定：「判斷當事人前後二訴是否同一，應以訴之要素為其基準，換言之，當事人相同、訴訟標的相同及訴之聲明相同、相反或可以代用，即屬禁止重複起訴之範疇。」即屬實務見解之代表。

[106] 民事訴訟法第259條參照。

[107] 最高法院91年台上字第1676號判決：「所謂就同一訴訟標的提起新訴或反訴，不僅指後訴係就同一訴訟標的求為與前訴內容相同之判決而言，即後訴係就同一訴訟標的求為與前訴內容可以代用之判決，亦包含在內。」

三、違反一事不再理原則之處理

(一) 判決前違反一事不再理原則之處理：法院應裁定駁回

依據民事訴訟法第249條第1項第7款規定，起訴違背同法第31-1條第2項，訴訟已繫屬於不同審判權之法院者，當事人不得就同一事件向普通法院更行起訴者，第253條規定：「當事人不得就已起訴之事件，於訴訟繫屬中，更行起訴。」第263條第2項規定：「於本案經終局判決後將訴撤回者，不得復提起同一之訴。」或其訴訟標的為確定判決之效力所及者之規定者，法院應裁定駁回之。

(二) 判決後違反一事不再理原則之處理：再審事由

依照民事訴訟法第496條第1項第1款規定：「有下列各款情形之一者，得以再審之訴對於確定終局判決聲明不服。但當事人已依上訴主張其事由或知其事由而不為主張者，不在此限：一、適用法規顯有錯誤者。」所謂適用法規顯有錯誤，係指確定判決就事實審法院所確定之事實而為法律上判斷，有適用法規顯有錯誤之情形而言[108]。至於內涵上依據民事訴訟法第468條之規定，應包括確定判決顯有消極的不適用法規及積極的適用不當兩種情形[109]。

又所謂適用法規顯有錯誤，係指確定裁判所適用之法規，顯然不合於法律規定，或與司法院現尚有效及大法官（會議）之解釋，或本院現尚有效之判例顯有違反，或消極的不適用法規，顯然影響裁判者而言，並不包括判決理由矛盾、理由不備、取捨證據及認定事實錯誤之情形在內[110]。

惟對於法律審法院就法律規定事項所表示之法律上之意見，實務見解認為並無

---

[108] 最高法院71年台再字第30號判例：「第三審為法律審，其所為判決，以第二審判決所確定之事實為基礎，故民事訴訟法第四百九十六條第一項第一款所謂適用法規顯有錯誤，對第三審判決言，應以該判決依據第二審判決所確定之事實而為之法律上判斷，有適用法規顯有錯誤之情形為限。」

[109] 釋字第177號解釋參照。

[110] 最高法院101年台聲字第55號裁定：「按民事訴訟法第四百九十六條第一項第一款所謂適用法規顯有錯誤，係指確定裁判所適用之法規，顯然不合於法律規定，或與司法院現尚有效及大法官（會議）之解釋，或本院現尚有效之判例顯有違反，或消極的不適用法規，顯然影響裁判者而言，並不包括判決理由矛盾、理由不備、取捨證據及認定事實錯誤之情形在內。」

適用法規顯有錯誤而言[111]，故無本款規定之適用。大法官釋字第177號解釋認為：「確定判決消極的不適用法規，顯然影響裁判者，自屬民事訴訟法第496條第1項第1款所定適用法規顯有錯誤之範圍，應許當事人對之提起再審之訴，以貫徹憲法保障人民權益之本旨。最高法院60年度台再字第170號判例，與上述見解未洽部分，應予予援用。惟確定判決消極的不適用法規，對於裁判顯無影響者，不得遽為再審理由，就此而言，該判例與憲法並無牴觸。」

第三節　訴之變更或追加

壹、意義

進行「訴訟變更」之判斷時，是以當事人、訴訟標的及訴之聲明三者（訴之要素）是否同一為斷，亦即，如於訴訟進行中三者有一變更，即應認原訴已有變更[112][113]；而「訴之追加」的概念，則是指當事人於訴訟拘束中，追加原非當事人之人為當事人，或追加應受判決事項之聲明而言。

訴之變更或追加的創設，基本上對原告有節省起訴勞力、時間等效用，此外亦有助於避免裁判矛盾、重複審理。但基於保護被告攻擊防禦之權利，原則上訴狀送達後即不能變更或追加，但有民事訴訟法第255條第1項所列之事由者，則得以在訴狀送達後，進行訴之變更或追加。

民事訴訟法第256條：「不變更訴訟標的，而補充或更正事實上或法律上之陳

---

[111] 最高法院63年台再字第67號判例：「關於民法第九百七十六條第一項第九款，所謂『有其他重大事由』之認定及應如何解釋始公平合理，或為事實審法院認定事實之職權，或為法律審法院就該法律規定事項所表示之法律上之意見（通稱法律見解），無適用法規顯有錯誤之可言。」

[112] 最高法院26年渝上字第386號判例：「訴之同一與否，必當事人、訴訟標的及訴之聲明三者是否同一為斷，如在訴訟進行中三者有一變更，即應認原訴已有變更。」參照最高法院91年台抗字第212號判例：「訴之追加，係利用原有訴訟程序所為之起訴，故為追加時，固須有原訴訟程序之存在，惟一經利用原有訴訟程序合法提起追加之訴後，即發行訴訟拘束之效力，而能獨立存在，不因嗣後原訴已經判決確定而受影響。」

[113] 但也有少數見解認為，當事人之追加、變更乃屬於共同訴訟之其中一種態樣，並非屬於訴的變更追加之範疇。

述者，非爲訴之變更或追加。」在訴訟標的不變的情況下，補充或更正事實上或法律上之陳述[114]，試舉一例：甲起訴乙請求返還忠孝東路七段123號的房子乙棟，此時依實務所採用的訴訟標的理論，甲的所有物返還請求權爲本案訴訟標的，訴訟進行中，甲發現當初訴狀錯誤，其實要請求甲返還的房子是在忠孝東路七段133號，隨即向法院請求變更，此時即爲更正事實上之陳述，此行爲並未變更當事人、訴訟標的或訴之聲明，並非訴之變更，並無民事訴訟法第255條規定之適用，不需要對造同意。

貳、訴之變更追加的限制

民事訴訟法第255條規定：「訴狀送達後，原告不得將原訴變更或追加他訴。但有下列各款情形之一者，不在此限：一、被告同意者。二、請求之基礎事實同一者。三、擴張或減縮應受判決事項之聲明者。四、因情事變更而以他項聲明代最初之聲明者。五、該訴訟標的對於數人必須合一確定時，追加其原非當事人之人爲當事人者。六、訴訟進行中，於某法律關係之成立與否有爭執，而其裁判應以該法律關係爲據，並求對於被告確定其法律關係之判決者。七、不甚礙被告之防禦及訴訟之終結者（第1項）。被告於訴之變更或追加無異議，而爲本案之言詞辯論者，視爲同意變更或追加（第2項）。」

訴訟變更之判斷以當事人、訴訟標的及訴之聲明三者是否同一爲斷，如在訴訟進行中三者有一變更，即應認原訴已有變更[115]。而訴之追加的概念是指當事人於訟拘束中追加原非當事人之人爲當事人，或追加應受判決事項之聲明而言。訴之變

---

[114] 臺灣高等法院92年抗字第2413號民事裁定：「按不變更訴訟標的，而補充或更正事實上或法律上之陳述者，非爲訴之變更或追加；又攻擊或防禦方法，除別有規定外，應依訴訟進行之程度，於言詞辯論終結前適當時期提出之，分別爲民事訴訟法第二百五十六條、第一百九十六條第一項所規定。抗告人在原審法院就本件訴訟主張之訴訟標的法律關係，均係民法第一百七十九條不當得利之得返還請求權，僅前後之事實及法律上陳述有所變更，訴之聲明、訴訟標的及當事人均未變更，非屬訴之變更，應無民事訴訟法第二百五十五條規定之適用餘地，毋庸經相對人同意。」

[115] 另參照最高法院91年台抗字第212號判例：「訴之追加，係利用原有訴訟程序所爲之起訴，故爲追加時，固須有原訴訟程序之存在，惟一經利用原有訴訟程序合法提起追加之訴後，即發行訴訟拘束之效力，而能獨立存在，不因嗣後原訴已經判決確定而受影響。」

更或追加基本上對原告有節省起訴勞力、時間等效用，但是基於保護被告攻擊防禦之權利，原則上訴狀送達後即不能變更或追加，但是於以下幾種情形可以：

一、被告同意者

禁止訴之追加或變更主要是保護被告利益，避免突襲，所以如果被告同意，原告自然可以為訴之追加或變更。

二、請求之基礎事實同一者

判斷請求之基礎事實是否同一，實務上有提出明確的看法[116]，學說上稱為社會事實同一說，即為所謂請求之基礎事實同一，係指變更或追加之訴與原訴之主要爭點有其共同性，各請求利益之主張在社會生活上可認為同一或關聯，而就原請求之訴訟及證據資料，於審理繼續進行在相當程度範圍內具有同一性或一體性，得期待於後請求之審理予以利用，俾先後兩請求在同一程序得加以解決，避免重複審理，進而為統一解決紛爭者，即屬之。判斷是否合於民事訴訟法第255條第1項第2款之「請求之基礎事實」同一，應考慮被告之防禦權是否受到不利益及在訴訟之過程，准予為訴之變更、追加後，原來已經進行過之訴訟資料與證據資料，有無繼續使用之可能性及價值。另關於第二審之主觀訴之追加，近來最高法院106年度第13次民事庭會議決議略以：「民事訴訟法第255條第1項第2款之規定，因可利用原訴訟資料，除有礙於對造防禦權之行使外，得適用於當事人之變更或追加。在第二審依第446條第1項適用第255條第1項第2款規定變更或追加當事人，須於對造之審級

---

[116] 最高法院97年台抗字第68號裁定：「民事訴訟法第二百五十五條第一項第二款所謂請求之基礎事實同一，係指變更或追加之訴與原訴之主要爭點有其共同性，各請求利益之主張在社會生活上可認為同一或關連，而就原請求之訴訟及證據資料，於審理繼續進行在相當程度範圍內具有同一性或一體性，得期待於後請求之審理予以利用，俾先後兩請求在同一程序得加以解決，避免重複審理，進而為統一解決紛爭者即屬之。」最高法院99年度台上字第1653號判決略以：「按請求之基礎事實同一者，原告於第二審為訴之追加，毋庸得被告同意，即得為之，此觀民事訴訟法第四百四十六條第一項、第二百五十五條第一項第二款之規定即明。所謂請求之基礎事實同一，係指變更或追加之訴與原訴之主要爭點有其共同性，各請求利益之主張在社會生活上可認為同一或關連，而就原請求之訴訟及證據資料，於審理繼續進行在相當程度範圍內具有同一性或一體性，得期待於後請求之審理予以利用，俾先後兩請求在同一程序加以解決，避免重複審理，進而為統一解決紛爭者，即屬之。」

利益及防禦權之保障無重大影響，始得爲之，以兼顧當事人訴訟權益之保障及訴訟
經濟之要求[117]。」

三、擴張或減縮應受判決事項之聲明者

擴張或減縮應受判決事項之聲明者，在損害賠償之訴，如果沒有爲依民事訴訟
法第244條所規定的在起訴聲明中表示起訴時僅求償最低金額，而在第一審言詞辯
論終結前補充，此時原告要將求償金額從原本的100萬提高爲1,000萬，此即爲擴張
訴之聲明，反之，若原告將原本的100萬元求償金額減爲50萬元，即爲縮減應受判
決事項之聲明[118]。另實務見解認爲訴之聲明之擴張不限於同一請求內容之擴張，
例如：原告起訴時基於兩造間之買賣關係，請求被告辦理所有權移轉登記及交付行
爲，於嗣後追加基於買賣關係增加被告就所售土地訂立書面契約，以便辦理所有權
移轉登記之情形，亦認爲屬訴之聲明的擴張[119]。

不論是擴張爲1,000萬元或是縮減爲50萬元，只要原本請求法院判決事項的聲

---

[117] 相同見解，參最高法院99年度台抗字第393號裁定略以：「按在第二審爲訴之變更或追
加，因涉及審級利益問題，非經他造同意，不得爲之，固爲民事訴訟法第四百四十六
條第一項前段所明定，惟同條項但書並規定第二百五十五條第一項第二款至第六款情
形者，不在此限。且該第二百五十五條第一項第二款所稱之『請求之基礎事實同一』
者，係指變更或追加之訴與原訴之原因事實，有其社會事實上之共通性及關聯性，而
就原請求所主張之事實及證據資料，於變更或追加之訴得加以利用，且無害於他造當
事人程序權之保障，俾符訴訟經濟者，均屬之。」

[118] 參照最高法院90年台上字第1194號判決：「損害賠償之訴，由於涉及損害原因、過失
比例、損害範圍等之認定，加以舉證困難，其損害之具體數額，甚難預爲估算，常
須經專家鑑定，始能確定。故於請求金錢損害賠償之事件，原告關於應受判決聲明
之事項，如僅聲明其全部請求之最低金額，而表明俟專家鑑定後再爲擴張或減縮其
金額，嗣於第一審言詞辯論終結前擴張或減縮其請求之金額者，應屬民事訴訟法第
二百五十五條第一項第三款規定之擴張或減縮應受判決事項之聲明，要非法所不許。」

[119] 最高法院66年台上字第832號判例：「物之出賣人負交付其物於買受人，並使其取得該
物所有權之義務。被上訴人於第一審基於兩造間之買賣關係，請求上訴人辦理所有權
移轉登記及交付行爲，於第二審仍基於買賣關係增加請求上訴人就所售土地訂立書面
契約，俾便辦理所有權移轉登記，此種行爲，屬於擴張應受判決事項之聲明，依民事
訴訟法第四百四十六條第一項但書規定，不須對造同意，因此上訴人雖在第二審表示
不同意變更或追加，被上訴人仍得爲之。」

明改變，原告的訴之聲明即為變更，即有民事訴訟法第255條的適用。而原告只要在原本的侵權行為原因事實中，縱使被告不同意，法院仍會准許為訴之變更。

四、因情事變更而以他項聲明代最初之聲明者

　　情事變更係指起訴後法律關係或事實變動，導致原告不能為原來之請求而言[120]。民事訴訟法第397條亦有規定所謂情事變更原則[121]，其規定為確定判決之內容如尚未實現，而因言詞辯論終結後之情事變更，依其情形顯失公平者，當事人得更行起訴，請求變更原判決之給付或其他原有效果。從這個條文中我們可以理解：第一，情事變更原則的判斷基礎在於原判決請求之給付或其他原有效果，是否因情事變更而顯失公平；第二，如適用情事變更原則，法院不僅在訴訟程序進行中可以准許變更訴之聲明，在言詞辯論終結後，當事人甚至得更行起訴。此處我們僅需理解第一部分，掌握情事變更的概念，例如物價上漲、原料價格波動等，但是如果可歸責於當事人的一方，例如一方遲延給付造成的物價上漲，雖然依原價格給付有不公平的情況，亦不能適用情事變更原則。

　　理解情事變更原則後，有關於民事訴訟法第255條訴之追加變更之適用，舉例而言，甲向乙購屋，乙遲遲未交付，起訴時原告請求被告給付房屋，但因房屋被燒毀，原告改請求給付不能之損害賠償，即為適例。

五、該訴訟標的對於數人必須合一確定時，追加其原非當事人之人為當事人者

　　所謂該訴訟標的對於數人必須合一確定，係指依法律之規定必須數人一同起

---

[120] 最高法院91年度台抗字第528號裁定略以：「按當事人因情事變更，而以他項聲明代最初之聲明，法律基於便宜之理由，民事訴訟法第二百五十五條第一項第四款固規定於訴訟無礙，不受同法第二百五十五條及第四百四十六條之拘束，但其在本質上仍屬訴之變更，在適用上並非漫無限制。所謂因情事變更而以他項聲明代最初之聲明，應係指原告之訴因起訴後兩造間法律關係或事實狀態變動，致不能繼續為原來請求之情形而言。倘其所主張變更之情事，無關乎兩造間原來訴訟權益狀態，即無從許其任意變更訴訟上之請求。」

[121] 最高法院90年台上字第1194號判決：「按情事變更原則，係基於衡平理念，對於當事人不可預見之情事之劇變所設之救濟制度，故祇要符合民事訴訟法第二百五十五條第一項第四款規定，因情事變更，而以他項聲明代最初之聲明者之規定，祇須情事確屬變更，即有其適用。」

訴或一同被訴，否則當事人之適格有欠缺，原告即因此不能得本案之勝訴判決者而言[122]。試舉一例：甲為A地所有人，其A地上有乙丙丁三人之地上權，應有部分各為三分之一，甲原訴請乙丙丁塗銷地上權，孰料起訴後發現，乙已死亡，其所有財產由其子戊、己繼承，因此甲遂追加戊、己為被告，並追加聲明：「追加被告應就前開地上權登記辦理繼承登記並應塗銷前開地上權」，丙、丁、戊、己對於共有之地上權，有合一確定之關係，此即為民事訴訟法第255條第1項第5款「該訴訟標的對於數人必須合一確定時，追加其原非當事人之人為當事人者」。故實務上認為以本款為當事人變更、追加即屬訴之變更、追加[123]。至於學理上有認為本款限固有必要共同訴訟之追加[124]，亦有認為可以擴張認為屬類似必要共同訴訟之追加[125]。

---

[122] 最高法院93年台抗字第318號裁定：「訴訟標的對於數人必須合一確定者，追加其原非當事人之人為當事人，或訴之追加無礙被告之防禦及訴訟之終結者，應許其追加，固為民事訴訟法第二百五十五條第一項第五款、第七款所明定。惟該條款所謂訴訟標的對於數人必須合一確定，係指在法律上有合一確定之必要者而言，若各共同訴訟人所應受之判決僅在理論上應為一致，而其為訴訟標的之法律關係，非在法律上對於各共同訴訟人應為一致之判決者，不得解為該條款之必須合一確定（本院三十二年上字第二七二三號判例參照）。」

[123] 最高法院90年度台抗字第287號裁定略以：「當事人、訴訟標的及應受判決事項之聲明，為訴之三要素，民事訴訟法第二百五十五條、第二百五十七條既以訴之變更或追加為規定，則當事人之變更或追加，自屬訴之變更或追加，此觀同法第二百五十五條第一項第五款之規定益明。」

[124] 楊建華著、鄭傑夫增訂，民事訴訟法要論，2013年8月，頁253-254；另參最高法院91年度台抗字第8號裁定略以：「按民事訴訟法第二百五十五條第一項第五款所謂該訴訟標的對於數人必須合一確定，係指依法律之規定必須數人一同起訴或一同被訴，否則當事人之適格有欠缺，原告即因此不能得本案之勝訴判決者而言。關於連帶之債，債權人除得對債務人全體為請求外，亦得對債務人中之一人或數人為請求，其法律關係對全體債務人並非必須合一確定。故連帶之債之債權人追加連帶債務人為被告，並無上開法條規定之適用。」

[125] 沈冠伶，當事人之追加最高法院91年度台抗字第8號裁定之評釋，月旦法學雜誌，2005年11月，第126期，頁206。

六、訴訟進行中，於某法律關係之成立與否有爭執，而其裁判應以該法律關係為據，並求對於被告確定其法律關係之判決者

此所謂「裁判應以該法律關係為據」，係指該法律關係之存否，足以影響原訴訟之裁判，而必須先行解決者而言。例如股東甲因為其所投資的公司，某次股東臨時會有對其不利的決議，遂對該公司起訴，訴之聲明為確認股東臨時會決議不成立；訴訟進行中，甲發現其中參加股東臨時會的戊、丁董事及乙監察人，應不具有該公司董事及監察人之身分，故甲追加請求確認該公司與戊、丁董事及乙監察人之委任關係不存在之確認之訴。在此情況下，果真戊、丁董事及乙監察人，不具有該公司董事及監察人之身分，則股東臨時會決議當然不成立，但若戊、丁董事及乙監察人，具有該公司董事及監察人之身分，則可進一步確認其他要件，故甲的追加部分為股東臨時會決議不成立的依據，應予准許，法院應就此部分下一個中間判決。

七、不甚礙被告之防禦及訴訟之終結者

此為訴之追加與變更的概括規定，賦予法院裁量權，在不甚礙被告之防禦及訴訟之終結者，亦可一次解決紛爭的情況下，准許訴之追加變更，此種情況實務甚為少見。

參、訴之變更追加的要件

一、新訴須非專屬他法院管轄

民事訴訟法第257條規定：「訴之變更或追加，如新訴專屬他法院管轄或不得行同種之訴訟程序者，不得為之。」蓋以專屬管轄案件通常是公益性較高的案件，新訴專屬他法院管轄，若許當事人追加，無異開啟違背專屬管轄之後門，因此不許訴之變更或追加。

二、新訴須與原訴得行同種訴訟程序

民事訴訟法第257條之規定中所述，不得行同種之訴訟程序者，不得為訴之變更追加，是指通常訴訟程序與簡易訴訟程序或小額訴訟程序間，或是通常程序與人事訴訟程序間，不得為訴之變更追加。試舉一例：非財產權起訴之民事事件，應適用通常訴訟程序，不得適用簡易訴訟程序。乙名嘴公開罵甲議員是頭豬，甲非常生氣，於是起訴請求精神上損害賠償，甲原本訴請被乙給付新臺幣30萬元損害賠償金，因訴訟標的金額太低，適用簡易訴訟程序。但是甲覺得這樣太便宜乙，於是

追加訴請乙應在中國時報、自由時報刊登道歉啓事，但是甲所追加登報道歉部分，僅得適用通常訴訟程序，非得適用簡易訴訟程序，此部分訴之追加，即非合法，不應准許[126]。或是，交付子女、返還財物、給付家庭生活費用等非婚姻事件之訴，依102年5月修正前的民事訴訟法第572條第2項規定，固得與婚姻事件之訴合併提起，或於其程序為訴之追加或提起反訴，若非婚姻事件之訴與婚姻事件之訴合併提起以後，婚姻事件之訴經撤回或撤回上訴而脫離訴訟繫屬者，該非婚姻事件之訴，即依通常訴訟程序進行。嗣後當事人即不得於通常訴訟程序追加婚姻事件之訴或提起婚姻事件之反訴，均為適例。

肆、訴之變更追加的程式

民事訴訟法第261條之規定：「訴之變更或追加及提起反訴，得於言詞辯論時為之（第1項）。於言詞辯論時所為訴之變更、追加或提起反訴，應記載於言詞辯論筆錄；如他造不在場，應將筆錄送達（第2項）。」

訴之變更追加，亦可任於言詞辯論或以書狀提起之。然而，倘以書狀為訴之變更追加或提起反訴者，則當然適用關於起訴之規定，無待明文。

伍、訴之變更追加的裁判

一、准許變更追加

民事訴訟法第258條第1項規定：「法院因第255條第1項但書規定，而許訴之變更或追加，或以訴為非變更或無追加之裁判，不得聲明不服。」法院應依職權調查訴之變更或追加，如果准許訴之變更，則原訴被新訴取代，無庸再就原訴辯論及下判決，專就新訴為之即可。如准許訴之追加，則原訴與追加之訴並存，一併辯論

---

[126] 司法院司法業務研究會期第17期法律問題：「按訴之追加，如新訴不得行同種之訴訟程序者，不得為之，為民事訴訟法第二百五十七條所明定；又同法第四百三十五條有關因訴之追加，致其訴不屬於簡易訴訟程序之範圍者，不得依簡易程序之規定，僅發生應否改用通常訴訟程序之問題，如於簡易訴訟程序中追加人事訴訟程序之訴，仍非法所許。本題甲如於侵權行為損害賠償『簡』字案審理中追加屬於人事訴訟程序之離婚之訴，受訴法院應依前揭民事訴訟法第二百五十七條之規定，以裁定駁回追加之訴，原進行之簡易訴訟程序並不受影響。」

及下判決。又受命法官於準備程序時依民事訴訟法第272條規定未準用同法第255條至第258條，因此受命法官不得於準備程序爲准許變更追加[127]。

　　法院因第255條第1項但書各款之規定，而許訴之變更或追加，或以訴爲非變更或無追加之裁判，不得聲明不服[128]。其理由在於，原本若被告同意原告爲訴之追加變更，自不得於訴訟程序中表示同意，法院裁定後再表示不服。又如訴訟進行中，於某法律關係之成立與否有爭執，而其裁判應以該法律關係爲據，並求對於被告確定其法律關係之判決者，也不能表示不服，否則，如果上訴審有反對意見時，中間判決之後的第一審程序，勢必成爲徒勞無功之程序。而其他各款，爲顧及審級利益及符合訴訟經濟亦於民國89年修正時，一併規定不得聲明不服。而當法院認訴之變更爲合法後，應就先訴爲裁判[129]。

二、不備追加要件而駁回

　　民事訴訟法第258條第2項規定：「因不備訴之追加要件而駁回其追加之裁定

---

[127] 臺灣高等法院暨所屬法院90年法律座談會民事類提案第28號：「法律問題：第一審法院行合議審判之案件，原告於準備程序期日當庭將原訴變更或追加他訴，或不變更訴訟標的而補充或更正事實上或法律上之陳述時，得否由受命法官爲駁回或許爲訴之變更或追加，或以其訴爲非變更或無追加之裁判？審查意見（甲說）：受命法官行準備程序時，依民事訴訟法第二百七十二條規定，其得準用關於法院或審判長之權限者，並不包括民事訴訟法第二百五十五條至第二百五十八條有關訴之變更追加之規定在內。則是否許原告於準備程序中爲訴之變更或追加，或認其訴爲非變更或無追加，仍應由受訴法院合議裁判之。」

[128] 最高法院46年台上字第548號判例：被上訴人請求上訴人返還系爭房屋之原因，在第一審係僅主張收回自住，在原審則除主張收回自住外，並謂尚須收回重新建築云云，先後固非一致，第既經原審就此予以裁判，認爲非訴之追加，無論其說明之理由如何，而依民事訴訟法第四百六十條（舊）準用第二百五十八條關於「法院以訴爲非變更或無追加之裁判，不得聲明不服」之規定，上訴人要無聲明不服之餘地。

[129] 最高法院66年度台上字第3320號判例：「原告將原訴變更時，法院以其訴之變更爲合法，而原訴可認爲已因撤回而終結者，應專就新訴裁判。原審既認上訴人在第一審所爲給付票款之訴，於原審變更爲給付租金及損害賠償之訴爲合法，則在第一審原訴之訴訟繫屬應因訴之變更而消滅，亦即第一審就原訴所爲之裁判，應因合法的訴之變更而當然失其效力，原審僅得就變更之新訴審判，不得就第一審之原訴更爲裁判，原審見未及此，竟將第一審判決廢棄，並駁回可認爲撤回之原訴，於法自有違背。」

確定者，原告得於該裁定確定後十日內聲請法院就該追加之訴為審判。」此規定的目的在於，原本訴之追加，即是考量紛爭一次解決，如果法院判斷不備訴之追加要件而駁回其追加之裁定確定者，原告就要另行起訴，耗時費日，如不准其有救濟管道，對於原告太過嚴苛，因此為保護原告，原告得向法院聲請就追加之訴獨立審判，此時，追加之訴與原訴之關係，成為個別進行的關係。

第四節　訴之撤回

壹、意義

　　訴之撤回指原告於起訴後，就其在法院所提之訴之全部或一部，向法院表示請求不欲請求繼續判決，此乃處分權主義之展現。訴訟標的之捨棄，與訴之撤回不同，前者係在聲明存在之情形下，就為訴訟標的之法律關係，自為拋棄其主張，後者係表示不請求法院就已提起之訴為判決之意思。故在訴訟標的之捨棄，法院仍須就其聲明，為原告敗訴之判決。在訴之撤回，因請求已不存在，法院毋庸為裁判[130]。

　　訴之撤回亦與上訴之撤回有所區別。首先，是撤回之部分，民事訴訟法第263條第1項規定：「訴經撤回者，視同未起訴。但反訴不因本訴撤回而失效力。」

　　亦即，因原告起訴而發生之訴訟繫屬效力，自因其為訴之撤回而消滅，但上訴之撤回僅是當事人向法院撤回上訴，而使上訴審之訴訟繫屬效果因而消滅而已；其次，上訴之撤回因為並無對於對造有所侵害，故而免經對造同意，但依民事訴訟法第459條第1項但書規定對造已提起附帶上訴者，則應得其同意；最後，原告如係在第二審撤回上訴時，則使第一審判決則因而確定[131]。

---

[130] 最高法院64年台上字第149號判例：「訴訟標的之捨棄，與訴之撤回不同，前者係在聲明存在之情形下，就為訴訟標的之法律關係，自為拋棄其主張，後者係表示不請求法院就已提起之訴為判決之意思。故在訴訟標的之捨棄，法院仍須就其聲明，為原告敗訴之判決。在訴之撤回，因請求已不存在，法院毋庸為裁判。」

[131] 姜世明，民事訴訟法（下冊），新學林出版，2013年5月，頁208。

貳、要件

　　民事訴訟法第262條規定：「原告於判決確定前，得撤回訴之全部或一部。但被告已為本案之言詞辯論者，應得其同意。訴之撤回應以書狀為之。但於期日，得以言詞向法院或受命法官為之。以言詞所為訴之撤回，應記載於筆錄，如他造不在場，應將筆錄送達。訴之撤回，被告於期日到場，未為同意與否之表示者，自該期日起；其未於期日到場或係以書狀撤回者，自前項筆錄或撤回書狀送達之日起，十日內未提出異議者，視為同意撤回。」

　　訴之撤回的要件如下：

一、須由原告為之

　　原告本人得任意撤回起訴。然而，訴之撤回係屬訴訟行為，故原告尚須有訴訟能力始得為之，並且原告在撤回起訴時並應注意有無下列情事。

　　(一) 由訴訟代理人撤回者，尚須有特別代理之授權（民訴§70 I 但書）。

　　(二) 審判長選任之特別代理人不得撤回訴訟（民訴§51）。

　　(三) 被選定人雖有為一切訴訟行為之權，但選定人得限制其訴之撤回之行為（民訴§44 I）。

　　(四) 固有共同必要訴訟，其中一原告所為之訴之撤回，對其他原告不生效力。

二、須於判決確定前為之

　　民事訴訟法第262條第1項規定：「原告於判決確定前，得撤回訴之全部或一部。但被告已為本案之言詞辯論者，應得其同意。」若准許在終局判決確定後，作訴之撤回者，將左右確定判決之效力，因此，原告於判決確定前，撤回訴之全部或一部時，也將受到重複起訴禁止原則之拘束。是以，前揭條文乃規定訴之撤回於起訴後、判決確定前方能為之[132]。

三、須向受訴法院為之

　　被告已為本案之言詞辯論後，原告始以言詞撤回起訴，並經記載於言詞辯論筆錄，若被告不在場，法院亦未將該筆錄送達於被告以徵其同意，嗣原告可否復撤回其撤回之意思表示。最高法院67年度第8次民事庭庭推總會議乃認為：「被告已

---

[132] 駱永家，民事法研究 I，作者自版，1991年9月四版，頁80。

為本案之言詞辯論後，原告始以言詞為訴之撤回，經記載於言詞辯論筆錄，其撤回於陳述時即已生效，不因被告當時不在場且法院未送達筆錄而受影響。至其撤回因被告尚未同意而不發生終結訴訟之效果，則屬另一問題，其撤回之意思表示既已生效，自不得任意再行撤回。」

四、被告已為本案言詞辯論者，須得其同意

民事訴訟法第262條第1項但書之規定：「但被告已為本案之言詞辯論者，應得其同意。」原告於被告為言詞辯論前，得隨意將訴訟撤回，如被告已為言詞辯論後應得其同意，此之同意如為默示，必須被告有某種舉動（如蓋章於撤回書狀內之相當處所），足以推知其有同意撤回之意思者，始為相當[133]。立法理由謂，允許原告於被告言詞辯論後任意撤回訴訟，不啻係蔑視被告判決上之權利，且將使被告因原告日後提起訴訟而遭受訟累。

五、撤回不得附條件或期限

所謂訴訟撤回，乃是使訴訟程序終結之訴訟行為，故而訴之撤回若附有條件，則訴訟繫屬將反而懸而未決。

六、原告不得撤回之後再撤回其意思表示

此即最高法院67年度第8次民事庭庭推總會議決議(一)認為，被告已為本案之言詞辯論後，原告始以言詞為訴之撤回，經記載於言詞辯論筆錄，其撤回於陳述時即已生效，不因被告當時不在場且法院未送達筆錄而受影響。至其撤回因被告尚未同意而不發生終結訴訟之效果，則屬另一問題，其撤回之意思表示既已生效，自不得任意再行撤回。

參、訴之撤回之效力

民事訴訟法第263條之規定：「訴經撤回者，視同未起訴。但反訴不因本訴撤回而失效力（第1項）。於本案經終局判決後將訴撤回者，不得復提起同一之訴

---

[133] 最高法院60年台上字第2895號判例：「原告於判決確定前，固得撤回訴之全部或一部，但被告已為本案之言詞辯論者，應得其同意，民事訴訟法第二百六十二條第一項但書定有明文。此之同意如為默示，必須被告有某種舉動（如蓋章於撤回書狀內之相當處所），足以推知其有同意撤回之意思者，始為相當。」

（第2項）。」復依照同法第264條規定：「本訴撤回後，反訴之撤回，不須得原告之同意。」

一、訴訟繫屬消滅之效力

民事訴訟法第263條第1項規定：「訴經撤回者，視同未起訴。」依前揭規定，訴訟經撤回後，效力應溯及於起訴時，而使訴訟係屬消滅，以回復起訴前之原狀，撤回後，不論法院或當事人所為之訴訟行為均失其效力。第263條第1項但書，反訴不因本訴撤回而失效力，蓋反訴與本訴本為獨立之二訴訟，其效力獨立認定[134]，係為訴訟經濟而合併審理，縱本訴經原告撤回，反訴自無毋庸受本訴之影響。

二、本案終局判決後將訴撤回之效力

民事訴訟法第263條第2項：「於本案經終局判決後將訴撤回者，不得復提起同一之訴。」基於訴訟經濟之考量，蓋原告對於被告請求之訴訟標的、訴訟聲明及其原因事實，既經法院判斷，若使原告於終局判決後撤回訴訟，又許其重複起訴，實係浪費司法資源。

三、訴訟費用之負擔

民事訴訟法第83條第1項規定：「原告撤回其訴者，訴訟費用由原告負擔。其於第一審言詞辯論終結前撤回者，得於撤回後三個月內聲請退還該審級所繳裁判費三分之二。」本條所稱之費用，復依民事訴訟法第90條之規定，法院應依被告之聲請以裁定為訴訟費用之裁判。此外，若於三審程序中，已委任律師出具答辯狀者，縱未依第90條第2項為訴訟費用裁判之聲請，亦得聲請最高法院核定其第三審律師之酬金[135]。

---

[134] 最高法院22年抗字第303號判例：「(一)反訴一經利用本訴之訴訟拘束提起以後，即自行發生訴訟拘束，故本訴之訴訟拘束，雖因撤回本訴而溯及的消滅時，反訴之訴訟拘束亦不隨之消滅，法院仍有就反訴為調查裁判之義務，且本訴與反訴法院得命分別辯論，或先就其一為一部判決，在民事訴訟法第一百九十六條及第三百七十四條均有明文規定，是反訴不因本訴已經判決而失其存在，尤為明顯，絕無本訴已經判決，即不得更就反訴辯論判決之理。」

[135] 此有最高法院108年度台聲大字第1525號判決可稽（本判決被選為110年度4月民事庭可供研究之裁判）。

四、民法上之效力

除上述三種效力以外,實體法上因起訴而中斷之時效或所遵守之除斥期間,亦均因訴之撤回,而被視爲未中斷時效或遵守除斥期間效力之喪失(民§131)。

|第二十五章|
客觀的訴之合併

第一節　客觀的訴之合併的意義

　　民事訴訟法第248條規定：「對於同一被告之數宗訴訟，除定有專屬管轄者外，得向就其中一訴訟有管轄權之法院合併提起之。但不得行同種訴訟程序者，不在此限。」易言之，除了專屬管轄的案件，同一原告在同一訴訟程序中對同一被告就不同的多項訴訟標的（法律關係）提出訴訟，由同一法院審理，此種情況稱為客觀的訴之合併。此外，基於訴訟經濟之目的，承認客觀的訴之合併將對於訴訟費用、勞力及時間的節約上有所助益。

　　舉例而言，甲乙兩人為多年好友，乙因生意失敗走投無路，甲遂將自有的房屋借給乙住並借乙100萬作本錢東山再起，詎料乙投資獲利後，卻不願還屋還錢。甲此時如欲告乙，甲對乙有返還房屋的請求權（訴訟標的）及返還100萬元的請求權（訴訟標的），甲並不用分開兩次向法院請求審判，僅需在同一訴訟程序中起訴即可。

　　客觀的訴之合併，依照「起訴前後」為區分，尚得分為廣狹二義，如在起訴時業已合併者，即屬民事訴訟法第248條所指之「客觀的訴之合併」；然而，若是於起訴後之合併，則屬於廣義之訴之合併，例如：原告訴之追加（民訴§255）、被告提起反訴（民訴§259）或是法院依照民事訴訟法第205條命合併辯論等。

第二節　客觀的訴之合併的要件

壹、受訴法院對其中一訴訟有管轄權

　　於客觀訴之合併中，合併起訴之數個訴訟標的，須受訴法院對其中之一有管轄權，但如案件有屬於專屬管轄，例如：民事訴訟法第499條，再審之訴「專屬」為判決之原法院管轄，則該項訴訟標的不得提出合併起訴。

貳、須數宗訴訟須得行同種訴訟程序

民事訴訟程序有通常訴訟程序、簡易訴訟程序、小額訴訟程序等，若是屬於不得行同種程序者，亦不得合併起訴。

參、須法律無禁止合併之規定

除上述二種要件外，尚須具備法律無禁止合併之規定，始得予以合併。法律明文禁止合併者，如：撤銷監護宣告之訴（舊民訴§613）、得聲請撤銷監護宣告之人，對於駁回撤銷監護宣告聲請之裁定所提起之撤銷之訴（舊民訴§624 III 準用613規定）及撤銷死亡宣告之訴（舊民訴§639準用613規定）。

第三節　客觀的訴之合併的種類

傳統學說上客觀的訴之合併之類型略有四種：

壹、單純合併

所謂單純合併，是指同一原告請求法院對於同一被告的多數請求，全部予以判決之謂。單純合併在分類上，以同一原告其所合併主張的多數請求權間有無事實上或法律上的牽連關係，分為「無牽連關係之單純合併」及「有牽連關係之單純合併」二種。其中有法律上之牽連關係者，如：履行契約合併違約金請求；而事實上之牽連關係，例如在同一份契約載明買賣及消費借貸者是。單純合併的特徵是會有兩個以上的訴求，且此兩個以上訴求都可以並存。

貳、預備合併

一、預備合併之意義

所謂預備合併，亦有學者稱為假定之合併[1]。一般而言，原告對於事實不明、舉證困難或法律關係不明確，而可能導致其所提起的請求可能會被法院認為無理

---

[1]　姜世明，民事訴訟法（上冊），新學林出版，2012年11月，頁321。

由，因此原告對法院於訴訟標的之主張時，有先後次序的關係，以優先之訴求爲先位之訴，退而求其次爲備位之訴。先位達不到時，請求以備位。傳統實務見解認爲，預備合併之意義在於兩個訴求不一樣，且無法同時並存[2]。

換言之，在其所提起之第一（先位）請求無理由時，則要求法院就第二（備位）請求予以判決的訴之合併之類型。然而，如果法院認爲其第一（先位）請求爲有理由時，則不需要就第二（備位）請求作成判決，因此，除第一（先位）請求和第二（備位）請求間係爲互相排斥的關係外[3]，其第一（先位）請求與第二（備位）之請求間乃屬於附條件之關係。亦即，如原告先位之訴有理由時，係爲後位之訴的解除條件；而先位之訴無理由時，則爲後位之訴的停止條件。

在此歸納出預備合併具有下列特點：
• 前後兩訴須具有先後順序。
• 前後兩訴須不能併存。
• 先備位的關係於各審級始終存在。

---

[2] 最高法院64年台上字第82號判例：「所謂訴之預備之合併（或稱假定之合併），係指原告預防其提起之此一訴訟無理由，而同時提起不能並存之他訴，以備先位之訴無理由時，可就後位之訴獲得有理由之判決之訴之合併而言，例如以惡意遺棄爲理由，請求離婚，預防該離婚之訴，難獲勝訴之判決，而合併提起同居之訴是。」

[3] 最高法院83年台上字第787號判例：「訴之客觀預備合併，法院如認先位之訴爲無理由，而預備之訴爲有理由時，就預備之訴固應爲原告勝訴之判決，惟對於先位之訴，仍須於判決主文記載駁回該部分之訴之意旨。原告對於駁回其先位之訴之判決提起上訴，其效力應及於預備之訴，即預備之訴亦生移審之效力。第二審法院如認先位之訴爲有理由，應將第一審判決之全部（包括預備之訴部分）廢棄，依原告先位之訴之聲明，爲被告敗訴之判決。否則將造成原告先位之訴及預備之訴均獲勝訴且併存之判決，與預備之訴之性質相違背。」最高法院94年度台上字第998號判決略以：「末按訴之客觀預備合併，原告先位之訴勝訴，備位之訴未受裁判，經被告合法上訴時，備位之訴生移審效力，上訴審認先位之訴無理由時，應就備位之訴加以裁判，如未就備位之訴予以調查裁判，即屬民事訴訟法第二百三十三條第一項所謂訴訟標的之一部裁判有脫漏，祇能向受訴法院聲請補充判決，不得提起上訴，惟苟於上訴期間內就此聲明不服者，依同條第二項規定，則以聲請補充判決論。本件關於上訴人本於依代位求償權法律關係，備位請求被上訴人給付嘉連公司本息而由其代位受領部分，未經原審裁判，上訴人對之併聲明不服，依上說明，應以聲請補充判決論，本院自不得予以審判，併此敘明。」

441

然而，最高法院亦有認為，原告對於同一被告，合併提起數宗訴訟，乃所謂訴之客觀合併。其目的在使相同當事人間就其間之私權紛爭，能以同一訴訟程序辯論、裁判，以節省當事人及法院勞費，並使相關聯之訴訟事件，受同一裁判，避免發生矛盾，以達訴訟經濟及統一解決紛爭之目的。如無害於公益，基於當事人訴訟上之處分權，應許當事人就其合併提起之數訴，依其意思請求法院為裁判；尚不得因其提起訴訟之型態，不符合學說或實務上分類之模式，即認其起訴不合法。而所謂訴之預備合併，通常固指原告預防其提起之訴訟為無理由，而同時提起不能並存之他訴為備位，以備先位之訴無理由時，可就備位之訴獲得有理由之判決之訴之合併而言；惟原告提起非相排斥之數訴，而定其請求法院為裁判之順序，依上說明，應非法所不許。本件再抗告人追加之備位聲明，縱與先位聲明非屬相排斥，不符合一般所謂之訴之預備合併，亦不得據此即謂其起訴不合程式[4]。此乃基於當事人之程序主體權之程序處分權所使然。

二、預備合併之審理

法院在進行預備合併之審理時，先位之訴與備位之訴間，係屬於附條件之法律關係，此所稱之附條件，是指裁判的條件而非審理的要件，故而法院對於預備合併應予一併審理、合併辯論。但是在法院認為原告之先位請求有理由時，則就其先位部分在主文中予以勝訴判決，就其備位請求之部分則無庸為裁判；而若是法院認為其先位請求無理由時，則應就原告之備位請求為裁判[5]。

然而，第一審法院認為原告的先位之訴為有理由而給予勝訴判決，但被告就該先位請求上訴第二審法院後，而改判該先位之訴敗訴時，第二審法院可否直接就未聲明上訴之備位之訴為實體之審理？學說上一般認為，預備合併中的備位請求非屬於獨立請求，故而，對於先位提起上訴時，備位亦會附隨移審[6]。

---

[4] 最高法院95年度台抗字第184號裁定參照。

[5] 最高法院72年度第8次民事庭庭推總會議決議(二)：「訴之客觀預備合併，原告先位訴勝訴，後位訴未受裁判，經被告合法上訴時，後位訴生移審力，上訴審認先位訴無理由時，應就後位訴加以裁判；若後位訴同時經原審判決駁回，原告未提起上訴或附帶上訴時，因後位訴既經裁判而未由原告聲明不服，上訴審自不得就後位訴予以裁判。本院六十五年五月四日民事會議決議(二)應予補充。」

[6] 姜世明，民事訴訟法（上冊），新學林出版，2012年11月，頁321、326。

三、特殊之預備合併──主觀預備合併

所謂主觀預備合併，是指共同訴訟中，一原告與他原告之請求或對一被告與對他被告知請求，以預備關係結合之訴訟形態[7]。

是否承認主觀預備合併，學者在此有不同見解，肯定說認為：縱使先、備位之訴的訴訟標的容或不同，然二者在訴訟上所據之基礎事實如屬同一，攻擊防禦方法即相互為用，而不致遲滯訴訟程序之進行。苟於備位訴訟之當事人未拒卻而應訴之情形下，既符民事訴訟法所採辯論主義之立法精神，並可避免裁判兩歧，兼收訴訟經濟之效，固非法所禁止。

◎變型的預備合併

有兩個被告，特殊之預備合併──主觀預備合併，有肯定說與否定說。

例：甲騎車被乙、丙合騎一部車所撞傷，甲先位請求乙醫藥費10萬、丙備位醫藥費10萬。

否定說：對於丙的防禦權，訴訟上權利處於極不安定的狀態。

由於過去實務長期以來採否定說，但近十年最高法院已採附有條件的肯定說：

肯定說：

(1) 基礎事實同一，攻擊方法可以一併使用、證據不用調查二次。

(2) 當事人不拒卻：苟於備位訴訟之當事人（丙）未拒卻而應訴之情形下，符合民事訴訟法辯論主義之立法精神，可避免裁判兩歧，兼有符合訴訟經濟之效。本於紛爭一次解決之目的。

本例題當事人丙可以拒絕，但丙去應訴且表示同意，即丙對於備位之訴未予以拒卻。

(3) 不影響訴訟的防禦。

(4) 願意承擔訴訟擴散之風險。

另外一說則認為，主觀預備合併是否屬合法之訴之合併之形態，需視個案情況而定，不宜一概而論，如無礙於對造防禦而生訴訟不安定或在對造甘受此「攻防對象擴散」之不利益情形時應承認此類型之合併。過去，關於主觀訴之預備合併採取否定見解，所謂主觀預備訴之合併，因在法院審理此種訴訟時，仍應就各該訴訟全部辯論，僅於先位之訴有理由時，無庸再就後位之訴為裁判，是後位當事人可能

---

[7] 呂太郎，民事訴訟之基礎理論（一），元照出版，2009年5月2版，頁105。

未獲任何裁判，致後位當事人地位不安定，與訴訟安定性原則有違，且先位當事人與他當事人間之裁判，對後位當事人並無法律上之拘束力，徒使後位當事人浪費無益之訴訟程序。又如適用民事訴訟法第55條共同訴訟人獨立之原則，於一被告（原告）上訴時，其效力不及於其他被告（原告）亦難免有裁判矛盾之可能。本件上訴人對被上訴人教育部起訴，固屬合法，惟上訴人對後位體委會之訴訟部分，應認其起訴與否屬不確定狀態，自不應准許[8]。惟近來採取限制（附條件）肯定見解，按訴之預備合併，有客觀預備合併與主觀預備合併之分；主觀的預備訴之合併，縱其先、備位之訴之訴訟標的容或不同，然二者在訴訟上所據之基礎事實如屬同一，攻擊防禦方法即相互為用，而不致遲滯訴訟程序之進行。苟於備位訴訟之當事人未拒卻而應訴之情形下，既符民事訴訟法所採辯論主義之立法精神，並可避免裁判兩歧，兼收訴訟經濟之效，固非法所禁止[9]。或亦有實務見解認為，按法院因民事訴訟法第255條第1項但書規定，而許訴之變更或追加者，不得聲明不服，同法第258條第1項定有明文。則原審准許被上訴人之追加，上訴人已無聲明不服之餘地。況

---

[8] 最高法院91年度台上字第2308號判決參照。

[9] 最高法院98年度台上字第1486號判決（此判決為多數被告之主觀預備合併）；至於多數原告之主觀預備合併可參最高法院94年度台上字第283號判決略以：「按訴之預備合併，有客觀預備合併與主觀預備合併之分，主觀預備合併並有原告多數（共同原告對於同一被告為預備之合併）與被告多數（同一原告對於共同被告為預備之合併）之類型，其在學說及實務上，固因具體個案之不同，各按其性質而持肯定說與否定說互見。惟其中原告多數的主觀預備合併之訴，如先、備位原告之主張在實質上、經濟上具有同一性（非處於對立之地位），並得因任一原告勝訴而達訴訟之目的，或在無礙於對造防禦而生訴訟不安定或在對造甘受此『攻防對象擴散』之不利益情形時，為求訴訟之經濟、防止裁判矛盾、發見真實、擴大解決紛爭、避免訴訟延滯及程序法上之紛爭一次解決，並從訴訟為集團之現象暨主觀預備合併本質上乃法院就原告先、備位之訴定其審判順序及基於辯論主義之精神以觀，自非不得合併提起。於此情形，因先位之訴有理由，為備位之訴之解除條件，其解除條件應以先位之訴判決確定時，始為其解除條件成就之時。第一審如就先位之訴為原告勝訴判決，在尚未確定前，備位之訴其訴訟繫屬並未消滅，且在第一審所為之訴訟行為，於第二審亦有效力（民事訴訟法第四百四十八條），是該備位原告之訴，縱未經第一審裁判，亦應解為隨同先位之訴繫屬於第二審而生移審之效力，即原告先位之訴勝訴，備位之訴未受裁判，經被告合法上訴時，備位原告之訴即生移審之效力。上訴審若認先位之訴無理由時，即應就備位原告之訴加以裁判。」

原告慮其於先位被告之訴為無理由時，始請求對備位被告之訴為裁判，將致備位被告地位不安定，與訴訟安定性原則有違。而原告於第二審始追加備位被告者，尤將影響備位被告之審級利益，不利其程序權保障，雖應從嚴予以限制。惟倘第一審法院已依民事訴訟法第67-1條規定通知備位被告，該備位被告並於第一審為訴訟參加，因其程序權業受保障，且本即須依同法第63條第1項前段規定，受本訴訟裁判效力一定程度之拘束，則原告於第二審追加該備位被告，並不影響其防禦權之行使，且縱影響其審級利益，亦係第二審追加制度使然。至備位被告地位之不安定，於原審已就其為實體裁判後之程序安定性要求所吸收[10]。由此可見，關於主觀之預備合併，實務採限制（附條件）肯定之見解。

四、特殊之預備合併──類似預備合併

基於當事人之程序選擇權、程序處分權，因此就多個訴訟標的或多的訴之聲明，容任當事人自由排序者，可稱為「類似的預備訴之合併」，此參最高法院82年度台上字第1429號判決略以：「原告以單一之聲明主張數項訴訟標的而就各該訴訟標的定有先後請求裁判之順序，於先位訴訟標的有理由時，即不請求就備位訴訟標的為裁判者，與預備訴之合併須先位訴之聲明與備位訴之聲明，相互排斥而不相容者，尚屬有間，學說上稱為類似的預備訴之合併。[11]」此乃實務基於民事訴訟採處分權主義之原則，因此尊重當事人有關行使程序處分權之意思，對其所提起的客觀合併之型態、方式及內容，盡量予以承認，加上法亦無明文就訴之類型予以限制，故予承認[12]。

---

[10] 最高法院103年度台上字第93號判決參照。

[11] 最高法院99年度台上字第1697號判決略以：「被上訴人所主張之先備位請求，核其性質，係以單一之聲明而主張數項訴訟標的，並就各該訴訟標的定有先後請求裁判之順序，為類似預備訴之合併。」

[12] 最高法院97年度台上字第1458號判決略以：「客觀的預備合併之訴，其本位聲明與備位聲明雖應為相互排斥而不能並存，但訴的客觀合併，其目的既在使相同當事人間就私權紛爭，利用同一訴訟程序辯論、裁判，以節省當事人及法院勞費，並使相關連之訴訟事件，受同一裁判，避免發生矛盾，而達訴訟經濟及統一解決紛爭之目的。且關於客觀的訴之合併，民事訴訟法僅在第二百四十八條規定：『對於同一被告之數宗訴訟，除定有專屬管轄外，得向其中一訴訟有管轄權之數法院合併提起之。但不得行同種訴訟程序者不在此限』，並未限制其型態及種類，則基於民事訴訟採處分權主義之原則，自應尊重當事人有關行使程序處分權之意思，對其所提起的客觀合併之型態、

參、重疊合併

一、意義

所謂重疊合併又稱競合合併，是指原告對被告主張數種請求，但是請求的目的都是同一，亦即是只有一個訴之聲明的情況[13]。例如，甲與乙之間訂有一租賃契約，甲出租A屋予乙，租約到期，乙拒不還屋，亦不給付租金，甲欲請求乙返還A屋，則甲對乙可依民法第455條租賃物返還請求權請求乙返還A屋，亦可依民法第767條所有物返還請求權請求乙返還A屋。此時若甲同依民法第455條租賃物返還請求權及民法第767條所有物返還請求權請求乙返還A屋，即爲適例。

在重疊合併之情況下，原告向同一被告所主張之請求權或形成權，具有同一個目的同一聲明，亦即是，重疊合併乃恆發生在請求權或形成權競合之情形下，也因此，採取舊訴訟標的理論才可能承認重疊合併，因爲新訴訟標的理論有別於舊訴訟標的理論之以實體法上權利作爲訴訟標的（新訴訟標的理論：乃是以起訴之聲明或法律上地位作爲訴訟標的）。

二、重疊合併之審理（表25-1）

重疊合併之審理上，一般通說認爲若係原告各項請求均有理由時，法院則應爲原告爲全部之勝訴判決，反之，若係各項請求全部無理由時，則應爲原告之敗訴判決。然而，較爲學者所爭論之處在於：原告之各項請求爲部分有理由、部分無理由。

學界目前多數見解認爲：法院如遇有此種情形時，應就全部之訴訟標的全部，一併審理而爲勝訴或敗訴判決即可[14]。但目前也有部分見解認爲法院固然就有理由部分應判決原告勝訴，但在原告所請求者係爲無理由時，法院在此部分亦要駁

方式及內容，儘量予以承認，以符合現行民事訴訟法賦予訴訟當事人適時審判請求權之精神。本件被上訴人之備位聲明與本位聲明，固非相互排斥，而屬於學說上所稱之『不真正預備合併』，但依現行民事訴訟法之精神，是否不得提起，仍有推闡研析之餘地。」

[13] 最高法院84年度台上字第2124號判決略以：「原告以單一之聲明，主張數項訴訟標的，並未請求法院選擇其中之一裁判，亦未定有先後之順序，而係請求法院就各該訴訟標的同時爲裁判者，此爲訴之重疊之合併。」

[14] 楊建華、鄭傑夫，民事訴訟法要論，作者自版，2012年10月，頁249。

表25-1　重疊合併

	請求權基礎	Case 1	Case 2	Case 3	Case3 部分有理由，部分無理由
1	A侵權行為	○	×	○	○有理由
2	B所有物返還	○	×	×	×無理由
3	C不當得利	○	×	×	×無理由

回原告之訴[15]。

◎重疊合併之法院審理說明

特徵：

(1) 當事人請求法院就其所主張的請求權（理由），每一個都要審理皆予以裁判。

(2) 法院判決書的主文都要記載（有理由、無理由）。

Case1：原告勝訴，三項請求權，各請求權皆有理由。

Case2：原告敗訴，三項請求權，各請求權皆因要件不合或證據不夠，判決理由全部都要寫。

Case3：判決主文，部分有二說

甲說：通說——直接判原告勝訴判決即可，判決主文無理由的部分，不須寫。

乙說：有理由部分判決原告勝訴，無理由部分亦要駁回原告之訴。

判決主文：原告其餘之訴駁回。

---

[15] 最高法院96年度台上字第2836號判決略以：「重疊的合併之訴訟型態，法院應就原告主張之數項標的逐一審判，如認其中一項標的之請求為有理由時，固可為原告勝訴之判決，而無須就他項標的審判，惟若認其中一項請求為無理由，則仍須就他項標的請求加以審判。」

肆、選擇合併

一、意義

選擇合併是指原告起訴數個請求中，法院選擇一個請求下判決[16]。而預備合併與選擇合併最大的不同在於：訴之客觀預備合併，必有先位、後位不同之聲明，當事人就此數項請求定有順序，預先順序之請求無理由時，即要求就後順序之請求加以裁判，法院審理應受此先、後位順序之拘束。於先位之訴有理由時，備位之訴即毋庸裁判。必先位之訴為無理由時，法院始得就備位之訴為裁判。此與法院應擇對原告最有利之訴訟標的而為判決之選擇合併之審理原則有別（97年台上字第111號判決[17]）。

二、選擇合併之審理（表25-2）

如果原告所請求之各訴均有理由時，法院在此得擇一裁判即可[18]；原告所請求各訴均無理由時，則法院應就全部之訴訟標的分別審酌後，為原告之敗訴判決。此外，若是原告之各訴為一部有理由，其他均無理由時，法院乃擇有理由部分為原告勝訴判決，而無理由部分則無庸為原告敗訴判決。

---

[16] 也有學者認為，所謂選擇之訴是指被告在原告所主張之多項請求中擇一為之（民§208）。

[17] 最高法院97年台上字第111號判決：「按訴之客觀預備合併，必有先位、後位不同之聲明，當事人就此數項請求定有順序，預應先順序之請求無理由時，即要求就後順序之請求加以裁判，法院審理應受此先後位順序之拘束。於先位之訴有理由時，備位之訴即毋庸裁判。必先位之訴為無理由時，法院始得就備位之訴為裁判。此與法院應擇對原告最有利之訴訟標的而為判決之選擇合併之審理原則有別。」

[18] 最高法院93年度台上字第988號判決略以：「次按原告以實體法上之數個權利為其訴訟標的時，倘其聲明單一，並主張二以上不同且相互競合之實體法上請求權，要求法院擇一為其勝訴判決，而第一審法院認其中之一請求為有理由者，即可為原告勝訴之判決，無庸就原告其餘請求為審判，而為駁回該部分請求之諭知，原告亦不得就該部分為上訴。僅於被告提起上訴時，該未經裁判部分仍可發生移審效力，如第二審法院認為第一審判決所依憑之請求權為不當，即應逕就該未經第一審法院審判之實體法上請求權部分，予以審判。此乃訴之客觀合併中『選擇合併』之應有結果，尚與第二審是否為續審制者無涉。」

表25-2　選擇合併

	請求權基礎	Case 1	Case 2	Case 3	Case3 部分有理由，部分無理由
1	A侵權行為	○	○	○	○有理由
2	B所有物返還	○	✕	○	✕無理由
3	C不當得利	○	✕	✕	✕無理由

(一) 學說

甲說：起訴時原告提出多項請求權（形成權）相容，僅要求法院擇一判決。選擇權在於法院。由法院擇一對原告最有利之判決。除非是全部都對原告不利。

乙說：（少數說）原告主張多項請求，但被告在多項請求中有權擇一為之（履行）。

此說類似民法第208條選擇之債：於數宗給付得選定其一者，其選擇權屬於債務人。然民法第208條選擇之債，係為契約上選擇權，而並非訴訟法上的「選擇合併」。

(二) 選擇合併之法院審理說明

選擇合併，依選擇的結果，法院裁判方式如下：

Case1：如三個皆有理由，法院有完全之選擇權，選對原告有利。

Case3：無理由的不能選，則有A、B可選。

1.如各訴均有理由時——擇一裁判即可。

2.其中一訴有理由他訴均無理由——擇有理由部分為原告勝訴判決無理由部分——無庸為原告敗訴判決。

3.各訴均無理由——原告敗訴判決。

案例練習

甲向乙借數位相機一台，屆期乙不還，甲起訴主張借用物返還請求權，但擔心乙抗辯使用借貸契約無效，另主張不當得利返還請求權，並請求法院就借用物返還請求權與不當得利返還請求權擇一有利者為裁判法院可否准許？

答：依民法第470條，使用借貸，借用物返還請求權與不當得利返還請求權，為不能相容及不能同時存在的。若契約關係存在（有效）則不成立不當得利，契約無效才有成立不當得利。

先位之訴：依契約關係借貸契約成立，請求主張借貸契約有效，返還借用

物。備位之訴：倘若契約無效或不成立，則主張不當得利請求返還。故本題當事人選擇訴之合併，所採「擇一」方式是錯誤的，本題應為預備合併。

第二十六章

反　訴

第一節　反訴之意義

　　反訴，係被告於原告起訴後，在訴訟繫屬中，對於原告，向同一法院於同一訴訟程序所提起之訴也。

　　在擴大民事訴訟制度解決紛爭，甚至達到紛爭一次解決的目的下[1]，民事訴訟法賦予原告在訴訟進行中可以為訴之合併、變更、追加，避免重複起訴浪費原告的時間、勞力及金錢；而在被告地位方面，則賦予反訴之機會，使其得利用同一訴訟程序解決紛爭，是一種機制上的平衡。故而，民事訴訟法第259條規定：「被告於言詞辯論終結前，得在本訴繫屬之法院，對於原告及就訴訟標的必須合一確定之人提起反訴。」

　　例如：甲向乙購買房屋，約定價金為新臺幣2,000萬元，交屋時甲應依約付清全部尾款。因甲發現房屋有漏水現象，乙向甲承諾於交屋前修復妥善。甲先給付簽約金後，交屋前再去查看系爭房屋滲漏部分之修繕結果，竟發現房屋尚有多處滲漏、壁癌等瑕疵，甲非常生氣，請求乙應於約定交屋前修補瑕疵，乙旋以存證信函通知甲，稱甲應於十五日內給付買賣尾款，並保留法律追訴權等語。甲乙調解不成立。甲通知乙解除契約並起訴以乙為被告請求給付違約金。乙則以甲解除契約無理由，並提起反訴請求甲給付房屋尾款。甲乙二人之訴原以甲解除房屋買賣契約的解除權為訴訟標的，而乙對原告甲請求交付房屋尾款，並不是原來的訴訟標的，所以乙以提起反訴的方式請求法院裁判。

---

[1] 最高法院69年台抗字第366號判例：「反訴制度係為使被告對於原告之訴得與原告對於被告之訴，合併其程序，藉以節時省費，並防止裁判之牴觸而設，故反訴之當事人須與本訴之當事人相同，祇易其原被之地位而已，否則，即與反訴之要件不合。」

第二節　反訴之要件[2]

壹、須本訴尚在訴訟繫屬中，且言詞辯論程序尚未終結前提起

此處之「訴訟繫屬」不以合法為要件，是以只要本訴尚在繫屬中且言詞辯論程序尚未終結（民訴§259），前所提起之反訴皆為合法。且民事訴訟法第263條第1項但書：「訴經撤回者，視同未起訴。但反訴不因本訴撤回而失效力。」反訴不因本訴撤回而失效力，蓋反訴與本訴本為獨立之二訴訟，其效力獨立認定[3]，不過係為訴訟經濟而合併審理，縱本訴經原告撤回，反訴自無毋庸受本訴之影響。此外，基於訴訟經濟之考量，民事訴訟法第263條第2項亦規定：「於本案經終局判決後將訴撤回者，不得復提起同一之訴」，蓋原告對於被告請求之訴訟標的、訴訟聲明及其原因事實，既經法院判斷，若使原告於終局判決後撤回訴訟，又許其重複起訴，實係浪費司法資源。

貳、須對原告或就訴訟標的須合一確定之人提起

反訴之當事人，應即為本訴之當事人，不過易其原被告之地位而已，若訴被告以本訴原告與案外第三人為共同被告而提起反訴者，即為法所不許（最高法院71年

2　按反訴只是基於相牽連之事件，得以利用同一個訴訟程序解決爭議，並非欲顛覆民事訴訟之基本架構，因此民事訴訟之起訴要件諸如：要有當事人能力、要有訴訟能力、不違反一事不再理……等當然亦須具備，因此如提起之反訴與本訴係屬同一事件時，當然不許其提出反訴，本書認為「本訴與反訴須非同一事件」乃提起反訴之本然要件此屬當然之解釋，無需獨立列於反訴之要件之中，否則是否也要臚列反訴要有當事人能力、要有訴訟能力……等，因此以下所述之反訴要件本書並不將非同一事件列為反訴之要件。

3　最高法院22年抗字第303號判例：「(一) 反訴一經利用本訴之訴訟拘束提起以後，即自行發生訴訟拘束，故本訴之訴訟拘束，雖因撤回本訴而溯及的消滅時，反訴之訴訟拘束亦不隨之消滅，法院仍有就反訴為調查裁判之義務，且本訴與反訴法院得命分別辯論，或先就其一為一部判決，在民事訴訟法第一百九十六條及第三百七十四條均有明文規定，是反訴不因本訴已經判決而失其存在，尤為明顯，絕無本訴已經判決，即不得更就反訴辯論判決之理。」

台抗字第116號裁定[4]）。

參、反訴之標的須與本訴之標的或防禦方法相牽連

民事訴訟法第260條第1項規定：「反訴之標的，如專屬他法院管轄，或與本訴之標的及其防禦方法不相牽連者，不得提起。」反訴制度之目的，具有擴大解決紛爭以達訴訟經濟之功能，並防止裁判矛盾，故若反訴與本訴無牽連關係[5]，自無允許提起反訴之必要。

因此，反訴之提起，其標的須與本訴之標的或防禦方法相牽連，其類型如下：

一、法律關係同一

例如甲對乙起訴確認債權不存在，乙反訴逕提返還債務之給付訴訟；或甲告乙確認租賃關係不存在，乙反訴請求給付租金

二、原因事實相同

例如：甲與乙騎車互撞，甲對乙提侵權行為損害賠償，乙本於同一原因事實亦反訴求賠償。

---

[4] 最高法院71年台抗字第116號裁定：「反訴之當事人，應即為本訴之當事人，不過易其原被告之地位而已，若本訴被告以本訴原告與案外第三人為共同被告而提起反訴者，即為法所不許。」

[5] 最高法院98年台抗字第1005號裁定：「按反訴之標的，如專屬他法院管轄，或與本訴之標的及其防禦方法不相牽連，或反訴非與本訴得行同種之訴訟程序者，不得提起，此觀之民事訴訟法第二百六十條第一項、第二項之規定自明。此所稱之「相牽連」，乃指為反訴標的之法律關係與本訴標的之法律關係間，或為反訴標的之法律關係與作為本訴防禦方法所主張之法律關係間，兩者在法律上或事實上關係密切，審判資料有其共通性或牽連性者而言。換言之，為本訴標的之法律關係或作為防禦方法所主張之法律關係，與為反訴標的之法律關係同一，或當事人兩造所主張之權利，由同一法律關係發生，或為本訴標的之法律關係發生之原因，與為反訴標的之法律關係發生之原因，其主要部分相同，方可認為兩者間有牽連關係。」

三、反訴之標的係本訴之先決問題

例如：甲對乙訴請離婚，乙反訴請求確認婚姻無效（亦即是，婚姻是否有效為離婚之先決問題）[6]。

四、同一法律關係為數形成權所形成

例如：甲對乙依不堪同居虐待提離婚之訴，乙對甲亦以同一原因提離婚反訴，此時，本訴與反訴之形成權主體不同非同一事件[7]。

五、僅防禦方法相牽連

例如，甲對乙起訴提出所有物返還請求權，乙於本訴中抗辯有租賃關係，並反訴確認租賃關係存在。

肆、須向本訴繫屬之法院提起，且非專屬他法院管轄

民事訴訟法第259條規定，所謂反訴應是指被告於言詞辯論終結前，得在本訴繫屬之法院，對於原告及就訴訟標的必須合一確定之人提起。而依民事訴訟法第260條第1項規定：「反訴之標的，如專屬他法院管轄，或與本訴之標的及其防禦方法不相牽連者，不得提起。」反訴為訴之一種，且反訴之當事人須與本訴之當事人相同[8]，故本訴所屬之法院，若於反訴無管轄權，則不得提起之，然得以當事人之

---

[6] 最高法院41年度台上字第738號判例：「反訴標的之法律關係為本訴標的之法律關係之先決問題者，亦屬民事訴訟法第二百六十條第一項所謂反訴標的與本訴標的互相牽連之一種，自非不得提起反訴。」

[7] 最高法院95年度台上字第1026號判決略以：「按夫妻有民法第一千零五十二條第一項所定各款情形以外之重大事由，難以維持婚姻者，雙方固均得據以請求離婚，惟同條第二項但書既規定，難以維持婚姻之重大事由應由夫妻之一方負責者，僅他方得請求離婚，則於難以維持婚姻之重大事由，夫妻雙方均須負責時，自應比較衡量雙方之有責程度後，僅責任較輕之一方，得向責任較重之他方請求離婚；如有責程度相同時，雙方即均得請求離婚，始符公平之旨。準此，不能僅以夫妻之有責程度相同，均得依該第二項規定請求離婚，而認夫妻之一方已以『本訴』請求離婚應予准許，即謂他方之『反訴』請求離婚，為無訴訟之保護必要。」

[8] 最高法院69年台抗字第366號判例：「反訴制度係為使被告對於原告之訴得與原告對於被告之訴，合併其程序，藉以節時省費，並防止裁判之牴觸而設，故反訴之當事人須

合意定管轄者，則不妨當事人提起反訴，以節省費用勞力及時間。若以非財產權上之請求或以有專屬管轄規定之請求爲訴訟標的，則不得提起反訴，因此類情形，不允許合意管轄。

伍、反訴與本訴須得行同種訴訟程序且法律未有禁止反訴

民事訴訟法第260條第2項規定：「反訴，非與本訴得行同種之訴訟程序者，不得提起。」要求反訴與本訴需得行同種訴訟程序，蓋倘若本訴行通常訴訟程序，反訴行特別訴訟程序，無法合併審理，難以達到提起反訴擴大解決紛爭之功能。

第三節　反訴之程序與裁判

壹、提起反訴之程序

一、得於言詞辯論時以言詞提起

依照民事訴訟法第261條規定：「訴之變更或追加及提起反訴，得於言詞辯論時爲之。於言詞辯論時所爲訴之變更、追加或提起反訴，應記載於言詞辯論筆錄；如他造不在場，應將筆錄送達。」反訴係獨立之訴而非攻擊防禦方法，應適用訴訟法理，亦須具備訴之聲明、原因事實、訴訟標的之內容（民訴§244）。然反訴既合併於本訴，而爲其訴訟之一部，故提起時，不必分別送達訴狀，只須於本訴之言詞辯論，爲提起反訴之主張即可。

反訴既爲訴訟之一種，故言詞辯論時提出或以書狀提出均無不可，爰民事訴訟法第259條明定反訴得於言詞辯論時提出。另訴之變更追加，亦可任於言詞辯論或以書狀提起之，倘以書狀爲訴之變更追加或提起反訴者，當然適用關於起訴之規定，無待明文。而本訴與反訴訴訟標的相同者，反訴不另徵裁判費（民訴§77-15Ⅰ）。

與本訴之當事人相同，祇易其原被之地位而已，否則，即與反訴之要件不合。本件相對人某甲、某乙、某丙對於非本訴原告之再抗告人提起反訴，請求返還改良費用，依上說明，其反訴關於再抗告人部分即非合法。」

二、反訴之撤回準用本訴撤回之規定

民事訴訟法第264條規定：「本訴撤回後，反訴之撤回，不須得原告之同意。」按本訴經撤回後，表示原告欲放棄原來對被告之請求，反訴既因本訴所生，若要求反訴撤回應得原告同意，可能再度造成對立之心態，故放寬反訴撤回之要件，以達定紛止爭之功能。

貳、反訴之審理

民事訴訟法第260條第3項規定：「當事人意圖延滯訴訟而提起反訴者，法院得駁回之。」查反訴為訴訟之一種，非僅為攻擊或防禦方法也，然當事人因重大過失，或意圖延滯訴訟之終結而提起反訴，則不應允許。

此外，反訴與本訴是否相牽連為「責問事項」？反訴與本訴的訴訟標的、防禦方法須相牽連被定位為責問事項（適用民事訴訟法第197條責問權規定）。被告提反訴時，若反訴與本訴沒有相牽連，而原告未依民事訴訟法第197條行使責問權（即未爭執或提出異議），則即使無相牽連，法院不得依職權將其反訴駁回。此係為當事人利益而設之規定，故屬於責問事項。總括而言，若沒有相牽連，當事人可以決定不責問或自動補正。

民事訴訟法第382條有關本訴或反訴得先為一部終局判決之規定，於修正第204條後，是否得繼續適用？本書認為，民事訴訟法第204條雖已將本訴及反訴得分別辯論之規定刪除，惟同法第382條本訴或反訴得先為一部終局判決之規定既未修正，於92年修法施行後，仍應繼續適用（93年2月3日最高法院第2次民庭會議參照）。

第四節　特殊的反訴類型：預備反訴及再反訴

壹、預備反訴

所謂預備反訴，是指被告在本訴中向法院聲明駁回原告之訴時，考量到其所抗辯可能被法院認為無理由，故而，被告乃以其「抗辯無理由」作為提起反訴之停止條件，而法院在審理時，若認被告抗辯為有理由，則無須就被告之預備反訴進行審

理[9]。例如，甲向法院起訴告乙買機車不付錢而訴請給付買賣價金，乙抗辯他只有18歲買賣契約未得法定代理人同意，因此契約應爲無效且不需支付價金，而向法院請求駁回原告之訴，但乙擔心如法院判定契約已經其父同意而有效，故提預備反訴請求甲給付機車一台，被告「駁回原告之訴」之聲明，即係屬於訴之預備合併之聲明，因此預備反訴即屬訴之預備合併與反訴之結合態樣[10]。

預備反訴即是以本訴之勝訴或敗訴爲條件提起之反訴。然而，此種反訴類型在我國民事訴訟法上並無明文規定，是由學理及實務的補充而產生。

貳、再反訴

再反訴，亦稱反反訴，民事訴訟法第259條於民國89年修法時以避免循環反訴之理由而禁止提起再反訴。然而，在民國89年修法後，如有再反訴之需求時當事人應以何種方式提起？就此，當時之立法理由認爲原告如欲提起再反訴，只要在本訴作訴之追加即可，無必要提再反訴[11]，而通說基本上採相同看法。

不過，亦有學者持不同見解，認爲再反訴得擴大反訴紛爭解決之功能，在法律無明文禁止及與反訴之標的或防禦方法相牽連時，應得提起再反訴[12]。

---

[9] 黃國昌，民事訴訟法教室Ⅰ，元照出版，2010年9月2版，頁403。

[10] 駱永家，民事法研究Ⅰ，作者自版，1991年9月4版，頁115。

[11] 姜世明教授認民訴89年修法時之立法理由所採之見解，與德國法上之主流見解似有不同。請參閱姜世明，民事訴訟法（上冊），新學林出版，2012年11月，頁382，註121。

[12] 採此說者，如：黃國昌，民事訴訟法教室Ⅰ，元照出版，2010年9月2版，頁404；陳計男，民事訴訟法論（上），三民書局，2010年6月5版，頁263；駱永家，民事法研究Ⅰ，作者自版，1991年9月4版，頁119。

| 第二十七章 |

民事證據法

第一節　證據通則

壹、證據概述

一、證據之意義

　　所謂證據，係指法院認定事實之證明根據[1]。法院依法律之規定對於當事人間私法權利上之紛爭作成決定時，就法規或事實狀態不明時所為之認定依據，即稱之為證據。

二、關於證據的幾個相關用語

(一) 證據方法

　　所謂證據方法，是指法官得藉由外在感官而為調查的有形物。在民事訴訟法所規範之證據方法包括有：人證、鑑定、書證、勘驗及當事人陳述等五種方法，有關上述五種之意義及內涵，請參閱本章第三節之論述。

(二) 證據能力

　　所謂證據能力，是指證據之適格性。民事訴訟之證據能力，並未如刑事訴訟法有一般性之規定，此毋寧是基於自由心證主義所為之立法模式。在證據能力之判斷上，例如：近來最高法院表示私人不法取證，應權衡法益之輕重，但如手段嚴重違反憲法所保障之隱私權，則應無證據能力[2]。

---

[1]　姜世明，民事訴訟法（下冊），新學林出版，2013年5月，頁3。

[2]　最高法院106年度台上字第246號判決略以：「按民事訴訟法對於證據能力並未設有規定，違法取得之證據是否有證據能力，應從誠信原則、正當程序原則、憲法權利之保

(三) 證據資料

證據資料,是指法院在經由民事訴訟法所規定之五種證據方法而為調查後,最後所得之資料稱之。例如:證人之證言或是文書之內容等屬之。

(四) 證據價值 (證據之證明力)

有別於證據能力,證據之證明力係指法院依照證據資料,而得就待證事實為如何之認定。然而,證據價值的程度,學者認為此乃屬於法官自由心證之範圍。

貳、證據之種類

法諺有云:「舉證之所在,敗訴之所在。」

一、直接證據與間接證據

所謂間接證據,是指間接證明待證事實之證據;反之,直接證據即是指得單獨證明待證事實之證據。

二、本證與反證

所謂本證,是指具有舉證責任之當事人所提出之證據;而反證則是指無舉證責任之當事人,為否定他造所主張之證據所提出之證據。

參、證明之種類

一、證明與釋明

所謂「證明」必須使法院對於所驗證之事實達到某程度之確信,所謂釋明則指使法院得到大致相信某事實主張為真即可(民訴§284),兩者之區別僅係程度上之差異,一般而言,為求發現真實,通常均要求有疑之事項應達到「證明」之程度,反之,有特別規定時,則僅需要做到「釋明」的程度即可,例如民事訴訟法第322條、第364條規定等等。另為放寬證據調查之即時性,以減少釋明之困難,於

障、違法取得證據侵害法益之輕重、發現真實與促進訴訟之必要性等加以衡量,非可一概而論。倘為財產權訴訟勝訴之目的,長時間、廣泛地不法竊錄相對人或第三者之談話,非但違反誠信原則,而且嚴重侵害憲法保障之隱私權,權衡法益輕重,該為個人私益所取得之違法證據,自不具證據能力。」

認定證據調查之即時性時，斟酌證據之性質，而爲妥適判斷。

二、嚴格證明與自由證明

自由證明是指不受法定的證據方法和證據調查程序拘束的一種證明方法，剛好與嚴格證明相反。而自由證明之特徵有下列數點：

(一) 證據方法之多樣性

除立法明定的證人、文書、勘驗、鑑定等法定證據方法以外，法官可以依據自由心證，將其他有助於查明事實的一切方法均爲納入。

(二) 證據調查程序不必完全遵循法定程序

以證人的調查爲例，若依嚴格證明，證人必須到庭，在具結後，接受法官和當事人的詢問。反之，在自由證明下，證人可以不必遵守上述法定之嚴格程序。

(三) 可以不遵守直接審理主義及言詞審理主義及公開原則

在自由證明中允許使用一些在嚴格證明中因不符合直接言詞主義而不具證據能力的證據，如書面證言。

肆、證據之對象

一、事實

當事人主張之有爭執之「事實」或「特殊之經驗法則」。至於法律則非證據之對象，法律之適用乃由法院依認定之事實適用正確之法令審理。

二、法院應依職權調查之事實

在此，例如有訴訟絕對成立要件等。

三、習慣、地方規章及外國法

民事訴訟法第283條規定：「習慣、地方制定之法規及外國法爲法院所不知者，當事人有舉證之責任。但法院得依職權調查之。」而所稱之習慣，指習慣法，謂某一地區的人，長久奉行不變之規則，而具有事實上之法效性而言，且習慣法之成立，必先有習慣事實存在，故法院認定習慣法與認定事實，同樣應依法進行調

查，以資認定，不得憑空臆斷[3]。

　　法院依民事訴訟法進行民事訴訟案件之審理，本即應依我國現行有效之法律進行審判，自不待言，惟有時法規內容繁雜，且國際交流往來之情形日益頻繁，法院不能完全明瞭或掌握所有法規，故若當事人為求得有利之判決時，引用習慣、地方制定之法規及外國法為依據時，依舉證責任分配原則，提出或引用之一方當然有義務證實其真實性及來源。

　　但是基於公共利益之考量，法院亦得依職權加以調查。調查外國現行法及習慣法，與調查事實不同，其調查範圍，則不以當事人所提出之證據為限。

四、經驗法則

　　所謂經驗法則，則指由社會生活累積之經驗歸納所得之法則而言。凡日常生活所得之通常經驗，以及專門知識所得之特別經驗，均屬之。在涉及專業經驗者（例如醫學、科學等專業知識），因法官並非必然就此有所知悉，故須以證據加以證明。

伍、待證事實

一、待證事實之觀念

　　在學習證據之標的的議題上，其中最重要者即為「事實」。事實如係有證明之必要者，即所謂的待證事實或稱為應證事實。而待證事實之舉證步驟應是先由負主張責任及舉證責任者，先就其主張之事實已盡舉證義務後，對造再聲明其所使用之證據以為否認。換言之，當事人主張之事實經他造否認者就成為待證事實。

---

[3] 最高法院18年上字第2259號判例：「(一) 習慣法則之成立，必先有習慣事實存在，故法院認定習慣法則與認定事實，同應依法為種種之調查，以資認定，不得憑空臆斷。(二) 當事人對於法院之判決，偏於上訴期間以書狀向法院表示不服之意旨者，無論該狀內有無上訴字樣，均應以聲明上訴論。」

二、找出待證事實之方法[4]

(一) 法院已知之事實

民事訴訟法第278條規定：「事實於法院已顯著或爲其職務上所已知者，無庸舉證（第1項）。前項事實，雖非當事人提出者，亦得斟酌之。但裁判前應令當事人就其事實有辯論之機會（第2項）。」前揭條文所謂之事實於法院已顯著者，是指某事實爲一般所周知，而法官現時亦知道者而言[5]。

依照民事訴訟法第278條規定，當事人於其利己事實之主張，除事實於法院已顯著，或爲其職權上已認知者外，應負立證之責[6]。當事人負舉證責任者，是爲使對自己有利之事實，說服法院確有此事實存在，惟倘該事實爲社會上一般人皆衆所皆知，或法院因其職務已經知道，自無須再由當事人以其他立證方法證明該等事實之存在，故本條爲第277條舉證責任分配原則之例外規定，就第278條之事實，當事人毋庸再爲舉證。法院得自行將該等事實採爲裁判基礎，惟應注意者，該等事實雖無庸再爲舉證，若法院採裁判基礎者，仍應使當事人有辯論之機會，以避免突襲性裁判之發生。

(二) 法律上推定之事實

民事訴訟法第281條規定：「法律上推定之事實無反證者，無庸舉證。」而所謂法律上推定之事實，指就某法律構成要件事實，在法律上已明文推定該等事實之存在，在法律推定後，當事人就該等事實毋庸再爲舉證，舉例而言[7]，民法第944條第1項規定，占有人推定其爲以所有之意思，善意、和平、公然及無過失占有。故

---

[4] 又可稱之爲「排除舉證之必要性」。詳參姜世明，民事訴訟法（下冊），新學林出版，2013年5月，頁9。

[5] 最高法院28年上字第2379號判例：「(一) 民事訴訟法第二百七十八條第一項所謂事實於法院已顯著者，係指某事實爲一般所周知，而推事現時亦知之者而言。(二) 通常共同訴訟人中一人所爲之自認，其效力僅及於該共同訴訟人，而不及於他共同訴訟人。」

[6] 最高法院18年上字第1685號判例：「當事人於其利己事實之主張，除事實於法院已顯著，或爲其職權上已認知者外，應負立證之責。」

[7] 最高法院29年上字第378號判例：「確認土地所有權存在之訴，原告就所有權存在之事實，固有舉證之責任。惟原告如爲占有該土地而行使所有權之人，應依民法第九百四十三條推定其適法有所有權者，依民事訴訟法第二百八十一條之規定，除被告有反證外，原告即無庸舉證。」

占有人於占有時，是否以所有之意思，善意、和平、公然及無過失，法律上已先推定該等事實之存在，則占有人於訴訟進行中，毋庸再就其善意、和平、公然及無過失等構成要件事實，再為舉證。

故民事訴訟法第281條規定具有舉證責任減輕或轉換之效果，一旦經法律上推定之事實，當事人毋庸再提出舉證，此時應由另一方當事人舉本證推翻法律上事實之推定，以前例而言，此時他造當事人即應舉出占有人於占有之時並非以所有之意思，善意、和平、公然及無過失為占有之事實，已推翻法律上事實推定之效果，一旦他造當事人舉證推翻法律上推定之事實後，舉證責任則重新回到占有人身上。

(三) 當事人自認之事實

1. 自認之意義

所謂自認，乃承認相對人所主張不利於自己之事實，事實問題有所謂自認，法律問題則無自認之可言[8]。故自認之對象僅限於相對人所主張之事實，而不包含法律上之主張，且該等事實僅限於就「不利於己」之事實加以承認，且須為對造主張相一致。自認，僅指訴訟上自認，不包含訴訟外自認，當事人之一造，在別一訴訟事件所為不利於己之陳述，縱使與他造主張之事實相符，亦僅可為法院依自由心證認定事實之資料，仍與民事訴訟法第279條所稱之自認不同[9]。據此，歸納自認之要件如下：

(1) 自認之對象為主要事實（§384）。

(2) 限於就「不利於己之事實」加以承認，對於法令不能自認。

(3) 須為與對造主張相一致之陳述。

(4) 須係於「訴訟上」所為之陳述。

---

[8] 最高法院32年上字第5011號判例：「(二) 第一審推事問上訴人之訴訟代理人有何證據，答稱有當田稿一紙可證，其所稱之當田稿即指所提出之抵押約稿而言，具有如抵押約稿所載內容之意思表示者，是否為典權之設定，本屬法律問題，事實問題有所謂自認，法律問題則無自認之可言。是無論上訴人之訴訟代理人所稱有當田稿可證一語，是否已自認該約稿為設定典權之約稿，要不生自認之效力。」

[9] 最高法院28年上字第2171號判例：「當事人之一造，在別一訴訟事件所為不利於己之陳述，縱使與他造主張之事實相符，亦僅可為法院依自由心證認定事實之資料，究未可與民事訴訟法第二百七十九條所稱之自認同視。」

依民事訴訟法第279條第1項規定，自認需在言詞辯論時向受命法官、受託法官前以言詞陳述，或在提出於法院之準備書狀中陳述亦可，且除當事人本身外，法定代理人、訴訟代理人均得為自認之表示[10]。

2. 自認之效力

一旦符合自認之要件後，他造當事人就自認之事實，毋庸再為舉證，另經自認之事實，亦對法院發生一定拘束力，法院認定事實不得違背當事人所自認之事實。蓋民事訴訟法採當事人進行主義及辯論主義，原則上事實應由當事人自行提出、主張。

最高法院26年上字第805號判例認為：「當事人於訴訟上所為之自認，於辯論主義所行之範圍內有拘束法院之效力，法院自應認當事人自認之事實為真，以之為裁判之基礎。」

3. 自認之種類

(1) 限制自認

依照民事訴訟法第279條第2項規定，當事人為自認時，若附加條件或限制時，能否認為是訴訟上之自認，則由法院審查一切客觀情狀後，依職權加以判斷。

(2) 擬制自認

所謂擬制自認，指當事人雖未對他造當事人主張不利於己之事實，為自認之表示，惟當事人於言詞辯論時不為爭執、當事人對於他造主張之事實，為不知或不記憶之陳述或當事人對於他造主張之事實，已於相當時期受合法之通知，而未到場或未提出準備書狀爭執者，法律仍擬制其為自認，而發生自認之效果。民事訴訟法第280條之所以規定擬制自認，蓋有時當事人為避免發生自認之效果經常避重就輕而為陳述，或根本不為陳述時，為促進訴訟之要求，及他造當事人程序利益之保護，仍賦予自認之效果。

民事訴訟法第280條雖為擬制自認，但與第279條所稱之自認，仍有所不同，前條之自認需當事人為積極之表示，若當事人要撤銷自認須於言詞辯論時另為撤銷自認之表示，且自認原則上不得任意撤銷，而民事訴訟法第280條之擬制自認，則

10　最高法院19年上字第2165號判例：「民事訴訟事件，當事人曾為不利於己之自承（自認）時，法院自可毋庸別予調查證據，即依據其自承（自認）以為裁判，如合法代理人在訴訟上代為自認，亦與該當事人自身所為者同。」

僅需當事人消極不爲表示即發生擬制自認之效果，當事人對於擬制自認之事實，仍得於言詞辯論終結前，隨時爲爭執之陳述[11]，一旦當事人爲爭執之陳述後，經擬制自認之事實，即遭到推翻，他造當事人就該等事實仍應負舉證責任，法院亦不受拘束自屬當然。

4. 自認之撤銷

民事訴訟法第279條第3項規定：「自認之撤銷，除別有規定外，以自認人能證明與事實不符或經他造同意者，始得爲之。」一旦自認後，即對法院認定事實發生一定拘束力，因此不容當事人任意撤銷其自認，否則有礙訴訟之進行，故民事訴訟法第279條對撤銷自認設有一定限制，除法律別有規定外，以自認人能證明與事實不符或經他造同意，始得例外允許自認人撤銷自認，以確保審判公平。

5. 自認與認諾之區別

認諾：第384條——一定受敗訴判決。

自認：第279條——未必受敗訴判決。

陸、舉證責任

一、主張責任與舉證責任

我國民事訴訟制度乃採辯論主義，故非經當事人主張之事實，法院在裁判時不得加以斟酌。當事人在訴訟程序中負有「主張責任」，於此前提下，法院不得就當事人未主張之事實加以考量，即不會有後續舉證責任及後續舉證責任分配之問題。

二、證明妨礙之效果

依民事訴訟法第282-1條規定：「當事人因妨礙他造使用，故意將證據滅失、

---

[11] 最高法院71年台上字第3516號判例：「民事訴訟法第二百八十條第一項之規定，係指當事人對於他造主張之事實，於言詞辯論時，消極的不表示意見，法律擬制其爲自認而言，此與同法第二百七十九條第一項所定自認，必須當事人對於他造主張之事實，積極的表示承認之情形有別，兩者在法律上之效果亦不相同。前者本無自認行爲，不生撤銷自認之問題，依同法第一百九十六條規定，應許當事人於言詞辯論終結前，隨時爲追復爭執之陳述，此項追復依同法第四百四十七條第二項規定，至第二審程序，仍得爲之。」

隱匿或致礙難使用者，法院得審酌情形認他造關於該證據之主張或依該證據應證之事實爲眞實（第1項）。前項情形，於裁判前應令當事人有辯論之機會（第2項）。」爲防止當事人利用不正當手段妨礙他造使用證據，並顧及公平性，蓋當事人應以公平之方法進行訴訟，遵守程序原則，證明妨礙已構成權利濫用，故必要對於證明妨礙之一方，施以一定之懲罰效果，一旦構成證明妨礙，法院得依調查證據之結果及全辯論意旨，依自由心證認定舉證人之主張眞實或不眞實。

三、舉證責任之分配

民事訴訟主要是爲解決當事人之紛爭，本法關於舉證責任之最基本原則，乃爲當事人一方對於有利於己之事實，自應竭力向法院證明該等事實之主張，是以民事訴訟法第277條規定：「當事人主張有利於己之事實者，就其事實有舉證之責任。但法律別有規定，或依其情形顯失公平者，不在此限。」此外，基於私法自治契約自由及訴訟法上辯論主義及處分權主義之原則，實務承認，當事人得約定有關舉證責任分配之契約[12]。

所謂舉證責任指法院就當事人間有爭執之事實，在斟酌全辯論意旨及調查證據後，仍無法依自由心證判斷事實之眞僞時，須將事實眞僞不明時之不利益歸於當事人一造。而實務與通說認爲，於法理上，民事訴訟法第277條之舉證責任係採客觀爲主，主觀爲輔之舉證法則，即負舉證責任之當事人，須證明至使法院就該待證事實獲得確實之心證，始盡其證明責任。倘不負舉證責任之他造當事人，就同一待證事實已證明間接事實，而該間接事實依經驗法則爲判斷，與待證事實之不存在可認有因果關係，足以動搖法院原已形成之心證者，將因該他造當事人所提出之反證，使待證事實回復至眞僞不明之狀態。此際，自仍應由主張該事實存在之一造當事

---

[12] 最高法院102年度台上字第1039號判決略以：「關於舉證責任之分配原則，依民事訴訟法第二百七十七條之規定，固應由當事人就其主張有利於己之事實，負舉證責任。惟當事人雙方若基於合意，在其所訂立之契約中附加約定，將因不完全給付或物之瑕疵所生之損害賠償責任之舉證責任分配原則變更或調整者，此種附加之舉證責任分配契約，性質上爲證據契約之一種，兼有程序法與實體法之雙重效力，具紛爭自主解決之特性及簡化紛爭處理程序之功能。倘其內容無礙於公益，且非屬法院依職權應調查之事項，及不侵害法官對證據評價之自由心證下，並在當事人原有自由處分之權限內，基於私法上契約自由及訴訟法上辯論主義與處分權主義之原則，應承認其效力，以尊重當事人本於權利主體與程序主體地位合意選擇追求訴訟經濟之程序利益。」

人再舉證證明之，始得謂已盡其證明責任[13]，再者，民事訴訟如係由原告主張權利者，應先由原告負舉證之責，若原告先不能舉證，以證實自己主張之事實為真實，則被告就其抗辯事實即令不能舉證，或其所舉證據尚有疵累，亦應駁回原告之請求[14]。舉證責任之分配，我國通說則係認為係採法律要件分類說[15]、[16]。

　　以下就實務上重要之請求權基礎相關舉證責任之分配法則，加以說明：民法第179條不當得利中「無法律上原因」之要件，實務認為應區分為「給付型之不當得利」與「非給付型之不當得利」區別判斷，於「給付型之不當得利」應由主張不當得利返還請求權人負舉證責任；在「非給付型之不當得利」請求權人不必再就不當得利之「無法律上之原因」負舉證責任，如被請求人主張其有受益之「法律上之原因」，即應由其就此有利之事實負舉證責任[17]。民法第767條物上請求權之

---

[13] 最高法院99年度台上字第984號判決參照。

[14] 最高法院17年上字第917號判例及最高法院48年度台上字第887號判例參照。

[15] 最高法院48年台上字第887號判例：「主張法律關係存在之當事人，僅須就該法律關係發生所須具備之特別要件，負舉證之責任，至於他造主張有利於己之事實，應由他造舉證證明。」；最高法院91年度台上字第2076號判決亦採相同見解。

[16] 有關舉證責任之分配的學說，大致包括：(一) 待證事實分類說：又有1.主張積極事實者負舉證責任。2.主張外界事實者負舉證責任，內界事實不負舉證責任：如善意、明知等。3.主張常態事實者不負舉證責任，主張變態事實者要負舉證責任。(二) 法律要件事實分類說：此說認為當事人中主張權利存在者，乃就權利發生負舉證責任；而若係主張權利不存在者，則就權利消滅、排除或障礙負舉證責任。(三) 危險範圍說：此說認為，待證事實在當事人能支配之生活範圍者始負舉證責任，反之待證事實若不在當事人能支配之生活範圍者，不負舉證責任。此說之缺點在於無法清楚劃清何謂「當事人能支配」之範圍。

[17] 最高法院100年度台上字第899號判決略以：「查不當得利依其類型可區分為『給付型之不當得利』與『非給付型不當得利』，前者係基於受損人之給付而發生之不當得利，後者乃由於給付以外之行為（受損人、受益人、第三人之行為）或法律規定或事件所成立之不當得利。在『給付型之不當得利』固應由主張不當得利返還請求權人（受損人），就不當得利成立要件中之『無法律上之原因』負舉證責任；惟在『非給付型之不當得利』中之『權益侵害之不當得利』，由於受益人之受益非由於受損人之給付行為而來，而係因受益人之侵害事實而受有利益，因此祇要受益人有侵害事實存在，該侵害行為即為『無法律上之原因』，受損人自不必再就不當得利之『無法律上之原因』負舉證責任，如受益人主張其有受益之『法律上之原因』，即應由其就此有利之事實負舉證責任。又『非給付型之不當得利』中之『權益侵害之不當得利』，凡

舉證責任，對此，實務見解認為，被告就是否有權占有之事實負舉證責任[18]。另關於民法第230條之遲延責任之舉證責任，實務見解認為應由債務人自行舉證其不可歸責[19]。至於民法第184條侵權行為之舉證責任，應由主張侵權責任之人負舉證責任[20]。票據關係原因債權之舉證責任，即執票人基於票據關係請求起訴請求給付票款，發票人否認原因關係存在時，應由執票人舉證[21]，然而，若發票人係抗辯主張

因侵害取得本應歸屬於他人權益內容而受利益，致他人受損害，欠缺正當性，亦即以侵害行為取得應歸屬他人權益內容之利益，而從法秩權益歸屬之價值判斷上不具保有利益之正當性者，即應構成『無法律上之原因』而成立不當得利。」；另參許士宦，不當得利之類型與無法律上原因之舉證——最高法院一〇〇年度台上字第八九九號判決評釋，2012年9月，月旦民商法雜誌，第37期，頁134-150。最高法院109年度台上字第2764號判決亦採相同見解（本判決後被選為110年度1-2月最高法院民事具有參考價值之裁判）。

[18] 最高法院72年度台上字第1552號判決略以：「以無權占有為原因，請求返還所有物之訴，被告對原告就其物有所有權存在之事實無爭執，而僅以非無權占有為抗辯者，原告於被告無權占有之事實，無舉證責任。被告應就其取得占有，係有正當權源之事實證明之。如不能證明，則應認原告之請求為有理由。」

[19] 最高法院21年上字第1956號判例：「給付有確定期限者，債務人自期限屆滿時起當然負遲延責任，其因不可歸責於債務人之事由致未為給付者，債務人雖不負遲延責任，但不可歸責於債務人之事由，應由債務人負舉證之責。」

[20] 最高法院82年度台上字第267號判決略以：「民法第一百八十四條第一項前項規定侵權行為以故意或過失不法侵害他人之權利為成立要件，故主張對造負侵權行為責任者，應就對造之有故意或過失負舉證責任（參照本院五十八年台上字第一四二一號判例）。又在債務不履行，債務人所以應負損害賠償責任，係以有可歸責之事由存在為要件。故債務人苟證明債之關係存在，債權人因債務人不履行債務（給付不能、給付遲延或不完全給付）而受損害，即得請求債務人負債務不履行責任，如債務人抗辯損害之發生為不可歸責於債務人之事由所致，即應由其負舉證責任，如未能舉證證明，自不能免責（參照本院二十九年上字第一一三九號判例意旨）。二者關於舉證責任分配之原則有間。」

[21] 最高法院73年度第1次民事庭會議決議(二)略以：「支票為無因證券，支票債權人就其取得支票之原因，固不負證明之責任，惟執票人子既主張支票係發票人丑向伊借款而簽發交付，以為清償方法，丑復抗辯其未收受借款，消費借貸並未成立，則就借款之已交付事實，即應由子負舉證責任。」

執票人取得票據係以惡意或詐欺之方式，此時應由發票人付舉證責任[22]。

民事訴訟法第277條之但書規定係爲現代紛爭事件繁雜，例如公害事件、醫療糾紛等，如一律要求主張有利事實之一方負有舉證責任，有失公平，且因舉證責任之分配情形繁雜，民事訴訟法第277條原僅設原則性規定，未能解決一切舉證責任之分配問題[23]，故最高法院於判例中，即曾依誠信原則定舉證責任之分配。爰於原條文之下增訂但書，規定「但法律別有規定，或依其情形顯失公平者，不在此限。」以資因應。

各當事人就其所主張有利於己之事實，均應負舉證之責，故倘一方已有適當之證明者，相對人欲否認其主張，即應舉出反證[24]。

四、舉證責任之轉換

(一) 事實上之推定

民事訴訟法第282條規定：「法院得依已明瞭之事實，推定應證事實之眞

---

[22] 最高法院64年台上字第1540號判例：「票據行爲，爲不要因行爲，執票人不負證明關於給付之原因之責任，如票據債務人主張執票人取得票據出於惡意或詐欺時，則應由該債務人負舉證之責。」

[23] 此可參考臺灣臺北地方法院99年醫字第66號判決：「民事舉證責任之分配情形繁雜，爲因應傳統型及現代型之訴訟型態，尤以公害訴訟、交通事故，商品製造人責任及醫療糾紛等事件之處理，如嚴守民事訴訟法第277條所定之原則，難免產生不公平之結果，使被害人無從獲得應有之救濟，有違正義原則。是以，受訴法院於決定是否適用該條但書所定公平之要求時，應視各該具體事件之訴訟類型特性暨待證事實之性質，斟酌當事人間能力、財力之不平等、證據偏在一方、蒐證之困難、因果關係證明之困難及法律本身之不備等因素，透過實體法之解釋及政策論爲重要因素等法律規定之意旨，較量所涉實體利益及程序利益之大小輕重，按待證事項與證據之距離、舉證之難易、蓋然性之順序，並依誠信原則，定其舉證責任或是否減輕其證明度，進而爲事實之認定並予判決，實現裁判公正目的。本件病患非具有醫學知識之人，醫師才具有提出相關醫學文獻佐證或聲請法院囑託有醫療專業知識之人或機關進行鑑定事項及詢問之能力，其顯然較病患具有優勢，而容易取得及提出證明方法，是應適用民事訴訟法第277條但書規定，轉由醫師就病患爲健康檢查時，並未罹患惡性胸腺瘤或縱已罹患惡性胸腺瘤，但其期數並未早於其於他醫院發現時之期數負舉證責任。」

[24] 最高法院19年上字第2345號判例：「各當事人就其所主張有利於己之事實，均應負舉證之責，故一方已有適當之證明者，相對人欲否認其主張，即不得不更舉反證。」

偽。」

對於事實真偽之認定，民事訴訟法採法官自由心證主義（民訴§222），則法院亦得依其已明瞭之事實，推定待證事實之真偽，民事訴訟法第282條與前條規定主要之不同在於，前條是依法律明文推定構成要件事實之存在，法院並無裁量空間，而第282條規定，法院則得依自由心證推定、判斷待證事實之真偽，惟其推定仍應本於法院應用經法則為，倘已明瞭之事實，與應證事實間，兩者間無因果關係，亦無主從或互不相容之關係時，法院自不得為此項事實之推定[25]。

(二) 法律上之推定

法律上推定之事實無反證者，無庸舉證（民訴§281，並請參閱本章前文之說明）。

五、「醫療訴訟」之舉證責任

隨著醫療科技日新月異，使病患的疾病得以治癒的機率提高，並提升人類之壽命，近年醫病關係卻隨著時間之推移有明顯之變化，從早期之絕對權威之醫師演變至相互信任，一直到現代醫病之間被法院成立醫療契約關係。在契約之權利義務關係下以及民眾權利意識之抬頭，各類之醫療糾紛演變到法院提起民事損害賠償訴訟事件，如同雨後春筍般迅速成長[26]。依據醫療法第82條規定：「醫療業務之施行，應善盡醫療上必要之注意。醫療機構及其醫事人員因執行業務致生損害於病人，以故意或過失為限，負損害賠償責任。」又按一般不完全給付之可歸責事由，通常應由債務人就不可歸責於己之事由，負舉證責任，然醫療行為在本質上本即伴隨有一定程度之危險性、裁量性及複雜性，是判斷醫師於醫療行為過程中是否有故意或過失即注意義務之違反，必須斟酌醫療當時之醫療專業水準、醫師就具體個案之裁量性、病患之特異體質等為因素而為綜合之判斷。在這類醫療糾紛之民事訴訟中，身為原告之病患依傳統之舉證責任理論，原告應先就醫師在醫療過程中之過失具體事實負舉證責任，若僅單純主張醫療結果並未成功或造成損害，基於醫療行為具上開

---

[25] 最高法院76年台上字第728號判例：「民事訴訟法第二百八十二條固規定，法院得依已明瞭之事實，推定應證事實之真偽，惟其推定仍應本法院之自由心證，應用經驗法則而為之，倘已明瞭之事實，與應證事實間，互無因果，亦無主從或互不相容之關係時，自不得為此項事實之推定。」

[26] 甚至因此造成台灣許多醫師改而攻讀法律之風潮。

高度危險性、裁量性及複雜性之特徵，及醫療契約非必以成功治癒疾病為內容之特性，不能認為病患已就醫師具體違反注意義務之不完全給付事由有所主張證明[27]。然而醫療行為有其專業性、複雜性，再加以整個醫療過程之事實及資料均於醫院之掌握之下，如依傳統民事訴訟舉證之法則均由病患負舉證之責任，似有過於嚴苛，於是在訴訟法上乃有就醫療訴訟之舉證責任應作適度之調整以維護實質之公平性[28]。換言之，一般民事損害賠償事件通常是由發生損害的原告負舉證責任，被害人應證明加害人（被告）之故意或過失、損害之發生、及因果關係，但特殊情形下法院將舉證責任作轉換或減輕，認為由無專業知識的病人承擔醫療過失舉證責任有違公平原則，因而減輕或緩和原告之舉證責任，進而加重醫師（院）的舉證責任，不過在實務見解中也不乏認為原告（病患）在此類之醫療訴訟中仍應就侵權行為要件、不完全給付要件之事實及損害賠償之範圍負舉證責任[29]。此部分即在於探討關

---

[27] 臺灣臺北地方法院民事裁判102年度醫字第32號。

[28] 林家祺，民事訴訟法新論，2014年3月初版，就民事訴訟法第277條之例外論述略以：「民事訴訟法第277條之但書規定則係於89年修法時新增，蓋現代紛爭事件繁雜，例如在公害事件、醫療糾紛，一律要求主張有利事實之一方負有舉證責任，有失公平，則因舉證責任之分配情形繁雜，民事訴訟法第277條原來僅設原則性規定，未能解決一切舉證責任之分配問題，故最高法院於判例中，即曾依誠信原則定舉證責任之分配。爰於原條文之下增訂但書，規定『但法律別有規定，或依其情形顯失公平者，不在此限』，以資因應。」

[29] 臺灣臺北地方法院民事裁判101年度醫字第2號判決要旨略以：「按當事人主張有利於己之事實者，就其事實有舉證之責任，此民事訴訟法第277條前段定有明文。又因故意或過失，不法侵害他人之權利者，負損害賠償責任。故意以背於善良風俗之方法，加損害於他人者亦同；違反保護他人之法律，致生損害於他人者，負賠償責任，民法第184條第1項、第2項定有明文。惟民法第184條第1項前段規定侵權行為，以故意或過失不法侵害他人之權利為成立要件，故主張對造應負侵權行為責任者，應就對造之有故意或過失，負舉證責任（最高法院58年台上字第1421號判例意旨參照）。又以，醫療行為在本質上通常伴隨高度之危險性、裁量性及複雜性，是判斷醫師於醫療行為過程中是否有故意或過失即注意義務之違反，必須斟酌醫療當時之醫療專業水準、醫師就具體個案之裁量性、病患之特異體質等為因素而為綜合之判斷，故病患至少應就醫師在醫療過程中有何過失之具體事實負主張責任，若僅主張醫療結果並未成功或造成損害，基於醫療行為具上開高度危險性、裁量性及複雜性之特徵，及醫療契約非必以成功治癒疾病為內容之特性，不能認為病患已就醫師具體違反注意義務之故意或過失有

於此類醫療訴訟之舉證責任之分配法則及實務之發展。

(一) 傳統見解─由病患負舉證責任

傳統見解認爲原告應負舉證責任，即由病患對醫師之過失應負舉證責任，若病患無法舉證則醫療機構無需負舉證證明其無過失，相關判局可參最高法院96年台上字2738號判決略以：「應由上訴人先就被上訴人有過失之事實負舉證責任。上訴人既未能舉證證明被上訴人有過失，即經送鑑定結果，亦認被上訴人之醫療行爲並無過失，而上訴人復未能舉證證明被上訴人之醫療行爲與吳朝心之死亡間有相當因果關係，其依侵權行爲及僱傭關係主張被上訴人應負連帶賠償責任，自無理由。綜上所述，上訴人依侵權行爲、債務不履行及消保法第七條規定之法律關係，請求被上訴人應負連帶賠償責任，核屬無據，不應准許」。

(二) 晚近見解─減輕原告舉證責任

按民事訴訟法第277條規定：當事人主張有利於己之事實者，就其事實負舉證責任。就一般訴訟事件言，固可依此項舉證責任分配之原則性概括規定爲其適用標準。惟關於舉證責任之分配情形繁雜，僅設原則性規定，未能解決一切舉證責任之分配問題，尤以關於公害事件、交通事件、商品製作人責任、醫療糾紛等事件之處理，如嚴守原來概括規定之原則，難免產生不公平之結果，使被害人無從獲得應有之救濟，有違正義原則，故同條設有但書，規定：「但法律別有規定，或依其情形顯失公平者，不在此限」。晚近之實務見解即從該條但書爲發端，認爲醫療過失之民事訴訟，可認爲顯失公平而應減輕原告之舉證責任，以下即就醫療訴訟中減輕舉證責任之相關理論及國外之學說介紹之。

1. 舉證妨礙理論

在實體法上爲帝王條款之誠信原則，在民事程序法仍然有其適用，舉證妨礙理論就是在此原則下所產生之訴訟法上之減輕舉證責任之理論，此說意指的是訴訟中一方當事人原本負有舉證責任，然而由於他造當事人之故意或過失行爲，將訴訟中存在的重要（或甚至是唯一的）證據滅失導致負舉證責任之一方無法提出於法院或法院無從調查之情形者，此種導致事實處於眞僞不明的狀態乃因負舉證責任一方之他造所造成的，如果仍然維持原來之規則將顯然違誠實信用原則及公平原則，因

所主張及證明。」

而免除或減輕原來負舉證責任一方之舉證責任。對於張某死亡的原因是否為墜樓或其他意外的願意，由於原告在事發後反對報警屍檢，導致不能查明死因的責任在於原告。原告事後要求被告承擔該方面的舉證義務（證明張某死亡的真正原因），顯然有違誠實信用原則及公平原則，駁回原告的訴訟請求。台灣民事訴訟法第282條之1規定：「當事人因妨礙他造使用，故意將證據滅失、隱匿或致礙難使用者，法院得審酌情形認他造關於該證據之主張或依該證據應證之事實為真實。前項情形，於裁判前應令當事人有辯論之機會」即屬此一理論下之產物。然而本文認為此一減輕舉證責任之理論，僅在個案之特殊情形下始有適用餘地，尚無法作為通案之舉證責任減輕之理論依據。

2. 重大瑕疵理論（Grober Behandlungsfehler）[30]

此說源自於自於德國，認為原告如主張並證明醫師有重大醫療瑕疵之情形，該醫療瑕疵與所受損害之因果關係，應由被告舉證其不存在，即舉證責任轉換由被告負擔，稱為「重大醫療瑕疵理論」（grober Behandlungsfehler）。因重大醫療瑕疵所致之舉證責任轉換之要件，包括：（一）重大醫療瑕疵之存在；（二）該醫療瑕疵對健康損害造成之合適性；（三）醫師於此重大醫療瑕疵具有可歸責性[31]。瑕疵「重大」與否，是從一般客觀醫師觀點出發，違反醫療法則或固定醫學知識，是不可理解的，並且該瑕疵有足以發生損害可能性，無須達到表見證明之典型性之程度；法官評價時，並不考慮醫師個人主觀因素，蓋其非對醫師之制裁，僅是因重大醫療瑕疵造成其與所受損害之因果關係難以釐清，而使得原本負舉證責任之原告陷入舉證困難，因此，應由造成原告在因果關係上舉證困難之醫師負舉證責任，始符公乎。

3. 舉證責任之倒置[32]

(1) 學說要旨：此說主要以民法184條第2項之「違反保護他人法律」為其論

---

[30] 詹森林，德國醫療過失舉證責任之研究，台北大學法學論叢，第63期，2007年，頁70。

[31] 湯文章，醫療訴訟舉證責任之再醒思，2013年11月，台灣醫療衛生研究協會主辦醫療法學術研討會論文集，頁151。

[32] 臺灣高等法院95年醫上易字第1號判決。本件案例事實略以：「本件被上訴人即附帶上訴人乙○○（下稱乙○○）主張：乙○○於民國94年1月4日因感冒不適至上訴人即附

據。認為醫療法第1條及第56條均屬民法第184條第2項所規定「保護他人之法律」，藉此減免醫療受害人之舉證責任，而必須由醫院就其無過失負起舉證責任否則即應負賠償責任[33]。此說代表性之判決即為臺灣高等法院95年醫上易字第1號判決，其判決要旨略以：「……在債務不履行，債務人所以應負損害賠償責任，係以有可歸責事由存在為要件。故債權人苟證明債之關係存在，債務人因債務不履行（給付不能、給付遲延或不完全給付）而受損害，即得請求債務人負債務不履行責任，如債務人抗辯損害之發生為不可歸責於債務人事由所致，即應由其負舉證責任，如未能舉證證明，自不能免責」（最高法院29年上字第1139號判例意旨參照）。又醫療法第1條及第56條均屬民法第184條第2項所規定「保護他人之法律」，而耕莘醫院未提供安全無虞之病床予乙○○使用，即該當民法第184條第2項之規定，並應推定有過失，應負損害賠償之責。查兩造間已成立住院醫療契約，而耕莘醫院提供之病床不足以防止乙○○自病床跌落之危險，於契約關係上，自應負責。如耕莘醫院抗辯損害之發生為不可歸責時，自應由其負舉證責任。惟耕莘醫院未舉證證明該醫院有不可歸責之事由應負賠償責任」。

(2) 實務案例一：最高法院97年台上字第1000號判決──復健骨折案[34]

帶被上訴人財團法人天主教耕莘醫院（下稱耕莘醫院）住院治療，因耕莘醫院提供之編號E1018-2號病床（下稱系爭病床）側面欄杆卡榫脫落，致乙○○於同月8日上午10時許出院前夕，由系爭病床摔落地面，受有頭部外傷、腦震盪後遺症，爰依民法第227條、第188條第1項、第184條第2項、第195條第1項及消費者保護法第51條規定，求為命耕莘醫院給付乙○○114萬8,540元及自起訴狀繕本送達之翌日起，至清償日止，按年息百分之5計算利息之判決。」

[33] 實際上「舉證責任轉換法則」也是源自於英美法中Res ipsa loquitur（事實證明過失法則）之法則而來，此法則由英國法院於1863年之判例所創。

[34] 基隆地方法院92年基醫簡字第1號亦屬此類。案例事實：原告因裝設假牙，需先治好假牙支撐之白齒牙周病，於民國九十年六月十五日前往被告臺灣區煤礦業同業公會附設臺灣礦工醫院（下稱礦工醫院）由牙科主任醫師即被告甲○○負責治療，詎被告甲○○未向原告誠實告知白齒有嚴重囊腫，無法再為治療，約定於同年八月一日施行牙周小手術，迨手術時見血流不止，且為獲得拔牙之健保給付，向原告表示應拔除右上第二大白齒之誇大不實言語，而使原告同意拔牙，且被告甲○○於拔牙前並未照接近牙根之X光片，術後亦無進行放射線攝影，以避免傷口感染風險，造成原告返家後右側鼻孔流出少量血液與黃色液體，經前往行政院衛生署基隆醫院看診後，始知係因上開拔牙引起之急性鼻竇炎，被告礦工醫院係被告甲○○之雇主，依法應負連帶賠償責

A. 案例事實：上訴人因曾發生車禍，左上肢骨折，經治療後有癒合不正之情形，致左手肘伸展及彎曲功能不全、肌肉攣縮等現象，乃自民國89年11月14日起至被上訴人陳福民經營之中山醫院就醫，初由訴外人梁福民醫師診察並照攝Ｘ光，嗣自90年1月8日起由被上訴人丁○○主治，於同年2月25日進行肘關節成形術之手術，術後上訴人持丁○○之處方箋至復健科，由被上訴人丙○○（主任）指定被上訴人乙○○（物理治療師）對上訴人進行物理治療。詎丁○○、丙○○、乙○○等三人（下稱丁○○等三人）明知上訴人曾有骨折情形，屬骨質疏鬆之高危險群，竟疏未藉由Ｘ光片判讀及注意上訴人因復健產生疼痛之原因，而未建議上訴人作骨密度之檢測，即以一般復健之方式及力道，對上訴人進行物理治療，施以非醫師指定之項目及不正確之姿勢暨用力不適當之復健動作，致上訴人於同年5月10日復健時，受有左手前臂尺骨骨折之傷害。上訴人之骨折自與丁○○等三人之疏失間，有相當因果關係，且具行為共同關聯性。又上訴人與陳福民訂有醫療契約，陳福民為丁○○等三人之僱用人，對渠等不當之醫療行為致上訴人骨折所生損害，自應與該三人對上訴人因骨折所受醫療費用，及肘關節成形術開刀費用二、術後復健費，暨非財產上之損害，負連帶賠償之責任。爰依侵權行為及債務不履行之不完全給付法律關係。

B. 法院就舉證責任應倒置之論述：「債務不履行之債務人之所以應負損害賠償責任，係以有可歸責之事由存在為要件。若債權人已證明有債之關係存在，並因債務人不履行債務而受有損害，即得請求債務人負債務不履行責任。倘債務人抗辯損害之發生為不可歸責於債務人之事由所致，自應由其負舉證責任，如未能舉證證明，即不能免責。本件上訴人除本於侵權行為之法律關係外，併依不完全給付之債

任，故被告應就原告因此遭受之營業損失及精神上損害賠償，負連帶損害賠償責任。法院認應減輕原告舉證責任之理由略以：「由於醫療糾紛中之被害人往往欠缺專業醫藥知識，且相關資訊均存在於醫療人員及所屬醫療機構，而隨著當今科技知識之進步、社會環境之變遷，若僅為維護侵權行為法之過失責任主義而一再堅持此項舉證責任，對於負舉證責任之原告，自有相當之不利，基於公平原則，自應於訴訟法上緩和侵權行為之舉證責任原則，在訴訟上因舉證不足而遭受敗訴判決之危險，亦不應完全歸由原告承擔。職此，病患固需舉證證明因醫療行為而受有損害，然有關醫療人員有無違反醫療上注意義務、病患所受損害與其注意義務違反間有無相當因果關係等節，則應由醫療人員或其所屬醫療院所承擔舉證責任」（本判決所持將因果關係舉證責任倒置之見解，並受到二審法院（基隆地院92年醫簡上字第1號）所維持）。

務不履行法律關係，訴請被上訴人連帶賠償損害，則依前開說明，關於債務不履行部分即應由被上訴人就其所爲不可歸責之抗辯舉證證明，原審認應由上訴人證明被上訴人施作物理治療過程不當，尤欠允洽」[35]。

(3) 實務案例二：臺灣高等法院95年醫上字第10號判決－告知子宮不需切除資訊不實

A. 案例事實：上訴人於民國93年至被上訴人朱僑光婦幼專科診所（下稱朱僑光）施作腹部超音波檢查，爲子宮肌腺瘤，並因朱僑光告知「這個很簡單，只要把有肌腺瘤部分切除及將子宮內膜刮一刮即可，子宮不需切除仍可保留」等語，遂同意接受切除子宮肌腺瘤切除手術，於93年4月27日由朱僑光施行手術，術後朱僑光並告以只拿掉腫瘤，子宮還在，但上訴人因術後腹部不適，於93年9月21日前往署立基隆醫院作腹部超音波檢查，發現子宮不完整，同年9月29日、10月6日前去長庚紀念醫院基隆分院檢查，檢查結果確定子宮已遭切除只剩子宮頸，上訴人始知朱僑光施行子宮肌腺瘤切除手術時一併將伊子宮切除。同年10月6日伊夫電話詢問朱僑光，其診所人員表示願意開立勞工保險殘廢證明書，詎朱僑光爲掩其醫療疏失，竟於證明書上另記載「部分子宮於93年4月27日切除」，復倒填日期爲「93年5月6日」，經伊丈夫要求更正，而記載最後一次門診時間即「93年9月23日」。

B. 法院就舉證責任應倒置之論述：「本件（被告醫師）依據醫療契約，負有向（病患）報告之告知義務，其既無法證明有不可歸責之事由而未能履行其告知義務，致（病患）之子宮遭次全切除而僅剩子宮頸，自屬對（病患）身體之侵害，則（病患）主張本件應構成不完全給付之加害給付，即屬可採。」

4. Res Ipsa Loquitur原則[36]（事實說明自己原則）

(1) 學說要旨：此係英美法發展出來之原則，此說指「事實已說明其本身」）

---

[35] 臺灣高等法院在102年醫上字11號判決亦採此見解，此判決於103年9月作成屬最新之實務見解具有一定之代表性，其判決略以：「故債權人苟證明債之關係存在，債權人因債務人不履行債務（給付不能、給付遲延或不完全給付）而受損害，即得請求債務人負債務不履行責任，如債務人抗辯損害之發生爲不可歸責於債務人之事由所致，即應由其負舉證責任，如未能舉證證明，自不能免責。是債權人以債務人給付不完全爲由，請求債務人損害賠償，應就債務人有給付不完全之事實舉證，債務人如欲免責，則須就其給付不完全非可歸責於己之事實負舉證責任。」

[36] Res ipsa loquitur is a Latin term meaning "the thing speaks for itself." It is a doctrine of law

the thing speaks for itself）[37]，在英美侵權法中，讓事實說明自己的案例，通常是間接證據的運用，亦即僅從事件發生的事實，以及被告與該事件之間有聯繫的事實，即可合理推斷出被告應具有過失和因果關係的存在的一種方法，這樣運用的結果會讓原告減輕了舉證之責任。例如：該事件之發生是在沒有過失的情況下，在正常條件下不會發生的事件，結果竟然發生了損害，於是就推論其有過失。

(2) 實務運用此說案例一：最高法院98年度台上字第276號民事判決（麻醉不當案）

A. 案例事實：上訴人甲○○之妻、上訴人乙○○、丙○○、丁○○之母林娥香於民國79年4月間，因中耳炎至被上訴人中港院區耳鼻喉科就診。被上訴人所雇用之醫師蘇茂昌及不詳姓名之麻醉醫師為病患林娥香施行手術及麻醉時，因麻醉不當造成林娥香腦部缺氧過久，導致成為植物人。且前開手術對林娥香之身體產生嚴重之後遺症，造成其健康情形日益惡化，不幸於95年3月24日死亡。被上訴人之受僱人蘇茂昌及麻醉醫師，於手術施行過程中，因麻醉疏失造成林娥香變成植物人，進而導致其死亡，醫師蘇茂昌及該院麻醉醫師之行為與林娥香之死亡結果具有相當因果關係，依民法第184條第1項前段、第188條第1項、第192條、第194條規定，被上訴人對上訴人應負侵權行為損害賠償責任，另依民法第224條、第227條、第227條之1規定，被上訴人對上訴人應負債務不履行損害賠償責任等情。

---

that one is presumed to be negligent if he/she/it had exclusive control of whatever caused the injury even though there is no specific evidence of an act of negligence, andthe accident would not have happened without negligence. The traditional elements needed to prove negligence through the doctrine of res ipsa loquitur include: 1. The harm would not ordinarily have occurred without someone's negligence 2. The instrumentality of the harm was under the exclusive control of the defendant at the time of the likely negligent act 3. The plaintiff did not contribute to the harm by his own negligence.There has been some change in the modern application of the above elements. The "exclusive control" element has been softened in modern cases to a less strict standard, where the plaintiff must prove that other responsible causes, including the conduct of the plaintiff and third persons, are sufficiently eliminated by the evidence. The last element has also softened to a more comparative standard, so that if plaintiff was only 5% negligent in contributing to the accident, the minimal contributory negligence of the plaintiff won't bar a recovery.

[37] *Mireles v. Broderick*, 117 N.M. 445, 448 (N.M. 1994).

B. 法院認應減輕原告舉證責任之理由：「按89年2月9日修正公布施行前之民事訴訟法第277條僅規定：當事人主張有利於己之事實者，就其事實負舉證責任。就一般訴訟事件言，固可依此項舉證責任分配之原則性概括規定為其適用標準。惟關於舉證責任之分配情形繁雜，僅設原則性規定，未能解決一切舉證責任之分配問題，尤以關於公害事件、交通事件、商品製作人責任、醫療糾紛等事件之處理，如嚴守原來概括規定之原則，難免產生不公平之結果，使被害人無從獲得應有之救濟，有違正義原則，故該次修正乃於同條增訂但書，規定：但法律別有規定，或依其情形顯失公平者，不在此限。以適應實際之需要。查本件林娥香係於79年4月17日因中耳炎至被上訴人中港院區耳鼻喉科就診，由醫師蘇茂昌施行手術治療，於該日即成為植物人，此為被上訴人所不爭執，而被上訴人於95年6月8日所出具之林娥香診斷證明書僅記載：患者因患右側慢性中耳炎併膽脂瘤，於79年4月17日在本院接受右側中耳顯微鏡手術（於全身麻醉之下），術後送麻醉恢復室觀察，在術後麻醉醫師觀察中，病人突然發生呼吸困難，麻醉醫師立即施予急救，急救後，病人成為植物人等語，並無關於醫師蘇茂昌如何為林娥香施行中耳炎顯微鏡手術、麻醉醫師又如何為林娥香實施全身麻醉之紀錄。如有此紀錄亦應由被上訴人保管。查林娥香在被麻醉及手術過程中，全程均在被上訴人醫護人員之照護中，竟成植物人狀態，倘無此醫療過程之紀錄，或被上訴人難以取得此項紀錄，而必欲令其負舉證責任是否有違公平原則，非無斟酌之餘地」。

(3) 實務運用此說案例二：臺灣臺北地方法院89年重訴字第472號判決

A. 案例事實：原告主張進行子宮肌瘤切除手術時，因被告止血不慎，未裝置引流管將多餘血液及體液排出體外，致其腹腔遭受嚴重感染產生腹膜炎，其左側輸尿管亦遭被告器械損傷，嗣由醫師乙○○為其進行輸尿管手術。然而醫師乙○○關閉病患排尿館開關時未注意開啟排尿管開關，致原告尿液未排出，顯影劑回流至左腎內而發生尿路敗血症，進而使左腎功能完全退化而遭切除，爰向被告訴請損害賠償。

B. 法院減輕原告舉證責任之理由：「關於侵權行為之故意或過失，基於侵權行為法均採過失責任主義，原則上應由主張此一有利於己事實之被害人或原告，負舉證之責。惟本院認為本件醫療事故原告之舉證責任應予減輕，而依原告所提出之證據資料，應足以認為原告已經舉證證明被告甲○○之過失，及其過失行為與損害結果間之因果關係存在，其理由如左：1.按當事人主張有利於己之事實者，就其事實有舉證之責任，但法律別有規定，或依其情形顯失公平者，不在此限，民事訴訟法第二百七十七條定有明文，此為民事訴訟法上舉證責任分配之原則。所謂舉證責

任，乃特定法律效果之發生或不發生所必要之事實存否不明之場合，當事人之一造因此事實不明，將受不利益之判斷，乃必須就該事實提出有關證據，使法院信其主張爲眞實之謂也。故負有舉證責任之當事人於訴訟上未盡其舉證責任時，法院即不得以其主張之事實爲裁判之基礎，是舉證責任之效果，於訴訟上乃不利益之歸屬，亦即敗訴結果之負擔。又關於舉證責任分配之法則，學說上理論甚多，惟在給付訴訟中，爲訴訟標的之法律關係之事實，應由主張該爲訴訟標的之法律關係存在之原告，就該具體的法律關係之權利發生事實，負舉證責任，此爲一般之見解。本件原告主張其受有損害，被告應負侵權行爲損害賠償責任，自應由原告就其損害賠償請求權存在之事實，負舉證之責。惟隨著當今科技知識之進步、社會環境之變遷，若僅爲維護侵權行爲法之過失責任主義而一再堅持此項舉證責任，對於負舉證責任之原告，自有相當之不利，尤其於商品瑕疵損害、醫療事故或公害糾紛等現代社會侵權行爲之類型，基於公平原則，自應於訴訟法上緩和侵權行爲之舉證責任原則，在訴訟上因舉證不足而遭受敗訴判決之危險，亦不應完全歸由原告承擔。2.經本院將本件送交行政院衛生署醫事審議委員會鑑定結果，鑑定意見認定『輸尿管狹窄』係指輸尿管之內徑變窄小，導致腎臟排出之尿液無法順利通過，其爲一種疾病型態，有該會90年9月25日衛署醫字第0900057839號書函所附之90143號鑑定書在卷可稽，又依該鑑定書之意見，本件原告左腎摘除之原因，係因左腎皮質嚴重萎縮、慢性腎盂腎炎、腎小管萎縮，造成左腎功能嚴重不足而摘除，再者，鑑定書並認爲子宮肌瘤切除手術約百分之一會傷到輸尿管，足見子宮肌瘤手術通常情形並不會傷及輸尿管，詎被告甲○○於手術過程中殊未注意，造成原告輸尿管發生狹窄，進而引發左腎水腫，依上述各節，應認原告已經舉證證明被告甲○○有過失。再自結果以觀，原告係因子宮肌瘤而至被告醫院就醫並接收手術治療，一般而言，子宮肌瘤（或卵巢畸胎瘤）病症之必要手術，或應包括子宮切除及卵巢摘除，然通常情形，其手術結果或產生之影響應與泌尿系統之腎臟無關，其竟於手術後發生「輸尿管狹窄」之現象，並因而接受多次輸尿管手術（見原告所提出之手術情形附表），最後進而必須切除左腎，依英美法侵權行爲法或醫療事件中所謂「Res ipsa loquitur」（「事實說明自己」或「事情本身說明一切」）之法則，亦應減輕或緩和原告之舉證責任。本件原告已經證明系爭事故之發生，除非係因醫事人員欠缺注意，否則通常情形不會發生，其事故發生之情形又完全在被告之掌控範圍內而無其他因素介入，且原告係因子宮肌瘤病症入院治療，卻因輸尿管狹窄而造成腎臟嗣遭切除，自應認爲其舉證責任已經足夠，故原告主張被告甲○○於子宮肌瘤手術過程中具有過失，應可採信」。

5. 可控制之危險原則

(1) 學說要旨：若訴訟一方之當事人可以完全掌控下之危險，必須由該當事人就其已盡相當之注意義務負起舉證之責任，若未能負起此項舉證之義務則須受不利之認定[38]。在醫療訴訟中，則認為若某事件屬於醫師或醫院能完全控制之危險，而該危險與人體組織或體質之特性完全無關者，竟因而造成之損害，此時均應由醫院（師）就其已盡注意義務負舉證責任[39]。

(2) 實務案例－臺灣臺北地方法院95年度醫字第5號民事判決

A. 案例事實：原告於93年12月28日至被告所開設生生診所就診，嗣於94年1月6日由被告為其施行吊眉、開眼頭、除眼袋及眼尾拉長等手術，並於同年月13日至診所拆除縫線。原告認其於手術當日罹患重感冒，但被告稱仍可正常施行手術，且原告經被告手術後不僅未除去先前於振興醫院手術後所遺留疤痕，反而造成眉毛及眼尾留有手術疤痕，眼尾疤痕較手術前更深長且下垂，吊眉手術疤痕與原有兩眼眉毛位於不同位置，右眼與左眼眼袋明顯不平均，左眉與右眉眉頭不等高，有明顯落差，左眼開眼頭手術未做，眼頭仍下垂等情。被告於原告重感冒且服藥之際冒然進行手術、未事先告知手術可能之風險與後遺症、未依規定先交由原告簽立手術及麻醉同意書、於手術中接聽行動電話及同時為二人以上施行手術等行為，致原告因被告草率之診療行為及手術造成顏面受創，故提起告訴。

B. 法院認應減輕原告舉證責任之理由：「按當事人主張有利於己之事實者，就其事實有舉證之責任，民事訴訟法第277條前段定有明文；因此債權人主張因債務人不完全給付而受有損害者，應舉證證明債務人之義務違反與損害之間，有相當因果關係。惟民事訴訟法第277條但書亦規定，依其情形顯失公平者，不在此限。而就比較法觀察，在醫療事故因果關係之認定，德國聯邦最高法院係採取表現證明原則，以減輕病人之舉證責任，亦即依據經驗法則，有特定之事實，即發生特定典型結果者，則於出現該特定結果時，法院於不排除其他可能性之情形下，得推論有該特定事實存在；且德國實務運用表現證明原則之重要案例，為傳染與麻醉之情形。又依照美國多數法院見解，原告若能證明以下要件，即得適用「事實說明自己」原則，而推論被告過失行為存在，及被告行為與原告之損害間具有因果關係：若無過失存在，原告之損害通常不會發生。被告對於損害生之方法，具有排他性

---

[38] 湯文章，前揭文，頁152。

[39] 同前註。

之控制力。糅原告對於損害之發生，並無故意行為或具有任何原因力。從而本院認為，本件原告就其損害與被告之違反從給付義務之間，究竟有無相當因果關係，仍應負舉證責任；但因被告具有豐富之醫學專業知識，而原告則完全欠缺該等知識，故兩造於訴訟上之攻擊防禦地位明顯不平等，且被告診所中所使用之設備及人員配置，均為被告所能掌握，而為原告所不能控制，因此本院認為應適用民事訴訟法第277條但書規定，減輕原告之舉證責任，而適用上述表現證明原則。此外被告本於其專業知識，應得以輕易舉出相反事證以動搖本院之心證，因此原告舉證責任之減輕，對被告而言，應無不公平可言。」

6. 利益衡量說

(1) 學說要旨：此說認為持有或較容易（或能掌控）取得證明關於某待證事實存否證據之當事人，應由其就該等事實之存否負擔舉證責任，而在實際之訴訟中如何判斷何造當事人比較接近於證明某待證事實之證據，則應依具體訴訟狀況個別判斷。

(2) 實務案例一——最高法院109年度台上字第1311號民事判決：腹腔鏡失誤案，依其要旨較偏向於利益衡量說之見解。

A. 案例事實：上訴人之母吳陳○銀於民國97年5月22日在被上訴人中國醫藥大學附設醫院，由被上訴人即該院泌尿科主治醫師謝○富及當時尚未取得醫師資格，不能執行醫療業務之盧○成實施腹腔鏡左側腎臟根切除手術及左腎病理切片檢查。詎謝○富等二人竟將腹腔鏡插入吳陳○銀之十二指腸，致其十二指腸破裂，並於翌日吳陳○銀已明確指訴右腹疼痛時，未為任何積極治療行為，至同年月28日止僅為Ｘ光檢查，亦未抽血檢查，任由吳陳○銀之血色素自同年月23日之14.8g/dL，降至同年月29日之7.9g/dL，白血球更高達13390，始裝置導流管，並於同年月31日吳陳○銀已發生嚴重腹膜炎及敗血性休克後，才進行開腹探查手術及十二指腸病理切片檢查，惟吳陳○銀因後腹腔膿瘍併敗血症、多重器官衰竭，而於同年6月6日死亡。謝○富等2人上開過失行為，及盧○成違反醫師法第6條、第7-2條、第28條保護他人法律之規定，致吳陳○銀死亡，就上訴人受有支出醫療費用、殯葬費用之損害，連同非財產上之損害，應負侵權行為損害賠償責任。

B. 法院認應減輕原告舉證責任之理由：「……按當事人主張有利於己之事實者，就其事實有舉證之責任，但法律別有規定，或依其情形顯失公平者，不在此限，民事訴訟法第二百七十七條規定甚明。上開但書規定係於89年2月9日該法修正時所增設，肇源於民事舉證責任之分配情形繁雜，僅設原則性之概括規定，未能解

決一切舉證責任之分配問題，為因應傳統型及現代型之訴訟型態，尤以公害訴訟、商品製造人責任及醫療糾紛等事件之處理，如嚴守本條所定之原則，難免產生不公平之結果，使被害人無從獲得應有之救濟，有違正義原則。是法院於決定是否適用上開但書所定之公平要求時，應視各該具體事件之訴訟類型特性暨求證事實之性質，斟酌當事人間能力之不平等、證據偏在一方、蒐證之困難、因果關係證明之困難及法律本身之不備等因素，以定其舉證責任或是否減輕其證明度。又醫療行為具有相當專業性，醫病雙方在專業知識及證據掌握上並不對等者，應適用前開但書規定，衡量如由病患舉證有顯失公平之情形，減輕其舉證責任，以資衡平。」

(3) 實務案例二——臺灣臺北地方法院91年度重訴字第761號判決

A. 案例事實：被告丁○○係被告國立台灣大學醫學院附屬醫院（下簡稱台大醫院）僱用之骨科專科醫師，原告戊○○、丙○○係原告己○○之父母。原告己○○自14歲起，即罹患脊髓側彎疾病，至民國89年初，己○○脊髓側彎約達50度，遂於89年1月間向被告台大醫院丁○○醫師求診，被告丁○○診斷後，向原告戊○○、丙○○、己○○提議：「應對己○○進行脊髓側彎矯正開刀手術。」，並表示：「此類脊髓側彎矯正開刀手術，係極普通、簡單之手術，並無危險性，手術成功率為百分之百，伊從事此類矯正手術，已有數百位病例，並有多年經驗，只要住院8天即可出院，……」云云，要求原告等放心接受手術，緣台大醫院係國家級最具規模，且最優良、最具盛名教學醫院之一，原告等聽從上開無危險、手術成功率100%之說明後，因此信賴丁○○醫師之醫術，遂接受伊之建言，同意於89年2月8日在台大醫院由丁○○為己○○進行開刀矯正手術。被告丁○○進行上開手術時，按其情節應注意，並能注意，而不注意，卻為錯誤評估，不應將被害人己○○脊髓大角度一次矯正拉直，竟勉強作大角度一次拉直矯正，另拴附螺絲時未能適度，因疏失而傷及神經，並壓迫脊髓，致己○○脊髓缺血性損傷，造成己○○休克，危及生命，經緊急搶救，固挽回生命，惟伊下半身（雙側下肢）已成終生癱瘓，合併神經性膀胱及大小便失禁，已無法行動，需一輩子倚賴輪椅。依民法第227條、第227條之1、消費者保護法第7條、民法第184條、第188條、第193條、第195條之規定，請求被告應連帶負損害賠償財產上及非財產上損害。

B. 法院減輕原告舉證責任之理由：「關於契約債務不履行，債權人因債務人不履行債務（給付不能、給付遲延或不完全給付）而受有損害，即得請求債務人負債務不履行責任，如債務人抗辯損害之發生為不可歸責於自己者，即應由債務人證明有不可歸責於己之事由，始得免責。醫師或醫院提供特殊之醫療技能、知識、技術與病患訂立契約，為之診治疾病，係屬醫療契約，其契約性質係屬委任契約或近

似於委任契約之非典型契約，是病患與醫師或醫院之間，通常均應成立委任契約。原告因脊椎側彎而至被告台大醫院就診，並由被告丁○○醫師為其診治，為兩造所不爭，則原告與被告醫院間，應成立性質上類似於委任關係之醫療契約。被告台大醫院為國內首屈一指之國立教學醫院，被告丁○○則為該院之骨科醫生，其等對於醫療知識及臨床醫療實務操作，自具有相當程度之瞭解與熟稔，較諸一般無醫學知識之病患，在醫療事件之舉證上本屬較為容易之事，基於證據距離、危險控制領域等理論，要求被告就其手術行為有何不可歸責事由，負舉證之責，應非難事；況依民法債務不履行之原則，原告既已證明其損害之發生，亦應由被告就其不可歸責事由之存在，加以證明。故本件原告主張之依民法第227條規定主張被告應負債務不履行責任部分，應由被告就有不可歸責事由之存在，負舉證之責。」「民法第184條第1項之規定採過失責任，民事訴訟法第277條於89年2月9日修正規定：「當事人主張有利於己之事實者，就其事實有舉證之責任。但法律別有規定，或依其情形顯失公平者，不在此限。」其修正理由為：「我國現行法就舉證責任之分配，於本條設有原則性之概括規定，在適用上固有標準可循。惟關於舉證責任之分配情形繁雜，僅設原則性規定，未能解決一切舉證責任之分配問題，於具體事件之適用上，自難免發生困難，故最高法院於判例中，即曾依誠信原則定舉證責任之分配。尤以關於公害事件、交通事故、商品製作人責任、醫療糾紛等事件之處理，如嚴守本條所定之原則，難免產生不公平之結果，使被害人無從獲得應有之救濟，有違正義原則，爰於原條文之下增訂但書，規定『但法律別有規定，或依其情形顯失公平者，不在此限。』，以資因應。」本件係屬醫療糾紛事件，原告主張被告有過失，則應由被告就其所辯之無過失負舉證之責。」

(三) 結論

　　傳統民事訴訟之舉證責任係課予原告較重之舉證責任，在一般之民事訴訟具有其正當合理性，但在涉及醫療賠償之民事訴訟，台灣之學說及實務之發展傾向由傳統之病患負舉證責任變遷至適度減輕被害人之舉證責任，從實務發展之脈絡觀察，而在諸多減輕被害人舉證責任之理論中，法院不論採取何種理論，其實質內涵中主要斟酌之因素不外乎是當事人間能力之不平等性（醫院在能力方面占有絕對優勢）及證據偏在一方（醫院掌有病歷及完整之診療過程資料）、被害人蒐證之困難、因果關係證明之困難等因素，本文認為比較屬於利益衡量之理論之適用，值得注意的是一向繼受德國法制之台灣，在實務上甚少引用德國之重大瑕疵理論來減輕原告之舉證責任，其原因恐係「重大與否之」判斷上欠缺客觀穩固之標準，反而是英美法

之Res Ipsa Loquitur原則（事實說明自己原則）還有被法院引用爲減輕原告舉證責任之論據。此外，舉證妨礙理論雖被部分學者引爲醫療訴訟減輕原告舉證責任之理論，惟本文認爲此一理論僅在個案之特殊情形下（醫療院所有故意或過失致原告礙難使用證據之情形）始有適用餘地，如無此特殊之情形則無法減輕原告之舉證責任，因此尚無法作爲通案之舉證責任減輕之理論依據，這也可從法院之相關案例亦甚少引用舉證妨礙理論可相互印證。整體而言，本文認爲適度減輕醫療訴訟原告舉證責任，不論從各方面來看均有其正當性與合理性，實務之判決發展與學說之理論發展方向均值贊同，但未來宜注意此一減輕被害人之舉證責任亦不宜過度傾斜，以致讓醫師負擔過大之執業風險，而影響多數病患之權益。

第二節　證據調查程序

壹、調查證據之範圍

一、調查證據之原則

(一) 證據之聲明

　　當事人爲證明有利於己之事實，聲明證據，請求調查時，爲使法院得以迅速正確判斷所聲明證據方法之重要性及應否調查，應表明應證事實，以增進審理效率，民事訴訟法第285條第1項定有明文。

　　至於聲明的方式，以書狀或言詞均可（民訴§116、§122）。聲明證據的時期，通常於言詞辯論時進行，惟基於訴訟程序迅速進行，亦允許在言詞辯論前聲明證據。

(二) 法院之處置

　　民事訴訟法第286條規定：「聲明之證據，法院應爲調查。但就其聲明之證據中認爲不必要者，不在此限。」

　　當事人所聲明之證據方法，如須全部調查，則徒費時間，恐使訴訟程序延滯不前，故賦予法院裁量權，在其認爲當事人聲明之證據爲不必者，得不予調查，且法院此項裁量權之行使，不受當事人主張之拘束[40]，此亦即基於促進訴訟之要求而

---

[40] 最高法院19年上字第1031號判例：「不必要之證據方法，在法院原可衡情捨棄，不爲

來。

二、調查證據之例外規定：依職權調查之例外

民事訴訟法第288條規定：「法院不能依當事人聲明之證據而得心證，為發現真實認為必要時，得依職權調查證據（第1項）。依前項規定為調查時，應令當事人有陳述意見之機會（第2項）。」

民事訴訟法第288條第1項規定，係於民國89年修法時修正，該修正前條文，就職權調查證據規定之範圍過大，為合理限制法院職權之行使，仍應以當事人聲明證據為原則，故民事訴訟法第288條第1項規定，僅在法院為發現真實之必要時，方得依職權調查證據。所謂「必要時」則由法院依不同之個案進行判斷[41]，然當事人之舉證責任，並不因之而減輕，故因未盡舉證責任致受敗訴判決之當事人，不得以法院未行使此職權為上訴之理由[42]。在此，所謂「不必要」之情況大抵包括有：1.無證據能力之證據（例：原告要當鑑定人）；2.無從調查之證據；3.證據所證明之事項，不能動搖原判決所確定之事實；4.顯與已調查之事項重複（基於訴訟經濟之考量）；5.待證事實已臻明瞭，無再行調查之必要；6.意圖延滯訴訟而為無益之證據聲明等。值得注意者，近來實務見解似有將職權調查證據之範圍放寬至非特殊類型或非涉及公益及武器不平等之虞的財產事件[43]，如此作法是否妥適不無疑義。

當事人請求所拘束。」

[41] 最高法院105年度台上字第188號判決略以：「民事訴訟採辯論主義，舉凡法院判決之範圍及為判決基礎之訴訟資料均應以當事人之所聲明及所主張者為限。審判長之闡明義務或闡明權之行使，亦應限於辯論主義之範疇，不得任加逾越，否則即屬違背法令。故審判長尚無闡明令當事人提出新訴訟資料之義務。又民事訴訟法第二百八十八條規定法院不能依當事人聲明之證據而得心證，或因其他情形，認有必要時，得依職權調查證據云者，類因當事人本身之魯鈍或受外物之牽制，不諳或不敢聲明證據等情形，法院為維持裁判上公平與正義所必要，而後為之。其有無不能得心證或有無其他必要情形，非依職權調查證據不可，乃一種事實，法院未為職權調查證據，究不生違背法令問題，非得據為第三審上訴理由。」

[42] 最高法院30年上字第204號判例：「法院不能依當事人聲明之證據而得心證，或因其他情形認為必要時，得依職權調查證據，雖為民事訴訟法第二百八十八條所明定，然當事人之舉證責任，並不因之而減輕，故因未盡舉證責任致受敗訴判決之當事人，不得以法院未行使此職權為上訴之理由。」

[43] 最高法院105年度台上字第188號判決略以：「次按法院不能依當事人聲明之證據而得

但相對於此，實務見解亦有認為得以協議簡化爭點而限縮調查證據之範圍，即若經法院整理並協議簡化爭點者，應認法院即可以該當事人協議簡化後之相同陳述內容為裁判之依據，無庸再就該無爭議之陳述內容另為調查審認[44]。

民事訴訟法第288條第2項規定，則係為賦予當事人應有之程序權保障，並防止發生突襲性裁判，法院依前項規定為調查時，應使當事人就是否應予調查有陳述意見之機會。

三、有權實施調查之機關

(一) 受訴法院或受託法院

民事訴訟法第290條規定：「法院於認為適當時，得囑託他法院指定法官調查證據。」此所稱之法院指由審判長法官、受命及陪席法官所組成之法院[45]。其規定

心證，為發現真實認為必要時，得依職權調查證據，民事訴訟法第二百八十八條第一項定有明文。所謂法院不能依當事人聲明之證據而得心證，即法院僅依當事人聲明之證據而為調查，尚不能獲得判斷應證事實有無之心證。……雖上開證據並非完整，尚不足以使法院就上訴人抗辯事實之有無，獲致明確心證。惟參諸證人李責寧在相關刑案證述：『……剛才所講的光幕問題，古步田說這材料是我跟國內宏匠叫的貨，這公司很奇特，因為它的母公司在新加坡，所以說他結帳……』等語（見原審卷二第九二頁），足見被上訴人確有向宏匠公司取貨之事實，而該部分貨款，是否係由上訴人代為支付予新加坡Tradac公司，法院非不得依民事訴訟法第二百八十八條規定，依職權訊問證人李責寧及向宏匠公司或新加坡Tradac公司函查以明事實。乃原審未遑調查審認，遽為上訴人不利之判斷，自嫌率斷。」

44 最高法院106年度台上字第250號判決略以：「當事人就訴訟標的法律關係前提之權利或法律關係所為之陳述，經他造以書狀或言詞辯論時或在受命法官行準備程序時為相同之陳述，倘當事人對之具有實體法上處分權，已充分明瞭該陳述之內容及其法律上之效果，且無害於公益，又經法院整理並協議簡化爭點者，應認法院即可以該當事人協議簡化後之相同陳述內容為裁判之依據，無庸再就該無爭議之陳述內容另為調查審認。因此，除經對造同意，或已證明其陳述內容之權利係出於錯誤之法律推論、悖於實體法規定致無效者，應不許任意撤銷（回）。」

45 臺灣高等法院(82)廳民一字第02448號法律問題：「民事訴訟法第二百七十條、第二百九十條、第三百七十七條之所謂『法院』，究何所指？討論意見：甲說：應指由審判長法官、受命及陪席法官所組成之法院。」

所由設，係因有時調查證據之處所，未必於訴訟繫屬法院[46]之管轄區域內，故民事訴訟法第290條明定法院亦得囑託他法院指定法官調查證據。至於囑託之內容則視證據調查為人證、鑑定或勘驗之證據方法而定。又以明定須指定法官調查，故若由其他人代為進行證據調查，即屬違法[47]。不過，是否依職權調查證據屬於法院之職權之範疇，縱法院未為之，仍不認為其違法[48]。

而依民事訴訟法第289條規定，受囑託調查之受託法院有行證據調查之義務，惟受託法院於進行證據調查時，如發現有應由其他法院進行調查之情形時（如訊問證人之際，得知該證人已移居於他法院所在地），本應通知將該事由通知囑託法院，使其另為囑託，然如此辦理，徒耗無益之費用及勞力，且致訴訟延滯。故民事訴訟法第292條規定，受託法院得直接囑託他法院更行調查證據，已達促進訴訟及訴訟經濟之效。又受託法院若為前條項之囑託，則將該事由應通知受訴之法院，使其準備訴訟之進行，且應通知當事人，使其於調查證據之期日到場。

此外，民事訴訟法定管轄法院，原則上是以土地範圍進行管轄權之畫分（土地管轄），故原則上管轄法院於其管轄範圍內進行證據調查並無問題，惟有時某行為或待證事實係位於他法院管轄範圍，受訴法院固得依民事訴訟法第289條規定囑託他法院調查，惟為便利起見，民事訴訟法第293條乃允許受訴法院、受命法官或受託法官於轄區外調查證據。應注意者，一般在轄區外進行調查時，基於法院間相互尊重，於調查前應先通知該法院。

(二) 受命法官或受託法官

民事訴訟程序關於證人的訊問方式，我國主要採取大陸法系的審判長訊問模式，但為了補充審判長訊問內容的不足，在主導程序進行之審判長同意之下，應允許受命法官或受託法官訊問證人，依民事訴訟法第322條規定受命法官或受託法官訊問證人時，與法院及審判長有同一之權限（諸如民事訴訟法第316條至第319條

---

[46] 並請參照民事訴訟法第270條之規定。

[47] 最高法院31年上字第3400號判例：「勘驗，應由受訴法院受命推事或受託推事為之，若委託無審判權之執達員所為之勘驗，不能採為裁判基礎。」

[48] 最高法院73年度台上字第1771號裁定略以：「當事人不得以法院未依民事訴訟法第二百八十八條規定調查證據為上訴第三審之理由，上訴人以原審未依職權就償還合會金契約書上被上訴人簽章之是否真正傳訊蔡某、王某，指摘原判決不當，尚難認為已合法表明上訴理由。」

等審判長之權限），使受命法官或受託法官訊問證人時得以行使相關職權。

法院調查證據時，應使當事人有參與調查證據程序之機會，使其得知調查證據之結果，故民事訴訟法第291條明定，為囑託調查時，審判長應告知當事人得於該法院所在地指定應受送達之處所，或委任住居該地之人為訴訟代理人。

(三) 機關、學校、商會或其他機關

藉由囑託機關、團體進行調查，可減免當事人、證人、鑑定人之勞累，同時藉由機關、團體之中立性，可加強當事人對證據調查之信服度[49]。是以，民事訴訟法第289條規定：「法院於認為適當時，得囑託他法院指定法官調查證據」。

法院為調查時，由審判長或獨任法官為囑託之進行，另為避免機關、團體有推託之情形，民事訴訟法第289條第1項後段則明定受託者有調查之義務。至於囑託之事項，亦不限於當事人所提出之爭執為限，只要法院認為與訴訟進行有關之事項，均得為囑託調查。

(四) 外國管轄機關或駐在外國之中華民國大使、公使、領事

基於國家主權及外交之相互尊重，對於存在外國之證據，我國法院不便且現實上亦難以直接進行證據調查，故民事訴訟法第295條明定有於外國調查證據之必要時，得間接透過外交途徑進行調查，即囑託我國駐外大使、公使、領事或其他機構、團體為之[50]。另法院依民事訴訟法第295條規定，囑託外國管轄機關或駐在該

---

[49] 另參照最高法院85年台上字第3072號判決：「鑑定人乃係以自己之特別知識，於他人之訴訟，就特定事項報告其判斷意見之人；法院並得依民事訴訟法第二百八十九條之規定，囑託機關或團體陳述鑑定意見或審查鑑定意見。而所謂『鑑定書』，法律雖未規定一定之程式，惟必須將其鑑定意見作成書面，至鑑定書之內容，自應將其鑑定經過及所為判斷之理由一併載明，若未說明其獲致結果之具體理由，其鑑定難謂無重大瑕疵。」

[50] 最高法院75年台上字第2064號判決：「應於外國調查證據者，囑託該國管轄機關或駐在該國之中華民國大使、公使或領事為之。民事訴訟法第二百九十五條第一項定有明文。依此規定囑託我駐外使節調查證據，不限於方式，均有法律上之效力。如由該大使、公使、領事或其館員所為之調查報告，證人所出具之書面，未經具結之證人訊問筆錄等，均得作為證據，由法院依自由心證判斷其證據力。在無邦交國家，非不得參照此原則，囑託我國派駐該國之相關機構調查證據。」

國之中華民國大使、公使或領事爲之者，應報請司法院轉請外交部辦理[51]。

此外，民事訴訟法第295條第2項規定，在外國所爲的證據調查，若適合該國法律，則依處所支配行爲之原則，當然爲適法，固不待言。然即使違背該國法律，若不違背我國法律，而於事實無害者，也應視爲適法，可避免勞力時間之浪費。

四、證據調查程序

(一) 裁定調查證據之期間

訴訟之進行，常因調查證據費時，而導致訴訟拖延，故民事訴訟法第287條明定法院得依當事人之聲請而爲裁定調查證據期間的權限，一來可避免虛耗時日，二來亦可督促當事人履行促進訴訟之義務。若因民事訴訟法第287條規定，而無法加以調查利用之證據，未來上訴二審時，亦可加以使用（民訴§477）。

(二) 調查證據之筆錄

民事訴訟法第294條規定，書記官於受命法官或受託法官在法庭外爲訴訟行爲（如在臨檢所在地或證人所在地訊問證人等）時，亦與在言詞辯論時相同，應作筆錄。此筆錄與言詞辯論筆錄之目的同，故應準用關於言詞辯論筆錄之規定製作。對於受託法官於調查證據完畢後，則應將調查證據筆錄移送受理訴訟之法院，以便後續之訴訟行爲進行。

(三) 當事人不到場之證據調查

待證事實之存在與否，對於兩造當事人之訴訟上爭執有直接影響，而證據則爲證立待證事實之方法，故調查證據之結果對於訴訟之勝敗，亦有所影響，當然應令當事人到場，並有陳述意見之機會，惟證據調查依民事訴訟法第294條規定，應製作證據調查筆錄，故縱使一方當事人未到場，仍不影響證據調查之效力，故民事訴訟法第296條明定，證據調查縱使一造當事人未到場亦可進行。此項規定之適用，不僅以受訴法院之調查證據爲限，並包含受命法官或受託法官之調查證據者在

---

[51] 司法院72年10月24(72)院台廳(一)字第05592號函：「應於外國調查證據者，囑託該國管轄機關或駐在該國之中華民國大使、公使或領事爲之；民事訴訟法第二百九十五條第一項設有明文規定，惟此項囑託，依本院七十二年八月十五日(72)院台廳一字第〇四三〇七號函修正發布之『辦理民事訴訟事件應行注意事項』第四十二則規定，應報請本院轉請外交部辦理。」

內[52]。

(四) 調查程序之爭點整理

為充實言詞辯論之內容，保障當事人之程序權，並避免突襲性派判，法院於調查證據前，應將已整理或協議簡化之事實上爭點、法律上爭點、證據上爭點暨其他攻擊或防禦方法上爭點，分別曉諭當事人（民訴§296-1 I）。關於證據上爭點之曉諭，如當事人就舉證責任之分配或有無舉證責任轉換有所爭執者，應將其對紛爭事實具體之舉證責任分配之認識、判斷，為適時或適度之公開，使兩造當事人知悉待證事實舉證責任之分配，並行使闡明權，促使負舉證責任之當事人聲明證據，以進行證據之調查。

另民事訴訟法第296-1條第2項規定，為迅速發現真實，法院訊問證人及有依第367-1條之規定同時訊問當事人本人之必要時，應集中為之，以達到審理集中化之目標。

(五) 證據調查結果之辯論

民事訴訟法第297條規定：「調查證據之結果，應曉諭當事人為辯論（第1項）。於受訴法院外調查證據者，當事人應於言詞辯論時陳述其調查之結果。但審判長得令書記官朗讀調查證據筆錄或其他文書代之（第2項）。」

按法院採為裁判基礎之證據，應使當事人就該證據及其調查之結果為言詞辯論，使得盡其攻擊防禦之能事[53]，若法院未進行此程序逕以此項調查之結果為判決基礎，其判決即為有法律上之瑕疵，得以此事由上訴第三審[54]，此規定係基於避免

---

[52] 最高法院40年台上字第1602號判例：「調查證據應命當事人到場，使其直接得知調查證據之結果，並得隨時主張自己之利益（例如向證人發問），此觀民事訴訟法第二百九十六條關於調查證據，於當事人之一造或兩造不到場時，亦得為之之規定自明。此項規定之適用，不僅以受訴法院之調查證據為限，並包含受命推事或受託推事之調查證據者在內，故受命推事於準備程序指定調查證據期日，仍須於期日前相當之時期，送達傳票於兩造當事人，否則其調查證據，即屬違背訴訟程序之規定，除因當事人於言詞辯論期日到場之不責問而視為補正者外，不得以其調查此項證據之結果為判決基礎。」

[53] 最高法院18年上字第161號判例：「法院採為裁判基礎之證據，應使當事人就該證據及其調查之結果為言詞辯論，使得盡其攻擊防禦之能事。」

[54] 最高法院41年台上字第748號判例：「調查證據由受命推事行之者，依民事訴訟法第

突襲性裁判，蓋法院採為判決基礎之事實，未令當事人進行完全之辯論，當事人無從進行攻擊、防禦，則判決結果即難令當事人信服，喪失民事訴訟法解決紛爭之目的，故違背此一法令，自屬判決違背法令之事由。

第三節　證據方法各論

壹、證據方法(一)──人證

一、人證之聲明

民事訴訟法第298條規定：「聲明人證，應表明證人及訊問之事項（第1項）。證人有二人以上時，應一併聲明之（第2項）。」

所謂人證，指以人為證據方法，即以當事人以外之第三人，根據其本身之感官、知覺經驗或觀察，在法院上所為之陳述，該第三人稱為「證人」（按聲明人證必須表明證人之姓名，否則不得認為已經依民事訴訟法第298條規定，聲明人證[55]），證人所為之陳述則稱為「證言」。證人固為一種證據方法，但必須在場確實聞見待證事實，且其證述又非屬虛妄者，始得予以採信，若僅就待證事實推測其可能性，即屬臆測之詞，核與在場聞見事實之陳述尚屬有間，若無其他相當證據證明與事實相符，法院不得採取此項證言[56]。倘當事人向法院聲請調查證人者，則應表示證人之姓名、住址等及應訊問之事項。另法院雖未聲明調查人證，法院為發現真實之必要時，亦得依職權訊問證人（民訴§288）。

民事訴訟法第324條以下另有鑑定之證據方法，同樣係亦以「人」為證據方

二百九十七條第二項規定，應由當事人於言詞辯論時陳述其調查之結果，或由審判長令庭員或書記官朗讀調查證據筆錄以代當事人之陳述，若未行此程序逕以此項調查之結果為判決基礎，其判決即為有法律上之瑕疵。」

[55] 最高法院38年穗上字第195號判例：「上訴人之訴訟代理人在言詞辯論期日，雖稱有中人可以證明某事實，惟未表明此等中人之姓名或其他足以表示其人之事項，俾原審得依其表明從事調查，尚不能認為依據民事訴訟法第二百九十八條聲明人證。」

[56] 最高法院96年台上字第1286號裁定：「按證人固為一種證據方法，但必須在場確實聞見待證事實，且其證述又非虛妄者，始得予以採信，若僅就待證事實推測其可能性，即屬臆測之詞，核與在場聞見事實之陳述尚屬有間，若無其他相當證據證明與事實相符，法院不得遽予採取此項證言。」

法，惟「人證」是以其感官之知覺經驗作為證據方法，「鑑定人」則是以其專業判斷，作為證據方法，兩者尚有差異，故民事訴訟法就鑑定人另為規定。

民事訴訟法第298條第2項規定，係於89年修法時新增，是為促使當事人善盡其協力迅速進行訴訟之義務，並貫徹適時提出主義之精神，以達到審理集中化之目標。

二、證人之通知

民事訴訟法第299條規定：「通知證人，應於通知書記載下列各款事項：一、證人及當事人。二、證人應到場之日、時及處所。三、證人不到場時應受之制裁。四、證人請求日費及旅費之權利。五、法院（第1項）。審判長如認證人非有準備不能為證言者，應於通知書記載訊問事項之概要（第2項）。」通知證人應使用通知書及通知書上應記的事項，適用乃指傳喚證人到場之情形，如果當事人以偕同證人到場，法院即得訊問證人，自毋庸傳喚證人，當然也無須在另以通知書通知證人到場。

依民事訴訟法第302條規定，任何人均有為證人之義務，軍人亦不例外，惟基於軍人身分之特殊考量，為不影響國防安全及戰備任務，需通知該管軍人之長官，由該管軍人之長官通知其到場，以加強其作證之義務。若現役軍人到場作證確有困難者，則由該管軍人之長官通知法院。惟依民事訴訟法第303條之規定，聲請調查之人證，若在監所或其他拘禁處所，則應通知該管長官提送到場或派員提送到場，以維護安全，若有不能到場之情事者（例如犯人遭到羈押並禁止接見），則由證人所在處所之長官通知法院。

三、證人之義務

民事訴訟法第302條明定，除法律另有規定外，任何人均有作證之義務，證人之義務包含到場的義務、據實陳述的義務，具結的義務等三種，因此證人對於待證事實，縱無所知，亦有遵守到場之義務[57]。再者，證人為不可替代之證據方法[58]，

---

[57] 最高法院30年抗字第520號判例：「除法律別有規定外，不問何人，於他人之訴訟有為證人之義務，故證人對於待證事實，縱無所知，亦有遵傳到場之義務。」

[58] 最高法院53年台上字第2673號判例：「證人為不可代替之證據方法，如果確係在場聞見待證事實，而其證述又非虛偽者，縱令證人與當事人有親屬、親戚或其他利害關係，其證言亦非不可採信。」

甚至不論是否爲我國國民，只要居住在我國均應有爲證人之義務。

現行法上並無當事人之親屬不得爲證人之規定，故縱使當事人與證人間有親屬關係，其作爲證人之義務亦不得免除，不過僅是其證言，法院得依自由心證判斷其證明力之強弱而已。

(一) 到場義務

民事訴訟法第316條第2項規定：「證人在期日終竣前，非經審判長許可，不得離去法院或其他訊問之處所。」在開庭過程中，證人未經法院許可，不得擅自離開法院或受訊問之處所，縱使證人已證言完畢亦同，蓋證人陳述後，仍可能有對質之必要，若證人到場後，未經許可擅自離開，仍屬違反證人到場之義務，仍得加以處罰之。

此外，民事訴訟法第306條規定：「以公務員或曾爲公務員之人爲證人，而就其職務上應守秘密之事項訊問者，應得該監督長官之同意（第1項）。前項同意，除經釋明有妨害國家之利益者外，不得拒絕（第2項）。」在此，公務員有保守公務上機密之義務，以防止國家安全、社會秩序或其他關於人民之利益遭受重大損害，此一義務不論在職公務員或已不具備公務員身分之人均有遵守之必要，惟基於證人爲不可替代之證據方法之特性，公務員亦有作證之義務（到場、據實陳述、具結之義務），此時公務員作證之義務與保守秘密之義務可能發生衝突，民事訴訟法第306條規定則是在調和公務員保守秘密之義務及作證義務。若涉及職務上應守秘密之事項，應得到監督長官之同意，由長官權衡應守秘密之輕重利弊。依民事訴訟法第306條第2項規定所示，該第1項之所以規定應得該監督長官或民意機關之同意者，乃慮及證人之陳述有妨害國家利益之虞，如該訊問事項無害於國家之利益，該監督長官或民意機關自應予以同意。

而關於違反到場義務之處罰效果，民事訴訟法規定於第303條：「證人受合法之通知，無正當理由而不到場者，法院得以裁定處新臺幣三萬元以下罰鍰（第1項）。證人已受前項裁定，經再次通知，仍不到場者，得再處新臺幣六萬元以下罰鍰，並得拘提之（第2項）。拘提證人，準用刑事訴訟法關於拘提被告之規定；證人爲現役軍人者，應以拘票囑託該管長官執行（第3項）。處證人罰鍰之裁定，得爲抗告；抗告中應停止執行（第4項）。」

不過立法者因爲特殊情形無法到場者亦設有例外規定：

1. 元首爲證人時

民事訴訟法第304條規定：「元首爲證人者，應就其所在詢問之。」元首爲國家之表徵，對外代表國家，對內統帥、任免文武百官，故爲尊崇總統之特殊地位，特予元首之禮遇規定，詢問元首應於其所在地行之，並可避免影響國家公務運作。

2. 證人不能到場之訊問

民事訴訟法第305條規定：「遇證人不能到場，或有其他必要情形時，得就其所在訊問之（第1項）。證人須依據文書、資料爲陳述，或依事件之性質、證人之狀況，經法院認爲適當者，得命兩造會同證人於公證人前作成陳述書狀（第2項）。經兩造同意者，證人亦得於法院外以書狀爲陳述（第3項）。依前二項爲陳述後，如認證人之書狀陳述須加說明，或經當事人聲請對證人爲必要之發問者，法院仍得通知該證人到場陳述（第4項）。證人所在與法院間有聲音及影像相互傳送之科技設備而得直接訊問，並經法院認爲適當者，得以該設備訊問之（第5項）。證人以書狀爲陳述者，仍應具結，並將結文附於書狀，經公證人認證後提出。其以科技設備爲訊問者，亦應於訊問前或訊問後具結（第6項）。證人得以電信傳真或其他科技設備將第二項、第三項及前項文書傳送於法院，效力與提出文書同（第7項）。第五項證人訊問、第六項證人具結及前項文書傳送之辦法，由司法院定之（第8項）。」

民事訴訟法第305條規定於證人不能到場時[59]，法院所得爲訊問之方法，同條第2項至第8項均爲89年修法時所新增，主要是因爲現代科技的發展，便利證人以書面爲陳述，規定證人得以電信傳真或其他科技設備將書狀、結文及認證書等文書傳送於法院，其效力與提出文書同。使證人不必親自到法院，可增加證人作證之意願。

民事訴訟法第305條第5項規定，證人所在與法院之間有聲音及影像相互傳送之科技設備得以直接訊問者，並經法院認爲適當者，也可以該設備進行訊問，此項規定主要是配合電腦視訊系統的發展，尤其若證人遠在國外，更可見其實益。

另依民事訴訟文書傳真及電子傳送作業辦法第5條規定，法院認爲適當或經當事人兩造同意而命證人或鑑定人於法院外以書狀爲陳述者，應於通知書上載明得以傳真或電子方式將陳述書面及具結文書傳送至法院之旨。前項通知書，並應記載法

---

[59] 最高法院18年上字第1971號判例：「證人因疾病不到場者，可就其所在地訊問之。」

院傳真號碼、電子信箱地址及傳送文書首頁應記載事項。

3. 得拒絕證言之證人

依照民事訴訟法第309條第2項規定：「證人於訊問期日前拒絕證言者，毋庸於期日到場。」證人雖有到場之義務，惟在拒絕證言之情形，縱證人到場，亦無法期待其善盡證言之義務，故允許證人在拒絕證言之情形，免除其到場義務。依民事訴訟法第309條第1項規定：「證人拒絕證言，應陳明拒絕之原因、事實，並釋明之。但法院酌量情形，得令具結以代釋明。」雖然證人原則上均有證言之義務，惟在例外得拒絕證言之情形時，法院未必知悉，故若證人有拒絕證言之情形，自應將拒絕之原因、事實，向法院釋明。

然而，依照民事訴訟法第310條規定：「拒絕證言之當否，由受訴法院於訊問到場之當事人後裁定之（第1項）。前項裁定，得為抗告，抗告中應停止執行（第2項）。」在此，證人拒絕證言有無理由，由受訴法院、受命法官或受託法院依職權裁定，對於民事訴訟法第310條第1項之裁定，當事人及證人均可為抗告的表示，對於當事人而言，當事人如以拒絕證言為有理由，則可視為拋棄人證，不必於法律上設特別程序，若當事人認為證人之拒絕證言為無理由，則當事人與證人間，遂生爭點，自應由法院加以裁定，以使訴訟順利進行。

(二) 陳述義務

1. 證人之陳述義務及其例外

所謂證人是指以當事人以外之第三人親身之知覺經驗作為證據方法，此項親身經歷具有不可替代性，已如前述，故證人有為證言的義務，倘無正當理由不為證言，有處罰之規定，惟法律亦不能強人所難，在某些特殊情形，考量人情或社會商業習慣需求，民事訴訟法第307條第1項特設證人得拒絕證言之例外規定：

就證人與當事人有一定親屬關係者，得拒絕證言，蓋當事人與證人間有一定親屬關係，若強令證人證言，恐導致親屬關係分裂或破碎，基於人情世故之考量，在發現真實與家庭和諧之考量下，應以維繫家庭和諧為先，於此情形，允許證人拒絕證言[60]。又應注意者，證人與當事人雖有一定親屬關係，惟民事訴訟法第307條

---

[60] 最高法院85年台上字第2147號判決：「證人為不可代替之證據方法，如果確係在場聞見待證事實，而其證詞又非虛偽，縱令證人與當事人有親戚或其他利害關係，其證言

規定，僅是允許，該等證人可拒絕證言而已，並非無證人能力，如果事實審法院本其取捨證據之職權，依自由心證，認該等證人的證言為可採予以採取，不得認為違法[61]。

另證人所為證言，若足以致使證人或與證人有第一款關係或有監護關係之人受刑事訴追或蒙恥辱者，亦得拒絕證言，也是基於人情考量，蓋證人若因據實陳述，有導致爭證人或親屬關係存在之人受有遭刑事追訴之危險或名譽上之損害時，亦可能致使親屬關係破裂，且亦難以期待證人在此情形會據實陳述，故於此情形，證人亦得拒絕證言。

而依照民事訴訟法第308條規定：「證人有前條第一項第一款或第二款情形者，關於下列各款事項，仍不得拒絕證言：一、同居或曾同居人之出生、死亡、婚姻或其他身分上之事項。二、因親屬關係所生財產上之事項。三、為證人而知悉之法律行為之成立及其內容。四、為當事人之前權利人或代理人，而就相爭之法律關係所為之行為（第1項）。證人雖有前條第一項第四款情形，如其秘密之責任已經免除者，不得拒絕證言（第2項）。」

民事訴訟法第308條所謂當事人之配偶或四親等內之親族，就同居或曾同住者之出生死亡等身分上關係，或由扶養請求權等親族關係所生之財產事件[62]，不許拒絕證言，因此等事實除了親屬之證言外，無其他更有力之證據，故該等事項不許證人拒絕證言。

惟民事訴訟法第308條雖然規定，證人不得拒絕證言，但其證言是否可採，事實審法院仍得本於其職權，認定該證言是否可採[63]。又當事人的配偶或四親等內之

亦非不可採信。」

[61] 最高法院40年台上字第1192號判例：「證人為當事人四親等內之血親或三親等內之姻親者，依民事訴訟法第三百零七條第一項第一款之規定，僅該證人得拒絕證言而已，非謂其無證人能力，所為證言法院應不予斟酌，事實審法院本其取捨證據之職權，依自由心證，認此項證人之證言為可採予以採取，不得謂為違法。」

[62] 最高法院30年上字第119號判例：「被上訴人分產諸子，係因親屬關係所生財產上之事項，依民事訴訟法第三百零八條第一項第二款規定，某甲等關於此事項，不能因係被上訴人之子即拒絕證言，矧得拒絕證言之人而不拒絕者，其陳述仍非不可採用。」

[63] 最高法院29年上字第1261號判例：「民事訴訟法第三百零八條第一項各款，不過規定證人不得拒絕證言之情形，非謂此項證人關於同條項所列各款事項之證言，不可不予採取，故其證言是否可採，審理事實之法院仍得依其自由心證判斷之。」

親屬,於曾爲證人而參與之法律行爲之成立,不得拒絕證言,因既爲證人,即有應爲證人之義務,若可拒絕證言,則將喪失所適切的證據。

2. 證人違反陳述義務之效果

民事訴訟法第311條規定:「證人不陳明拒絕之原因、事實而拒絕證言,或以拒絕爲不當之裁定已確定而仍拒絕證言者,法院得以裁定處新臺幣三萬元以下罰鍰。(第1項)前項裁定,得爲抗告;抗告中應停止執行。(第2項)」證人出庭作證與否對於訴訟有決定之影響,且間接影響審判公平,故證人違背作證陳述之義務,應施以一定制裁,以維護審判公平及當事人之權益。

(三) 具結義務

1. 具結之義務及其例外

民事訴訟法第312條規定:「審判長於訊問前,應命證人各別具結。但其應否具結有疑義者,於訊問後行之(第1項)。審判長於證人具結前,應告以具結之義務及僞證之處罰(第2項)。證人以書狀爲陳述者,不適用前二項之規定(第3項)。」

審判長訊問證人之際,先調查證人有無錯誤,再告知證人,如陳述不實,有僞證罪之處罰[64],並令其具結,然後再使其陳述應受訊問的事項。但訊問證人,應否令其具結,如有疑義,則於陳述後,闡明疑義,再令證人具結,較爲便利。此規定,實際上有使證人據實陳述之功用。若法院訊問證人前,未命證人具結,而一方當事人明知並未異議,即喪失責問權,不得再據此指摘判決違法[65]。

而民事訴訟法第314條設有具結義務之例外規定,其稱:「以未滿十六歲或因精神障礙不解具結意義及其效果之人爲證人者,不得令其具結(第1項)。以下列各款之人爲證人者,得不令其具結:一、有第三百零七條第一項第一款至第三款情

---

[64] 刑法第168條:「於執行審判職務之公署審判時或於檢察官偵查時,證人、鑑定人、通譯於案情有重要關係之事項,供前或供後具結,而爲虛僞陳述者,處七年以下有期徒刑。」

[65] 最高法院28年上字第1547號判例:「第一審於訊問證人甲、乙兩人之前,未命其具結,雖於訴訟程序之規定不無違背,然當時上訴人知其違背並無異議,而爲本案之辯論,依民事訴訟法第一百九十七條第一項但書,應認其責問權業已喪失,何能以此爲不服原判決之論據。」

形而不拒絕證言者。二、當事人之受僱人或同居人。三、就訴訟結果有直接利害關係者（第2項）。」若當事人未行使民事訴訟法第307條拒絕證言權，而為證言時，法院應認其證言有證明力[66]。

在此，未滿十六歲之人，精神病人，雖然有陳述之義務，但其無法瞭解具結的意義及效果，縱要求其具結後訊問，也無法達到要求具結之效果，且對此等人之處罰恐過於苛刻，故在此情形，不得令其具結。

另對於當事人之受雇人，或同居人及利害關係人，因其地位關係使然，縱使要求其具結後為證人而訊問，也難以期待其善盡真實陳述義務，故而民事訴訟法第314條規定，明示對於此等人，可不令其具結而進行訊問。審判於令其具結前，應先調查有無民事訴訟法第314條所揭之情形，以免進行無益的程序。

2. 具結之程序

依照民事訴訟法第313條規定：「證人具結，應於結文內記載當據實陳述，其於訊問後具結者，應於結文內記載係據實陳述，並均記載決無匿、飾、增、減，如有虛偽陳述，願受偽證之處罰等語（第1項）。證人應朗讀結文，如不能朗讀者，由書記官朗讀，並說明其意義（第2項）。結文應命證人簽名，其不能簽名者，由書記官代書姓名，並記明其事由，命證人蓋章或按指印（第3項）。」

依此規定，證人具結時原則上應以言詞陳述，並且證人具結時，應以結文記明於筆錄，且應具結後，法院始能斟酌證言是否可採。具結若過於煩雜，則恐使訴訟延滯，過於簡易，則又有害具結之效力，故設民事訴訟法第313條規定，以兼顧訴訟經濟及具結之效力。另證人無論於訊問前或訊問後具結，均應於結文內記載：「如有虛偽陳述，願受偽證之處罰」等語。

此外，因民事訴訟法增設證人得在法院外以書狀代替言詞陳述，故證人已書狀陳述時，乃於第314-1條另設具結之規定，以避免發生法律漏洞。

四、證人之旅費、日費請求權

民事訴訟法第323條規定：「證人得請求法定之日費及旅費。但被拘提或無正當理由拒絕具結或證言者，不在此限（第1項）。前項請求，應於訊問完畢後十日

---

[66] 最高法院53年度台上字第2673號判例：「證人為不可代替之證據方法，如果確係在場聞見待證事實，而其證述又非虛偽者，縱令證人與當事人有親屬、親戚或其他利害關係，其證言亦非不可採信。」

內為之（第2項）。關於第一項請求之裁定，得為抗告（第3項）。證人所需之旅費，得依其請求預行酌給之（第4項）。」

到場作證雖然是證人在公法上的義務，但是證人到場作證，往往會造成個人時間上的耗費，並影響工作收入，而且還需支出到場的旅費，因此，民事訴訟法第323條第1項規定，證人得請求法定之日費及旅費，故本項是證人法定日費及旅費的請求權基礎。但若證人是被拘提到場，或無正當理由拒絕具結或證言者，此時由於證人已經違反作證或具結之法定義務，有妨害訴訟程序進行之虞，依民事訴訟法第323條第1項但書的規定，證人即無請求日費或旅費的權利。

又前述證人日費及旅費的請求，依民事訴訟法第323條第2項規定，至遲應於訊問完畢後十日內為之，逾期則喪失此項請求權；關於證人日費及旅費的請求，經法院為裁定者，證人對此裁定，可以依民事訴訟法第323條第3項提起抗告。

此外，如證人不願預先支出到場所需的旅費，依民事訴訟法第323條第4項規定，法院得依證人的請求而預先酌給旅費。

五、證人之訊問方法

(一) 人別訊問

民事訴訟法第317條規定審判長在進行訊問前，應先進行人別訊問，此規定目的在於身分之確認，防止頂替證人之情形發生；及供法院判斷該等證人有無具結之必要。至於條文後段提到，法院於必要時，並應訊問證人與當事人之關係及其他關於證言信用的事項，是為就證人證言之可信度預先進行判斷。

(二) 證人之陳述

民事訴訟法第318條規定，證人就訊問事項應如何證言。證人就訊問事項之始末應連續陳述，之所以要求連續陳述，是為避免法院以一問一答的方式，使證人囿於預設之問題，造成偏頗之情事發生，且採連續陳述之方式，亦便利法院判斷其陳述前後有無矛盾或脫漏之處，更有助於發現真實。

(三) 審判長之補充訊問

蓋以民事訴訟法第318條之規定，審判長應令證人就訊問事項為連續之陳述，並避免以一問一答之方式訊問，避免造成偏頗，惟有時證人之陳述不明瞭或不完足，民事訴訟法第319條賦予法院對於證人之發問權，法院即得透過此發問權之行

使，就不明瞭之部分發問[67]，以釐清事實眞相。

陪席法官是爲輔助審判長而參與審判，故就其認爲必要事項，亦可在告明審判長，對於證人發問。

(四) 當事人聲請發問

當事人原則上不得對證人發問，惟若確有需要時，依照民事訴訟法第320條之規定，可聲請審判長對證人爲必要之發問或於陳明後自行發問。蓋證人之陳述，明瞭、完足與否，對於審判長之心證，關係至鉅。審判長若認爲使當事人直接向證人發問，有助於發現眞實，亦應許可。

又既然許當事人發問是爲發現眞實，則當事人對證人發問之內容，應以應證事實及證言信用事項爲範圍。若當事人之發問與應證事實無關、重複發問、誘導發問、侮辱證人或有其他不當情形，無助於發現眞實或促進訴訟，當然無允許當事人發問之必要，故民事訴訟法第320條第2項明定，法院得限制或禁止當事人之發問，此亦爲法院訴訟指揮權行使之一環[68]。

---

[67] 另參考最高法院94年台上字第1561號判決：「原審既以證人即地上權人黃雪珠之先生張寶傳、被上訴人之兄弟即其餘土地共有人楊明國、楊明雄、楊阿仁、楊明川等雖均證稱被上訴人不配合塗銷地上權、配合度不夠，然未具體表明如何不配合塗銷地上權云云，此攸關被上訴人有無以故意行爲或不正當手段阻止黃雪珠塗銷地上權，審判長非不得依民事訴訟法第三百十九條第一項規定，爲必要之發問，使證人之陳述明瞭完足，或推究證人得知事實之原因。」

[68] 最高法院96年台抗字第389號民事裁定：「按受命法官因使證人之陳述明瞭完足，或推究證得知事實之原因，得爲必要之發問。又民事訴訟法第三百二十條第一項及第二項之發問，與應證事實無關、重複發問、誘導發問、侮辱證人或有其他不當情形，受命法官得依聲請或依職權限制或禁止之。同法第三百二十二條、第三百十九條第一項、第三百二十條第三項，分別定有明文。原法院認定抗告人所舉事由，係屬薛中興指揮訴訟之範圍，並無不當。而抗告意旨略以：證人張守鎮對抗告人法定代理人爲人身攻擊時，薛中興非但未予制止，甚至表示非人身攻擊，而將張守鎮所爲人身攻擊之詞句記載於筆錄上，並教導張守鎮回答因捐款契約係其與陳立夫簽訂，故由其在支票背面背書，以及爲張守鎮擋掉抗告人法定代理人發問之問題，張守鎮因而感受到薛中興對其有所偏頗，對作證筆錄應如何記載，公開陳稱由薛中興決之。另薛中興代證人張世憲回答乙○○有報告一語，並對抗告人法定代理人有很多不滿、不耐煩情緒，致無法判斷何問題應請證人回答，而一再裁示不准抗告人法定代理人對張世憲發問與張世憲

(五) 當事人在場權之限制

訊問證人時，原本應該讓當事人在場，使當事人得以知悉證人所陳述的內容，而為有利於自己的主張（例如依前條規定向審判長聲請對證人為必要之發問）。但是證人有時候在陳述不利於當事人的事實時，可能因礙於情面，或者畏懼事後遭到當事人報復，而無法盡其陳述，此時法院為發現真實，得依民事訴訟法第321條第1項規定在證人陳述時，命當事人退庭。但證人陳述完畢後，審判長仍應命當事人入庭，告以陳述內容的要旨，使當事人仍有知悉證人陳述內容的機會，以平衡當事人因無法在場聽聞證人陳述所造成的資訊落差。

又證人在特定旁聽人前不能盡其陳述者，法院亦得依民事訴訟法第321條第2項規定，於證人陳述時命該旁聽人退庭，以發現真實。

(六) 證人多數時之訊問方式

民事訴訟法第316條第1項規定：「訊問證人，應與他證人隔別行之。但審判長認為必要時，得命與他證人或當事人對質。」如果有多數證人，則應隔別訊問，以防附和雷同之弊。但是各證人之供述或證人之陳述與當事人之陳述不相一致時，則要求證人間或證人與當事人間相互對質，以釐清事實的真偽，故對於多數證人之訊問，以隔別訊問為原則，對質訊問為例外。

貳、證據方法(二)——鑑定

一、鑑定之意義

所謂「鑑定」是指為輔助法院對於事物的判斷，由法院或當事人合意選任有特別知識經驗的第三人，就他人的訴訟，陳述關於特別法規或經驗法則的證據調查程序而言[69]；至於「鑑定人」則是指由法院或當事人合意選任，以自己的專門知識，

回答有緊密關聯之重要問題云云，揆之前開說明，則屬薛中興指揮訴訟當否之問題，要難認其執行職務有偏頗之虞。從而抗告人據以提起抗告，指摘原裁定不當，聲明廢棄，非有理由。」

[69] 最高法院19年上字第2189號判例略以：「鑑定為一種調查證據之方法，法院對於系爭之物認有選定鑑定人鑑定之必要，自可依法實施鑑定，若對於通常書據之真偽，認為自行核對筆跡已足為判別時，則為程序簡便起見，自行核對筆跡即以其所得心證據為判斷，而未予實施鑑定程序，亦難指為違法。」

在他人的訴訟程序中向法院陳述關於特別法規或經驗法則的意見或就特定事項提供判斷意見的第三人。

二、鑑定人與證人之區別

鑑定人與證人之相關區別如下：

(一) 就身分而言

鑑定人是對待證事實有專門知識的第三人；證人則為有意思能力的第三人。

(二) 就可否替代而言

鑑定人是以其專門知識經驗判斷事實而陳述自己意見之人，凡是有相同專業知識的專家，法院都可以將其選任為鑑定人，所以鑑定人具有可替代性，也因此不得對其拘提；反觀證人則是陳述自己所見聞事實之人，性質上無法由他人替代，證人由當事人聲請傳喚，若無正當理由未到場時，得予以拘提。

(三) 就證明方式而言

鑑定人得以書面陳述其意見，著重於鑑定意見的精確性；證人原則上應以言詞作證，於例外情形方得以書狀為之。

(四) 就證據方法的資格而言

自然人、機關或團體都可以成為鑑定人；證人則僅限於自然人。

(五) 就可否拒卻而言

（與聲請法官迴避的理由相同）當事人可基於公正的理由，為拒卻鑑定人的聲明（參照民訴§331）；而在證人作證的情形，當事人不得聲請拒卻證人。

三、鑑定人之選任

(一) 受訴法院之選任鑑定人

當事人聲請鑑定，僅須表明鑑定的事項，不必一併表明鑑定人，因為依民事訴訟法第326條第1項規定，鑑定人原則上是由法院為當事人加以選任，換言之，選任鑑定人的權限在於承審法院，並且由法院按照待鑑定事項的繁簡與難易程度決定選任鑑定人數的多寡。依一般情況，選任一名鑑定人就已足夠，以避免耗費過多鑑定費用，但是遇到繁難的待鑑定事項，法院仍然可以選任多名鑑定人為鑑定，以符合

實際需求。

又爲使法院得以選任適當的鑑定人，並使當事人信服鑑定的結果，同條第2項前段規定，法院於選任鑑定人前，得命當事人陳述意見，以供法院選任鑑定人的參考。當事人陳述意見，應具體提供鑑定人的相關資料（包括鑑定人的姓名、服務機關、專業背景及鑑定經歷等項），使法院能夠擇優選任。

如果當事人依合意指定鑑定人時，法院原則上應受到當事人選任的拘束，按照當事人的合意加以選任，因爲鑑定人既然是由兩造當事人所合意指定，其公正性與正確性必定受到當事人的信賴，法院應無不依當事人合意選任的理由。學說上也指出，此項法院應尊重當事人合意的規定，可以認爲是民事訴訟法承認「證據契約」的一種型態，在某種程度上具有賦予當事人程序選擇權的意涵，足以提升當事人對於自由心證主義的信服程度。

但是，上述情形也有例外的情況，依民事訴訟法第326條第2項但書規定，如果法院認爲當事人合意指定的人選顯然不適當者，例如當事人合意指定的鑑定人，並不具備待鑑定事項的專業知識，此時可以不受到當事人合意的拘束，另外選任適當的鑑定人，以確保鑑定結果的正確性。

鑑定人經選任後，如果有無法勝任或不盡職責的情形，法院得依民事訴訟法第326條第3項規定，撤換鑑定人。法院爲撤換鑑定人時，必須以裁定爲之（民訴§483）。不過，爲避免第326條第3項的職權遭到法院濫用，解釋上應限於有正當理由時，始得撤換。

(二) 受命法官與受託法官之選任鑑定人

此外，受命法官依民事訴訟法第270條，或受託法官依民事訴訟法第290條進行調查證據時，也可能有選任鑑定人的必要，爲求便利起見，民事訴訟法第327條規定，有調查證據權限的受命法官或受託法官，其以鑑定方式調查證據時，準用前條規定，也就是承認受命法官或受託法官有選任鑑定人的權限。而且，因爲是準用前條所有規定，故前條第3項有關撤換鑑定人之規定，也在準用之列。但是，如果已經受訴法院選任鑑定人時，爲尊重受訴法院的決定，避免受命法官或受託法官與受訴法院的選任相互牴觸，所以民事訴訟法第327條但書規定受命法官或受託法官在此情況下並無選任鑑定人的權限。

應補充說明者，無論是法院、受命法官或受託法官，其選任或撤換鑑定人，都必須以裁定爲之，而且當事人針對此裁定不得提出抗告或異議（民訴§483、§485 I）。

四、鑑定人之義務

(一) 鑑定人之資格

鑑定人與證人都是以第三人的陳述內容作為證據，兩者的證據調查程序頗有相同之處，所以民事訴訟法第324條所規定之鑑定，除本目別有規定外，準用關於人證之規定，包括「到場義務」、「陳述義務」及「作證義務」等。

不過，依民事訴訟法第328條規定，具鑑定人的資格，有擔任鑑定人的義務者，有以下二種情形：

1. 具有鑑定所需的學識經驗者

鑑定作為證據方法之一，目的在使法院藉由聽取鑑定人依其專門知識就鑑定事項所陳述的意見，進一步判斷待證事實。因此，鑑定人必須具有從事系爭鑑定事項所需的專門學識經驗（例如醫師、建築師、會計師等），但不以現從事於鑑定所需之學術、技藝或職業者為必要，始有擔任鑑定人的公法上義務；至於一般不具此學識經驗之人，即無擔任鑑定人的義務。

2. 經機關委任有鑑定職務者

具有鑑定所需學識經驗的鑑定人，除了可能是從事自由職業者外，受機關委任而有鑑定職務之人（例如法醫師），也有擔任鑑定人的義務。

(二) 鑑定人之可替代性

然而，雖然鑑定人之到場義務、陳述義務及具結義務，依照民訴第324條之規定乃準用證人之規定。然而，鑑定人具有可替代性。所以有關鑑定人之義務仍有與證人有下列之差異：

1. 鑑定人不得拘提

依民事訴訟法第329條規定，受合法通知，無正當理由不到場的鑑定人，僅限於準用民事訴訟法第303條第1項及第2項關於證人違反到場義務關於科處罰鍰的規定，至於同條第2項第3項關於拘提部分，則不在準用之列。因為鑑定只是在借助鑑定人的專門知識經驗，而非如同證人具有不可替代性，所以鑑定人違反到場義務，對其科處罰鍰即為已足，並無拘束其人身自由強迫其到場的必要。

2. 不得為鑑定人或鑑定義務之免除

鑑定人不但是證據方法之一，同時更是法院的輔助機關，因此鑑定人的鑑定

結果往往會影響到法院裁判的正確性。為了確保鑑定人的中立性及公正性，民事訴訟法第330條第1項本文規定，鑑定人有民事訴訟法第32條第1款至第5款有關法官應自行迴避的事由（與訴訟事件或與當事人有一定關係）時，不得就該訴訟案件為鑑定人。不過同條項但書定有兩種例外情形，其一是如果沒有其他鑑定人可以選任時，為避免發生無從鑑定的窘境，仍得加以選任。其二是當事人合意指定鑑定人時，基於尊重當事人的意思決定，也可以例外不受此項資格限制。

此外，受選任為鑑定人之人與證人相同，有陳述鑑定意見的義務，所以如果鑑定人有拒絕證言（民訴§307 I）的事由時，也可以拒絕陳述鑑定意見。但鑑定人僅表示其能力不足充任鑑定人等情形不合於前述（民訴§307 I）拒絕證言的事由時，依民事訴訟法第307條第2項規定，如果法院認為其理由正當者，也可以免除其鑑定義務，因為此時法院仍然可以選任其他人為鑑定。

3. 鑑定人應於鑑定前具結

依民事訴訟法第324條規定，鑑定原則上準用民事訴訟法關於證人的規定，而民事訴訟法第334條就鑑定人的具結設有特別規定，亦即在訊問鑑定人時，應命鑑定人於訊問前具結，因此民事訴訟法第312條第1項（併參§322）規定：「審判長、受命法官或受託法官於訊問證人前，應命證人各別具結。但其應否具結有疑義者，於訊問後行之」的規定並不在準用之列。又法院於訊問鑑定人時漏未命鑑定人於鑑定前具結，固然違背第334條之規定，惟此規定僅僅是為了當事人的利益而設，若當事人知道法院有違背民事訴訟法第334條規定之情形，卻未提出異議，而仍然為本案的辯論者，依民事訴訟法第197條第1項規定，當事人的責問權即行喪失，嗣後不得更以法院違背此項訴訟程序規定，作為上訴理由（最高法院30年上字第489號判例[70]參照）。

另外，為促使鑑定人為公正、誠實之鑑定，民事訴訟法第334條明確規定，命鑑定人具結的結文內必須記載：「必為公正、誠實之鑑定，如有虛偽鑑定，願受偽證之處罰」等用語，其中「偽證之處罰」即是指刑法第168條的偽證罪刑責而言。

---

[70] 最高法院30年上字第489號判例略以：「法院未命鑑定人於鑑定前具結，固屬違背民事訴訟法第三百三十四條之規定，惟此規定僅為當事人之利益而設，當事人知其違背或可知其違背並無異議，而為本案之辯論者，依同法第一百九十七條第一項之規定，其責問權即行喪失，嗣後不得更以此項訴訟程序規定之違背，為上訴理由。」

五、鑑定人之拒卻

(一) 鑑定人拒卻之原因

　　鑑定人針對鑑定事項所陳述的鑑定意見，往往足以影響法院的裁判，已如前述，因此，鑑定人的立場必須中立超然。倘若鑑定人有民事訴訟法第33條所定聲請法官迴避的原因（包括第32條法官應自行迴避之原因），已經難以期待鑑定人可以為公正、誠實的鑑定，雖然當事人對於法院選任鑑定人的裁定，不能提出抗告或異議（民訴§483、§485 I），不過民事訴訟法第331條第1項本文明訂此時當事人可以拒卻鑑定人。

　　又雖然民事訴訟法第32條第6款規定，「法官於該訴訟案件曾為證人或鑑定人者」，法官應自行迴避，不過依該款的立法意旨，因為證人或鑑定人有陳述義務，曾經在該訴訟案件為證人或鑑定人的法官於審判時，可能因顧慮到其先前所為的證言或陳述的鑑定意見，必須負擔法律上的責任，而使其失去中立超然的立場。但就鑑定人而言，因為鑑定人並沒有審判的權限，不會發生與法官相同的疑慮，所以民事訴訟法第331條第1項但書規定當事人不得以鑑定人於該訴訟事件曾為證人或鑑定人作為拒卻鑑定人的原因。

(二) 鑑定人拒卻之限制

　　依民事訴訟法第331條第2項規定，除了有第330條第1項的情形之外，鑑定人已就鑑定事項有所陳述或已提出鑑定書後，不得聲明拒卻。法律之所以限制當事人聲明拒卻的時期，是因為當事人如果對該鑑定人有所疑慮，應該在選任鑑定人當時就聲明拒卻，否則如果准許當事人遲至鑑定人已就鑑定事項有所陳述或已提出鑑定書後仍可行使拒卻證人的權利，無異是鼓勵當事人故意拖延訴訟影響審判的進行。但是，如果鑑定人有民事訴訟法第330條第1項所規定不得為鑑定人的情形之一，而法院卻誤為選任時，縱使該名原本不得選任的鑑定人已就鑑定事項有所陳述或已提出鑑定書，當事人仍然可以聲明拒卻（與民事訴訟法第331條第2項規定不同）；又如果拒卻的原因發生在後或知悉在後者，也准許當事人可以聲明拒卻鑑定人，因為拒卻的原因既然發生或知悉在後，應不至於會發生前述當事人故意遲滯訴訟的弊端。

(三) 鑑定人拒卻之聲明及程序

　　當事人如果打算聲明拒卻鑑定人，其方式無論是以書狀為之，或是在審理期

日當庭以言詞爲之，皆無不可。同時，依民事訴訟法第332條第1項規定，並應向選任鑑定人之法院或法官舉出拒卻的原因。又關於證明的程度，依同條第2項規定，當事人聲明拒卻證人的原因，以及如果拒卻的原因發生在後或者知悉在後者，其拒卻證人的原因發生在後或者知悉在後的事實，都必須舉證達到釋明的程度，換句話說，提出的證據，必須達到可以使法院相信其主張爲眞實的程度，始足當之。

(四) 鑑定人拒卻之裁判

當事人依民事訴訟法第333條規定聲明拒卻鑑定人後，其拒卻是否正當，應由選任鑑定人的法院、受命法官會受託法官加以決定，而且這項決定必須以「裁定」行之，若僅是以進行訊問或者廢止訊問，默示拒卻爲不當或正當，而不以裁判行之者，即不得以該鑑定的結果作爲判決基礎（參照最高法院43年台上字第642號判例[71]）。

承上，當法院裁定當事人聲明拒卻爲正當者，因爲對於當事人並無重大利害關係，因此民事訴訟法第333條後段規定，對此裁定不得聲明不服；反之，如果法院裁定當事人聲明拒卻爲不正當者，此時因影響當事人權益甚鉅，所以第333條前段規定，當事人得對該裁定提起抗告。

若是由受命法官或受託法官裁定當事人聲明拒卻爲不正當者，當事人不得提起抗告，但可以依民事訴訟法第485條規定，向受訴法院提出異議。

六、鑑定人之訊問

(一) 法院得命鑑定人具鑑定書

依民事訴訟法第318條第2項規定，法院於訊問證人時，原則上不得以朗讀文件或用筆記加以替代。然而，鑑定人與證人在性質上不盡相同，且其本身大多有繁

---

[71] 最高法院43年台上字第642號判例略以：「受訴法院使受命推事或受託推事依鑑定調查證據者，依民事訴訟法第三百二十七條之規定，受命推事或受託推事固有同法第三百二十六條選任鑑定人之職權，惟當事人在鑑定人未就鑑定事項有所陳述或提出鑑定書以前，得依聲請推事迴避之原因，拒卻鑑定人，亦爲同法第三百三十一條所明定。至拒卻鑑定人之聲明，是否正當，依同法第三百三十三條所示，自應由受訴訟法院或受命推事受託推事明予裁定，不得僅以進行訊問或廢止訊問，默示其以拒卻爲不當或正當，否則即不得遽以該鑑定之結果爲判決之基礎。」

忙事務亟需處理，實無必要於鑑定前一律先令其到場具結、接受訊問，因此，鑑定人親自到庭以言詞陳述的情形固無不可，受訴法院、受命法官或受託法官認為適當時，也可以命鑑定人以出具鑑定書的方式陳述意見（民訴§335 I）。不過，如果法院對鑑定人出具的鑑定書有所疑義時，也可以命鑑定人到場提出說明（民訴§335 III）。

在鑑定人以出具鑑定書面的方式陳述意見時，仍然必須依民事訴訟法第334條之規定具結，將結文附於鑑定書中一併提出，以擔保鑑定之公正、誠實。

(二) 多數鑑定人之共同或個別陳述意見

在有多位證人的情況，依民事訴訟法第316條第1項規定，訊問證人，應與他證人隔別行之。隔離訊問證人的目的，主要在於防止證人與證人之間相互附和或勾串證詞，相對於此，鑑定人有多數人時，因為不存在有相互附和或串證的風險，所以民事訴訟法允許鑑定人得共同陳述意見。至於多位鑑定人到底是要共同或者分別陳述，端賴法院、受命法官或受託法官依據個案情形加以決定。共同陳述的優點在於可以讓陳述的內容較為充實；分別陳述則可以比較個別鑑定人意見的差異之處。

在鑑定人有數人時，常發生鑑定人陳述意見不一致的情形，究竟應採信何人的意見，法院應本於自由心證加以判斷（民訴§222），且鑑定意見的可採與否，應以是否符合真實為斷，鑑定意見是否粗糙、權威或客觀，應於判決書中具體說明其理由，以求詳適（最高法院80年台上字第1941號判決意旨參照）[72]。

(三) 就鑑定所需資料之利用

當鑑定所需使用的資料存在於法院時，民事訴訟法第337條第1項前段規定課予法院、受命法官或受託法官一項告知義務，亦即應告知鑑定人准許其在進行鑑定時加以利用。解釋上鑑定人也可以主動向法院聲請利用現存在於法院且為鑑定所需的資料，否則鑑定人將無從實施鑑定。又如果鑑定所需使用的資料現由證人或當事

---

[72] 最高法院80年台上字第1941號判決略以：「中華企業委員會鑑定結果，與臺北市電機技師公會之鑑定報告完全相反，原審自應通知該二鑑定機構派人到庭陳述鑑定意見，就不明瞭之處逐一澄清以為取捨之依據，乃原審未遑詳查，遽謂：中華企業委員會之鑑定主其事者學識經驗不足，鑑定結構粗糙。臺北市電機技師公會之鑑定則權威、客觀而可採。然鑑定意見之可採與否，應以是否符合真實為斷，鑑定意見是否粗糙、權威或客觀，應具體說明其理由，以求詳盡。」

人所持有時，為達成鑑定目的，依同條項後段規定，法院於必要時，得依職權或依聲請命證人或當事人提供鑑定所需資料。

民事訴訟法第337條第2項所謂聲請調取證物，是指聲請調取現在並非存在於法院的證物而言；至於所謂聲請訊問證人或當事人，是指鑑定人向法院、受命法官或受託法官聲請就鑑定事項，透過法院、受命法官或受託法官，以間接的方式訊問證人或當事人而言。如果法院、受命法官或受託法官認為鑑定人的聲請有不當的情形，可以不為調取或訊問（民訴§200 II）。

又鑑定人藉由聲請調取或透過法院間接訊問證人或當事人所取得的資料，有時仍然不盡完備，因此，鑑定人為行鑑定，於經法院、受命法官或受託法官許可後，可以對證人或當事人自行發問；同時，當事人也可以提供意見。如此將可提高鑑定的正確性。同理，如果法院、受命法官或受託法官認為鑑定人經許可後的發問有不當的情形時，也可以加以禁止（民訴§200 II）。

(四) 鑑定人之權利

雖然鑑定人與證人同樣都是盡其公法上的義務，不過證人只是陳述其所經歷過的事實，而非如同鑑定人必須要具備專業知識，並且須以其專業知識提供勞務而為鑑定，所以民事訴訟法第338條第1項規定，鑑定人於法定日費、旅費之外，還可以請求相當的報酬。本項規定，不論在當事人聲請鑑定或是法院依職權命為鑑定，都有其適用，鑑定人均有請求相當報酬的權利。至於鑑定人可以請求多少報酬，應由選定鑑定人的法院、受命法官或受託法官審酌鑑定事項的難易程度，所需運用的專業知識或設備，以及其他客觀標準加以決定，同時，民事訴訟法第77-23條第2項也規定，經法院、受命法官或受託法官核定之鑑定人報酬，依實支數算之。

又所謂「法定之日費及旅費」，是指民事訴訟法第77-23條第1項所稱的鑑定人之日費、旅費，其項目及標準由司法院訂定。應予說明者，此項鑑定人請求日旅費的權利，是以鑑定人有到庭具結並陳述意見為前提，如果鑑定人並未到場，僅以出具鑑定書的方式陳述意見，應無請求「法定之日費及旅費」的問題。

上述鑑定人所得請求的日費、旅費及報酬，在性質上屬於訴訟費用的一部分，依民事訴訟法第94-1條第1項規定，審判長可以定期命當事人預先繳納。至於應由那位當事人負擔此費用，則須依民事訴訟法第78條以下有關「訴訟費用之負擔」相關規定決定之。另一方面，鑑定人有關日費、旅費及報酬的請求權應向選任其鑑定的法院、受命法官或受託法官主張，無論是以言詞或書面的方式請求皆無不可。另外，依民事訴訟法第324條準用第323條第4項規定，鑑定人所需的旅費得由

法院、受命法官或受託法官依鑑定人的請求預行酌給之。至於鑑定所需費用，依民事訴訟法第324條第2項規定，也可以依鑑定人的請求預行酌給之，這是因為鑑定人經選任後，雖然有實施鑑定的義務，但是若強迫其先行墊付鑑定所需的費用，實在有失公允，在鑑定費用所費過鉅的情況，尤其如此，因此，為使鑑定程序順利遂行，如果鑑定人請求預先給付鑑定所需費用時，法院、受命法官或受託法官應依鑑定人的請求預先酌給之。

至於應預先給付多少金額，原則上應在鑑定人請求的範圍之內，審酌鑑定相關必要費用加以決定。如果鑑定人已經先行墊付鑑定所需的費用時，也可以請求如數歸還。

此外，關於鑑定的報酬，性質上屬於鑑定人提供鑑定勞務後所取得的對價，即使沒有事先收取也無礙於鑑定工作的遂行，因此，在解釋上，鑑定人應無預先請求鑑定報酬的權利，仍須俟鑑定完畢後始得主張。

七、鑑定證人之不可替代性

在他人的訴訟當中，陳述必須依特別專門知識始能得知過往事實的第三人，學說上稱為「鑑定證人」（民訴§339）。鑑定證人與證人同樣都是陳述經歷過往事實之人，兩者不同之處在於鑑定證人是依其專門知識而得知過往事實。既然鑑定證人與證人都是過往事實的經驗者，足見鑑定證人也具有不可替代的性質，因此，鑑定證人本質上為證人而非鑑定人。所以民事訴訟法第339條規定，訊問依特別知識得知已往事實之人者，適用關於人證之規定。據此，在訊問鑑定證人時，民事訴訟法有關於人證的規定均有其適用。

承上，鑑定證人既然屬於不可替代的證據方法，顯然和只需陳述專門知識的鑑定人不同，因此，當事人不可以依照拒卻鑑定人的規定（民訴§331）聲明拒卻鑑定證人；又如果鑑定證人違反到場義務，可以依民事訴訟法第339條準用民事訴訟法第303條第2項規定拘提鑑定證人，民事訴訟法第329條鑑定人不得拘提的規定，在此並不適用。

此外，鑑定證人可以請求的費用，須視法院、受命法官或受託法官所要求其陳述的內容而定。換言之，鑑定證人如果僅陳述事實經過，只能請求法定的日費及旅費；如果進一步陳述鑑定意見相關事項，此時除可請求法定日費及旅費之外，亦可請求鑑定的報酬，但是不可再重複請求鑑定人的日費及旅費，因為其本人僅到庭一次。

然而，設甲為A醫院急診室醫師，在某日乙因故毆傷丙，丙被送往A醫院為甲

所救治，始倖免於難，法院在進行丙訴乙侵權行為的調查證據程序時，對醫師甲的訊問應適用鑑定人的程序還是證人的程序？

本例應分別情形討論之：

(一) 針對法院、受命法官或受託法官要求甲陳述原告丙案發當時受傷情形而言，時醫師甲是在他人的訴訟中陳述依其特別知識而得知過往事實，也就是學理上所稱的「鑑定證人」，依民事訴訟法第339條規定：「訊問依特別知識得知已往事實之人者，適用關於人證之規定。」因為鑑定證人在本質上為證人，其陳述義務具有不可替代性。

(二) 針對法院、受命法官或受託法官要求甲陳述原告丙的傷勢是否已經喪失勞動能力而言，醫師甲必須依其專門知識在訴訟程序中陳述關於經驗法則的意見，此時甲所陳述的意見，並非出於過往的事實，而是本於自己的專門知識提供意見，其陳述義務可由其他人代替，故應適用民事訴訟法關於鑑定的規定。

八、囑託鑑定

法院除了選任自然人行鑑定之外，依民事訴訟法第340條第1項前段規定，法院在認為有必要時，也可以囑託機關、團體或商請外國機關、團體為鑑定或審查鑑定意見（例如囑託地方行政機關調查某地區地理環境、囑託公務機關查詢建築技術成規等）。其中所謂「鑑定」是指囑託機關或團體就鑑定事項進行第一次的鑑定而言，也就是以受囑託之機關或團體為鑑定人執行鑑定職務；所謂「審查鑑定意見」則是指囑託機關或團體審查他鑑定人或鑑定機關或團體的鑑定結果而言，也就是針對他鑑定人或鑑定機關或團體的鑑定結果陳述相關意見。

民事訴訟法之所以肯認囑託鑑定，主要是因為鑑定時常需要各種科學設備，一般而言機關或團體無論在財力及設備上，都較自然人雄厚及精良，而且規模龐大，比較容易延攬到一流的優秀人才，同時，遇到鑑定事項較為繁複的情況，往往須仰賴各類專家協力投入鑑定，這時候與其分別指定多數鑑定人，倒不如囑託擁有科技設備及各種專家的機關或團體進行鑑定，較為經濟便捷。不過，囑託鑑定，必須受囑託之機關或團體自身對於鑑定事項具有鑑定能力者，始足當之。若受囑託之機關或團體並無鑑定能力或雖有鑑定能力而任意指定第三人鑑定，均不生囑託鑑定之效力（最高法院76年台上字第1721號判決[73]）。

---

[73] 最高法院76年台上字第1721號判決略以：「民事訴訟法第三百四十條所定之囑託鑑

　　機關或團體於接受囑託之後，就鑑定事項為鑑定或審查鑑定意見，必須向法院提出鑑定書，而所謂鑑定書，法律雖未規定一定之程式，惟必須將其鑑定意見作成書面，至於鑑定書的內容，應將其鑑定經過及所為判斷的理由一併載明，若沒有說明其獲致結果之具體理由，其鑑定難謂無重大瑕疵（最高法院85年台上字第3072號判決[74]參照）。

　　如果法院認為機關或團體所提出的鑑定書仍有不甚明瞭或未盡完足的地方，依民事訴訟法第340條第1項後段規定，也可以命該機關或團體所指定的人到場以言詞說明。至於該名被指定的人，只是代表機關或團體陳述意見，並不是以該名被指定的人為鑑定人，換句話說，該名被指定的代表所陳述的意見，仍然屬於受囑託鑑定的機關或團體鑑定意見的一部分，與一般以自然人為鑑定人到場陳述意見的情況不同，該名代表在陳述前無庸具結[75]（民訴§340 II不準用§334）；又該名代表在性質上也不是證人，所以也不適用人證的訊問程序（民訴§340 II不準用§339）。

　　依民事訴訟法第340條第2項，囑託機關或團體鑑定除不準用民事訴訟法第334條具結及第339條鑑定證人之規定外，仍然準用其他民事訴訟法關於鑑定人的規定諸如「鑑定資料之利用」（民訴§337）、「請求報酬及預行酌給鑑定所需費用（民訴§338）等，不過，按照囑託機關或團體鑑定僅出具鑑定書面的性質，原則上不得請求法定日費及旅費，但是該機關或團體所指定的代表，依法院的命令到場陳述意見時，仍有請求法定日費及旅費的權利。

定，必須受囑託之機關或團體自身對於鑑定事項具有鑑定能力者，始足當之。若受囑託之機關或團體並無鑑定能力或雖有鑑定能力而任意指定第三人鑑定，均不生囑託鑑定之效力。」

[74] 最高法院85年台上字第3072號判決略以：「鑑定人乃係以自己之特別知識，於他人之訴訟，就特定事項報告其判斷意見之人；法院並得依民事訴訟法第二百八十九條之規定，囑託機關或團體陳述鑑定意見或審查鑑定意見。而所謂『鑑定書』，法律雖未規定一定之程式，惟必須將其鑑定意見作成書面，至鑑定書之內容，自應將其鑑定經過及所為判斷之理由一併載明，若未說明其獲致結果之具體理由，其鑑定難謂無重大瑕疵。」

[75] 最高法院28年滬抗字第104號判例略以：「法院囑託公署或團體陳述鑑定意見或審查之者，毋庸踐行具結之程序，此觀民事訴訟法第三百三十四條之規定，未為同法第三百四十條所準用，即可明瞭。」

參、證據方法(三)──物證

一、書證

(一) 書證及文書之意義

以文字或其他記號表示內心思想意思的有形物一般稱爲「文書」；在訴訟上供法院進行調查證據使用的文書，學者稱爲「證書」[76]；至於以文書的記載，作爲訴訟上的證據方法者，則稱爲「書證」。

(二) 文書之種類

1. 公文書、私文書

民事訴訟法上之文書，依照作成文書之機關之不同所爲分類標準，可分類爲公文書及私文書。前者乃是指公務機關或公務員於職務上製作之文書，而非屬公文書者，即屬於私文書。

2. 勘驗文書、報告文書

所謂勘驗文書，是指該文書中以文書製作人之意思表示或其他陳述爲記載內容，而由法院自行就該文書之內容證明待證事實，其行爲乃與勘驗類似稱之，勘驗文書中以發生法律效果爲記載者，稱爲處分文書，此種效果依公法上或私法上之效力發生，又分公文書或私文書；而報告文書則是指某一特定事實之報告文書，包含有事實觀察結果、有關意見及表示感想等三種。

3. 準文書

文書外之物件，如紀念碑、界標、照片或圖片等，雖無文字之記載，然亦足傳達人類之意思或思想，而與文書之功能極其相類，學理上稱其爲「準文書」。其若

---

[76] 最高行政院55年判字第15號判例略以：「凡於訴訟程序作爲證據方法使用之文書，依其意旨（即內容）可爲證據者，方得謂之證書，如就某類文書臆測其中或有可爲證據者，而未必定可作爲證據，自不得謂爲書證，而請求調查。本件原告請求調取考選部所存考選委員會三十七年六、七、八月份發給臺灣區醫師暫准執業之批示，無非欲比較核對，覓求其中或有一部分與原告所持批示相同，揆諸上開說明，自難認係聲請命他造或第三人提出所執書證之情形。」

用以爲證據方法，自宜準用關於書證之規定。

現代社會隨著科技之進步，利用磁片、錄音帶、隨身碟、光碟片[77]……等科技設備作成文書或保存文書、資訊等之應用，日趨普遍；於訴訟進行中，舉證之人以前開科技設備所保存之內容作爲證據資料，聲請調查時，如未顧及該等證據方法之特異性，一律依原條文準用本目之規定，令持有人必須提出原件時，恐有窒礙難行之處，故民事訴訟法第363條明定證據方法須以科技設備始能呈現其內容或提出原件有事實上之困難者，提出人得僅提出呈現其內容之書面並證明其內容與原件相符，以代原件之提出。

第1項及第2項之文書、物件或呈現其內容之書面，而其記載不完全或係使用特殊符號或專業用語時，法院恐因不具備專業知識或其他理由而難以判讀其內容，此即有賴提出人加以說明。故增訂第3項，規定法院於必要時，得命提出人說明。

(三) 文書之證據力

關於文書的證據力，一般可區分爲「形式的證據力」與「實質的證據力」。

文書的成立爲眞正，也就是該文書確實是由製作名義人所製作並非僞造者，稱爲形式的證據力。具備形式證據力的文書，其內容有證明應證事實存在或不存在的價值者，即稱爲實質的證據力。由此可知，在判斷邏輯上，必須先具備形式的證據力，才能進一步判斷有無實質的證據力。形式的證據力主要是涉及文書存在的眞僞問題，至於實質的證據力則涉及文書的內容是否能夠證明應證事實的問題。實質的證據力一般是由法院本於經驗法則，依自由心證加以判斷。形式的證據力則由民事訴訟法第355條至第361條分別規定。

1. 文書之形式（法定）證據力（證據能力）

(1) 公文書及外國公文書

在訴訟程序中，當事人或第三人將其手中持有的文書提出作爲證據使用時，法院首先應該調查該文書有無形式的證據力，至於有無形式的證據力，取決於該文書究竟爲公文書或私文書而有所不同。依民事訴訟法第355條第1項規定，文書，依其程式及意旨可以認作爲公文書者，在效果上推定該文書爲眞正。換言之，只要是公文書原則上即直接推定具有形式的證據力。這裡所謂「公文書」，是指凡機關或公

---

[77] 臺灣高等法院96年家上字第124號判決：「按電話錄音雖非不得作爲民事訴訟事件之證據……。」可資參照。

務員，按其職務，依照法定方式所製作的文書而言（最高法院86年台上字第812號判決[78]）。例如法院書記官依照法定方式所製作的筆錄及判決正本、考選部按其法定權限所製作之錄取通知等均屬之。

　　而外國機關或外國公務員於其職務上所製作的公文書，並不是民事訴訟法第355條所稱的公文書，法律上並無推定為真正的效力（最高法院39年台上字第507號判例[79]）。依本文規定，外國公文書的真偽，由法院審酌情形判斷之。這是因為我國法院並不知道外國公文書的法定程式與製作過程，亦無從依照民事訴訟法第355條第2項命文書的作成名義機關或公務員陳述真偽，所以只能由法院審酌一切客觀情形，依自由心證加以判斷。法院在具體操作上，應先依民事訴訟法第295條第1項囑託該外國管轄機關或駐在該國的中華民國大使、公使、領事或其他機構、團體實施證據調查。如果無法踐行民事訴訟法第295條第1項的調查證據程序，表示法院無法客觀地審酌該外國公文書的真偽，此時舉證人應舉證證明該外國文書為真正，法院不應憑其主觀恣意判斷，以免影響審判的公平性。

　　民事訴訟法第356條但書規定外國的公文書經我國駐外使領人員，亦即經我國駐外代表證明者，推定為真正。係因中華民國大使、公使、領事或其他機構、團體對於駐在國機關的公文程式及製作過程較為熟悉，在其願意證明該文書為真正的前提下，可認為仍是屬於我國的官方證明，所以在法律上推定其為真正。當然，這裡的「推定」仍然容許舉「反證」加以推翻。

　　又外國雖然與我國沒有正式的外交關係，只要實質的外交關係仍然存續，且我國在該國設有執行駐外使節或領事職務的機關（例如「駐日經濟文化代表處」），都是民事訴訟法第356條但書規定的我國駐外使領人員。

　　應予補充者，行政院大陸委員會授權財團法人海峽交流基金會驗證大陸地區的文書。因此，凡是大陸地區中共政權所屬機關作成的公文書，非經財團法人海

---

[78] 最高法院86年台上字第812號判決略以：「民事訴訟法上所謂之公文書與私文書，係依其製作人而為區別。凡機關或公務員，按其職務，依照法定方式所製作之文書，謂之公文書。有公務員之資格而非在法令規定之權限內所作成之文書，或有其權限而未照法令規定之程式所作成之文書，均無公文書之效力。至非公文書之文書，即為私文書。私文書雖經機關證明或認可，仍不失為私文書之性質。」

[79] 最高法院39年台上字第507號判例：「非由我國公署或公務員於其職務上作成之公證遺囑，尚難謂為民事訴訟法第三百五十五條所稱之公文書，除另有法律上之原因外，本無推定為真正之效力。」

峽交流基金會的認證，不得推定其爲眞正（最高法院81年台上字第2952號判決[80]參照）。

(2) 私文書

A. 私文書之意義及證據力

所謂「私文書」，是指並非公文書的文書而言。私文書雖經機關證明或認可，在性質上仍不失爲私文書（最高法院86年台上字第812號判決[81]參照）。相較於公文書在法律上直接推定具有形式的證據力，私文書有無形式的證據力，取決於他造對該私文書有無爭執而定。如果他造對於該私文書有所爭執，依民事訴訟法第357條規定，應由舉證人證其眞正，也就是由舉證人負證明該私文書爲眞正的責任。不過，如果是年代久遠的文書，在舉證確有困難的前提下，法院也可以依照經驗法則，並參酌全辯論意旨，判斷該私文書的眞僞（最高法院71年台上字第2748號判決[82]參照）。

當事人提出的私文書，如果他造並不爭執，或者經他造自認，而且沒有其他陳述可以認爲是在爭執該私文書的眞正者，依照民事訴訟法第279條、第280條及第357條但書規定，舉證人毋庸證明該私文書爲眞正，也就是該私文書具有形式的證據力。應特別說明者，他造對私文書的眞正不爭執，只能認爲有形式的證據力，至於實質的證據力的有無，也就是該私文書的內容是否足以證明待證事實，仍應由事實審法院曉諭兩造爲適當完全的言詞辯論後，由法院本於自由心證判斷之（最高法

---

[80] 最高法院81年台上字第2952號判決要旨：「該公證書爲中共市公證處名義出具（見一審卷一一、六二、六九頁），上訴人否認其審卷五〇頁，原審卷二一、二三、四三、四四、一一五、一一六頁，既未經財團法人海峽交流基經金會或其他政府授權之機關、民間團體認推定爲眞正。」

[81] 最高法院86年台上字第812號判決略以：「民事訴訟法上所謂之公文書與私文書，係依其製作人而爲區別。凡機關或公務員，按其職務，依照法定方式所製作之文書，謂之公文書。有公務員之資格而非在法令規定之權限內所作成之文書，或有其權限而未照法令規定之程式所作成之文書，均無公文書之效力。至非公文書之文書，即爲私文書。私文書雖經機關證明或認可，仍不失爲私文書之性質。」

[82] 最高法院71年台上字第2748號判決略以：「私文書通常如經他造否認，雖應由舉證人證明其眞正，但如係年遠舊物，另行舉證實有困難者，法院非不得依經驗法則，並斟酌全辯論意旨，以判斷其眞僞。」

院48年台上字第837號判例[83]、72年台上字第3673號判決[84]參照）。

B. 私文書之推定眞正

民事訴訟法第358條規定：「私文書經本人或其代理人簽名、蓋章或按指印或有法院或公證人之認證者，推定爲眞正（第1項）。當事人就其本人之簽名、蓋章或按指印爲不知或不記憶之陳述者，應否推定爲眞正，由法院審酌情形斷定之（第2項）。」

民事訴訟法第358條第1項所謂「經本人或其代理人簽名、蓋章或按指印」必須其簽名、畫押、蓋章或按指印是由本人或其代理人爲之，在當事人間已無爭執或經舉證人證明者，始得推定爲眞正（參照最高法院28年上字第10號判例[85]）。但是，如果當事人已經承認簽名、蓋章或指印之眞正，僅否認是其本人或代理人親簽、所蓋或所按時，假使不能證明是被人僞造或盜用，按照舉證責任分配的原則，仍然應該由提出此項爭執的當事人負舉證責任（參照最高法院87年台上字第294號判決[86]）。據此，只要當事人承認其本人或代理人的簽名、蓋章或指印之眞正，就會發生民事訴訟法第358條第1項推定爲眞正的效力。推定爲眞正的私文書，除非經反證推翻外，當事人不得再爭執其眞正，即便是法院也應受到這項推定效力的拘束。

若私文書經法院或公證人認證者，既然已踐行了（公證§100以下）嚴格的認

---

[83] 最高法院48年台上字第837號判例略以：「原審採爲判決基礎之書證，雖上訴人對之並不爭執其眞正，亦祇能認爲有形式的證據力，至其實質的證據力之有無，即其內容是否足以證明待證之事實，自應由事實審法院曉諭兩造爲適當完全之言詞辯論，使得盡其攻擊防禦之能事，始足以資判斷。」

[84] 最高法院72年台上字第3673號判決略以：「私文書經證明其爲眞正者，其眞正僅得認爲有形式上之證據力。至該文書有無實質上之證據力，仍應由事實審法院，依辯論之結果，本於自由心證判斷之，並將其得心證之理由，記明於判決。」

[85] 最高法院28年上字第10號判例略以：「民事訴訟法第三百五十八條關於私文書經本人或其代理人簽名、畫押、蓋章或按指印者，推定爲眞正之規定，須其簽名、畫押、蓋章或按指印係本人或其代理人爲之，在當事人間已無爭執或經舉證人證明者，始得適用。」

[86] 最高法院87年台上字第294號判決要旨：「當事人如已承認私文書上之印文爲眞正，僅否認係其本人或代理人所蓋時，按諸舉證責任分配原則，自應由爲此爭執之當事人負舉證責任。」

證程序，依民事訴訟法第358條第1項規定，在法律上應推定其為真正。但是，當事人提出的私文書，雖然已由中共政權公證機關證明，仍須經財團法人海峽交流基金會的認證，始得推定其為真正（參照最高法院81年台上字第2952號判決[87]）。

至於當事人就其本人的簽名、蓋章或按指印為不知或不記憶之陳述者，依民事訴訟法第358條第2項規定，是否推定為真正，授權由法院審酌實際情形加以判斷。

2. 文書之實質證據力（證據價值）

文書之實質證據力，乃是指文書之內容足以證明待證事實所產生之效果。依民事訴訟法第222條規定，受訴法院須依自由心證，斟酌全辯論意旨及調查證據的結果，以判斷事實的真偽。

(四) 文書之提出

1. 文書之提出方法

文書提出的方法，因公文書或私文書而有所不同。依民事訴訟法第352條第1項規定，公文書應提出其原本或經認證之繕本或影本。如果只提出未經過認證的繕本或影本，一般而言，並不會發生提出的效力。這是因為公文書是由公務機關所製作或證明，其證據力較強，法律上才推定其為真正（民訴§355 I），如果提出未經過認證的繕本或影本，自無法發生推定為真正的效力。又第352條第2項規定，私文書應提出其原本。但僅因文書之效力或解釋有爭執者，得提出繕本或影本。這是因為既然當事人對於該文書繕本或影本的內容與原本相同並沒有爭執，而系爭文書的效力或解釋為何，都與文書的真偽無關，所以不需要命其提出原本。

又當事人於訴訟中提出之公文書或私文書，法院認為有將文書繕本或影本送達他造當事人或證人、鑑定人的必要時，為便利訴訟程序之進行，依第352條第3項規定，法院可以命當事人提出繕本或影本，以供送達他造之用。

2. 原本之提出及繕本證據力之斷定

此外，雖然依第352條第1項規定，公文書可以僅提出經認證的繕本或影本，

---

[87] 最高法院81年台上字第2952號判決要旨：「該公證書為中共湖南省湘鄉市公證處名義出具（見一審卷一一、六二、六九頁），上訴人否認其真正（見一審卷五〇頁，原卷二一、二三、四三、四四、一一五、一一六頁），該公證書既未經財團法人海峽交流基經金會或其他政府授權之機關、民間團體認證，自不得推定為真正。」

在法律上便推定其為真正（民訴§355 I），但是依民事訴訟法第353條第1項規定，法院認為必要時，也可以命提出該文書的原本，用以與繕本或影本相互核對，藉此判斷其證據力。如果不服從法院的命令提出文書原本或是不能提出者，依第353條第2項規定，此時法院可以依自由心證判斷該文書繕本或影本的證據力，以免延滯訴訟。

3. 調查證據之筆錄

　　文書的提出，以在言詞辯論程序時提出於受訴法院為原則，但是應提出的文書，如果有容易毀損、體積過大、分量過重或不方便運送等不易提出的情形，經受訴法院依民事訴訟法第270條第2項或第290條規定以裁定命受命法官或受託法官就文書調查證據時，也可以向受命法官或受託法官提出。受訴法院命受命法官或受託法官就文書調查證據時，依民事訴訟法第294條規定，書記官必須製作調查證據筆錄，而且筆錄的製作，準用民事訴訟法第212條、第213條、第213-1條、第215條、第219條等規定。

　　在此情形，受訴法院為了判斷文書的真偽及文書的證據力，除了可以將筆錄內應記載的事項預先告知受命法官或受託法官之外，更可以令受命法官或受託法官將該文書或文書的繕本、影本或節本添附於筆錄內（民訴§354）。而民事訴訟法第354條所謂「應記載之事項」，包括記明該文書的性質、內容、與應證事實有關的事項及用以判斷文書真偽的客觀狀況等；如果需要以文書的全部或一部作為證據方法時，也可以命受命法官或受託法官將文書內容的全部或一部記載於筆錄當中。

(五) 書證之聲明

1. 聲明自己所執有之文書

　　依民事訴訟法第341條規定，在文書提出的程序上，負有舉證責任的當事人持有文書者，必須將文書提出於法院，聲請法院調查書證，使法院及相對人得以知悉該文書的內容，否則法院無從判斷該證書的證明力，相對人也無法提出適當的防禦方法。執有文書的當事人，如果沒有將所聲明的文書提出，即等同於未聲明書證，而不生聲明的效力（最高法院32年上字第4071號判例[88]）。

---

[88] 最高法院32年上字第4071號判例略以：「依照民事訴訟法第三百四十一條之規定，聲明書證，應提出文書為之。參加人既未將所稱之登記證提出，自與未聲明該項證據無

2. 聲明他造所執有之文書

(1) 聲請之表明事項

當事人欲聲請法院調查文書，在該文書是由他造當事人所持有的情況下，依民事訴訟法第342條第1項規定，應聲請法院命他造提出[89]。這項聲請，無論是用書狀，或是在審理期日或者依民事訴訟法第122條在法院書記官面前以言詞爲之，均無不可。又依民事訴訟法第342條第2項規定，在聲請同時，必須表明以下事項：

A. 應命提出之文書

即表明聲請法院命他造當事人應提出何種類型的文書。應特別留意者，聲請命提出的文書，如果不是民事訴訟法第344條第1項各款所列的文書之一者，他造當事人並無提出的義務。

B. 依該文書應證之事實

即表明該文書究竟是用於主張或支持何項應證事實的內容及有無。

C. 文書之內容

即表明該文書的內容記載爲何。如果該文書的內容只有部分與應證事實有關，則僅需表明有關的部分即可。

D. 文書爲他造所執之事由

即表明該文書何以會由他造當事人持有的具體理由，如果他造當事人並無理由持有該文書，法院將無從命其提出。

E. 他造有提出文書義務之原因

即表明他造當事人執有民事訴訟法第344條第1項各款所列文書之一，因而有提出的義務。

當事人在表明民事訴訟法第342條第2項第1款「應命提出之文書」及第3款「文書之內容」等事項有明顯困難時，依第342條第3項規定，法院可以命他造爲必要的協助。這是因爲在現代型訴訟（例如公害、消費者保護事件、醫療訴訟等）中，可供作爲證據使用的文書，可能在他造當事人手中，非經他造協助，無從表明該文書。爲了貫徹當事人訴訟資料使用平等原則（武器平等原則），以達發現眞實及集中審理等目標，在此乃課予他造當事人對於文書的提出有一定的協力義務（學

異，何得以此指摘原審未予調查爲違法。」

[89] 最高法院18年上字第2343號判例略以：「當事人之立證方法，除自己提出證據外，本得使用相對人或第三人所執之書證。」

理上有稱爲「事案解明協力義務」），用以解決實務上當事人表明文書的困難。

(2) 法院之裁定

此外，負有舉證責任的當事人聲明書證，向法院聲請命他造當事人提出文書，如果已表明第342條之法定事項，並經法院認爲應證的事實重要，而且舉證人的聲請正當者，此時法院應以裁定命他造提出文書。按照第342條規定，法院以裁定命他造當事人提出文書的先決條件有二，一爲「應證之事實重要」；二爲「舉證人之聲請正當」。所謂「應證之事實重要」，是指他造當事人所執有的文書內容，可能會影響應證事實的認定，甚至左右裁判結果而言；所謂「舉證人之聲請正當」，則是指他造當事人事實上確實執有該文書，而且具有提出該文書的義務而言。就審查的邏輯順序而言，法院應先審酌應證的事實確屬重要之後，再進而審查他造當事人是否執有該文書及有無提出該文書的義務。法院經審查認爲應證的事實確屬重要後，有關聲請正當性的判斷可依下述情況分別處理：

A. 他造當事人自認執有該文書且有提出的義務

此時法院應認舉證人的聲請爲正當，而以裁定命他造提出文書。

B. 他造當事人對於舉證人的聲請不爲陳述（爭執）

依民事訴訟法第280條有關「擬制自認」的規定，如果他造當事人有視同自認執有文書且有提出義務的原因時，法院應認舉證人的聲請爲正當，而以裁定命他造提出文書。

C. 他造當事人否認執有文書或否認有提出的義務

此時法院應命舉證人證明他造當事人確實執有文書或有提出的義務。法院經過調查後，如果認爲他造執有文書且有提出的義務時，仍然應以裁定命他造提出文書，並於終局判決的理由欄內，記載舉證人的聲請爲正當的理由，或是以中間裁定做出舉證人的聲請爲正當的裁判；如果認爲他造執並未文書或沒有提出的義務時，舉證人的聲請即非正當，應在終局判決的理由欄內，記載駁回聲請的理由，或以中間裁定駁回舉證人的聲請。

不論法院爲駁回或准許聲請的裁定，因爲都是均屬於訴訟程序中的（中間）裁定，依民事訴訟法第483條規定，均不得提起抗告。但是駁回的裁定，聲請人（舉證人）就該終局判決上訴時，可以於第二審再爲爭執而列爲第二審裁判的範圍。

3. 聲明第三人執有之文書

(1) 聲明之事項

舉證人所聲明的書證，如果是第三人所執有的文書，依民事訴訟法第346條第

1項前段規定，應向法院聲請命第三人提出。這裡所謂的「第三人」，並不以訴訟外的第三人為限，即使是參與訴訟的法定代理人、訴訟代理人、輔佐人、參加人、證人或鑑定人等都包括在內，即使原為當事人但後來已脫離訴訟者，也是此處的第三人。又在第三人執有文書的情況，舉證人固然可以向法院聲請命第三人提出，不過，如果舉證人自信可以從第三人處取得文書，其後再由其本人向法院提出時，也可以聲請法院定由其本人提出的期間。至於究竟應該聲請法院命第三人提出，抑或定由舉證人提出的期間，原則上由舉證人自行決定。

上述聲請，無論是以書狀為之，或是在審理期日或在法院書記官面前（民訴§122）以言詞為之，均無不可，但是依民事訴訟法第346條第2項準用民事訴訟法第342條第2項及第3項規定的結果，在聲請時均應表明以下事項：A.應命其提出之文書；B.依該文書應證之事實；C.文書之內容；D.文書為第三人所執之事由；E.第三人有提出文書義務之原因。且在表明「應命第三人提出之文書」及「文書之內容」顯有困難時，法院得命第三人為必要的協助。此外，依民事訴訟法第346條第3項及民事訴訟法第284條規定，舉證人並應就文書係由第三人所持有的事由及第三人有提出義務的原因，提出可以使法院相信其主張為真實的證據，以為釋明。

(2) 法院之裁定

舉證人聲明書證，而向法院聲請命第三人提出文書或定由舉證人提出文書之期間，除了必須具備民事訴訟法第346條第2項的法定程序之外，依民事訴訟法第347條第1項規定，同樣必須具備第343條「應證之事實重要」與「舉證人之聲請正當」兩要件，有關這兩個要件的內涵可參照前述民事訴訟法第343條規定，在此不另外贅述。至於在審查邏輯順序上，法院同樣應先審酌應證的事實確屬重要之後，再進而審查第三人是否執有該文書以及有無提出該文書的義務，或是否訂定由舉證人提出文書的期間。如果經查明第三人執有該文書而且有提出文書的義務，法院應以裁定命第三人提出文書。不過，如果法院是以裁定訂定由舉證人提出文書的期間，這時候法院可以不必調查第三人是否執有該文書。又與民事訴訟法第343條規定不同者，在於第347條第2項另規定，法院為前項裁定前，應給予該第三人有陳述意見的機會，以兼顧第三人的權益。

(3) 第三人所得請求之費用

此外，第三人按照法院的命令提出文書，是基於服從國家司法權而盡其公法上的義務，並不是在履行對於當事人的私法上義務。因此，當第三人因服從法院的命令提出文書而支出相關費用時，應無由第三人自行負擔的道理，所以，民事訴訟法第351條第1項規定，第三人得請求提出文書之費用。此所謂「提出文書之費用」，

是指舉凡第三人在提出文書的過程中，所支出的各項必要費用均屬之。第三人提出文書的費用請求，與證人到庭作證後可以請求法定日費及旅費，兩者在性質上相同，都是第三人或證人在盡其公法上義務後所衍生的費用請求權，因此，民事訴訟法第351條第2項準用民事訴訟法第323條第2項至第4項之規定，第三人關於提出文書的費用請求權，應在依法院之命提出文書後十日內為之；關於提出文書費用的請求，經法院為裁定者，第三人可以對此提起抗告；第三人於必要時，也可以預先請求法院酌給提出文書的費用。

承上，提出文書的第三人雖然有請求提出文書費用的權利，但該第三人如果違反提出文書義務（或拒絕提出文書），經法院依民事訴訟法第349條第1項規定，對其處以罰鍰制裁或為強制處分後才提出文書者，由於該第三人已經違反提出文書義務，而有妨害訴訟程序之虞，為貫徹對其制裁的意旨，應限制其請求費用的權利，所以，第351條第1項但書規定，第三人如果有第349條違反文書提出義務的情形，就不享有請求提出文書費用的權利。

(六) 文書提出之義務

1. 當事人提出文書之義務

在訴訟上，執有文書的當事人雖有依法院的命令提出文書的公法上義務，於被迫提出的同時，文書執有人的隱私及秘密不免受到妨害，但是，文書提出的範圍並非漫無邊際，民事訴訟法第344條規定為此適度劃定了文書執有人負擔提出義務的射程範圍。雖屬文書提出範圍的限制，但相較於89年修正前的舊法而言，現行法實際上是擴大了當事人提出文書義務的範圍，這主要是著眼於貫徹當事人訴訟資料使用平等原則（武器平等原則），利於發現真實及方便整理爭點，達到審理集中化的目標，藉此救濟現代型紛爭（例如醫療訴訟、公害或消費者保護事件等）在舉證上的困難，並使兩造當事人能夠相互知悉雙方與訴訟有關的書證資料，以避免受到他造的突襲。

依民事訴訟法第344條規定，下列文書，當事人有提出的義務：

(1) 該當事人於訴訟程序中曾經引用者

本款修正舊法於「言詞辯論中」的限制，擴大至「訴訟程序中」，目的也是為了貫徹武器平等原則，強化文書提出義務的功能，據此，解釋上包含起訴狀、答辯狀等書狀，及於調查證據程序、言詞辯論或準備程序中以言詞引用的文書在內。這些文書既然已經過當事人援引，足見已經沒有保持秘密的必要，當事人自然有提出

的義務。又即使嗣後當事人捨棄該書證或撤銷引用，仍然無法免除提出該等文書的義務。

(2) 他造依法律規定，得請求交付或閱覽者

此所謂「依法律規定」一般是指他造當事人依照私法規定，有請求交付或閱覽的權利而言。例如依民法第826條第3項規定，各分割人有請求使用他分割人所保存證書的權利。當事人所執有的文書，既然依照私法規定他造當事人有權請求交付或閱覽，在訴訟上也因而有提出的義務。

(3) 為他造之利益而作者

此所謂「他造之利益」，一般認為兼指兩造或他造及第三人的利益等情形，並不以專為他造當事人的利益而作成的文書為限。這項文書的提出，可能不利於執有文書的當事人，但是為求審判之公平起見，民事訴訟法仍然課予當事人有提出的義務。

(4) 商業帳簿

當事人對於其本人因經營商業而製作的帳冊及憑證，如果涉及本案應證事實，而足以影響本案判決者，依本款規定，也負有提出的義務。

(5) 就與本件訴訟有關之事項所作者

本款在修法前僅規定「就兩造間『法律關係』所作之文書」，才有提出的義務，因此，嚴格來說，就兩造間法律關係所作的文書，以就實體法上的法律關係所作成的文書為限，至於有關該法律關係形成過程中或形成後所作成的文書，都不包括在內。為了救濟在現代型訴訟當中，證據偏在當事人一方，導致他造當事人舉證困難的情事，民事訴訟法修法後，乃擴大至「與本件訴訟有關之文書」。據此，由於就本件「訴訟關係」有關所作成的文書，在範圍上較兩造當事人間的「法律關係」所作成的文書為大，所以，依本款規定，基於實體法上的法律關係製作而成的文書，例如契約書、行使解除權、撤銷權、催告、通知等各種權利的文書，固然都包括在內。即便不是直接基於該法律關係而作，但是可以作為證明該法律關係的基礎的文書，例如申購書、為成立買賣契約而製作的印鑑證明書等均包括在內。甚至僅為該法律關係形成過程中所製作的文書，例如在證明醫療過失的訴訟上，醫療機構所執有的病患病歷資料等也包括在內。

2. 第三人提出之義務

與當事人提出文書義務的範圍原理相當，第三人提出文書義務的範圍，也不是漫無限制，依民事訴訟法第348條規定其範圍準用第344條第1項第2款至第5款規

定。又爲保障當事人或對使用文書內容有利害關係之第三人的隱私或業務秘密,也應該賦予持有文書的第三人得拒絕提出相關文書的權利,所以,第348條同樣準用第344條第2項規定,當文書內容涉及當事人或第三人之隱私或業務秘密,如予公開,有致該當事人或第三人受重大損害之虞者,第三人得拒絕提出。

3. 違背提出文書之效果

(1) 當事人違背提出文書義務之效果

民事訴訟法第345條對當事人違反文書提出義務有制裁規定。所謂「正當理由」,是指當事人並未執有該文書、沒有提出義務或非因過失而不能提出等情況。所謂「法院得認他造關於該文書之主張爲眞實」,是指法院可以認爲舉證人關於該文書的內容所主張者爲眞正,而使違反提出義務者受不利的推定。所謂「法院得認他造依該文書應證之事實爲眞實」,是指法院可以認爲舉證人所主張該文書應證的事實確有其事,而使違反提出義務者受不利的推定。應予說明者,當事人違反文書提出義務時,法院是否依民事訴訟法第345條第1項規定認爲他造關於該文書的主張或依該文書應證的事實爲眞實,還是需要審酌情形,本於自由心證作判斷,並不完全受到本項規定的拘束。又民事訴訟法第345條,當事人違背提出文書命令的效果,只是在肯定該文書形式上的證據力,至於該文書有無證明應證事實的價值(即實質上的證據力),法院仍應依照該文書與應證事實的關係,依自由心證加以判斷(最高法院48年台上字第837號判例[90])。

爲避免法院對於這種眞實的擬制有誤,並保障當事人在訴訟上的權利,民事訴訟法第345條第2項規定,於此情形,法院於裁判前應令當事人有辯論的機會。若法院在裁判前,未曉諭當事人就此而爲辯論,即依民事訴訟法第345條規定而爲當事人不利的判斷,應認爲該裁判有法律上的瑕疵(最高法院44年台上字第72號判例[91]參照)。

---

[90] 最高法院48年台上字第837號判例略以:「原審採爲判決基礎之書證,雖上訴人對之並不爭執其眞正,亦祇能認爲有形式的證據力,至其實質的證據力之有無,即其內容是否足以證明待證之事實,自應由事實審法院曉諭兩造爲適當完全之言詞辯論,使得盡其攻擊防禦之能事,始足以資判斷。」

[91] 最高法院44年台上字第72號判例略以:「顯著事實,苟非當事人提出而法院得爲之斟酌者,應在裁判前令當事人就其事實有辯論之機會,此觀民事訴訟法第二百七十八條第二項之規定自明。本件原審所斟酌之前開顯著事實,既非由何造當事人提出,而在

(2) 第三人違背提出文書義務之效果

對於第三人違反文書提出義務，民事訴訟法第349條並不準用第345條規定，所以法院不可以因為第三人未提出文書而使當事人蒙受不利益的後果。應由法院以裁定處罰鍰及命為強制處分，作為第三人不服從提出文書命令的制裁。民事訴訟法第349條第1項所稱的「正當理由」，包括第三人並未執有該文書、沒有提出的義務及非因過失不能提出等情形；所稱「罰鍰」，性質上屬於行政罰，而且僅限於一次性的處罰；所稱「強制處分」，是指強制令該第三人提出文書的手段而言。有關此處強制處分的執行，依民事訴訟法第349條第2項規定，準用強制執行法關於物之交付請求權執行的規定。換句話說，可以法院命為強制處分的裁定作為強制執行法第4條第1項第6款的執行名義，並且依照強制執行法第123條至第126條規定加以執行。又為兼顧第三人的權益，預防不當的強制執行，導致第三人蒙受損害，民事訴訟法第349條第3項特別規定，第三人對於處罰鍰及命為強制處分的裁定，都可以提起抗告，而且抗告中應停止強制處分的執行。

(七) 法院依職權調取文書

除了當事人及第三人執有文書的情況外，如果是機關保管或公務員執掌的文書，依民事訴訟法第350條第1項規定，不論機關或公務員有無提出的義務，法院都可以向其調取，不受民事訴訟法第348條的限制。這是因為機關或公務員與一般第三人的地位不同，基於發現真實及審判公平考量，而做此例外規定。如果該文書內容，涉及公務員職務上應守秘密的事項時，依民事訴訟法第350條第2項本文準用民事訴訟法第306條規定，應以先徵得該監督長官的同意較為妥適；如果該文書的提出並無妨害國家利益時，該監督長官不得拒絕同意。又依同條第2項但書規定，法院為判斷其有無拒絕提出的正當理由，也就是該文書的提出有無妨害國家利益，必要時，可以命機關或公務員提出，並以不公開的方式進行審查。有關不公開審查方式的說明，可參照前述第344條的說明。

裁判前又未曉諭當事人就此而為辯論，乃遽採為裁判之基礎，自難謂其裁判無法律上之瑕疵。」

(八) 文書拒絕提出權

1. 當事人之拒絕提出權

　　針對民事訴訟法第342條第1項第5款：「就與本件訴訟有關之事項所作成的文書」，爲了平衡舉證當事人的證明權及文書持有人的人格權及財產權等，民事訴訟法第342條第2項規定，在涉及當事人或第三人的隱私或業務秘密，如果公開，將導致該當事人或第三人受到重大損害之虞時，例外賦予當事人有拒絕提出證據權。由於法院常無從知悉當事人主張拒絕提出文書是否具備本項所定的條件，因此，依本項但書規定，法院爲判斷執有文書的當事人有無拒絕提出之正當理由，必要時，得命其提出該文書，且在此須採用不公開審查程序。這裡所謂「不公開審查」，不但是對於在法庭旁聽的一般民眾不公開審理，即使是對於要求提出的當事人或其代理人，也不可以公開。又法官在透過不公開審查程序判斷當事人拒絕提出有無正當理由時，實際上已經審閱過該文書，即使事後駁回提出的聲請，也可能對其心證造成影響。因此，就公正程序請求權而言，法院採行不公開審查程序應該受到適當的限制，僅在有實施的必要時始得爲之，也就是在盡量蒐集資料後仍然無法或不足判斷時，才可以進行不公開審查程序。在進行不公開審查程序的同時，法院也應適度地公開心證、表明法律見解以曉諭當事人，藉此平衡當事人因程序保障欠缺所遭受的不利益。

2. 第三人之拒絕提出權

　　第三人除與當事人有前述（民訴§344 II）共同拒絕提出文書的原因外，民事訴訟法第348條尚規定第三人可以充當證人時，得以拒絕證言的原因，作爲拒絕提出文書的原因（準用§306至§310規定）。這是因爲第三人提出文書的義務，是協助法院訴訟審理的公法上義務，在性質上與證人的作證義務相同，所以具有保密義務或與當事人間有一定關係者，可以免除其提出文書的義務。

(九) 文書之審查

1. 公文書之審查

　　如果對公文書的眞僞存有疑義時，依民事訴訟法第355條第2項規定，法院可以文書之作成名義機關或公務員陳述其眞僞。這是因爲該條第1項規定賦予公文書極高的證據力，即使在當事人不爭執文書眞正性的情形，法院爲求愼重，仍然可以視情況，請作成公文書的名義機關以書面答覆，或者請該機關的公務員到場以言詞

說明，藉此判斷該公文書的眞僞。

2. 私文書之審查

(1) 文書眞僞之辨別

可以提供作爲證據使用的公文書或私文書，必須以眞正的文書爲限。因此，在文書眞僞不明時，即產生如何鑑別文書眞僞的問題。除了前述法律推定爲眞正或當事人舉證的情形外，一般而言，關於文書的眞僞，法院可運用人證、勘驗或鑑定等方法，加以鑑別。爲了簡化程序，依民事訴訟法第359條第1項規定，爲鑑別文書的眞僞，法院可以「依核對筆跡或印跡證之」。所謂「筆跡」，不論所使用的文具爲何；所謂印跡」，也不以印章的印文爲限，即使是指印也包括在內。由於核對筆跡或印跡是依通常知識採取目力知覺的作用，在性質上屬於勘驗，是以民事訴訟法第359條第3項規定，應適用關於勘驗的規定。

又法院以核對筆跡或印跡的方法證明文書之眞僞者，除得由舉證人提出供核對的筆跡或印跡之外，如果當事人或第三人執有可供核對的文書時，依民事訴訟法第359條第2項規定，法院也可以命其提出該文書。不過，當事人或第三人提出供核對的文書，必須客觀上認定確屬眞正，才能提高法院自行核對筆跡或印跡的正確性。

若法院對於私文書之眞僞，認爲依普通知識自行核對筆跡已足爲判別時，則爲程序簡便起見，自行核對筆跡即以其所得心證據爲判斷，而未予實施鑑定程序，亦難指爲違法（最高法院19年上字第2189號判例[92]、28年上字第1905號判例[93]參照）；但如果供核對的筆跡或印跡頗爲類似，僅憑目力或普通知識不易辨別者，甚至具有專門知識的機關以送鑑資料不全而拒絕鑑定者，則不許法院採用民事訴訟法第359條核對筆跡或印跡的方法，鑑別私文書的眞僞（最高法院79年台上字第1923號判決[94]）。

---

[92] 最高法院19年上字第2189號判例略以：「鑑定爲一種調查證據之方法，法院對於系爭之物認有選定鑑定人鑑定之必要，自可依法實施鑑定，若對於通常書據之眞僞，認爲自行核對筆跡已足爲判別時，則爲程序簡便起見，自行核對筆跡即以其所得心證據爲判斷，而未予實施鑑定程序，亦難指爲違法。」

[93] 最高法院28年上字第1905號判例略以：「供核對之筆跡是否與文書上之筆跡相符，法院本得依其自由心證判斷之，如認爲無命鑑定之必要，無論當事人有無鑑定之聲請，法院均得不命鑑定自爲判斷。」

[94] 最高法院79年台上字第1923號判決要旨：「文書之眞僞，法院得自行核對筆跡或

(2) 筆跡、印跡之核對

法院欲踐行前條文書眞僞，卻沒有適當的筆跡可供比對時，依民事訴訟法第360條第1項規定，可以指定文字，命該文書的作成名義人書寫，以供核對。雖然法院依本項規定所指定書寫的文字沒有範圍限制，但必須足夠用於筆跡眞僞的核對。在命作成名義人書寫的同時，爲求精確，必須盡量採用相同的文具。不過，法院採用本項取得供核對的筆跡，尚應考慮作成名義人可能的預期心理，故意做作，書寫反於實際的字跡，這也是本項在運用上可能產生的弊端。

依民事訴訟法第360條第2項規定，文書的作成名義人（包括當事人或第三人），如果沒有正當理由不服從前項法院命書寫文字的命令時，準用民事訴訟法第345條及第349條規定。申言之，如果當事人沒有正當理由不服從法院前述命令者，法院可以認他造關於該文書的主張或依該文書應證的事實爲眞實。文書的作成名義人如果是第三人，卻沒有正當理由不服從法院前述命令者，法院可以裁定處新臺幣3萬元以下罰鍰；必要時並得以裁定命爲強制處分。

另外，爲避免鑑別筆跡後仍發生筆跡或印跡異同的爭執，民事訴訟法第360條第3項規定，因供比對所書寫的文字，應附於筆錄，其他供核對的文件不須發還者亦同。供核對的文件應發還持有人時，既然必須發還，就不再硬性要求應附於筆錄。

(十) 故意就真正文書爭執之制裁

民事訴訟法第357-1條規定：「當事人或代理人就眞正之文書，故意爭執其眞正者，法院得以裁定處新臺幣三萬元以下罰鍰。（第1項）前項裁定，得爲抗告；抗告中應停止執行。（第2項）第一項之當事人或代理人於第二審言詞辯論終結前，承認該文書爲眞正者，訴訟繫屬之法院得審酌情形撤銷原裁定。（第3項）」

民事訴訟法第357-1條第1項所謂的「當事人」，是指當事人本人而言；所謂「代理人」，包括法定代理人及訴訟代理人；所謂「故意」，是指直接故意，也就是當事人或代理人明知文書爲眞正，卻仍然故意爭執而言，不包括因過失而提出爭執的情形。本項的立法意旨是爲了促進當事人及代理人履行眞實陳述義務，使訴訟迅速進行，同時也避免法院作出錯誤的事實認定，進而影響審判的公平性，因此對

印跡證之。此項核對，其性質本爲勘驗，故應適用關於勘驗之規定，民事訴訟法第三百五十九條定有明文。」

於當事人或代理人就眞正的文書故意爲爭執者，應給予適當的處罰。

爲了保障受罰鍰裁定人的程序上權利，民事訴訟法第357-1條第2項規定，對於法院處以罰鍰的裁定，可以提起抗告。而且，本項後段規定，此處的抗告可以停止罰鍰裁定的執行。

又依民事訴訟法第357-1條第3項規定，當事人或代理人於第二審言詞辯論終結前，承認該文書爲眞正者，訴訟繫屬的法院可以審酌情形撤銷原裁定。這是因爲當事人或代理人既然已經在事後承認文書的眞正，促使訴訟程序可以順利進行，應該要減輕其所擔負的責任，據此，訴訟繫屬的法院可以依職權審酌情形撤銷原裁定，不待受裁定人的抗告，也不會受到抗告不變期間的影響。應進一步說明者，本項所謂「訴訟繫屬之法院」，是指本案訴訟現在正繫屬的法院而言，不以原裁定的法院爲限。而且只要在第二審言詞辯論終結前都可以撤銷原裁定，不論罰鍰的裁定是否確定或仍在抗告中。至於法院是否會行使此項撤銷原裁定的職權，則是取決於實際情況而定。

(十一) 文書之返還

依民事訴訟法第361條規定：「提出之文書原本須發還者，應將其繕本、影本或節本附卷（第1項）。提出之文書原本，如疑爲僞造或變造者，於訴訟未終結前，應由法院保管之。但應交付其他機關者，不在此限（第2項）。」

一般來說，當事人或第三人提出之文書原本，經法院閱覽、審查與所附之繕本、影本或節本相同後，原物並無庸留存於法院；但須待鑑定者，即不得不暫時留存，待法院不用之後，方交還予提出之當事人或第三人。

若法院懷疑當事人或第三人所提出之文書原本有僞造或變造之可能時，則於訴訟未結以前，由法院（書記官）保管之，以防有湮滅變更之患。又如案件涉及刑事訴追，文書原本須交付檢察署時，則該文書原本之保管責任即移轉於該管檢察署。

文書原本是否發還提出之當事人或第三人，則須視檢方偵查或法院刑事庭判決結果而定。

(十二) 民事違反取得證據之可用性

當事人若透過非法手段，即實務上常見的以侵害他人隱私權之方式，秘密取得證據，於民事訴訟上究竟有無證據能力，因法無明文，對此實務近來採取利益權衡說之見解，即須權衡民事訴訟之目的及法理（如解決紛爭，維持私法秩序之和平及確認並實現當事人間實體上之權利義務，爲達此目的，有賴發現眞實，與促進訴訟

等），從發現眞實與促進訴訟之必要性、違法取得證據所侵害法益之輕重、及防止誘發違法收集證據之利益（即預防理論）等加以衡量。[95]可資參左。

二、勘驗

(一) 勘驗之意義

勘驗是訴訟上一種調查證據之方式，係指勘驗人在訴訟過程中，爲了查明一定的事實，對與案件爭議有關的現場、物品或物體親自進行或指定有關人員進行查驗、拍照、測量的行爲[96]。

(二) 勘驗之聲請

法院爲明悉訴訟關係起見，得以職權爲勘驗，然法院若不依職權爲之，則當事人得聲請檢證，以保全其利益。

依民事訴訟法第364條之規定，當事人向法院聲請勘驗時，應表明勘驗之標的物及應勘驗之事項；表明勘驗之標的物係爲使法院知悉所要查驗之標的物爲何，以便檢證。法條另規定當事人應表明勘驗之事項，目的係爲確定系爭案件所欲證明之事實，以供法院對於案件事實經過作判斷，或認定某項事實是否存在。

---

[95] 最高法院104年度台上字第1455號判決略以：「按民事訴訟之目的旨在解決紛爭，維持私法秩序之和平及確認並實現當事人間實體上之權利義務，爲達此目的，有賴發現眞實，與促進訴訟。惟爲發現眞實所採行之手段，仍應受諸如誠信原則、正當程序、憲法權利保障及預防理論等法理制約。又民事訴訟之目的與刑事訴訟之目的不同，民事訴訟法並未如刑事訴訟法對證據能力設有規定，就違法收集之證據，在民事訴訟法上究竟有無證據能力？尚乏明文規範，自應權衡民事訴訟之目的及上述法理，從發現眞實與促進訴訟之必要性、違法取得證據所侵害法益之輕重，及防止誘發違法收集證據之利益（即預防理論）等加以衡量，非可一概否認其證據能力。苟欲否定其證據能力，自須以該違法收集之證據，係以限制他人精神或身體自由等侵害人格權之方法、顯著違反社會道德之手段、嚴重侵害社會法益或所違背之法規旨在保護重大法益或該違背行爲之態樣違反公序良俗者，始足當之。」

[96] 最高法院19年度上字第1244號判例：「勘驗，依法製作之筆錄及所附勘圖，均有完全之證據力。」

(三) 勘驗之實施

依民事訴訟法第365條規定：「受訴法院、受命法官或受託法官於勘驗時得命鑑定人參與。」有時標的物在性質上，須有具備專門知識或技術之人協助鑑定，方能獲得正確之結果，故法院得使鑑定人會同參與勘驗，待聽其陳述意見後，始下判斷，以昭鄭重。

又法院為證據裁決時，可能尚不知有使鑑定人參與勘驗之必要；以及受命或受託法官在實地履勘後，始覺非依鑑定人之意見不能得勘驗之結果，此事往往有之。故民事訴訟法第365條規定為受命或受託法官者，雖無受訴法院之命，於履勘時，亦得自行選任鑑定人，期能發現真相，保障當事人之權益。

依民事訴訟法第366條之規定，法院在行勘驗時，如認為有必要，例如勘驗之經過或結果，有利用科技設備作成錄音或錄影，或有其他有關物件者，以之附於卷宗，可使勘驗所得結果更臻明確，避免掛一漏萬之可能。故第366條除規定有必要時應將圖畫或照片附於筆錄外，並「得以錄音、錄影或其他有關物件附於卷宗」，以期周延。

(四) 有關勘驗之準用規定

勘驗是訴訟上一種調查證據之方式，法院因當事人之聲明書證而查閱證書，實質上亦屬實施勘驗，故規定勘驗程序得準用書證提出程序性質上不相矛盾之部分條文。

依民事訴訟法第367條之規定，勘驗準用書證提出程序之條文如下：第341條關於聲明書證、第342條第1項聲請他造提出文書、第343條法院裁定命他造提出文書、第344條當事人提出文書義務、第345條當事人違背提出文書命令效果[97]、第346條第1項聲請命第三人提出文書、第347條法院裁定命第三人提出文書、第348條第三人提出文書義務範圍、第349條第三人不遵提出文書裁定之制裁、第350條調取公務機關保管或公務員執掌書證、第351條第三人得請求提出文書費用，及第354條調查文書證據筆錄之規定。

---

[97] 臺灣高等法院93年重上國更(一)字第3號判決：「上訴人仍無正當理由拒絕接受鑑定，依民事訴訟法第367條準用同法第343條、第345規定，本院得斟酌情形，認為被上訴人所稱前揭長庚醫院鑑定證明書所載關於肌力部分之判定為真實。」可資參照。

肆、證據方法(四)——當事人訊問

一、當事人訊問之發動

民事訴訟法第367-1條第1項規定:「法院認為必要時,得依職權訊問當事人。」就事實審理而言,因當事人本人通常最為知悉紛爭事實,而最有可能提供案情資料,以協助法院發現真實及促進訴訟,進而達到審理集中化之目標。故為使法院能迅速發現真實,法院認為必要時得訊問當事人本人,並以其陳述作為證據[98]。

二、當事人訊問之陳述及具結

民事訴訟法第367-1條第2項規定:「前項情形,審判長得於訊問前或訊問後命當事人具結,並準用第三百十二條第二項、第三百十三條及第三百十四條第一項之規定。」民事訴訟法第367-1條第2項規定,第312條第2項、第313條及第314條第1項關於審判長告知證人具結之義務及偽證之處罰、具結之程序,以及不得令未滿十六歲或因精神障礙不解具結意義及其效果之人具結之規定,於命當事人具結時均可準用[99]。

當事人無正當理由拒絕陳述或具結者,法院得依其他相關證據,審酌當事人拒絕陳述或具結之情形,依自由心證,判斷系爭個案待證事實之真偽,以求發現真實。實務上,法官因此對該當事人較容易為不利之認定(民訴§367-1Ⅲ)。

當事人無正當理由拒絕陳述或具結者,法院得依其他相關證據,審酌當事人拒絕陳述或具結之情形,依自由心證,判斷系爭個案待證事實之真偽,以求發現真實。

實務上,法官因此對該當事人較容易為不利之認定。又法院命當事人到場,但當事人無正當理由而未到時,法院將認定當事人拒絕陳述,而依前項規定,法院可能對該當事人為較不利之認定,以敦促當事人到場陳述。但若法院命當事人到場之通知書係寄存送達或公示送達者,因當事人實際上不一定確有獲知相關訊息,故即不適用第3項之規定,以免對當事人過苛。

---

[98] 最高法院95年台上字第1859號判決:「當事人之訊問,固得為證據之方法,惟法院是否訊問當事人,仍以認為必要時為限,此觀民事訴訟法第367條之1第1項之規定自明。」可資參照。

[99] 最高法院97年台上字第2565號判決:「審判長『得』於訊問前或訊問後命當事人具結,此觀民事訴訟法第367條之1第1項、第2項前段自明。」可資參照。

第5項則規定，命當事人本人到場之通知書，應記載不到場及拒絕陳述或具結之效果，原因係該等規定在對於當事人訴訟上之權利將有所影響，故當然應記載於通知書上，令當事人得以知悉上開法律效果。

若當事人為無訴訟能力者，其所為之法律行為應得法定代理人同意，或由其代為之，故為使訴訟程序能順利進行，於此情形實有傳訊當事人法定代理人之必要，第6項之規定由此設。

三、虛偽陳述之處罰

當事人或其法定代理人，若依第367-1條規定具結而為仍為虛偽陳述時，不但惡性大，且往往將誤導法院之判斷及審理訴訟之方向，不僅使法院難以發現真實，且易使訴訟程序延滯，致浪費法院及雙方當事人之勞力、時間、費用，並損及司法公信力，故有予以制裁之必要[100]（民訴§367-2 I）。

又法院為前項裁定時，為保障渠等程序上之權利，法條明定對於裁處罰鍰之裁定得為抗告；抗告中則應停止執行（民訴§367-2 II）。

若當事人或其法定代理人於第二審言詞辯論終結前，承認虛偽陳述，因已履行真實義務，惡性已較之前虛偽陳述時有所降低，故訴訟繫屬之法院得衡酌相關情狀，撤銷原裁處罰鍰之裁定，鼓勵渠等履行真實義務（民訴§367-2 III）。

四、準用證人之規定

按法院為迅速發現真實，如認為必要時得訊問當事人本人，並以其陳述作為證據，如訊問當事人某種程度上實與訊問證人相同，因而民事訴訟法第367-3條規定訊問當事人時，關於對現役軍人、在監所或拘禁處所之人之通知方法（民訴§300、§301），對元首、不能到場證人及公務員之訊問方法（民訴§304、305 I、V、§306），拒絕證言及不得拒絕證言之事由（民訴§307 I 第3至5款、II、308 II），拒絕證言之程序（民訴§309），拒絕證言當否之裁定（民訴§310），隔別訊問與對質（民訴§316 I），法院命連續陳述（民訴§318），法院之發問權（民訴§319），當事人之發問權（民訴§320），命當事人及旁聽人退庭訊問（民訴§321），以及受命受託法官訊問證人之權限（民訴§322）……等規定，於訊問當事人時亦可準用。

---

[100] 法院除得依本條規定對具結而仍虛偽陳述之當事人或法定代理人裁定罰鍰外，並得依刑事訴訟法第241條之規定向檢察署為告發，由檢方就是否涉及偽證罪加以偵查。

第四節　證據保全程序

壹、證據保全程序之意義

　　證據保全程序係為保障當事人證明權所架構之制度，其目的在於使證據能在訴訟中順利提出，以供法院適切形成心證；因而使證據調查程序於一定條件下為時間上之延伸，亦即將原屬訴訟中所為之證據調查，提前至訴訟繫屬前或繫屬後但尚未調查證據之程度時進行。

貳、證據保全之程序規定

　　民事訴訟法第372條規定：「法院認為必要時，得於訴訟繫屬中，依職權為保全證據之裁定。」而法院依職權為證據保全者，包括有：1.在偏重私益性之訴訟中，法院一般應利用闡明探詢當事人是否提出證據保全之聲請，若當事人仍不提出，除有認當事人不及受闡明程序之保障外，法院原則上不應積極介入發動職權為證據保全。2.而在公益性或具集體利益之訴訟中，法院於證據已存在類似第368條之證據保全事態時，即可判斷採取保全之手段是否為其欲達到之證據保全相關目的（保全證據、防免訴訟、真實發現或促進訴訟）之適當手段，而為較積極之介入。

一、證據保全程序之發動

　　民事訴訟法第368條明定「證據有滅失或礙難使用之虞，或經他造同意者，得向法院聲請保全；就確定事、物之現狀有法律上利益並有必要時，亦得聲請為鑑定、勘驗或保全書證（第1項）。前項證據保全，應適用本節有關調查證據方法之規定（第2項）。」因此，證據方法如有滅失之可能（例如證人生重病或恐不久人世），或有礙難使用之虞（例如證人即將出國，歸期未定）；或保全證據之意思經相對人之同意者（例如車禍發生時，當事人彼此確定其損害程度），法院自當訊問證人或鑑定人，或為檢證，以保全證據。另為發揮證據保全制度之功能，亦得聲請確定事、物之現狀，但以「就確定事、物之現狀有法律上利益並有必要」為要件，例如在醫療糾紛中，避免醫院竄改病歷資料，即屬確定事、物之現狀有法律上利益與必要[101]。

---

[101] 最高法院91年台抗字第11號裁定要旨：「須證據有滅失或礙難使用之虞者，始得向法

又民事訴訟法第368條所欲保全者爲證據，故其保全程序之進行適用證據調查之規定，乃屬當然之理。

二、證據保全之管轄法院

依照民事訴訟法第369條規定：「保全證據之聲請，在起訴後，向受訴法院爲之；在起訴前，向受訊問人住居地或證物所在地之地方法院爲之（第1項）。遇有急迫情形時，於起訴後，亦得向前項地方法院聲請保全證據（第2項）。」

證據保全係於訴訟尚未繫屬或雖以繫屬但尚未調查證據之程度爲之，則應證事實尚未確立，法院無從加以審究，故法院於准許爲保全證據時，就其應證事實是否重要，毋庸加以審查。

民訴第369條明定，依當事人是否已起訴而作爲決定管轄法院之依據；在起訴前，應向受訊問人住居地或證物所在地之地方法院爲之。起訴後，原則上以受訴法院爲管轄法院，若訴訟繫屬於第三審者，保全證據之聲請，以第三審得依職權調查事實範圍內所必要之證據爲限，得由第三審法院管轄，其餘概由第二審法院管轄。但遇有急迫情形者，亦得向受訊問人住所地或證物所在地之地方法院聲請保全[102]。

三、證據保全之聲請

民事訴訟法第370條規定：「保全證據之聲請，應表明下列各款事項：一、他造當事人，如不能指定他造當事人者，其不能指定之理由。二、應保全之證據。三、依該證據應證之事實。四、應保全證據之理由（第1項）。前項第一款及第四款之理由，應釋明之（第2項）。」

爲避免當事人濫行聲請證據保全，立法者因此規定聲明證據保全應表明之事

院聲請保全。且保全證據之聲請，應表明應保全之證據，並釋明應保全之理由，此觀民事訴訟法第368條第1項前段、第370條第1項第2款、第4款、第2項之規定自明。」可資參照。

[102] 臺灣高等法院85年抗字第2189號裁定：「按保全證據之聲請，在起訴後，向受訴法院爲之，在起訴前，向受訊問人住居地或證物所在地之地方法院爲之。遇有急迫情形時，於起訴後，亦得向前項地方法院聲請保全證據。民事訴訟法第369條第1項、第2項分別定有明文。是以，於起訴後聲請保全證據，除有急迫之情形外，應向本案受訴法院爲保全證據之聲請，而不應向證物所在地之法院聲請保全證據。」參照。

項，並要求聲請人不論係以言詞或書狀請求，皆須釋明其緣由，以昭慎重。另就各款項說明如下：1.他造當事人，如不能指定他造當事人者，其不能指定之理由：他造當事人係指系爭案件之另一當事人；但有時候起訴前或不知他造姓名時，得暫不記名他造當事人，但應就無法指定之理由詳加說明；2.應保全之證據：即就系爭案件證明待證事實所需之證據；3.依該證據應證之事實：聲請人應說明欲保全之證據與其所相應之待證事實之間之關係[103]；4.應保全證據之理由：依本款之規定，聲請人應向法院說明欲保全之證據有同法第368條所規定之情形，若不及時保全證據，該等證據將有滅失或礙難使用之虞。

四、證據保全聲請之裁判

民事訴訟法第371條規定：「保全證據之聲請，由受聲請之法院裁定之（第1項）。准許保全證據之裁定，應表明該證據及應證之事實（第2項）。駁回保全證據聲請之裁定，得為抗告，准許保全證據之裁定，不得聲明不服（第3項）。」

當事人聲請保全證據，受聲請之法院應以裁定決定准駁；又因程序上甚為簡易，故裁定前毋須經言詞辯論程序。

法院是否准許當事人保全證據之聲請，應視當事人釋明之理由與程度，若法院作出准許保全證據之裁定，應表明該欲保全證據及與其相應之待證事實。

如法院作出駁回保全證據聲請之裁定，應附具理由並送達聲請人，聲請人不服前揭裁定者，得提起抗告。又法院作出准許保全證據聲請之裁定者，因對聲請人有利，故聲請人不得就准許裁定提起抗告聲明不服[104]，否則即有違禁反言之原則。

五、證據保全實施

法院裁定准許聲請人證據保全之聲請後，依民事訴訟法第373條規定，將會由

---

[103] 臺灣高等法院87年抗字第119號裁定：「民事訴訟法第370條……第3款所謂應證之事實，係指當事人聲請保全證據所欲證明之事實而言，簡言之即待證事實是也，證據之作用在證明當事人於民事訴訟中所主張之事實，所保全之證據，則在俟為證明待證事實之用，而待證之事實應限於私法上所由生請求權之事實，故所保全之證據應以當事人在其民事訴訟中證明其所主張或所欲證明之事實為限。」參照。

[104] 臺灣高等法院69年上字第3382號判決：「准許保全證據之裁定，不得聲明不服，民事訴訟法第371條第3項後段定有明文。所謂不得聲明不服，不僅指當事人對該准許保全證據之裁定不得抗告，兼且指當事人不得以訴之方式請求審判。」參照。

審判長、受命或受託法官指定調查證據之日期；在前開期日，應分別通知聲請人及他造當事人到場，俾使其得適時對於證據保全之表示意見，以保障兩造當事人於訴訟程序上之權利。若他造當事人在場有礙證據保全或有其他急迫情狀者，例外得不通知他造當事人到場。於指定調查證據之日期，聲請人及他造當事人在場者，法院得命渠等陳述意見，以保障當事人之權益。

　　證據保全程序之進行，並不因為他造當事人不明，或因調查證據期日不及通知他造，而使法院無法依聲請或職權發動，但法院為保障他造當事人之權益，避免有偏頗之虞，故民事訴訟法第374條規定法院得為他造任特別代理人，以利訴訟之進行。民事訴訟法第374條並準用第51條選任特別代理人之規定，即須送達選任之裁定；特別代理人權限之範圍；選任、代理費用由聲請人預付等，茲不贅述。

　　此外，法院依保全證據程序調查證據之結果，原則上固與訴訟上調查證據之結果有同一之效力。惟保全證據程序未必均由本案受訴法院行之，而可能係由受訊問人住居地或政務所在地之法院為之；又如於保全證據調查程序中，他造當事人不明或未於保全證據程序到場時，其即無從對法院調查證據表示意見。故為貫徹直接審理主義[105]，並保障當事人對證人之發問權，除法院認為不必要之外，當事人就已於保全證據程序訊問之證人，他方當事人於言詞辯論程序中聲請再為訊問時，法院不應拒絕。

六、證據調查筆錄

　　因證據保全而為之證據調查，亦屬證據調查之一種，故須依調查證據之通則及人證鑑定檢證之法則為之，然此種調查，係為日後審判立證之用，故法院就此應善加保存之，以免該等證據有遭增減變更等弊端發生，致損害當事人法律及訴訟上之權益。依民事訴訟法第375條之規定，調查證據之筆錄，原則上由命保全證據之法院保管；例外於保全證據之法院與訴訟繫屬之法院不同時，保全證據之法院應將所保管之調查證據筆錄移交予系爭案件訴訟繫屬之法院，以利審判程序之進行。

七、證據保全之費用

　　保全證據程序之費用，包括調查證據、法院選任特別代理人，以及特別代理人

---

[105] 所謂直接審理主義，係指「法院須以自行調查證據所得之訴訟資料，經當事人之言詞辯論，始得本於辯論之結果，為判決之基礎。」此有最高法院81年台上字第685號判決要旨揭示甚明。

之代理費用，如有本案繫屬，原則上應作為訴訟費用之一部，由法院定其負擔。但如有特別規定，例如第376-2條第2項（法院得依利害關係人之聲請，命保全證據之聲請人負擔程序費用），則應依該特別規定處理之（民訴§376）。

八、證據保全之協議

當事人與起訴前聲請保全證據者，得利用法院所調查之證據及蒐集之資料，瞭解事、物現狀，研判紛爭之實際情況，若能就訴訟標的、事實、證據或其他事項達成協議，當事人間之紛爭可能因此而獲解決或避免擴大[106]。準此，民事訴訟法第376-1條第1項規定：「本案尚未繫屬者，於保全證據程序期日到場之兩造，就訴訟標的、事實、證據或其他事項成立協議時，法院應將其協議記明筆錄。」

而第376-1條第2項至第4項規定：「前項協議係就訴訟標的成立者，法院並應將協議之法律關係及爭議情形記明筆錄。依其協議之內容，當事人應為一定之給付者，得為執行名義（第2項）。協議成立者，應於十日內以筆錄正本送達於當事人（第3項）。第二百十二條至第二百十九條之規定，於前項筆錄準用之（第4項）。」其中，第376-1條第2項僅規定證據保全期日所為之協議僅具執行力，然在考慮該協議於兩造均到場且法院亦參與該協議之情形下所做成，兩造既有防免訴訟之認知，且亦有法院介入以避免突襲，故應擴大此一協議之效力，避免紛爭再起。是以起訴前所為之證據保全期日之協議，具有如起訴前法院調解之效力；起訴後所為者，則有類似於訴訟上和解之效力；至若協議有無效或得撤銷之原因者，應得類推適用第380條第2項及第416條第2項規定以資救濟。

此外，解除證據保全之效果規定於民事訴訟法第376-2條，其稱：「保全證據程序終結後逾三十日，本案尚未繫屬者，法院得依利害關係人之聲請，以裁定解除因保全證據所為文書、物件之留置或為其他適當之處置（第1項）。前項期間內本

---

[106] 本條之要件有三：1.本案尚未繫屬（就本調之立法目的在於擴大證據保全制度解決紛爭之功能，因此應不限於本案尚未繫屬之類型，即縱已繫屬其另定之證據保全程序期日亦得為之）。2.所稱之證據保全程序期日應包括證據調查期日或證據裁定之程序。3.就訴訟標的、事實、證據或其他事項達成協議之意義應分別探求。就訴訟標的所為之協議：係指對於訴訟標的之和解或調解，其類型不限於給付者，確認性質者亦屬之。就事實、證據所為之協議：即指證據契約而言，包括實體法確認契約、舉證責任契約、程序上自認契約、推定契約、證據方法契約等。就其他事項所為之協議：包括不起訴協議、仲裁先行協議及爭點協議等。

案尚未繫屬者，法院得依利害關係人之聲請，命保全證據之聲請人負擔程序費用（第2項）。前二項裁定得為抗告（第3項）。」

　　當事人為蒐集事證資料，藉以瞭解事物之現狀，以研判紛爭之實際狀況，進而斟酌是否提起訴訟，固得於起訴前向法院聲請保全證據，惟如當事人間之紛爭久懸不決，致保全證據程序所為之處置無法獲得適當之處理，聲請保全證據之當事人或利害關係人將因此而受損害，故第376-2條第1項明定：「保全證據程序終結後逾三十日，本案尚未繫屬者，法院得依利害關係人之聲請，以裁定解除因保全證據所為文書、物件之留置或為其他適當之處置。」

　　因保全證據為聲請人請求經法院准許之結果，故保全證據程序終結後逾三十日，本案尚未繫屬時，聲請人亦有責任，故法院得依利害關係人之聲請，經審酌後認為適當者，命聲請人負擔保全證據之程序費用。

第二十八章
第二審上訴程序

第一節　上訴制度之意義

壹、上訴之制度構造

一、覆審制

　　覆審制，係指上訴審法院就下級審之一切訴訟資料，於其審理時均為全面重新踐行調查及辯論，亦即是下級審所業已進行過之訴訟程序，在提起上訴後均為歸零。目前基於避免當事人於上訴程序提出新攻擊、防禦方法拖延訴訟，小額訴訟程序原則上採取覆審制之規定[1]。

二、續審制

　　續審制，係指上訴審法院以下級審之言詞辯論終結時之狀態，續行其訴訟程序，並且當事人得於上級審提出新訴訟資料。我國民事訴訟法之規定，第二審上訴制度，乃採嚴格之續審制度[2]（民訴§447、§448）。

---

[1] 陳計男，民事訴訟法論（下），三民書局，2009年10月5版，頁251。

[2] 最高法院99年度台上字947號民事判決：「查當事人上訴第二審，原則上不得提出新攻擊防禦方法，此觀民事訴訟法第四百四十七條第一項之規定自明。此項規定係以八十九年二月九日民事訴訟法所修正之續審制，仍無法避免及改正當事人輕忽第一審程序，遲至第二審程序始提出新攻擊防禦方法之情形為由，將該「原則上准許新攻防方法，例外限制」之制度，修正為「原則上限制新攻防方法，例外准許」之「嚴格限制之續審制」或「改良式之續審制」或「接近事後審制」，以充實第一審之事實審功能，及合理分配司法資源，並維護當事人之程序利益。」

三、事後審制

　　民事訴訟法第476條第1項規定：「第三審法院，應以原判決確定之事實爲判決基礎。」事後審制，是指上訴審法院僅以下級審的原判決訴訟資料（終局判決）作爲判決基礎，檢視其程序與實體的認定事實是否有違法或違背經驗法則之處，並禁止當事人再行提出新的訴訟資料。

貳、得提起上訴之對象

　　民事訴訟法第437條規定：「對於第一審之終局判決，除別有規定外，得上訴於管轄第二審之法院。」是在通常程序中若不服地方法院所爲之第一審判決，此時當事人應向其直接上級法院（高等法院或其分院）提起上訴，除別有規定外（如民訴§466-4規定參照），對於第一審之終局判決，向非其直接上級法院或越級提起上訴者，自非法所許之[3]。而得以提起上訴之當事人應以所受不利益之第一審終局判決之當事人爲具有上訴權人，若在第一審受勝訴判決之當事人，自不得依第437條規定提起上訴[4]。又具有上訴權之當事人對於第一審未確定之判決聲明不服者，若其形式上誤用名稱時，法院仍應以上訴論之[5]。

　　對於通常訴訟程序之第一審終局判決，現行法規定得上訴於管轄第二審之高等法院，惟民事訴訟法第466-4條增訂當事人對於第一審法院依通常訴訟程序所爲之終局判決，就其確定之事實認爲無誤者，得合意逕向第三審法院上訴之規定，故民事訴訟法第437條，於92年修法時增訂「除別有規定外」等字，以求周延。

參、上訴之範圍

　　民事訴訟法第438條規定，前條（§437）判決前之裁判，牽涉該判決者，並

---

[3]　最高法院18年上字第2491號判例：「不服第一審判決，祇得向管轄第二審之法院提起上訴，不得逕向第三審上訴。」

[4]　最高法院22年上字第3579號判例：「第二審上訴，爲當事人對於所受不利益之第一審終局判決聲明不服之方法，在第一審受勝訴判決之當事人，自無許其提起上訴之理。」

[5]　最高法院19年上字第1779號判例：「當事人對於第一審未確定之判決聲明不服者，無論其形式如何，均以上訴論。」19年上字第489號判例：「當事人對於判決，僅得以上訴方法聲明不服，故其訴狀內雖誤用抗告名稱，仍應以上訴論。」

受第二審法院之審判。所謂牽涉該判決者，係指中間判決者而言，對此不得單獨提起上訴而應待將來對於終局判決提起上訴時，並受上訴審法院之審判[6]。

對於法律上不許聲明不服之裁判，不得與終局判決同時聲明不服，故自不得受上訴法院之判斷，否則與不許聲明不服之立法意旨相違背。又得以抗告聲明不服之裁判，自有設有抗告制度以資救濟，故不必使與對於終局判決同時聲明不服，民事訴訟法第438條但書規定，依民事訴訟法不得聲明不服或得以抗告聲明不服者，不在此限。

第二節　第二審程序之合法上訴要件

壹、須有上訴權人提起

有上訴權人包含：1.第一審之當事人；2.承受訴訟之人；3.參加人（民訴§58Ⅱ）；與4.特別代理權之訴訟代理人（民訴§70Ⅰ但書）。

貳、須有上訴之利益

上訴係指當事人依據民事訴訟法之規定，對於下級法院所為不利於己之終局判決，於判決確定前請求上級法院廢棄或變更之訴訟行為。故而，必須是因判決而受有不利益之當事人[7]，始有上訴之利益，得提起上訴。

---

[6] 臺灣高等法院90年抗字第42號裁定：「按『對於第一審之終局判決，得上訴於管轄第二審之法院。』『前條判決前之裁判，牽涉該判決者，並受第二審法院之審判。』民事訴訟法第四百三十七條及四百三十八條規定甚明。依民事訴訟法之前揭規定，中間判決並不得單獨上訴，僅得隨終局判決上訴，故中間判決不會單獨確定，而係隨終局判決一起確定。仲裁法既明文準用民事訴訟法之規定，則仲裁法第三十七條應準用前揭旨趣，與法院有確定判決同一效力之仲裁判斷應限於終局判斷。而撤銷仲裁判斷之訴亦應為相同之解釋，否則同一法律內之相同用語，卻表示不同之意思，顯然違背法律明確性原則。原裁定以相同之理由駁回，雖論理過程略嫌簡略，結論仍屬相同。」

[7] 黃國昌，上訴審概說，月旦法學教室，第91期，2010年5月，頁90。

參、須未喪失上訴權

依民事訴訟法規定，喪失上訴權有以下之事由：

一、捨棄上訴權

所謂上訴權之捨棄係指當事人於第一審判決宣示、公告或送達後，於提起上訴前，向為判決之法院表示拋棄上訴權之訴訟行為。依民事訴訟法第439條第1項之規定，當事人得以捨棄上訴權之時點，在於第一審判決宣示、公告或送達後；在於第一審判決宣示、公告或送達前，既未開始得以上訴，故當事人此時自不生有任何捨棄上訴權之問題。又當事人於第一審判決宣示或送達後，捨棄上訴權者，即喪失其上訴權，除他造當事人提起上訴時，得提起附帶上訴外，不得再行提起上訴[8]，且當事人於捨棄上訴權後，不得撤回捨棄之意思表示，縱使當事人為之，亦不生撤回之效力[9]。

當事人捨棄上訴權，原則上應以書狀向判決之第一審法院為之，但依民事訴訟法第439條第2項之規定：「當事人於宣示判決時，以言詞捨棄上訴權者，應記載於言詞辯論筆錄；如他造不在場，應將筆錄送達。」

二、上訴期間經過而喪失

民事訴訟法第440條規定，提起上訴，應於第一審判決送達後二十日之不變期間內為之。其條文規定之二十日不變期間，為法定之上訴期間，另依據民事訴訟法第163條之規定，將不因當事人之合意或法院之裁定而伸長或縮短，並應自第一審判決送達之翌日起算。而對於上訴期間之起算，應自原判決合法送達後起算，如未經合法送達，則第440條所定之二十日不變期間則無從計算，而第一審之判決亦不能認為產生確定判決效力[10]。

---

[8] 最高法院34年抗字第130號判例：「當事人於第一審判決宣示或送達後，捨棄上訴權者，即喪失其上訴權，除他造當事人提起上訴時，得提起附帶上訴外，不得再行提起上訴。」

[9] 最高法院47年台聲字第109號判例：「撤回上訴，係當事人於提起上訴後，以終結訴訟為目的之訴訟上一方之法律行為，祇須對於法院表示撤回之意思即生效果。故此項撤回上訴之意思表示，性質上不許撤回。本件聲請人既經向本院表示撤回上訴，自無許其取回撤回上訴狀之餘地。」

[10] 最高法院19年上字第1279號判例：「上訴之二十日不變期間，應自原判決合法送達後

若第一審爲共同訴訟之情形者，上訴期間之計算應以各人受判決之送達時始個別起算[11]，雖然依據主張共通原則或是民事訴訟法第56條規定，只要其中一人已在其上訴期間內提起上訴者，視與全體在上訴期間內提起上訴，其餘上訴人均不必再行提起上訴，但若該上訴之人所提之上訴不合法時，除法院應裁定駁回外，亦不得認爲此一不合法之上訴效力及於其他共同訴訟之人[12]。

原則上上訴期間應自第一審判決送達之翌日起算，不因判決宣示或公告與否而有所差異，但若判決送達以前，當事人於判決宣示或公告後，提起上訴者，基於保障當事人之權利及便利性之考量，故民事訴訟法第440條但書規定，當事人若於宣示或公告後送達前之上訴，亦有效力。

三、撤回上訴

民事訴訟法第459條第3項規定：「撤回上訴者，喪失其上訴權。」

肆、上訴之程式：提出上訴狀表明

民事訴訟法第441條規定：「提起上訴，應以上訴狀表明下列各款事項，提出於原第一審法院爲之：一、當事人及法定代理人。二、第一審判決及對於該判決上訴之陳述。三、對於第一審判決不服之程度，及應如何廢棄或變更之聲明。四、上訴理由（第1項）。上訴理由應表明下列各款事項：一、應廢棄或變更原判決之理由。二、關於前款理由之事實及證據（第2項）。」

民事訴訟法第441條第1項第1款規定之目的，係爲使法院明瞭何人爲上訴人

起算，如未經合法送達，則二十日之不變期間無從起算，原判決即不能認爲確定。」

[11] 最高法院21年抗字第346號判例：「訴訟標的對於共同訴訟之各人必須合一確定者，上訴期間固自各人受判決之送達時始各別進行，惟其中一人已在其上訴期間內提起上訴者，視與全體在上訴期間內提起上訴同，他共同訴訟人無論已否逾其上訴期間，均不必再行提起上訴，得逕行加入於嗣後之上訴程序。」

[12] 最高法院63年2月26日民庭總會決議(二)：「提起上訴之當事人不在法院所在地居住，而無訴訟代理人住居法院所在地得爲期間內應爲之訴訟行爲者，依民事訴訟法第一百六十二條第一項規定，應扣除在途期間，其計算上訴期間，應以當事人上訴書狀到達法院之日爲提出於法院之日，其何時付託郵局寄遞書狀，自可不問。本院十九年上字第一九二一號判例係就當時適用之民事訴訟律而爲說明，現在法律已有變更，應以五十年台抗字第三一一號判例爲準。」

及被上訴人,又若當事人為無訴訟能力者,應表明其法定代理人,如此方能滿足民事訴訟法所要求之訴訟要件。同項第2款係指上訴人應指明第一審判決之內容,及不服該判決之處。第3項則指上訴人就該第一審判決內容不服之程度(一部或全部),上訴人並應主張其認為系爭判決結果,應廢棄或如何變更之[13]。另為督促上訴人適時提出攻擊或防禦方法,俾第二審法院及被上訴人能儘早掌握上訴資料,立法者爰於本項增列第4款,規定提起第二審上訴,應於上訴狀內表明上訴理由。

按當事人上訴所提出之攻擊或防禦方法,不能僅單純主張法院應廢棄或變更原審判決,而應詳細說明理由,否則第二審法院將無法審究上訴人所提起之上訴是否有理。又上訴理由之提出應佐以相關、必要之事實與證據,否則第二審法院對該上訴仍無法加以審究,爰於民事訴訟法第441條第2項明定之。

所謂第二審上訴理由書「強制」提出,其強制之程度如何?易言之,即當事人若未提出第二審上訴理由書是否將受任何不利益,即不提出之法律效果如何[14]?

目前多數學說見解認為,基於民事訴訟法規定之體系解釋,即民事訴訟法第442條及第444條之關聯,以及89年2月增訂第444-1條之目的及旨趣,並無使第二審法院以裁判駁回上訴之餘地,故應以丙說較為可採。

---

[13] 臺灣高等法院98年上字第562號判決:「按當事人對於第一審判決不服之程度,及應如何廢棄或變更之聲明,依民事訴訟法第441條第1項第3款雖應表明於上訴狀,然其聲明之範圍,至第二審言詞辯論終結時為止,得擴張或變更之。」參照。

[14] 對此,學說上有不同之看法,目前主要有三種見解。甲說:此說認為,上訴狀內應表明上訴理由,為上訴應具備之程式之一,如上訴人未於審判長所定期間內補正者,第二審法院得依民事訴訟法第444條第1項規定,由第二審法院以上訴不合法,裁定駁回之。乙說:此說認為,上訴狀未表明上訴理由者,如上訴人未於審判長所定期間內補正者,第二審法院得依民事訴訟法第463條準用第249條第2項規定,認其上訴顯無理由,以判決駁回之。丙說:此說認為,上訴狀未表明上訴理由者,如上訴人未於審判長所定期內補正者,第二審法院不得認其上訴不合法或顯無理由,以裁判駁回,僅生民事訴訟法第444條之1第5項:「當事人未依前項規定說明者,第二審法院得準用第447條之規定,或於判決時依全辯論意旨斟酌之。」所定之效果,即第二審法院得準用第447條之規定,或於判決時依全辯論意旨斟酌之。

第三節 第二審程序合法上訴要件之審查

壹、第一審法院部分

一、上訴之逕行駁回

依民事訴訟法第442條第1項規定，當事人如提起上訴逾第440條規定之二十日不變期間，或對於不得上訴之判決上訴者，第一審法院應以裁定將上訴駁回。

若上訴不合程式或有其他不合法情形，例如未繳交訴訟費用、或當事人欠缺訴訟能力時，因前述情況屬可補正者，故依民事訴訟法第442條第2項之規定，第一審法院應定期間命上訴人補正，逾期未補正者，第一審法院應以裁定將上訴駁回。

上訴狀未表明上訴理由者，雖亦屬上訴不合法之情形，但因民事訴訟法第444-1條已另有規定，故不適用第442條第2項法院應命補正之規定。

二、上訴狀之送達及送交

上訴人合法上訴未經駁回時，第一審法院應速將上訴狀送達被上訴人，以利二審之訴訟程序繼續進行。當事人中具備上訴權者（1.有上訴利益；2.遵守上訴期間；3.未捨棄上訴權（民訴§439 I）；4.未撤回上訴（民訴§459 III）；5.未有不上訴之合意），依法均得提起上訴；上訴期間屆滿前，第一審法院有需要時，應自行製作繕本、影本或節本。當事人提出上訴，且上訴期間屆滿時，第一審法院須速將訴訟卷宗連同上訴狀及其他有關文件送交第二審法院。

有關於上訴狀，近期實務上，法院基於對於人民的訴訟上的照料義務，只要有表明對判決的內容表達不滿（不服原判決），提出陳情書、抗告狀、異議狀、抗議狀等，但須有表明不服原判決的意思，即使不服的程度（範圍）未表明，法院可定期間（限期）命其補正。

貳、第二審法院部分

民事訴訟法第444條之規定，若當事人上訴不合法，例如法律上不應准許或已逾上訴期間者，第二審法院應以裁定將上訴駁回。但其情形可以補正者，例如上訴未經合法代理，審判長應定期間先命補正，逾其未補正者，即以裁定將上訴駁

回[15]。惟若該上訴不合法之情形，已經第一審法院定期間命上訴人補正，而上訴人未補正者，法院得斟酌情況不命其補正，而逕以裁定將上訴駁回。

另外，立法院於110年1月20日修法中增訂第444條3、4項：「第一項及第四百四十二條第一項、第二項情形，上訴基於惡意或不當目的者，第二審法院或原第一審法院得各處上訴人、法定代理人、訴訟代理人新臺幣十二萬元以下之罰鍰（第3項）。第二百四十九條之一第三項、第四項、第六項及第七項之規定，於前項情形準用之（第4項）。」

上述立法理由略以：「為防止濫行上訴造成司法資源之浪費，上訴人基於惡意或不當目的提起不合法之上訴者，應予制裁。又上訴人濫行提起上訴，倘實質上係由其法定代理人、訴訟代理人所為，或共同參與，法院斟酌個案情節，應得對其等各自或一併處以罰鍰，爰增訂第3項。至因疏忽逾期提起上訴，或逾期未繳上訴裁判費等單純上訴不合法之情形，因欠缺主觀意圖，即非本項之規範對象，自不待言。」「第3項裁罰之方式及其程序規定，均應準用對於濫行起訴之裁罰相關規定，爰增訂第4項。至於濫行提起不合法之抗告、再抗告，則得依第495-1條準用本條規定予以裁罰，附此敘明[16]。」

第四節　合法上訴後之效力

壹、阻止原判決之確定

民事訴訟法第398條規定：「判決，於上訴期間屆滿時確定。但於上訴期間內有合法之上訴者，阻其確定（第1項）。不得上訴之判決，於宣示時確定；不宣示者，於公告時確定（第2項）。」

關於得上訴之判決，於一造有上訴權時：1.若未上訴，則於上訴期間屆滿時確定；2.如係捨棄上訴權，則自合法捨棄時確定；3.在撤回上訴之情況，(1)於上訴期間屆滿前撤回，則於撤回生效時確定；(2)於上訴期間屆滿後撤回者，溯及上訴期

---

[15] 最高法院84年台上字第2388號判決要旨：「按在上訴程序中，應先審究上訴程序本身之合法要件，而非起訴之合法要件，故上訴不合程式，如上訴未經合法代理且拒絕補正者，依民事訴訟法第444條第1項之規定，第二審法院即應以裁定駁回之，縱令原告之訴不合法，亦不得廢棄第一審判決而駁回其訴。」參照。

[16] 立法院公報，110卷，11期，頁343。

間屆滿時確定[17]。

另於兩造均有上訴權之情況，若1.屬未上訴者，應自兩造上訴期間均屆滿時確定；2.在捨棄上訴權之情況，須兩造均捨棄時方確定；3.如係撤回上訴，於兩造均撤回時，判決確定。

貳、移審效力

民事訴訟法第443條第2項規定：「各當事人均提起上訴，或其他各當事人之上訴期間已滿後，第一審法院應速將訴訟卷宗連同上訴狀及其他有關文件送交第二審法院。」當事人提出上訴，且上訴期間屆滿時，第一審法院須速將訴訟卷宗連同上訴狀及其他有關文件送交第二審法院。

參、上訴不可分原則

經上訴後之移審效力及阻斷判決確定之效力，並不限於上訴聲明之範圍內，即僅對判決之一部上訴可造成全部判決因而未能確定之效果，稱為上訴不可分原則[18]。

---

[17] 最高法院96年度第6次民事庭會議決議：「次按民事訴訟法第398條第1項規定：『判決，於上訴期間屆滿時確定。但於上訴期間內有合法之上訴者，阻其確定。』第一審判決既經當事人於上訴期間內提起合法之上訴，依上開規定，即阻其確定，其訴訟並因而繫屬於第二審法院。嗣當事人於上訴期間屆滿後撤回其上訴者，第一審判決應於撤回上訴生效時始確定。」參照。

[18] 最高法院30年抗字第66號判例：「當事人對於第一審判決不服之程度，及應如何廢棄或變更之聲明，依民事訴訟法第四百三十八條第一項第三款，雖應表明於上訴狀，然其聲明之範圍，至第二審言詞辯論終結時為止，得擴張或變更之，此不特為理論所當然，即就同法於第二審程序未設與第四百七十條第一項同樣之規定，亦可推知。故當事人在上訴期間內提出之上訴狀，僅載明對於第一審判決一部不服，而在言詞辯論終結前，復對其他部分一併聲明不服者，應認其上訴聲明之範圍為已擴張，不得謂其他部分之上訴業已逾期，予以駁回。」最高法院22年抗字第357號判例：「對於第一審判決之一部提起上訴時，該判決全部之確定即被阻斷，嗣後上訴人得於言詞辯論終結前，任意擴張其聲明，不受上訴期間之拘束。」

第五節　第二審程序之言詞辯論程序

壹、答辯狀之提出

民事訴訟法第444-1條第3項規定：「審判長得定相當期間命被上訴人提出答辯狀，及命上訴人就答辯狀提出書面意見。」當事人逾期未提出上訴狀或答辯狀時，將使言詞辯論程序無法進行，除有拖延訴訟程序之嫌，亦使第二審法院無法獲知上訴資料與減少、整理兩造間之爭點，為避免上述情況，立法者因此規定法院得命未提出上訴狀或答辯狀之當事人以書狀說明其理由。若上訴人仍未提出理由書，或雙方有未依民事訴訟法第444-1條第3項規定為說明者，第二審法院得準用民事訴訟法第447條之規定，或於判決時依全辯論意旨就上開情況斟酌之。

貳、言詞辯論之範圍

民事訴訟法第445條規定：「言詞辯論，應於上訴聲明之範圍內為之（第1項）。當事人應陳述第一審言詞辯論之要領。但審判長得令書記官朗讀第一審判決、筆錄或其他卷內文書代之（第2項）。」

上訴為第一審已終局辯論之續行，故於上訴二審中，上訴人或附帶上訴人應於要求變更第一審判決之聲明範圍內，更為訴訟辯論，以明示審判決之當否，並主張應如何廢棄或變更第一審判決之一部或全部。

民事訴訟法於第二審上訴採續審制，故第一審之訴訟資料咸為第二審審理與言詞辯論之基礎[19]，二審得引用一審之訴訟資料[20]，因而當事人針對原審判決不服之處，應於第二審言詞辯論程序中陳述其要領，但審判長得令書記官朗讀第一審判決、筆錄或其他卷內文書，以代替前述當事人之陳述。

---

[19] 最高法院99年台抗字第771號裁定要旨：「……我國民事訴訟第二審採續審制，乃第一審程序之續行，第一審之訴訟行為，該訴訟資料經由第二審言詞辯論時，依民事訴訟法第445條第2規定，當事人陳述第一審言詞辯論之要領，即為第二審判決之基礎。」參照。

[20] 最高法院28年度上字第93號判例要旨：「第一審所為證人之訊問於第二審亦有效力，其訊問之結果，經當事人於第二審言詞辯論時陳述，或經法院朗讀卷內記載其結果之文書者，第二審法院如認為無更行訊問之必要，自得就其結果逕予斟酌。」參照。

參、於二審提出新的攻擊防禦方法之原則與例外

原來民事訴訟法第447條所規定採修正之續審制，但此一立法仍無法避免及改正當事人輕忽第一審程序，遲至第二審程序始提出新攻擊防禦方法之情形，不但耗費司法資源，且造成對造當事人時間、勞力及費用之浪費，亦無法建構完善之金字塔型訴訟制度。為改正上述之缺點，合理分配司法資源，故修正其規定為嚴格之續審制，原則上禁止當事人提出新攻擊或防禦方法。惟有下列情形之一者，經當事人得釋明者，不在此限，否則法院應駁回其提出之攻防。近來最高法院104年度台簡上字第29號判決，即就當事人於第二審始提出抵銷抗辯，予以失權制裁[21]，即為適例。至於，此於二審提出新的攻擊防禦方法否為職權探知之事項，學理見解不一，實務則係認為屬責問事項[22]。

---

[21] 最高法院104年度台簡上字第29號判決略以：「次按第二審上訴程序，當事人不得提出新攻擊或防禦方法，但對於在第一審已提出之攻擊或防禦方法為補充，或如不許其提出顯失公平，並經當事人釋明其事由者，不在此限，固為民事訴訟法第四百四十七條第一項第三款、第六款、第二項所明定。惟所謂『對於在第一審已提出之攻擊或防禦方法為補充』，係指當事人以在第一審已經主張之爭點，即其攻擊或防禦方法（包含事實、法律及證據上之爭點），因第一審法院就該事實、法律及證據上評價錯誤為理由，提起上訴，其上訴理由，仍在第一審審理之範圍內，應允許當事人就該上訴理由，再行提出補強之攻擊或防禦方法，或就之提出其他抗辯事由，以推翻第一審法院就該事實上、法律上及證據上之評價。所謂『如不許其提出顯失公平』，係指為公平正義之實現，如依各個事件之具體情事，不准許當事人提出新攻擊或防禦方法，顯失公平者，應例外准許當事人提出之（本條立法理由參照）。本件上訴人於第一審係以伊並無違反民法第四百二十三條規定情事，被上訴人終止系爭租約，顯無理由云云，為其主要之抗辯理由。而其於第二審所提出之上揭抵銷抗辯，係獨立之防禦方法，本非第一審法院應行使闡明之範圍，且該抗辯並非據以補強第一審已提出之防禦方法，或據以推翻第一審法院所為事實上、法律上及證據上之評價。又上訴人之抵銷抗辯，並非於第一審訴訟程序所不能提出者，亦難認不准許其於第二審程序提出此一新防禦方法，將影響其實體法上權利，而導致顯失公平之結果。」

[22] 最高法院96年度台上字第1239號裁定略以：「當事人至第二審程序，違背八十九年二月九日修正前及現行民事訴訟法第四百四十七條規定，提出新攻擊或防禦方法，如他造已表示無異議或知其違背或可知其違背，並無異議而為本案辯論（或無異議而就該訴訟有所聲明或陳述）者，即喪失責問權，此項程序上之瑕疵，即因其不責問而為補正，此觀九十二年二月七日修正前及現行同法第一百九十七條第一項規定自明。」最

一、因第一審法院違背法令致未能提出者

如審判長未盡闡明義務、駁回未逾時提出之攻防、將必要證據誤為不必要而駁回、適法聲明異議而未予斟酌等。無論係違反實體法或程序法，若因而導致當事人未能提出攻防，即不能將法院之錯誤轉嫁由當事人負擔，否則即屬違反公正程序請求權。

二、事實發生於第一審法院言詞辯論終結後者

事實發生於第一審法院言詞辯論終結後，第一審法院未能及時審究，並非可歸責於當事人，應許其提出，以利當事人之紛爭在同一訴訟程序中解決。又此所謂「事實」，係指攻擊防禦方法。

三、對於在第一審已提出之攻擊或防禦方法為補充者

當事人以在第一審已經主張之爭點，即其攻擊或防禦方法（包含事實、法律及證據上之爭點），因第一審法院就該事實、法律及證據上評價錯誤為理由，提起上訴，其上訴理由，仍在第一審審理之範圍內，應允許當事人就該上訴理由，再行提出補強之攻擊或防禦方法，或就之提出其他抗辯事由，以推翻第一審法院就該事實上、法律上及證據上之評價[23]。

四、事實於法院已顯著或為其職務上所已知或應依職權調查證據者

例如債權人就事實之發生是否與有過失，或違約金之約定是否過高，應予酌減等情形，若於卷內資料已經顯著，法院卻漏未斟酌，對債務人之權益，影響甚鉅，

高法院96年度台上字第1783號判決略以：「當事人至第二審程序，違背民事訴訟法第四百四十七條規定，提出新攻擊或防禦方法，如他造已表示無異議或無異議而就該訴訟有所聲明或陳述者，即喪失責問權，此項程序上之瑕疵，亦因其不責問而為補正，此觀同法第一百九十七條第一項之規定自明。」

[23] 最高法院99年台再字第60號判決要旨：「按當事人對於在第一審已提出之攻擊或防禦方法為補充者，非在第二審程序禁止之列（民事訴訟法第447條第1項但書第3款規定參照）。故當事人以在第一審已經主張之爭點，即其攻擊或防禦方法（包含事實、法律及證據上之爭點），因第一審法院就該事實、法律及證據上評價錯誤為理由，提起上訴，其上訴理由，仍在第一審審理之範圍內，應允許當事人就該上訴理由，再行提出補強之攻擊或防禦方法，或就之提出其他抗辯事由，以推翻第一審法院就該事實上、法律上及證據上之評價，此尋繹該條項但書第3款之修正理由自明。」

自得於第二審法院提出之。又舉輕以明重，法院應依職權調查而未調查之證據，亦應許當事人於第二審法院提出。

五、其他非可歸責於當事人之事由，致未能於第一審提出者

按審判所追求者，為公平正義之實現，如依各個事件之具體情事，不准許當事人提出新攻擊或防禦方法，顯失公平者，應例外准許當事人提出之，否則法院之裁判殆失其意義。

六、如不許其提出顯失公平者

當事人未於第一審提出攻防，係因他造未盡協力義務（如文書、勘驗物提出義務、證明妨礙或未盡一般協力解明事案之義務）所致，即不得限制於二審時提出[24]。於此情形，當事人未居於平等之地位進行攻防，違反武器平等原則，程序上平等權之保障即有未足。例如：醫療、藥害或公害等事件，具有事證偏在之特性，難以期待被害當事人有充足之事證蒐集能力，如對造於一審未盡其協力義務，而猶未至轉換主張、舉證責任之程度，則應許當事人於二審補提新事證，再為攻防。近來，最高法院有認為以第二審提出抵銷抗辯者，得適用本款[25]。

---

[24] 最高法院99年台上字第729號判決要旨：「按第二審上訴程序，當事人不得提出新攻擊或防禦方法，但如不許其提出顯失公平，並經當事人釋明其事由者，不在此限，民事訴訟法第447條第1項第6款、第2項定有明文。本件既未行準備程序，難謂上訴人於第一審程序有違訴訟促進義務之履行，上訴審程序中，如禁止上訴人再行提出攻擊防禦方法，無異於完全剝奪其防禦權之行使，有違前揭條文但書規定，在緩和失權可能侵害當事人訴訟權之立法目的，使判決既判力失其正當性。是以原審禁止上訴人於第二審程序中提出新攻擊防禦方法，難謂無顯失公平之虞。」參照。

[25] 最高法院104年度台上字第13號判決略以：「民事訴訟法第四百四十七條第一項本文固規定當事人於第二審程序不得提出新攻擊或防禦方法；然審判所追求者，為公平正義之實現，如依各個事件之具體情事，不准許當事人提出新攻擊或防禦方法，顯失公平者，應例外准許當事人提出之，否則法院之裁判殆失其意義，此乃同條項但書第六款規定之所由設。南區工程處雖於上訴原審時始提出抵銷抗辯，主張：任發公司任意傾倒爐渣，伊以處理費用五百十八萬九千五百九十八元，與任發公司之本件請求互為抵銷等語，並提出工程費用計算表、會勘紀錄、委託專業服務契約為證（原審卷(二)二七三至二七六頁、卷(四)九至二五頁），復經任發公司提出時效抗辯（同上卷(四)二二九頁），揆諸一般社會通念，如不許南區工程處於本件提出抵銷抗辯，而須另行

肆、第一審訴訟行為之效力

民事訴訟法二審現採嚴格之續審制，原則上禁止當事人提出新攻擊或防禦方法，而在第一審所為之訴訟行為，於第二審亦有效力[26]。

例如當事人對於某一事實，在第一審已有訴訟上之自認，該自認於第二審仍有效力；惟在第二審有效力部分，仍應在上訴聲明範圍內，且須踐行民事訴訟法第445條第2項陳述要領，或書記官朗讀第一審判決、筆錄或其他卷內文書之程序，否則第二審仍不得逕予斟酌。

第六節　第二審之訴之變更、追加及反訴

民事訴訟法第446條規定：「訴之變更或追加，非經他造同意，不得為之。但第二百五十五條第一項第二款至第六款情形，不在此限（第1項）。提起反訴，非經他造同意，不得為之。但有下列各款情形之一者，不在此限：一、於某法律關係之成立與否有爭執，而本訴裁判應以該法律關係為據，並請求確定其關係者。二、就同一訴訟標的有提起反訴之利益者。三、就主張抵銷之請求尚有餘額部分，有提起反訴之利益者（第2項）。」

民事訴訟法二審審判程序之構造為嚴格之續審制[27]，上訴人於一審原、被告之

起訴，其請求權是否將因罹於時效消滅而有同條項第六款所定『如不許其提出顯失公平』之事由？即值深究。原審未遑詳予斟酌，遽為不准許提出抵銷抗辯之判斷，尤嫌疏略。南區工程處上訴論旨，指摘原判決上開不利於己部分為不當，求予廢棄，非無理由。」

[26] 最高法院96年台上字第2322號判決要旨：「查第二審為第一審之續審，當事人在第一審所為之訴訟行為，於第二審亦有效力，民事訴訟法第448條規定甚明。是以當事人於第一審請求調查之證據，若第一審法院未加調查，第二審法院仍應依其聲請詳加查明或敘明不予調查之理由，否則即屬判決理由不備。」參照。

[27] 最高法院99年台上字第947號判決要旨：「查當事人上訴第二審，原則上不得提出新攻擊防禦方法，此觀民事訴訟法第447條第1項之規定自明。此項規定係以89年2月9日民事訴訟法所修正之續審制，仍無法避免及改正當事人輕忽第一審程序，遲至第二審程序始提出新攻擊防禦方法之情形為由，將該『原則上准許新攻防方法，例外限制』之制度，修正為『原則上限制新攻防方法，例外准許』之『嚴格限制之續審制』或『改良式之續審制』或『接近事後審制』，以充實第一審之事實審功能，及合理分配司法

地位仍未喪失，故一審原告仍得於二審為訴之變更、追加，不論其為上訴人或被上訴人之地位。又民事訴訟法第446條未規定是否亦適用第255條第2項擬制同意之規定，實務上認為，依民事訴訟法第463條準用之規定，第255條第2項擬制同意仍在準用之列[28]。

於二審提起反訴，原則上須經他造同意，但下列情形除外：1.於某法律關係之成立與否有爭執，而本訴裁判應以該法律關係為據，並請求確定其關係者；2.就同一訴訟標的有提起反訴之利益者：所謂有反訴利益者，係指無民事訴訟法第447條第1項但書各款事由，且不致延滯訴訟及妨礙反訴原告之防禦；3.就主張抵銷之請求尚有餘額部分，有提起反訴之利益者：學說見解認為，被告主張有消滅或妨礙原告請求之事由，究為防禦方法或法訴有疑義者，審判長應闡明之；惟若經闡明，被告不願主張抵消或或具有民事訴訟法第447條第1項但書各款事由而不得主張抵銷者，就該抵銷債權之全部或一部，應認為無反訴之利益。

第七節　第二審之判決

壹、認上訴為無理由之判決

民事訴訟法第449條規定：「第二審法院認上訴為無理由者，應為駁回之判決（第1項）。原判決依其理由雖屬不當，而依其他理由認為正當者，應以上訴為無理由（第2項）。」第二審法院針對第一審之判決，於事實上與法律上皆調查、審究後，認為並無違法者，上訴即為無理由，第二審法院應為駁回之判決。另二審之言詞辯論，應於上訴聲明之範圍內為之，即法院僅於上訴人聲明不服之範圍內，判斷是否採納上訴人不服之聲明，因此縱認上訴無理由，亦僅得駁回上訴而維持原判決，上訴人不因此獲致較原判決更不利之判決，此即為不利益變更禁止原則。

上訴之目的，旨在保障當事人私法上之權益，故第一審之判決理由雖有不當，然依其他理由可認判決主文為正當者，第二審法院仍應以上訴無理由而駁回上

資源，並維護當事人之程序利益。」參照。

[28] 最高法院28年度上字第93號判例要旨：「當事人在第二審為訴之追加，非經他造同意不得為之，固為民事訴訟法第443條第1項所規定，但依同法第460條準用第255條第2項之規定，他造於此項訴之追加無異議而為本案之言詞辯論者，即應視為同意追加。」參照。

訴[29]。

　　民事訴訟法第449-1條原規定：「第二審法院依前條第一項規定駁回上訴時，認上訴人之上訴顯無理由或僅係以延滯訴訟之終結爲目的者，得處上訴人新臺幣六萬元以下之罰鍰（第1項）。前項裁定得爲抗告，抗告中應停止執行（第2項）。」立法院嗣於民國110年1月20日修法時，將本條修正爲：「上訴基於惡意、不當目的或有重大過失，且事實上或法律上之主張欠缺合理依據者，第二審法院得各處上訴人、法定代理人、訴訟代理人新臺幣十二萬元以下之罰鍰（第1項）。第二百四十九條之一第二項至第七項之規定，於前項情形準用之（第2項）。」

　　上述立法理由略以：「爲防止濫行上訴造成司法資源之浪費，於上訴無理由情形，如上訴人基於惡意、不當目的或因重大過失提起上訴，且事實上或法律上之主張欠缺合理依據者，例如爲騷擾對造、法院，或延滯、阻礙對造行使權利；抑或一般人施以普通注意即可知所提上訴無依據，而有重大過失等，堪認係屬濫訴，應予制裁。又上訴人濫行提起上訴，倘實質上係由其法定代理人、訴訟代理人所爲，或共同參與，法院斟酌個案情節，應得對其等各自或一併施罰，並提高罰鍰數額，爰修正第1項。」「法院爲前項裁罰，被上訴人因應訴所生之日費、旅費及委任律師爲訴訟代理人之酬金，應納入訴訟費用，裁罰之方式及其程序規定，均準用對於濫行起訴之裁罰相關規定，爰修正第2項[30]。」立法院配合民事訴訟法第249、249-1條所爲之整體訴訟程序之修正，本書持肯定態度。

貳、認上訴爲有理由之判決

一、廢棄或變更原判決

　　民事訴訟法第450條之規定，第二審法院認爲第一審法院所爲之判決，確有不當之處，而認上訴人之上訴爲有理由時，應於上訴聲明之範圍內，爲廢棄或變更原

---

[29] 最高法院81年台上字第1460號判決：「按第一審判決依其理由雖屬不當，而依其他理由認爲正當者，應以上訴爲無理由，民事訴訟法第449條第2項定有明文。本件第一審判決依民法第260條規定，判命上訴人連帶賠償被上訴人304萬6295元及其利息，雖有未當。惟原審係依前揭理由認定上訴人應連帶賠償被上訴人上開款項及其利息，而爲上訴人不利之判決，自無違誤可言。」參照。

[30] 立法院公報，110卷，11期，頁343-344。

判決之判決。二審廢棄原判決自為判決時，不得為較原判決更不利於上訴人之判決，即有不利益變更禁止原則之適用[31]。然上訴審之判決，不能逾越上訴人聲明之範圍更為有利上訴人之判決，此為利益變更禁止原則。例如：甲對乙請求給付300萬，一審甲全部敗訴，甲就其中之100萬上訴二審，二審法院經辯論後縱認為甲得請求120萬，亦不得改判乙應給付甲120萬（已超過上訴聲明之範圍內）。一為限制第二審法院審理的範圍，二為能遵守訴訟法上的利益變更禁止原則。

二、發回原判決或自為判決

依民事訴訟法第451條之規定，若第一審所進行之訴訟程序有重大瑕疵時，第二審法院得以第一審違背訴訟程序之規定，而其違背與判決內容有因果關係，或因訴訟程序違背規定，使第一審所進行之訴訟程序不適於為第二審辯論及判決之基礎[32]，而廢棄原判決，並將該事件發回原法院（按：「不利益禁止變更原則」係處分權主義於第二審之顯現，故不適用於此主義之領域，則無該原則之適用；不適用該原則者包括：1.關於職權調查之事項；2.一審之訴訟程序有重大之瑕疵者，二審得廢棄原判決之全部，發回原審，無不利益禁止變更原則之適用；3.關於訴訟費用之裁判；4.形式之形成之訴）。惟上開第二審法院之發回，應以維持審級制度而認為有必要時，方得為之。

第一審之訴訟程序有重大瑕疵之情形，當事人未必知悉，且如未予當事人陳述意見之機會，即無從知悉兩造是否願由第二審法院就該事件為裁判，因此民事訴訟法第451條第2項規定，如兩造同意願由第二審法院就該事件為裁判者，第二審法院應自為判決，如此即無須將案件發回原法院，而徒耗訴訟資源，並造成兩造之不便。若第二審法院依民事訴訟法第451條第1項規定廢棄第一審之原判決時，第一審

---

[31] 臺灣高等法院97年上易字第976號判決：「按民事訴訟法第450條規定『第二審法院認上訴為有理由者，應於上訴聲明之範圍內，為廢棄或變更原判決之判決。』是第二審法院原則上限於上訴提出之不服聲明範圍內，得變更原判決之判決，若對造未提起上訴，則不得將原判決為對上訴人不利益之變更，此為不利益變更禁止原則。」參照。

[32] 臺灣高等法院100年上字第952號判決要旨：「民事訴訟法第451條規定，第一審之訴訟程序有重大之瑕疵者，第二審法院得廢棄原判決，而將該事件發回原法院，但以因維持審級制度認為必要時為限。所謂訴訟程序有重大之瑕疵者，係指第一審違背訴訟程序之規定，其違背須與判決內容有因果關係，或因訴訟程序違背規定，不適於為第二審辯論及判決之基礎者。」參照。

有瑕疵之訴訟程序，視爲亦經廢棄，第二審法院毋庸再於判決中爲廢棄一審有瑕疵訴訟程序之宣示。

依民事訴訟法第451-1條規定，第一審法院誤將應適用簡易訴訟程序之事件，依較爲嚴格之通常訴訟程序而爲審判，對於當事人之程序保障並無欠缺，故受理其上訴之第二審法院（包括地方法院合議庭或高等法院）不應廢棄原判決而發回第一審之簡易庭，以保障當事人之程序利益，並達到訴訟經濟之要求[33]。

又第一審法院雖將簡易訴訟事件誤爲通常訴訟事件，而依通常訴訟程序審理，但並不因此改變系爭案件爲簡易訴訟事件之性質，故第二審法院仍應適用簡易訴訟事件第二審程序之規定而爲審理。至對於第二審判決得否上訴第三審，仍應適用簡易程序有關規定，以符簡易訴訟制度之立法旨趣。

三、廢棄原判決並移送至管轄法院

依民事訴訟法第452條規定：「第二審法院不得以第一審法院無管轄權而廢棄原判決。但違背專屬管轄之規定者，不在此限（第1項）。因第一審法院無管轄權而廢棄原判決者，應以判決將該事件移送於管轄法院（第2項）。」

民事訴訟法之專屬管轄係爲公益目的而設，不容當事人以其他方式變更之，故第一審法院違背專屬管轄者，第二審法院應將該判決廢棄之，並將系爭事件移送於專屬管轄之法院；反之，若第一審法院僅係無管轄權，而無違反專屬管轄之情形時，第二審法院不得以第一審法院無管轄權而廢棄原判決[34]。

四、判決書之記載

民事訴訟第二審程序爲第一審程序之續行（續審制之實踐），爲減輕法官製作判決書之負擔，立法者爰於民事訴訟法第454條規定第二審判決就判決書內應記載

---

[33] 福建高等法院金門分院97年重上字第10號判決：「……另應適用簡易訴訟程序之事件，第二審法院不得以第一審法院行通常訴訟程序而廢棄原判決。前項情形，應適用簡易訴訟事件第二審程序之規定，民事訴訟法第451條之1亦定有明文。」參照。

[34] 臺灣高等法院97年度重上字第578號判決：「按『第二審法院不得以第一審法院無管轄權而廢棄原判決。但違背專屬管轄之規定者，不在此限。』民事訴訟法第452條第1項定有明文。……本件並無違背專屬管轄之情形，被上訴人以原法院無管轄權爲由，請求廢棄原判決，並無理由。」參照。

之事實與理由部分，與第一審相同者，第二審法院得引用之[35]。惟如當事人於第二審針對事實或理由提出新攻擊或防禦方法者，則應併記載之，其意見亦然。

五、訴訟卷宗之移交

民事訴訟法第462條規定，第二審判決宣告後，除非當事人上訴至第三審法院，而須將案卷送交第三審法院外，若判決因當事人未（或者不得）上訴而確定，或上訴因其他原因而終結者（如撤回上訴或雙方和解），則第二審法院之書記官應於判決確定後，盡速將判決正本附入案卷中送交第一審法院。

第八節　第二審有關假執行之裁判

壹、以裁定宣告假執行者

民事訴訟法第456條規定：「第一審判決未宣告假執行或宣告附條件之假執行者，其未經聲明不服之部分，第二審法院應依當事人之聲請，以裁定宣告假執行（第1項）。第二審法院認為上訴人係意圖延滯訴訟而提起上訴者，應依被上訴人聲請，以裁定就第一審判決宣告假執行；其逾時始行提出攻擊或防禦方法可認為係意圖延滯訴訟者，亦同（第2項）。」

對於第一審判決之一部上訴，阻其判決全部之確定。第一審判決未宣告假執行或宣告附條件之假執行者，為避免勝訴當事人因敗訴當事人就判決之一部提起上訴，而致全部判決未能確定，其權利不能及早實現，因而民事訴訟法第456條第1項規定，第二審法院應依當事人之聲請，就未經聲明不服之部分，以裁定宣告假執行，以加強對第一審勝訴者之保障。

第二審法院認為上訴人提起上訴，或逾時始行提出攻擊或防禦方法，係意圖延滯訴訟者，應依被上訴人聲請，以裁定就第一審判決宣告假執行，避免上訴人因此脫產，致勝訴之當事人求償無門。

---

[35] 臺灣高等法院99年保險上易字第3號：「按判決書內應記載之理由，如第二審關於攻擊或防禦方法之意見及法律上之意見與第一審判決相同者，得引用之；關於當事人提出新攻擊或防禦方法之意見，應併記載之，民事訴訟法第454條第2項定有明文。本件經本院審理結果，認關於兩造攻擊防禦方法之意見及法律上之意見，第一審判決認定者相同，茲引用之，不贅述。」參照。

貳、以判決宣告假執行者

一、先於本案而為假執行者

民事訴訟法第455條規定，上訴人對於第一審之本案判決與假執行之裁判同時聲明不服者，無論假執行程序是否已然開啟，第二審法院應就關於假執行之上訴，先為辯論及裁判，俾免當事人因受假執行致受不能回復之損害[36]。上開裁判性質上為一部判決，而非中間判決，故其於判決宣示後即得執行之。

二、與本案同時為假執行者

涉及財產之訴訟，包括債權、物權、準物權、智慧財產權，以及其他無體財產權，第二審法院對第一審之判決予以維持者，第二審法院得依二審勝訴一造之聲請，或依職權宣告假執行（民訴§457）。

第九節　上訴之撤回

民事訴訟法第459條規定：「上訴人於終局判決前，得將上訴撤回。但被上訴人已為附帶上訴者，應得其同意（第1項）。訴訟標的對於共同訴訟之各人必須合一確定者，其中一人或數人於提起上訴後撤回上訴時，法院應即通知視為已提起上訴之共同訴訟人，命其於十日內表示是否撤回，逾期未為表示者，視為亦撤回上訴（第2項）。撤回上訴者，喪失其上訴權（第3項）。第262條第2項至第4項之規定，於撤回上訴準用之（第4項）。」

所謂上訴之撤回，係指上訴人撤回對原判決之不服聲明為審判之請求。上訴人欲撤回上訴，須滿足以下5項要件：1.上訴人須有訴訟能力；2.上訴人撤回上訴之

---

[36] 最高法院86年台上字第2185號判決：「本件被上訴人聲請強制執行所提出之執行名義為宣告假執行之終局判決，其本案判決即臺灣臺北地方法院84年度訴字第3533號請求返還房屋民事判決，現尚上訴於第二審審理中，並未確定，有關實體上法律關係之存否，上訴人自可於上訴程序中主張之，如主張因假執行恐受不能回復之損害，亦可依民事訴訟法第455條，聲請就關於假執行之上訴先為辯論及裁判。」參照。

意思表示須向法院爲之[37]；3.於二審終局判決前得撤回上訴[38]，惟被上訴人已爲附帶上訴者，須得其同意；4.上訴之撤回以有合法之上訴爲前提，若對不合法之上訴爲撤回者，不勝上訴撤回之效力，其上訴權未喪失；5.撤回上訴不得附條件。又撤回上訴者，對原判決無影響，僅喪失上訴權，爲仍得爲附帶上訴（民訴§459 III、§460 II）。

訴訟標的對於共同訴訟之各人必須合一確定者，其中一人或數人提起合法之上訴時，依民事訴訟法第56條第1款前段規定，上訴之效力及於全體，故其他未提起上訴之共同訴訟人亦視爲上訴人。惟嗣後提起上訴之人如欲撤回上訴，依上開條文後段規定，非經其他視爲已提起上訴之人同意，不生撤回之效力。然該視爲已提起上訴之人或因行蹤不明，或因無意參與上訴程序，欲令其表示同意撤回上訴，不無困難。

故爲避免訴訟久懸不決，並保障當事人之程序權，於此情形法院應即通知視爲已提起上訴之共同訴訟人，命其於十日內表示是否撤回，逾期未爲表示者，視爲亦撤回上訴。

上訴人撤回上訴，如被上訴人已爲附帶上訴者，依民事訴訟法第459條第1項之規定，應得其同意。惟已爲附帶上訴之被上訴人雖於期日到場，然就上訴之撤回未爲同意與否之表示，或被上訴人未於期日到場或上訴人係以書狀撤回，而被上訴人就記載有關上訴撤回事項之筆錄或撤回書狀，收受送達後未提出異議時，應如何處理？爲此因而規定民事訴訟法第262條第4項已修訂有關擬制被告同意訴之撤回之

---

[37] 於二審程序中，兩造當事人陳明合意停止訴訟程序，自陳明時起，如未於4個月內續行訴訟者，視爲撤回上訴。兩造遲誤言詞辯論期日，經擬制合意停止訴訟，若法院職權續行訴訟，兩造當事人無正當理由不到場者，視爲撤回上訴（民事訴訟法第190、191條參照）。惟在共同訴訟中，其中一人或數人撤回上訴時，法院應即通知視爲已提起上訴之共同訴訟人，命其於10日內表示是否撤回，逾期未爲者，依民事訴訟法第459條第2項之規定，視爲撤回上訴。

[38] 臺灣高等法院98年上字第939號判決：「按上訴人於終局判決前，得將上訴撤回，民事訴訟法第459條第1項前段設有明文。……上訴人提起上訴，並於98年10月12日上訴聲明：『原判決廢棄。原法院97年度執字第30958號強制執行程序應予撤銷。確認被上訴人持有系爭本票債權不存在。』；嗣於本院98年12月22日言詞辯論時撤回『原法院97年度執字第30958號強制執行程序應予撤銷』之上訴聲明，被上訴人亦當庭同意其撤回上訴，依上開規定，應予准許。」參照。

規定，於上訴之撤回，可準用之。

第十節　附帶上訴

壹、附帶上訴之意義及其提起之要件

民事訴訟法第460條規定：「被上訴人於言詞辯論終結前，得為附帶上訴。但經第三審法院發回或發交後，不得為之（第1項）。附帶上訴，雖在被上訴人之上訴期間已滿，或曾捨棄上訴權或撤回上訴後，亦得為之（第2項）。第二百六十一條之規定，於附帶上訴準用之（第3項）。」

附帶上訴，係指受不利判決之當事人，於喪失上訴權後，於他造之上訴程序中對原判決聲明不服之附帶程序。附帶上訴本質上為當事人對於所受不利益之一審終局判決聲明不服之方法，係上訴之一種[39]。當事人欲提起附帶上訴，須滿足以下四項要件：1.須上訴程序合法；2.須於第二審言詞辯論終結前提起（縱被上訴人之上訴期間已滿，曾捨棄上訴權或撤回上訴，仍得於言詞辯論終結前，為附帶上訴。惟經第三審法院發回或發交後，不得為之）；3.須未捨棄附帶上訴權；4.須符合其餘上訴程序合法要件[40]。

貳、附帶上訴之法律效果

民事訴訟法第461條規定：「上訴經撤回或因不合法而被駁回者，附帶上訴失其效力。但附帶上訴備上訴之要件者，視為獨立之上訴。」換言之，附帶上訴備上訴之要件者，縱上訴經撤回或因不合法被駁回，仍不失其效力，而轉換為獨立之

---

[39] 最高法院41年度台上字第763號判例要旨：「第二審附帶上訴，為當事人對於所受不利益之第一審終局判決聲明不服之方法，在第一審受勝訴判決之當事人，自無許其提起附帶上訴之理。」參照。

[40] 1.須具備上訴利益、附帶上訴之主體、客體要件與上訴相同、須繳交裁判費；2.遵守法定程式（民事訴訟法第441條及本條第3項準用第261條）；3.附帶上訴之撤回：學者駱永家教授認為，附帶上訴之撤回原則上毋須對造之同意，蓋其未造成對造之不利益；惟如依附帶上訴而主張新請求或提起反訴之情形，則附帶上訴之撤回同時亦為新請求或反訴之撤回，故在新請求或反訴之撤回須得對造同意之情形，附帶上訴之撤回，則須對造同意。又撤回附帶上訴後，於言詞辯論終結前，仍得再為附帶上訴。

上訴。獨立附帶上訴之要件：1.須具備上訴利益；2.須具備上訴權；3.須符合上訴
程序及訴訟行為合法要件；4.須由被上訴人對上訴人提起。獨立附帶上訴之效力：
1.附帶上訴程序轉換為一般上訴程序；2.獨立之附帶上訴繫屬中，撤回上訴之上訴
人，得提起附帶上訴。

第十一節　第一審程序之準用規定

　　民事訴訟法第463條規定，民事訴訟法第二編第一章關於通常訴訟程序及第二
章調解程序之規定，除本章別有特別規定，應優先適用本章外；本章無規定部分，
第二審程序準用第一章關於通常訴訟程序[41]，以及第二章調解程序相關條文之規
定。又所謂準用，指在性質相同之範圍內，予以適用而言，性質不同者，自不在準
用之列。例如第二編第二章調解程序有關強制調解、聲請調解等規定，因其性質與
第二審程序有異，於第二審程序即無準用之餘地，附此敘明。

---

[41] 臺灣高等法院100年上易字第824號判決：「按原告於第二審程序撤回訴之全部或一
　　部，如被告已為本案之言詞辯論者，應得其同意，此觀之民事訴訟法第463條準用同法
　　第262條第1項規定自明。本件被上訴人於本院審理時，撤回其關於請求上訴人返還如
　　原判決附圖所示D部分建物所坐落之土地部分，並經上訴人同意，被上訴人撤回此部分
　　之起訴，核無不合，應予准許。」又原告為訴之撤回者，依民事訴訟法第463條準用第
　　262條第2項規定，不得就同一事件再行起訴。

第二十九章
第三審上訴程序

第一節　第三審之特性與功能

壹、第三審為法律審

　　第三審上訴制度，係以救濟因違法判決而受不利益之當事人[1]。其審理範圍原則上以第二審判決所適用之法令是否有錯誤為限[2]，而當事人不得於第三審為訴之變更為、追加或提起反訴，故第三審被稱為法律審。第三審僅得以第二審所確定之事實為判決之基礎，不得提出新事實或新證據，故第三審性質上屬於事後審。前述上訴理由之限制其目的是為防止當事人濫行提起第三審上訴，並促使第三審上訴的功能在於法律解釋適用之一致性，以維護法安定性。

貳、第三審上訴程序之許可制

　　民事訴訟法第469條所列各款外之事由提起第三審上訴者，須經第三審法院之許可，且該許可須以從事法之續造、確保裁判之一致性或其他所涉及之法律見解具有原則上重要性者為限。故第三審許可上訴之要件有四。

一、法之續造
　　法官從事法之續造包含三種類型：
　　(一) 首次表明法律見解或偏離、變更已存之法律見解。

---

[1] 駱永家，民事法研究，作者自版，1991年4月再版，頁266。

[2] 最高法院26年度鄂上字第236號判例要旨：「對於第二審判決上訴，非以違背法令為理由者不得為之，民事訴訟法第464條定有明文。是對於第二審判決上訴，非主張原判決違背法令以為上訴理由，即屬不應准許，自應認為不合法而駁回之。」參照。

(二) 於立法者原意、目的範圍內，填補法律漏洞，屬制定法內之法之續造。

(三) 於制定法外超越法律計畫之法之續造[3]。

二、確保裁判之一致性

基於平等原則及保障當事人之公正程序請求權，避免相歧異之裁判產生，相同案例於同級、不同級法院間有統一法律見解之必要，以確保當事人對於法律之信賴與可預測性。

三、法律見解具有原則上重要性

原則上重要性之判斷，須從發揮第三審上訴制度之任務、機能之立場，做合目的性之解釋。就三審之定位，雖為法律審之性質，但兼具個案救濟之效力，因此解釋上必須兼顧統一法令與當事人權利救濟之需求。具體而言，原則上重要性可分為：

(一) 法律問題重大而有加以闡釋必要。

(二) 該事件具經濟之重要性或關涉社會利益之情形。

四、民事訴訟法第469-1條係屬於相對上訴理由，須該違背法令之情事與判決結果有影響者，始得採為上訴理由，廢棄原判決（民訴§477-1）

第二節　得上訴第三審法院之判決

民事訴訟法第464條規定：「對於第二審之終局判決，除別有規定外，得上訴於管轄第三審之法院。」當事人提起第三審上訴，係對於第二審終局判決之一部或全部表示不服，而上訴於最高法院之程序。

此外，對於第一審之判決，兩造未聲明不服之部分，兩造無辯論之必要，第二審法院不得變更該部分之判決；未聲明不服部分既未經第二審法院審理及判決，當

---

[3] 關於第三審法續造之功能，意謂法官不僅是法適用者之地位，在現代社經發展複雜及多元化，所造成法律規範不足之情形，法官得透過裁判之作成，在一定之限度內，代替立法者為利害衡量。惟在此司法機關代替立法機關扮演形成政策決定之過程，應遵循民主體系下，以憲法為準據之法秩序及價值。

事人即不得以該部分，向第三審法院上訴[4]（民訴§465）。

　　基此，當事人所得對之提起第三審上訴之判決，包括有：

壹、對第二審法院假執行之判決

　　民事訴訟法第458條規定，第二審法院關於假執行之裁判不得聲明不服，於宣示後即為確定；若未宣示則於送達當事人時確定。所謂關於假執行之裁判，乃指與假執行有關之一切裁判而言[5]。但依民事訴訟法第395條第2、3項所為之裁判，係因第二審法院廢棄或變更宣告假執行之本案判決，而依被告聲明命原告返還及賠償被告因假執行，或因免假執行所為給付或所受損害之裁判。如不許對該裁判聲明不服，將影響當事人權益過鉅，因此增設第458條但書除外之規定，惟本項但書之規定，仍應受民事訴訟法第466條上訴利益之限制。

貳、未向第二審法院上訴或附帶上訴之當事人，對於維持該判決之第二審判決

　　民事訴訟法第465條規定：「對於第一審判決，或其一部未經向第二審法院上訴，或附帶上訴之當事人，對於維持該判決之第二審判決，不得上訴。」對於第一審之判決，兩造未聲明不服之部分，兩造無辯論之必要，第二審法院不得變更該部分之判決；未聲明不服部分既未經第二審法院審理及判決，當事人即不得以該部分，向第三審法院上訴[6]。

---

[4]　最高法院18年度上字第2246號判例要旨：「在第二審並未上訴或附帶上訴，則其對於第一審判決並無不服，其對於第二審駁斥對造上訴之判決，殊無聲明不服之餘地。」參照。

[5]　最高法院43年度台抗字第44號判例要旨：「第二審法院關於假執行之裁判不得聲明不服，民事訴訟法第455條定有明文，所謂關於假執行之裁判，乃指與假執行有關之一切裁判而言。」參照。

[6]　最高法院18年度上字第2246號判例要旨：「在第二審並未上訴或附帶上訴，則其對於第一審判決並無不服，其對於第二審駁斥對造上訴之判決，殊無聲明不服之餘地。」參照。

參、未逾上訴利益額之二審判決

「對於財產權訴訟之第二審判決，如因上訴所得受之利益，不逾新臺幣一百萬元者，不得上訴（第1項）。對於第四百二十七條訴訟，如依通常訴訟程序所為之第二審判決，仍得上訴於第三審法院。其因上訴所得受之利益不逾新臺幣一百萬元者，適用前項規定（第2項）。前二項所定數額，司法院得因情勢需要，以命令減至新臺幣五十萬元，或增至一百五十萬元（第3項）。計算上訴利益，準用關於計算訴訟標的價額之規定（第4項）。」

依民事訴訟法第466條第1項雖規定上訴第三審之門檻為一百萬元，但因本條第3項有立法授權司法院可增加至一百五十萬元，司法院依此法律授權已發布命令對於財產權涉訟之二審判決，如因上訴所受利益，不逾新臺幣一百五十萬元者，不得上訴，因此目前上訴第三審之門檻金額實際為一百五十萬元。至於非財產權訴訟或非財產權訴訟合併之財產權訴訟，於二審合併判決，上訴人一併提起上訴者，其上訴三審並無限制。就上訴第三審設金額門檻是否限制人民依憲法所保障之訴訟權行使？大法官釋字第574號解釋認為憲法第16條所規定之訴訟權，係以人民於其權利遭受侵害時，得依正當法律程序請求法院救濟為其核心內容。而訴訟救濟應循之審級、程序及相關要件，則由立法機關衡量訴訟案件之種類、性質、訴訟政策目的，以及訴訟制度之功能等因素，以法律為正當合理之規定。民事訴訟法第466條對於有關財產權訴訟上訴第三審之規定，以第二審判決後，當事人因上訴所得受之利益是否逾一定之數額，而決定得否上訴第三審之標準，即係立法者衡酌第三審救濟制度之功能及訴訟事件之屬性，避免虛耗國家有限之司法資源，促使私法關係早日確定，以維持社會秩序所為之正當合理之限制，與憲法第16條、第23條尚無違背。因此，民事訴訟法第466條之規定已由釋憲機關肯定其合憲性。

上訴利益價額之計算應以上訴聲明為範圍，準用關於計算訴訟標的價額之規定，即以起訴時之價額為準。

1. 第三審當事人兩造分別提起上訴者，其上訴利益分別計算。
2. 共同訴訟中當事人提起上訴者，其上訴利益合併計算[7]。
3. 客觀訴之合併者，其上訴利益原則合併計算：一訴主張數標的者，其價額

---

[7] 司法院23年院字第1147號解釋文：「(一)乙、丙以一訴對甲主張其訴訟標的價額合併計算。既為320元。其共同提起上訴所得受之利益。自係已逾300元。至甲對全部上訴。其在300以上更不待言。……」參照。

合併計算，惟主張之數標的互相競合、應爲選擇或爲預備合併之型態者[8]，其訴訟標的之價額，應依其中價額最高者定之（民訴§77-2 I）。

4. 本反訴者，其上訴利益合併計算：上訴第三審所受利益之計算，在一般訴之合併既係合併計算，則本訴與反訴一併提起上訴時，自應依同一原則合併計算[9]。

5. 補充判決與一部判決者，其上訴利益之計算，應與他部分之判決，分別計算。

上訴利益額增減時，原上訴利益額之追及效力：修正民事訴訟法施行前所爲之二審判決（包括更審判決、再審判決及簡易程序之二審判決），依第466條所定不得上訴之額數，仍得上訴，依民事訴訟法施行法第8條規定，即以二審判決時係上訴利益額增減前或後爲斷，又所稱判決時，係指宣示判決之日而言；若判決不經宣示者，以判決成立之日（即判決書所載日期）爲準，而非以判決送達之日爲準[10]。

肆、兩造合意越級逕提三審—飛躍上訴制

依民事訴訟法第466-4條規定：「當事人對於第一審法院依通常訴訟程序所爲

---

[8] 最高法院28年度上字第2213號判例要旨：「原告主張被告就某商號之債務有清償責任，提起請求清償之訴，復主張被告爲某商號之經理人，縱無清償責任，就該債務亦有清理償還之責，因而爲訴之預備合併者，自係民事訴訟法第406條所謂以一訴主張之數項標的互相競合，應依同條之規定，定其訴訟標的之價額。」參照。

[9] 最高法院77年度第14次民事庭會議：「上訴第三審所得受利益之計算，在一般訴之合併既係合併計算，則本訴與反訴一併提起上訴時，自應依同一原則合併計算。」參照。

[10] 最高法院86年度第1次民事庭會議：「按民事訴訟法第466條第1項所定不得上訴之額數有增加時，依民事訴訟法施行法第8條規定，以其聲明不服之判決，係在增加前爲之者，始依原定額數定其上訴之准許與否。若其判決係在增加後爲之者，縱係於第三審法院發回後所爲之更審判決，皆應依增加後之額數定其得否上訴。本院著有74年台抗字第174號判例。是民事訴訟法第466條第1項所定不得上訴第三審之額數，自民國86年1月1日起增加爲15萬元後，依上開判例意旨，第二審法院之判決（包括更審判決、再審判決及簡易訴訟程序之第二審判決），係在增加前即85年12月31日以前爲之者，依原定額數即10萬元定其上訴之准許與否。若其判決係在增加後即86年1月1日以後爲之者，皆應依增加後之額數即15萬元，定其得否上訴。又所稱判決時，係指宣示判決之日而言；若判決不經宣示者，以判決成立之日（即判決書所載日期）爲準，而非以判決送達之日爲準，以期明確。」參照。

之終局判決，就其確定之事實認爲無誤者，得合意逕向第三審法院上訴。（第1項）前項合意，應以文書證之，並連同上訴狀提出於原第一審法院。（第2項）」此即爲學者所稱「飛躍上訴制」之具體規定。

飛躍上訴制，即兩造當事人針對第一審終局判決，就確認之事實認爲無誤者，爲節省勞費，得合意逕向第三審法院上訴，以期早日定紛止爭。就一審終局判決爲飛躍上訴之要件有三：

一、須爲依通常程序所爲之一審終局判決。

二、需有當事人合意，並經文書證明：當事人飛躍上訴之合意，係一訴訟契約，故當事人須具備一般訴訟行爲之要件，且該合意須以文書證之。

三、具備飛躍上訴合法要件：飛躍上訴係踐行第三審程序，故應適用本章之規定，如上訴利益額之限制、許可上訴及絕對、相對之上訴理由。

飛躍上訴之合意僅涉及當事人之審級利益，與公益無關，故該合意之存在係爲抗辯事項，法院毋須職權調查。且該合意須於每次上訴時爲之，故若案經第三審廢棄發回，就更審後之判決欲向第三審上訴者，仍須再爲飛躍上訴之合意。若已有飛躍上訴之合意，而仍向第二審法院爲上訴者，第二審法院應移送管轄之第三審法院，而非逕予駁回。

此外，按當事人依民事訴訟法第466-4條之規定逕向第三審提起上訴，必對原判決所確定之事實均認無誤爲限，如第三審法院仍得就原判決確定事實是否違背法令爲調查，即違背該條之意旨。故上訴人若以原判決認定之事實違背法令爲飛躍上訴理由者，應認其上訴不合法，由第一審法院命其補正，未補正者應裁定駁回之[11]（民訴§481準用§422 II）。

第三節　第三審上訴程序之要件

壹、必須以違背法令爲上訴理由

民事訴訟法第467條規定：「上訴第三審法院，非以原判決違背法令爲理由，

---

[11] 惟學者許士宦教授認爲，本條僅限制依第466-4條所提起上訴之事件於第三審之審判範圍，尚不因此限制上訴人之上訴範圍，故以原判決確定之事實違背法令爲飛躍上訴理由者，其上訴合法。

不得爲之。」上訴三審者，需有第三審上訴之利益，並以原判決違背法令爲上訴理由，否則上訴即不合法[12]。又何謂原判決違背法令，係指第二審判決與違背法令有因果關係，例如：主張法院分割共有物之方法違背法令而提起第三審上訴。按法院所爲之分割方法並不生違背法令與否之問題，故當事人若以此作爲上訴理由，該上訴即不合法。

一、相對違背法令

民事訴訟法第468條規定：「判決不適用法規或適用不當者，爲違背法令。」第468條所稱之不適用法規（或適用不當）之範圍，包括下列四種法規：法律及條約、命令及非成文法之法則。

(一) 法律

係指我國制頒之法律、條約、與憲法或法律不牴觸之命令及地方自治團體之自治法規而言，不論其爲實體法、程序法、公法或私法性質皆然。雖第二審法院對於各機關就其職掌所爲，有關法規釋示之行政命令，得依據法律表示其確信之見解，惟如第三審法院認其見解違法不當者，仍爲違背法令。

(二) 習慣、法理、解釋、判例

「民事，法律所未規定者，依習慣，無習慣者，依法理。」故判決應適用習慣或法理，而不適用或適用不當者，概屬違背法令。其違背現時尙有效之司法院解釋及最高法院判例者，亦同。

(三) 外國法規

依涉外民事法律適用法應適用外國之法規，而不適用或適用不當者，亦爲違背

---

[12] 最高法院99年台上字第202號判決要旨：「民事訴訟法第467條規定，上訴於第三審法院，非以判決違背法令爲理由，不得爲之。原判決認定，行爲人明知產品醫療氣墊床組之專利顯有被智財局撤銷之可能，仍廣向外界宣傳受害人侵犯其專利權之情事，致使減損受害人產品銷售利益，受害人自得依據民法第184條、第195條、公平交易法第34條等規定，請求行爲人刊登道歉函於公共媒體上以回復受害人商譽，已詳細敘述其所憑之證據及認定之理由。查本件行爲人之上訴意旨，雖以原判決違背法令爲由，卻未舉體指摘原判決有何違背法令之處，上訴自不合法。」參照。

法令[13]。

(四) 非成文法之法則

違背法令，不以違背成文法爲限，即判決違背成文法以外之法則，如論理法則、經驗法則、證據法則者，第三審法院仍得認爲二審判決確定之事實違背法令[14]。最高法院71年台上字第314號判例就本條之適用認爲：「當事人依民事訴訟法第468條規定以第二審判決有不適用法規或適用法規不當爲上訴理由時，其上訴狀或理由書應有具體之指摘，並揭示該法規之條項或其內容，若係成文法以外之法則，應揭示該法則之旨趣，倘爲司法院解釋或本院之判例，則應揭示該判解之字號或其內容，如依民事訴訟法第469條所列各款事由提起第三審上訴者，其上訴狀或理由書應揭示合於該條款之事實，上訴狀或理由書如未依此項方法表明者，即難認爲已對第二審判決之違背法令有具體之指摘，其上訴自難認爲合法。」

釋字第416號解釋並認爲上開最高法院判例係基於民事訴訟法第470條第2項、第476條規定之意旨，就條文之適用，所爲文義之闡析及就判決違背法令具體表明方法之說明，並未增加法律所未規定之限制，無礙人民訴訟權之正當行使，與憲法尚無牴觸。因此，過去有認最高法院之前開判例逾越母法（民事訴訟法）而增加法律所無之上訴第三審限制之疑義，業經大法官解釋加以澄清確認。

二、絕對違背法令

民事訴訟法第469條規定：「有下列各款情形之一者，其判決當然爲違背法令：一、判決法院之組織不合法。二、依法律或裁判應迴避之法官參與裁判。三、法院於審判權之有無辨別不當或違背專屬管轄之規定。但當事人未於事實審爭執，

---

13 惟習慣、地方制定之法規及外國之法規爲法院所不知，且當事人未依民事訴訟法第283條爲舉證者，如法院未依職權爲調查及適用，不得謂爲違背法令。

14 所謂論理法則，係指依立法意旨或法規之社會機能，就法律事實所爲價值判斷之法則而言。而所謂經驗法則，則指由社會生活累積之經驗歸納所得之法則而言。凡日常生活所得之通常經驗，以及專門知識所得之特別經驗，均屬之。又所謂證據法則，係指法院調查證據認定事實所應遵守之法則而言。法院採爲認定事實之證據，必須於應證事實有相當之證明力者，始足當之，且若某事實得生推定之效力者，必須以現行法規所明認者爲限，不得以單純論理爲臆測之依據。又舉證責任分配錯誤、認定事實不憑證據，或重要法令漏未斟酌，均屬違背法令。

或法律別有規定者，不在此限。四、當事人於訴訟未經合法代理。五、違背言詞辯論公開之規定。六、判決不備理由或理由矛盾[15]。」本條所列六款事由，爲當然違背法令之情形，茲說明如下：

(一) 判決法院之組織不合法

憲法所定訴訟權之保障包括接受法定法官之審判，如無法官資格者參與審判，或參與辯論裁判之法官不足法定人數，則判決法院之組織不合法。另外依正當法律程序原則，對當事人應賦予充分之程序保障，採取直接、言詞審理主義，故參與言詞辯論之法官有變更者，應爲辯論之更新，若否該判決自屬違法。

(二) 依法律或裁判應迴避之法官參與裁判

依法應自行迴避或經聲請已爲迴避之裁定者，若該法官仍參與審判，爲當然違背法令。

(三) 法院於權限之有無辨別不當或違背專屬管轄之規定

現行法採二元訴訟制度，將紛爭事件分由普通及行政法院審理，因此除法律明定審判權之歸屬或准許當事人合意由普通法院審判外，普通法院就公法事件所生行政訴訟無受理權限（簡易行政訴訟除外）[16]，倘誤爲實體裁判，即屬法院於權限之

---

[15] 因序文已表明「有下列各款情形之一者」，爰於民國110年11月23日修正時將原各款「者」字刪除，以符法制作業。民國110年11月23日民事訴訟法異動條文及理由，參見立法院法律系統，網址：https://lis.ly.gov.tw/lglawc/lawsingle?008B58F2C4690000000000000000005A00000000CFFFFFD^04527110112300^00000000000（最後瀏覽日：113年8月8日）。

[16] 配合司法院規劃將行政訴訟由現行二級二審改爲三級二審，於地方法院設立行政訴訟庭審理簡易訴訟程序及交通裁決等事件，立法院於100年11月1日及4日分別三讀通過行政訴訟法、行政訴訟法施行法、智慧財產案件審理法、智慧財產法院組織法、法院組織法、行政法院組織法及道路交通管理處罰條例等7項法律修正案。上開新修正之法案，以及100年5月25日總統公布之行政訴訟法增訂第241條之1（通常訴訟程序事件上訴審強制代理）等規定，均預計於101年9月施行。我國行政訴訟法於89年大幅修正施行，改採二級二審制，並增加確認訴訟、課予義務訴訟、一般給付訴訟及維護公益訴訟等類型，使民眾權益更有保障。惟改制以來，辦理第一審行政訴訟之法院僅有臺北、臺中及高雄高等行政法院3所，民眾就審或尋求訴訟輔導並不便利，尤其花東地區

有無辨別不當。

民國110年11月23日修正前民事訴訟法第469條第3款爲：「三、法院於權限之有無辨別不當或違背專屬管轄之規定者。」立法院之修法理由爲：「第一百八十二條之一第一項第二款規定當事人得合意由普通法院裁判，係尊重當事人基於程序主體地位，所享有之程序選擇權，寓有審判權相對化之內涵；又判決違背專屬管轄規定究屬例外情形，無害重大之公益；倘當事人於事實審未爭執審判權歸屬或管轄專屬，基於程序安定、訴訟誠信及司法資源有限性，應毋庸廢棄原判決。另依第一百八十二條之一第四項規定，移送未經最高行政法院裁判確定，普通法院所爲裁判，上級審法院不得以其無審判權而廢棄之；商業事件審理法第四條第五項規定，受商業法院移送之法院所爲裁判，上級法院不得以其違背專屬管轄爲由廢棄原裁判；均屬法律別有規定者，應從之。爰就第三款本文酌爲文字修正，並增訂但書之規定。」故民國110年11月23日修正後民事訴訟法第469條第3款爲：「三、法院於審判權之有無辨別不當或違背專屬管轄之規定。但當事人未於事實審爭執，或法律別有規定者，不在此限[17]。」

(四) 當事人於訴訟未經合法代理

所謂未經合法代理包括法定及訴訟代理。當事人無訴訟能力而由法定代理人代理，而法，而法定代理人無代理權、未受必要允許，或訴訟代理人無代理權者，均屬之。

(五) 違背言詞辯論公開之規定

民事訴訟法第469條第1項第5款規定之言詞辯論並不包含裁判之宣示，且爲判

及外島居民，提起行政訴訟，更須舟車勞頓。此外，具有公法性質之爭議事件，例如違反道路交通管理處罰條例之交通裁決救濟事件，囿於行政法院人力不足，仍由普通法院交通法庭準用刑事訴訟程序審理，致迭受外界批評。爲便利民眾訴訟，並使公法爭議事件能回歸適用行政訴訟程序審判，使實務與學理歸於一致，司法院經審慎評估後，規劃將行政訴訟改制爲三級二審，於地方法院設置行政訴訟庭，辦理行政訴訟簡易程序、保全證據、保全程序及強制執行等事件，並將不服交通裁決之事件，改由地方法院行政訴訟庭依行政訴訟程序審理。

[17] 民國110年11月23日民事訴訟法異動條文及理由，參見立法院法律系統，網址：https://lis.ly.gov.tw/lglawc/lawsingle?008B58F2C469000000000000000000005A00000000CFFFFFD^04527110112300^00000000000（最後瀏覽日：113年8月8日）。

決基礎之事實關係於言詞辯論終結時確定，經言詞辯論之判決，不公開法庭宣示，而以送達書發表者，雖屬違背訴訟程序之規定，然判決之內容，不因此而生不當之結果，上訴人不得以此爲上訴之理由[18]。

(六) 判決不備理由或理由矛盾

判決理由項下，應記載關於攻防方法及法律上之意見，且得心證之理由亦須記明於判決（民訴§222 IV、§226 III）。若記載有遺漏[19]，或所記載之理由不足明瞭主文成立之依據[20]，爲判決不備理由[21]；所謂理由矛盾，係指主文與理由矛盾，或理由記載前後矛盾[22]。

---

[18] 最高法院32年度第2次民事庭會議決議要旨：「民事訴訟法第四百六十六條第五款（舊法）係以法院組織法第六十五條爲基礎，法院組織法第六十五條既將訴訟之辯論與裁判之宣示並舉，則民事訴訟法第四百六十六條第五款（舊法）所謂言詞辯論，自不包含裁判之宣示，且爲判決基礎之事實關係於言詞辯論終結時確定，經言詞辯論之判決，不公開法庭宣示，而以送達書發表者，雖屬違背訴訟程序之規定，而判決之內容，不因此而生不當之結果，自不得以此爲上訴之理由。」參照。

[19] 最高法院106年度台上字第2098號民事判決意旨略以：「法院爲上訴人敗訴之判決，而關於其攻擊或防禦方法之意見有未記載於判決理由項下者，即爲同法第469條第6款所爲判決不備理由……則上訴人是否仍有薪資未獲清償？原審對於有利上訴人之上述主張及證據均不加以審酌，並說明其何以不足採取之理由……遽爲不利上訴人之論斷，自有判決不備理由之違法。」

[20] 最高法院96台上2515民事判決意旨略以：「事實之眞僞時，所斟酌調查證據之結果，其內容如何，與應證事實之關聯如何，以及取捨之原因如何，如未記明於判決，即屬同法第469條第6款所謂判決不備理由。又判決書理由項下，應記載關於攻擊或防禦方法之意見，民事訴訟法第226條第3項亦定有明文，法院爲原告敗訴之判決，而其關於攻擊方法之意見，有未記載於判決理由項下者，亦爲同法第469條第6款所謂判決不備理由。」

[21] 最高法院110年台上字第824號判決略以：「上訴人主張其於停工期間仍須進行監造工作，似非全然無據。原審未說明上開證據何以不足憑採，遽認上訴人於停工期間無具體監造施工情事，將停工日數全部扣除後，據以計算上訴人實際監造期間，即有理由不備之違法。」

[22] 須特別說明者，本項一方面爲當然違背法令，故以此項理由上訴第三審，無須得最高法院許可。但本項一方面亦爲相對上訴理由，須該違背法令之情事與判決結果有影響者，始得採爲上訴理由，廢棄原判決（民訴§477-1參照）。

貳、強制提出理由書主義

一、上訴理由之內容

民事訴訟法第470條規定：「提起上訴，應以上訴狀提出於原判決法院為之（第1項）。上訴狀內，應記載上訴理由，表明下列各款事項：一、原判決所違背之法令及其具體內容。二、依訴訟資料合於該違背法令之具體事實。三、依第四百六十九條之一規定提起上訴者，具體敘述為從事法之續造、確保裁判之一致性或其他所涉及之法律見解具有原則上重要性之理由（第2項）。上訴狀內，宜記載因上訴所得受之利益（第3項）。」

提起上訴，應以上訴狀提出於原判決法院，並記載上訴理由，表明原判決所違背之法令及其具體內容，以及依訴訟資料合於該違背法令之具體事實。若當事人係依民事訴訟法第469條所列各款外之事由，提起上訴者，須經第三審法院許可，其許可應具體敘述為從事法之續造、確保裁判之一致性或其他所涉及之法律見解具有原則上之重要性者為限，因此其上訴理由書，即應具體敘述原判決所涉及之法律見解具有如何原則上之重要性，以供第三審法院憑斷[23]。

另除具備上述規定事項以符合法定程式外，並宜記載上訴所得受之利益額，以供法院參考。

然而，當事人於上訴狀中所敘上訴理由是否合法之標準為何？最高法院71年台上字第314號判例認為：「當事人上訴狀或理由書應有具體之指摘，並揭示該法規之條項或其內容，若係成文法以外之法則，應揭示該法則之旨趣，倘為司法院解釋或本院之判例，則應揭示該判解之字號或其內容，如依民事訴訟法第469條所列各款事由提起第三審上訴者，其上訴狀或理由書應揭示合於該條款之事實，上訴狀或理由書如未依此項方法表明者，即難認為已對第二審判決之違背法令有具體之指摘，其上訴自難認為合法。」

---

[23] 最高法院100年台上字第928號裁定要旨：「民事訴訟法第470條第2項規定，提起上訴，上訴狀內應記載上訴理由，表明原判決所違背之法令及其具體內容，暨依訴訟資料合於該違背法令之具體事實，其依民事訴訟法第469條之1規定提起上訴者，並應具體敘述為從事法之續造、確保裁判之一致性或其他所涉及之法律見解具有原則上重要性之理由。是以，當事人提起上訴，上訴狀或理由書如未依規定方法表明，或其所表明者與法條規定不合時，即難認為已合法表明上訴理由，其上訴自非合法。」參照。

二、上訴狀內未表明理由之效果

民事訴訟法第471條第1項規定：「上訴狀內未表明上訴理由者，上訴人應於提起上訴後二十日內，提出理由書於原第二審法院；未提出者，毋庸命其補正，由原第二審法院以裁定駁回之。」

原民事訴訟法第471條於88年2月修正前，部分當事人為拖延訴訟，恆濫行上訴，既不於上訴狀內表明上訴理由，亦不於提起上訴後15日內提出理由書，坐等第三審以其上訴為不合程式，以裁定駁回，致訴訟不能迅速終結，於他造權益之保護自有未周，立法者因此規定，上訴人未於20日內提出理由書於第二審法院者，第二審法院毋庸命其補正，直接以裁定駁回之，以杜其弊[24]。又判決宣示後，送達前提起之上訴，對於未提出理由者，其期間之計算，應自判決送達後起算之。

參、強制律師代理制度

一、強制律師代理之制度意義

民事訴訟法第466-1條規定：「對於第二審判決上訴，上訴人應委任律師為訴訟代理人。但上訴人或其法定代理人具有律師資格者，不在此限（第1項）。上訴人之配偶、三親等內之血親、二親等內之姻親，或上訴人為法人、中央或地方機關時，其所屬專任人員具有律師資格並經法院認為適當者，亦得為第三審訴訟代理人（第2項）。第一項但書及第二項情形，應於提起上訴或委任時釋明之（第3項）。上訴人未依第一項、第二項規定委任訴訟代理人，或雖依第二項委任，法院認為不適當者，第二審法院應定期先命補正。逾期未補正亦未依第四百六十六條之二為聲請者，第二審法院應以上訴不合法裁定駁回之（第4項）。」又因第三審採律師強制代理，因此當事人如未繳納裁判費，依民事訴訟法施行法第9條規定：「上訴人有律師為訴訟代理人，或依書狀上之記載可認其明知上訴要件有欠缺者，法院得不行民事訴訟法第四百四十二條第二項及第四百四十四條第一項但書之程序。」法院得不命補正即裁定駁回[25]。

---

[24] 最高法院73年度第8次民事庭會議決議：「當事人提起第三審上訴，未對第二審判決之如何違背法令有具體之指摘時，不得謂已合法表明上訴理由，本院審查庭即認其上訴為不合法，以裁定駁回。希望各庭對於類此案件，亦依上例辦理，避免兩歧。」參照。

[25] 此與二審仍有不同，參司法院(83)院台廳民一字第11005號：「法律問題：原告甲起

因第三審爲法律審且必須具體指摘原判決何處有違背法令，非具有法學專業知識者不足以充任第三審之訴訟代理人，因此彷德國之法制強制律師代理。對於第二審判決上訴者，除上訴人或法定代理人具有律師資格外，應委任律師爲訴訟代理人。惟若上訴人之配偶、三等親內之血親、二親等內之姻親，或上訴人爲法人、中央或地方機關時，其所屬專任人員具有律師資格並經法院認爲適當者，亦得爲第三審訴訟代理人[26]。又是否與上訴人有一定關係並具備律師資格，上訴人應於提起上訴或委任時清楚釋明之。

應特別注意的是，如上訴人未委任律師爲第三審之訴訟代理人，最高法院認爲第二審法院應定期先命補正，且在補正前，第二審法院不得以其違反民事訴訟法第

訴，委任律師乙爲訴訟代理人並授與特別代理權，經第一審法院判決駁回後，提起上訴未據繳納上訴裁判費，其上訴狀雖表明上訴人甲，訴訟代理人乙律師，但僅由代理人乙律師蓋章，原第一審法院應否命其補正？如應補正，此項裁定應送達何人？討論意見：問題(一)甲說：不必命其補正。按民事訴訟法施行法第九條規定，上訴人有律師爲訴訟代理人，或依書狀上之記載可認其明知上訴要件有欠缺者，法院得不行民事訴訟法第四百四十二條第二項及第四百四十四條第一項但書之程序，乙律師既爲甲提起上訴，明知應繳納上訴裁判費而不繳納，毋庸命其補正，即可裁定駁回其上訴。乙說：仍應命其補正。上開民事訴訟法第九條所謂『上訴人有律師爲訴訟代理人』係指上訴人已委任律師爲第二審訴訟代理人者而言，本件乙律師爲當事人提起上訴，係本於第一審原告所授與之特別代理人，爲原告之利益提起上訴，並未於第二審再受委任，無上開規定之適用，故仍應以裁定命其補正，不得逕予駁回。問題(二)甲說：上開補繳裁判費之裁定應向代理人乙律師送達。上訴狀既由訴訟代理人乙律師具狀簽名，其補正之裁定自應向具狀人即乙律師爲送達。乙說：應向上訴人甲送達。按訴訟代理人之委任應以每審級爲之，原審受有特別委任之訴訟代理人於判決後，得爲當事人提起上訴，係由於訴訟法之特別規定，乙律師於爲甲提起上訴後，並未受第二審之委任，即無代爲收受送達之權限，故補正之裁定應向當事人本人送達始爲合法。審查意見：(一)從程序上駁回上訴，對上訴人之權益影響至大，應慎重爲之，民事訴訟法施行法第九條規定，宜對上訴人爲有利之解釋。採乙說。(二)乙律師係爲當事人甲提起上訴，上訴人仍爲甲，除甲有指定乙律師爲代收送達之情形外，法院命繳裁判費之裁定自應向甲送達。」

[26] 按第三審係屬法律審，故上訴理由必須有能力具體指摘第二審判決有如何之違背法令之處，而此一任務並非一般無法律素養者所能勝任，爲保障當事人權益，以發揮第三審之法律審功能，民事訴訟法規定充任第三審訴訟代理人者，必須具有相當法學養及實務經驗者，始足當之：此亦爲本條規定所由設。

471條第1項爲由，裁定駁回其上訴[27]。

二、訴訟救助

　　第二審受不利益判決結果之當事人提起第三審上訴時，因民事訴訟法第三審採行律師強制代理制度，如強求無資力之當事人亦需自費委任律師，恐因其無資力而放棄上訴或無法合法上訴，致其無從享受第三審審級利益，對該無資力之當事人而言顯有侵害其公平使用訴訟資原之權利。爲使其得以順利在第三審選任適當之律師擔任訴訟代理人，故民事訴訟法於89年2月修正時，並新增第466-2條規定：「上訴人無資力委任訴訟代理人者，得依訴訟救助之規定，聲請第三審法院爲之選任律師爲其訴訟代理人（第1項）。上訴人依前項規定聲請者，第二審法院應將訴訟卷宗送交第三審法院（第2項）。」

　　依前揭條文之規定，當事人得依訴訟救助之規定，聲請第三審法院爲之選任訴訟代理人。若上訴人依前開規定聲請法院代其選任訴訟代理人，第二審法院應將訴訟卷宗送交第三審法院，以供最高法院審酌是否許可，而不可以其無律師代理訴訟而程序駁回其上訴。

三、訴訟費用之負擔

　　民事訴訟法就第三審既採律師強制代理制度，則委任律師之酬金，原則上應任其屬因訴訟所生之必要費用，而爲訴訟費用之一部分[28]。惟當事人委任律師所約定之酬金過高，而訴訟費用應由他造負擔時，對他造當事人而言並不合哩，故立法者

---

[27] 最高法院110年度台簡抗字第97號民事裁定：「對於第二審判決上訴，上訴人應委任律師爲訴訟代理人，如未委任律師爲訴訟代理人，第二審法院應定期先命補正；於上訴人自行委任或經法院爲其選任律師爲訴訟代理人之前，上訴人尚不具表明上訴理由之能力，自不得以其未於同法第471條第1項所定其間內提出上訴理由書，即認其上訴爲不合法，以裁定予以駁回。」

[28] 臺灣高等法院94年抗字第459號裁定要旨：「按第三審律師之酬金，爲訴訟費用之一部，並應限定其最高額，民事訴訟法第466條之3第項定有明文。又第三審爲法律審，被上訴人委任律師爲其訴訟代理人，乃防衛權益所必要，故民事訴訟法第466條之3第1項所稱第三審律師酬金，應包括被上訴人所委任律師之酬金在內。又依法院選任律師及第三審律師酬金核定支給標準第3條規定，律師酬金由各審級法院依聲請或依職權裁定其數額，是當事人於第三審法院委任律師爲其訴訟代理人，其酬金應由第三審法院酌定之。」參照。

爰於本條規定律師酬金應限定其最高額，以求公平。又律師酬金標準已於民事訴訟法增訂第77-25條第2項時加以規定之，併予敘明（民訴§466-3）。

肆、第三審上訴之期間

上訴人提起第三審上訴者，應於第二審判決送達後二十日之不變期間內為之，但宣示或公告後送達前之上訴，亦有效力（民訴§481準用§440規定）。

第四節　第三審上訴之審理

壹、上訴聲明之限制

民事訴訟法第473條：「上訴之聲明，不得變更或擴張之（第1項）。被上訴人，不得為附帶上訴（第2項）。」按第三審為法律審，原則上並不審查或調查事實[29]，因此上訴人於第三審不得變更或擴張上訴聲明，被上訴人亦不得為附帶上訴，否則恐有礙訴訟之終結。

民事訴訟法第475條規定：「第三審法院應於上訴聲明之範圍內，依上訴理由調查之。但法院應依職權調查之事項，或有統一法令見解之必要者，不在此限。」第三審審理之範圍原則上不得逾越上訴聲明；當事人提起第三審上訴，雖應於上訴狀內表明對第二審判決不服之程度，以及應如何廢棄或變更之聲明，第三審法院即於此聲明範圍內調查員判決是否確有違背法令之情事，惟第三審調查有無違背法令之情事，並不受上訴理由之拘束，以糾正違法之判決。

貳、第三審判決之事實調查與判決基礎

民事訴訟法第476條規定：「第三審法院，應以原判決確定之事實為判決基礎（第1項）。言詞辯論筆錄記載當事人陳述之事實，第三審法院得斟酌之（第2

---

[29] 最高法院32年度上字第160號判例要旨：「民事訴訟法第473條第1項之規定，於法院應依職權調查之事項不適用之。當事人之適格，為法院應依職權調查之事項，第二審未認當事人不適格，第三審調查卷宗之結果，已足認定當事人之適格有欠缺者，自得逕以當事人不適格為理由而為裁判。」參照。

項）。以違背訴訟程序之規定爲上訴理由時，所舉違背之事實及以違背法令確定事實、遺漏事實或認作主張事實爲上訴理由時，所舉之該事實，第三審法院亦得斟酌之（第3項）。」

依民事訴訟法第476條之規定，第三審法院原則上不得調查新事實或新證據[30]。即當事人於第三審不得提出新事實或新證據，縱令第三審原則上行言詞辯論，或事實發生於第二審言詞辯論後同一。就第二審合法確定之事實，第三審法院不得再依一己之見爲相歧異之事實判斷。例外之情形，即：1.應依職權調查之事項；2.言詞辯論筆錄所記載當事人陳述之事實；3.上訴人以違背訴訟程序之規定爲上訴理由，其所舉違背之事實及以違背法令確定事實、遺漏事實或認作主張事實爲上訴理由者，所舉之該事實。上開三項第三審法院得調查之。

參、言詞辯論程序

一、言詞辯論之進行

民事訴訟法第474條規定：「第三審之判決，應經言詞辯論爲之。但法院認爲不必要時，不在此限（第1項）。第三審法院行言詞辯論時，應由兩造委任律師代理爲之（第2項）。被上訴人委任訴訟代理人時，準用第四百六十六條之一第一項至第三項、第四百六十六條之二第一項及第四百六十六條之三之規定（第3項）。」

我國民事訴訟第三審爲法律審，原則上並不涉事實審查及調查之爭議，雙方所爭執者主要爲判決違背法令之爭議；惟法庭公開辯論爲人民訴訟上之權利，無論在何一審級皆然，故民事訴訟法第474條所規定第三審之判決，仍應經言詞辯論爲

---

[30] 最高法院98年台上字第777號判決要旨：「證券交易法第19條規定，凡依民事訴訟法所訂立之契約，均應以書面爲之。原審心證說明兩造其餘攻擊防禦方法毋庸逐一審酌之理由。因而廢棄第一審所命被上訴人給付部分之判決，改判駁回上訴人該部分之訴，並維持第一審駁回上訴人請求被上訴人另給付一千七百零四萬六千八百二十四元本息部分之判決，駁回上訴人之上訴，經核於法並無違誤。上訴論旨，徒就原審取捨證據、認定事實及解釋契約之職權行使，指摘原判決不當，聲明廢棄，非有理由。至上訴人於上訴本院後，另主張當事人間就證券融資融券之相關契約約定，依證券交易法第19條之規定，均屬法定要式契約，應以『書面』爲之，始生效力。兩造間縱有『口頭』約定，亦屬無效云云。經核係屬新攻擊防禦方法，依民事訴訟法第476條第1項規定意旨，本院無從予以審酌，據上論結，本件上訴爲無理由。」參照。

之，但若法院認爲所涉爭議無須兩造進行辯論時，得免爲之。目前實務上鮮少有第三審行言詞辯論之情形。

　　第三審法院若決定進行言詞辯論，因所涉爭議爲前審判決是否判決違背法令，該等問題非具相當法學素養或實務經驗者，無從在法庭上爲言詞辯論，因此規定上開言詞辯論程序，應由兩造委任律師代理爲之。

二、答辯狀之提出與書狀追加

　　第三審上訴之理由書與答辯狀應分別於20日之法定不變期間及15日之期日內（此爲訓示期間）提出於第二審法院。但上開期間已滿時，第三審法院尙未判決前，爲保障被上訴人之權益，因此立法者特於民事訴訟法第472條規定被上訴人在第三審未判決前，得提出答辯狀及其追加書狀於第三審法院，以供法院審酌、判斷；而上訴人就之前所提之理由狀，亦得提出上訴理由追加書狀，以強化、補充上訴理由。前開書狀，第三審法院以認爲有必要時，得將該等書狀送達於他造。此處有疑義者，係倘當事人未依民事訴訟法第417條規定：「上訴狀內未表明上訴理由者，上訴人應於提起上訴後二十日內，提出理由書於原第二審法院；未提出者，毋庸命其補正，由原第二審法院以裁定駁回之。」且亦未委任律師時，法院應如何處理？對此，實務認爲，於上訴人自行委任或經法院爲其選任律師爲訴訟代理人之前，上訴人尙不具表明上訴理由之能力，因此，不得以其未於同法第471條第1項所定期間內提出上訴理由書，即認其上訴爲不合法，以裁定予以駁回[31]。

第五節　第三審法院之判決

壹、駁回上訴之判決

　　第三審性質上仍屬上訴審之範疇，民事訴訟法第481條設有準用第二審程序之

---

[31] 最高法院90年度台抗字第162號裁定略以：「第三審上訴係採律師強制代理制度，除有民事訴訟法第四百六十六條之一第一項但書及第二項之情形外，對於第二審判決上訴，上訴人應委任律師爲訴訟代理人，如未委任律師爲訴訟代理人，第二審法院應定期先命補正；於上訴人自行委任或經法院爲其選任律師爲訴訟代理人之前，上訴人尙不具表明上訴理由之能力，自不得以其未於同法第四百七十一條第一項所定期間內提出上訴理由書，即認其上訴爲不合法，以裁定予以駁回。」

規定。故有關第二審上訴有關之規定，除了第三審基於其性質而有特別規定外，原則上民事訴訟法第二審訴訟程序之相關規定，於第三審皆可準用。基此，第三審法院認上訴爲無理由者，應爲駁回之判決（準用民訴§449 I 規定）。

貳、廢棄原判決（及其限制）之判決

民事訴訟法第477條：「第三審法院認上訴爲有理由者，就該部分應廢棄原判決（第1項）。因違背訴訟程序之規定廢棄原判決者，其違背之訴訟程序部分，視爲亦經廢棄（第2項）。」第三審法院審查範圍以上訴人上訴聲明部分爲限，第三審法院認上訴爲有理由時，以上訴人聲明不服部分爲限應廢棄原判決，而不及於未經上訴聲明所主張之部分[32]。第三審法院認爲上訴有理由，而廢棄上訴人於上訴聲明所主張之部分，若係以違背訴訟程序之規定而廢棄第二審判決者，該違背之訴訟程序部分，視爲亦經廢棄。

惟若除民事訴訟法第469條第1款至第5款之情形外，原判決違背法令而不影響裁判之結果者，不得廢棄原判決（民訴§477-1）。民事訴訟法第467條規定，對於第三審判決上訴，非以其違背法令爲理由，不得爲之。所謂違背法令，依民事訴訟法第468條規定，係指判決不適用法規或適用不當者而言。但原判決縱有違背法令情形，而其裁判結果仍屬正當，亦即其違背法令與裁判之間無因果關係，並不影響裁判之結果者[33]，實毋庸廢原判決而發回或發交更審。惟民事訴訟法第469條前五款列舉之情形，爲判決當然違背法令，學說及實務上稱之爲絕對上訴理由，原判決如有該條各款情形之一，即應認上訴爲有理由，不問其違背法令與判決結果之間是

---

[32] 最高法院99年台上字第768號判決要旨：「民事訴訟法第477條規定，第三審法院認上訴爲有理由者，就該部分應廢棄原判決。因違背訴訟程序之規定廢棄原判決者，其違背之訴訟程序部分，視爲亦經廢棄。本件原審僅以交易序號之先後，逕認上訴人於自備款之條件（即融通抵用）尚未完備之前，即行撥貸，而有未盡其職責之重大過失，進而爲上訴人不利之判決，顯有疏略。上訴論旨，指摘原判決不當，求予廢棄，非無理由。」參照。

[33] 按當事人依第466-4條之規定逕向第三審提起上訴，必對原判決所確定之事實均認無誤爲限，如第三審法院仍得就原判決確定事實是否違背法令爲調查，即違背該條之意旨。故上訴人若以原判決認定之事實違背法令爲飛躍上訴理由者，應認其上訴不合法，由第一審法院命其補正，未補正者應裁定駁回之（民訴§481準用422 II）。

否有因果關係，原判決均不復能維持。故立法者明定除有絕對上訴理由外，原判決縱有違背法令之相對上訴理由，若其對於裁判結果無影響者，第三審法院不得廢棄原判決，以減少當事人之訟累，並節省訴訟資源。

參、自爲判決

民事訴訟法第478條第1項規定：「第三審法院廢棄原判決，而有下列各款情形之一者，應自爲判決：一、因基於確定之事實或依法得斟酌之事實，不適用法規或適用不當廢棄原判決，而事件已可依該事實爲裁判者。二、原判決就訴或上訴不合法之事件誤爲實體裁判者。三、法院應依職權調查之事項，第三審得自行確定事實而爲判斷者。四、原判決未本於當事人之捨棄或認諾爲裁判者。五、其他無發回或發交使重爲辯論之必要者。」第三審法院在原判決係屬訴外裁判時，僅須廢棄原判決，但如具有前揭條文第1至5款所列舉之事由時，應自爲判決，茲分述如下：

一、因基於確定之事實或依法得斟酌之事實，不適用法規或適用不當廢棄原判決，而事件已可依該事實爲裁判者：第二審所確定之事實並未違背法令，無發回原審續爲調查之必要，僅爲不適用法規或適用不當者，第三審法院得以二審所確定之事實爲裁判。

二、原判決就訴或上訴不合法之事件誤爲實體裁判者：當事人之訴或上訴有民事訴訟法第249條第1項或第444條之不合法事由時，第三審法院得自爲判決駁回之。

三、法院應依職權調查之事項，第三審得自行確定事實而爲判斷者：法院應依職權調查之事項，除民事訴訟法第478條第1項第2款規定外，餘如當事人適格、保護必要之要件等是否欠缺，若第三審法院依職權自行調查，並得自行確定事實以爲判斷者，上述要件如有欠缺，第三審法院自得廢棄第一、二審判決自爲裁判駁回原告之訴。

四、原判決未本於當事人之捨棄或認諾爲裁判者：當事人於言詞辯論時爲訴訟標的之捨棄或認諾者，應本於其捨棄或認諾爲該當事人敗訴之判決，民事訴訟法第384條定有明文。原判決如未本於當事人之捨棄或認諾爲裁判者，自屬違誤，第三審即應本於當事人之捨棄或認諾自爲裁判。

五、除民事訴訟法第478條第1項前四款所列舉第三審法院應自爲判決之情形外，原判決雖有其他違誤，然無發回或發交使重爲辯論之必要者，例如：原判決有訴外裁判或認定事實違背經驗法則、論理法則，而第三審法院得自行確定事實以爲

判斷之情形，第三審法院僅須廢棄該訴外裁判，或糾正原判決違背經驗法則、論理法則之違法，並無發回原法院之必要，第三審法院應自爲判決。

肆、發回或發交判決

　　民事訴訟法第478條第2項至第4項規定：「除有前項情形外，第三審法院於必要時，得將該事件發回原法院或發交其他同級法院（第2項）。前項發回或發交判決，就應調查之事項，應詳予指示（第3項）。受發回或發交之法院，應以第三審法院所爲廢棄理由之法律上判斷爲其判決基礎（第4項）。」

一、發回或發交判決之情形
　　有關廢棄原判決發回原法院，或發交其他同級法院：
　　(一) 發回之判決係終局判決，從而發回後之下級審訴訟程序，係先前之該下級審之訴訟程序之續行，故受發回支援二審法院、受發交之同級法院，應依二審程序，就事件再爲辯論及調查，原則上於二審所爲之訴訟行爲皆得於此更審程序中爲之，惟仍須注意民事訴訟法第460條第1項但書之規定。
　　(二) 選擇、預備合併之類型，性質上不得爲一部廢棄、發回或發交。

二、發回或發交判決之效力

(一) 發回或發交判決拘束力之依據
　　其依據在於審級制度之本質，認爲如於同一問題上、下級審意見不同時，應承認此上級審發回判決之拘束力，以避免訴訟事件反覆來回上、下級審之間，以維持審級制度。發回或發交判決拘束力之性質爲訴訟法上所特別承認之特殊效力，係基於維持審級制度而承認其效力。

(二) 發回或發交判決拘束力之判斷
　　1. 除第三審之判斷外，第二審或抗告審發回者，亦生拘束力。
　　2. 事實上判斷原則上不生拘束力：原則上，本案之事實上判斷並不生拘束力，惟第三審就職權調查事項或再審理由所爲之事實認定，仍生拘束力。

3. 法律上判斷之拘束力原則上僅限於廢棄理由中否定之判斷[34]：如第三審法院認為原判決適用A法律觀點為錯誤者，則更審程序中原審法院或其他同級法院，應受此否定判斷之拘束；惟若與廢棄理由中否定之判斷有論理之必要之間接判斷，縱為肯定之判斷，亦有此拘束力。

(三) 發回或發交判決拘束力之消滅

發回判決之拘束力有下列情形者，拘束力消滅：

1. 發回下級審後，因當事人仍得提出新攻防，故若有新事實之提出，造成廢棄理由判斷之基礎事實有變動者。

2. 廢棄理由判斷所依據之法令有變更者。

3. 第三審之判例有變更者。

三、發交或發回判決所應為之處置

民事訴訟法第480條規定：「為發回或發交之判決者，第三審法院應速將判決正本附入卷宗，送交受發回或發交之法院。」第三審法院為發回或發交之判決時，依法第二審法院應更為審理，故第三審法院應將該審判決正本及訴訟資料，連同所有卷宗，移交受發回或發交之法院，以利該法院審理、辯論及裁判。

---

[34] 臺灣高等法院97年上更(一)字第73號判決：「查上訴人及徐○程分別共有之000之00地號土地經裁判分割，由上訴人分得系爭土地、徐○程分得000地號土地，徐○程原就應有部分所設定予被上訴人之抵押權，並未經先徵得抵押權人即被上訴人同意，於分割後僅轉載於原設定人徐○程分割後取得之土地上，揆諸上揭說明，原以徐○程應有部分為標的所設定之抵押權，於共有物分割後，仍以應有部分存於上訴人分得之系爭土地上，亦即上訴人分得部分亦有抵押權之存在；且參以本次最高法院所為廢棄本院前審判決之理由，亦係肯認應有部分上之抵押權於共有物分割後，除有土地登記規則第107條但書之情形，即先徵得抵押權人之同意，將其抵押權轉載於原設定人分割後取得之土地外，抵押權仍按原應有部分轉載於分割後各宗土地之上，抵押權人得就全部土地行使其抵押權，依民事訴訟法第478條第4項規定，本院應以最高法院本次所為廢棄理由之法律上判斷為判決基礎。」參照。

|第三十章|
調解與訴訟上和解

第一節　調解程序

壹、調解之意義

　　調解係指兩造有爭執，在未起訴前由法院從中調停當事人間之法律關係之程序[1]。調解程序，係以自治方式解決紛爭，具有非訟事件之性質。調解之目的為防止提起訴訟，又可同時解決當事人之紛爭。

貳、調解之類型

一、強制調解

　　強制調解事件，係指在符合民事訴訟法第403條第1項各款之事件時，一律須經調解程序，才能進入訴訟程序。調解程序之特色在於重視當事人合意解決紛爭及和諧性之維持，不必堅守實體法之規定。民國88年及96年二次修法擴大強制調解事件之範圍，其規定：「下列事件，除有第四百零六條第一項各款所定情形之一外，於起訴前，應經法院調解：一、不動產所有人或地上權人或其他利用不動產之人相互間因相鄰關係發生爭執者。二、因定不動產之界線或設置界標發生爭執者。三、不動產共有人間因共有物之管理、處分或分割發生爭執者。四、建築物區分所有人或利用人相互間因建築物或其共同部分之管理發生爭執者。五、因增加或減免不動產之租金或地租發生爭執者。六、因定地上權之期間、範圍、地租發生爭執者。七、因道路交通事故或醫療糾紛發生爭執者。八、僱用人與受僱人間因僱傭契約發生爭執者。九、合夥人間或隱名合夥人與出名營業人間因合夥發生爭執者。

---

[1]　經過民事訴訟法民國88年及96年之增訂及修正民事訴訟法第420-1條，目前調解在第一、二審繫屬中亦得為之，不再以「起訴前」為限。

十、配偶、直系親屬、四親等內之旁系血親、三親等內之旁系姻親、家長或家屬相互間因財產權發生爭執者。十一、其他因財產權發生爭執，其標的之金額或價額在新臺幣五十萬元以下者（第1項）。前項第十一款所定數額，司法院得因情勢需要，以命令減至新臺幣二十五萬元或增至七十五萬元（第2項）。」在此可歸納如下：

1. 當事人間因事件性質、居住環境或一定情誼，特別需要維持彼此的和諧關係，如第1、2、4、8^2、9、10款。

2. 當事人間權利存否未必可截然二分，而當事人所遵守之法，於權利義務之證明上有困難，如第7款，此類事件隱含著「法」存在何處不甚明確之特性，故適合調解程序。

3. 小額紛爭事件，金額價額不高者，若經訴訟程序，則須認定實體法上請求權是否存在，對要件事實之認定，可能耗費過多勞力、時間、費用，為貫徹費用相當性原理，列入應先調解，如第11款。

4. 事件具有濃厚之非訟色彩，如第3、5、6款[3]。

二、任意調解

民事訴訟法第404條第1項規定：「不合於前條規定之事件，當事人亦得於起訴前，聲請調解。」

調解者，係法院於兩造法律關係有爭議時，在未起訴前從中調停排解，使之為一解決紛爭之合意，以避免訴訟之程序、疏減訟源。故非強制調解事件，當事人亦

---

[2] 參最高法院97年台上字第2565號裁定略以：「本件涉及兩造間就僱傭關係存在與否，屬於勞資爭議事件，依勞資爭議處理法第五條第一項規定，固得依該法所定之調解程序處理之，惟該法並未規定非經調解，不得起訴，且本件雖屬民事訴訟法第四百零三條第一項第八款於起訴前應經法院調解之事件，但業經第一審法院認因有同法第四百零六條第一項第一款規定之情形，而裁定不予調解；至司法院所屬各級法院設置專業法庭應行注意事項要求各級法院設置專業法院或指定專人辦理勞工事件，乃屬行政訓示事項。本件上訴人未經調解逕行起訴，法院受理予以裁判，尚難謂有違背法令之情形。」

[3] 參最高法院32年上字第5021號判例略以：「民事訴訟法第五百七十三條第一項所定，起訴前應經法院調解之離婚之訴，當事人未經聲請調解即行起訴者，依同條第二項準用同法第四百二十四條第二項，固視其起訴為調解之聲請，惟第一審法院未行調解程序，仍作為起訴而已為終局判決者，其調解之欠缺應認為已經補正，當事人不得以此為上訴理由。」

得於起訴前聲請調解，此即為任意調解。

參、聲請調解及程序進行

一、調解之聲請

(一) 當事人聲請

民事訴訟法405條：「調解，依當事人之聲請行之（第1項）。前項聲請，應表明為調解標的之法律關係及爭議之情形。有文書為證據者，並應提出其原本或影本（第2項）。聲請調解之管轄法院，準用第一編第一章第一節之規定（第3項）。」調解在性質上亦屬民事程序之一種，雖然調解係屬起訴前之程序而由法院進行調解，惟仍須當事人自行聲請，調解程序始得開始進行，法院原則上係不採取職權之干涉。

關於調解之聲請，得為聲請之人包括當事人及將來可能處於被訴地位之當事人，聲請之方式應以書狀為之，除須表明當事人之姓名及相關資料外，尚須表明為調解標的之法律關係及爭議之情形。有文書為證據者，並應提出其原本或影本，譬如借據或票據等證據。又因一般之訴訟程序與調解程序某種程度具備相當之牽連性，因此民事訴訟法規定調解以同一法院管轄為原則，明定準用第一編第一章第一節有關管轄之規定。

惟若調解無望或適宜從速解決者，若先經調解程序[4]，反將造成當事人間爭議無法盡快解決，而有損當事人之程序上利益[5]。故民事訴訟法第406條規定有不經調

---

[4] 臺灣高等法院82年抗字第1612號裁定略以：「兩造在調解之前均已有合意而無爭執，其祇是在利用法院之調解程序以達其他目的甚明，核與聲請調解係就有爭議之民事事件於起訴前由法院勸諭杜息爭端之本質不符。」

[5] 最高法院97年台上字第2565號判決略以：「本件涉及兩造間就僱傭關係存在與否，屬於勞資爭議事件，依勞資爭議處理法第五條第一項規定，固得依該法所定之調解程序處理之，惟該法並未規定非經調解，不得起訴，且本件雖屬民事訴訟法第四百零三條第一項第八款於起訴前應經法院調解之事件，但業經第一審法院認因有同法第四百零六條第一項第一款規定之情形，而裁定不予調解；至司法院所屬各級法院設置專業法庭應行注意事項要求各級法院設置專業法院或指定專人辦理勞工事件，乃屬行政訓示事項。本件上訴人未經調解逕行起訴，法院受理予以裁判，尚難謂有違背法令之情形。」

解之事件，若聲請調解者則應逕以裁定駁回之，且此裁定不能聲明不服：

1. 調解無成立的希望或不能調解

此事由必須由法院依法律關係的性質、當事人本身的狀況或其他情事而作為判斷之依據，例如：雙方素有嫌隙。

2. 曾經為調解程序

如經由鄉鎮調解委員會的調解而不成立。

3. 票據涉訟

因票據為無因證券及流通證券，不僅宜從速解決，且執票人與票據債務人可能素未謀面，難以成立調解；又票據權利的爭執，通常另有其他程序解決，例如：公示催告。

4. 提起反訴

反訴係利用本訴程序適用同一訴訟程序的訴訟，若先經調解，於調解不成立再與本訴合併，則本訴可能已經終結，將影響當事人提起反訴之利益。

5. 送達他造的通知書，須為公示送達或於外國送達

因調解程序進行時需要兩造均到場始得為之，如果對他造的送達係屬公示送達或於外國達，則他造當事人顯有不能到場之可能，故法院應以不准許為妥。

6. 金融機構因消費借貸契約、或信用卡有所請求者

實務上對於此種契約有所請求之事件，被告通常未到庭，而由原告聲請一造辯論判決。故此種事件多無調解之實益，92年修法時將之定為無庸經調解事件之一。

依民事訴訟法第410-1條之規定，調解若有民事訴訟法第406條第1項各款之情形時，法院得逕以裁定駁回該條解之聲請，已如前述。調解委員若認為調解事件有該條各款之情形者，自應報請法官處理，審酌是否有繼續調解之必要，以免耗費調解程序之進行。

(二) 擬制聲請

依民事訴訟法第424條規定：「第四百零三條第一項之事件，如逕向法院起訴者，宜於訴狀內表明其具有第四百零六條第一項所定事由，並添具釋明其事由之證據。其無該項所定事由而逕行起訴者，視為調解之聲請（第1項）。以一訴主張數項標的，其一部非屬第四百零三條第一項之事件者，不適用前項視為調解聲請之規

定（第2項）。」強制調解事件有民事訴訟法第406條第1項所定之事由時，雖可不經調解職直接向法院逕行起訴[6]，惟在起訴狀內應明白表示其符合不須強制調解之例外規定，並具體說明該等事由並附上相關證據，讓法院便於調查[7]。而若以一個訴訟同時主張數項標的，只要有一部分不符合民事訴訟法第403條第1項之規定，依第403條第2項之規定即不能適用視為調解聲請之規定[8]。

民事訴訟法第404條第2項規定，當事人間就某事件有起訴前先經法院調解之合意，但仍逕行起訴者，經他造抗辯後，視其起訴為調解之聲請。惟若當事人若未為妨訴抗辯而為本案之言詞辯論者，基於當事人捨棄責問權及程序安定性之要求，不得再為抗辯。

有關支付命令之異議，民事訴訟法第519條規定：「債務人對於支付命令於法定期間合法提出異議者，支付命令於異議範圍內失其效力，以債權人支付命令之聲請，視為起訴或聲請調解（第1項）。前項情形，督促程序費用，應作為訴訟費用或調解程序費用之一部（第2項）。」

依民事訴訟法第519條規定，債務人對於支付命令於法定期間合法提出異議者，支付命令於異議範圍內失其效力，以債權人支付命令之聲請，視為起訴或聲請調解。故債務人對於支付命令於法定期間合法提出異議者，支付命令於異議範圍內失其效力，乃係因為債務人對於支付命令之異議權，依其性質，與上訴、抗告權相類似，一旦行使將足以使原已可確定之法律關係，再度歸於不確定之狀態，故應認定支付命令將於異議範圍內失其效力[9]。至於第1項後段規定支付命令於異議範圍內

---

[6] 最高法院56年台上字第1738號判決略以：「本件第一審法院已於言詞辯論期日開始前進行調解，有筆錄可稽，縱令該第一審法院未行調解程序，仍作為起訴，而已為終局判決者，其調解之欠缺，亦應認為已經補正，當事人不得以此為上訴理由。」

[7] 司法院25年院字第1490號解釋略以：「民事訴訟法第四百零二條第一項及第二項所定之訴訟。未經法院調解而起訴者。法院依第四百二十四條第二項規定。視為調解之聲請。如因對造不到場。視為調解不成立後。該聲請人仍應依同法第二百四十四條第一項或第四百二十六條規定。履行起訴行為。其審判費前已繳納者。自毋庸再繳。」

[8] 最高法院31年上字第1816號判例略以：「離婚之訴，未經法院調解而逕行起訴時，依民事訴訟法第五百七十三條第二項，準用同法第四百二十四條第二項之規定，固應視其起訴為調解之聲請，但第一審法院未予調解，逕就其訴為終局判決者，上訴審不得以此為理由而廢棄第一審判決。」

[9] 最高法院85年台抗字第590號裁定：「按債務人怠於行使其權利時，債權人因保全債

失其效力，以債權人支付命令之聲請，視爲起訴或聲請調解，此乃透過法律擬制之規定，即以債權人之支付命令聲請，溯及於聲請時，與起訴或聲請調解發生同一效力。至於何時視爲起訴、何時視爲調解，應依債權人請求標的性質不同而異，只要債權人所請求之標的，在起訴前無須經法院調解者，其支付命令之聲請視爲起訴；如債權人請求之標的，在起訴前應經法院調解者，視爲聲請調解。

依民事訴訟法第519條第2項規定，債務人對於支付命令於法定期間合法提出異議者，督促程序費用，應作爲訴訟費用或調解程序費用之一部。所謂督促程序費用，係指在督促程序中所生之一切費用而言，依第2項規定，此項費用應作爲訴訟費用或調解程序費用之一部。

(三) 合意移付調解

立法者爲擴大調解功能增進當事人間之和諧，於民國88年本法修正時新增有420-1條規定，本條第1項明定第一審訴訟繫屬中，得經兩造合意將事件移付調解。移付調解之事件，其訴訟程序若同時進行，徒然增添法院及當事人之勞費，民事訴訟法於第2項規定此種情形毋庸法院裁定，訴訟程序停止進行，調解成立時，訴訟即告終結，調解不成立時，訴訟程序繼續進行。這樣之修法，打破了過去數十年來只有「起訴前」始能調解之立法原則。另外，訴訟事件經移付調解成立者，可減省法院之勞費，爲鼓勵當事人成立調解以平息訟爭，第420-1條第3項規定：「依第一項規定移付調解而成立者，原告得於調解成立之日起三個月內聲請退還已繳裁判費三分之二。」故此種情形原告得於調解成立之日起三個月內聲請退還已繳裁判費三分之二。又原告如尚未依法繳足起訴應繳納之裁判費時，其得聲請退還者，應限於

權，得以自己名義行使其權利，民法第二百四十二條固定有明文。惟在訴訟程序中之行爲，如依法律之規定，僅該當事人始得爲之，且依其性質，並不適於由他人代位行使之訴訟行爲，自不能准由該當事人之債權人代位行使，例如提起上訴、對強制執行方法之聲明異議、對假扣押假處分裁定提起抗告、攻擊防禦方法之提出等是。又依民事訴訟法第五百十六條第一項規定，僅債務人得對於支付命令提出異議，如債務人於法定期間內提出異議，依同法第五百十九條第一項規定，其支付命令即失其效力，以債權人支付命令之聲請，視爲起訴或聲請調解。是債務人對於支付命令之異議權，依其性質，與前揭之上訴、抗告權相類似，一旦行使，即足以使原已可確定之法律關係，再度歸於不確定之狀態，惟仍由原來之當事人繼續進行訴訟，自不適於由當事人以外之第三人代位行使。」

其所繳納超過應繳裁判費三分之一部分。

　　訴訟繫屬中經兩造合意移付調解而成立者，如有無效或得撤銷之原因，宜使利用原訴訟程序繼續審判，以保護程序利益及維護程序經濟，故明定準用第380條第2項之規定，當事人得請求依原訴訟程序繼續審判，爲請求之當事人並應繳納依本條第3項規定已退還之裁判費，爰增訂第4項。是以民事訴訟法102年5月修法新增第420-1條之第4項規定：「第二項調解有無效或得撤銷之原因者，準用第三百八十條第二項規定；請求人並應繳納前項退還之裁判費。」

二、調解程序之進行

(一) 調解委員之選任

　　民事訴訟法第406-1條規定：「調解程序，由簡易庭法官行之。但依第四百二十條之一第一項移付調解事件，得由原法院、受命法官或受託法官行之（第1項）。調解由法官選任調解委員一人至三人先行調解，俟至相當程度有成立之望或其他必要情形時，再報請法官到場。但兩造當事人合意或法官認爲適當時，亦得逕由法官行之（第2項）。當事人對於前項調解委員人選有異議或兩造合意選任其他適當之人者，法官得另行選任或依其合意選任之（第3項）。」

　　調解人制度之採行，有利於借重法官以外之社會公正人士所具有之專門知識或特殊生活經驗，有助於借重法官以外之社會公正人士所具有之專門知識或特殊生活經驗，有助於提升調解成功率，發揮消弭紛爭、減輕訟累之功能[10]。

　　88年舊法之規定，係以調解法官爲主體進行調解，僅在當事人間推舉或法官認有必要選任時，方有具專門知識之調解人參與調解程序之可能（舊法§410、

---

[10] 臺灣高等法院暨所屬法院88年法律座談會民事類提案第23號法律問題：「當事人就發生爭執之醫療糾紛起訴，其訴訟標的金額逾五十萬元，經某地方法院簡易庭先行調解時，法官認爲該院無管轄權而爲移轉管轄之裁定，其抗告法院應爲該地方法院抑或該地方法院所屬之高等法院？」審查意見：「當事人發生爭執之醫療糾紛，其訴訟標的金額逾五十萬元之事件，屬民事訴訟法第四百零三條第一項第七款之強制調解事件。該事件之調解程序，由簡易庭法官行之（第四百零六條之一第一項）。聲請調解之管轄法院，準用民事訴訟法第一編第一章第一節之規定（第四百零五條第三項），換言之，法院受理上開調解事件時，若認對該調解事件無管轄權，自得準用同法第二十八條裁定移轉於有管轄權之法院繼續進行調解程序。上開裁定既係簡易法庭法官之裁定，依同法第四百三十六條之一第一項之精神，其抗告法院應爲該地方法院。」

§411），使調解程序在以往無法確實發揮其功能。88年修法後，不但將「調解人」修正為「調解委員」，並在制度上改以調解委員為調解程序解決紛爭之主體，有別於訴訟上和解之制度。

民事訴訟法第406-1條第3項之規定則係當事人於特定事件，對法院所備置之調解委員陣容均不甚滿意或不信任，而希望由法官調解之情形，賦予當事人有選擇機會，容許依其合意逕由法官進行調解；如兩造當事人合意時，亦可另選任兩造均滿意或調解名冊以外之人為調解委員，將選擇機會賦予當事人，要求法官尊重兩造選擇調解委員之合意，藉此雙軌制之採用，因應各種事件類型所具不同之特性、需求，保障當事人程序選擇之機會。

依據民事訴訟法第406-1條之規定，修法後之調解程序不再由法官單獨進行調解，而是由法官選任相當的一至三人為調解委員先行調解。因此，調解委員成為調解之運作主體，如何選任即更臻重要。故民事訴訟法第406-2條特別規定地方法院必須將其管轄區域內適合為調解委員之人選列冊供當事人選任，其人數、資格、任期及其聘任、解任等事項，由司法院定之。

(二) 指定調解期日與通知書之送達

關於調解期日及調解通知書送達之規定於民事訴訟法第407條。法官於依職權訂調解期日時，準用民事訴訟法第156條有關審判長定其日後之通知規定，以及民事訴訟法第159條有關審判長得裁定變更或延展期日之規定。依民事訴訟法第409條之規定，當事人無正當理由不於調解期日到場，或有代理人到場而本人無正當理由不從法院第408條之命令者，法院得處罰鍰；又依第402條之規定當事人之兩造或一造於調解期日不到場者，得視為調解不成立。為免當事人忽略上述不到場之法定效果，故民事訴訟法第407條第4項之規定，調解期日通知書應記載不到場時之法定效果，以促使當事人注意[11]。

---

[11] 臺灣臺中地方法院(80)廳民一字第1138號法律問題：「民事訴訟法第四百二十七條第一項、第二項起訴前應經調解案件，當事人如直接向法院起訴時，依民事訴訟法第四百二十四條第二項規定，視為調解之聲請，此時(四)分簡字且法院定第一次審理期日，並寄發言詞辯論通知書通知兩造，均經合法送達（合乎就審期間），如兩造均無正當理由未到場時，得否依民事訴訟法第一百九十一條規定，視為合意停止訴訟程序？」司法院第一廳研究意見略以：「以起訴視為調解之聲請，性質上屬調解事件，法院應定調解期日（民事訴訟法第四百零七條第一項），不得定言詞辯論期日，如逕

(三) 指揮調解程序

民事訴訟法第407-1條乃規定調解委員於調解程序中之指揮權，即調解委員若有二人以上者，爲達到調解程序中指揮權進行之安定與順利，避免調解委員間可能有發生意見不同或爭執之情形產生，而影響調解程序之迅速進行，故認法官得命其中一名調解委員爲主任調解委員，負責調解程序之進行與行使其指揮權。

(四) 命當事人或法定代理人到場

民事訴訟法第408條規定：「法官於必要時，得命當事人或法定代理人本人於調解期日到場；調解委員認有必要時，亦得報請法官行之。」民事訴訟於通常情形均得委任訴訟代理人（即律師），調解程序既亦屬民事訴訟的一種，在調解期日時，當事人或當事人之法定代理人，當然亦得委任訴訟代理人到場進行調解。本條規定主要係因當事人本人或法定代理人對於調解之標的有處分權限，且對該案件紛爭之所在最爲瞭解知悉，爲促成調解之成立，法官有命其本人到場之必要。於調解委員行調解之際，認爲本人有到場之必要者，亦得報請法官命本人到場。

(五) 違反到場義務之效果

民事訴訟法第409條規定：「當事人無正當理由不於調解期日到場者，法院得以裁定處新臺幣三千元以下之罰鍰；其有代理人到場而本人無正當理由不從前條之命者亦同（第1項）。前項裁定得爲抗告，抗告中應停止執行（第2項）。」

爲訴訟程序進行之順利，當事人本即應遵造法院之指示準時到場，故若當事人無正當理由不於調解期日到場者，依本條之規定，法院得以裁定對之處以新臺幣三千元以下之罰鍰，另外，縱當事人之代理人到場進行調解，而當事人本人未從法院之命到場之情形，爲避免當事人刻意拖延訴訟之進行，故亦得處以罰鍰[12]。但當

定言詞辯論期日，亦不生兩造遲誤言詞辯論期日之效果，尚不得視爲合意停止訴訟程序，研討意見採甲說，尚無不合。」

[12] 司法院司法業務研究會期第16期法律問題：「當事人無正當理由不於調解期日到場者，法院得以裁定科五十元以下之罰鍰，如當事人爲法人或非法人之團體或無訴訟能力人時，應以何人爲處罰之對象？」司法院第一廳研究意見略以：「(二)按民事訴訟法第四百零九條第一項之立法目的，在於強制應到場之人到場，而法人或非法人團體或無訴訟能力人，均應由其法定代理人到場並爲訴訟行爲，已如前述，其本人或不可能到場，或到場亦不得爲訴訟行爲，縱予科罰，亦不可能強制其到場，或到場亦不得爲

事人對法院處罰鍰之裁定得為抗告，抗告中應停止執行。

(六) 調處之處所及形式

民事訴訟法第410條規定：「調解程序於法院行之，於必要時，亦得於其他適當處所行之。調解委員於其他適當處所行調解者，應經法官之許可（第1項）。前項調解，得不公開（第2項）。」

調解之處所一般係於法院之調解室進行，於必要且經法院之同意下，得於其他適當之處所進行，至於適當的處所，係為達成調解之目的，使當事人得雙方合意且法院同意之情況下，在法院以外之處所，以緩和在法院調解時可能較為緊張之氛圍，進而促使調解程序之進行。而所謂調解之形式，不宜公開，且不用開庭之形式為之，亦對雙方當事人調解之進行較有助益。

(七) 第三人參加調解

調解事件若涉及第三人之利害關係問題，使第三人參加調解一併解決問題，符合設立調解制度之本旨，由此項立法可知，調解程序所著重者為實質當事人之保障，故有民事訴訟法第412條之規定。惟第三人參加調解，一般情形須先由第三人聲請後，經法官許可始得參加。但法官認為適當時，亦得依職權命其參加。

民事訴訟法第411條明定調解委員所為的調解行為[13]，且其規定所得領取之費用，包括日費、旅費及報酬，而其計算之方法及報酬數額之多寡，則授權由司法院制定之。

訴訟行為，自無科罰之實益，故上揭條項所稱之當事人，於當事人為法人或非法人之團體或無訴訟能力人時，應以其法定代理人為科罰之對象。」

[13] 福建高等法院金門分院94年上易字第2號判決略以：「按訴訟事件當事人無訴訟能力，未由法定代理人合法代理者，除其情形可補正者外，應裁定駁回。又提起上訴應表明當事人及法定代理人，上訴不合法者，第二審應以裁定駁回之。上訴人有律師為訴訟代理人，或依書狀上之記載，可認其明知上訴要件有欠缺者，法院得不行民事訴訟法第四百四十二條第二項及第四百四十四條第一項但書之程序。民事訴訟法第二百四十九條第一項、第四百十一條第一項、第四百四十四條第一項及民事訴訟法施行法第九條分別定有明文。」

三、調解程序中法官或調解委員之處理

(一) 法院得命當事人為一定之行為或不行為及提供擔保

　　民事訴訟法第409-1條乃於88年2月修正時增訂，立法者認為，調解事件之當事人，於調解繫屬中，仍得本於其既有權利自由使用、處分調解標的物。惟若任由當事人於調解程序中處分標的物、變更現狀或繼續其行為或不行為，將增加調解成立之困難。爰於第1項規定，法院為達成調解目的之必要，得依當事人之聲請，命他造為一定之行為或不行為。另外為兼顧他造的利益，並規定於必要時，法院可以命聲請人供擔保後行之。第1項處置乃法院為促進調解程序，使調解程序得以圓滿達成之暫時性措施，若仍允許當事人得抗告，將使程序延滯而減損處置之效果，故立法者特於第2項規定，關於前項聲請之裁定，不得抗告。又因第1項處置之範圍甚廣，影響當事人權益甚鉅，為期法院能正確判斷處置之必要性及其內容之妥適性，以兼顧兩造之利益，第3項規定法院處置前應賦予當事人陳述意見之機會。第3項但書規定惟如法院認使當事人先陳述意見為不適當，或當事人經通知而不為陳述意見者，則無庸使其陳述意見。調解既以當事人合意解決紛爭為其本質，民事訴訟法第409-1條第1項法院所為之處置，係屬法院為促進調解之進行所為之暫時性處置，性質上自不宜作為執行名義而強制執行，第4項遂規定第1項之處置不得作為執行名義，調解事件一經終結當然失其效力。

　　又調解程序之順利進行，繫於當事人相互間之誠信，當事人無正當理由不遵守法院所為之處置者，不但有悖於當事人之誠信，且有損於法院之威信，民事訴訟法第409-1條第5項規定法院得加以相當之制裁，即法院得以裁定處新臺幣三萬元以下之罰鍰。又為兼顧他造當事人之權益，並於第六項規定，處罰鍰之規定得為抗告，抗告中應停止執行。

(二) 審究意見及調查程序

　　民事訴訟法第413條規定：「行調解時，為審究事件關係及兩造爭議之所在，得聽取當事人、具有專門知識經驗或知悉事件始末之人或其他關係人之陳述，察看現場或調解標的物之狀況；於必要時，得由法官調查證據。」

　　調解程序性質上非為裁判程序，其本無庸就兩造爭議之所在為實質之審酌，惟調解委員或法官行調解時，為審究該事件之關係與兩造爭議之所在，得聽取當事人及其他關係人之陳述，並對事件有專門知識經驗之人之意見，察看現場或調解標的物之狀況，俾供參考之用。惟調查證據乃專屬法官之職權，調解委員不得為此職權

之行使。如經法官調查證據後，在調解不成立而由該法官續行訴訟程序之情形下，解釋上似應許法官得逕以先前調解程序中調查證據之結果爲判決之基礎較安[14]。

(三) 酌擬平允方案

民事訴訟法第414條規定：「調解時應本和平懇切之態度，對當事人兩造爲適當之勸導，就調解事件酌擬平允方案，力謀雙方之和諧。」本條規定之用意係在促使法官或調解委員行調解時之態度方法[15]，俾使調解易於成立，且法院或調解委員雖得酌擬對雙方平允之方案，然當事人雙方得不受其拘束。且法官爲勸導當事人以促成當事人自願、和諧的成立調解，自應本於和平懇切之態度，藉以合理減輕法院之工作負擔，並使當事人得平衡追求其實體利益及程序利益。

(四) 酌定調解條款（準仲裁）

民事訴訟法第415-1條規定：「關於財產權爭議之調解，經兩造同意，得由調解委員酌定解決事件之調解條款（第1項）。前項調解條款之酌定，除兩造另有約定外，以調解委員過半數定之（第2項）。調解委員不能依前項規定酌定調解條款時，法官得於徵詢兩造同意後，酌定調解條款，或另定調解期日，或視爲調解不成立（第3項）。調解委員酌定之調解條款，應作成書面，記明年月日，或由書記官記明於調解程序筆錄，由調解委員簽名後，送請法官審核；其經法官核定者，視爲調解成立（第4項）。前項經核定之記載調解條款之書面，視爲調解程序筆錄（第5

---

[14] 臺灣高等法院暨所屬法院57年度第1次法律座談會民事類第11號法律問題：「修正民訴法第四百十七條規定：關於財產權爭議之調解當事人不能合意，但已甚接近者，調解推事得徵詢調解人之意見，斟酌一切情形，求兩造利益之平衡，於不違反兩造當事人之主要意思範圍內，以職權爲解決事件適當之裁定。若無調解人時，調解推事是否將逕爲此項裁定？」研討結果：「採乙說：按徵詢調解人之意見，固爲調解推事爲此裁定之一要件，但調解人非必設，若無調解人，即無由徵詢其意見，此時該要件即先天的未能具備，自不必予以斟酌。倘因無調解人致調解推事不能爲此裁定，則該條規定，將形同具文，難舉疏減訟源之效用，故參照新訂本條之法意，似應解爲無調解人時，調解推事亦得爲此裁定。」

[15] 臺灣高等法院暨所屬法院99年法律座談會民事類提案第41號法律問題：「在調解事件中，若調解委員與一造當事人有五親等血親關係，且他造當事人並不知情，調解成立後，他造當事人以此爲理由提起撤銷調解之訴，是否有理？」審查意見：「題示個案，如達得撤銷之情事，始得提起撤銷調解之訴。」

項）。法官酌定之調解條款，於書記官記明於調解程序筆錄時，視爲調解成立（第6項）。」本條亦有稱爲準仲裁。

民事訴訟法第415-1條係於民國88年2月修正所增訂，立法者爲加強調解之功能，擴充裁判外紛爭解決之功能，增設調解委員經兩造同意得酌定條解條款之制度，其適用範圍以關於財產權爭議之調解事件爲限。故此制度蘊含保障當事人得以當事人之意思決定最後解決之方式之意涵。且調解委員依此規定作成判斷而酌定條款前，必須就該事件之事實及證據詳細調查而作成認定，亦有利於省減勞力時間及費用。

民事訴訟法第415-1條第2項規定調解條款原則上以調解委員半數之意見定之，如當事人另行約定不同之比例，或指定由其中一人或數人定之者，則從其約定。惟若調解委員無法形成多數意見以酌定調解條款時，調解程序亦不得停滯不前，故民事訴訟法第415-1條第3項規定，法官得於徵詢兩造同意後，作爲自行酌定調解條款，或另外改定調解期日，或視爲調解不成立。此外，調解委員酌定之調解條款，依法明定應作成書面[16]，記明年月日；或由書記官記明於調解程序筆錄，由調解委員簽名後，送請法官審核，以確保調解條款作成之愼重性及避免調解條款有違背法令及後續有無法強制執行之情事。

(五) 提出解決事件之方案

關於財產權爭議之調解，當事人不能合意但已甚接近者，法官應斟酌一切；其有調解委員者，並應徵詢調解委員之意見，求兩造利益之平衡，於不違反兩造當事人之主要意思範圍內，以職權提出解決事情之方案。此規定在於若調解當事人間之意思已甚接近之情形，爲避免當事人間因枝微末節之爭執而使調解失敗，故以法官提出公平方案以供當事人參考之方式，發揮調解制度之功能[17]（民訴§417）。

---

[16] 臺灣高雄地方法院98年雄簡字第1942號判決：「民事訴訟法第415條第4項規定，調解委員酌定之調解條款，應作成書面，並經法官核定。本件調解既經法官核定，兩造間就車禍事件自屬調解成立而與訴訟上和解有同一效力，原告雖主張調解成立係遭詐欺所爲，然經證人供稱，調解當時，當事人兩造並未擔保必可獲得保險給付，且保險契約本非存在於當事人兩造之間，本件調解並無任何詐欺情事，原告之主張自無理由。」

[17] 司法院司法業務研究會期第17期法律問題：「民事訴訟法第四百十七條之解決事件之方案，經調解推事當場宣示記載於筆錄，將筆錄交由到場之當事人或參加調解之利

而由法官所提出解決之方案，經送於雙方當事人時，當事人不能忽視之，應慎重考慮可否接受此項方案。若不能接受此項法官所提出之方案時，應於送達後十日內提出異議，否則則視為已依該項方案成立調解。且為免影響當事人間與利害關係人之利益，法院應通知當事人及參加調解之利害關係人。

肆、調解程序之終結

一、調解之成立及其效力

民事訴訟法第416條第1項規定：「調解經當事人合意而成立；調解成立者，與訴訟上和解有同一之效力。」依民事訴訟法第308條第1項規定，即是與確定判決有同一效力，其內容適於強制執行者並得據以為執行名義，聲請強制執行（強執§4 I 第3款），亦即有羈束力、確定力、形成力及執行力[18]。惟實務上有認為，判決為法院對於訴訟事件所為之公法的意思表示，調解或和解，為當事人就訴訟上之爭執互相讓步而成立之合意，其本質並非相同。故形成判決所生之形成力，無由當事人以調解或和解之方式代之[19]。但民國98年4月增訂民法第1052-1條承認離婚調解可解消婚姻，創下調解有形成效力之唯一立法紀錄。

害關係人閱覽並簽名後，是否有同法第四百十七條第二項送達之效力。」討論意見：「採乙說：無送達之效力，仍應另行送達。」

[18] 臺灣高等法院100年建上字第98號判決略以：「故當事人間既已簽訂調解內容，自已衡量其所須承擔之風險，而選擇接受該調解約定，若訂約時接受調解內容，事後卻翻異前詞，非但不合雙方之約定，且顯然不符公平原則。又有關物價調整涉及情事變更之認定，僅機關得參酌中央機關已訂約工程因應國內營建物價變動之物價調整處理原則解決其與廠商所簽訂工程合約因物價調整所生問題，並無強制行政機關不問個案有無情事變更情形，一律必須遵照該原則辦理變更契約調整工程款，尚難認調解內容有背於公序良俗之情，或違反民法第148條第2項之誠信原則，亦未違反政府採購法第6條第1項之規定。」

[19] 參最高法院58年台上字第1502號判例略以：「調解成立者，依民事訴訟法第四百四十六條第一項，第三百八十條第一項規定，與確定判決有同一之效力。惟判決為法院對於訴訟事件所為之公法的意思表示，調解或和解，為當事人就訴訟上之爭執互相讓步而成立之合意，其本質並非相同。故形成判決所生之形成力，無由當事人以調解或和解之方式代之，從而在調解或訴訟上和解分割共有不動產者，僅生協議分割之效力，非經辦妥分割登記，不生喪失共有權，及取得單獨所有權之效力。」

二、調解不成立及其效力

(一) 當事人於期日不到場者

為謀求調解程序之順利進行，當事人本應於調解期日到場，且依民事訴訟法第408條、第409條之規定，法院得依職權命令當事人到場，且當事人若無正當理由不到場，甚至得科處罰鍰。惟若當事人兩造或一造於期日不到場者，為避免耗費法院與當事人間之程序利益，依民事訴訟法第420條之規定，法院應審酌具體情形，依職權認定調解不成立或考量該調解仍有成立之希望，選擇另定調解之期日。

(二) 當事人於期日到場而調解不成立者

依民事訴訟法第419條規定觀之，聲請調解是否與起訴有相同效力，應視其是否為強制調解之事件為斷，如係強制調解之事件，因非經調解不得起訴，其逕行起訴者，有時應視起訴為調解之聲請，其調解不成立者，又視為自聲請調解時已經起訴，故此類事件其已在法定期間內聲請調解者，應視為有起訴之效力。而在非強制調解之事件，無庸聲請調解即可起訴，如債權人不於法院裁定期間內起訴而聲請調解者，即不能認為具有起訴之效力[20]。

又當事人於形成權除斥期間或請求權時效行將屆滿之際聲請調解，迨調解不成立後，其除斥期間已過或因調解不成立請求權時效為不中斷而完成者，則其實體法上請求權因聲請調解不成立而發生阻礙，不甚公平，故民事訴訟法第419條第3項規定，當事人聲請調解而不成立，如聲請人於調解不成立證明書送達十日之不變期間內起訴者，視為自聲請調解時，已經起訴，其於送達前起訴者亦同，以資補救。

在已起訴視為調解聲請之事件（例如民事訴訟法第404條第2項、第424條第1項之情形）原係當事人起訴之事件，惟因法律規定視為調解之聲請而改依調解程序

---

[20] 最高法院86年台抗字第49號裁定略以：「民事訴訟法第四百二十七條第一項及第二項所定之訴訟，其起訴不合於同法第四百零三條之規定者，始得視為調解之聲請，同法第四百二十四條第二項定有明文。又以起訴視為調解之聲請者，如調解不成立，除當事人聲請延展期日外，法院應即為訴訟之辯論，並仍自原起訴時發生訴訟繫屬之效力，同法第四百十九條第三項亦有明文。職是，民事訴訟法第四百二十七條第一項及第二項所定之訴訟，有同法第四百零三條但書所定之情事者，固不得視為調解之聲請，應即為訴訟之辯論；無同法第四百零三條但書所定之情事，經視為調解之聲請，行調解程序者，如調解不能成立，亦應改行訴訟程序。」

進行，如調解不成立時，應即恢復原起訴之效力，亦即自原起訴時發生訴訟繫屬效力，除當事人聲請延展期日外，法院應即為訴訟之辯論[21]。

而雙方當事人間，在調解之過程中，基於合意解決紛爭之目的，必然會有所讓步，法官與調解委員亦會於調解過程中對當事人加以勸導，其結果可能會產生些許不利益於當事人權益之情事。故為避免法官或當事人多所顧忌而不願意成立調解，故於民事訴訟法第416條中明定，在調解不成立後之本案訴訟程序中，在調解程序中所做不利益於己之陳述或讓步，不得採為本案裁判之基礎[22]，雙方當事人不得根據調解訴訟程序中之陳述作為訴訟上攻防之主張[23]。

依民事訴訟法第416條第5項規定，當事人兩造於期日到場而調解不成立者，法院應付與當事人證明書，蓋在強制調解事件，未經調解不得逕行起訴，茲調解已不成立，法院自應付與證明書供當事人憑以起訴。

因第1項調解之效力可能及於第三人，第三人之固有權益恐因該調解致受損害，而本條第2項有關宣告調解無效或撤銷調解之訴，又限於調解之當事人始得提起，上開第三人則無適用餘地，為保障其固有權益及程序權，明定準用第五編之一規定，使得提起第三人撤銷訴訟，以為救濟，爰增訂第6項。依民事訴訟法第416條第6項規定：「第五編之一第三人撤銷訴訟程序之規定，於第一項情形準用之。」

---

[21] 最高法院89年台抗字第248號裁定略以：「依此規定觀之，聲請調解是否與起訴有相同效力，應視其是否為強制調解之事件為斷，如係強制調解之事件，因非經調解不得起訴，其逕行起訴者，有時應視起訴為調解之聲請，其調解不成立者，又視為自聲請調解時已經起訴，故此類事件其已在法定期間內聲請調解者，應視為有起訴之效力。而在非強制調解之事件，無庸聲請調解即可起訴，如債權人不於法院裁定期間內起訴而聲請調解者，即不能認為具有起訴之效力。」

[22] 最高法院98年台上字第2167號判決略以：「按調解程序中，調解委員或法官所為之勸導及當事人所為之陳述或讓步，於調解不成立後之本案訴訟，不得採為裁判之基礎，民事訴訟法第四百二十二條定有明文。」

[23] 最高法院99年台上字第149號判決略以：「苟上述副知或通知之函件，係被上訴人於公程會之系爭工程履約爭議調解程序中所為，原審未遑調查審認該調解程序之結果，是否終如民事訴訟法第四百二十二條所定之『不成立』前，遽認不得據該函件，為裁判之基礎，而為上訴人不利之判決，亦嫌速斷，抑且難昭折服。上訴論旨，指摘原判決為不當，求予廢棄，非無理由。」

三、調解之撤回

民事訴訟法第425條規定：「調解之聲請經撤回者，視為未聲請調解（第1項）。第八十三條第一項之規定，於前項情形準用之（第2項）。」調解之聲請人，於調解程序終結前，得撤回其調解之聲請；縱在他造已經為調解之陳述後亦同，調解程序應因調解聲請之撤回而終結。若係當事人逕行起訴擬制為調解之聲請者，本無此聲請，自不生撤回聲請與否之問題。另外，於撤回調解之聲請情形，調解之聲請經撤回者，聲請人應負擔因聲請所生之全部費用[24]。

伍、調解筆錄之製作及送達

民事訴訟法第421條規定：「法院書記官應作調解程序筆錄，記載調解成立或不成立及期日之延展或訴訟之辯論。但調解委員行調解時，得僅由調解委員自行記錄調解不成立或延展期日情形（第1項）。第四百十七條之解決事件之方案，經法官當場宣示者，應一併記載於筆錄（第2項）。調解成立者，應於十日內以筆錄正本，送達於當事人及參加調解之利害關係人（第3項）。第二百十二條至第二百十九條之規定，於第一項、第二項筆錄準用之（第4項）。」

調解程序無論成立與否，書記官均須製作調解筆錄，記載調解成立或不成立之結果，以及調解程序是否有期日之延緩，或係因調解不成立而開始為訴訟有關之言

---

[24] 臺灣高等法院暨所屬法院94年法律座談會民事類提案第30號問題要旨：「民事訴訟法第424條第1項規定，以起訴視為調解之聲請者，如在調解程序中，聲請人撤回調解，聲請人可否聲請退還聲請費？單純聲請調解之案件，聲請人如在調解程序中，撤回調解，聲請人可否聲請退還聲請費？債務人對於支付命令於法定期間提出異議者，依民事訴訟法第519條第1項規定，視為起訴或聲請調解，如在調解程序中（含移付調解），聲請人撤回調解，處理情形有無不同？」審查意見略以：「民事訴訟法第425條規定：調解之聲請經撤回者，視為未聲請調解，但聲請人應負擔因聲請所生之費用。故如聲請調解或以起訴視為調解之聲請者，嗣撤回調解之聲請，關於調解聲請費，均不退還。如已繳費用超過調解聲請費者，超過部分，係屬溢繳，應予退還。移付調解者，依民事訴訟法第420條之1規定，係第一審繫屬中非強制調解事件，經兩造合意移付調解。同條第2項規定，移付調解時，訴訟程序停止進行，調解成立時，訴訟終結，調解不成立時，訴訟繼續進行。故其本質仍為訴訟案件，不生聲請調解費問題。若於移付調解中，全案撤回，應適用民事訴訟法第83條第1項規定，退還二分之一裁判費。」

詞辯論。此外，對於法官所提出之解決事件方案，亦必須詳實記載，使調解程序得於調解筆錄中顯現，同時讓雙方當事人得以瞭解調解程序流程及細節之記載是否確實[25]。

另對於調解成立之結果，書記官應於十日內，以筆錄正本送達予當事人或參加調解之利害關係人等，俾其知悉調解知結果及過程，並適時依民事訴訟法各相關條文主張其權利。民事訴訟法第421條第4項規定係因調解程序仍為民事訴訟之一環，故關於筆錄記載及必須遵守之事項，當然仍可以準用調解筆錄。

陸、調解費用

調解費用之負擔，會因調解是否成立而有不同之結果。調解成立者，其調解成序費用，依民事訴訟法第423條第2項規定，準用民事訴訟法第84條和解費用由當事人各自負擔之規定，使調解當事人兩造各自負擔。於調解不成立之情形，調解不成立後起訴者，此種情形調解程序費用應作為訴訟費用之一部，由法院依本法官於訴訟費用規定裁判由何人負擔，如聲請人於調解不成立後不起訴者，則應自行負擔調解費用。而所謂起訴，不問係當事人聲請法院命即為訴訟之辯論，或另行起訴均屬之。

柒、瑕疵調解成立之救濟

民事訴訟法第416條第2項規定，當事人得提起宣告調解無效或撤銷調解之訴，乃立法上賦予調解當事人救濟之手段，有關本項規定所稱無效與得撤銷之原因[26]，包括訴訟法上及實體法上具有無效或得撤銷之事由均屬之，且為避免影響法

---

25 臺灣士林地方法院95年小上字第26號判決略以：「如成立調解，並應由法院書記官製作調解程序筆錄，記載法定應記載事項後，由審判長及法院書記官簽名（民事訴訟法第421條第1項、同條第4項準用同法第21條、第217條）。查兩造於本院94年度交附民字第83號案卷所附『調解筆錄』，係於刑事附帶民事訴訟程序所踐行，非由法官依職權所定調解期日，亦非書記官製作並經審判長簽名之調解程序筆錄，其程序顯與民事訴訟法第2編第2章所規定之『調解程序』有間，僅得謂訴訟外兩造之協商，而不具民事訴訟法上調解之效力（民事訴訟法第416條、第380條第1項），被上訴人亦不得逕以該筆錄為強制執行之執行名義（強制執行法第4條第1項第3款）。」

26 臺灣臺北地方法院99年勞訴字第30號判決略以：「民事訴訟法第416條第2項規定，調

律之安定性，依民事訴訟法第416條第4項規定而準用民事訴訟法第500條之規定，原則上應於三十日之不變期間內提起[27]，此項期間，自調解成立時起算，但調解無效或得撤銷之原因知悉在後者，自知悉時起算。

另關於請求宣告調解無效或撤銷調解之訴，於爲原告勝訴之判決確定時，理論上應回復原調解程序。但於此情形下，兩造無法成立調解已甚顯然，無再回復原調解程序之必要，故本條第3項允許原調解事件之相對人提起者，則原聲請人可於其宣告無效或撤銷之訴程序中提起反訴，以便一次解決糾紛，符合訴訟經濟。且爲免當事人之權利因逾除斥期間或消滅時效而受影響，合併提起之訴或反訴，視爲自聲請調解時，已經起訴。

此外，由於民事訴訟法第416條第1項規定，當事人所成立之調解效力可能及於第三人，第三人之固有權益恐因該調解致受損害，而本條第2項有關宣告調解無效或撤銷調解之訴，又限於調解之當事人始得提起，上開第三人則無適用餘地，爲保障其固有權益及程序權，明定準用第五編之一規定，使得提起第三人撤銷訴訟，以爲救濟，爰增訂第6項。依民事訴訟法第416條第6項規定：「第五編之一第三人撤銷訴訟程序之規定，於第一項情形準用之。」

解有無效或得撤銷之原因者，當事人得向原法院提起宣告調解無效或撤銷調解之訴；若以勞工主張受雇主施以詐術使其同意調解，調解成立後始將其離職證明書勾選勞動基準法第12條第1項第5款『故意損耗機器、工具、原料、產品，或其他雇主所有物品，或故意洩漏雇主技術上、營業上之秘密，致雇主受有損害』爲離職原因，而欲請求撤銷調解之情形，勞工自應證明於調解成立之初即有詐欺情事；若以雇主於調解成立後，確有依調解內容開立非自願離職證明，而勞工亦表示可由雇主任意勾選資遣事由，則雇主勾選上述選項，即難認全無遵守調解內容之意，自無從遽認於調解成立之初即係蓄意詐騙。」

[27] 臺灣桃園地方法院97年壢簡字第1127號判決略以：「調解有無效或得撤銷之原因者，當事人得向原法院提起宣告調解無效或撤銷調解之訴。宣告調解無效之訴，應自調解成立之日起30日之不變期間內提起。民事訴訟法第416條及同條第4項準用第500條第1項規定分別定有明文。惟民法上之無效有絕對無效或相對無效，如認爲成立之調解有民法上無效之原因，即一律不受30日不變期間之限制實有礙法之安定性，故是否受此不變期間之限制，須委由法官依具體個案情形，就當事人所主張之無效原因，個別判斷。」

捌、調解事件之保密

在調解程序中，因法官、書記官及調解委員極有可能因此得知他人職務上或業務上之秘密，甚至其他個人涉及隱私之事項，為使調解雙方當事人能放心、順利的進行調解，必須確保上開可能知悉他人隱私秘密之人，負有保密之義務，換言之，整個調解過程，是不對外公開的，調解的內容也不會外洩，使調解之程序得以順利進行[28]。

第二節　訴訟上和解

壹、訴訟上和解之意義

所謂訴訟上和解，是指當事人於訴訟繫屬中，在受訴法院、受命法官或受託法官前，以訴訟之終結為目的，就訴訟上之訴訟標的或法律關係相互讓步達成合意，而向法院表達無庸裁判之訴訟上行為。

貳、訴訟上和解之性質

一、私法行為說

所謂「私法行為說」，是認為訴訟上和解乃是當事人間就訴訟標的所為的私法和解契約，但在和解之過程中，相對地終止了訴訟標的之爭執，故而，和解因此被賦予與判決確定同一之效力。

二、訴訟行為說

「訴訟行為說」分有二種見解：第一種見解（合意說）認為訴訟上和解乃是當事人相互讓步，以終結訴訟之訴訟上合意；第二種見解（合同行為說）則認為此乃

---

[28] 最高法院81年度第1次民事庭會議決議：「民事訴訟法第四百八十六條第二項，固規定抗告法院之裁定，以抗告為不合法而駁回之，或以抗告為有理由而廢棄或變更原裁定者，對於該裁定得再為抗告。惟以抗告為有理由而廢棄或變更裁定時，僅得由原抗告人之相對人再為抗告，在原抗告人實無再為抗告之餘地（本院二十九年抗字第二六五號及四十一年台抗字第三二號判例參照）。」

當事人就其訴訟標的相互讓步之結果一致，而向法院陳述的合同訴訟行為[29]。

三、兩性行為說（雙重性質說）

此說認為，訴訟上和解在形式上雖僅有單一行為。但此單一行為卻同時兼具有實體法上法律行為與訴訟法上訴訟行為之性質。適用法律時，應同時適用訴訟法與實體法，不區分其訴訟法上或實體法上之要件，缺其一之有效要件，則該訴訟上和解即全歸於無效[30]。

四、兩行為併存說（雙重要件說）

「兩行為併存說」認為訴訟上和解乃為私法上行為與訴訟上行為的併存，亦即其中一行為在效力上有瑕疵時，另一行為將同時受到影響。

參、訴訟上和解之要件

一、實體法上要件

(一) 須係可讓步之訴訟標的法律關係

所謂可讓步之訴訟標的法律關係，也就是當事人得自由處分其訴訟標的之法律關係或是權利而言。

(二) 原則上係就訴訟標的為和解，但亦得併就訴訟標的以外之法律關係成立訴訟上和解

訴訟進行中，於實務上時有併就當事人訴訟標的外之事項，或第三人依第377條第2項規定參加而成立和解者，惟訴訟上成立之和解，依第380條第1項規定，僅於當事人間就已聲明之事項，有與確定判決同一之效力（民訴§380-1）。

(三) 當事人互相讓步以終止爭執

若是當事人一方之讓步者，乃是屬於民事訴訟法所稱之捨棄或認諾。但實務上亦有認為當事人一方之讓步足以造成和解或就當事人無爭執之事項為和解者，亦承

---

[29] 陳計男，民事訴訟法論（下），三民書局，2009年10月5版，頁113。

[30] 姜世明，民事訴訟法（下），新學林出版，2013年5月1版，頁220。

認之[31]。

(四) 須和解之內容確實可能實現，且不違反公序良俗或強行規定

對於訴訟上和解之性質，我國通說見解乃採兩性行為說，故而，訴訟上之和解的內容必須可能且確定，亦不得違反民法上有關公序良俗（民§72）或是強行規定（民§71）的規定。此外，就當事人意思表示是否有瑕疵也需一併注意。

二、訴訟法上要件

(一) 有關法院之要件

1. 須於訴訟繫屬中為之

依民事訴訟法第377條第1項之規定，法院不問訴訟程度如何，得隨時試行和解。受命法官或受託法官亦得為之。就此，若非在訴訟繫屬中為和解者，乃為訴訟外之和解。不過，在88年民事訴訟法第420-1條增訂後，當事人在起訴後亦可調解，因此過去理論區別和解與調解之特徵已不存在。

2. 須於受訴法院或受命法官、受託法官前為之

依民事訴訟法第377-1條第1項規定，當事人和解之意思已甚接近者，兩造得聲請法院、受命法官或受託法官於當事人表明之範圍內，定和解方案。在此，若非在法院、受命法官或受託法官前和解者，係屬於訴訟外和解。

3. 法院得隨時試行和解

就試行和解之相關概念，請詳參以下之本節「肆、和解之程序」的說明。

(二) 有關當事人之要件

訴訟上當事人間之和解能否成立，時有涉及第三人之意見者，例如：訴訟標的與第三人之權利或義務有關，或當事人間須有第三人之參與，始願成立和解時，為使當事人間之紛爭得以圓滿解決，允許第三人參加當事人間之和解，實有其必要性。故本條第2項明定，經法院之許可或通知，得使第三人參加當事人間之和解，俾達促進和解、消弭訟爭之目的。至於第三人參加當事人間之和解，如和解不成立

---

[31] 參閱楊建華、鄭傑夫，民事訴訟法要論，作者自版，2012年10月，頁337。

時，該第三人當然脫離該程序，自不待言。

肆、和解之程序

一、試行和解

和解之目的在於止爭息訟，爲謀求當事人間之紛爭迅速圓滿解決，法院試行和解，得隨時爲之，不以言詞辯論時爲限。又爲加強和解制度之功能，應賦予受命法官或受託法官有與受訴法院同一之權限，即不問訴訟程度如何，亦得隨時試行和解[32]。

二、試行和解之處理

法院、受命法官或受託法官因當事人雙方有和解之可能，或依民事訴訟法第377-1條、第377-2條規定，定和解方案時，如有確定當事人眞意或聽取其意見之必要者，依民事訴訟法第378條之規定，得命當事人或法定代理人本人到場陳述意見，俾達促進和解、消弭訟爭之目的。

至於當事人或法定代理人本人是否確實有到場，一般而言並不影響民事訴訟程序上之利益，如和解不成立時，仍應進行原先之訴訟程序，自不待言。

三、和解筆錄

當事人因法院試行和解，雙方達成共識和解成立後，依第379條之規定，書記官應將和解程序進行中，依民事訴訟法第212至219條關於言詞辯論筆錄之相關規定，針對和解成立、和解內容，作成和解筆錄[33]。

---

[32] 關於和解之性質，學說實務上多數採兩性說，即一行爲同時具有實體法與訴訟法上之效力，是以必須符合實體法上和解契約之要件與訴訟法上訴訟上和解之要件，若有一方不符合，則因僅一個行爲之故，實體法與訴訟法之效力將互相影響。

[33] 若和解筆錄誤寫、誤算或其他類似之顯然錯誤，是否得類推適用第232條第1項關於判決書更正錯誤之規定？實務上採肯定見解，此有最高法院43年度台抗字第1號判例要旨：「和解筆錄，如有誤寫、誤算或其他類此之顯然錯誤者，法律上雖無得爲更正之明文，而由民事訴訟法第三百八十條、強制執行法第四條第三款等規定觀之，訴訟上之和解與確定判決有同一之效力，民訴法第二百三十二條第一項關於判決書更正錯誤之規定，於和解筆錄有同一之法律理由，自應類推適用（參照司法院院字第二五一五號解釋），是和解筆錄祇須具有誤寫、誤算或其他類此之顯然錯誤之情形，

　　和解筆錄是為強制執行法第4條所明定之執行名義之一種，若欲依和解筆錄聲請強制執行，須依和解筆錄之記載內容為之，故本條第3項因此規定，法院應於和解成立之日起10日內，將和解筆錄以正本送達於當事人及參加和解之第三人。

　　法院依民事訴訟法第377-1條或第377-2條規定將和解方案告知或送達於當事人及參加和解之第三人時，未必均發生視為和解成立之效力。為使當事人及該第三人知悉是否已依和解方案發生視為和解成立之效力，立法者因此於本條第4項明定，依上開規定視為和解成立者，法院書記官應於和解成立之日起10日內，將和解內容及成立日期通知當事人及參加和解之第三人，該通知並視為和解筆錄，而得為強制執行法第6條第1項第3款規定之執行名義之證明文件。

伍、擬制和解

一、告知或送達所定之和解方案

　　兩造當事人和解之意思已甚接近時，如能容許其選擇不以判決之方式，而委由法院基於公正、客觀之立場，依衡平法理定和解方案，不僅使當事人之紛爭能獲得圓滿解決，且可減少法院及當事人為進行本案訴訟審理程序所須耗費之勞力、時間、費用，俾當事人平衡追求其實體與程序利益，故民事訴訟法第377-1條第1項規定，當事人和解之意思已甚接近者，兩造得聲請法院、受命法官或受託法官於當事人表明之範圍內，定和解方案。又為使當事人得利用和解制度徹底解決紛爭，當事人所表明法院得定和解方案之範圍，不限於訴訟標的範圍，得併就訴訟標的有關之事項，一併請求定和解方案。法院、受命法官或受託法官於受理當事人之聲請後，除當事人聲請之事項有違反強制禁止規定、公序良俗或當事人無處分權等情事外，有定和解方案之義務。

　　民事訴訟法第377-1條第2項規定：法院、受命法官或受託法官依前項聲請定和解方案時，須受當事人所表明範圍之限制，而當事人兩造為前項聲請後，亦須接受法院、受命法官或受託法官所定之和解方案。法院、受命法官或受託法官依民事訴訟法第377-1條第1項定和解方案時，應於當事人所表明之範圍內，斟酌一切情形，

　　法院書記官即得類推適用民事訴訟法第二百三十二條第一項之規定，而為更正之處分。」可稽。

依衡平法理定之，惟其並不限於在期日內為之[34]。於定和解方案後，如指定期日，應於期日將所定和解方案之內容告知當事人，並記明筆錄，使生效力，而後為送達；如未指定期日，即應將和解方案送達於當事人，使當事人得知悉和解方案之內容。

為尊重當事人之意願，當事人為和解之聲請後，原則上得不經對造之同意而撤回其聲請。惟已受告知或送達和解方案者，即不應再許其撤回聲請。

法院、受命法官或受託法官依第1項定和解方案後，於將和解方案告知或送達當事人前，當事人仍得撤回其聲請，故何時視為和解成立，即有疑問。立法者因此於民事訴訟法第377-1條第5項明定，於兩造均受告知或送達時，視為和解成立，俾免疑義。

依民事訴訟法第377條第2項規定：「第三人經法院許可或通知者，得參加當事人間之和解。」故為徹底解決當事人間之紛爭，民事訴訟法第377-1條第6項規定，如當事人依第1項聲請法院、受命法官或受託法官定和解方案，而參加和解之第三人亦同意於一定範圍內，委由法官、受命法官或受託法官一併定和解方案時，亦應准許。

二、當事人接受和解方案者

民事訴訟法原則上採言詞審理主義[35]，故於當事人一造到場有困難時，除符合第385、386條之規定，法院得為一造辯論判決外，訴訟程序往往因此不能迅速進行，並影響當事人之權益。基此，立法者於民事訴訟法第377-2條第1項規定，當事人有和解之望，而一造到場有困難時，法院、受命法官或受託法官得依當事人一造之聲請或依職權提出和解方案。該規定係為避免當事人利用此一制度拖延訴訟所由設，併此敘明。為使法院、受命法官或受託法官所提出之和解方案能符合當事人之意思，易為當事人接受，故同條第2項因此規定，當事人依前項規定聲請時，宜表明法院得提出和解方案之範圍，以供法院、受命法官或受託法官參考。

法院、受命法官或受託法官依第377-2條第1項規定提出之和解方案，須當事人均表示接受，始得視為依該方案成立和解，故第377-2條第3項規定，法院應將和解

---

[34] 所謂衡平法理，又稱衡平原則，其係指「基於公平、合理之考量，而摒除法律之嚴格規定」，此有最高法院96年台上字第1047號判決要旨之內容可資參照。

[35] 所謂言詞審理主義，係指有關訴訟審理之當事人及法院之訴訟行為，尤其係辯論、證據調查，或是裁判宣示，應以言詞為之。

方案送達於兩造，以利當事人瞭解該方案內容。又為避免程序延滯，法院於送達和解方案時，應同時限期命當事人為是否接受該方案之表示；如兩造均於期限內以言詞或書面表示接受時，即視為已依該方案成立和解；否則，法院仍須續行訴訟程序。

　　另為使程序安定，如當事人於限期內已表示接受和解方案，即不得再撤回其接受之意思表示，爰於第377-2條第4項明定之。

陸、訴訟和解之效力

　　兩造雙方成立和解時，與確定判決有同一之效力，該效力依通說見解，認為包括羈束力、形式及實質確定力，以及執行力[36]。惟學者駱永家教授認為上開成立和解之效力應不包括實質確定力，因和解究應重視自主性之紛爭解決，或是重視法院之介入，在和解之過程中法院僅加以斡旋並對和解內容為形式審查，並未令當事人充分提出攻防而為訴訟上之判斷，因此是否承認和解有實質確定力，而遮斷當事人瑕疵之主張，則有所爭議。

　　和解有無效或得撤銷之原因，當事人請求繼續審判者，須符合以下三要件：1.和解有無效或得撤銷之瑕疵；2.須由原當事人或其繼受人提起，並遵守三十日之不變期間（民訴§380 III準用§500 I之規定）；3.須向原訴訟繫屬之法院提起。

　　有關執行力之部分，訴訟進行中，於實務上時有併就當事人訴訟標的外之事項，或第三人依第377條第2項規定參加而成立和解者，惟訴訟上成立之和解，依第380條第1項規定，僅於當事人間就已聲明之事項，有與確定判決同一之效力。然為謀求當事人間之紛爭得以有效解決，並加強和解功能俾達到消弭訟爭之目的，就當事人間未聲明之事項或第三人參加，而以給付為內容所成立之和解，雖無與確定判決同一之效力，亦宜賦予執行力，故本條規定，當事人就未聲明之事項或第三人參加和解成立者，得為執行名義。至於當事人就未聲明之事項，或與參加和解之第三人間所成立之和解，如嗣後發生爭執時，因其非原訴訟範圍，故當事人不得請求繼續審判，惟得另依適當之訴訟方式處理，例如訴請確認和解所成立之法律關係不存在，或請求返還已依和解內容所為之給付，併此敘明。

---

[36] 臺灣高等法院93年抗字第1966號裁定：「按訴訟上和解成立者，與確定判決有同一之效力，且得為執行名義，此觀民事訴訟法第380條第1項及強制執行法第4條第1項第3款規定自明。」參照。

柒、和解之審理及效力

首先，法院應審查繼續審判之請求程序是否合法（民訴§380 III 準用§502 I 之規定）。其次，審查有無繼續審判之原因，即和解有無無效或得撤銷之原因（民訴§380 III 準用502 II 之規定）；若無和解無效或得撤銷之原因，應以判決駁回。末者，繼續未和解前之訴訟程序。按法院認和解有無效或得撤銷之原因，且就本案為終局確定判決者，和解之效力溯及消滅。惟第三人因信賴和解而善意取得之權利，不受影響（民訴§380 III 準用§506之規定）。

依據大法官釋字第229號解釋認為訴訟上和解與確定判決有同一之效力，和解成立後請求繼續審判，將使已終結之訴訟程序回復，為維持法律秩序之安定，自應有期間之限制，民事訴訟法第380條第3項，就同條第2項之請求繼續審判，準用第500條提起再審之訴不變期間之規定，與憲法第16條亦無牴觸。

第三十一章
簡易訴訟程序與
小額訴訟程序

第一節　簡易訴訟程序

　　簡易訴訟程序簡稱簡易程序。民事訴訟法對於訴訟標的金額較小、法律關係單純或性質上宜迅速進行之事件，為簡速審理之必要，特設簡易訴訟程序。惟應注意者，法律關係單純並不代表其金額一定小，例如：本法第427條第6款對於票據有所請求而涉訟者，其票款金額可能達數千萬元亦適用簡易程序。

壹、簡易程序法理趨勢

一、從自由主義之訴訟觀──社會本位之訴訟觀

　　在19世紀個人主義盛行之時代，自由主義之訴訟觀完全指導了訴訟法之發展，訴訟程序在自由主義下強調個人之自主與當事人進行主義，然而自由主義個人至上之觀念已為社會本位所取代，法院進行訴訟程序方式不再完全採當事人進行主義，而是在社會本位之觀念下強化法院之職權，而加入職權色彩。當事人進行主義乃相對於職權主義而言，由當事人主導訴訟程序之進行，在過程中原則不許公權力的介入，亦即全部訴訟程序之進行或終止完全交由當事人決定；職權主義係指法院依據其本身職權之發動、調查證據，依職權進行審判，不受當事人意思決定之影響。這樣之觀念影響及於簡易程序中，較諸通常程序有更多之職權色彩。

二、訴訟事件非訟化之需求

　　簡易訴訟程序中，將訴訟事件非訟化，主要係為靈活處理簡易程序之故。其具體作法包含將實體法之要件抽象化，藉此來強化法院於訴訟程序中之裁量權。例

如：民事訴訟法第436-3條第2項簡易判決第二審裁判之上訴或抗告係採「許可上訴制」、民事訴訟法第436-8條第2項法院認適用小額程序為不適當者，得依職權裁定改用簡易程序。小額訴訟中亦有類似之訴訟事件非訟化之規定，例如：民事訴訟法第436-14條規定法院得不調查證據，審酌一切情況，認定事實，為公平之裁判，即為小額訴訟中許可衡平裁判之明文。

貳、訴訟及非訟法理之交錯適用

過去之見解係認為非訟事件法和訴訟事件是截然二元分離的，各自有其適用之法理與程序體系。然民事訴訟之法理經過衍進轉變，認為現今之社會生活漸趨複雜化，如將訴訟法理和非訟法理二元截然劃分，已無法兼顧人民之需求，故在同一個程序中同時將訴訟法理和非訟法理交錯適用的情形越來越多。而此一趨勢已引導民事訴訟法之修法增設小額程序並修正簡易程序，甚至於101年增訂至家事事件法中，此種訴訟法理與非訟法理之交錯適用亦所在多有。例如：家事事件法第三編以下，家事事件法第54、58條之規範，即已將非訟法理之職權色彩納入家事訴訟程序中；而在非訟事件法亦出現將訴訟之法理納入非訟程序中之情形，例如：在聲請抵押物拍賣及本票執行等類非訟事件之審理過程，倘該事件之關係人就實體上私權之存否、範圍有爭執時，在一定情形下，非訟法院除依非訟法理外，法院「得」或「應」併依訴訟法理審理該爭執，而以「裁定」之方式就該私權之存否為裁判[1]。

參、簡易程序之法理基礎

一、費用相當性原則——迅速、經濟裁判之需求

簡易訴訟程序既係針對法律關係單純或性質上宜迅速進行之事件，為求訴訟資源妥善分配，簡易訴訟程序特重迅速且經濟之裁判，以符費用相當性原則。例如：若一訴訟之爭訟金額僅五萬元，但透過訴訟程序所耗費之訴訟成本（包含訴訟費用、律師費用）超過十萬元，則人民透過訴訟來保護私權之可能性將大大降低，

---

[1] 在此審理過程中，應承認該「裁定內容」若經適用訴訟法理及踐行程序保障後，具有相當於就同一爭執所為「判決」之效力。參許士宦，「家事事件法講座——家事非訟之程序保障(二)」，月旦法學教室，第121期，2012年11月，頁48。

因為不符合費用相當性原則。故我國民事訴訟法第427條以下之簡易訴訟程序及同法第436-8條小額訴訟程序，即係在綜合考量程序保障之法理及費用相當性原則之後，為了使訴訟資源達到妥善之分配而制定之規範。

二、立法形成之自由

何類案件應適用簡易訴訟程序，屬立法者之形成自由，其標的之金額或價額（民訴§427 I）及案件之類型（民訴§427 II）均應配合社會情勢而適時地作調整。立法形成自由又可稱為立法裁量，司法院大法官諸多解釋中常見肯認「立法裁量」、「立法形成自由」等之論述。例如：司法院大法官釋字第485號解釋文[2]，對立法形成自由闡述略以：「憲法第七條平等原則並非絕對、機械之形式上平等，而係保障人民在法律上第位之實質平等，立法機關基於憲法之價值體系及立法目的，自得斟酌規範事務性質之差異而為合理之區別對待。促進民生福祉乃憲法基本原則之一，……立法者基於社會政策考量，尚非不得制定法律，將福利資源為限定性之分配。」肯認之。綜觀大法官有關立法裁量之解釋，可知其所牽涉之問題頗為廣泛，舉凡國家組織、基本國策與基本權利皆有觸及，惟在所占比例上，仍以涉及基本權利之問題居多。

三、簡易程序之必要性原則（國家義務）

為使法律關係較單純之案件得以速審速結，並將大部分之訴訟資源集中處理較重大及複雜之案件，立法者有義務制定相關程序以茲因應。「事件類型審理必要論」，即國家負有按照事件類型之不同，給予人民適合解決該事件之程序。

四、程序選擇權

所謂程序選擇權係由當事人處分權主義所衍生出來。蓋基於憲法上基本權之保障，訴訟當事人應為程序之主體，故於一定範圍內承認當事人得藉由程序之選擇，平衡追求其實體利益及程序利益，此乃為司法院大法官釋字第591號解釋[3]所明白承認。在民事訴訟法簡易訴訟程序之規範中，民事訴訟法第427條第3項當事人依其程序選擇權，得合意將不屬簡易程序事件適用簡易程序，此亦屬簡易程序中落實程序選擇權之規定。

---

[2] 司法院大法官釋字第485號解釋文。
[3] 參見司法院大法官釋字第591號解釋。

五、適時審判請求權

　　所謂之適時審判請求權，係立基於國民主權及憲法保障之自由權、財產權、生存權及訴訟權等諸基本權。當事人基於該程序基本權享有請求法院適時適式審判之權利及機會，藉以平衡追求實體利益及程序利益，避免系爭實體利益因程序上之勞費付出而耗損。我國為同等著重程序利益及實體利益，乃兼顧發現真實及促進訴訟之程序保障，以追求確定存在於該二利益平衡、調和點上之「真實」或「法」[4]。就人民之立場而言，其有權依照紛爭類型，請求國家給予即時且適當的訴訟、非訟及各種紛爭解決程序，小額及簡易程序之設立即為本法理之具體化。

肆、簡易（含小額）程序之合憲性

　　司法院大法官釋字第442號解釋認憲法第16條規定人民有訴訟之權，旨在確保人民得依法定程序提起訴訟及受公平之審判。至於訴訟救濟應循之審級制度及相關程序，立法機關自得衡量訴訟性質以法律為合理之規定。依上開司法院大法官釋字之見解，應肯認其合憲性。惟少數學說上則仍有部分學者針對簡易訴訟程序及小額訴訟程序之合憲性持有保留意見，認為簡易訴訟程序及小額訴訟程序為違憲之理由，不外乎為認為上開程序偏重程序簡速而犧牲實體利益（亦即裁判之正確性恐與程序簡速相違背而無法兼顧），另一理由則認為簡易訴訟程序及小額訴訟程序係犧牲人民實體利益來減少上級之審案量，其所謂之程序簡速及訴訟經濟等目的，與人民受公平審判之憲法上權利恐有牴觸。惟現行立法者及司法實務既均肯認其合憲性，本文認為探討其合憲性之實益恐有其極限，應由簡易訴訟程序及小額訴訟程序之規範內容及合理性作探討為宜。

伍、簡易程序與通常程序之適用關係

　　可從兩個面向觀察：

一、從案件之歸屬面向

　　學說上對於簡易程序及通常程序之關係，有事務管轄權說及內部事務分配說二者。民國88年民事訴訟法第427-1條之立法理由採內部事務分配說，略以：「同

---

[4]　參見許士宦，「民事訴訟上之適時審判請求權」，臺大法學論叢，第34卷第5期，2005年9月，頁192-193。

一地方法院各簡易庭相互間及地方法院與其所屬簡易庭相互間，關於簡易程序事件之審理權限，乃同一地方法院之事務分配問題，且事涉瑣細，宜授權司法院另以辦法定之」[5]，可知實務上認為關於簡易程序之審理，乃同一地方法院之事務分配問題。

二、從程序之規範適用面向

學說上有認二者屬優先關係，亦有認二者為補充關係者。採優先關係乃著眼於民事訴訟法第427條第1項及同條第2項之規範係屬於強制規定，若屬於該二項規範之事件，即「應」依簡易訴訟程序辦理之，故認簡易訴訟程序與普通程序之間係屬於優先與劣後之關係。採補充關係之見解者，則係認為簡易訴訟程序與普通程序之程序選擇間，應無關優先與否之問題，若以優先關係與劣後關係區分二者，恐造成誤解，故認二者應係屬於補充關係，在不符合民事訴訟法第427條第1項及第2項之規範時，則不適用簡易訴訟程序而補充適用普通訴訟程序之規範。

陸、誤用程序之處理模式

一、應適用通常程序卻誤用簡易程序時

可分為三種情形，其一為該案件尚未言詞辯論時，則無程序安定之考量，應改依通常程序辦理；其二為已經本案言詞辯論，此種情形若當事人不抗辯而為本案言詞辯論，考量程序之安定，法條明文應擬制兩造合意適用簡易程序（民訴§427 IV）；其三為雖已為言詞辯論但當事人於辯論前有行使責問權主張程序錯誤，此時因當事人已合法行使責問權，則當事人之程序利益固應優先於程序安定性，法院應裁定改用通常程序，若法院仍強行適用簡易程序，則屬民事訴訟法第451條之程序重大瑕疵。

二、應適用簡易程序卻誤用通常程序時

應適用簡易程序卻誤用通常程序時，可否認為有民事訴訟法第451條之程序重大瑕疵而廢棄發回？學說上容有歧異，而實務見解[6]指出：「地方法院獨任法官將應適用簡易程序之事件，誤為通常訴訟，對之行通常訴訟程序，並為第一審判決，

---

[5] 參見立法院公報，41卷，4期，頁37。
[6] 最高法院79年度第4次民事庭會議決議參照。

當事人對之提起上訴，應由高等法院行第二審程序。蓋其所踐行之訴訟程序較周密，不應認其一審程序有瑕疵，如經獨任法官為第一審終局判決，此後完全依通常訴訟程序之規定辦理。」由上開見解可知，實務上認為此種程序上之疏漏，考量當事人之程序利益及訴訟經濟之要求，不得成為上訴第三審之理由。民國92年更進一步增訂：「應適用簡易訴訟程序之事件，第二審法院不得以第一審法院行通常訴訟程序而廢棄原判決（第1項）。前項情形，應適用簡易訴訟事件第二審程序之規定（第2項）。」將上開決議之見解明文規範之。

柒、簡易事件之第一審程序

一、簡易程序之適用範圍

民事訴訟法第427條規定：「關於財產權之訴訟，其標的之金額或價額在新臺幣五十萬元以下者，適用本章所定之簡易程序（第1項）。下列各款訴訟，不問其標的金額或價額一律適用簡易程序：一、因建築物或其他工作物定期租賃或定期借貸關係所生之爭執涉訟者。二、雇用人與受雇人間，因僱傭契約涉訟，其僱傭期間在一年以下者。三、旅客與旅館主人、飲食店主人或運送人間，因食宿、運送費或因寄存行李、財物涉訟者。四、因請求保護占有涉訟者。五、因定不動產之界線或設置界標涉訟者。六、本於票據有所請求而涉訟者[7]。七、本於合會有所請求而涉訟者。八、因請求利息、紅利、租金、退職金或其他定期給付涉訟者。九、因動產租賃或使用借貸關係所生之爭執涉訟者。十、因第一款至第三款、第六款至第九款所定請求之保證關係涉訟者（第2項）。不合於前二項規定之訴訟，得以當事人之合意，適用簡易程序，其合意應以文書證之（第3項）。不合於第一項及第二項之訴訟，法院適用簡易程序，當事人不抗辯而為本案之言詞辯論者，視為已有前項之合意（第4項）。第二項之訴訟，案情繁雜或其訴訟標的金額或價額逾第一項所定額數十倍以上者，法院得依當事人聲請，以裁定改用通常訴訟程序，並由原法官繼

---

[7] 臺灣桃園地方法院100年簡上字第7號判決略以：「票據法第13條但書所稱惡意，係指執票人明知票據債務人對於發票人或執票人之前手間，有抗辯事由存在。至票據法第14條第1項所稱以惡意或重大過失取得票據者，不得享有票據上之權利，係指從無處分權人之手，原始取得票據所有權之情形而言，該項所謂惡意係指明知或可得而知轉讓票據之人就該票據無權處分而仍予取得者。」

續審理（第5項）。前項裁定，不得聲明不服（第6項）。第一項所定數額，司法院得因情勢需要，以命令減至新臺幣二十五萬元，或增至七十五萬元（第7項）。」

依前揭條文之規定，簡易程序之適用範圍主要可分為：依第1項規定「依訴訟標的價額定之者」及第2項「依事件之性質定之者」即不問其訴訟標的金額或價額之多寡，一律適用簡易程序之事件。

(一) 依訴訟標的貨價額定之者

民事訴訟法第427條第1項規定，關於財產權之訴訟，其標的之金額或價額在新臺幣十萬元以上、五十萬元以下者，適用簡易程序。另依民事訴訟法第427條第7項之規定，司法院得因情勢需要，以命令減至新臺幣二十五萬元，或增至七十五萬元。此自係基於費用相當性原則，故以訴訟標的價額作為適用簡易程序之標準。

(二) 依訴訟標的之法律關係定之者

民事訴訟法第427條第2項不問其標的金額或價額，一律適用簡易程序之事件，主要可分為以下幾款，另須注意者係，是否為此種訴訟，以原告起訴主張之法律關係為準：

1. 因建築物或其他工作物定期租賃或定期借貸關係所生之爭執涉訟者

所謂建築物或其他工作物，例如房屋、車庫、攤位、停車場等建築物均屬之。此類建築物或工作物必須因定期租賃或定期解帶之法律關係而發生之爭執涉訟始有適用。例如返還租賃物或借用物、使用修繕租賃物、給付租金等。本款之立法目的，係因為此類工作物定期租賃或定期借貸所生之爭執涉訟，案情單純且宜速結，無適用繁雜通常程序之必要。

2. 僱用人與受僱人間，因僱傭契約涉訟，其僱傭期間在一年以下者

所謂僱傭契約係指民法第482條所規定之契約，惟必須雙方約定之僱傭期間在一年以下，基此法律關係所生爭執涉訟時，始得適用。若約定僱傭期間在一年以上或未定期間者，均無本款之適用。另外，當事人因本款之事由而涉訟，屬於強制調解事件（民訴§403 I 第8款參照）。立法院於民國110年1月20日修法時「統一文字用語[8]」，將本款「雇用人」統一用語為「僱用人」。

---

[8] 立法院公報，110卷，11期，頁341-342。

3. 旅客與旅館主人、飲食店主人或運送人間，因食宿、運送費或因寄存行李、財物涉訟者

　　本款規定之立法理由，係因顧及旅客行程問題，且此類爭執之金額不大，應適用簡易程序。

4. 因請求保護占有涉訟者

　　本款所指訴訟，係因占有被侵奪、被妨害或有被妨害之虞，原告依民法第962條之規定，提起請求返還占有物、除去妨害或防止其妨害之訴而言。此類訴訟，因證據容易滅失，從速結案較易達成保護占有之目的。

5. 因定不動產之界線或設置界標涉訟者

　　所謂因不動產之界線涉訟，指不動產之經界不明，或經界有爭執，而訴求法院定其界線所在之訴而言。所謂因設置界標涉訟，指土地所有人對於相鄰不動產界線之所在並無爭執，僅求在該界線設置界標時發生爭執涉訟而言。本款之事由係屬一形式之形成之訴，係屬專屬管轄、強制調解事件[9]（民訴§403Ⅰ第2款）。

6. 本於票據有所請求而涉訟者

　　票據係指票據法上之本票、匯票、支票而言，所謂本於票據有所請求，必須執票人提出票據始得行使權利之情形而言，並包括確認票據債權存在或不存在之訴在內[10]。例如：執票人對於發票人、背書人、承兌人請求票款而涉訟之情形。本款立法目的係因票據之無因行及流通性，必須加強一般社會之信賴，使執票人受保障，於執票人本於票據有所請求而涉訟時，能迅速加以審判[11]。

---

[9]　最高法院30年抗字第177號判例略以：「民事訴訟法第四百零二條第二項第五款所謂因定不動產界線之訴訟，係指不動產之經界不明，或就經界有爭執而求定其界線所在之訴訟而言。卷查本件由某甲以抗告人所建房屋越界侵及伊所有之土地，訴請命將其東墙北墙拆除，明明為一種排除所有權侵害之訴訟，本與前開條款之情形不同，即就該條款言之，亦不過規定因不動產之界線涉訟，不問其標的之價額如何，應適用簡易程序，並非謂此項訴訟不屬於財產權上之爭執。」

[10]　最高法院81年台抗字第412號判例略以：「給付之訴含有確認之訴之意義在內，從而給付訴訟應適用簡易訴訟程序者，依舉重以明輕之原則，其確認訴訟亦應適用簡易訴訟程序。故民事訴訟法第四百二十七條第二項第六款所定：『本於票據有所請求而涉訟者』，應包括確認票據債權存在或不存在之訴訟在內。」

[11]　臺灣高等法院台南分院100年上字第53號判決略以：「第三人對執票人及本票發票人提

7. 本於合會有所請求而涉訟者

合會係指由會員邀集兩人以上為會員，互約交付會款及標取合會之契約（民§709-1）。若基於合會關係，請求繳納會款或給付標得之合會金而涉訟情形，均屬本款之規定。我國民間習慣，利用合會互助籌款之事頗多，一旦為會款或合會金涉訟，宜速解決以利合會關係之續行，以幫助小市民。

8. 因請求利息、紅利、租金、退職金或其他定期給付涉訟者

利息、紅利、租金、退職金，均係以定期繼續給付為特色，內容為金錢或代替物而給付單純，消滅時效較短，有迅速予以審判之必要，故列入簡易程序中[12]。

9. 因動產租賃或使用借貸關係所生之爭執涉訟者[13]

此種動產之租賃關係或使用借貸關係所生爭執涉訟情形，不分其法律關係定有期限或未訂期限，均可適用。於一般情形，其權利義務內容較為單純，故亦宜迅速

起確認本票債權不存在之訴，並提出基礎原因關係不存在之主張，自應由執票人及本票發票人就本票債權存在或其基礎原因關係存在之積極事實，負舉證責任。」

[12] 臺灣臺北地方法院99年簡上字第300號判決略以：「默示之意思表示，係指依表意人之舉動或其他情事，足以間接推知其效果意思者而言，若單純之沈默，則除有特別情事，依社會觀念可認為一定意思表示者外，不得謂為默示之意思表示。當事人之租約約定第二年起之租金按前年度之租金增加3%計算，因此，除非兩造嗣後有明示或默示合意變更約定，否則承租人應依約給付按年調漲之租金，惟出租人每次收受年度租金支票及每月提示該等支票付款時，均知悉被上訴人並無增加3%之租金數額，但皆予以收受而無任何異議或保留之情，故堪認承租人為不調漲租金之要約，而出租人此無異議或無保留地收受租金支票之舉動，足認有承諾承租人所為不調漲租金要約之默示意思表示，並非只是單純沈默。」

[13] 臺灣高等法院暨所屬法院99年法律座談會民事類提案第34號問題要旨：「若以承租人向出租人承租市價逾新臺幣50萬元之房屋，並約定租賃期限1年，在租賃期限屆滿後，出租人以上開租賃關係因期限屆滿消滅為由，援引民法第455條及第767第1項條前段之規定，請求法院擇一為命承租人返還租賃房屋之判決，試問，此訴訟應適用簡易程序或通常訴訟程序？」審查意見略以：「應適用通常訴訟程序。民事訴訟法第427條第2項第1款固規定，因房屋定期租賃或定期借貸關係所生之爭執涉訟者，應適用簡易程序，但應以訴訟標的係屬租賃或借貸關係之訴訟標的者為限，否則，仍應適用普通訴訟程序。題示某甲所據以請求之訴訟標的既包括民法第767條第1項前段之所有物返還請求權，與租賃關係無關，應適用通常訴訟程序。」

審理解決[14]。

10. 因第1款至第3款、第6款至第9款所定請求之保證關係涉訟者

保證契約有其從屬性，於第1款至第3款及第6款至第9款之事件，經常併含其請求之保證關係。一旦主債務之請求發生訴訟，宜使其保證關係之訴訟一併起訴審判，以促進訴訟經濟及避免判決結果分歧。

11. 本於道路交通事故有所請求而涉訟者

鑑於「因道路交通事故所生訴訟事件，案情較為單純，為使被害人得以利用簡速程序求償，以兼顧其實體利益與程序利益，爰新增第2項第11款規定。又本款之訴訟，包含因道路交通事故請求損害賠償，及保險人因此代位向加害人求償而涉訟等情形。原告倘係於高等法院或其分院之第二審刑事訴訟程序提起本款之附帶民事訴訟，經法院依刑事訴訟法第504條第1項規定裁定移送該法院民事庭，民事庭應適用簡易程序之第二審程序為初審裁判[15]。」立法院遂於民國110年1月20日修法時新增第11款：「本於道路交通事故有所請求而涉訟者」。

12. 適用刑事簡易訴訟程序案件之附帶民事訴訟，經裁定移送民事庭者

又鑑於「刑事簡易訴訟程序案件之附帶民事訴訟，經裁定移送民事庭後，所應適用之程序種類宜予明確化，爰增訂第二項第十二款規定。至於適用刑事簡易訴訟程序案件之附帶民事訴訟移送至地方法院民事庭後以何審級審理，視原告於刑事簡易訴訟程序第一審或第二審提起刑事附帶民事訴訟而定[16]。」立法院遂於民國110年1月20日修法時新增第12款：「適用刑事簡易訴訟程序案件之附帶民事訴訟，經裁定移送民事庭者」。

(三) 依當事人合意定之者

當事人之訴訟，若不屬於民事訴訟法第427條第1項及第2項之規定者，本無依

---

[14] 臺灣臺北地方法院99年簡上字第167號判決略以：「預約係約定將來訂立一定本約之契約，而附始期之租賃則係該租賃契約於始期屆至始發生效力，之後依該租賃契約內容履行，二者非可一概而論。本件租賃契約雖約定訂約日後之日期為租賃起算日，惟該契約性質應屬附始期之租賃，則契約於簽約日起已成立生效。」

[15] 立法院公報，110卷，11期，頁341-342。

[16] 立法院公報，110卷，11期，頁341-342。

簡易訴訟程序進行之義務。惟若當事人雙方願意放棄較為周密之通常訴訟程序及三審之審級利益，以合意適用簡易程序，以便迅速終結訴訟，應無拒絕之必要。故第427條第3項規定，非屬簡易訴訟之訴訟，得依當事人之合意，適用簡易程序，其合意應以文書證之。惟應特別注意者係，得合意適用簡易程序者，僅限於財產權之訴訟，因人事訴訟尚涉及第三人之利益，故不得合意適用簡易程序。

　　若不合於民事訴訟法第427條第1項及第2項之訴訟，本係通常訴訟之範圍，如未經當事人合意適用簡易程序，而法院卻逕行適用簡易程序時，當事人之任何一方均得依民事訴訟法第197條規定提出異議，惟若當事人對於法院適用簡易程序不為抗辯而為本案之言詞辯論者，本條第4項規定，視為當事人間已合意適用簡易程序。

(四) 例外允許當事人聲請改用通常訴訟程序之規定

　　民事訴訟法第427條第2項所列舉之訴訟事件，不問其訴訟標的價額多少，一律適用簡易程序，惟若案件確實非常繁雜，或訴訟標的之金額或價額過於龐大的之事件，若仍進行簡易程序，可能對當事人之保護有所不足，因此本條第5項規定，例外允許依當事人之聲請，由法院以裁定改用通常訴訟程序為審判。而第427條第6項則是對於法院准許當事人之聲請，作出改用通常程序之裁定時，為避免影響程序之安定，故特別規定不得聲明不服。

二、簡易程序之進行

(一) 簡易程序於獨任法官前行之

　　民事訴訟法第436條第1項規定：「簡易訴訟程序在獨任法官前行之。」簡易訴訟程序為獨任法官進行審理，相較於通常審理程序由法官一人或三人審判，鑑於簡易訴訟程序案件較單純，事實關係並非複雜，故特別規定僅由一位法官單獨審判，毋庸合議審理。

(二) 起訴狀得僅表明所請求之原因事實

　　在通常訴訟程序，依民事訴訟法第244條規定，當事人應以起訴狀表明其請求之原因事實，提出於法院為之，僅於例外情形，當事人得於言詞辯論期日以言論為訴之變更、追加及提起反訴。惟在簡易訴訟程序，立法者為方便當事人得於簡易程序起訴或為其他訴訟行為，以期便捷，故而民事訴訟法第428條特別規定，當事人得以言詞起訴或為其他聲明或陳述。且於簡易訴訟事件，當事人往往自為訴訟而未

委任律師爲其訴訟代理人，如一律要求原告於起訴時即明確表明其應主張之法律關係，對當事人之可能過於嚴苛，故本條亦特別規定，原告於起訴時得僅表明請求之原因事實。

(三) 就審期間之縮短

依民事訴訟法第429條規定：「以言詞起訴者，應將筆錄與言詞辯論期日之通知書，一併送達於被告（第1項）。就審期間，至少應有五日。但有急迫情形者，不在此限（第2項）。」

於通常訴訟程序，原告除將起訴狀提出於法院外，應按應受送達之他造人數提出繕本，由書記官將起訴狀繕本與言詞辯論期日之通知書一併送達於被告。而就審期間離言詞辯論之期日，至少應有十日（民訴§119、§251）。惟於簡易程序，若當事人係以言詞起訴之情形，僅能由書記官將代起訴狀之筆錄繕本，一併與言詞辯論之通知書，送達於被告。且就審期間亦縮短爲五日，使訴訟能順利完結[17]。

(四) 證據調查時，得自行攜帶證據及偕同證人到場

民事訴訟法第430條規定：「言詞辯論期日之通知書，應表明適用簡易訴訟程序，並記載當事人務於期日攜帶所用證物及偕同所舉證人到場。」此係屬簡易程序通知書之特別載明事項，一般訴訟程序無須表明適用一般程序之規定，但簡易程序爲求程序之迅速便捷，故簡易程序言詞辯論期日應表明適用簡易訴訟程序，目的在使當事人得就法院之簡易程序適用，適時依第427條第4項規定提出抗辯，或依第427條第5項規定聲請法院將同條第2項之訴訟以裁定改用通常程序，俾保護當事

---

17 臺北地方法院(75)廳民一字第1405號問題要旨：「債務人對支付命令爲合法之異議，債權人支付命令之聲請即視爲起訴，法院依通常程序分案開始審理，請問推事所定第一次言詞辯論期日通知之送達，仍應留十日或五日之就審期間，始謂於相當時期受合法通知？」司法院第一廳研究意見略以：「民事訴訟法第二百五十一條第二項，第四百二十九條第二項就審期間之規定，乃爲被告準備辯論及到場辯論而設（最高法院二十三年上字第二六七八號判例參照），即在第二審之訴訟程序，雖曾經受命推事行準備程序，依民事訴訟法第四百六十三條準用同法第二百五十一條之規定，於第二審言詞辯論期日，仍應遵守就審期間之規定。故對於不到場當事人所爲之言詞辯論期日通知，違背關於就審期間之規定者，該當事人即係未於相當時期受合法之通知（最高法院二十九年上字第一五四五號判例參照），尚難以法院依督促程序寄發支付命令時，已連同債權人支付命令聲請繕本一併送達債務人，即可不留就審期間。」

人有機會利用程序較爲嚴密之通常訴訟程序。且爲期紛爭一次解決及程序進行之效率，同時規定應攜帶證物及帶證人一併到場[18]。

(五) 得不提出準備書狀

原則上於民事訴訟程序之通常程序中，必須在言詞辯論日前提出準備書狀於法院，此乃基於準備言詞辯論的必要，所爲之必要之舉，並於民事訴訟法第265條有明文規範。

然簡易訴訟程序係以追求迅速、經濟裁判之程序保障精神的民事訴訟審理程序，故在準備書狀上並非如同通常程序般，必須言詞辯論日前提出準備書狀於法院，依民事訴訟法第431條規定，除非是在當事人之聲明或主張之事實或證據，足以認定他造具若沒有準備書狀則不能陳述之情況，此時方有提出準備書狀之義務，餘此情形外，在簡易訴訟程序中毋庸強制當事人必須提出準備書狀。是就當事人於其聲明或主張之事實或證據，規定應於期日前向法院提出準備書狀，係以「認爲他造非有準備不能陳述者爲限」，就其繕本部分亦僅任意規定爲「得」直接通知他造，故若原告並未事先提出準備書狀或相關資料時，則不能認爲原告有何違法之處[19]。

---

[18] 臺灣高等法院82年再易字第3號判決略以：「按對於簡易程序獨任推事所爲之裁判，得上訴或抗告於管轄之地方法院，其審判以合議行之。民事訴訟法第四百三十六條之一第一項定有明文，此乃審級管轄之規定，事關民事訴訟制度，不能因兩造合意或捨棄責問權而任意變更。」

[19] 臺灣桃園地方法院97年壢小字第428號判決：「至於民事訴訟法第436條之23所準用之同法第431條，就當事人於其聲明或主張之事實或證據，規定應於期日前向法院提出準備書狀，係以『認爲他造有非有準備不能陳述者爲限』，就其繕本部分亦僅任意規定爲『得』直接通知他造，即難認原告未事先寄送前開證據予被告有何違法，本院自亦無從於本件起訴狀繕本外，強制命原告於強制執行程序前列表統計本金、循環利息、違約金、手續費之金額送予被告審閱。……按債務人無爲一部清償之權利，但法院得斟酌債務人之境況，許其於無甚害於債權人利益之相當期限內，分期給付，或緩期清償，民法第318條第1項定有明文，然此項規定，係認爲法院有斟酌債務人之境況，許其分期給付或緩期清償之職權，非認債務人有要求分期給付或緩期清償之權利，最高法院著有23年上字第224號判例可供參照。被告雖稱債務沈重而希望能分期攤還，惟債務沈重並非解免或延期清償之法定理由，被告分期給付之請求，未經原告同意，被告復未提出任何證據以釋明其境況，本院難遽依其請求許其分期給付。」

(六) 當事人得不待通知自行到庭辯論

在簡易訴訟程序中，相較於通常審理程序，為求便利當事人之考量，故於民事訴訟法第432條第1項規定，只要在法院平時預定開庭審理民事訴訟案件之日，在雙方當事人合意自行到庭之情況，即可以進行本件訴訟之言詞辯論[20]。

又當事人雙方如有自行合意到庭之情形，則為補正程序，應於言詞辯論筆錄記載此起訴事項，並且倘若雙方所請求法院裁判之事由非為民事訴訟法第427條第1項、第2項所定之法定簡易訴訟事件，此時當事人雙方自行到庭請求法院加以裁判已解決爭執之行為，視為雙方當事人已有民事訴訟法第427條第3項是用簡易訴訟程序之合意。

然民事訴訟審理上，現實上事務繁冗之法院，乃面臨法庭不足，人力資源有限之情況，故案件庭期早已為預先分配，在當事人依此規定起訴時，實不易為妥善處理，故在實務案例上，當事人鮮有以此條規定起訴之事例。

(七) 證人或鑑定人之通知

民事訴訟法第433條規定：「通知證人或鑑定人，得不送達通知書，依法院認為便宜之方法行之。但證人或鑑定人如不於期日到場，仍應送達通知書。」

在簡易訴訟上若有需要通知證人或鑑定人，毋庸像通常程序一般，須以通知書送達之，而係可由法院所認為之便宜方法通知證人或鑑定人到庭，至於所謂之便宜方法，如以電話、或命當事人偕同證人、鑑定人到場皆無不可。

但因為非以通知書送達證人、鑑定人，則其不負有到庭之義務，故在證人或鑑定人如不於其日到場時，若尚需要證人與鑑定人到場證述或鑑定時，依民事訴訟法第433條但書規定，法院仍應送達通知書。

(八) 原則上以一次期日為簡易程序之終結

依民事訴訟法第433-1條規定，針對簡易訴訟程序事件，為求落實簡易訴訟程

---

[20] 臺灣臺北地方法院92年度小上字第120號判決：「按民事訴訟法第四百三十二條規定當事人兩造於法院通常開庭之日，得不待通知，自行到場，為訴訟之言詞辯論，並依同法第四百三十六條之二十三之規定，為小額訴訟程序所準用。其情形可分為二種：尚未提起訴訟時，兩造自行到庭，由原告以言詞提起小額訴訟，同時進行言詞辯論；小額訴訟業已提起，審判長尚未指定言詞辯論期日，或已指定言詞辯論期日，兩造於期日前，自行到庭陳述為言詞辯論。」

序訴訟速結之精神，故法院應以一次期日辯論為原則。但民事訴訟法第433-1條規定僅是為原則規定，於個案審理上，法院仍得視案情之情況決定開庭之次數，但若當事人有延滯訴訟行為者，則有抵觸本條規定之嫌，法院於審理時得以禁止當事人延滯訴訟之行為[21]。

(九) 得簡略記載言詞辯論筆錄

簡易訴訟程序之言詞辯論筆錄，為求節省書記官勞力之負擔，故民事訴訟法於第433-2條規定，在經由法院之許可下，可以省略應記載之事項。但省略之範圍有其限制，依據第433-2條第2項規定，民事訴訟法第212條所列之言詞辯論應遵守之程式、民事訴訟法第213條第1項第1款所定之捨棄、認諾及自認、第6款所定之裁判之宣示、民事訴訟法第262條第2項所定之訴之撤回以及民事訴訟法第379條所定之和解筆錄，因為上揭事項皆攸關當事人程序上重大權益，故屬於不得省略記載之事項。

又倘若當事人認為法院許可省略言詞辯論筆錄記載之事項有損其權益時，依民事訴訟法第433-2條第1項但書規定，可向法院異議，此時當事人異議之部分即不得省略。

(十) 得依職權為一造辯論判決

簡易訴訟程序中，為追求程序的迅速終結，故相較於通常程序法院職權一造辯論判決尚須不到場的當事人經再傳仍不到場使得為之（民訴§385），民事訴訟法第433-3條規定於簡易訴訟程序中，只要在言詞辯論期日，當事人之一造不到場者，縱使僅為一次不到，法院得依職權由一造辯論而為判決。

惟須注意者，民事訴訟法第433-3條規定，依據同法第436-1條第3項準用第463

---

[21] 臺灣臺北地方法院100年北簡字第11605號判決筆錄：「本件事證已臻明確，兩造其餘攻擊、防禦方法及其他事證，核對本件判斷不生影響，爰不一一論述；另『簡易訴訟程序事件，法院應以一次期日辯論終結為原則。』民事訴訟法第433條之1定明文，被告本人暨其訴訟代理律師均係於99.7.7收受本院99.7.30之開庭之通知書，此有傳票回證附卷可稽，其收受開庭通知書時距開庭日尚有23日之久，其於獲悉開庭後，若有所主張或聲請本院調查證據，自應儘速具狀告知本院，俾便查察，乃被告卻於99.7.30開庭時始『當庭』遞狀並於狀內聲請調查證據，顯係妨礙訴訟之進行，且本院認亦無調查之必要，自不再調查，併此敘明！」

條之規定，在簡易訴訟程序之第二審時，其二審之一造辯論判決之規定仍應準用同法第385條第1項之規定，而非適用同法第433-3條法院得依職權一造辯論判決之規定。

復依民事訴訟法第432條第1項規定，當事人得不待通知自行到場為訴訟之言詞辯論，乃指當事人兩造同時到場之情形而言。若於個案上當事人之一造未經法院通知，僅單獨到場要求進行言詞辯論，則無同法第432條第1項之適用。

(十一) 裁判書之簡化

鑑於簡易訴訟案件之性質多屬輕微或簡單之事件，為避免加重法官之負擔及造成判決書之繁複，故於民事訴訟法第434條第1項規定。在簡易訴訟案件之判決書，其內容所載之事實及理由，相較於同法第266條通常訴訟程序之判決書，可以合併記載其要領或引用當事人書狀、筆錄或其他文書，必要時得以之作為附件。

簡易訴訟程序之制訂在於追求輕微案件得以迅速終結，倘若法官審理簡易訴訟案件尚須同於通常程序般之製作判決書，勢必曠日廢時。故民事訴訟法第434條第2項遂規定得以言詞筆錄代替判決書，法院於宣示判決時，將判決主文及其事實、理由之要領記載於言詞辯論筆錄，無庸另外製作判決書。又其筆錄正本或節本之送達，與判決正本之送達，具有同一之效力，以杜爭議。但此第434條僅適用於簡易訴訟程序之一審程序，對於簡易訴訟程序之上訴審而言，依據第436-1條第3項規定：「第一項之上訴及抗告程序，準用第三編第一章及第四編之規定」故簡易程序之上訴審即二審判決書之制作仍應適用普通程序，而無第434條第2項規定之適用[22]。

又民事簡易訴訟程序事件，依民事訴訟法第434條第2項規定法院得於宣示判決時，命將判決主文、所裁判之訴訟標的及其理由要領，記載於言詞辯論筆錄，不另作判決書。該宣示判決之言詞辯論筆錄如有誤寫、誤算或其他類此之顯然錯誤，或其正本與原本不符之情形，應如何更正？對此司法院研究意見認為，參照司法院

---

[22] 司法院司法業務研究會期第19期司法院第一廳研究意見：「簡易訴訟法程序之第二審程序，依民事訴訟法第四百三十六條之一第三款規定，準用第三編第一章之第二審程序之規定，目前通說亦將簡易程序之第二審視同通常訴訟程序之第二審，而通常訴訟程序之第二審判決書並無以言詞辯論筆錄正本或節本代替之規定，是以簡易事件之第二審判決書自亦不得以言詞辯論筆錄正本或節本代替，研討結論採乙說，核無不合。」

32年院字第2515號解釋意旨，應由書記官以處分更正之。因該宣示判決之言詞辯論筆錄係書記官所製作，如有誤寫、誤算或其他類此之顯然錯誤，或其正本與原本不符，應由書記官以處分更正之。惟若法官填載之「判決要旨稿」本身有顯然之錯誤時，則應由法院以裁定更正之[23]。

　　簡易訴訟程序之判決書可由言詞辯論筆錄代替之，已如上述，故在製作上勢必應同於判決書之格式，故同條第3項乃明定以言詞審判筆錄爲簡易訴訟程序之判決書須依民事訴訟法第230條規定製作，即由書記官簽名及蓋用法院大印，以全公文書形式之完備，以昭公信。

　　此外，當事人於言詞辯論時已爲訴訟標的之捨棄或認諾，或受不利判決之當事人於宣示判決時已捨遮上訴權或履行判決所命之給付者，判決書就該部分之事實及理由，應無再爲記載之必要，立法者爰於民事訴訟法第434-1條規定三種情形，即本於當事人對於訴訟標的之捨棄或認諾者、受不利判決之當事人於宣示判決時，捨棄上訴權者、受不利判決之當事人於宣示判決時，履行判決所命之給付者之情形者，於簡易訴訟程序案件之判決書可僅記載主文，以省勞費[24]。

捌、簡易事件之上訴及抗告程序

一、簡易程序之第二審上訴

(一) 簡易訴訟之第二審管轄法院

　　民事訴訟法第436-1條第1項規定：「對於簡易程序之第一審裁判，得上訴或抗告於管轄之地方法院，其審判以合議行之。」乃係爲減輕高等法院之負擔所爲之規定。民事訴訟法第436-1條第3項亦規定：「第1項之上訴及抗告程序，準用第434條第1項、第434條之1及第三編第一章、第四編之規定。」是以，縱使簡易訴訟程序事件之上訴審由地方法院合議庭審理，但就其性質仍屬於二審程序，故於本條第3

---

[23] 司法院(81)廳民一字第15424號：「參照司法院院字第二五一五號解釋及最高法院四十三年台抗字第一號判例意旨，自以採甲說爲當。惟若法官填載之「判決要旨稿」本身有顯然之錯誤時，則應由法院以裁定更正之。」

[24] 臺灣臺北地方法院95年北簡字第3750號判決：「本件依被告之認諾，爲被告敗訴之判決。並依民事訴訟法第434條之1第1款規定，僅記載主文，及按同法第389條第1項第1款依職權宣告假執行。」

項規定有關簡易訴訟程序事件之上訴及抗告程序，準用民事訴訟法第434條第1項、第434-1條及民事訴訟法第三編第一章、第四編之規定。

(二) 簡易訴訟於第二審訴訟程序中，訴之變更、追加或提起反訴之限制

於簡易事件之第二審上訴程序中，因訴之變更、追加或提起反訴，致應適用通常訴訟程序者，為免影響當事人之審級利益及簡易訴訟程序速審速結之特質，均不得為之。故立法者於民事訴訟法第436-1條第2項即規定：「當事人於前項上訴程序，為訴之變更、追加或提起反訴，致應適用通常訴訟程序者，不得為之。」

(三) 第二審判決之簡化

惟須注意的是，若有地方法院獨任法官將應適用通常訴訟審理程序之事件，誤行簡易訴訟程序，所踐行之訴訟程序顯有重大瑕疵，嚴重侵害當事人程序上之利益，此時當事人得依民事訴訟法第197條第1項規定行使責問權，倘若原審法院仍執意以簡易訴訟程序審理致作成判決，當事人對此提起第二審上訴時，第二審法院得依民事訴訟法第436-1條第3項準用同法第451條第1項規定，為將該事件發回原法院之判決。

若當事人於第一審程序，對於前述程序之違背，已表示無異議，或未表示無異議但已就該訴訟有所聲明或陳述者，則應喪失民事訴訟法第197條第1項之責問權，此時即無準用民事訴訟法第451條第1項之情況[25]。

二、簡易程序之第三審上訴及抗告

(一) 簡易程序之越級上訴及抗告

為貫徹最高法院法律審之精神，並求裁判上法律見解之統一，故增設民事訴訟法第436-2條第1項規定，就民事訴訟法第427條第2項簡易訴訟程序之第二審裁判，其上訴利益逾第466條所定之額數者（即訴訟標的價額超過一百五十萬元），使當事人得逕向最高法院提起第三審上訴或抗告，惟限制以原裁判適用法規顯有錯誤為

---

[25] 最高法院81年台上字第1310號判例：「地方法院獨任法官將應適用通常訴訟程序之事件，誤為簡易訴訟事件，適用簡易訴訟程序者，如當事人對之表示無異議或知其違背或可知其違背，並無異議而為本案辯論者，依民事訴訟法第一百九十七條第一項但書規定，其責問權即已喪失，當事人不得以第一審訴訟程序有重大瑕疵為由，提起第二審上訴。」

理由，始得爲之。所謂適用法規顯有錯誤，係指原第二審裁判就其取捨證據所確定之事實適用法規顯然錯誤而言[26]，不包括認定事實、取捨證據不當，及判決理由不備或理由矛盾之情形在內[27]。

簡易訴訟程序與通常訴訟程序之第三審均爲法律審，故有關通常訴訟程序之第三審上訴及抗告之規定，除與簡易訴訟程序之性質不相容之部分，而於簡易訴訟程序有特別規定者外，其餘規定，仍可適用於簡易訴訟程序之上訴及抗告。故民事訴訟法第436-2條第2項規定，簡易訴訟程序事件第二審判決之上訴及抗告，除別有規定外，仍適用第三編第二章第三審程序、第四編抗告程序之規定。

(二) 應具明上訴或抗告之理由

針對簡易訴訟案件之三審上訴，須以該案件適用法規顯有錯誤及所涉訟的法律見解是否具法律基本原則上之重要性爲限，始得提起上訴，而第三審上訴爲法律審，審理方式爲書面審理，倘若當事人僅表示上訴而未提敘理由者，法院自無法進行審理，故民事訴訟法第436-4條規定，依同法第436-2條第1項提起上訴或抗告者，應同時表明上訴或抗告理由；其於裁判宣示後送達前提起上訴或抗告者，應於

---

[26] 最高法院100年台簡抗字第32號裁定：「按對於簡易訴訟程序之第二審裁判，其上訴利益逾同法第四百六十六條所定之額數者，當事人僅得以其適用法規顯有錯誤爲理由，逕向最高法院提起上訴或抗告，且須經原裁判法院之許可，而該許可，以訴訟事件所涉及之法律見解具有原則上之重要性者爲限。又上述之上訴或抗告，爲裁判之法院認爲應許可者，應添具意見書，敘明合於前開規定之理由，逕將卷宗移送最高法院，最高法院（再抗告法院）審查原法院所添具意見書，認再抗告不應許可，並不受意見書所載許可再抗告理由之拘束，自得逕以裁定駁回之，此觀民事訴訟法第四百三十六條之二第一項、第四百三十六條之三第一項、第二項、第三項、第四百三十六條之五第一項之規定自明。而所謂適用法規顯有錯誤，係指原第二審裁判就其取捨證據所確定之事實適用法規顯然錯誤而言。」

[27] 最高法院100年台簡上字第24號裁定：「按對於簡易訴訟程序之第二審判決，其上訴利益逾民事訴訟法第四百六十六條所定之額數者，當事人僅得以其適用法規顯有錯誤爲理由，逕向最高法院提起上訴：此項上訴，須經原裁判法院之許可，且其許可，以訴訟事件所涉及之法律見解具有原則上之重要性者爲限。同法第四百三十六條之二第一項、第四百三十六條之三第一項、第二項定有明文。所謂適用法規顯有錯誤，係指原第二審判決就其取捨證據所確定之事實適用法規顯有錯誤而言，不包括認定事實、取捨證據不當，及判決理由不備或理由矛盾之情形在內。」

裁判送達後十日內補具之。至於所謂表明上訴理由，係指表明第二審判決有如何適用法規顯有錯誤之情形而言[28]。

倘若當事人未依上揭規定表明上訴或抗告理由者，爲免當事人利用上訴或抗告作爲拖延訴訟之手段，損及他造權益及導致訴訟延滯[29]，故於民事訴訟法第436-4條第2項規定，若爲表明上訴或抗告理由者，原法院可以直接以裁定駁回，毋庸再命提起上訴或抗告之當事人爲補正。

(三) 簡易程序之提起第三審上訴或抗告之要件

1. 應得原裁判法院之許可

對於簡易訴訟程序之第二審裁判，民事訴訟法第436-2條第1項規定僅以其適用法規顯有錯誤爲限，當事人得逕向最高法院提起上訴或抗告，惟爲免當事人任意提起第三審上訴或抗告，徒增法院負擔，爰於同法第436-3條第1項規定，對於簡易訴訟程序之第二審裁判，提起第三審上訴或抗告，需經由原裁判法院許可之限制。

2. 原裁判法院之處理

(1) 原裁判法院認爲應行許可時之處理

法律審之目的在於追求法律解釋之統一，原法院是否許可上訴或抗告，自應

---

[28] 最高法院81年台抗字第397號判例：「依民事訴訟法第四百三十六條之二第一項規定，對於簡易訴訟程序之第二審判決提起上訴者，應同時表明上訴理由，第四百三十六條之四第一項前段定有明文。所謂表明上訴理由，係指表明第二審判決有如何適用法規顯有錯誤之情形而言，觀之同法第四百三十六條之二第一項規定自明。本件抗告人收受第二審判決後，提起第三審上訴，其上訴狀內僅記載：上訴理由引用在第一審及第二審之陳述及訴狀所載云云。查抗告人在第一審及第二審之陳述及其引用者，均係在第二審判決前所爲，其內容自不可能有第二審判決如何適用法規顯有錯誤之論述，殊難依該記載，認抗告人已於上訴狀內表明上訴理由。」

[29] 最高法院100年台簡抗字第38號裁定：「按『依民事訴訟法第四百三十六條之二第一項提起上訴或抗告者，應同時表明上訴或抗告理由；其於裁判宣示後送達前提起上訴或抗告者，應於裁判送達後十日內補具之。未依前項規定表明上訴或抗告理由者，毋庸命其補正，由原法院裁定駁回之。』民事訴訟法第四百三十六條之四定有明文。考其第二項之立法意旨，係爲免當事人利用上訴或抗告作爲拖延訴訟之手段，爰予特別規定，自無再適用同法第四百三十六條之二第二項及第四百七十一條第一項規定之餘地。」

以該案件所涉訟的法律見解是否具法律基本原則上之重要性爲限，此所謂之「重要性」係指該案件所涉及的法律問題意義重大，而必須加以闡述之必要而言。故於民事訴訟法第436-3條第2項規定，原裁判法院所爲之許可，須以訴訟事件所涉及之法律見解具有原則上之重要性者爲限。

當事人就訴訟事件提起第三審上訴或抗告時，該訴訟事件所涉及之法律見解是否具有原則上之重要性，自以爲裁判之原法院知之最詳，如原法院認爲應許可上訴或抗告者，由其就此添具意見書，除可減輕最高法院之負擔外，並可免濫行上訴之弊，又原法院認爲不應許可第三審上訴或抗告者，則應以裁定駁回上訴或抗告，故民事訴訟法第436-3條第3項規定，對於簡易訴訟程序之第二審裁判爲上訴或抗告，爲裁判之原法院認爲應行許可者，應添具意見書，敘明合於前項規定之理由，逕將卷宗送最高法院；認爲不應許可者，應以裁定駁回其上訴或抗告。

(2) 原裁判法院認爲不應許可時之處理

對於簡易訴訟程序地方法院合議庭所爲第二審裁定，逕向最高法院提起抗告，經地方法院合議庭認爲不應許可，而以裁定駁回其抗告。如對此項駁回之裁定抗告時，抗告人是否應委任律師爲訴訟代理人？對此，最高法院認爲當事人對於地方法院合議庭所爲第二審裁定，逕向最高法院抗告，經爲裁定之地方法院合議庭認爲不應許可，以裁定駁回其抗告。對於此項駁回之裁定提起抗告，其性質並非再爲抗告，故此時應依民事訴訟法第495-1條第1項準用第二審程序之規定，自無須委任律師爲訴訟代理人[30]。

依照民事訴訟法第436-5條規定：「最高法院認上訴或抗告，不合第四百三十六條之二第一項及第四百三十六條之三第二項之規定而不應許可者，應以裁定駁回之。」亦即，當事人上訴第三審必須符合「上訴利益逾新臺幣一百五十萬元」，以及「適用法規顯有錯誤且訴訟事件所涉及之法律見解具有原則上重要性者」始得認定適法之上訴，對此兩項要件，最高法院自應以職權審查之，倘若當事人所提之上訴未符合此兩項要件者，最高法院自應以裁定駁回之。

---

[30] 最高法院94年度第9次民事庭會議決議：「當事人對於地方法院合議庭所爲第二審裁定，逕向最高法院抗告，經爲裁定之地方法院合議庭認爲不應許可，以定駁回其抗告。對於此項駁回之裁定提起抗告，其性質並非再爲抗告，此時應依民事訴訟法第四百九十五條之一第一項準用第二審程序之規定，自無須委任律師爲訴訟代理人。」

(四) 關於通常事件上訴及抗告程序之準用

　　為減輕高等法院之負擔，民事訴訟法第436-1條第1項規定當事人對於簡易訴訟程序案件為上訴或抗告時，上訴或抗告審理法院為有管轄權之地方法院合議庭進行審判，此乃鑑於為減輕高等法院之負擔，遂為此規定。縱使簡易訴訟程序事件之上訴審由地方法院合議庭審理，但就其性質仍屬於二審程序，故於同條第3項規定有關簡易訴訟程序事件之上訴及抗告程序，準用同法第434條第1項、第434-1條及民事訴訟法第三編第一章、第四編之規定。

三、簡易事件之再審程序

(一) 簡易事件之提起再審

　　簡易訴訟案件上訴第三審必須符合民事訴訟法第436-2條第1項及第436-3條第2項之規定者，始得為上訴三審，亦即當事人上訴第三審必須符合「上訴利益逾新臺幣一百五十萬元」，以及「適用法規顯有錯誤且訴訟事件所涉及之法律見解具有原則上重要性者」始得認定適法之上訴，對此兩項要件，最高法院自應以職權審查之，倘若當事人所提之上訴未符合此兩項要件者，依民事訴訟法第436-5條第1項規定，最高法院自應以裁定駁回之。

　　為避免當事人於最高法院為前項之裁定且該裁定確定後，聲請再審，影響他造當事人權益及為維護法安定性之考量，故民事訴訟法第436-5條第2項規定，對於最高法院所為之前項裁定，不得提起再審。又此項規定，於簡易程序第二審法院認上訴或抗告不應許可而以裁定駁回，經抗告後，最高法院認為其抗告為無理由而駁回之裁定時，亦其適用[31]。

(二) 簡易事件提起再審之限制

　　對於簡易訴訟程序之第三審裁判，當事人以原裁判適用法規顯有錯誤為理由，遂向最高法院提起上訴或抗告，經最高法院以其上訴或抗告無理由為駁回之裁

---

[31] 最高法院87年台簡聲字第1號判例：「最高法院認上訴或抗告，不合民事訴訟法第四百三十六條之二第一項及第四百三十六條之三第二項之規定而不應許可者，應以裁定駁回之；前項裁定，不得聲請再審，同法第四百三十六條之五定有明文。此項規定，於簡易程序第二審法院認上訴或抗告不應許可而以裁定駁回，經抗告後，最高法院認其抗告為無理由而駁回之裁定，自應有其適用。」

判後，則原裁判適用法規是否顯有錯誤，已經最高法院加以審查。對此若還允許當事人就同一理由再依民事訴訟法第496條第1項第1款之規定提起再審之訴，或依第507條之規定聲請再審，不僅徒增法院爲不必要之重複認定，浪費司法資源，易滋紛擾，故而同法第436-6條規定：「對於簡易訴訟程序之裁判，逕向最高法院提起上訴或抗告，經以上訴或抗告無理由爲駁回之裁判者，不得更以同一理由提起再審之訴或聲請再審。」以杜其弊。

(三) 簡易事件提起再審之事由及要件

民事訴訟法第436-7條規定：「對於簡易訴訟程序之第二審確定終局裁判，如就足影響於裁判之重要證物，漏未斟酌者，亦得提起再審之訴或聲請再審。」依本規定，對於簡易訴訟程序之第二審裁判，提起第三審上訴或抗告，須具備同法第436-2條第1項、第436-3條第2項規定之「適用法規顯有錯誤」與「訴訟事件所涉及之法律見解具有原則上重要性者」之要件，始得爲之，但若個案上，有漏未斟酌重要證物之情形，則與前述要件有所欠缺不同，如不另賦予當事人救濟之管道，於其權益之保護，自難以認定爲周全，故本條規定對於簡易訴訟程序之第二審確定終局裁判，如就足影響於裁判之重要證物，漏未斟酌者，亦得提起再審之訴或聲請再審，以維護當事人之權益。至於民事訴訟法第496條至第498條以及其他有關再審條文之規定，除本章另規定外，仍在適用之列。

對於簡易訴訟程序之第二審確定終局裁判，如就足影響於裁判之重要證物，漏未斟酌者，得提起再審之訴，民事訴訟法第436-7條定有明文。其中所謂「重要證物漏未斟酌」，係指當事人在前訴訟程序已經提出，原確定判決漏未於判決理由中斟酌，足以影響原確定判決之內容而言，若原確定判決對於該項證物，認係不必要或有不足採信之情形，或該證物無關重要，縱經斟酌亦與確定判決無影響者，仍不得據爲再審之理由[32]。

然而，對於簡易訴訟程序之第二審確定終局裁判，如當事人於訴訟未經合法

---

[32] 臺灣臺北地方法院100年再易字第46號判決：「次按對於簡易訴訟程序之第二審確定終局裁判，如就足影響於裁判之重要證物，漏未斟酌者，得提起再審之訴，民事訴訟法第436條之7定有明文。而所謂『重要證物漏未斟酌』，係指當事人在前訴訟程序已經提出，原確定判決漏未於判決理由中斟酌，足以影響原確定判決之內容而言，若原確定判決對於該項證物，認係不必要或有不足採信之情形，或該證物無關重要，縱經斟酌亦與確定判決無影響者，仍不得據爲再審之理由。」

代理者，可否提起再審之訴？本書認為，依民事訴訟法第436-7條所規定之「漏未斟酌重要證物」亦得作為再審事由，旨在維護當事人之權益，並非排除同法第496條第1項各款有關再審事由規定之適用，故對於簡易訴訟程序之第二審確定終局裁判，如當事人於訴訟未經合法代理，自得依同法第496條第1項第5款及其他有關再審條文之規定，提起再審之訴或聲請再審。

第二節　小額訴訟程序

　　我國民事訴訟之審判程序，是以當事人已確定私權為目的而起訴所發動之審理程序，關於當事人財產權之涉訟，民事訴訟法依事件性質之繁簡，分別設有通常訴訟程序、簡易訴訟程序以及小額程序。是以，對於日常生活中因小額爭執所衍生之訴訟，以儘速解決當事人間日常生活小額爭訟為出發點，即規劃出訴訟標的金額或價額十萬元以下之訴訟，透過小額程序，以因應現實社會中時常發生之小額財產權爭訟之紛爭。

壹、小額訴訟之第一審程序

一、小額訴訟程序之適用範圍

　　依民事訴訟法第436-8條第1項及第4項規定，適用小額訴訟之程序，有下列兩種之情況：

(一) 依法律規定應適用小額程序之訴訟

　　民事訴訟法第436-8條第1項規定之關於請求給付金錢或其他代替物或有價證券之訴訟，且其標的金額或價額須在新臺幣10萬以下。至於所謂之金錢不限於有強制通用效力之法定貨幣，即便係無強制通用效力之自由貨幣（如舊台幣、銀元等）亦屬之。另外涉訟之客體為本國貨幣抑或是外國貨幣皆在所不問；所謂代替物，係指得以同種類之他物代替之物而言，如稻米、石油、木材等；所謂有價證券係指表彰財產權之書面，非經債權人提出，不得行使其權利之證券，如支票、本票、公司股票或短期公債等[33]。

---

[33] 臺灣臺北地方法院100年小上字第134號判決：「按請求給付金錢或其他代替物或有價

(二) 依當事人合意適用小額程序

民事訴訟法第436-8條第4項規定，如標的金額或價額逾十萬元而在五十萬元以下者，若雙方兩造當事人合意願意以小額程序解決紛爭者，法院自應許其合意而適用小額程序，但其合意不得僅以口頭表示，須以書面為之；倘若雙方當事人未明確書面合意適用小額程序，但若法院仍以小額程序審理而當事人對之無任何異議時，則應認為屬於擬制合意適用小額程序，此時法院以小額程序審理，當事人不得於事後指其程序違法（民訴§436-26 I 但書）。

依民事訴訟法第436-8條第2項之規定，形式上依訴訟標的金額或價額判斷應適用小額訴訟之程序者，倘若其案情確係複雜，或有其他客觀因素認為適用小額程序不適當者，法院得以職權以裁定改用簡易訴訟程序並由原法官繼續審理，且法院此項裁定，依同法第3項規定，當事人不得聲明不服，以免當事人憑藉抗告程序而達延滯訴訟之目的。

二、小額訴訟之管轄法院

依據民事訴訟法第436-23條準用同法第436條第1項之規定，小額訴訟亦為獨任法官進行審理，相較於通常審理程序小額訴訟程序與簡易訴訟程序一樣，規範上勢必不若普通審理程序完備，且兩者相較之下實行上仍與通常審理程序無顯著之差異，故於同法第436條第2項規定，於簡易訴訟程序未規定之事項，仍可適用一般通常審理程序之規定[34]。

小額程序相較於通常訴訟程序或簡易訴訟程序而言，有約定管轄法院之限制，依民事訴訟法第436-9條規定小額事件當事人之一造為法人或商人者，於其預定用於同類契約之條款，約定債務履行地或以合意定第一審管轄法院時，不適用民

證券之訴訟，其標的金額或價額在新臺幣十萬元以下者，適用本章所定之小額程序。對於小額訴訟之第一審裁判，得上訴或抗告於管轄之地方法院，其審判以合議行之，民事訴訟法第436條之8第1項定有明文。」

[34] 臺灣臺北地方法院100年北小字第2425號裁定：「查本件原告起訴未提出上開法條所定程式之起訴狀，經本院於民國101年1月11日以裁定命其於收受裁定5日內補正，該裁定於同年月16日送達原告，有送達證書附卷可憑。原告雖於同年月18日具狀到院，然仍未補正原告法定代理人之住居所，及檢附最新有記事之戶籍謄本到院；原告既未補正，其起訴即未符程式，應駁回原告之訴。三、爰依民事訴訟法第436條第2項、第249條第1項第6款、第95條、第78條，裁定如主文。」

事訴訟法第12條或第24條之規定。其立法意旨乃鑑於小額事件若當事人之一造如為法人或商人，以其預定用於同類契約之債務履行地條款或合意管轄條款與他造訂立契約者，締約之他造就此類條款幾無磋商變更之餘地，為保障小額事件之經濟上弱勢當事人權益，避免其因上述附合契約條款而需遠赴對造所預定之法院進行訴訟，故民事訴訟法第436-9條限制於小額程序中適用同法第12條以債務履行地定管轄地法院及第24條合意定管轄法院之規定。

　　但若小額程序中之當事人皆為商人或法人時，此時無前揭情形一方為經濟上弱勢之情況，故本條但書即規定，在當事人皆為商人或法人時，無特別保護之必要，故不適用本條本文之規定。

　　民事訴訟法第436-9條之規定在面臨法人與內部間之自然人所涉之法律爭訟時，如甲公司設在臺北市，乙自然人住在桃園市，甲公司以其受僱人乙違反僱傭契約，請求乙賠償新臺幣五萬元之損害，由於僱傭契約約定關於本僱傭契約之爭執，合意由臺灣臺北地方法院管轄，臺北地方法院簡易庭是否有管轄權？對此，實務認為民事訴訟法第436-9條規定，小額事件當事人之一造為法人或商人者，於其預定用於同類契約之條款，約定以合意定第一審管轄法院時，不適用合意管轄之規定。其立法意旨在於保護與法人或商人交易之不特定自然人，避免法人或商人本其優勢定型化之同類契約，剝奪自然人原有普通審判管轄之權利，是其規範對象限於與法人或商人交易之不特定消費者因定型化契約所產生之爭執事件始有該條之適用，而不及於法人或商人本身內部與其受僱人間簽訂之同類契約所生爭執，縱使當事人之一造為法人，仍有合意管轄之適用[35]。

---

[35] 臺灣高等法院暨所屬法院90年法律座談會民事類提案第31號：「民事訴訟法第四百三十六條之九規定，小額事件當事人之一造為法人或商人者，於其預定用於同類契約之條款，約定以合意定第一審管轄法院時，不適用合意管轄之規定。其立法意旨在於保護與法人或商人交易之不特定自然人，避免法人或商人本其優勢定型化之同類契約，剝奪自然人原有普通審判管轄之權利，是其規範對象限於與法人或商人交易之不特定消費者因定型化契約所產生之爭執事件始有該條之適用，而不及於法人或商人本身內部與其受僱人間簽訂之同類契約所生爭執，因而本件雖為小額事件，且其當事人之一造為法人，仍有合意管轄之適用，即應以僱傭契約所約定之臺北地方法院簡易庭為管轄法院。」

三、小額訴訟之提起

　　相較於在通常訴訟程序中，當事人起訴依法應向法院提出訴狀，並應記載民事訴訟法第244條第1項所定各款事項，以及在簡易訴訟程序，當事人起訴，雖得以言詞為之，但仍有一定程序之要求，小額程序中為增進其程序進行之簡速，並鼓勵民眾加以透過此一正當法律救濟途徑之使用，故本條規定小額程序得以表格化之訴狀為之，只要當事人將個案特定之「人事時地物」要素填入已設計好之表格即可完成相關訴狀[36、37]。

四、小額訴訟之審理程序

(一) 得於夜間或休息日進行程序

　　小額程序目的在於透過簡速之審判程序而使當事人程度較小之紛爭得以訴訟獲得救濟，惟一般民眾多於日間工作，如在小額程序中，限制法院僅得於非休息日或夜間開庭，無疑將使當事人無暇按時前往法院為訴訟行為，故民事訴訟法針對小額程序有休息日禁止之放寬，亦即民事訴訟法第436-11條第1項之規定：「小額程序，得於夜間、或星期日，或其他休息日行之。」所謂夜間，係指日出前、日沒後而言；所謂休息日係指應包括星期日及其他休息日在內，以法院之辦公時間定其標準，凡經政府明定各級公務機關、學校無須辦公之日期，均在此項休息日之範圍。

　　又此項於夜間或星期日或其他休息日之開庭規則，由司法院定之（民訴§436-11 II）。

(二) 得不調查證據

　　民事訴訟法第436-14條規定：「有下列各款情形之一者，法院得不調查證據，而審酌一切情況，認定事實，為公平之裁判：一、經兩造同意者。二、調查證據所需時間、費用與當事人之請求顯不相當者。」

　　在小額程序中，鑑於請求法院加以裁判之訴訟標的價額皆為十萬元至五十萬元之間，倘若因基於事件釐清之必要而窮盡各種調查程序，不僅耗費金錢，訴訟審理上亦勢必有所延滯，不符合費用相當性原則，並影響當事人之訴訟利益，故本條規

---

[36] 參照司法院制訂公布之「小額訴訟表格化訴狀及判決格式規則」。

[37] 資料來源：司法院書狀參考範例（http：//www.judicial.gov.tw/assist/assist03/assist03-01.asp）。

定，在小額程序中，經兩造同意，或是調查證據所需時間、費用與當事人之請求顯不相當者，即無須踐行調查證據程序為宜，以透過法院所認定之心證認定事實而為裁判[38]。

(三) 訴之變更、追加及提起反訴之限制

民事訴訟法第436-15條規定：「當事人為訴之變更、追加或提起反訴，除當事人合意繼續適用小額程序並經法院認為適當者外，僅得於第四百三十六條之八第一項之範圍內為之。」在小額程序中，當事人於小額程序為訴之變更追加或提起反訴者，依本條規定，須以民事訴訟法所定之小額訴訟範圍內為之（即訴訟標的金額或價額十萬以下，或經雙方當事人合意針對訴訟標的金額或價額10萬以上，而在50萬元以下者），如果當事人行訴之變更追加或提起反訴超出此範圍者，法院自不得允許其所為之訴之變更追加或提起反訴，此乃為維持小額程序進行之簡速精神[39]。

(四) 得簡略記載言詞辯論筆錄

小額程序目的在簡化訴訟程序，令人民小額事件紛爭得以迅速有效解決，故在法院判決書之記載，相較於普通訴訟程序及簡易訴訟程序而言，亦更為簡化，以求得以達到小額程序之目的精神，因此民事訴訟法第436-18條第1項即規定：「判決書得僅記載主文，就當事人有爭執事項，於必要時得加記理由要領。」已符合小額程序簡速之需求，且此項判決書，法院並得於訴狀或言詞起訴筆錄上記載（民訴

---

[38] 臺灣臺北地方法院100年小上字第136號判決：「小額訴訟制度之設計，係對當事人提供簡易化之程序或審理方式，以使當事人有機會追求比較節省勞力、時間及費用之裁判，故倘調查證據所需時間、費用與當事人之請求顯不相當者，法院得不調查證據，而審酌一切情況，認定事實，為公平之裁判，民事訴訟法第436條之14著有明文可參。」

[39] 臺灣臺北地方法院100年店小字第429號判決筆錄：「本件原告起訴原請求被告給付伊修車費用新臺幣（以下同）16,264元（包括工資10,360元、零件5,904元）及以每日800元計算、共8日之交通費用11,200元，合計27,464元，並加計自起訴狀繕本送達翌日起至清償日止，按年息5%計算之利息。嗣於訴訟繫屬中之民國100年9月5日言詞辯論時改為請求給付修車費用17,894元（包括工資11,990元、零件5,904元）及以每日800元計算共64日之交通費用50,775元（其中最後一日之交通費用375元），合計68,669元之本息，核係擴張應受判決事項之聲明，且未逾10萬元，與民事訴訟法第436條之15規定，尚無不合，合先敘明。」

§436-18 II）[40]。

　　鑑於小額程序之判決書得以民事訴訟法第436-18條第1、2項規定予以簡化，而簡化之判決書之製作將因審理之法官及個案案情之不同而有所差異，是為統一各該略式判決書記載及正本製作之方法，故在同法第436-18條第3項規定司法院在第436-18條第1項及第2項所定之範圍內，預擬各種判決格式，由各地方法院預印作為審理小額程序之用，以避免小額程序判決書製作上差異太大，而受人民之質疑判決之效力影響法院公正性。

(五) 小額訴訟程序之準用規定

　　「第四百二十八條至第四百三十一條、第四百三十二條第一項、第四百三十三條至第四百三十四條之一及第四百三十六條之規定，於小額程序準用之。」（民訴§436-23）此規範小額程序可準用簡易訴訟程序性質相近之相關規定，其中則包含了簡易訴訟程序中得以言詞起訴（民訴§428）、言詞起訴之送達程序（民訴§429）、言詞辯論期日之通知書內容必須表明適用之程序（民訴§430）、準備書狀之規定（民訴§431）、當事人可以自行到庭為言詞辯論（民訴§432）、調查證據便宜方法（民訴§433），以及判決書內容簡化（民訴§434）等規定，皆得以於小額程序中加以準用[41]。

五、小額訴訟之判決

(一) 簡易判決書之製作

　　在簡化訴訟程序，令人民小額事件紛爭得以迅速有效解決，故在法院判決書之記載，相較於普通訴訟程序及簡易訴訟程序而言，亦更為簡化，以求得以達到小額程序之目的精神，因此民事訴訟法第436-18條第1項即規定：「判決書得僅記

---

[40] 臺灣臺北地方法院101年北小字第21號判決：「原告依兩造間就學貸款契約及連帶保證之法律關係提起本訴，被告既未於言詞辯論期日到場，復未提出書狀以供本院審酌，爰就兩造間無爭執之事項，依民事訴訟法第436條之18第1項規定，僅記載主文，理由要領依前開規定省略。」

[41] 臺灣臺北地方法院100年北小字第2550號判決：「又本件之起訴狀繕本及本院之言詞辯論通知書均已於相當時期合法送達通知被告，被告既未於言詞辯論期日到場爭執，復未提出書狀答辯以供本院斟酌，依民事訴訟法第436條之23準用第436條第2項、第280條第3項、第1項之規定，即視同自認原告之主張，應認原告之主張為真實。」

載主文，就當事人有爭執事項，於必要時得加記理由要領。」已符合小額程序簡速之需求，且此項判決書，法院並得於訴狀或言詞起訴筆錄上記載（民訴§436-18 II）[42]。

鑑於小額程序之判決書得以民事訴訟法第436-18條第1、2項規定予以簡化，而簡化之判決書之製作將因審理之法官及個案案情之不同而有所差異，是為統一各該略式判決書記載及正本製作之方法，故在同法第436-18條第3項規定司法院在本條第1項及第2項所定之範圍內，預擬各種判決格式，由各地方法院預印作為審理小額程序之用，以避免小額程序判決書製作上差異太大，而受人民之質疑判決之效力影響法院公正性。

(二) 免為部分給付之判決

鑑於小額程序訴訟標的或價額在十萬元以下，價額甚低。倘若當事人循小額程序取得勝訴判決，若在實現權利之過程中，仍循普通強制執行程序，不僅耗費時日，亦增加當事人及司法資源之負擔。為鼓勵被告自動履行債務是於小額程序中，故於民事訴訟法第436-21條規定規範法院於徵得原告同意後，在以判決命被告為一定給付同時，限被告於一定期限內自動清償其中若干數額，即免除其餘部分之給付義務，以提前徹底解決兩造間之爭端。

(三) 分期付款或緩期清償之判決

小額程序制度精神，不僅在於加速原告權利之實現及滿足，亦兼顧被告資力之負擔可能性。是如被告衡量其將來可能之收入，自動向法院陳明其有能力分期給付或緩期清償之判決。但倘若被告屆期不為履行，自應受到一定之制裁，以免原告因信賴被告屆期履行而受不必要之損害。是於民事訴訟法第436-22條規定，法院依被告之意願而為分期給付或緩期清償之判決者，得於判決內明定被告若逾期不履行時，則應加給原告之金額，但其金額不得逾判決所命原給付金額或價額之三分之一，維持原告與被告間利益之平衡，並免對於被告處罰過重。

民事訴訟法第436-22條規定僅承認法院得依此規定行使職權，非認被告有聲請

---

[42] 臺灣臺北地方法院101年北小字第21號判決：「原告依兩造間就學貸款契約及連帶保證之法律關係提起本訴，被告既未於言詞辯論期日到場，復未提出書狀以供本院審酌，爰就兩造間無爭執之事項，依民事訴訟法第436條之18第1項規定，僅記載主文，理由要領依前開規定省略。」

法院依此規定行使職權之權利；縱經被告聲請，法院是否依其聲請為此職權之行使，仍得審酌各種客觀情事，依其自由意見決之，非被告所得強求[43]。

貳、小額訴訟之上訴、抗告及再審程序

一、受理案件之管轄法院

小額程序事件審級設計，依民事訴訟法第436-24條第1項規定，對於小額程序之第一審裁判，得上訴或抗告於管轄之地方法院，其審判以合議行之；及同法第436-30條規定，係採取二級二審制。

二、上訴之限制

在小額程序事件，對於第一審判決之上訴，依民事訴訟法第436-24條第2項規定，非以違背法令為由，不得為之。至於何謂違背法令，依同法第436-32條第2項準用第468條所為「判決不適用法規或適用不當者，為違背法令」之概括違背法令規定，以及第469條第1款至第5款所為之列舉違背法令規定。是若當事人僅據以抽象指摘原判決違背法令或證據取捨不當，均不得認為合於第436-24條第2項規定，而謂已合法表明上訴理由。此時小額程序事件第二審法院應認為當事人之上訴不合法，以裁定駁回之[44]。

至於對於小額事件第一審判決可否以判決不備理由或理由矛盾，且顯然影響判決之結果，而認判決違背法令，而提起上訴？對此實務認為，在小額程序，雖依民事訴訟法第436-32條第2項準用同法第469條第1款至第5款之規定，第6款不在準用之列，但如原審判決不備理由顯然影響判決之結論，仍屬第468條所定判決不適用法規之違背法令，是上訴人據此提起小額訴訟之第二審上訴，應認屬合法[45]。

---

[43] 最高法院41年台上字第129號判例：「民事訴訟法第三百九十六條第一項之規定，不過認法院有斟酌判決所命給付之性質，得定相當之履行期間之職權，非認當事人有要求定此項履行期間之權利，故法院斟酌判決所命給付之性質所定之履行期間，當事人不得以酌定不當，為提起第三審上訴之理由。」

[44] 最高法院26年鄂上字第236判例：「對於第二審判決上訴，非以違背法令為理由者不得為之，民事訴訟法第四百六十四條定有明文。是對於第二審判決上訴，非主張原判決違背法令以為上訴理由，即屬不應准許，自應認為不合法而駁回之。」

[45] 臺灣高等法院暨所屬法院90年法律座談會民事類提案第33號：「法律問題：對小額事

三、應於上訴狀內具明理由

　　民事訴訟法第436-24條規定，小額程序事件之上訴，非以違背法令爲由，不得爲之。是以，第436-25條明定當事人對於小額程序事件第一審判決提起上訴者，應記載上訴理由，依第436-25條規定表明下列事項：(1)原判決所違背之法令及其具體內容；(2)依訴訟資料可認爲原判決有違背法令之具體事實，此規定與民事訴訟法第470條第2項第1款及第2款規定之內容相同。

　　當事人對於第一審判決提起上訴，未於上訴狀內表明上訴理由者，依民事訴訟法第436-32條準用民事訴訟法第471條第1項及第4項規定，由原第一審法院不用命當事人補正，得逕以裁定駁回之，此乃因爲小額訴訟規定上訴理由應具體表明判決違背法令之事實及內容，就此法律審部分而言，與第三審規定程式相符（民訴§470），是上訴未提理由之效果及處理程序，自應準用同法第471條第1項之規定，不應準用民事訴訟法第二審之事實審程序規定，即上訴人應於提起上訴後二十日內，提出理由書於原審法院，未提出者，毋庸命其補正，由原審法院以裁定駁回之[46]。倘若原第一審法院未以裁定駁回，而將訴訟卷宗移送地方法院合議庭時，其合議庭準用民事訴訟法第440條以裁定駁回，亦屬適法。

件第一審判決可否以判決不備理由或理由矛盾，且顯然影響判決之結果，而認判決違背法令，而提起上訴？決議採乙說：（肯定說）。按對於小額程序之第一審裁判之上訴或抗告，非以其違背法令爲理由，不得爲之，民事訴訟法第四百三十六條之二十四定有明文。判決不適用法規或適用不當者，爲違背法令，同法第四百六十八條定有明文，該條條文，於小額事件之上訴程序準用之（同法第四百三十六條之三十二第二項參照）。在小額程序，依民事訴訟法第四百三十六條之三十二第二項準用同法第四百六十九條第一款至第五款之規定，第六款不在準用之列，僅判決不備理由或理由矛盾『非當然違背法令』，而非『判決不備理由及理由矛盾均不違背法令』，如原審判決不備理由顯然影響判決之結論，仍屬第四百六十八條所定判決不適用法規之違背法令，上訴人據此提起小額訴訟之第二審上訴，應認屬合法。」

[46] 臺灣高等法院89年庭長法律問題研討會：「法律問題：小額訴訟之上訴程序，上訴人提起上訴未提出上訴理由，此時應由原審法院或上訴審法院裁定駁回之？決議採乙說：惟有記載主文及理由之判決書，其提出上訴理由之期間二十日自上訴後起算；若係僅記載主文，未記載理由之判決書，其提出上訴理由之期間自補送判決理由書後起算。」

四、不得為訴之變更、追加或提起反訴

　　小額程序係追求簡速為目的之訴訟程序，故倘若當事人對於小額程序事件上訴第二審時，可以訴之變更、追加或反訴，第二審法院將必須對該事件重新調查證據、認定事實，如此將使訴訟複雜化，延滯訴訟程序而無法達到其程序簡速之要求，故民事訴訟法第436-27條規定，在小額程序，當事人上訴第二審時，不得為訴之變更、追加或提起反訴。故若當事人違反本條規定而提出訴之變更、追加或提起反訴者，法院對其部分自毋庸審理[47]。

五、不得為新的攻擊防禦方法

　　民事訴訟法第436-28條規定：「當事人於第二審程序不得提出新攻擊或防禦方法。但因原法院違背法令致未能提出者，不在此限。」當事人對於上訴第二審之小額程序事件，不得提出新攻擊或防禦方法，規範目的意義同於前條規定，亦係避免訴訟複雜化、延宕訴訟程序，而無法達到其簡速之目的。然而依民事訴訟法第436-28條但書規定，如果當事人因為原審法院違背法令而導致無法於原審程序時提出之攻擊或防禦方法者，因為此屬於原審法院之違誤，自不得將此所生之不利益由當事人承受，故此時當事人可例外在第二審程序中提出原本未提出之攻擊防禦方法，不受第436-28條本文規定之限制。

　　但若未具體表明原判決有何違背法令之情形，亦未具體指出其未能於原審提出之防禦方法係因原審如何違背法令所致，則與本條規定有間，自難認上訴人有合法表明原判決有何違背法令之上訴理由[48]。

---

[47] 臺灣臺北地方法院100年小上字第56號判決：「另按當事人於小額程序之第二審程序不得為訴之變更、追加或提起反訴，民事訴訟法第436條之27定有明文。本件被上訴人於本院審中另主張系爭貨物發生交付障礙，其除原審已主張之金額外，應請求上訴人按日再加付倉租費用189元等情。惟被上訴人於第一審程序並未提出，係屬於第二審程序中被上訴人始為之訴之追加，揆諸上開法條規定，本院自無庸就被上訴人之上開追加予以審究，附此敘明。」

[48] 臺灣臺北地方法院100年小上字第97號判決：「未具體表明原判決有何違背法令之情形，亦具體指出其未能於原審提出之防禦方法係因原審如何違背法令所致，復與民事訴訟法第436條之28規定有間，自難認上訴人有合法表明原判決有何違背法令之上訴理由。揆諸首揭說明，上訴人提起本件上訴不合法，應以裁定駁回其上訴。」

六、法院得不經言詞辯論而為判決

因為小額程序事件訴訟標的金額或價額甚微，故得於不用嚴格落實言詞審理主義，是依民事訴訟法第436-29條規定其事件經兩造同意者，第二審法院應尊重當事人之意願，不行言詞辯論程序，逕行判決（民訴§436-29第1款）；若非經兩造同意，但對個案事件依上訴意旨足認上訴無理由者，為簡省法院及當事人之勞費，此時亦無須行言詞辯論程序，第二審法院得逕為判決之[49]。

七、發回原法院或自為裁判之判決

對於當事人之起訴，本應以通常訴訟程序或簡易訴訟程序為之，卻誤行小額程序者，依民事訴訟法第436-26條第1項本文規定，小額程序之第二審法院得廢棄原判決，將該事件發回。惟本條第1項本文之規定僅適用誤行小額程序之情況，倘若係涉及其他重大瑕疵者，因為小額程序未準用民事訴訟法第451條規定，故縱使合於其第1項規定情形，亦不得據此為發回判決。又本條第1項本文之情形，如果符合民事訴訟法第436-8條第4項之情形，當事人已表示適用小額程序無異議或明知其起訴之事件性質不屬於小額程序事件法院卻誤用或可得而知其誤用者，第二審法院不得對原審判決廢棄發回。是若當事人（上訴人）在其上訴狀中除明示不同意原審續行小額訴訟程序，亦不同意本院於第二審程序續行審理，原審判決逕以上訴人無異議為其個案（小額訴訟程序）言詞辯論（即前述擬制合意），並依民事訴訟法第436-26條規定認上訴人同意被上訴人之當庭所為訴之變更等，則應有重大瑕疵，應予廢棄判決[50]。但第二審法院為同條第1項本文規定對原審法院誤行小額程序之判

---

[49] 臺灣臺北地方法院101年小上字第7號判決：「綜上所述，原判決並無上訴人所指違背法令之情事，上訴人提起本件上訴，指摘原判決不當，求予廢棄改判，依其上訴意旨，足認上訴為無理由，爰依民事訴訟法第436條之29第2款規定，不經言詞辯論，逕以判決駁回。」

[50] 臺灣臺北地方法院95年小上字第108號判決：「次查上訴人在其上訴狀中除明示不同意原審續行小額訴訟程序，亦不同意本院於第二審程序續行審理，參考前揭說明，原審判決逕以上訴人無異議為本案（小額訴訟程序）言詞辯論（即前述擬制合意），並依民事訴訟法第436條之26規定認上訴人同意被上訴人之當庭所為訴之變更等，即有重大瑕疵；而上訴人上訴意旨又指摘及此；從而為維持審級制度，及保障當事人程序利益，自應由本院不經言詞辯論，逕將原判決廢棄，發回原審即本院臺北簡易庭重新審理，以符法制。」

決廢棄發回前，依同條第2項規定，應給予當事人陳述意見之機會，倘若兩造當事人明示同意由第二審法院繼續適用小額程序者，此時第二審法院即不得為廢棄發回之判決，應對當事人上訴第二審之事件自為裁判。

第二審法院依民事訴訟法第436-26條第1項本文規定對原審判決廢棄發回時，依同條第3項規定，得不經言詞辯論為之，此乃因為第二審法院為廢棄發回判決時，並未對於本案為實體上之判斷，故於此判決時並不用行言詞辯論之必要。

八、第三審上訴及再審程序之限制

(一) 第三審上訴、抗告之禁止

依民事訴訟法第436-20條規定，對於小額程序之第二審裁判，不得再為上訴或抗告，準此在小額程序事件不生再抗告之問題，其第二審判決性質上亦屬小額程序之終局判決，故本規定亦為小額訴訟程序為二級二審制之明文規範，亦係屬小額程序事件第二審確定之原則。縱使其裁定正本誤載「如不服本裁定應於送達十日內向本院提出抗告狀，納抗告費新臺幣一千元」，惟此項教示規定顯屬誤載，依據民事訴訟法第436-20條規定，並不使該裁定成為得抗告之裁定[51]。

(二) 提起再審之限制

民事訴訟法第436-31條規定：「對於小額程序之第一審裁判，提起上訴或抗告，經以上訴或抗告無理由為駁回之裁判者，不得更以同一理由提起再審之訴或聲請再審。」

民事訴訟法第436-32條第4項規定，第五編之規定，於小額事件之再審程序準用之。故小額程序事件準用民事訴訟法第496條至第507條之規定，得對於小額程序之確定判決提起再審之訴。但對於小額程序確定判決之再審本條有所限制，對於小額程序之第一審裁判，提起上訴或抗告，經以上訴或抗告無理由為駁回之裁判者，不得更以同一理由提起再審之訴或聲請再審。所謂同一理由係指當事人前此提

---

[51] 臺灣臺北地方法院99年再微字第3號裁定：「抗告人因不服本院99年度再微字第3號民事裁定，提起抗告，惟查上開裁定係屬小額程序之第二審裁判，依民事訴訟法第436條之30規定，抗告人即不得提起抗告。雖上開裁定正本誤載『如不服本裁定應於送達10日內向本院提出抗告狀，並繳納抗告費新臺幣1,000元』，惟此項教示規定顯屬誤載，依首揭說明，並不使該裁定成為得抗告之裁定。是抗告人對於本院上開裁定，提起抗告，於法不合，應予駁回。」

起上訴或抗告所表明原第一審裁判如何違背法令之同一理由而言。此條規範目的乃在於避免當事人提起相同之理由，造成重複審理而浪費司法資源[52]。

參、有關上訴、抗告及再審程序之準用

民事訴訟法第436-32條規定：「第四百三十六條之十四、第四百三十六條之十九、第四百三十六條之二十一及第四百三十六條之二十二之規定，於小額事件之上訴程序準用之。第四百三十八條至第四百四十五條、第四百四十八條至第四百五十條、第四百五十四條、第四百五十五條、第四百五十九條、第四百六十二條、第四百六十三條、第四百六十八條、第四百六十九條第一款至第五款、第四百七十一條至第四百七十三條及第四百七十五條第一項之規定，於小額事件之上訴程序準用之（第1項）。第四編之規定，於小額事件之抗告程序準用之（第2項）。第五編之規定，於小額事件之再審程序準用之（第3項）。」

民事訴訟法第436-32條第1項係針對通常訴訟事件第一審程序有關訴訟代理人、詢問當事人、調查證據、確定訴訟費用額、免除部分給付及定加給金額之規定，在小額事件之第二審程序皆可以準用[53]。

民事訴訟法第436-32條第2項規定，通常訴訟事件第二審程序有關條文，只要不違反違背法令、補提書狀、小額事件之第二審程序之立法原則下（民訴§436-24至§436），皆得於小額事件之第二審程序中予以準用。

民事訴訟法第436-32條第3項規定，係在小額事件之抗告程序皆得準用通常訴訟程序之抗告規定，但基於民事訴訟法第436-30條規定，故再抗告規定不在準用之列。

民事訴訟法第436-32條第4項規定，小額事件之再審程序亦準用通常訴訟程序之再審規定，準此，小額事件之再審程序，應準用民事訴訟法第496條至第507條之規定。小額訴訟程序之再審程序有民事訴訟法第436-31條特別規定之適用。

---

[52] 臺灣臺北地方法院99年再微字第8號判決：「按對於小額程序之第一審裁判，提起上訴或抗告，經以上訴或抗告無理由為駁回之裁判者，不得更以同一理由提起再審之訴或聲請再審。民事訴訟法第436條之31定有明文。則依前開規定，本件再審原告以同一理由提起再審，其再審之訴顯非合法。」

[53] 臺灣臺北地方法院101年小上字第16號裁定：「本件第二審上訴費用為1500元，爰依民事訴訟法第436條之32第1項準用同法第436條之19第1項之規定，確定本件上訴之訴訟費用額如上所示金額。」

|第三十二章|
再審程序

第一節　再審之意義

　　再審係指民事之確定終局判決，在訴訟程序上有重大瑕疵存在，或該確定終局判決之裁判基礎有動搖或異常之情形時，致產生影響原確定判決之正確性之重大疑慮時，原確定判決之當事人得請求再審法院以判決撤銷原確定終局判決，重新就該本案訴訟為審判之訴訟程序。再審程序是屬於一種特殊之救濟程序，基於法安定性之考慮，立法及實務認定上均從嚴，蓋對於已經判決確定之事件，立法盡可能不讓其有事後再推翻之可能性，但具有再審重大事由以致法安定性之考量必須對裁判正確性之考量作出退讓，而使具有法定再審事由者可以再開啟程序來變更原確定判決。

第二節　再審之事由

　　依民事訴訟法第496條第1項規定除當事人已依上訴主張其事由或知其事由而不為主張者，得以再審之訴對於確定終局判決聲明不服。得再審之事由予以分析：

(一) 適用法規顯有錯誤者

　　所謂適用法規顯有錯誤，係指確定判決就事實審法院所確定之事實而為法律上判斷，有適用法規顯有錯誤之情形[1]。至於內涵上依據民事訴訟法第468條之規定，

---

[1] 最高法院71年台再字第30號判例：「第三審為法律審，其所為判決，以第二審判決所確定之事實為基礎，故民事訴訟法第四百九十六條第一項第一款所謂適用法規顯有錯誤，對第三審判決言，應以該判決依據第二審判決所確定之事實而為之法律上判斷，有適用法規顯有錯誤之情形為限。」

應包括確定判決顯有消極的不適用法規及積極的適用不當兩種情形[2]。又所謂適用法規顯有錯誤，係指確定裁判所適用之法規，顯然不合於法律規定，或與司法院現尚有效及大法官（會議）之解釋，或本院現尚有效之判例顯有違反，或消極的不適用法規，顯然影響裁判者，並不包括判決理由矛盾、理由不備、取捨證據及認定事實錯誤之情形在內[3]。

惟對於法律審法院就法律規定事項所表示之法律上之意見，實務見解認為並無適用法規顯有錯誤[4]，故無民事訴訟法第496條第1項第1款規定之適用。大法官釋字第177號解釋認為：「確定判決消極的不適用法規，顯然影響裁判者，自屬民事訴訟法第496條第1項第1款所定適用法規顯有錯誤之範圍，應許當事人對之提起再審之訴，以貫徹憲法保障人民權益之本旨。最高法院60年度台再字第170號判例，與上述見解未洽部分，應不予援用。惟確定判決消極的不適用法規，對於裁判顯無影響者，不得遽為再審理由，就此而言，該判例與憲法並無牴觸。」

(二) 判決理由與主文顯有矛盾者

所謂判決理由與主文顯有矛盾，係指判決依據當事人主張之事實，認定其請求或對造抗辯為有理由或無理由，而主文為相反意思之諭示，且須判決理由與主文相牴觸甚為顯然者，始足當之[5]。

---

[2] 司法院大法官釋字第177號解釋。

[3] 最高法院101年台聲字第55號裁定：「按民事訴訟法第四百九十六條第一項第一款所謂適用法規顯有錯誤，係指確定裁判所適用之法規，顯然不合於法律規定，或與司法院現尚有效及大法官（會議）之解釋，或本院現尚有效之判例顯有違反，或消極的不適用法規，顯然影響裁判者而言，並不包括判決理由矛盾、理由不備、取捨證據及認定事實錯誤之情形在內。」

[4] 最高法院63年台再字第67號判例：「關於民法第九百七十六條第一項第九款，所謂『有其他重大事由』之認定及應如何解釋始公平合理，或為事實審法院認定事實之職權，或為法律審法院就該法律規定事項所表示之法律上之意見（通稱法律見解），無適用法規顯有錯誤之可言。」

[5] 最高法院80年台再字第130號判例：「民事訴訟法第四百九十六條第一項第二款所謂：判決理由與主文顯有矛盾，係指判決依據當事人主張之事實，認定其請求或對造抗辯為有理由或無理由，而於主文為相反之諭示，且其矛盾為顯然者而言。茲確定判決於理由項下，認定再審原告對於再審被告部分之上訴，為無理由，而於主文諭示駁回再審原告此部分之上訴。依上說明，並無判決理由與主文顯有矛盾之情形。」

(三) 判決法院之組織不合法者

所謂判決法院組織不合法，係指無法官資格之人參與辯論裁判，或依法應合議審判之案件不依照法定人數出席審判，或參與判決之法官並未列席言詞辯論等，至於若僅庭長未充審判長，並非法院組織不合法，並無民事訴訟法第496條第1項第3款規定之適用[6]。

(四) 依法律或裁判應迴避之法官參與裁判者

所謂依法律或裁判應迴避之法官參與裁判者，係指依民事訴訟法第32條應自行迴避之法官，以及法院或兼院長之法官依聲請以裁定命其迴避之法官。對於確定判決提起再審之訴，曾參與該事件下級審判決之法官，於其上級審再審程序，應自行迴避，否則將構成本款得提起再審之事由。

(五) 當事人於訴訟未經合法代理者

所謂當事人於訴訟未經合法代理，係指確定判決之本案訴訟有此情形者[7]。另外凡當事人無訴訟能力、或法人、非法人團體、中央或地方機關未由法定代理人代理、或其法定代理人無代理權或未受必要之允許、或訴訟代理權有欠缺均屬於第5款之情事，當事人均得以據此提起再審之訴[8]。惟按當事人依民事訴訟法第496條第1項第5款之規定提起再審之訴，應僅限於代理權欠缺之一造當事人始得為之。他造當事人不得據為再審原因[9]。

---

[6] 最高法院19年上字第2566號判例：「法院組織不合法，係指合議庭之案件不依照法定人數出席審判，或參與判決之推事並未列席言詞辯論等而言，若庭長未充審判長，非不合法。」

[7] 最高法院18年上字第2786號判例：「所謂當事人於訴訟未經合法代理者，係指該條所稱之確定判決之本案訴訟有此情形者而言，若在再審訴訟中之代理人，縱令未經合法代理，既於本案確定判決之基礎無關，不能據以搖動該確定之判決，當然不能解釋為亦應包括在內。」

[8] 最高法院28年上字第1887號判例：「當事人無訴訟能力而未由法定代理人代理，或其法定代理人無代理權，或未受必要之允許，又或當事人之訴訟代理人無代理權，皆屬民事訴訟法第四百六十六條第四款所謂當事人於訴訟未經合法代理。」

[9] 最高法院100年台再字第45號判決：「次按當事人依民事訴訟法第四百九十六條第一項第五款之規定提起再審之訴，應僅限於代理權欠缺之一造當事人始得為之。他造當事人不得據為再審原因。」

(六) 當事人知他造之住居所，指為所在不明而與涉訟者。但他造已承認其訴訟程序者，不在此限

　　在訴訟進行中，若當事人知道他造當事人之住居所，本應向法院陳明以便法院對他造合法送達，避免法院無法通知他造而妨礙他造當事人之訴訟權。若當事人故意指為所在不明而聲請公示送達時，此舉已剝奪他造攻擊防禦的機會，訴訟程序顯失公平，是若因此而為敗訴，敗訴一方之當事人自得依據本款規定提起再審，以資救濟，惟需對當事人知其住居所之事由負舉證責任[10]。依據本款提起再審之訴，必須當事人其主觀上明知他造之住居所，而以不實之陳述，指為所在不明而與涉訟者，始足當之。倘若係因為過失不知他造之住居所而指為所在不明，則不在民事訴訟法第496條第1項第6款規定適用之列。

(七) 參與裁判之法官關於該訴訟違背職務犯刑事上之罪者，或關於該訴訟違背職務受懲戒處分，足以影響原判決者

　　所謂參與裁判之法官，係指參與確定判決之本案裁判之法官；而僅參與前訴訟判決前之準備程序、調查證據程序或宣示判決之法官則並非屬本款規定之情形。至於所謂該訴訟違背職務，即參與裁判之法官，所為之行為構成刑事上之罪而具備刑法所定犯罪之成立要件；或執行職務違法、廢弛職務或其他失職行為而具備受懲戒處分之要件。另外依民事訴訟法第496條第1項第7款規定必須法官違背職務之行為，足以影響原確定判決之基礎，以致當事人受敗訴判決時，始適用之。

　　當事人依據本款事由提起再審之訴，依民事訴訟法第496條第2項之規定，必須以宣告有罪之判決或處罰鍰之裁定已確定，或因證據不足以外之理由，而不能為有罪之確定判決或罰鍰之確定裁定者為限，始得提起再審之訴，否則法院應認再審之訴為不合法，以裁定駁回之。此乃因為參與審判之法官究竟有無涉及刑事或懲戒之事由，應先有判罪之確定判決，懲戒處分確定始能確認，並非僅憑當事人恣意主觀認定即可[11]。不過刑事訴訟進行時如果遇到不能開始或續行之情形，則不可期待

---

[10] 司法院22年院字第997號解釋：「原告知被告之居住所或其他應為送達之處所，乃指為不明，朦請公示送達，而受訴法院率予照准，致被告未克到場應訴，原告因以獲勝訴之判決確定後，如果被告發見新證物，足以證明該原告并非不知其居住所，而據以為其在裁判上可受利益，自得依民事訴訟法第四百六十一條第一項第十款規定，提起再審之訴。」

[11] 最高法院100年台聲字第1156號裁定：「民事訴訟法第一項第七款、第九款規定『參

確定之有罪判決，此於民事訴訟法第496條第2項規定，以非因證據不足者爲限，亦得提起再審之訴，例如犯罪被告死亡、因大赦或時效等情事，依法不能開始或續行刑事訴訟之情形。若因證據不足，檢察官不能起訴或受無罪判決者，均非屬第7款所定得以再審之事由[12]。

(八) 當事人之代理人或他造或其代理人關於該訴訟有刑事上應罰之行爲，影響於判決者

當事人之代理人或他造或其代理人進行訴訟不應以犯罪行爲進而影響法院之公平判決，若代理人或他造當事人教唆證人或鑑定人僞證或虛僞鑑定，法院判決因而爲不正確判決時，因此所受敗訴之當事人得以訴訟權利受侵害爲由，以此款提起再審。惟代理人或他造犯罪之行爲，依民事訴訟法第496條第2項規定，必須已宣告有罪判決或處罰鍰之裁定已確定，或因證據不足以外之理由，而不能爲有罪之確定判決或罰鍰之確定裁定者爲限，始得據爲再審事由[13]。

(九) 為判決基礎之證物係偽造或變造者

所謂證物，包括文書、與文書效用相同之物件及勘驗物，必須確定判決係以僞造之證物爲判決基礎者，始有第9款規定之適用。至於該證物之僞造或變造，究係出於他造或第三人所爲、舉證人是否知悉僞造或變造之事由，均無影響。惟此項僞變造之犯罪行爲，必須已宣告有罪判決或處罰鍰之裁定已確定，或因證據不足以外之理由，而不能爲有罪之確定判決或罰鍰之確定裁定者爲限（民訴§496 II）。

在支付命令程序時，因債務人得對之不附理由聲明異議，債權人有無債權憑證，與應否發支付命令無關。支付命令之債務人，不得俟支付命令確定後，據債權

與裁判之法官關於該訴訟違背職務犯刑事上之罪』、『爲判決基礎之證物係僞造或變造』情形，依同條第二項規定，以宣告有罪之判決已確定，或因證據不足以外之理由，而不能爲有罪之確定判決者，始得聲請再審。」

[12] 最高法院32年上字第467號判例：「民事訴訟法第四百九十二條第一項第七款情事，因追訴權之時效完成，或犯罪人死亡，致其刑事訴訟不能開始或續行者，依同條第二項之規定，自得提起再審之訴。」

[13] 最高法院19年再字第19號判例：「所謂當事人之代理人關於該訴訟有刑事上應罰之行爲者，乃以該行爲已受有刑事上宣告有罪之確定判決，或其刑事訴訟之不能開始與續行非因證據不足者爲限，否則不得據爲再審理由。」

憑證有偽變造之情形為再審事由之聲請[14]。

(十) 證人、鑑定人、通譯、當事人或法定代理人經具結後，就為判決基礎之證言、鑑定、通譯或有關事項為虛偽陳述者

在訴訟過程中若證人、鑑定人、通譯、當事人或法定代理人經具結後，就為判決基礎之證言、鑑定、通譯或有關事項有為虛偽陳述者，此情況將影響法院確定判決之正確性，敗訴當事人自有正當權利受侵害之情形，故民事訴訟法第496條第1項第10款規定自得據此為提起再審之訴之事由。但此種情形不得有當事人僅憑主觀恣意主張，故同上開三款再審事由般，而有民事訴訟法第496條第2項規定之適用。

(十一) 為判決基礎之民事、刑事、行政訴訟判決及其他裁判或行政處分，依其後之確定裁判或行政處分已變更者

若法官為裁判時，為判決基礎之民事、刑事、行政訴訟判決及其他裁判或行政處分，依其後之確定裁判或行政處分已變更者。此亦屬影響法院確定判決之正確性，故第11款規定得據此為提起再審之訴之事由。而所謂之其他裁判係指民事或刑事以外之裁判，如行政法院之裁判等是，但檢察官之起訴書，既非裁判，自不包括在內[15]。又若確定判決，僅係採用該變更之民刑事判決或行政處分之卷內資料，純屬自行調查證據認定事實者，例如損害賠償訴訟之確定終局判決，係斟酌刑事案件卷內資料，自行認定被告有侵權行為之事實者，縱刑事案件後經判決無罪確定，亦非第11款所規範之情形，故受敗訴之當事人自不得以此款以資提起再審之訴[16]。

(十二) 當事人發現就同一訴訟標的在前已有確定判決或和解、調解或得使用該判決或和解、調解者

受訴法院如發現同一訴訟標的在前已有確定判決或和解、調解者，應依民事訴訟法第249條第1項第7款規定，認定原告之訴不合法，以裁定駁回之。同理，當

---

[14] 最高法院61年台抗字第407號判例。

[15] 最高法院43年台上字第780號判例。

[16] 最高法院63年台上字第2313號判例：「本院確定判決，依據事實審合法認定之事實而為駁回上訴人上訴之判決，該判決之內容毫無涉及刑事判決已判處上訴人侵占罪刑之事，即確定判決並非依據刑事判決而認定上訴人應負賠償責任，純屬民事法院自行調查證據審判之結果，自無民事訴訟法第四百九十六條第一項第十一款規定之適用。」

事人於判決確定後始發現有此情形時，自得依民事訴訟法第496條第1項第12款規定對於後之確定判決提起再審之訴。而所謂之當事人係指後存在確定判決受敗訴判決之當事人，不以原當事人為限，凡效力所及之人均屬之；而發現係指在前訴訟程序事實審之言詞辯論終結前不知已有確定判決或和解、調解之存在，其後始知之情形[17]。所謂在前已有確定判決或和解、調解，必須相同當事人就同一法律關係而為同一請求，在前已有確定判決或和解、調解者，始足當之。

若前後兩訴之當事人或為訴訟標的之法律關係有所不同，既不受在前確定判決或和解、調解之拘束，自無第12款規定之適用。而所謂得使用該判決或和解、調解，係指當事人在前訴訟程序中雖知有此種確定判決或和解、調解之存在，但因事實上之障礙或其他原因不能使用，其後始得使用者[18]。

(十三) 當事人發現未經斟酌之證物或得使用該證物者。但以如經斟酌可受較有利益之裁判者為限[19]

所謂當事人發現未經斟酌之證物或得使用該證物，係指前訴訟程序事實審之言

---

[17] 最高法院29年上字第1005號判例：「民事訴訟法第四百九十二條第一項第十一款所謂當事人發見未經斟酌之證物，係指前訴訟程序事實審之言詞辯論終結前已存在之證物，因當事人不知有此，致未經斟酌，現始知之者而言。若在前訴訟程序事實審言詞辯論終結前，尚未存在之證物，本無所謂發見，自不得以之為再審理由。」

[18] 最高法院26年抗字第453號判例：「當事人在前訴訟程序知有證物之存在，而因當時未能檢出致不得使用者，嗣後檢出該證物，即屬民事訴訟法第四百九十二條第一項第十一款所謂得使用未經斟酌之證物，此與知該證物得使用而不使用者不同，自非同條項但書所謂知其事由而不為主張。縱令當時檢尋該證物未盡其應盡之注意為有過失，而同條項但書之規定與舊民事訴訟律第六百零八條、舊民事訴訟條例第五百六十九條第一項迥異，仍非不得提起再審之訴。」

[19] 大法官釋字第355號解釋就本條第13款認為：「最高法院二十九年度上字第一○○五號判例：『民事訴訟法第四百九十二條第一項第十一款（現行法第四百九十六條第一項第十三款）所謂當事人發見未經斟酌之證物，係指前訴訟程序事實審之言詞辯論終結前已存在之證物，因當事人不知有此，致未經斟酌，現始知之者而言。若在前訴訟程序事實審言詞辯論終結前，尚未存在之證物，本無所謂發見，自不得以之為再審理由。』乃為促使當事人在前訴訟程序事實審言詞辯論終結前，將已存在並已知悉而得提出之證物全部提出，以防止當事人於判決發生既判力後，濫行提起再審之訴，而維持確定裁判之安定性，與憲法並無牴觸。至事實審言詞辯論終結後始存在之證物，雖

詞辯論終結前，已存在之證物，因當事人不知有此致未經斟酌，現始知之；或雖知有此而不能使用，現始得使用者。若在前訴訟程序事實審之言詞辯論終結前尚未存在之證物，本無所謂發現，自不得以之為再審理由。又他造在前訴訟程序言詞辯論終結後之自認，亦不得據為再審之原因。如當事人在第二審言詞辯論終結後始為發現證物者，本不能在第三審提出，縱曾依第三審上訴主張而被摒棄，仍得據之提起再審之訴[20]。

又當事人發現未經斟酌之證物或得使用該證物者，以如經斟酌可受較有利益之裁判為限，始得據以提起再審之訴（第13款但書規定參照）。是以，當事人發現之新證物，如經斟酌，仍不足以動搖原確定判決之基礎者，不得據為第13款所定之再審理由。

鑑於92年民事訴訟法修法時，對第二審程序之進行採續審制，是第二審法院就上訴事件為本案判決時，對於當事人在第一審所為關於事實上或法律上之陳述及提出之各項攻擊或防禦方法，均已重為審查，故對於第一審判決應無許當事人提起再審之訴之必要，故民事訴訟法第496條第3項規定，第二審法院就該事件已為本案

不得據為再審理由，但該證物所得證明之事實，是否受確定判決既判力之拘束，則應依個案情形定之。」

[20] 最高法院29年上字第1005號判例、32年上字第1247號判例：「民事訴訟法第四百九十二條第一項第十一款所謂當事人發見未經斟酌之證物或得使用該證物，係指在前訴訟程序不知有該證物，現始知之，或雖知有此而不能使用，現始得使用者而言。」；33年上字第2600號判例：「民事訴訟法第四百九十二條第一項但書所謂當事人已依上訴主張其事由，係指當事人就得依上訴主張之事由，已依上訴主張之者而言。如當事人在第二審言詞辯論終結後，發見同條項第十一款之證物，本不能在第三審提出者，縱曾依第三審上訴主張而被擯斥，仍得據以提起再審之訴。」；司法院20年院字第431號解釋：「該省沿用之民事訴訟條例第五百六十八條第十二款所謂發現未經斟酌之證據，或得使用之者，係指在前程序事實審之言詞辯論終結前業已存在而未經斟酌之證據而言，當事人之一造對於他造之自認，雖可舉為有利於己之證據，惟在前程序事實審終結後所為之自認，不在該款所列情形之內，不得為再審原因。」；最高法院100年台抗字第789號裁定：「惟民事訴訟法第四百九十六條第一項第十三款所謂當事人發見未經斟酌之證物或得使用該證物者，係指前訴訟程序事實審之言詞辯論終結前已存在之證物，因當事人不知有此，致未斟酌，現始知之，或雖知有此而不能使用，現始得使用者而言，若在前訴訟程序事實審言詞辯論終結前，尚未存在之證物，本無所謂發見，自不得以之為再審理由。」

判決者，對於第一審法院之判決不得提起再審之訴。

　　第二審判決對於當事人所提出足以影響判決之重要證物漏未斟酌之情形，將導致當事人受敗訴之不利益風險，若該訴訟案件並非得上訴三審之情況時，將使得此種本屬於得上訴三審理由之情況，無法上訴三審，自非允當且對當事人之權利行使有嚴重之妨礙。故民事訴訟法第497條規定依第466條不得上訴於第三審法院之事件，除前條規定外，其經第二審確定之判決，如就足影響於判決之重要證物，漏未斟酌時，得作為提起再審之訴之事由，始為公平合理[21]。又依民事訴訟法第466條之規定不得上訴於第三審法院之事件，如果當事人有正當理由不到場，而第二審法院仍為一造辯論判決確定者，其情形與前條所定再審之訴要件未盡相符，當事人無從提起再審之訴以為救濟，於其權利之保障自嫌欠周，故於92年修法時增訂當事人有正當理由不到場，法院為一造辯論判決者，亦得提起再審之訴。

　　另依民事訴訟法第498條規定，作為本案判決基礎之裁判，如有民事訴訟法第496條、第497條所定之情形者，得據以對於該判決提起再審之訴。至於所謂為判決基礎之裁判，係指確定之本案判決應受拘束之裁判[22]，但僅限於前訴訟程序本案判決前之裁判，始足當之。此項為確定判決基礎之裁判，如民事訴訟法第383條所定之中間判決、中間裁定及民事訴訟法第478條第2項所定發回或發交之判決即屬之。至於其他訴訟之裁判縱使是屬於前訴訟本案判決之基礎，亦無民事訴訟法第498條規定之適用（民訴§496 I 第11款規定參照）。

　　再審之目的，原用意在於匡正確定終局判決之不當，以保障當事人之權益。惟為避免當事人以同一事由對於原確定判決或駁回再審之訴之確定判決，一再提起再審之訴，致浪費司法資源，對此自應予以限制為宜，故於92年修法時增列第498-1條規定，若當事人所提再審之訴，法院認無再審理由，在判決駁回後，不得以同一

---

[21] 臺灣高等法院100年再易字第76號判決：「又民事訴訟法第497條係規定：『依第四百六十六條不得上訴於第三審法院之事件，除前條規定外，其經第二審確定之判決，如就足影響於判決之重要證物，漏未斟酌⋯⋯亦得提起再審之訴』，換言之，漏未斟酌者限於『足以影響判決之重要證物』。」

[22] 臺灣高等法院100年重國再字第1號判決：「按為判決基礎之裁判，如有民事訴訟法第496條、第497條所定之情形者，得據以對於該判決提起再審之訴，同法第498條定有明文。所謂為判決基礎之裁判，必須為確定判決之基礎係為裁判，並該裁判有同法第496條、第497條所定情形，始合其要件。」

事由，對於原確定判決或駁回再審之訴之確定判決，更行提起再審之訴[23]。

第三節　再審管轄之法院

　　民事訴訟法第499條規定：「再審之訴，專屬為判決之原法院管轄（第1項）。係由於再審之訴係對於原確定判決聲明不服之訴訟，與前訴訟間具有密切之關連，故由原判決法院為專屬管轄。是對於第一審確定判決不服者，應向該判決第一審法院提起再審之訴；對於第二審確定判決不服者，應向該判決第二審法院起訴；不服第三審法院之判決，則向最高法院提起再審之訴。至對於審級不同之法院就同一事件所為之判決，提起再審之訴者，專屬上級法院合併管轄（第2項）。」但倘當事人未對於審級不同之法院就同一事件所為之判決，合併提起再審之訴，即無專屬上級法院合併管轄之餘地[24]。又第三審法院應以第二審法院判決之事實為判決之基礎，而民事訴訟法第496條第1項第9款至第13款所定之事由皆屬於足以動搖原第二審法院以判決所確定之事實，故當事人據此聲明不服者，則再審之訴之管轄依民事訴訟法第499條第2項但書規定應專屬原第二審法院管轄。

　　再審之訴的專屬管轄問題，若第一審、第二審法院之管轄區域有變更時，當事人對於第一審、第二審之確定判決提起再審之訴，仍應向為判決之原法院為之[25]。但原確定判決係由第一審法院以前附設之地方庭為之時，對之提起再審之訴，則應

---

[23] 最高法院99年台再字第10號裁定：「按再審之目的，原在匡正確定終局裁判之不當，以保障當事人之權益。惟為避免當事人以同一事由對於原確定判決或駁回再審之訴之確定判決，一再提起再審之訴，致浪費司法資源，自應予以限制，民事訴訟法乃增訂第498條之1規定：『再審之訴，法院認無再審理由，判決駁回後，不得以同一事由，對於原確定判決或駁回再審之訴之確定判決，更行提起再審之訴。』」

[24] 最高法院100年台再字第39號裁定：「按再審之訴，專屬為判決之原法院管轄，民事訴訟法第四百九十九條第一項定有明文。又必對於審級不同之法院就同一事件所為之判決，提起再審之訴者，始專屬上級法院合併管轄，此觀之同條第二項前段規定即明。故倘當事人未對於審級不同之法院就同一事件所為之判決，合併提起再審之訴，即無專屬上級法院合併管轄之餘地。」

[25] 司法院27年院字第1753號解釋：「第二審法院之管轄區域有變更時，當事人對於第二審法院之確定判決，提起再審之訴，依民事訴訟法第四九五條規定，仍應向該原法院為之。」

以繼受該地方庭管轄權之地方法院為其管轄法院[26]。而當事人對於第二審判決提起上訴，若經第三審法院認為上訴為不合法以裁定駁回者，對於該第二審判決提起再審之訴，應專屬原第二審法院管轄[27]。另外有第三審法院得以自行調查證據確定之事實為判決基礎者（民訴§457但書規定參照），既非第二審法院確定之事實，即非第二審法院所能審判，仍應專屬為判決之第三審法院合併管轄[28]。

第四節　再審提起之期間

依民事訴訟法第500條第1項之規定：「再審之訴，原則應於三十日之不變期間內提起。」其目的在於兼顧法律安定性之要求與具體公平正義之要求兩者所調和之安排。惟再審事由何時知悉若不設時間限制，將有影響確定判決之安定性，故民事訴訟法第500條第2項但書規定自判決確定後已逾五年者，不得提起[29]。惟需注意的是，若當事人依民事訴訟法第500條第2項規定主張再審之理由知悉在後者，實務

---

[26] 最高法院28年上字第577號判例：「原確定判決係由原審法院以前附設之地方庭為之，本件再審之訴，應以繼受該地方庭管轄權之地方法院為其管轄法院，上訴人逕向原審法院提起再審之訴，實非合法。」

[27] 司法院30年院字第2188號解釋：「民事訴訟法第四百九十五條第一款之規定，以對於同一事件之第一審及第二審判決同時以再審之訴聲明不服者為限，始適用之，若經第二審法院認上訴為不合法，以裁定駁回者，對於第一審判決提起再審之訴，自應專屬原第一審法院管轄，即同時對於第二審法院之裁定，依同法第五百零三條聲請再審者，對於第一審判決提起之再審之訴，亦不屬第二審法院管轄。」

[28] 最高法院70年9月15日70年度第20次民庭會議決定(一)：「依照本院二十八年聲字第一二二號判例意旨，凡應由第三審自行調查事實而為裁判者，依照民事訴訟法第五百零七條規定對之聲請再審時，即使同法第四百九十六條第一項第九款至第十三款規定之事由為理由，仍應專屬第三審法院管轄，自行依法裁判，不發生移送之問題，本院六十八年十月二十三日第十五次民事庭會議決定，應予變更。」

[29] 最高法院101年度台抗字第476號裁定要旨略以：「按民事訴訟法第五百條第一項所定三十日之不變期間，除有判決於送達前確定或再審之理由發生或知悉在後之情形，自送達或知悉時起算外，本應自判決確定時起算，此觀同條第二項前段規定即明。而為維持確定判決安定性之該條項但書，既僅規定自判決確定後已逾五年者，不得提起，並未如前段另就判決於送達前確定或再審之理由發生或知悉在後之情形，規定自送達或知悉時起算，則前開但書所定五年期間，即應自判決確定時起算。」

認為當事人應對此負舉證之責任[30]。此外，若以民事訴訟法第496條第1項第1、2款提起再審，其期間之計算，並無同法第500條第2項但書之適用[31]。又各款再審事由其不變期間，仍應各別計算[32]。

另為避免於部分特殊情況，若硬性規定五年再審期間，恐對當事人權利保護不周，故依民事訴訟法第500條第3項規定在當事人於訴訟未經合法代理（民訴§496 I 第5款）；當事人知他造之住居所，指為所在不明而與涉訟者，他造不承認其訴訟程序者（民訴§496 I 第6款）；當事人發現就同一訴訟標的在前已有確定判決或和解、調解或得使用該判決或和解、調解者（民訴§496 I 第12款），於此三種情形，當事人縱使知悉其事由是在判決確定後已逾五年，仍可於知悉後三十日內，提起再審之訴。

---

[30] 最高法院30年抗字第443號判例：「再審之訴應於三十日之不變期間內提起，前項期間自判決確定時起算，但再審之理由知悉在後者，自知悉時起算，民事訴訟法第四百九十六條第一項及第二項定有明文。是提起再審之訴之原告，如主張其再審理由知悉在後者，應就所主張之事實負舉證之責任，徵以同法第四百九十七條第一項第四款之規定尤無疑義。」

[31] 最高法院70年台再字第212號判例：「提起民事再審之訴，應於三十日之不變期間內為之，民事訴訟法第五百條第一項定有明文。當事人以有同法第四百九十六條第一項第一款適用法規顯有錯誤之情形提起再審之訴，應認此項理由於裁判送達時當事人即可知悉，故計算是否逾三十日之不變期間，應自裁判確定時起算，無同法第五百條第二項但書再審理由知悉在後之適用。」；最高法院69年度第3次民事庭會議決定(二)：「當事人以有民事訴訟法第四百九十六條第一項第一項第一款適用法規顯有錯誤或第二款判決理由與主文顯有矛盾之情形，對本院確定判決或裁定提起再審之訴或聲請再審，應認此項理由於裁判送達時當事人即可知悉，故計算是否逾三十日之不變期間，應自裁判確定時起算，無同法第五百條第二項但書再審理由知悉在後之適用。」

[32] 最高法院72年度台聲字第392號判例：「聲請人於民國七十一年十月二十二日收受確定判決後，固曾於七十一年十月二十七日向臺灣高等法院提起再審之訴，其所具再審訴狀載明依據民事訴訟法第四百九十六條第一項第十三款規定，迨七十一年十二月十七日，聲請人始向該院提出『補充再審理由狀』載明：另有消極的不適用民法第二百二十四條之違法等語；此為民事訴訟法第四百九十六條第一項第一款之再審理由，與聲請人前此所主張同條項第十三款之再審理由顯然有別。兩者之再審理由既不相同，所應遵守之不變期間自應分別計算。」

第五節　提起再審之程式

　　依據民事訴訟法第501條第1項規定，再審之訴，應以訴狀表明(1)當事人及法定代理人；(2)聲明不服之判決及提起再審之訴之陳述；(3)應於如何程度廢棄原判決及就本案如何判決之聲明；(4)再審理由及關於再審理由並遵守不變期間之證據[33]。另對於第4款再審理由及關於再審理由並遵守不變期間之證據之部分，對於當事人未於訴訟中表明再審理由時（民訴§496各款事由參照），實務認為此時應認定其訴不合法，無庸命其補正，逕以裁定駁回之[34]；至於就漏未提出不變期間之證據部分，實務認為惟如再審原告於三十日之不變期間內提起再審之訴，其提出之再審訴狀未表明再審理由，而在本院評決前已補正提出再審理由者，其補提時雖已逾三十日之不變期間，參照同法第505條，再審之訴訟程序準用關於各該審級訴訟程序之規定，應仍認為合法[35]。若係向第三審法院提起再審，仍須強制律師代

---

[33] 司法院大法官釋字第482號關於民事訴訟法第501條解釋文：「民事訴訟法第五百零一條第一項第四款規定，提起再審之訴，應表明再審理由及關於再審理由並遵守不變期間之證據。其中關於遵守不變期間之證據，係屬提出書狀時，應添具之文書物件，與同法第一百二十一條第一項規定之書狀不合程式之情形不同，自不生程式欠缺補正之問題。惟當事人於再審書狀中已表明再審理由並提出再審理由之證據，而漏未表明其遵守不變期間之證據時，法院為行使闡明權，非不得依具體個案之情形，裁定命其提出證據。最高法院六十年台抗字第五三八號判例，符合上開意旨，與憲法保障人民訴訟權之規定並無牴觸。」

[34] 最高法院70年台再字第35號判例：「對本院確定判決提起再審之訴，應以有民事訴訟法第四百九十六條第一項各款之原因為限，此項原因亦即再審理由，必須於訴狀中表明之（見同法第五百零一條第一項第四款），否則其訴即屬不合法，毋庸命其補正，逕以裁定駁回之。本件再審原告於民國六十九年十二月十二日，向本院提出之再審訴狀，僅云原確定判決有不備理由，及未斟酌其所提出之證據之違法情形，並未表明任何法定再審原因，依上開說明，顯難認其再審之訴為合法。」

[35] 最高法院67年6月6日第6次民事庭庭推總會議決定(三)：「提起再審之訴，固應依民事訴訟法第五百零一條第一項第四款表明再審理由，惟如再審原告於三十日之不變期間內提起再審之訴，其提出之再審訴狀未表明再審理由，而在本院評決前已補正提出再審理由者，其補提時雖已逾三十日之不變期間，參照同法第五百零五條，再審之訴訟程序準用關於各該審級訴訟程序之規定，應仍認為合法。」

理[36]。

　　又當事人所提起之再審之訴漏未表明遵守不變期間證據，法院無庸命補正而
逕為駁回之裁定，如此見解（判例）是否合憲？對此司法院大法官作出解釋認為民
事訴訟法第501條第1項第4款規定，提起再審之訴，應表明再審理由及關於再審理
由並遵守不變期間之證據[37]。其中關於遵守不變期間之證據，係屬提出書狀時，應
添具之文書物件，與民事訴訟法第121條第1項規定之書狀不合程式之情形不同，自
不生程式欠缺補正之問題。惟當事人於再審書狀中已表明再審理由並提出再審理由
之證據，而漏未表明其遵守不變期間之證據時，法院為行使闡明權，非不得依具體
個案之情形，裁定命其提出證據。最高法院60年台抗字第538號判例，符合上開意
旨，與憲法保障人民訴訟權之規定並無牴觸。又按聲請再審，本款規定表明再審理
由，係指必須指明確定裁定有如何合於法定再審事由之具體情事，始為相當；倘僅
泛言有何條款之再審事由，而無具體情事者，尚難謂已合法表明再審理由。如未表
明再審理由，法院毋庸命其補正[38]。

　　依民事訴訟法第501條第2項之規定，當事人所提之再審訴狀內，宜記載準備
本案言詞辯論之事項，並添具確定終局判決繕本或影本。此規範意旨係在於明確認
定再審原告究係對何確定判決聲明不服，並利於受訴法院審理。

---

[36] 最高法院94年度第16次民事庭會議：「對於本院確定裁定聲請再審，如其前訴訟程
序應委任律師為訴訟代理人者，其聲請再審，亦應委任律師為其訴訟代理人。本院
八十九年十二月五日、八十九年度第十五次民事庭會議決定關於聲請再審部分應予補
充。」

[37] 司法院大法官釋字第482號解釋：「民事訴訟法第五百零一條第一項第四款規定，提起
再審之訴，應表明再審理由及關於再審理由並遵守不變期間之證據。其中關於遵守不
變期間之證據，係屬提出書狀時，應添具之文書物件，與同法第一百二十一條第一項
規定之書狀不合程式之情形不同，自不生程式欠缺補正之問題。惟當事人於再審書狀
中已表明再審理由並提出再審理由之證據，而漏未表明其遵守不變期間之證據時，法
院為行使闡明權，非不得依具體個案之情形，裁定命其提出證據。最高法院六十年台
抗字第五三八號判例，符合上開意旨，與憲法保障人民訴訟權之規定並無牴觸。」

[38] 最高法院101年台聲字第54號裁定：「按聲請再審，應依民事訴訟法第五百零七條準用
第五百零一條第一項第四款規定表明再審理由，此為必須具備之程式。所謂表明再審
理由，必須指明確定裁定有如何合於法定再審事由之具體情事，始為相當；倘僅泛言
有何條款之再審事由，而無具體情事者，尚難謂已合法表明再審理由。如未表明再審
理由，法院無庸命其補正。」

第六節　本案審理之範圍

　　依民事訴訟法第503條之規定，對於當事人提起之再審之訴所涉本案之辯論及裁判，以聲明不服之部分爲限。蓋關於本案之辯論及裁判範圍，未必與原訴訟程序之範圍相同，故民事訴訟法規定應以當事人聲明不服之部分爲限予以進行審判。又再審之訴向原第一審或第二審法院提起，其再開本案之程序應行言詞辯論者，即按前程序言詞辯論終結前之程序，於再開之範圍內續行辯論，當事人於續行之程序，得提出新攻擊防禦方法，且得爲自認、捨棄及認諾等行爲[39]。

第七節　再審之訴之駁回

　　民事訴訟法第502條第1項規定：「再審之訴不合法者，法院應以裁定駁回之。」意旨在於受訴法院受理再審之訴時，應以職權調查再審之訴是否合法，若訴訟要件欠缺而構成訴訟不合法時，法院自應依民事訴訟法第502條第1項規定爲駁回再審之裁定，因爲不合法之訴訟，不必使其繼續進行，至於再審之訴不合法，係指再審之訴不合程式，或已逾期間，或法律上不應准許者。至再審之訴以發現未經斟酌之證物爲再審之理由者，縱其證物實無可採，亦爲再審之訴無理由而非不合法[40]。又法院未依據民事訴訟法第502條第1項規定裁定駁回當事人之訴，並就再審之許否及理由之當否爲辯論者，如當事人所提之再審之訴顯無再審理由者，依民事訴訟法第502條第2項規定，法院仍得不經言詞辯論，逕以判決駁回之。

　　民事訴訟法第504條規定：「再審之訴，雖有再審理由，法院如認原判決爲正當者，應以判決駁回之[41]。」於此，法院駁回當事人所提起之再審之訴之判決，係

---

[39] 最高法院49年台上字第419號判例：「再審之訴向原第一審或第二審法院提起，其再開本案之程序應行言詞辯論者，即按前程序言詞辯論終結前之程序，於再開之範圍內續行辯論，當事人於續行之程序，得提出新攻擊防禦方法，且得爲自認、捨棄及認諾等行爲，此觀民事訴訟法第四百九十九條及第五百零一條之規定自明。」

[40] 最高法院48年台抗字第157號判例：「當事人依民事訴訟法第四百九十二條規定提起再審之訴，以主張同條項各款規定之情形即爲合法。至其情形是否果屬實在，則爲其訴有無理由之問題，除其再審之訴尚欠缺其他合法要件外，即應依判決程序調查裁判。又再審之訴是否合於同條第一項但書之規定，亦屬於其訴有無理由之問題。」

[41] 最高法院29年聲字第43號判例：「民事訴訟法第五百條之規定，於依同法第五百零三

於本案再審再開訴訟程序，而將新舊訴訟資料全部於再審程序最後言詞辯論終結時所為之本案判決。但再審法院所為之駁回判決並未動搖原確定判決之基礎，其結果與未提起再審相同，故原確定判決之效力，不因再審之訴之提起而受影響。

第八節　判決之效力

民事訴訟法第506條規定：「再審之訴之判決，於第三人以善意取得之權利無影響。」其立法目的在於確保交易安全避免善意之第三人無端受害，此種善意取得權利之第三人受保護不限於有再審之訴提起前之取得。第三人於再審之訴起訴後因信賴原確定判決所取得之權利，亦應受保護，惟對於究竟是否為善意取得或非善意取得，第三人應負舉證之責任[42]。

第九節　各審程序之準用

再審之訴，性質上為訴訟程序之一種，雖管轄審判法院為上級審判法院時，亦應從第一審之訴訟程序為之，而不以關於提起上訴之相關程序規定為依據。且再審之訴，其程序設立之立法意旨在於廢棄事實認定有所違誤之終局判決，而代以正當之判決，與上訴相類似，故關於程序之規定，依民事訴訟法第505條規定則可準用有關上訴之規定。係指提起再審後，各審級之訴訟程序進行，應依各該審級之規定進行，並非已確定之判決之訴訟程序可因提起再審之訴而不確定，亦非已判決確定

條對於已經確定之裁定聲請再審時，亦準用之，故聲請再審雖有再審理由，法院如認原裁定為正當者，應以裁定駁回。」

[42] 最高法院96年台上字第172號判決：「按再審之訴之判決，於第三人以善意取得之權利無影響，此觀九十二年二月七日修正之民事訴訟法第五百零六條規定自明。查丙○○、丁○○係於八十八年六月七日經登記取得系爭土地之所有權，應受土地法第四十三條規定之保護，上訴人無法舉證證明丙○○、丁○○非善意取得，既為原審所確定之事實，且有土地登記簿謄本為憑。原審本於上述理由而為此部分上訴人敗訴之判決，經核於法並無違背。上訴論旨，仍就原審取捨證據、認定事實之職權行使，暨其他與判決結果不生影響之理由，指摘原判決關此部分不當，求予廢棄，不能認為有理由。」

之事件，其訴訟程序可因再審而繼行或延續，導致判決不確定[43]。

舉例，有關共同訴訟之再審，依據民事訴訟法第505條之規範意旨，對於其共同訴訟人中之一人提起之再審之訴，在效力上應準用民事訴訟法第56條第1項第1款規定，效力及於同造之共同訴訟人全體，而使得符合數人一同起訴或一同被訴之當事人適格之要件[44]。

再審之訴，原則上並無停止原確定判決執行之效力，故再審判決廢棄原判決時，如再審原告已依原判決履行，或依原判決所為之假執行或本案執行之程序業經終結將無法有效即時保護當事人之權益，故於保護再審原告當事人之利益並達訴訟經濟目的，俾得利用再審程序請求他造返還給付及賠償損害，而免另行起訴，於92年民事訴訟法修法時新增第505-1條規定：「第三百九十五條第二項之規定，於再審之訴準用之[45]。」

---

[43] 最高法院100年台抗字第797號裁定：「至於嗣後再審之訴所進行之訴訟程序，民事訴訟法第五百零五條規定，除再審編別有規定外，準用關於各該審級訴訟程序之規定，係指提起再審後，各審級之訴訟程序進行，應依各該審級之規定進行而言，並非已確定之判決之訴訟程序可因提起再審之訴而不確定，亦非已判決確定之事件，其訴訟程序可因再審而繼行或延續，導致判決不確定。」

[44] 最高法院82年台上字第49號判例：「按再審之訴，形式上雖為另一程序之新開，但實質上則為前訴訟程序之再開及續行。故前訴訟程序之訴訟標的，對於共同訴訟之各人必須合一確定者，其共同訴訟人中之一人所提起之再審之訴，依民事訴訟法第五十六條第一項第一款規定，效力應及於同造之共同訴訟人全體，必該數人一同起訴或一同被訴，其當事人之適格要件始無欠缺，既不容非前訴訟程序之當事人提起再審之訴，亦無許對同造當事人提起再審之訴之餘地。」

[45] 臺灣高等法院96年重上字第52號判決：「按民事訴訟法第三百九十五條第二項規定：『法院廢棄或變更宣告假執行之本案判決者，應依被告之聲明，將其因假執行或因免假執行所為給付及所受損害，於判決內命原告返還及賠償，被告未聲明者，應告以得為聲明』，此項規定，依民事訴訟法第五百零五條之一，於再審之訴準用之，其增訂理由為：『再審之訴，原則上並無停止原確定判決執行之效力，故再審判決廢棄原判決時，如再審原告已依原判決履行，或依原判決所為之假執行或本案執行之程序業經終結，此際為保護再審原告之利益並達訴訟經濟目的，俾得利用再審程序請求他造返還給付及賠償損害，而免另行起訴，爰增設準用第三百九十五條第二項之規定。』」

第十節　準再審

依據民事訴訟法第507條之規定，裁定已經確定，而有同法第496條第1項或第497條之情形者，得準用第五編之規定，聲請再審。此一規定被稱為準再審，而其目的是為避免涉及當事人間實體上之權利義務之依當事人聲請所為之裁定，於裁定確定時因無得以抗告之情況，且此一裁定有涉及民事訴訟法第496條第1項各款事由時，若無從救濟將使得當事人之權益受到嚴重之侵害，易肇生弊端及不公平之情況，故對於已經確定之裁定，若有民事訴訟法第496條第1項或第497條之情形者，可以聲請再審。又民事訴訟法第507條稱為聲請再審而非提起再審之訴，目的對確定判決之再審之訴有所區別。

民事訴訟法上之支付命令，性質上屬於裁定，倘若該支付命令有民事訴訟法第496條第1項或第497條之情形時，當事人自得以依民事訴訟法第507條規定聲請再審[46]。

---

[46] 最高法院68年台上字第2684號判例：「支付命令屬於裁定性質，被上訴人如認支付命令確定前曾經訴訟上和解而有再審原因，得依民事訴訟法第五百零七條準用同法第四百九十六條第一項第十二款規定聲請再審。」

第三十三章
保全程序

　　民事訴訟法之保全程序，係指以保全日後強制執行爲目的所進行之程序，包括假扣押與假處分二種。一般情形，債權人多於民事訴訟判決確定後，再以確定判決爲執行名義請求法院執行該判決之內容。然而從起訴至取得確定判決經常費時多年，債務人即可能利用此一訴訟時間，將名下之財產處分，待債權人取得勝訴確定判決時，恐難以執行，保全程序即是爲避免此一情形發生之一種民事程序上之制度性設計。保全程序對於案件尚未繫屬於法院，而又欲保全將來之執行者，特別有實益。保全程序包括兩部分一是裁定程序，一是執行程序，裁定程序於民事訴訟法規定，執行程序則規定於強制執行法。

第一節　假扣押程序

　　假扣押程序乃債權人就金錢請求或得易爲金錢請求恐日後不能強制執行或甚難執行之虞，請求法院裁定扣押債務人之財產而禁止債務人處分，假扣押被保全之權利或法律關係，限於金錢債權（金錢請求），如借款、買賣價金、票款、或損害賠償請求權等；或得易爲金錢債權之請求權，如就特定物之給付請求權，日後得依債務不履行或解除契約而易爲損害賠償請求權者[1]。

　　依民事訴訟法第246條規定，得提起將來給付之訴之適用範圍，以有預爲請求之必要者，方得提起之，並不限於未到履行期之請求，就此部分，亦有聲請假扣押

---

[1] 臺灣高等法院99年抗字第1920號裁定略以：「前項釋明如有不足，而債權人陳明願供擔保或法院認爲適當者，法院得定相當之擔保，命供擔保後爲假扣押。故債權人聲請假扣押，應就其請求及假扣押之原因加以釋明。若債權人就其請求及假扣押之原因絲毫未予釋明，法院尚且不得命供擔保後爲假扣押，遑論爲准免供擔保之假扣押裁定。」

之必要。至於附條件之請求因繫於將來不確定之事實，是否准許假扣押，應由法院斟酌個案具體情形而爲裁量[2]。

壹、假扣押聲請之要件

一、聲請假扣押之程序要件

聲請假扣押的程序要件除需具備一般之程序要件，諸如：當事人能力、訴訟能力、當事人適格……等，尚須有以下之特別程序要件。茲分述如下：

(一) 管轄法院

假扣押的管轄法院，有下列兩種之情況。

所謂本案係指債權人就應受保全之請求對債務人所提起之訴訟案件而言。債權人聲請假扣押，得於尚未提起本案訴訟之時爲之，亦得於提起本案訴訟後爲之[3]。於尚未提起本案之情形，應向將來本案訴訟之第一審管轄法院爲之。惟於本案已起訴之情形，原則上應向繫屬之第一審法院，若訴訟已繫屬第二審法院者，得向該第二審法院聲請假扣押，如訴訟現已繫屬於第三審法院者，聲請假扣押應向第一審法院爲之，不能逕向第三審法院聲請[4]。

民事訴訟法第524條第2項規定，則應依原但書規定，如訴訟現繫屬於第二審法院者，假扣押之聲請應由第二審法院管轄，此就假扣押之請求及其原因之調查固較爲便利，然准許假扣押之裁定須由第一審法院執行，如能由原第一審法院管轄，則較利於迅速執行。故爲加強保障債權人之權益，於此情形，宜賦予債權人選擇

---

[2] 最高法院98年台抗字第1003號裁定略以：「依此文義，假扣押係以保全金錢請求之強制執行爲目的，故假扣押之債權人對債務人所提起之本案訴訟，以請求金錢給付或得易爲金錢給付之給付之訴爲限，至於確認之訴、形成之訴及非以金錢給付或得易爲金錢給付爲內容之給付之訴，均非假扣押所欲保全之本案訴訟。」

[3] 最高法院22年抗字第755號判例：「聲請假扣押或假處分，於本案訴訟尚未繫屬於法院前或已繫屬法院中，均得爲之，此觀民事訴訟法第四百九十條第一項、第四百九十五條、第四百九十九條之規定自明。」

[4] 最高法院29年聲字第31號判例：「民事訴訟法第五百二十條第一項所謂本案管轄法院，依同條第二項之規定，除訴訟現繫屬於第二審者外，係指訴訟已繫屬或應繫屬之第一審法院而言，故訴訟現已繫屬於第三審者，聲請假扣押應向第一審法院爲之，不能逕向第三審法院聲請。」

權，由債權人於聲請時自行斟酌向何法院為之，至於訴訟限繫屬於第三審法院者，自仍應由原第一審法院管轄。

債權人向假扣押標的所在地之地方法院聲請假扣押，不必考慮本案訴訟現在是否起訴或本案訴訟是否已繫屬於第二審。依民事訴訟法第524條第3項規定，債權人向假扣押所在地之地方法院聲請假扣押，應指明假扣押之標的及其所在地。而所謂假扣押標的，不外為物或權利，若假扣押標的係債權，以債務人住所或擔保之標的所在地，為假扣押標的所在地。若債務人無住所或住所不明者，則以其居所視為住所，從而以居所視為假扣押標的所在地。債權人依此規定聲請假扣押，而同時有債務人住所與擔保標的物所在地之不同法院管轄之情形，債權人得任選其中一法院聲請假扣押[5]。假扣押之標的物如為權利之得喪變更須經登記始生效力或始得對抗第三人之財產權者，其執行須通知主管機關登記，始能限制債務人處分該權利，其登記地之法院，應有管轄權。

(二) 聲請程序

假扣押之聲請，應表明下列事項（民訴§525）：

1. 當事人及法定代理人：當事人係指債權人及債務人。
2. 請求及其原因事實[6]：請求係指應保全強制執行之金錢請求、或得易為金錢請求之請求。且表明請求，應舉其請求權所由生之法律關係及其原因事實；亦即所保全之請求，應為已起訴或將來擬起訴之訴訟標的。其有數法律關係可主張者，亦得併為保全。民事訴訟法第525條第2項並規定，請求非關於一定金額者，應記載其價額。

---

[5] 最高法院100年台抗字第45號裁定略以：「按假扣押程序，係為債權人保全強制執行而設，若債權人之請求已有確定終局判決可為執行名義，即得逕行聲請強制執行，無聲請假扣押之必要。惟如確定終局判決之執行名義係分期給付之判決，對未到期之部分，仍不得持該執行名義請求強制執行，對該部分若有日後不能強制執行或甚難強制執行之虞者，自非不得聲請假扣押。」

[6] 臺灣高等法院98年抗字第1522號裁定略以：「所謂『請求之原因事實』，即本案請求所由發生之原因事實。所謂『假扣押之原因』，指債權人日後有不能強制執行或甚難執行之虞，或應在外國為強制執行之情形，例如債務人浪費財產，增加負擔，或就其財產為不利益之處分，將成為無資力之狀態，或將移住遠地、逃匿無蹤、隱匿財產等是。」

3. 假扣押之原因：即日後有不能執行或甚難強制執行之虞[7]。關於此假扣押原因之釋明自92年修法後之爭議及檢討，詳本章伍、關於假扣押原因釋明之檢討所述。

4. 法院：求其為假扣押裁定之法院。復依民事訴訟法第525條第3項之規定，如依假扣押標的所在地法院管轄者，並應記載假扣押之標的及其所在地。

二、聲請假扣押之實質要件

(一) 須係保全金錢請求或得易為金錢請求之請求

所謂金錢之請求，指請求給付之標的物本身為金錢，所謂得易為金錢請求之請求，指其請求之標的物原非金錢之請求，但得易為金錢之請求而言。假扣押係保全將來之強制執行，在債權人得提起將來給付之訴（民訴§246）範圍內，亦得為之（民訴§522Ⅱ）。惟附條件之債權，因繫於將來不確定之事實，是否准予假扣押，應由法院斟酌個案具體情形而為裁量。

(二) 須有日後不能強制執行或執行有困難之虞等情事

民事訴訟法第523條規定，所謂「不能強制執行之虞」，如債務人浪費財產、增加負擔或將其財產為不利益之處分，致達於無資力之狀態……等[8]，但應注意並不以此為限。最高法院於99年台抗字第145號裁定即認：「所謂『甚難執行之虞』，如債務人將移民於國外或逃匿之情形。設定有抵押權之債權，債權人苟未能釋明抵押物不足供其債權債權全部之清償或有其他特別情事，不得謂有日後不能強制執行或甚難執行之虞[9]。近來最高法院之穩定見解認為，債務人對債權人應給付

---

[7] 最高法院100年台抗字第45號判決略以：「按假扣押程序，係為債權人保全強制執行而設，若債權人之請求已有確定終局判決可為執行名義，即得逕行聲請強制執行，無聲請假扣押之必要。惟如確定終局判決之執行名義係分期給付之判決，對未到期之部分，仍不得持該執行名義請求強制執行，對該部分若有日後不能強制執行或甚難強制執行之虞者，自非不得聲請假扣押。」

[8] 最高法院19年抗字第232號判例：「假扣押，非有日後不能強制執行或甚難執行之虞者，不得為之所謂不能執行之虞，如債務人浪費財產、增加負擔或將其財產為不利益之處分，將成為無資力之情形等是，所謂恐難執行，如債務人將移民於國外或逃匿是也。」

[9] 最高法院26年渝抗字第374號判例：「設定有抵押權之債權，債權人苟未能釋明抵押物

之金錢或得易爲金錢請求之債權，經催告後仍拒絕給付，且債務人現存之既有財產已瀕臨成爲無資力之情形，或與債權人之債權相差懸殊，將無法或不足清償該債權，應可認其有日後不能強制執行或甚難執行之虞[10]。按請求及假扣押之原因應釋明之。前項釋明如有不足，而債權人陳明願供擔保或法院認爲適當者，法院得定相當之擔保，命供擔保後爲假扣押，同法第五百二十六條第一項、第二項規定甚明。故債權人就假扣押之原因全未釋明時，固不得以供擔保代之，惟如已釋明，僅係釋明不足，法院自得命債權人供擔保後爲假扣押。至於所謂假扣押之原因，依同法第五百二十三條第一項規定，係指有日後不能強制執行或甚難執行之虞而言；其情形本不以債務人浪費財產，增加負擔或就其財產爲不利益之處分，將達於無資力之狀態，或債務人移住遠處、逃匿無蹤或隱匿財產爲限。所稱之『釋明』，則係使法院就某事實之存否，得到『大致爲正當』之心證爲已足，與『證明』係當事人提出之證據方法，足使法院產生堅強心證，可以確信其主張爲眞實者，尚有不同。」

貳、假扣押聲請之審理與裁判

一、假扣押聲請之審理

　　法院對於假扣押之聲請，應依職權調查其一般程序要件與假扣押之特別程序要件，並應調查其實質要件。假扣押爲裁定程序，其要件之調查，依民事訴訟法第234條規定，本來行任意之言詞辯論，或命債務人以書狀或言詞爲陳述，惟因假扣押之目的，在保全強制執行，於裁定後須將債務人之財產查封，但恐債務人預知財產將被扣押而逃避隱匿，實務上甚少行之，只就債權人聲請時表明之事項而爲調查。關於假扣押所保全之請求，只須就債權人之主張，依釋明之證據從形式上觀察即已足夠，本案債權是否存在，於假扣押裁定之審理時，不能作實體上之審認，否則即與本案之審理無異。

二、假扣押聲請之裁判

　　聲請假扣押，於實務上均以提出聲請書狀於法院爲之，債權人就請求假扣押之

不足供其債權全部之清償或有其他特別情事，不得謂有日後不能強制執行或甚難執行之虞，該債權人聲請假扣押自應予以駁回。」

[10] 最高法院106年度台抗字193號裁定、最高法院100年度台抗字894號裁定亦採相同見解。

民事訴訟法新論

原因之金錢債權存在應為釋明，以使法院取得至少初步心證認為應該有此金錢債權之存在，譬如提出買賣契約與提領貨物之收據，以釋明買賣價金之請求權的確存在之事實。另假扣押之原因亦應一併釋明之，例如：提出鄰里長證明書，釋明債務人倒閉搬遷之事實。所謂日後不能強制執行或甚難執行之虞之認定，依臺灣高等法院98年抗字第104號民事裁定係指：「民事訴訟法第523條規定，假扣押，非有日後不能強制執行或甚難執行之虞者，不得為之。應在外國為強制執行者，視為有日後甚難執行之虞。又該條所稱之『日後甚難執行之虞』，除指如債務人將移住遠方、逃匿或應在外國為強制執行之類者外，尚應包括債務人將其財產外移至為我國現時司法權效力所不及之大陸地區，致其在我國之財產有不足為強制執行之虞等情形在內。」

　　假扣押之裁定係為保全債權人之執行而設，債務人若提存一定金額足以擔保債權人之請求，債權人已無不能執行之虞，則於假扣押執行之前，免為假扣押執行，其已扣押執行者，則得由債務人聲請撤銷假扣押裁定，並據以向民事執行處提出而撤銷假扣押執行。第一審法院所為假扣押裁定，雖未記載債務人因停止或撤銷假扣押應供擔保之金額，然債務人提起抗告時，抗告法院儘可就此部分予以變更，要不得據此將命假扣押之裁定廢棄，駁回假扣押之聲請[11]。

參、假扣押裁定之撤銷

一、未依期起訴假扣押之撤銷

　　假扣押裁定具有附隨性，故仍須由本案訴訟加以終局之解決紛爭，且假扣押係在債權人未取得確定判決為執行名義前，先將債務人財產為扣押；而就債權之存否，仍有待於本案判決加以確定。故為使債務人有權利以本案判決確定權利之有無、及除去假扣押之執行，債務人得聲請法院命債權人於一定期間內起訴。假扣押乃為保全將來之強制執行，而得為執行名義者為給付判決，故債權人之起訴限於給付之訴；其僅提起確認之訴或形成之訴者，不得認為已經起訴[12]。另納稅義務人所

---

[11] 參最高法院32年抗字第738號判例：「第一審法院所為假扣押裁定，雖未記載債務人因停止或撤銷假扣押應供擔保之金額，然債務人提起抗告時，抗告法院儘可就此部分予以變更，要不得僅據此點遽將命假扣押之裁定廢棄，駁回假扣押之聲請。」

[12] 參最高法院65年台抗字第44號判例：「民事訴訟法第五百二十九條第一項規定『本案尚未繫屬者，命假扣押之法院應依債務人聲請，命債權人於一定期間內起訴』，此之

欠稅款，屬公法上義務，非私法上債務關係。稅捐機關依稅捐稽徵法第24條第2項規定聲請假扣押，不適用民事訴訟法第529條第1項之規定[13]。

民事訴訟法第529條第2項規定所列舉各款之事項，其程序之進行與起訴情形相同，其有結果者，均足生與確定判決有同一之效力。至於民事訴訟法第529條第2項第5款規定「其他經依法開始起訴前應踐行之程序者」，如起訴前依法應踐行調解、調處、協調、協議等程序，債權人係依法行使其權力而踐行該程序，故宜賦予與起訴同一之效力。而第6款所謂「基於夫妻剩餘財產差額分配請求權而聲請假扣押，已依民法第1010條請求宣告改用分別財產制者」，因依民法第1010條規定，請求宣告改用分別財產制，在裁定未確定前，剩餘財產分配請求權尚未發生，請求者事實上無法加以起訴，致假扣押裁定可能遭撤銷而無法保全，造成日後實現權利之困難，故賦予宣告改用分別財產制者與起訴有同一效力[14]。

二、原因消滅或情事變更假扣押之撤銷

所謂假扣押之原因消滅，指債權人已無日後不能強制執行或甚難執行之虞，已無保全之必要情形而言。例如，債務人已託親友提供不動產為債權人設定抵押權、債務人之財產有顯著增加。債務人受本案敗訴判決確定者，因債權人受本案敗訴確定者，則其請求權已實質確定不存在，而無再有施行之可能，自得以之撤銷假扣押。

所謂其他命假扣押之情事變更，係指保全之請求於嗣後以消滅或經本案判決予以否定等情形。最高法院29年上字第203號判例即謂：「依假扣押保全執行之請求

所謂起訴，係指依訴訟程序提起訴訟，得以確定其私權之存在，而取得給付之確定判決者而言。」

[13] 參最高法院75年台抗字第322號裁定：「納稅義務人所欠稅款，屬公法上義務，非私法上債務關係。稅捐機關依稅捐稽徵法第二十四條第二項規定聲請假扣押，不適用民事訴訟法第五百二十九條第一項之規定。」

[14] 最高法院100年台抗字第163號裁定：「按債務人依民事訴訟法第533條準用同法第529條第4項規定，聲請撤銷假處分裁定，經法院裁定准許，而該撤銷假處分裁定所為之裁定，係宣示消滅原假處分裁定之效力，性質上屬形成裁定，而形成裁定僅具形成力，並無執行力，且其形成力須於裁定確定時始發生。是撤銷假處分裁定之裁定，因他造之抗告而尚未確定，故債權人於該撤銷假處分裁定之裁定確定前，即無必要就同一事件，重複聲請假處分。」

經本案判決否認時，法院自得認為命假扣押之情事有變更，依民事訴訟法第526條第1項之規定辦理。」

民事訴訟法第530條第2項則規定，法院認為聲請無理由者，應為駁回聲請之裁定；認聲請有理由者，應為撤銷假扣押之裁定，民事訴訟法第528條第3項、第4項抗告法院之處理方式規定，於撤銷假扣押裁定準用之。第3項規定，假扣押程序既係由債權人聲請而開啟，且係為保障債權人日後強制執行之權利，則債權人自亦得聲請撤銷之。而第4項規定所謂本案法院，依同法第520條第1項之準用，在本案繫屬於第二審時，固指第二審法院而言，若本案已繫屬於第三審，則指本案前曾繫屬之第一審法院而言，本案經第二審法院判決，而由當事人對於該判決提起上訴時，即已繫屬於第三審法院，嗣後債務人聲請撤銷假扣押裁定，自應向本案前曾繫屬之第一審法院為之[15]。

三、撤銷假扣押時債權人之賠償責任

民事訴訟法第530條第1項規定，假扣押裁定因自始不當而撤銷[16、17]、或因同法第529條第2項及第530條第3項之規定而撤銷者，債權人應賠償因假扣押或供擔保所受之損害。而此賠償責任自得以債權人聲請時所供之擔保支付，此損害係基於法律之規定直接而生，不論債權人有無故意過失；屬於無過失之損害賠償。蓋因

---

[15] 參最高法院30年抗字第266號判例：「民事訴訟法第五百二十六條第三項所謂本案法院，依同法第五百二十條第一項之準用，在本案繫屬於第二審時，固指第二審法院而言，若本案已繫屬於第三審，則指本案前曾繫屬之第一審法院而言，本案經第二審法院判決，而由當事人對於該判決提起上訴時，即已繫屬於第三審法院，嗣後債務人聲請撤銷假扣押裁定，自應向本案前曾繫屬之第一審法院為之。」

[16] 臺灣高等法院100年上易字第598號判決略以：「民事訴訟法第531條第1項係規定，假扣押裁定因自始不當而撤銷，或因債權人不於一定期間內起訴及債權人聲請而撤銷假扣押裁定者，債權人應賠償債務人因假扣押或供擔保所受之損害，其中以文義解釋所謂債權人聲請撤銷假扣押，係僅以因債權人聲請假扣押後又撤銷假扣押為標準，至其原聲請是否正當應無需審查，但此以和假扣押制度為保全強制執行之本旨有所相違背，故應以請求不正當為賠償要件認定始稱公允。」

[17] 臺灣嘉義地方法院99年重訴字第31號判決略以：「惟民事訴訟法第531條所謂假扣押裁定因自始不當而撤銷，係指對於假扣押裁定抗告，經告法院依命假扣押時客觀存在之情形，認為不應為此裁定而撤銷之情形；若係因本案訴訟敗訴確定而撤銷該裁定，尚非該條所謂因自始不當而撤銷，不得據以請求損害賠償。」

假扣押係由債權人單方面聲請即發生效果，債權人自應對其不當聲請負較高之責任[18]。

因民事訴訟法第531條第1項之損害賠償為法律規定者，假扣押裁定法院僅得審究債務人是否因假扣押或供擔保而受有損害，及所受損害與假扣押間有無因果關係；並無法對該損害範圍為實質審酌。故為求訴訟經濟，並為保護債務人權益，民國92年修法增設此與民事訴訟法第395條第2項類似之規定，使債務人得於同一程序中併為該損害賠償請求而提起反訴。

肆、不服假扣押裁定之抗告

依民事訴訟法第528條第1項之規定，債務人對於命假扣押之裁定，無論是否命附供擔保為條件，均得依規定提起抗告。民事訴訟法第528條第2項規定之陳述意見權利[19]，係為保障債權人及債務人之程序權，並使法院能正確判斷原裁定是否妥當，故應賦予債權人與債務人在抗告法院裁定前有陳述意見之機會[20]。然而此處之債權人與債務人陳述意見權利，並非指所有一切情況均可由債務人陳述意見，如屬債權人聲請准予假扣押經法院裁定駁回者，因尚不得作為執行名義聲請執行，無須送達債務人，該債權人提起抗告時，則不需賦予債務人陳述意見之機會，就此最高

---

[18] 臺灣高等法院高雄分院100年上字第114號判決略以：「民事訴訟法第531條第2項規定，假扣押所保全之請求已起訴者，法院於第一審言詞辯論終結前，應依債務人之聲明，於本案判決內命債權人為前項之賠償，債務人未聲明者，應告以得為聲明，顯見同條第1項所指扣押因自始不當等原因之撤銷，皆係於本案訴訟進行中較早階段即發生者而言。亦即，第531條第1項所指第530條第3項由債權人聲請撤銷之情形，應限縮解釋為與自始不當相似之情形，如債權人自覺不當或不必要而於本案訴訟判決確定前自行撤銷者而言。」

[19] 最高法院98年台抗字第234號裁定略以：「對於假扣押聲請之裁定抗告者，為保障債權人及債務人之程序權，並使法院能正確判斷原裁定之當否，應賦予債權人及債務人於抗告法院裁定前有陳述意見之機會，此觀民事訴訟法第五百二十八條第二項規定自明。是抗告法院除認抗告不合法或顯無理由而予駁回外，於裁定前，應使債權人或債務人有陳述意見之機會，其踐行之程序始得謂為適法。」

[20] 最高法院99年台抗字第455號裁定：「按民事訴訟法第五百二十八條第二項所稱『抗告法院為裁定前，應使債權人及債務人有陳述意見之機會』，包括債權人或債務人以書狀陳述其意見，非指僅以抗告法院行準備或言詞辯論程序者為限。」

法院99台抗字第260號裁定即闡明：「按假扣押係保全程序，其裁定不待確定即得為執行名義。為防止債務人於強制執行前知悉假扣押裁定而有隱匿或處分其財產之機會，達到脫產目的，強制執行法第一百三十二條第一項乃規定：『假扣押或假處分之執行，應於假扣押或假處分之裁定送達同時或送達前為之』，以保障債權人之實體利益。惟為保障債權人及債務人之程序權，並使法院形成正確心證，避免發生突襲性裁判，於債務人對於准為假扣押，且經強制執行之裁定聲明不服時，因債務人無脫產之虞，債權人之實體利益已獲保障，抗告法院為裁定前，自應使債權人及債務人有陳述意見之機會，俾得就債權人及債務人所忽略，且將作為裁判基礎之事實、證據及法律適用各項，賦予雙方充分辯論之機會，以保障雙方程序利益，此觀民事訴訟法第五百二十八條第一項、第二項之規定即明。至債權人聲請准予假扣押經法院裁定駁回者，因尚不得作為執行名義聲請執行，無須送達債務人，該債權人提起抗告時，倘亦賦予債務人陳述意見之機會，不免使原不知悉假扣押情事之債務人存有脫產之可能，致有侵害債權人實體利益之疑慮，抗告法院自無庸於裁定前，使債務人有陳述意見之機會，俾平衡保障債權人及債務人之權益。」可資參照。

而民事訴訟法第528條第3項規定係為達到保全程序應迅速處理之要求，抗告法院認為抗告有理由者，於廢棄原裁定時，應自為裁定。為達到保全程序應迅速處理之要求，抗告法院認為裁定有理由者，於廢棄原裁定時，應自為裁定，不得發回原法院更為裁定，以避免程序延滯。

民事訴訟法第528條第4項則規定，按准許假扣押之裁定，經抗告法院廢棄後，如即得撤銷已實施之假扣押執行程序，則倘嗣後經再抗告又廢棄抗告法院之裁定，而准許假扣押之裁定者，債權人再申請假扣押執行時，原經撤銷假扣押執行之財產，可能已為債務人所隱匿或處分，可能有無法回復為假扣押執行之虞，故在駁回假扣押聲請裁定確定前，已實施之假扣押執行程序，不受影響。

伍、關於假扣押原因釋明之檢討

一、前言

依民事訴訟法第522條第1項規定：「假扣押，乃法院依債權人之聲請，就金錢請求或得易為金錢請求之請求，為保全強制執行，所為禁止債務人變更或處分其財產之暫時性處置。」其目的係於債權人取得確定判決或其它確定之終局執行名義前，即得預就債務人之財產予以假扣押，以免債務人處分或變更其財產，對債務人之權益有不利之影響。

目前部分實務傾向於嚴格認定假扣押原因之證明度，並例示說明所謂假扣押之原因係指「如債務人浪費財產，增加負擔，或就其財產為不利之處分，將成為無資力之狀態，或將移往遠地、逃匿無蹤、隱匿財產等」。

二、民事訴訟法第526條第2項

民國19年之規定：「請求及假扣押之原因，債權人應釋明之。前項原因，不問已否釋明，法院得命債權人供相當之擔保。」其立法理由：「假扣押之訴訟，非債權人聲敘其請求之原因及假扣押之原因不可，否則當駁斥其聲請，然有不免失之過當，於實際有不適當者，故本案於債權人卻不聲敘請求之原因，若能就債務人所受之損害，有確實擔保者，得使審判衙門發假扣押之命令，以保護債權人。」

民國23年及57年修法規定：「請求及假扣押之原因，應釋明之。債權人雖未為前項釋明，如就債務人所應受之損害已供法院所定之擔保者，得命為假扣押。」立法意旨並無二致，即使債權人未就請求及假扣押之原因釋明，法院仍可命供擔保後假扣押。

民國92年2月修法將第2項修正為：「前項釋明如有不足，而債權人陳明願供擔保或法院認為適當者，法院得定相當之擔保，命供擔保後為假扣押。」

立法理由：「依原第二項規定，債權人得供擔保以代釋明，惟債權人聲請假扣押，應使法院信其請求及假扣押之原因大致為正當，故仍應盡其釋明責任。然其釋明如有不足，為補強計，於債權人陳明就債務人可能遭受之損害願供擔保並足以補釋明之不足，或於法院認以供擔保可補釋明之不足並為適當時，法院均可斟酌情形定相當之擔保，命債權人供擔保後為假扣押，爰修正第二項。」

三、釋明之對象

(一) 被保全的請求

所謂請求，指債權人欲依假扣押呈續保全之實體法上權利，及基於該權利所為應如何假扣押之聲明。例如：甲主張乙積欠其債務未還，聲請對乙之財產於二百萬元範圍內為假扣押，則甲應於假扣押聲請狀內，記載其得請求乙給付該二百萬元之權利性質（例如借款、貸款或損害賠償請求權等），及據此請求對乙之財產於二百萬元範圍內為假扣押之聲明（民訴§526-1）。

(二) 假扣押之原因

若現在不予假扣押，則有債務人之財產逸失、隱匿、致有日後不能或甚難執

行之可能，亦即所謂保全之必要性而言。最高法院99年度台抗字第768號裁定謂：「法律所以爲此設計，係鑑於假扣押程序之急迫性，通常難以期待債權人於聲請假扣押前，得提出債務人之全體財產變動狀況之證據，以資與聲請保全之債權比較，作爲判斷日後有無不能或難予強制執行之虞。債務人有無日後不能強制執行或甚難執行之虞，應考慮債務人之職業、資產、信用等狀況，綜合判斷之。債務人有一再遷居，或廉賣、毀損、拋棄、隱匿或浪費財產等行爲者，通常固可認有假扣押之原因，但不以此爲限，例如債務人同時受多數債權人之追償，或債務人之財產已顯然不足清償債務者，亦可認爲有保全之必要性。」（民訴§523 I）。

四、假扣押原因之釋明

民事訴訟法第284條規定：「釋明事實上之主張者，得用可使法院信其主張爲眞實之一切證據。但依證據之性質不能即時調查者，不在此限。」辦理民事訴訟事件應行注意事項第89點：「民事訴訟法條文中所用釋明一語，乃相對於證明而言。證明與釋明，均係當事人提出證據使法院得生心證之行爲。證明必須使法院信爲確係如此。釋明祇須使法院信爲大概如此，無須遵守嚴格之形式上證據程序，釋明不可解爲敍明或說明之意。法律規定某事實應釋明者，當事人提出之證據能使法院信爲大概如此，即爲已足，其所用之證據，固以可即時調查者爲原則，如偕同證人、鑑定人到場，添具證物於提出之書狀或攜帶到場等是。但依證據之性質不能即時調查者，如證人確實不能到場，而依事件之性質認爲適當且不致延滯訴訟時，法院得延展期日而爲調查或允許證人提出書面陳述（含經公證及未經公證者）以代到庭作證等，不在此限。」民事訴訟法第526條規定，聲請假扣押，於實務上均以提出聲請書狀於法院爲之，債權人就請求假扣押之原因之金錢債權存在應爲釋明，以使法院取得至少初步心證認爲應該有此金錢債權之存在，譬如提出買賣契約與提領貨物之收據，以釋明買賣價金之請求權的確存在之事實。另假扣押之原因亦應一併釋明之，例如：提出鄰里長證明書，釋明債務人倒閉搬遷之事實。而所謂日後不能強制執行或甚難執行之虞之認定，依臺灣高等法院98年抗字第104號民事裁定係指：「民事訴訟法第523條規定，假扣押，非有日後不能強制執行或甚難執行之虞者，不得爲之。應在外國爲強制執行者，視爲有日後甚難執行之虞。又該條所稱之『日後甚難執行之虞』，除指如債務人將移住遠方、逃匿或應在外國爲強制執行之類者外，尚應包括債務人將其財產外移至爲我國現時司法權效力所不及之大陸地區，致其在我國之財產有不足爲強制執行之虞等情形內。」

關於假扣押原因之釋明，因債權人本身無公權力於收集假扣押原因之證據

（例如：隱匿財產、浪費財產、一再搬遷、金錢多次匯往海外等之證明文件）有其困難度，故第526條第2項規定，如假扣押原因之釋明有不足時，可以准由債權人聲明願供擔保，以代釋明之不足[21]。亦即，係依現行之法條債權人聲請假扣押應就其請求及假扣押之原因兩者均必須加以釋明，兩者缺一不可。該項釋明如有不足而債權人陳明願供擔保或法院認為適當者，法院始得定相當之擔保，命供擔保後為假扣押。若債權人就其請求及假扣押之原因有任何一項未予釋明，法院即不得為命供擔保後假扣押之裁定。民國92年修法前假扣押之原因可不必釋明，直接以供擔保以代釋明，然現行法嚴格規定限制只能以供擔保以代釋明之「不足」，引起實務界及學術界諸多爭議與討論，認現行法之規定太過嚴苛，而個別法院在認定何謂「釋明之不足」易有寬嚴不一，以致許多債權人假扣押之聲請一再被駁回錯失保全之機會，亦有發生債權人就同一假扣押事件被駁回後重新聲請又因不同法官審理而獲准之情形，未來如再修法時，本文認宜就此假扣押之要件再為適度之放寬或訂定更明確之裁量基準以供法院審認，以保障債權人之債權。

　　民事訴訟法第526條第3項規定：「請求及假扣押之原因雖經釋明，法院亦得命債權人供擔保後為假扣押。」請求及假扣押之原因已經釋明者，法院仍得依民事訴訟法第526條第2項之規定，使債權人供擔保後命為假扣押，此項供擔保與否，其擔保金額多少，均應由法院依職權定之，非債務人所得強求[22]，主要目的係為預防法院准假扣押裁定有失當情形，使債務人有取償之保障，俾能同時兼顧債權人與債

---

[21] 最高法院99年台抗字第311號裁定略以：「按請求及假扣押之原因應釋明之；前項釋明如有不足，而債權人陳明願供擔保或法院認為適當者，法院得定相當之擔保，命供擔保後為假扣押，民事訴訟法第五百二十六條第一項、第二項分別定有明文。故債權人聲請假扣押應就其請求及假扣押之原因加以釋明，兩者缺一不可。該項釋明如有不足而債權人陳明願供擔保或法院認為適當者，法院始得定相當之擔保，命供擔保後為假扣押。若債權人就其請求及假扣押之原因有一項未予釋明，法院即不得為命供擔保後假扣押之裁定。」

[22] 參最高法院28年抗字第114號判例：「請求及假扣押之原因已經債權人釋明者，依民事訴訟法第五百二十二條第三項之規定，法院雖得使債權人供擔保後命為假扣押，惟使債權人供擔保與否，應由法院斟酌情形依其意見定之，非債務人所得強求。」；48年台抗字第18號判例：「法院就債務人因假扣押或假處分所受損害，命債權人預供擔保者，其金額之多寡應如何認為相當，原屬於法院職權裁量之範圍，非當事人所可任意指摘。」

務人兩造利益之平衡。

供擔保額之多寡，為法院之裁量範圍，法院本應依職權加以酌定之，惟依法院實務，法院於假扣押時命債權人供擔保時，過去之慣例係裁定所請求保全金額之三分之一為擔保金，高門檻之擔保金可能使經濟上弱勢之家事勞動者無法負擔該筆擔保金而放棄保全，故增設第3項規定在特定情況之債權可降低法院所命供擔保金額之門檻，以免因程序規定而損及債權人保全之機會。而關於代釋明之擔保金之取回，實務指明，將來若因債務人依假扣押裁定為免為或撤銷假扣押而供擔保者，嗣後該假扣押裁定被撤銷確定，該為免為或撤銷假扣押所供之擔保已失其依據及必要，應認供擔保之原因消滅，債務人得聲請法院以裁定命債權人返還提存之擔保金，初不問債務人之本案訴訟是否已獲勝訴確定[23]。

五、實務對於假扣押原因之釋明程度要求寬嚴不一

(一) 寬鬆見解

採寬鬆見解之法院見解，並不要求債權人提出足以釋明債務人有：隱匿財產、浪費財產、一再搬遷、金錢多次匯往海外……等之證明文件，而僅要求提出有提出催告其履行遭拒絕，即認已有釋明假扣押之原因。最高法院98年台抗字第529號裁定：「由前述判決書所記載兩造紛爭緣由，及強制執行之久，顯見債務人未能依約自動履行債務，如於知悉債權人對其提起相當於租金之請求，以債權人年紀大及其歷次訴訟中**拒絕交還土地之作為**，恐會將其名下財產過戶至他人名下，以規避債權人之執行，有抗告狀可稽，足認相對人有相當程度之釋明……。」此外，最高法院100年度台抗字第894號裁定：「所謂釋明應提出可使法院信其主張為真實並能即時調查之一切證據……**如經債權人催告後仍斷然拒絕給付**，且就債務人之職業、資產、信用等狀況綜合判斷，其現存之既有財產已瀕臨成為無資力或與債權人之債權相差懸殊或財務顯有異常而難以清償債務之情形等是。」均明揭相同之意旨，**亦即最高法院亦認債務人倘有履經催告，仍明顯拒絕給付之情形者，均可認已就假扣押之原因已盡相當之釋明**[24]。最高法院99年度台抗字第909號裁定亦認：「查前開證據已足以釋明再抗告人對陳百合有系爭之租金債權，則上開提存金之餘

---

[23] 最高法院101年度台抗字第485號裁定。

[24] 最高法院99年度台抗字第909號裁定、臺灣高等法院臺中分院98年度抗字第575號裁定、臺灣彰化地方法院100年度裁全字第50號裁定。

額，若不及時扣押，迨陳百合聲請取回，再抗告人將有難以強制執行之虞，其就假扣押之原因，難謂全無釋明。縱釋明尚有不足，再抗告人既已陳明願供擔保，足以補釋明之不足，依上說明，即非不得命供擔保後爲假扣押。」

(二) 嚴格見解

　　採嚴格見解者，多數要求債權人聲請時即需檢附得以即時調查之證據來釋明債務人有：隱匿財產、浪費財產、一再搬遷、金錢多次匯往海外……等之證明文件[25]。最高法院98年度台抗字第634號裁定略以：「本件再抗告人即債權人主張相對人甲○○、乙○○分任伊董事長、執行秘書期間，連續不法掏空伊資產達新臺幣七百餘萬元，迄未誠意出面解決，伊恐將來有不能強制執行或甚難執行之虞等語，提出刑事告訴狀、開庭通知書、錄音譯文、法人登記證書、再抗告人銀行存款餘額及存摺等件，向臺灣士林地方法院（下稱士林地院）陳明願供擔保，聲請對相對人爲假扣押。依首揭說明，再抗告人所提前開刑事告訴狀等件，充其量僅能釋明其請求之原因，對於假扣押之原因並未有所釋明。」另臺北地方法院於102年司裁全字第1671號裁定，更是嚴格中之典型，在本件假扣押裁定中，聲請人已提出：(1)與相對人間往來之存證信函影本。(2)相對人有無償處分其所有土地之土地異動索引資料來釋明相對人已將其所有房地無償贈與他人，實係減少財產之積極行爲，來釋明相對人確有無償處分財產之紀錄，足以使其責任財產減少，但法院之裁定理由仍然敘明「假扣押原因未釋明」而駁回假扣押之聲請，本文認爲上述債權人提出之債務人處分財產證明文件與其本案之金錢請求權無關，應屬「釋明」債務人處分財產之典型方法，應認對假扣押之原因已有釋明，至多僅能視爲「釋明不足」，但嚴格見解之法院仍然將之誤認爲「全未釋明」而駁回假扣押之聲請，實有不當。

六、本文見解

(一) 假扣押原因之界定

　　前揭實務判決迭以債權人所提證物僅足以釋明其請求之原因，就相對人有何日後不能強制執行或甚難執行之虞之假扣押原因，並未提出能即時調查之證據以爲釋明，爲由駁回債權人假扣押之聲請。惟債權人依民事訴訟法第526條第1項所規定必

---

[25] 最高法院98年度台抗字第448號裁定、98年度台抗字第634號裁定、99年度台抗字第311號裁定、100年度台抗字第448號裁定。

須釋明之「假扣押原因」，指第523條第1項所定之「日後不能強制執行或甚難執行之虞」。惟債權人依民事訴訟法第526條第1項所規定必須釋明之「假扣押原因」，指第523條第1項所定之「日後不能強制執行或甚難執行之虞」，其本質上屬於不確定法律概念，須經過評價、判斷，亦即須認定是否「如果不採取假扣押之措施，任由目前的狀態繼續進行下去，在債權人未來取得終局的執行名義時，將存在無法或難以順利執行之風險。」在禁止自力救濟原則下，債權人僅能依循法律程序，以實現其權利，而假扣押制度本即為保全債權人將來之強制執行所設之保全程序，雖為避免浮濫致過度侵及債務人之權利，而設有相關之要件規範，但亦不宜嚴格限制，否則將使債權人所有債權有名無實。而假扣押制度本亦為防止債務人脫產，影響日後之執行，而債務人若欲處分財產，不可能公告周知，必然隱匿且迅速，期間之處分到瀕臨無資力之臨界點，實難為外人所知悉，且債權人知情時，債務人往往已脫產成功為無資力，則債權人之債權受清償之利益即已遭受損害，即便准予假扣押，通常亦已無法保全債權人債權之執行。是以，為貫徹立法目的，所謂具有「假扣押之原因」者，本書認祇須依照一般社會通念，可認「有日後不能強制執行或甚難執行之虞」之條件，即足當之，不應以債務人浪費財產、增加負擔或將其財產為不利益之處分，致達於無資力之狀態，或債務人移住遠方、逃匿無蹤或隱匿財產等積極作為之情形為限。

(二) 部分實務上對假扣押原因之釋明的認定與保全程序本旨相違

　　法院駁回債權人假扣押之聲請，多以債權人並未就「債務人浪費財產，增加負擔，或就其財產為不利益之處分，將成為無資力之狀態，或將移往遠地、逃匿無蹤、隱匿財產等等」之原因予以釋明。然而，上開情形債務人根本未有公權力難以為何等之釋明，因目前實務上，在未取得執行名義前，根本無從合法調閱債務人之國稅局財產資料，債權人如何能提供任何合法查知之財產資料供法院參酌？故法院如要求之聲請要件，實與保全程序之「貴在速捷」及「在債務人尚未得以脫產前即行保全」之法律本旨相違背，甚至增加原法律規定所無之限制，而增加債權人保全之困難，並給予債務人積極脫產之機會。且法院將駁回假扣押聲請之裁定送達予債務人時，無異直接通知債務人更應儘速辦理脫產，否則萬一民事判決敗訴確定，債務人之財產必遭執行。是如恣意以法律所無之要件駁回假扣押之聲請，不僅未能體現保全程序之目的僅為「保全」日後債權實現之法制目的，甚至反有協助及通知債務人儘速脫產之嫌，殊非保全程序建制之精神。按假扣押制度乃為保全債權人將來之強制執行，並得命其供擔保以兼顧債務人權益之保障，所設暫時而迅速之簡易

執行程序，此一保全程序之目的即為防止債務人隱匿或處分其財產而達脫產目的，暫時限制債務人擅自處分其個人財產，以利將來確定判決後仍有得以終局執行之標的，以達保護債權人之債權日後實現之可能。倘若果如部分嚴格見界所述假扣押之原因應釋明：「債務人已瀕臨無資力或財務顯有異常而難以清償債務，甚或將即移往遠方、逃匿無蹤」，本書認為若債權人得以如部分嚴格見解所述必需釋明到債務人之財務：「已經有異常到難以清償」，則意味著債務人之脫產「已經成功了」或「已經音訊杳然、行蹤不明」已成既成事實，果爾，債權人此時也再無透過假扣押程序來保全債權之必要了，蓋因此刻已幾近確定假扣押無任何實益了，殊非保全制度之立法目的。

(三) 釋明不足之處理

假扣押之原因如經釋明而有不足，即經債權人提供得即時調查之證據，仍無法形成法院「大致為正當」之已「釋明」之微弱心證，只能達到「存在可能性」而有「釋明不足」時，法院此時宜盡量依法命供擔保以補其釋明之不足，准為假扣押，亦即縱使經釋明後，仍認債權人釋明假扣押原因有所不足，但不能排除將來有無法或甚難執行之虞之可能性，且亦願提供擔保者，法院依其裁量職權，應得裁准債權人之假扣押請求（民訴§526 II）。

法院既有職權酌定擔保金金額，以保障保全程序對債務人可能之損害，作為衡平機制，不宜任意以「未為釋明」為由而駁回假扣押之聲請。一旦擔保金額已足夠保障債務人所可能因假扣押所遭受之損失，即應放寬與降低假扣押原因釋明之標準，以符合民事訴訟法第526條第2項基於債權人利益使法院容易命為假扣押，俾程序得以順利進行，落實保全程序之立法目的。

第二節　假處分

債權人就金錢請求以外之請求，欲保全將來之強制執行，請求法院就各個物之給付與其他之給付為必要之處分者，謂之假處分。其就爭執之法律關係定暫時之狀態，以防止發生重大之損害或避免急迫之危險或有其他相類似之情形者，為定暫時狀態之假處分，除別有特別規定之外，準用假處分之規定。金錢以外之請求，如可易為金錢者，債權人既得聲請假扣押，亦得聲請假處分。假處分與假扣押同以保全將來之強制執行為目的，除依性質另作規定者外，均準用假扣押之規定。

壹、請求標的之假處分

一、請求標的假處分聲請之程序要件

管轄法院、即聲請程序準用假扣押程序（民訴§533），舊法原就假處分之管轄定於第534條，惟民國92年修法時認假扣押與假處分同為保全執行之程序，雖性質上有不同之處，但就管轄方面，均應以便利債權人聲請為原則，不宜有所差別，故將第534條刪除[26]。

二、請求標的假處分聲請之實質要件

依照民事訴訟法第532條規定假處分者，係債權人就金錢以外之請求，欲保全將來之強制執行，請求法院就各個物之給付或其他給付，為必要之處分者，又稱「保全假處分」。

又假處分之標的，須係針對保全金錢以外之請求，包括物之交付請求、行為不行為、為一定之意思表示等，均得聲請假處分，此亦係與假扣押最大不同之處。另外，依據司法院大法官釋字第182號解釋，已經判決確定之事件，不得以假處分程序停止強制執行。又債權人就得易為金錢請求之請求為保全強制執行，不聲請假扣押而聲請假處分，自為法律所允許[27]。

所謂「請求標的之現狀變更」，指所爭執之標的物，其從前存在之狀態已有變更或將有變更之情形。如債務人就請求之標的物，為事實上或法律上之處分等。但以請求之標的物現實存在為前提[28]。

---

[26] 最高法院100年台上字第1505號判決略以：「依民事訴訟法第538條之4、第533條、第531條第1項規定，定暫時狀態處分之裁定因自始不當而撤銷，債務人得請求債權人賠償者，以因定暫時狀態處分或供擔保所受之損害為限。當事人所支出之律師費三萬五千元，係因他造對於臺灣高等法院就系爭定暫時狀態處分事件所為之裁定，提起再抗告，其為委任律師提出答辯所支出，既非因系爭定暫時狀態處分所受之損害，其依上開法條規定請求他造賠償，自有未合。」

[27] 參最高法院42年台抗字第38號判例：「民事訴訟法第五百二十八條第一項規定，債權人就金錢請求以外之請求，欲保全強制執行者，得聲請假處分，而未將得易為金錢請求之請求除外，是債權人就得易為金錢請求之請求為保全強制執，不聲請假扣押而聲請假處分，自為上開條項之所許。」

[28] 參最高法院43年台抗字第87號判例：「民事訴訟法第五百二十八條第二項所謂請求標的之現狀變更，不僅指為請求標的之物，其從前存在之狀況將有變更者而言，並包含

所謂「日後不能強制執行或甚難執行之虞」，係債權人縱取得執行名義，亦無從強制執行之情形。須注意者，債權人聲請假處分必須自己對於債務人，現在或將來有訴訟繫屬之本案請求為前提要件。至於他人之訴訟事件，縱使有利害關係，而既不得謂自己對於債務人，現在或將來有訴訟繫屬之本案請求，自無聲請假處分之可言[29]。

三、請求標的假處分的審理與裁判

因債權人欲保全之權利內容及聲請假處分之種類有所不同，法院於做成假處分之裁定時，除須參酌債權人所聲請之內容及方法外，法院應依職權裁量其認為最為妥適之假處分方法[30、31]。民事訴訟法第535條第2項就假處分之具體方法，係以例示之方式，規定法院得選任管理人及命令或禁止債務人為一定行為，雖假處分之方法不限於本項規定所例示之該三種方法，惟此三種方法確為實務上最常使用之方法。

已有變更者在內，故就為請求標的之物所為禁止其現狀變更之假處分，其效力併及於其從前存在之狀態已有變更之部分。」

[29] 參最高法院41年台抗字第46號判例：「假處分係保全強制執行方法之一種，原為在本案請求尚未經判決確定以前，預防將來債權人勝訴後因請求標的之現狀變更，有日後不能強制執行或甚難執行之虞者而設，故債權人聲請假處分，必以自己對於債務人，現在或將來有訴訟繫屬之本案請求為前提要件。至對於他人間之訟事爭事件，縱使有利害關係，而既不得謂自己對於債務人現在或將來有訴訟繫屬之本案請求，自無聲假處分之可言。」

[30] 最高法院96年台抗字第64號裁定略以：「按民事訴訟法第五百三十五條第一項規定：『假處分所必要之方法，由法院以裁定酌定之。』又除別有規定外，關於假處分之規定，於定暫時狀態之處分準用之，同法第五百三十八條之四定有明文。而法院酌定假處分之方法時，應斟酌保全強制執行或定暫時狀態之實際需要，以能達假處分之目的為準則，倘逾越假處分之目的者，為法所不許。」

[31] 最高法院95年台抗字第463號裁定略以：「關於假處分之規定，於爭執之法律關係有定暫時狀態之必要者準用之。又假處分所必要之方法，由法院酌定之，民事訴訟法第五百三十八條之四、第五百三十五條第一項定有明文。是於爭執之法律關係有定暫時狀態之必要者，假處分之方法係由法院依職權酌定，不可逾越定暫時狀態所需要之程度，惟不受債權人聲請假處分所表明方法之拘束。」

四、請求標的假處分裁定之撤銷

舊法規定「非有特別情事，法院不得許債務人供擔保而撤銷假處分」，此係因假處分程序係就金錢請求以外之請求保全其執行而設之程序，故債權人無法因債務人之供擔保而使其請求得到保全。惟若此等金錢請求以外之請求，如代以金錢之給付亦可滿足債權人之要求、或債務人將因假處分而受難以彌補之重大損害、或有其他特別情事者，應許債務人得供擔保撤銷假處分。另若未為此等記載時，為維護債務人之權益，亦應許債務人得聲請撤銷之。故於民國92年修正民事訴訟法第536條第1項、第2項，使債務人得供擔保撤銷假處分。另因准債務人供擔保免為或撤銷假處分者，攸關債權人之權益，故法院為准許撤銷裁定前，應使債權人有陳述意見之機會。

何謂特別情事，依最高法院之判例之見解，如代以金錢，債權人亦得達其債權之終局目的者[32]、經法院調查判決其認定之事實與釋明不符，依卷宗內得為即時調查之證據已顯見為不應假處分者[33]。

貳、自助行為之聲請處理程序

一、聲請處理之事由及其管轄

民國92年修法時，立法者為配合民法第151條所規定之自助行為，增訂民事訴訟法第537-1條至第537-4條，規定債權人依民法之自助行為押收債務人財產或拘束其自由時之處理程序，其立法目的為保障債權人之權利，並兼顧債務人之基本人權。債權人依民法第151條規定押收債務人之財產或拘束其自由者，依民法第152條第1項之規定，應即時向法院聲請處理。為配合此一規定，民事訴訟法第537-1條第1項明定，於此情形債權人應即時聲請法院為假扣押或假處分之裁定。但若債權人已取得執行名義時，即應依強制執行法之程序聲請執行，不得再依民事訴訟法第

---

[32] 參最高法院22抗字第1707號判例：「依假處分所保全之給付如代以金錢，債權人亦得達其債權之終局目的者，即可認為有民事訴訟法第五百零二條所謂特別情事，許債務人供擔保為撤銷假處分。」

[33] 參最高法院50年台抗字第165號判例：「假處分之程序利於迅速，故民事訴訟法規定為假處分之原因由聲請人釋明已足，然若經法院調查判決其認定之事實與釋明不符，依卷宗內得為即時調查之證據已顯見為不應假處分時，自可解為已有特別情事，法院非不得許債務人聲請而撤銷假處分。」

537-1條規定聲請法院爲假扣押或假處分之裁定。債權人押收債務人財產或拘束其自由後，既然應即時聲請法院處理，爲避免程序之延誤，自應由行爲地之地方法院管轄。

二、對聲請之調查與裁定

民事訴訟法第537-2條第1項規定，債權人以自助行爲押收債務人之財產或拘束自由，只屬暫時自助之權宜措施，因其涉及債權人之財產權或自由權，故法院於受理聲請後，應即調查裁定之。如法院認其不合民法第151條之規定、或有其他不合法、或不符假扣押假處分之要件而不應准許之情形者，應以裁定駁回之。

另民事訴訟法第537-2條第2項之規定，係考量債權人若係因自助行爲而拘束債務人之自由者，因事涉人身自由，法院應格外謹慎從事調查，故法院爲准許裁定前，非命債權人及債務人已言詞爲陳述，不得爲之。民事訴訟法第537-3條規定法院對該自助行爲之財產或債務人之處理，自助行爲係不即受公權力援助之不得已方法，債權人於自助行爲後即時聲請法院處理時，既已置於公務機關處理之狀態，自應將所押收之債務人財產、或被拘束自由之債務人送交法院處理。但有正當理由不能送交者不在此限。第2項規定法院應爲即時且適當之處置，法院爲裁定及開始執行前，應就此財產或債務人爲即時且適當之處置[34]；但拘束債務人之自由，依憲法第8條之立法意旨，自送交法院時起，不得逾24小時。第3項則規定，法院如未駁回債權人之聲請，應在此時限內決定是否管收債務人；如法院駁回其假扣押或假處分之聲請時，應將該財產歸還或回復債務人之自由。

---

[34] 參考司法院32年院字第2503號解釋：「(二)言詞辯論期日被告不到場。原告意欲如何辦理不明瞭者。審判長應依民事訴訟法第一百九十九條第二項向原告發問或曉諭。令其敘明。其願另定期日辯論。不聲請由其一造辯論而爲判決者。應予延展辯論期日。若拒絕敘明。不爲辯論者。依同法第三百八十七條規定。視同不到場。並依同法第一百九十一條規定。視爲休止訴訟程序。至請求權人依民法第一百五十二條第一項規定。拘束義務人之自由。聲請法院援助時。法院應爲如何之處置。民事訴訟法雖未如外國立法例。設有人身保全之假扣押程序。然查強制執行法第二十二條之規定。於假扣押之執行亦適用之。故該請求權人即時聲請假扣押者。法院應即時予以裁定。其命假扣押者。並應即時予以執行。若該義務人有同條所列情形之一者。得管收之。再被告所在無定。於訴訟中有管收之必要者。亦得依此程序辦理。」

三、本案之起訴

因拘束債務人自由而為之假扣押或假處分,攸關債務人之人身自由,故債權人之請求是否存在,宜從速依法定程序確定,以保障債務人之權益。另因債權人之自助行為者,亦需聲請法院為假扣押或假處分之裁定,故關於一般假扣押、及假處分裁定之撤銷原因,於自助行為聲請時自仍亦有所適用(民訴§537-4)。

參、定暫時狀態之處分

一、聲請定暫時狀態之處分之實質要件

定暫時狀態之處分者,係當事人就有爭執之法律關係請法院速定暫時之處分裁定,俾儘速開啟執行程序以防止發生重大之損害、避免急迫之危險、或其他有必要之相類情形者[35]。又稱「定暫時狀態為設定假地位之假處分」或「定暫時狀態處分」。

民事訴訟法第538條第1項規定,定暫時狀態之處分請求之標的須針對當事人間有爭執之法律關係為之,而所謂有爭執之法律關係宜採取廣義之解釋,類同於確認之訴中所稱之「法律關係」[36]。即雙方當事人對某權利義務關係之存否有爭議時;均應屬此得作為定暫時狀態假處分之對象,且該有爭執之法律關係,應無種類及性質上之限制,故無論財產上或身分上法律關係、金錢請求或金錢請求以外之法

---

[35] 最高法院98年台抗字第713號裁定略以:「聲請人就有爭執之智慧財產法律關係聲請定其暫時狀態之處分者,須釋明該法律關係存在及有定暫時狀態之必要;其釋明不足者,應駁回聲請,不得准提供擔保代之或以擔保補釋明不足。聲請人雖已為前項釋明,法院為定暫時狀態處分之裁定時,仍得命聲請人提供相當之擔保。法院審理定暫時狀態處分之聲請時,就保全之必要性,應審酌聲請人將來勝訴可能性、聲請之准駁對於聲請人或相對人是否將造成無法彌補之損害,並應權衡雙方損害之程度,及對公眾利益之影響。」

[36] 最高法院98年台抗字第539號裁定略以:「所謂有爭執之法律關係,無論財產上或身分上之法律關係均屬之,其為財產上之法律關係者,亦不以金錢請求以外之法律關係為限;又繼續之法律關係固無論,即令非屬繼續性之法律關係,祇要為防止發生重大之損害,或避免急迫之危險或有其他相類之情形而有必要,且得以本案訴訟確定時,即得聲請為該項處分。」

律關係、抑或繼續性或一次性之給付，均包含在內[37]。

且定暫時狀態假處分須有保全之必要性[38]，即須爲防止發生重大之損害或避免急迫之危險或有其他相類之情形而有必要者，而是否重大急迫，需透過利益衡量加以判斷，因爲損害是否「重大」、危險是否「急迫」及其他相類情形爲何，均屬不確定法律概念。然依最高法院歷年裁判意旨，聲請人就其主張之請求及假處分之原因僅負有釋明之義務[39]。

第2項規定，須以其本案訴訟能確定該爭執之法律關係爲限，具有類似保權假扣押、假處分「起訴之同一性」之概念，須其所保全之權利，得以訴訟程序加以確定者。即定暫時狀態之假處分，仍具有「附隨性」，對於該有爭執之法律關係仍待本案訴訟加以確定之。同條第3項規定法院爲此項裁定前，應使當事人有陳述意見之機會，俾法院能正確判斷有無准許定暫時狀態假處分之必要及有無先命一定給付之必要。

二、聲請事件之處理

(一) 定暫時狀態之處分裁定

法律關係，聲請爲定暫時狀態之處分，如具備程序合法要件及實質要件者，法

---

[37] 最高法院100年台抗字第63號裁定略以：「參照民事訴訟法第538條第1項、第538之4準用第533條前段準用第526條第1項等規定，按定暫時狀態處分聲請人，須就其與相對人間有爭執之法律關係及有防止發生重大損害或避免急迫危險或其他相類情形等必要爲釋明。又釋明，得用可使法院信其主張爲眞實且得即時調查之一切證據，包括人證、文書、鑑定、勘驗、當事人本人訊問等，其與證明在分量上並不相同，凡當事人提出證據，雖未能使法院達於確信之證明程度，但可使法院得薄弱之心證，信其事實上之主張大概爲如此者，應認已盡釋明之責。」

[38] 最高法院22年抗字第1099號判例：「民事訴訟法第五百零四條所謂爭執之法律關係，有定暫時狀態之必要者，係指因避重大之損害或因其他情事，有就爭執之法律關係，定暫時狀態之必要者而言，此必要之情事即爲假處分之原因，應由聲請假處分之人，提出相當證據以釋明之，苟不能釋明此種情事之存在，即無就爭執之法律關係，定暫時狀態之必要。原裁定僅謂應否塞港之爭執，在未經判決確定以前有維持現狀之必要，遂爲禁止壅塞之假處分，究因何種情事有暫禁壅塞之必要，則未予審認，於法殊有未合。」

[39] 最高法院97年度台抗字第759號民事裁定。

院應爲定暫時狀態之處分裁定（民訴§538 I）。此項定暫時狀態，若有暫時實現本案請求之必要，而須命先爲一定之給付始能達其目的者，法院亦得命先爲一定之給付（民訴§538 III）。

(二) 先為一定之緊急處置

規定，法院認爲有必要者，得依聲請以裁定先爲一定之緊急處置，以作爲維持當事人間公平之暫時權宜措施。故該等緊急處置，以作爲維持當事人間公平之暫時權宜措施。另民事訴訟法第538-1條第1項所爲之緊急處置屬中間處分性質，故如法院已就聲請事件爲裁定者，自應以該終局裁定之內容爲準[40]。

緊急處置畢竟係應付緊急狀況、暫定現狀、以維持和平，且其屬附隨於假處分程序上之緊急處置，主要係爲因應定暫時狀態假處分程序之愼重化處理而設。故爲兼顧相對人之利益，其有效期間不宜過長，規定以七日爲限，當事人於期滿前得聲請延長，但延長其間不得逾三日。

此項緊急處置屬於中間處分性質，其效力具有附隨於定暫時狀態假處分之附隨性，故前項期間屆滿前，法院以裁定駁回定暫時狀態處分之聲請者，先爲之處分當然失其效力。其經裁定許爲定暫時狀態，而其內容與鮮爲之處置相異時，相異之處置失其效力，因對該緊急處置不待當事人聲請撤銷，亦無向上級法院請求救濟之必要，故民事訴訟法第538-1條第3項規定，對此措施之裁定，不得聲明不服。

(三) 命返還給付之裁定（民訴§538-2）

法院命先爲一定給付之裁定後，如抗告法院廢棄或變更該裁定時，於廢棄或變更之範圍內，抗告人依原裁定所爲之給付即失其依據。故爲保障抗告人之權益，並使程序加以簡化，故明定此時抗告法院在廢棄或變更之裁定中，同時於裁定中命聲請人返還受領之給付，且此抗告法院命返還給付之裁定，係附隨於廢棄或變更原暫

---

[40] 最高法院99年台抗字第174號裁定略以：「民事訴訟法第538條第1項、第2項規定，於爭執之法律關係，爲防止發生重大之損害或避免急迫之危險或有其他相類之情形而有必要時，得聲請爲定暫時狀態之處分；前項裁定，以其本案訴訟能確定該爭執之法律關係者爲限。所謂必要，係定暫時狀態之處分之原因，即防止發生重大之損害或避免急迫之危險或有其他相類之情形，此均應由聲請定暫時狀態之處分者，提出相當證明以釋明之。倘債權人就其請求及定暫時狀態處分之原因，毫未予以釋明，法院尚不得因其陳明願供擔保，即認足補釋明之欠缺而命供擔保後爲定暫時狀態之處分。」

時狀態之裁定，兩者關係密切，故不宜准許單獨對之聲明不服，以免發生裁判歧異之情形。且裁定命返還所受領之給付並加給利息，內容明確，少有實體上之爭議，亦無對該部分裁定單獨聲明不服之必要，故以明文加以限制。

又抗告法院為前項裁定後，如聲請人即應將所受領之給付返還者，倘再抗告法院廢棄抗告法院所為之裁定，並為准許定暫時狀態命先為給付之裁定確定，則聲請人須重新聲請執行，不僅程序繁複，且有不能回復執行之虞，爰明定抗告中應停止執行。第3項規定係因此等給付失效而須返還之情形與緊急處置失效之性質及情形類似，故關於該本案裁定程序被廢棄時行使此等返還請求，亦與前述緊急處置相同均採處分權主義，非經當事人聲請法院不得依職權為裁定；且此聲請，均係以緊急處置失效或定暫時狀態處分裁定被廢棄或變更為條件，而成為一附條件之聲請，故此返還給付之規定，於緊急處置失其效力時準用之。

(四) 損害賠償責任之減輕或免除（民訴§538-3）

定暫時狀態之假處分，原則上審理過程須使兩造為陳述，經由一定程度之調查及審理；故在兩造當事人所受程序保障相當之情形下，不宜將定暫時狀態假處分之不當，完全由聲請人負擔無過失責任，且定暫時狀態假處分之立法目的與假扣押、保全假處分不同，法院須衡量聲請人與相對人之利害而為公平處置，具有調整雙方利益、維持法秩序之公益目的，解釋上自與假扣押、保全假處分有所不同。故定暫時狀態之裁定因民事訴訟法第531條之事由被撤銷[41]，而應復損害賠償責任者，如聲請人證明無過失時，法院得視情形減輕或免除其損害賠償責任。

---

[41] 智慧財產法院98年民他訴字第1號判決略以：「民事訴訟法第531條規定，假扣押裁定因自始不當而撤銷，或因第529條第4項及第530條第3項之規定而撤銷者，債權人應賠償債務人因假扣押或供擔保所受之損害。債權人假扣押應負損害賠償責任之法定事由，僅有3種情形，即假扣押裁定因自始不當而撤銷者、假扣押裁定因債權人不於法院所定期間內起訴而撤銷者、假扣押裁定因債權人聲請而撤銷者。又侵權行為係以故意或過失侵害他人之權利為成立要件，惟關於假扣押裁定，因自始不當而撤銷，或因民事訴訟法第529條第4項及第530條第3項之規定而撤銷者，債權人應賠償債務人因假扣押或供擔保所受之損害，故債權人所負此項賠償損害責任，乃本於假扣押裁定撤銷之法定事由而生，債務人賠償請求權之成立，即不以債權人之故意或過失為要件。」

(五) 假處分規定之準用

民事訴訟法第538-4條規定，按定暫時狀態之假處分，雖非以保全執行為主要目的，惟亦屬於保全權利之方法，故其聲請即裁定之程序，除別有規定外，於性質相通部分，自仍應準用一般假處分之規定，故對於其他程序要件、審理裁判之程序內容、假處分撤銷之事由等，均準用假扣押、假處分之相關規定[42]。

---

[42] 最高法院97年台抗字第651號裁定略以：「債權人就爭執之法律關係，已聲請為定暫時狀態之處分，不論係單純之不作為處分，或容忍不作為處分，一經其向法院為聲請後，債務人亦僅得對尚獲裁准之裁定循抗告程序或聲請撤銷假處分裁定之途徑以謀救濟，不得於法院未為准駁之裁定前，再聲請內容相牴觸之處分，以阻卻債權人之聲請。」

|第三十四章|
公示催告程序

第一節　公示催告之意義

　　公示催告程序，係法院依當事人之聲請，以公示方法催告不明之利害關係人，於一定期間內申報權利；如不申報時，始生法律上不利益之失權效果之特別訴訟程序。

　　公示催告之客體，依據民事訴訟法第539條第1項規定：「申報權利之公示催告，以得依背書轉讓之證券或法律有規定者為限。」所謂「得依背書轉讓之證券」適用宣告證券無效之公示催告程序，如指示證券、提單、倉單[1]、載貨證券、票據法上票據、公司股票等是。「依法律規定者」，適用一般公示催告程序，如民法第758條、第1175條、第1178條等。

　　民事訴訟法第539條第2項規定：「公示催告，對於不申報權利人，生失權之效果。」即表明若利害關係人不於所定期間內申報權利時，將發生如何之失權效果，至於喪失何種權利或受何種不利結果，依得行公示催告之法律之規定。

---

[1] 最高法院51年台上字第3197號判例：「倉單依民法第六百十八條規定，係得依背書轉讓之有價證券，其權利之行使與證券之占有有不可分離之關係，證券如有遺失，須依民事訴訟法公示催告程序，經法院為除權判決後，始使持有人生失權之效果。上訴人對於某甲所稱倉單遺失，既未依上開公示催告程序經過除權判決，遽以自己在倉單上所訂辦法，許某甲不憑倉單提取貨物，則持有倉單之被上訴人自不因此而喪失其權利，其基於合法受質之關係，請求上訴人就倉單簽證及行使質權人之權利，上訴人殊無可為拒絕之正當理由。」

第二節　公示催告之程序

一、公示催告之聲請與裁判

民事訴訟法第540條第1項規定：「法院應就公示催告之聲請為裁定。」公示催告既屬非訟程序，故原則上不論准駁，均應以裁定行之。法院於受理公示催告之聲請後，應依職權調查其一般訴訟要件是否具備，例如管轄權之有無、聲請人之當事人能力、訴訟能力、有無合法代理，如有欠缺可以補正者，應酌定期間命其補正。另應調查法律所定公示催告知要件是否具備，若認其要件不具備者，應以裁定駁回其聲請，且此一裁定應附記理由，聲請人對此裁定得為抗告。

民事訴訟法第540條第2項規定：「法院准許聲請者，應為公示催告。」法院若認為聲請人聲請公示催告之要件均已具備，即應為公示催告。

二、公示催告之管轄法院

公示催告應由證券所載履行地之法院專屬管轄，蓋依據證券容易認識管轄法院之故也。但如未載履行地者，由證券發行人為被告時，則由證券發行人之普通審判籍所在地之法院管轄。若無此法院者，則由發行當時發行人之普通審判籍所在地之法院管轄，蓋均可以認有在此等地方履行之意思故也（參民訴§557立法理由）。

三、公示催告之聲請

公示催告程序依聲請為之，何人有聲請權，依民事訴訟法第558條及其相關規定得為公示催告之法律定之。

四、公示催告之方法

除關於證券無效之公示催告方法，民事訴訟法第560條另有規定外，一般公示催告程序須以如下之規定記載：

(一) 聲請人：自然人應記載姓名及住居所；法人或其他團體應記載其名稱及事務所、營業所。

(二) 申報權利之期間及在期間內應為申報之催告：除法律別有規定外，自公示催告之公告最後登載公報、新聞紙或其他相類之傳播工具之日起，依第543條之規定，應有二個月以上。如得行公示催告之法律另有規定者，則應依該規定辦理。例如，在限定繼承命被繼承人之債權人報明其債權之公示催告，依民法第1157條第2項規定，其期間不得在三個月以下。而所謂在期間內應為申報之催告，意即催促利

害關係人應於所定期間內向法院申報其權利。

(三) 因不申報權利而生之失權效果：即表明若利害關係人不於所定期間內申報權利時，將發生如何之失權效果。至於喪失何種權利或受何種不利結果，依得行公告之法律之規定。

(四) 法院：此指公示催告之法院。

有關公示催告確定法院公告之方法，公示催告之方法即係將公示催告的正本黏貼於法院之公告處所，並公告於法院網站；法院認為必要者，得命登載於公報或新聞紙，而新聞紙之種類並無限制[2]；而關於刊載方式之選擇，究竟應刊載於公報或新聞紙及刊登之次數，均由法院裁量決定並於公示催告之裁定中一併載明之（民訴§542）。

應予注意者，民事訴訟法第542條之規定為：「公示催告之公告，應黏貼於法院之公告處，並登載於公報、新聞紙或其他相類之傳播工具。前項登載公報、新聞紙或其他相類之傳播工具之日期或期間，由法院定之。聲請人未依前項規定登載者，視為撤回公示催告之聲請。」惟立法院於民國107年6月13日為朝電子化邁進、達成「以法院網站之電子公告取代刊登新聞紙[3]」之目標，爰將原第542條第1項後段「並登載於公報、新聞紙或其他相類之傳播工具」修正為「並公告於法院網站：法院認為必要時，得命登載於公報或新聞紙」、原條文第2項前段「前項登載公報、新聞紙或其他相類之傳播工具」修正為「前項公告於法院網站、登載公報、新聞紙」、原條文第3項中段「登載者」修正為「聲請公告於法院網站，或登載公

---

[2] 臺灣桃園地方法院90年亡更字第1號判決：「按民事訴訟法第五百四十二條規定：『公示催告之公告，應黏貼於法院之牌示處，並登載於公報或新聞紙。』並未特別規定新聞紙的種類，再考量大陸地區之新聞紙，並未允許刊載中華民國法院之公示催告，故此項公示催告，本院認為刊登於中華民國之新聞紙，應已符合法律之要求。如前所述，本件公示催告於八十九年五月十九日刊登臺灣新生報在案，現七個月之申報期間屆滿，未據相對人陳報其生存，或知相對人生死者陳報其所知，而相對人於七十一年民法總則第八條第一項修正前，其情形已合於修正前民法總則第八條第一項之規定，故依修正後民法總則施行法第三條第三項規定，仍應適用修正前第八條第一項之規定，因遭逢戰爭之特別災難，得於失蹤滿三年後為死亡宣告。本件相對人自三十九年十一月七日失蹤，計至四十二年十一月七日失蹤屆滿三年，自應推定其於是日下午十二時為死亡之時，准予依法宣告。」

[3] 立法院公報，107卷，4期，頁160-161。

報、新聞紙者」，本書認為，此顯屬符合網路世代浪潮、與時俱進之立法，應予贊同（參本書第223頁）。

公示催告之公告，除依第542條之規定應黏貼於法院之牌示處，並登載於法院網站、公報或新聞紙外，如法院所在地有交易所者，並應黏貼於該交易所，民事訴訟法第561條定有明文，此為公告必須遵行之法定方式，若未遵守，得依同法第551條第2項第2款之規定向原法院提起撤銷除權判決之訴。同法第543條第2項之規定係為避免聲請人遲延刊登公示催告的公告，或以重複刊載之方式使申報權利的期間得以重行計算，而導致公示催告之期間遲遲無法確定，而使公示催告之程序停滯不前，而影響當事人及利害關係人之權益，是以由法院指定登載的日期或期間，讓相關當事人得以遵守法院之裁定進行，以利程序之迅速進行[4]。

五、權利之申報期間

民事訴訟法第543條規定：「申報權利之期間，除法律別有規定外，自公示催告之公告開始公告於法院網站之日起，最後登載公報、新聞紙或其他相類之傳播工具之日起，應有二個月以上。」本條贅字係規定權利人或其他利害關係人申報權利之期間，依民事訴訟法第160條規定，雖係由法院依職權定之，惟第543條特別規定至少須要二個月，惟如法律另有規定者則依其他法律規定之期間行之，另受公示催告之利害關係人，就其請求或其他權利，得在公示催告所定之申報權利期間內申報權利，惟應向公示催告之法院為之，僅向聲請人申報者，不生申報之效力，併予敘明[5]。

民事訴訟法第543條於民國107年修正前之規定為：「申報權利之期間，除法

---

4 福建連江地方法院97年繼字第5號判決略以：「民法第1156條規定，繼承人於知悉其得繼承之時起三個月內開具遺產清冊陳報法院。前項三個月期間，法院因繼承人之聲請，認為必要時，得延展之。繼承人有數人時，其中一人已依第一項開具遺產清冊陳報法院者，其他繼承人視為已陳報。本件聲請人限定繼承之聲明，合於前開民法等規定。依公示催告程序為陳報債權之公告，並限期命聲請人應於收受本裁定之日起20日內，將本裁定登載於公報、新聞紙或其他相類之傳播工具。」
5 最高法院55年台上字第238號判決略以：「未依公示催告程序，宣告該支票無效，自不得以登報掛失及通知止付等情，否認執票人之權利。且支票為無因證券，受讓人無須先向發票人詢問簽發支票之原因，發票人所屬執票人未能先行詢問究竟之主張，委無可採。」

律別有規定外，自公示催告之公告開始公告於法院網站之日起、最後登載公報、新聞紙之日起，應有二個月以上。」立法院於民國107年6月13日為朝電子化修法達成「以法院網站之電子公告取代刊登新聞紙[6]」之目標，故本條亦隨同民事訴訟法第542條之規定修正，將原條文中段「最後登載公報、新聞紙或其他相類之傳播工具之日起」修正為「開始公告於法院網站之日起、最後登載公報、新聞紙之日起。」新增刊登法院網站之類型，本書以為，此修法屬符合網路世代浪潮、與時俱進之立法，應予贊同。

於期間已滿後但未為除權判決前申報者，與在期間內申報者，有同一之效力，故與通常法定期間、裁定期間有同一之效力，只需除權判決尚未宣示，亦仍應認許其效力，而所謂「未為除權判決前」，是指法院的除權判決尚未宣示之前，所以利害關係人在除權判決前的言詞辯論期日中，或是辯論已經結束但法規尚未為宣示判決前，仍然得向法院申報其權利。

第三節　除權判決

一、除權判決之聲請

民事訴訟法第545條第1項規定：「公示催告，聲請人得於申報權利之期間已滿後三個月內，聲請為除權判決。但在期間未滿前之聲請，亦有效力。」在通常情形，公示催告之階段僅為全部程序之先行階段。公示催告之聲請人，在通常情形，如欲使利害關係人失其權利，須另聲請為除權判決方能達到其目的，故公示催告不過為除權判決之必經程序，若僅為公示催告者，無法達其除去權利之目的，惟民法第1157條、第1178條、第1179條第1項第3款之公示催告，因法律另有規定，不以除權判決為失權效果發生之要件，於此情形，公示催告經法院合法公告後，即已達成民法所要求之目的。

另外，法院不得因公示催告期間已滿而無人申報權立即逕行依職權進行除權判決程序。聲請人如逾三個月之期間未聲請法院為除權判決時，公示催告程序即行終結，不得為除權判決之聲請。逾三個月期間後，若當事人認為有除權判決之需要，僅能重新另行聲請公示催告及除權判決之聲請，又公示催告之聲請人，若於聲請公示催告之同時，聲請除權判決者，其除權判決之聲請亦有效力。

---

[6]　立法院公報，107卷，4期，頁161。

民事訴訟法第545條第2項規定：「除權判決前之言詞辯論期日，應並通知已申報權利之人。」法院於受理除權判決之聲請後，不問利害關係人有無申報權利，均應另定期日，通知聲請人到場為言詞辯論，除通知聲請人到場外，亦應通知已申報權利之人到場為言詞辯論。未申報權利之利害關係人，因在未為除權判決前，仍得申報權利，故得自行於言詞辯論期日到場申報權利，同時參與辯論。

民事訴訟法第549條規定：「公示催告聲請人，不於言詞辯論期日到場者，法院應依其聲請，另定新期日（第1項）。前項聲請，自有遲誤時起，逾二個月後，不得為之（第2項）。聲請人遲誤新期日者，不得聲請更定新期日（第3項）。」若公示催告聲請人不於言詞辯論到場者，法院僅能依聲請人之聲請另定新期日。此項聲請，自有遲誤時起逾二個月後，即不得為之。聲請人若又遲誤新期日者，不得再為聲請更定新期日，此際，公示催告程序因此而終結。同法第544條規定於期間已滿後但未為除權判決前申報者，與在期間內申報者，有同一之效力，故與通常法定期間、裁定期間有同一之效力，只需除權判決尚未宣示，亦仍應認許其效力。

二、除權判決前之職權調查

公示催告聲請人不於言詞辯論期日到場情形，法院不得依職權另定期日，亦不得因有申報權利之人一造到場，而由其依民事訴訟法第385條規定為一造辯論判決。蓋除權判決之程序，其任務僅在對於不申報權利之人宣告法律上之不利益，非在對聲請人與申報權利人間之實體權利為實體判決。從而，在除權判決程序中所為之辯論及調查，法院僅得就除權判決應具備之程序要件為辯論及調查[7]，依民事訴訟法第546條規定，法院就除權判決之聲請為裁判前，得依職權為必要之調查，係指就公示催告之程序要件及除權判決之程序要件為調查而言，實務見解有認為因此時僅係就程序要件為調查，而非就實體權利為調查，尚無對立之訴訟繫屬，故無訴

---

[7] 最高法院71年台再字第215號判決略以：「(一)公示催告之聲請人，固得於申報權利期間終竣時起三個月內，聲請為除權判決，但法院就除權判決之聲請，僅得調查其聲請是否合法，以及關於公示催告之要件是否具備，而不得就權利之實體為辯論及裁判。倘申報權利人於公示催告所定期間內申報權利，並爭執聲請人所主張之權利者，則聲請人或申報權利人仍須另行提起民事訴訟請求確定其權利，要非公示催告程序所得解決，故提起撤銷除權利判決之訴，祗須其人係受公示催告之一切利害關係人即得提起。」

訟參加規定之適用。[8]此外，聲請人與申報權利之人，於言詞辯論時，應就公示催告及除權判決兩者之程序要件是否具備為辯論主張，使法院能加以斟酌，決定是否要為除權判決。

三、除權判決之裁判

法院審理結果，因各種情況之不同，對除權判決之聲請應分別作不同之裁判，法院審理結果，認為聲請除權判決合法且有理由，無裁定停止公示催告程序之必要，亦無保留權利為除權判決之必要情形，應為除權判決；法院如認為公示催告之要件不合，或聲請除權判決之要件欠缺時，其情形能補正者，應限期命為補正，不依期限補正時，應以裁定駁回除權判決之聲請（民訴§547）。

另於同法第548條之規定，保留權利之除權判決仍屬除權判決，僅於判決主文中為附帶保留申報權利之諭知，使已申報之權利不因除權判決所為宣告失權而受影響。至另案訴訟就系爭權利為判決確定，如承認申報人之權利存在時，除權判決失其效力；若認定申報人之權利不存在時，除權判決中之保留失其效力[9]。依民事訴訟法第548條規定，申報權利人，如對於公示催告聲請人所主張之權利有爭執者，法院應酌量情形，在就所報權利有確定裁判前，裁定停止公示催告程序，或於除權判決保留其權利，以保護申報權利人之權利。因民事訴訟法第554條規定：「對於除權判決所附之限制或保留，得為抗告。」是以對於除權判決所附之限制或保留，得提起抗告。

民事訴訟法第550條規定：「法院應以相當之方法，將除權判決之要旨公告之。」除權判決除依一般規定為宣示與為聲請人及申報權利人為送達外，因除權判決對於不申報權利之人發生失權效果，法院應該以適當之方法，將除權判決之公告周知，俾使沒有申報權利之利害關係人知悉[10]。

---

[8] 最高法院110年度台抗字第353號裁定可資參照。

[9] 臺灣高等法院91年抗字第4536號裁定略以：「而上開支票既非空白票據，依法應得聲請公示催告，原裁定以上開支票因未載明『發票年月日、金額』為空白支票，而裁定駁回抗告人之聲請，尚有未洽。抗告意旨指摘原裁定不當，求予廢棄，為有理由，應由本院將原裁定廢棄。又票據公示催告經准許後，接續所應進行之程序事項（民事訴訟法第五百四十條以下相關規定），以由原法院進行為適當，爰發回原法院更為裁定。」

[10] 臺灣嘉義地方法院95年除字第194號判決略以：「經本院以95年度催字第8號公示催告

四、除權判決費用之負擔

民事訴訟法中關於公示催告程序之裁判有駁回公示催告聲請的裁定、許為公示催告的裁定、駁回除權判決聲請的裁定、許為除權判決、駁回撤銷除權判決之訴的裁定、駁回撤銷除權判決之訴的判決等,其中,若是終結本案或與本案無涉的爭點裁定,得依民事訴訟法第95條準用第78條之規定,命聲請人負擔程序費用,惟因實務上另有並未就程序費用之負擔加以裁判之情形,故增定民事訴訟法第549-1條以資適用。並規定法院為除權判決者,程序費用由聲請人負擔。但因申報權利所生之費用,由申報權利人負擔。

五、公示催告程序之合併

法院得依民事訴訟法第555條規定,合併一聲請人,或各聲請人所為之數種公示催告程序,以省時節費(參民訴§555立法理由)。

第四節　撤銷除權判決之訴

一、有下列各款情形之一者,得以公示催告聲請人為被告,向原法院提起撤銷除權判決之訴(民訴§551 II)

(一) 法律不許行公示催告程序者。
(二) 未為公示催告之公告,或不依法定方式為公告者。
(三) 不遵守公示催告之公告期間者。
(四) 為除權判決之法官,應自行迴避者。
(五) 已經申報權利而不依法律於判決中斟酌之者。
(六) 有第496條第1項第7款至第10款之再審理由者。

按法院所為除權判決,係依公示催告聲請人之聲請所為,於法院宣示除權判決時即確定,受既判力所拘束者為聲請人及受公示催告之一切利害關係人,因對除權判決不得上訴。

惟為兼顧正當當事人之利益,故民事訴訟法第551條第2項乃規定於具備一定

在案,其所定申報權利期間,業已於民國95年8月10日屆滿,尚無人申報權利,而聲請人於申報權利之期間屆滿後3個月內,聲請為除權判決等情,本院依職權調取上開公示催告卷宗核閱屬實,故其聲請,應予准許。」

法定原因時，得提起撤銷除權判決之訴，該條文雖未明訂何者方具提起撤銷除權判決之訴之當事人適格，解釋上自應認為受除權判決拘束之利害關係人均得提起撤銷除權判決之訴。

又於除權判決後，倘毫無任何限制，均得提起撤銷除權判決之訴，調查除權判決實體之當否，將有害公示催告程序之目的。例如審判法院以為滅失而宣示失權之證書，因有尚存在之事由，則不在得提起撤銷除權判決之列，遇有此種情形，僅係因除權判決或在除權判決後所新製作之證書其效力存續，導致原權利人受有損害，得為損害賠償或不當得利之起訴而已（參民訴§551立法理由）。因此，民事訴訟法第551條限定得提起撤銷除權判決訴訟之理由，以不害公示催告程序之實益為限度，得提起撤銷除權判決之訴。

二、撤銷除權判決之期間（民訴§552）

為避免法律關係懸而未決將有害於公益，故撤銷除權判決之訴，應以30日之不變期間為限。

原告知除權判決時，得即時發現不服之理由，故期限自原告知除權判決時起算。然依前條第4款或第6款所揭之理由起訴者，如原告知除權判決，不知其理由，須自知其理由之時起算，以保護原告之利益。但除權判決宣告後5年，假使原告不知不服之理由，亦不得提起撤銷之訴，以避免有害於除權判決之安定性。

三、撤銷除權判決之準用（民訴§553）

撤銷除權判決之訴提起後，法院應依職權調查其合法要件，如認其訴不備撤銷除權判決之訴之特別要件及一般訴訟成立要件，或有為訴訟障礙之事項者，應認其訴為不合法，以裁定駁回之。

而調查撤銷除權判決之訴之特別要件及一般訴訟成立要件時，得專就當事人提出之書狀證據及卷內文件為之，亦得行任意之言詞辯論，且得命當事人兩造或一造以書狀或言詞為陳述及命提出證據。

而關於撤銷除權判決之訴，是否遵守法定三十日不變期間內起訴之事實，係屬法院職權探知事項，法院應依職權調查，不適用辯論主義，應無民事訴訟法第280條第1項有關視同自認規定適用之餘地。另撤銷除權判決之目的，固在保護因除權判決而喪失權利者之正當利益，惟為維護交易安全，對善意第三人之權益亦應兼顧，第三人因善意信賴除權判決所取得之權利，如受撤銷除權判決之影響，難謂公允，故應準用民事訴訟法第506條之規定，以貫徹交易安全之維護。

第五節　宣告證券無效之公示催告程序

　　宣告證券無效之公示催告程序，除民事訴訟法第557條至第567條有特別規定外，仍適用一般公示催告之程序。

　　民事訴訟法第556條規定，按宣告證券無效之公示催告，為法院依該證券之原持有人，因證券被盜、遺失或滅失，聲請以公示方法，催告不明之現在持有該證券之人，於一定期間內向法院申報權利，如不申報，使生失權效果之特別程序，應適用第557條至第567條之規定（最高法院69年台抗字第86號判例參照[11]）。

一、管轄法院

　　宣告證券無效之公示催告程序，原則上由證券所載履行地之法院專屬管轄。但如未載履行地者，由證券發行人為被告時，則由證券發行人之普通審判籍所在地之法院管轄。若無此法院者，則由發行當時發行人之普通審判籍所在地之法院管轄，蓋均可以認有在此等地方履行之意思故也（參民訴§557立法理由）。

二、公示催告之聲請人

(一) 無記名證券或空白背書之指示證券公示催告之聲請

　　按票據喪失時，票據權利人得為公示催告之聲請，票據法第19條第1項定有明文；又無記名證券或空白背書之指示證券，得由最後之持有人為公示催告之聲請；前項以外之證券，得由能據證券主張權利之人為公示催告之聲請，為民事訴訟法第558條第1項、第2項所明定。又業經簽名或蓋章而未記載完成之空白票據喪失後，未經他人補充記載完成前，為無效之票據，即非證券，固不得為公示催告之聲請（最高法院68年10月23日68年度第15次民事庭會議決議參照[12]）；惟因票據法第11

---

[11] 最高法院69年台抗字第86號判例略以：「宣告證券無效之公示催告，為法院依該證券之原持有人因證券被盜、遺失或滅失，聲請以公示方法，催告不明之現在持有該證券之人於一定期間內向法院申報權利。如不申報，使生失權效果之特別程序。現在持有證券之人，欲主張權利，僅須將證券提出於法院，由法院通知聲請人閱覽無訛後，公示摧告程序即告終結。」

[12] 參最高法院68年10月23日68年度第15次民事庭會議決議：「已簽名或蓋章之支票，未記載發票年月日及金額或欠缺其中之一而遺失時，向法院聲請公示催告，可否准許？討論意見：甲說：依票據法第一百二十五條第一項第二款、第七款及第十一條第一項

條第2項規定：「執票人善意取得已具備民事訴訟法規定應記載事項之票據者，得依票據文義行使權利；票據債務人不得以票據原係欠缺應記載事項為理由，對於執票人，主張票據無效」，是空白票據喪失後經他人補充記載完成提示前，仍有通知止付之必要，票據法施行細則第5條第4項因而明定：「通知止付之票據如為業經簽名而未記載完成之空白票據，而於喪失後經補充記載完成者，準依前兩項規定辦理，付款人應就票據金額額度內予以支付」，惟此一止付通知，僅屬「止付之預示」（上開最高法院決議所附研究報告參照），應待其空白補充記載完成，始生止付之效果，並於該補充記載完成之票據提示時，依一般有效據喪失時之止付手續辦理，為止付通知之人應依票據法第18條第1項之規定，於5日內提出已為公示催告聲請之證明，否則，依同條第2項之規定，止付通知即失其效力。

另無記名證券所表彰之權利與該證券本體有不可分離之關係，故非經提出證券，不得行使其權利，如該證券遺失、被盜或滅失者，為使真正之權利人，得以保障其權利，民事訴訟法乃有宣告證券無效之公示催告程序之規定。公示催告程序中，如無人申報權利，法院得依聲請人之聲請，以除權判決宣告證券無效；如有人申報權利，而與聲請人發生證券權利之爭執，法律為解決爭端，公示催告程序即因而終結，由聲請人或申報權利人另行提起民事訴訟請求確定其權利，是公示催告及除權判決之利害關係人，係指對於聲請公示催告及除權判決之證券主張有權利存在之相對人而言。至於證券之發行人或義務人，僅對證券之持有人或因除權判確定之真正權利人負給付義務而已，自難認係公示催告及除權利決之利害關係人（最高法院76年台上字第1213號判決參照[13]）。

規定，支票上之金額及發票年月日為絕對必要記載之事項，欠缺記載，即為無效之票據。既為無效之票據，即非『證券』，自不得依民事訴訟法第五百三十九條第一項之規定聲請為公示催告。乙說：票據法於六十二年五月二十八日修正前，第十一條僅規定『欠缺民事訴訟法所規定票據應記載事項之一者，其票據無效，但民事訴訟法別有規定者，不在此限』。修正則新增同條第二項規定：『執票人善意取得已具備民事訴訟法規定應記載事項之票據者，得依票據文義行使權利，票據債務人不得以票據原係欠缺應記載事項為理由，對於執票人主張票據無效』。依此新增之規定，未記載金額、發票年月日之無效票據喪失時，將來仍有對善意執票人負擔票據債務之可能，故有聲請公示催告之必要。法院對於此種聲請，自應准許。以上二說，究以何說為當？決議：採甲說。另以研究報告作為補充說明。」

[13] 最高法院76年台上字第1213號判決略以：「無記名證券所表彰之權利與該證券本體

(二) 前項以外之證券公示催告之聲請

　　記名支票應依背書及交付而轉讓，此觀票據法第30條第2項、第144條規定至明。因之，指定受款人之支票喪失時，票據權利人固得為公示催告之聲請，惟此所謂「票據權利人」，係指受款人或受款人背書轉讓而持有票據者而言。

三、公示催告聲請之程序

　　民事訴訟法第559條規定：「聲請人應提出證券繕本、影本，或開示證券要旨及足以辨認證券之事項，並釋明證券被盜、遺失或滅失及有聲請權之原因、事實。」公示催告之聲請人應依此規定聲請，使法院達信其主張大概為真實之心證為已足。

四、公示催告之方法

　　民事訴訟法第560條按公示催告程序者，謂法院依聲請以公示方法，催告不明之利害關係人，於一定期間內申報權利，如不申報，使生失權效果之特別程序。須表明達其目的之適當事項，固屬當然之事。另外，公示催告之公告，除依同法第542條之規定應黏貼於法院之牌示處，並登載於法院網站、公報或新聞紙外，如法院所在地有交易所者，並應黏貼於該交易所，民事訴訟法第561條定有明文，此為公告必須遵行之法定方式，若未遵守，得依同法第551條第2項第2款之規定向原法院提起撤銷除權判決之訴。

五、申報權利之期間

　　由於交通資訊發達，利害關係人獲悉公示催告事由之機會亦隨之增多，且證券

　　有不可分離之關係，故非經提出證券，不得行使其權利，如該證券遺失、被盜或滅失者，為使真正之權利人，得以保障其權利，民事訴訟法乃有宣告證券無效之公示催告程序之規定。公示催告程序中，如無人申報權利，法院得依聲請人之聲請，以除權判決宣告證券無效；如有人申報權利，而與聲請人發生證券權利之爭執，法律為解決爭端，公示催告程序即因而終結，由聲請人或申報權利人另行提起民事訴訟請求確定其權利，是公示催告及除權判決之利害關係人，係指對於聲請公示催告及除權判決之證券主張有權利存在之相對人而言。至於證券之發行人或義務人，僅對證券之持有人或因除權判確定之真正權利人負給付義務而已，自難認係公示催告及除權利決之利害關係人。民事訴訟法第五百五十一條對於得提起撤銷除權判決之訴之人，固未設明文之規定，惟依上開說明，應係指對於除權利決所宣告無效之證券上權利有執之人。」

具有流通性，爲維護交易安全，應使其權利狀態早日確定，故民事訴訟法第562條規定證券申報權利之最短期間爲三個月，最長期間爲九個月，俾免程序拖延過久。

在證券持有人依民事訴訟法第560條之公示催告程序，申報權利並提出系爭證券時，爲確定持有人提出證券之眞僞，法院應通知公示催告之聲請人，請其於所定期日內至法院確定證券是否爲眞。承上，公示催告之聲請人於閱覽證券並確認其爲眞正時，其公示催告程序即爲終結[14]，該管法院書記官應將程序終結之訊息通知聲請人及申報權利人（民訴§563）。

應予注意者爲，關於「申報權利期間」，民事訴訟法第562條於民國107年修正前之規定爲：「申報權利之期間，自公示催告之公告開始公告於法院網站之日起、最後登載公報、新聞紙之日起，應有三個月以上，九個月以下。」立法院於民國107年6月13日爲朝電子化邁進、達成「以法院網站之電子公告取代刊登新聞紙[15]」之目標，將本條原條文中段「最後登載公報、新聞紙或其他相類之傳播工具之日起」修正爲「開始公告於法院網站之日起、最後登載公報、新聞紙之日起」，本書以爲此修法符合網路世代浪潮、與時俱進之立法，應予贊同。

若就證券有實體上之爭執，應依訴訟程序解決之。若聲請人仍請求爲除權判決者，則應裁定駁回之。若聲請人就申報權利人所提出之證券，認爲非其所喪失者，或申報權利人僅申報權利並未提出證券者，仍應斟酌期申報之權利，依民事訴訟法第548條之規定處理爲當。

六、除權判決及撤銷除權判決之公告（民訴§564）

若法院認爲聲請人就系爭證券之除權判決聲請，符合法定程式、要件，且其聲

---

[14] 臺灣高等法院68年抗字第644號裁定：「按證券之公示催告，係以公示方法催告不明之持有證券者，於法院所定之一定期間內申報權利，如怠於申報時，使生失權效果之程序，故無特定相對人。法院准爲公示催告時，亦僅將是項公示催告之正本，送達於聲請人並辦理公告揭示即可，該持有證券之人，未受公示催告正本之送達，無從計算其抗告期間，原無由據以抗告，苟民事訴訟法爲保護持有是項證券者之權益，特規定持有證卷者於該催告所定期間內申報權利並提出是項證券者，公示催告程序即告終結（參民事訴訟法第563條、第567條），此與不服一般裁定，應循抗告程序救濟未同。」參照。

[15] 立法院公報，107卷，4期，頁161-162。

請亦為有理由者，法院應以判決宣告系爭證券無效[16]。

又法院以除權判決宣告證券無效後，為避免利害關係人因不知證券被宣告無效之情事，而繼續以該無效之證券行使權利，立法者爰規定法院應以職權依民事訴訟法第561條之法定方式，將除權判決之內容公告周知。此外，如申請人不服上開除權判決之內容，其得提起撤銷除權判決之訴，請求法院將原除權判決加以撤銷；若證券無效之宣告，果因申報人提起之撤銷除權判決之訴而被撤銷，由於原失效之證券已恢復流通效力，故法院應於撤銷除權判決確定後，依第561條規定之方式，將撤銷除權判決之內容公告周知，以保障申報人之權益。

七、除權判決之效力

聲請人在除權判決確定後，得依確定除權判決之效力，向依證券應負義務之人，主張證券上之權利[17]。又為保障依證券應負義務人之權利，若前開義務人已依除權判決之內容履行其義務者，縱申請人嗣後以撤銷除權判決之訴，將原除權判決加以撤銷，依證券應負義務人除於清償時已知除權判決被撤銷者外，其仍得以其清償對抗債權人及第三人[18]，以避免依證券應負義務人重複履行義務造成損失（民訴§565）。

---

[16] 臺灣嘉義地方法院95年除字第194號判決：「如附表所示之證券，前經本院以95年度催字第8號公示催告在案，其所定申報權利期間，業已於民國95年8月10日屆滿，尚無人申報權利，而聲請人於申報權利之期間屆滿後3個月內，聲請為除權判決等情，本院依職權調取上開公示催告卷宗核閱屬實，故其聲請，應予准許。依民事訴訟法第564條第1項、第549條之1前段，判決如主文。」參照。

[17] 最高法院98年台抗字第710號裁定要旨：「按本票為完全而絕對之有價證券，具無因性、提示性及繳回性，該權利之行使與本票之占有，有不可分離之關係，其執票人以法院准許強制執行裁定聲請執行時，固仍須提出該本票原本於執行法院，始得謂已提出強制執行法第6條第1項第6款所稱得為強制執行名義之證明文件。惟民事訴訟法第565條第1項規定，有除權判決後，聲請人對於依證券負義務之人，得主張證券上之權利，是宣告證券無效之除權判決，可使聲請人取得持有證券人之同一地位，並有足代聲請人持有證券之效力，該聲請人即與持有證券相同，於此情形，該聲請人自得以除權判決據以聲請強制執行，以替代該本票。」參照。

[18] 最高法院76年台抗字第1213號裁定：「至於經除權判決宣告無效之證券，發行人或義務人已因除權判決而為清償者，是否發生免責之效力，民事訴訟法第565條第2項已定有明文，自不致發生損害。」參照。

八、禁止支付之命令

法院為准許公示催告之裁定，若係因宣告無記名證券之無效，而聲請公示催告者，法院並應依聲請不經言詞辯論，對於發行人為禁止支付之命令。法院發禁止支付之命令者，需公示催告已准許，經聲請人之聲請為之，禁止支付之命令須送達於發行人，並準用民事訴訟法第561條之規定公告之。發行人受此命令後，不得對證券持有人清償；如清償者，不得以之對抗聲請人。

宣告支票（未載受款人）無效之公示催告，得否為禁止支付之命令？關於宣告支票無效之公示催告，應不得為禁止支付之命令，理由如下：

1. 民事訴訟法第566條第1項之無記名證券，參酌民事訴訟法第558條之意旨，係依民法第719條規定決之，尚非以有價證券學理上之分類而為判斷。

2. 支票之性質非民法上之無記名證券，反與民法第710條之指示證券相當：按民法第719條所稱無記名證券，係指持有人對於發行人，得請求依其所記載之內容為給付之證券；而支票則係發票人簽發一定金額委託金融業者，於見票時無條件支付於受款人或執票人之票據，依其性質，與民法第710條之指示證券相當，非民法上之無記名證券。

3. 支票之付款人並非證券之發行人，與民事訴訟法第566條第1項規定不符：民事訴訟法第566條第1項之禁止支付之命令，係以發行人為對象，而支票之發行人為發票人，其係由金融機構付款，並不由發票人自為付款，如對受委託付款之金融業者為禁止支付之命令，與民事訴訟法第566條第1項規定不符。

九、禁止支付命令之撤銷

聲請人向法院聲請公示催告後，若係因提出證券或其他原因致法院未為除權判決，而公示催告程序終結者，法院應於聲請人查看並確認係爭證券之真偽後，依職權以裁定撤銷禁止支付之命令（民訴§567）。

|第三十五章|
抗告程序

第一節　抗告之意義

　　所謂抗告係指當事人或訴訟關係人就法院或審判長所為不利於己且尚未確定之裁定[1]，向上級法院聲明不服而請求廢棄或變更該裁定之訴訟行為。是以，若當事人對於法院之裁定有所不服者，得據民事訴訟法第482條規定向法院提出抗告以資救濟。

　　民事訴訟法第482條規定：「對於裁定，得為抗告。但別有不許抗告之規定者，不在此限。」就我國對於抗告制度之設計原則，是以得抗告為原則，另於民事訴訟法個別之條文中設計不許抗告之特別規定，如法院依第23條第4項、第28條第2項、第36條、第39條、第232條第2項、第333條、第371條第3項、第406條第2項、第458條、第483至486條、第491條第4項、第513條第2項、第537條第3項之規定所為之裁定，皆屬例外不許抗告之裁定。這類例外不許抗告之裁定均有其立法上考量，主要係以避免訴訟程序之延宕為其因素。又對於第三審法院之裁定，除具有民事訴訟法第503條所揭情形得提起再審之訴外，不得抗告[2]。

　　此外，當事人若於強制執行程序中，對於執行法院所為屬於強制執行之處分性質之裁定如有不服，而逕行提起抗告，實務認為此抗告並非適法，應先向執行法院聲明異議，其逕行提起抗告，並非合法[3]。

1　最高法院44年台抗字第104號判例：「抗告為受裁定之當事人或其他訴訟關係人，對於裁定聲明不服之方法，若非受裁定之當事人或其他訴訟關係人，即不得為之。」

2　最高法院32年抗字第667號判例：「對於第三審法院之裁定，除具有民事訴訟法第五百零三條所揭情形得聲請再審外，不得抗告。本件抗告人對於本院駁回其上訴之裁定提起抗告，顯非法律上所應准許。」

3　最高法院76年度第15次民事庭會議決議(二)：「當事人對於執行法院所為屬於強制執行

第二節　抗告之要件

一、抗告之主體

抗告之主體是指不服法院或審判長所為之裁定，得以向上級法院提起抗告之人，提起抗告之人稱之為抗告人，提起抗告之對造當事人則稱為相對人。在抗告程序之抗告人，非必為訴訟當事人，第三人因裁定而受不利益者，亦得抗告。裁定程序中非必須一定有相對人，故抗告程序中亦不一定必有相對人，例如，民事訴訟法第303條規定：「證人受合法之通知，無正當理由而不到場者，法院得以裁定處新臺幣三萬元以下罰鍰。」此時若受裁罰之證人不服提出抗告即屬無相對人之抗告程序。此外，依民事訴訟法規定承受訴訟之人或參加人均得依法提起抗告。訴訟代理人無須特別授權，得為當事人提起抗告。

二、抗告之客體

抗告之客體係指抗告之對象，抗告客體僅針對法院之裁定，如對法院之判決不服則應提起上訴，因此判決非抗告之客體。對於法院之裁定，原則上大部分得提出抗告。但別有不許抗告之規定者，不在此限。下列情形，則屬於例外別有規定，不得抗告：

(一) 訴訟程序進行中所為之裁定，除別有規定外，不得抗告

民事訴訟法第483條規定：「訴訟程序進行中所為之裁定，除別有規定外，不得抗告。」所謂訴訟程序進行中所為之裁定，係指每一審級訴訟程序開始後尚未終結以前所為之裁定而言[4]。此種裁定，原則不得抗告。適例方面，如實務認為命再開已閉之言詞辯論，屬於法院之職權，當事人並無聲請再開之權，故當事人聲請再

之處分性質之裁定如有不服，應向執行法院聲明異議，其逕行提起抗告，即非合法。抗告法院予以裁定駁回，並無違誤。本院應予維持，但執行法院得探求當事人之真意，認其抗告為異議，執行法院未予闡明時，抗告法院宜退回原執行法院處理之。」

[4] 最高法院50年台抗字第225號判例：「訴訟程序進行中所為之裁定，係指每一審級訴訟程序開始後尚未終結以前所為之裁定而言。本件准許以保證書代提存之裁定，乃第一審終局判決後（即第一審訴訟程序已終結後）所為之裁定，顯非訴訟程序進行中所為之裁定，再抗告人謂為不得抗告，自屬誤會。」

開時，不必就其聲請予以裁判，即使予以裁判，屬訴訟程序進行中所爲之裁定[5]。而終結準備程序之裁定，如係受訴法院所爲者，仍屬訴訟程序進行中所爲之裁定，依同法第483條之規定，不得抗告[6]。另外司法院大法官亦做出解釋針對法院命補繳裁判費，此種訴訟程序進行中所爲之裁定，乃在避免訴訟程序進行之延滯，無礙人民訴訟權之適當行使，與憲法第16條並無牴觸[7]。又按原第二審法院於當事人提起第三審上訴時，所爲命上訴人補繳裁判費及委任律師或具律師資格之關係人爲其訴訟代理人之裁定，係在第三審程序開始後尚未終結前爲之，依民事訴訟法第483條之規定，亦不得抗告[8]。

(二) 不得上訴第三審法院之事件，其第二審法院所為之裁定

民事訴訟法第484條第1項前段：「不得上訴於第三審法院之事件，其第二審法院所爲裁定，不得抗告。」屬於本訴訟事件之裁定其事件不得上訴於第三審，及其他裁定其本案訴訟事件不得上訴於第三審者而言[9]。至於所謂第二審法院所爲之

---

[5] 最高法院28年抗字第173號判例：「命再開已閉之言詞辯論，屬於法院之職權，當事人並無聲請再開之權，故當事人聲請再開時，不必就其聲請予以裁判，即使予以裁判，亦屬訴訟程序進行中所爲之裁定，依民事訴訟法第四百八十條之規定，不得抗告。」

[6] 最高法院100年台抗字第836號裁定：「查終結準備程序之裁定，如係受訴法院所爲，屬訴訟程序進行中所爲之裁定，依民事訴訟法第四百八十三條之規定，不得抗告。是受命法官所爲之終結準備程序之裁定，依民事訴訟法第四百八十五第一項但書反面解釋，亦屬不得異議。」

[7] 司法院大法官釋字第192號解釋：「法院命補繳裁判費，係訴訟程序進行中所爲之裁定，依民事訴訟法第四百八十三條規定不得抗告之判例，乃在避免訴訟程序進行之延滯，無礙人民訴訟權之適當行使，與憲法第十六條並無牴觸。」

[8] 最高法院100年台抗字第850號裁定：「按原第二審法院於當事人提起第三審上訴時，所爲命上訴人補繳裁判費及委任律師或具律師資格之關係人爲其訴訟代理人之裁定，係在第三審程序開始後尚未終結前爲之，依民事訴訟法第四百八十三條之規定，不得抗告。」

[9] 最高法院73年度第12次民事庭會議決定：「民事訴訟法第四百八十四條所稱之裁定，係指屬於本訴訟事件之裁定其事件不得上訴於第三審，及其他裁定其本案訴訟事件不得上訴於第三審者而言。」；最高法院74年台聲字第30號判例：「民事訴訟法第四百八十四條所稱之裁定，係指屬於本訴訟事件之裁定，其事件不得上訴於第三審，及其他裁定，其本案訴訟事件不得上訴於第三審者而言。」最高法院100年台抗字第

裁定亦包括抗告法院之裁定在內[10]。現行法不得上訴於第三審法院者，除第446條第1項依上訴利益為標準，規定不得上訴第三審外，同條第4項尚規定第472條項簡易訴訟程序之判決，亦不得上訴第三審法院。法院所為之裁定，受裁定者不限於當事人，例如依第89條第1、2項、第303條第1、2項、第310條第1項、第311條第1項、第324條、第207條第3項、第349條第1項、第367條等規定，命法院書記官、執達員、法定代理人、訴訟代理人或其他第三人負擔訴訟費用之裁定，對證人、鑑定人、通譯或執有文書、勘驗物之第三人處以罰鍰之裁定，駁回拒絕證言、拒絕鑑定、拒絕通譯之裁定，強制提出文書、勘驗物之裁定等，均係對當事人以外之第三人而為，攸關受裁定人之權益而不得剝奪其得主張該裁定不當而謀求救濟之權利，故不宜因本案訴訟事件不得上訴第三審而不許其聲請不服，故增設同法第484條第1項但書四款之事由規定情形，許受裁定之人得向原法院聲明異議，以保障受裁定人程序上之權利。

　　至於簡易訴訟程序第二審法院所為之裁定，其抗告限制，則應以該事件之上訴利益，逾第三審上訴額數，並以適用法規顯有錯誤為理由，逕向最高法院提起抗告（民訴§436-2）。

(三) 受命法官或受託法官之裁定，不得抗告。但其裁定如係受訴法院所為而依法得為抗告者，得向受訴法院提出異議

　　民事訴訟法第485條第1項規定：「受命法官或受託法官之裁定，不得抗告。但其裁定如係受訴法院所為而依法得為抗告者，得向受訴法院提出異議。」受命法官或受託法官僅得在受訴法院所授權限內執行職務，其所為之裁定是否允當，仍有經受訴法院調查裁判之必要，故不許對受命法官、受託法官之裁定逕向上級法院提起抗告，故民事訴訟法第485條第1項即規定，受命法官或受託法官之裁定，不得抗告。若對其裁定不服時，依民事訴訟法第485條第1項項但書規定，得以向受訴法

　　1005號裁定：「此所謂裁定係指屬於本訴訟事件之裁定，其事件不得上訴於第三審，及其他裁定，其本案訴訟事件不得上訴於第三審者而言。」

[10] 司法院28年院字第1943號解釋：「民事訴訟法第四百八十一條所謂第二審法院之裁定。包含抗告法院之裁定在內。故依同法第四百八十三條第二項規定。對於抗告法院之裁定再為抗告時。如為關於財產權之訴訟。其標的之金額或價額。在第四百六十三條所定之上訴利益額數以下者。仍在不應准許之列。至執行中關於財產權之訴訟。對於抗告法院之裁定。再為抗告者。亦應受同一之限制。」

院提起異議。舉例而言，在案件準備程序進行時，受命法官在調查證據中，裁定期日續審，並令當事人提出契約文件原本，當事人對受命法官此一決定（即裁定），即不得抗告，若有不服之處則應向受訴法院提起異議[11]。此處對受命法官裁定不服之異議程序亦稱爲準抗告，係指對於受命法官或受託法官之裁定不服者，皆得向受訴法院尋求其裁定是否允當之訴訟行爲。鑑於異議本身並無特別規範，但考量其性質上近似於抗告，故依第485條第2項規定，得準用對於法院同種類裁定抗告之規定。至於受訴法院針對當事人異議所爲之裁定，已無同受命法官或受託法官之裁定經受訴法院調查裁判之必要的情況，故依民事訴訟法第485條第3項規定，即得對其裁定提起抗告以資救濟。另同法第485條第4項之規定，乃鑑於繫屬於第三審法院或繫屬於第二審法院而不得上訴第三審法院之事件，將因審級關係，對受命法官、受託法官之裁定，無從提出異議。故爲貫徹合議審判之精神及保障受裁定人程序上之權利，明定就此等裁定，仍得向第三審法院或第二審受訴法院提出異議，以保障當事人程序上之權利，避免訴訟權受損。此外依同法第485條所稱之裁定，係專指就受命法官或受託法官所爲之裁定而言，倘係合議庭所爲之裁定，自無該規定之適用[12]。

(四) 法律特別規定不得抗告或不得聲明不服之裁定

民事訴訟法規定關於提起抗告並無停止執行之效力，僅於例外之情形始有停止之效力，例如：民事訴訟法303條第4項，處證人罰鍰之裁定，得爲抗告；抗告中應停止執行。故在抗告相較於一般針對法院判決而爲上訴而言，係採取無停止執行效力爲原則，理由則在於抗告程序性質上屬於附屬之訴訟程序，故無原則停止執行之必要，且抗告程序以簡單迅速爲原則，故不宜將其抗告賦予停止執行之效力。

至於所謂抗告無停止執行之效力，係指裁定所生之執行力不因提起抗告而停

---

[11] 最高法院18年抗字第28號：「受命推事在調查證據中，諭候定期續審，並令隨帶文契交案，當事人對此決定（即裁定），不得抗告。」

[12] 最高法院99年台聲字第553號裁定：「按對於終審法院之裁定不服者，除合於法定再審事由得聲請再審外，不容以其他方法聲明不服。至於民事訴訟法第四百八十五條第四項規定『訴訟繫屬於第三審法院者，其受命法官或受託法官所爲之裁定，得向第三審法院提出異議』，係就受命法官或受託法官所爲之裁定而言，倘係合議庭所爲之裁定，自無該規定之適用。本件聲請人對於本院合議庭所爲之裁定提起再抗告並聲明異議，仍應視其爲聲請再審，而依該程序調查裁判，合先敘明。」

止。鑑於抗告程序採不停止執行為原則，須以民事訴訟法有特別規定者始得以加以停止執行，如此在個案上可能導致利害關係人之權利保障未能周密，故民事訴訟法第491條規定若院或審判長，認為有停止執行之必要者，得自以其意見施停止執行之處分，以降低採取不停止執行原則之負面影響。第491條項適用時機上則係以原裁定執行之結果將導致抗告人受不易回復之損害時，始應兼顧其利益，由法院或審判長斟酌之情形而為停止原裁定執行之裁定[13]。

　　復依民事訴訟法第491條第3項規定，當事人或訴訟關係人對此裁定不得抗告，待原抗告經裁判時，此裁定才會失其效力。

(五) 非不利於抗告人之裁定不得抗告

　　抗告乃係不服下級法院之裁定，請求上級法院救濟之程序，利用此項程序應以有必要性者為限，故提起抗告之人必係因裁定而受不利益之人，始應認其有抗告之利益（44年台抗字第104號判例參酌），若該裁定對該受裁定人無何不利益甚至有利者，自無許其抗告之理。

三、必須未喪失抗告權

(一) 逾越抗告之法定不變期間

　　民事訴訟法第487條規定：「提起抗告，應於裁定送達後十日之不變期間內為之。但送達前之抗告，亦有效力。」此項時間，即為法定之抗告期間，具有不變期間之性質，不得因當事人之合議或法院之裁定而伸長或縮短之（民訴§163），縱使送達於當事人之裁定正本記載抗告期間有錯誤，其期間亦不因此而伸長，聲請人提起再抗告，仍應於法律所定期間內為之[14]，而裁定送達之不變期間起算乃自裁定送達之翌日起算之。若倘誤向其他機關提出抗告狀，須以該抗告狀經轉送到達原法

---

[13] 最高法院100年台抗字第764號裁定：「按原法院或審判長或抗告法院得在抗告事件裁定前，停止原裁定之執行，民事訴訟法第四百九十一條第二項固定有明文，然係以原裁定執行之結果將導致抗告人受不易回復之損害時，始應兼顧其利益，許法院或審判長斟酌情形而為停止原裁定執行之裁定。」

[14] 最高法院30年聲字第42號判例：「抗告期間為不變期間，非法院所得伸長，送達於當事人之裁定正本記載抗告期間縱有錯誤，其期間亦不因此而伸長，聲請人提起再抗告，仍應於法律所定期間內為之。」

院之日，爲提出於原法院之日。故如果轉送到原法院之日已逾十日不變期間者，其抗告爲不合法，原法院應以裁定駁回之[15]。

此外，依民事訴訟法第487條但書規定，裁定送達前之抗告，亦屬有效之抗告。但適用上要注意，限於經宣示或公告之裁定有其適用，因爲未經宣示或公告之裁定，於送達前，爲裁定之法院或審判長尙不受羈束，故自無許當事人或其他訴訟關係人於送達前對之提起抗告之餘地。

(二) 須未捨棄或撤回抗告

抗告權得爲捨棄，提起抗告後亦得撤回其抗告，均準用關於捨棄上訴權及撤回上訴之規定（民訴§495-1準用§439、§459 III），因此，提起抗告者必須未曾捨棄上訴，亦未曾提起抗告後撤回抗告。至於若是提起抗告後撤回抗告，之後仍然在裁定十日內復提起第二次抗告是否有效？此時，因民事訴訟法第495-1條準用第459條第3項之結果在第一次撤回抗告時即已喪失抗告權，因此其第二次抗告縱使仍在十日法定期間內，其抗告仍然不合法。

四、須符合抗告法定程式（民訴§488）

民事訴訟法第488條第1項規定：「提起抗告，除別有規定外，應向爲裁定之原法院或原審判長所屬法院提出抗告狀爲之。」原則上應提出抗告狀於受訴法院，以期法院得確實瞭解當事人抗告之內容，而向原審審判法院或原審審判長所屬之法院爲之者，意在使原審審判法院得迅速審視原裁定之正確性，而使程序易於完結。另須注意的是民事訴訟法所謂：「向裁定之原法院或原審判長提出抗告狀」係採到達主義，故若抗告狀採取郵寄方式時，須抗告狀到達於原法院時，始得謂有抗告狀之提出，抗告人若以交付郵務局之日，爲其提出抗告狀之日，則並無理由[16]。

---

[15] 最高法院100年台抗字第738號裁定：「按提起抗告，應於裁定送達後十日之不變期間內，向爲裁定之原法院提出抗告狀爲之，此觀民事訴訟法第四百八十七條第一項前段、第四百八十八條第一項規定即明。如誤向其他機關提出抗告狀，須以該抗告狀經轉送到達原法院之日，爲提出於原法院之日。又提起抗告如逾抗告期間者，其抗告爲不合法，原法院應以裁定駁回之，爲同法第四百九十五條之一第一項準用第四百四十二條第一項所明定。」

[16] 最高法院29年抗字第49號判例：「對於法院之裁定提起抗告，應向爲裁定之原法院提出抗告狀爲之，民事訴訟法第四百八十五條第一項定有明文，將抗告狀交付郵務局送

民事訴訟法第488條第2項規定：「適用簡易或小額訴訟程序之事件或關於訴訟救助提起抗告及由證人、鑑定人、通譯或執有證物之第三人提起抗告者，得以言詞為之。但依第四百三十六條之二第一項規定提起抗告者，不在此限。」在簡易或小額訴訟程序之事件或關於訴訟救助提起抗告及由證人、鑑定人、通譯或執有證物之第三人提起抗告者，因其所涉案情較為簡易，故得例外以言詞為之。惟在簡易程序，依民事訴訟法第436-2條第1項提起抗告者，應同時表明抗告理由，其抗告並須經原法院許可，仍應以書狀為之（民訴§488 II但書）。

民事訴訟法第488條第3項規定：「提起抗告，應表明抗告理由。」為此處所謂表明抗告理由，並不以有詳細理由書為要件[17]，是有記載抗告理由而讓抗告法院得以知悉本件抗告案件之案情即為已足。提起抗告，依民事訴訟法第77-18條規定，應繳定額之抗告費，此亦為抗告程序之要件。

第三節　原法院或審判長之處理

一、先為程序要件之審查

提起抗告應向原法院或原審判長所屬法院為之，原法院或審判長對於抗告程序是否合法，應依職權調查之，如認提起抗告已逾抗告期間或係對於不得抗告之裁定而抗告者，原法院或審判長應駁回之。抗告不合程式或有其他不合法之情形而可以補正者，原法院或審判長應定期間命其補正，如不於期間內補正者，應以裁定駁回之，但不得以抗告狀未表明抗告理由為由駁回之（民訴§495-1準用§442）。法院或審判長自為駁回抗告之裁定後，無須將抗告事件送交抗告法院，當事人或其他訴訟關係人對此裁定得為抗告。

二、原法院或審判長對抗告之處置

對於當事人或訴訟關係人所提之抗告，原法院或審判長得自行就抗告為終局之裁判，是抗告法院僅得於原法院無法依第490條規定自行為裁判時，始能對抗告為

交原法院者，須到達於原法院時，始得謂有抗告狀之提出。本件再抗告人交付郵務局提出之抗告狀到達於原法院時，既已逾十日之抗告期間，則抗告法院認其抗告為不合法以裁定駁回，並無不合。再抗告人謂應以交付郵務局之日，為其提出抗告狀之日，抗告期間尚未經過云云，殊非正當。」

[17] 最高法院20年抗字第65號判例：「提起抗告，並不以有詳細理由書為要件。」

審判（民訴§490Ⅱ）。至於原法院或審判長得自行就當事人或訴訟關係人所提起之抗告為終局裁判之情況有下列兩種：

(一) 逾抗告期間或係對於不得抗告之裁定而抗告者，應以裁定駁回抗告

依據實務之見解[18]，原法院或審判長對抗告為「抗告不合法」之程序裁判時，僅限於「抗告已逾抗告期間」和「對於不得抗告之裁定而抗告」兩種情形，如果有其他不合法之情形，如未繳納裁判費等，審判法院不得逕以裁定駁回之，應命抗告人補正[19]。

(二) 原法院或審判長認抗告有理由者，應撤銷或變更原裁定

民事訴訟法第490條第1項規定：「原法院或審判長認抗告為有理由者，應撤銷或變更原裁定。」所謂變更原裁定，係指將原裁定自行為撤銷或變更之意，應視原裁定及抗告之內容為之。若認定抗告人所提起之抗告為有理由時，原法院或審判長自應變更原裁定。

三、原法院得視情況決定是否停止原裁定之執行

民事訴訟法第491條第1項規定：「抗告，除別有規定外，無停止執行之效力。」並無停止執行之效力，僅於例外之情形始有停止之效力，故在抗告相較於一般針對法院判決而為上訴而言，係採取無停止執行效力為原則，理由則在於抗告程序性質上屬於附屬之訴訟程序，故無原則停止執行之必要，且抗告程序以簡單迅速

---

[18] 司法院24年院字第1302號解釋：「為裁定之原法院，惟於已逾抗告期間或對於不得抗告之裁定提起抗告，得依民事訴訟法第四百五十七條第二項以裁定駁回之，其對於不在上述範圍內之情形，本無駁回之權，其裁定當然無效。」；最高法院80年台抗字第7號判例：「提起抗告已逾抗告期間，或係對於不得抗告之裁定而抗告者，原法院或審判長應為駁回抗告之裁定，民事訴訟法第四百九十條第二項定有明文。同條第一項所定原法院或審判長認抗告為有理由，應更正原裁定者，係指經合法抗告而認有理由之情形而言，故對於不得抗告之裁定而抗告者，其抗告縱有理由，原法院或審判長亦不得自行更正裁定。」

[19] 司法院大法官釋字第153號解釋：「提起抗告，未繳納裁判費者，審判長應定期命其補正，不得逕以裁定駁回，最高法院五十年台抗字第二四二號判例，雖與此意旨不符，惟法院就本案訴訟標的未為裁判，當事人依法既得更行起訴，則適用上開判例之確定裁定，尚不發生確定終局裁判所適用之法律或命令是否牴觸憲法問題。」

為原則，故不宜將其抗告賦予停止執行之效力。至於所謂抗告無停止執行之效力，係指裁定所生之執行力不因提起抗告而停止。

抗告程序採不停止執行為原則，須以民事訴訟法有特別規定者始得以加以停止執行，如此於個案上可能導致利害關係人之權利保障未能周密，故第491條第2項規定若由審判法院或審判長，認為有停止執行之必要者，得自以其意見施停止執行之處分，以降低採取不停止執行原則之負面影響。第491條適用時機上則係以原裁定執行之結果將導致抗告人受不易回復之損害時，始應兼顧其利益，由法院或審判長斟酌情形而為停止原裁定執行之裁定[20]。復依民事訴訟法第491條第3項規定，當事人或訴訟關係人對此裁定不得抗告，待原抗告經裁判時，此裁定才會失其效力。

四、抗告法院之裁定

民事訴訟法第492條針對當事人所提起之抗告，若原法院或審判長不自為裁定者，該抗告事件即送交抗告法院為裁定審理。抗告法院就抗告為審理後，得分別情形為下列兩種裁判：

(一) 駁回抗告之裁定

抗告法院認為當事人抗告不合法或無理由時，應駁回抗告之裁定，而抗告不合法除指不合抗告要件外，尚包括法院酌定期間命當事人補正而逾期不補正之抗告。另外對於第二審法院駁回參加之裁定提起抗告後，因為本訴訟之繫屬業已因撤回第二審上訴而消滅，是將導致當事人所提起之抗告失其目的，故此時抗告法院應認為無理由而為駁回抗告之裁定。至於聲請人之聲請經裁定後，若相對人對該裁定合法為抗告，在聲請人撤回聲請時，因將發生原聲請消滅之效果，導致該裁定當然失其效力，故此時抗告法院無需再對之裁定予以廢棄，而應為駁回抗告之裁定。

(二) 廢棄或變更原裁定，自為裁定

抗告法院認為當事人所提起之抗告有理由時，此時應廢棄或變更原裁定，而自為裁定，且除非有其必要，否則不得命原法院或審判長更為裁定，民事訴訟法第

---

[20] 最高法院100年台抗字第764號裁定：「按原法院或審判長或抗告法院得在抗告事件裁定前，停止原裁定之執行，民事訴訟法第四百九十一條第二項固定有明文，然係以原裁定執行之結果將導致抗告人受不易回復之損害時，始應兼顧其利益，許法院或審判長斟酌情形而為停止原裁定執行之裁定。」

492條定有明文。此規定之意旨即在於追求速行審結、以避免程序拖延。因此，除廢棄就能達成當事人抗告之目的外，抗告法院依民事訴訟法第492條規定，皆必須同時自為裁定以代原裁定。

第四節　擬制抗告或擬制異議

民事訴訟法第495條規定：「依本編規定，應為抗告而誤為異議者，視為已提起抗告；應提出異議而誤為抗告者，視為已提出異議。」鑑於並非所有裁定都以抗告為救濟途徑，在法明文規定不得抗告之裁定則係以異議為救濟，亦可能因為當事人不諳訴訟程序規定，而有誤用救濟方式之情況發生，如將此一誤用救濟方式歸責於當事人似非允當，故民事訴訟法第495條規定應為抗告而誤為異議者，視為已提起抗告；應提出異議而誤為抗告者，視為已提出異議。受訴法院對於當事人誤用時，不得直接為駁回決定，而應由法院直接替該當事人轉換為正確之救濟途徑，以保障當事人之訴訟權[21]。

第五節　對於裁定僅能提出異議之情形

一、第二審法院就不得上訴於第三審法院之事件，涉及第三人之裁定

按民事訴訟法484條規定：「不得上訴於第三審法院之事件，其第二審法院所為裁定，不得抗告。但下列裁定，得向原法院提出異議：一、命法院書記官、執達員、法定代理人、訴訟代理人負擔訴訟費用之裁定。二、對證人、鑑定人、通譯或執有文書、勘驗物之第三人處以罰鍰之裁定。三、駁回拒絕證言、拒絕鑑定、拒絕通譯之裁定。四、強制提出文書、勘驗物之裁定。」按訴訟事件之本案判決，如依法不得上訴第三審法院，有關該事件之裁定自亦屬於不得抗告之範圍（民訴§484

---

[21] 臺灣臺北地方法院100年事聲字第353號裁定：「準此，異議人如對於本院民事執行處司法事務官所為駁回裁定不服，依前開規定，自應以提出異議方式救濟。又依本編規定，應為抗告而為異議者，視為已提起抗告；應提出異議而誤為抗告者，視為已提出異議，民事訴訟法第495條亦有明定。是以，本件異議人對本院民事執行處司法事務官所為處分聲明不服，雖誤載為『抗告』，揆諸前開規定，仍應視為提出異議，本院民事執行處司法事務官認其異議無理由而送請本院裁定，核無不合，先予敘明。」

II）。此類裁定，係指事件本身屬於不得上訴於第三審之事件而言[22]。所謂第二審法院所爲之裁定，亦包括抗告法院之裁定在內[23]。現行法不得上訴於第三審法院者，依第446條第1項以上訴利益是否逾150萬爲標準，未超過150萬者不得上訴第三審，另同條第4項尙規定第427條第2項簡易訴訟程序之判決，亦不得上訴第三審法院。上述不得上訴三審法院之裁定，由於不得上訴三審法院，如該裁定關係到第三人者，宜許其提出異議以資救濟，因此民事訴訟法第484條規定，允許此類案件之特定裁定提出異議以資救濟。

法院所爲之裁定，受裁定者不限於當事人而涉及當事人以外之第三人者，例如：依第89條第1、2項、第303條第1、2項、第310條第1項、第311條第1項、第324條、第207條第3項、第349條第1項、第367條等規定，命法院書記官、執達員、法定代理人、訴訟代理人或其他第三人負擔訴訟費用之裁定，對證人、鑑定人、通譯或執有文書、勘驗物之第三人處以罰鍰之裁定，駁回拒絕證言、拒絕鑑定、拒絕通譯之裁定，強制提出文書、勘驗物之裁定等，均係對當事人以外之第三人而爲，攸關受裁定人之權益而不得剝奪其得主張該裁定不當而謀求救濟之權利，故不宜因本案訴訟事件不得上訴第三審而不許其聲請不服，故增設第484條第1項但書四款之事由規定情形，許受裁定之人得向原法院聲明異議，以保障受裁定人程序上之權利。至於異議之方式，法未明文規定，故民事訴訟法第484條第2項規定依同條第1項但書提出之異議，準用對於法院同種裁定抗告之規定，俾資遵循。受訴法院對於當事人就依據第484條第1項但書所提出之異議，應斟酌個別具體情形，如認

---

[22] 最高法院73年度第12次民事庭會議決定：「民事訴訟法第四百八十四條所稱之裁定，係指屬於本訴訟事件之裁定其事件不得上訴於第三審，及其他裁定其本案訴訟事件不得上訴於第三審者而言。」最高法院74年台聲字第30號判例：「民事訴訟法第四百八十四條所稱之裁定，係指屬於本訴訟事件之裁定，其事件不得上訴於第三審，及其他裁定，其本案訴訟事件不得上訴於第三審者而言。」最高法院100年台抗字第1005號判例：「此所謂裁定係指屬於本訴訟事件之裁定，其事件不得上訴於第三審，及其他裁定，其本案訴訟事件不得上訴於第三審者而言。」

[23] 司法院28年院字第1943號解釋：「民事訴訟法第四百八十一條所謂第二審法院之裁定。包含抗告法院之裁定在內。故依同法第四百八十三條第二項規定。對於抗告法院之裁定再爲抗告時。如爲關於財產權之訴訟。其標的之金額或價額。在第四百六十三條所定之上訴利益額數以下者。仍在不應准許之列。至執行中關於財產權之訴訟。對於抗告法院之裁定。再爲抗告者。亦應受同一之限制。」

異議有理由者，應爲撤銷或變更之裁定；如認異議無理由者，應爲駁回之裁定。但爲求程序早日確定，避免影響訴訟事件實體法上之爭執審理，故對於受訴法院上開裁定，不得聲明不服（民訴§484 III）。

二、受命法官或受託法官之裁定

受命法官或受託法官僅得在受訴法院授權範圍內執行職務（民訴§270、§290）。受命法官或受託法官之裁定，不得抗告。但其裁定如係受訴法院所爲而依法得爲抗告者，得向受訴法院提出異議。前項異議，準用對於法院同種裁定抗告之規定。亦即受訴法院認爲異議爲不合法或無理由者，應以裁定駁回之（民訴§495-1準用§444、§449）。認爲裁定有理由者，應以裁定廢棄或變更原裁定（民訴§495準用§492），受訴法院就異議所爲之裁定，得依本編之規定抗告。

三、不得上訴第三審事件，其第二審法院受命法官或受託法官之裁定及第三審法院受命法官或受託法官之裁定

依民事訴訟法第485條第4項，乃鑑於繫屬於第三審法院或繫屬於第二審法院而不得上訴第三審法院之事件，將因審級關係，對受命法官、受託法官之裁定，無從提出異議。故爲貫徹合議審判之精神及保障受裁定人程序上之權利，明定就此等裁定，仍得向第三審法院或第二審受訴法院提出異議，以保障當事人程序上之權利，避免程序權受損。

四、抗告法院以抗告不合法而駁回抗告之裁定

民事訴訟法第486條第2項規定：「抗告法院之裁定，以抗告不合法而駁回者，不得再爲抗告。但得向所屬法院提出異議。」實乃因爲抗告合法與否，其判斷較不生爭執，爲合理分配司法資源之故。但爲保障抗告人之權利，得向所屬法院提出異議。此一異議性質上同於民事訴訟法第484條第1項規定之異議，故同法第486條第3項規定：「前項異議，準用第四百八十四條第二項及第三項之規定。」得準用第484條之規定，俾資明確。

民國112年11月14日修正前民事訴訟法第486條第2項規定爲：「抗告法院之裁定，以抗告不合法而駁回者，不得再爲抗告。但得向原法院提出異議。」修正後民事訴訟法第486條第2項規定爲：「抗告法院之裁定，以抗告不合法而駁回者，不得再爲抗告。但得向所屬法院提出異議。」修法理由略以：「參考司法院釋字第六百三十九號解釋意旨，第二項但書之異議，以由原法院所屬法院之其他合議庭受

理，程序更具正當性，爰予修正[24]。」

第六節　再抗告

對於抗告法院之裁定再為抗告者，即謂之再抗告，依民事訴訟法第486條第1項規定，再抗告之管轄法院，除有特別規定外，應由直接上級法院裁定。在通常訴訟程序中，對於地方法院之裁定，則應向管轄之高等法院或其分院為抗告，是該高等法院或其分院即為抗告法院，如對其裁定有所不服者，則得向最高法院再為抗告。在簡易訴訟程序中，對於地方法院獨任法官所為之裁定，得抗告於同院合議庭，該合議庭即為抗告法院，對於抗告法院所為之裁定再為抗告者，得越過高等法院或其分院逕向最高法院為之（民訴§436-1、§436-2參照）。

依民事訴訟法第486條第4項之規定，對於抗告法院之裁定再為抗告，僅得以其適用法規顯有錯誤為理由。所謂適用法規顯有錯誤，係指抗告法院所為之裁定就其取捨證據自行確定之事實，適用法規所持法律上判斷顯有錯誤而言[25]，並包括消極不適用法規及積極的適用不當兩種情況在內[26]，且所謂適用法規顯有錯誤，係指原法院本其取捨證據之職權所確定之事實適用法規顯有錯誤而言，不包括認定事實錯誤、判決不備理由等情形在內[27]。

---

[24] 民國112年11月14日民事訴訟法異動條文及理由，參見立法院法律系統，網址：https://lis.ly.gov.tw/lglawc/lawsingle?00344292021A000000000000000005A00000000C00FFFFFD00^04527112111400^00000000000（最後瀏覽日：113年8月8日）。

[25] 最高法院80年台上字第1326號判例：「對於民事訴訟法第四百二十七條第二項簡易訴訟程序之第二審判決，其上訴利益逾第四百六十六條所定之額數者，當事人僅得以其適用法規顯有錯誤為理由，逕向最高法院提起上訴，民事訴訟法第四百三十六條之二第一項定有明文。所謂適用法規顯有錯誤，係指原第二審判決就其取捨證據所確定之事實適用法規顯有錯誤而言。不包括認定事實不當之情形在內。」

[26] 司法院大法官釋字第177號解釋：「確定判決消極的不適用法規，顯然影響裁判者，自屬民事訴訟法第四百九十六條第一項第一款所定適用法規顯有錯誤之範圍，應許當事人對之提起再審之訴，以貫徹憲法保障人民權益之本旨。最高法院六十年度台再字第一七〇號判例，與上述見解未洽部分，應予援用。惟確定判決消極的不適用法規，對於裁判顯無影響者，不得據為再審理由，就此而言，該判例與憲法並無牴觸。」

[27] 最高法院101年台抗字第37號裁定：「按對於抗告法院所為抗告有無理由之裁定再為

　　抗告法院認為應行許可再抗告者，依據民國98年1月21日修法前第486條第6項規定準用同法第436-3條、第436-6條之規定，自應添具意見書，並敘明許可之理由，將卷宗送最高法院；認為不應許可再抗告者，應以裁定駁回再抗告；對於駁回再抗告之裁定，得向最高法院抗告；提起再抗告，經以抗告無理由駁回者，不得更以同一理由提起再審之訴。但此舉無異使得再抗告人對該裁定又可抗告，且最高法院不受抗告法院上開審查結果之拘束，故抗告法院之審查是否有必要即有待商榷。故上揭舊法規定除了增加抗告法院之工作負擔外，亦增加再抗告人之訟累，造成抗告程序之繁複，故民國98年1月21日修法刪除準用同法第436-3條的規定。

　　立法院於112年11月14日修法中增訂民事訴訟法第486條第6、7項：「抗告未繳納裁判費，經原法院以抗告不合法而裁定駁回者，準用第二項、第三項之規定。」「第二項及前項之裁定確定，而聲請再審或以其他方法聲明不服者，不生效力，法院毋庸處理。」立法理由則略以：「當事人對裁定提起抗告，未繳納裁判費，依第四百九十五條之一第一項準用第四百四十二條第二項，原法院應定期間命其補正，如不於期間內補正，應以裁定駁回之。該裁定非屬『抗告法院之裁定』，而無本條第二項規定之適用。然此種抗告不合法情形，通常單純明確，為合理分配司法資源，宜簡化其救濟程序，使準用第二項、第三項規定，爰增訂第六項。」「第二項抗告法院或第六項原法院之裁定，既得循異議程序救濟，並準用第四百八十四條第三項規定，對於法院就異議所為之裁定，不得聲明不服。則於上述各該裁定確定後，自不許當事人再以再審或其他任何方法聲明不服，對於此項再審或聲明不服，明定其不生效力，法院毋庸予以處理，俾免無謂耗費司法資源，爰增訂第七項[28]。」

　　抗告，僅得以其適用法規顯有錯誤為理由，此觀民事訴訟法第四百八十六條第四項規定自明。依強制執行法第三十條之一規定，上開規定於強制執行程序準用之。所謂適用法規顯有錯誤，係指原法院本其取捨證據之職權所確定之事實適用法規顯有錯誤而言，不包括認定事實錯誤、判決不備理由等情形在內。」

[28] 民國112年11月14日民事訴訟法異動條文及理由，參見立法院法律系統，網址：https://lis.ly.gov.tw/lglawc/lawsingle?00344292021A00000000000000000005A00000000C00FFFFFD00^04527112111400^00000000000（最後瀏覽日：113年8月8日）。

|第三十六章|
督促程序

　　督促程序本質上屬非訟事件，但於立法體例上併入民事訴訟法內。所謂督促程序係指債權人請求給付金錢或其他代替物或有價證券之一定數量，向法院聲請以債權人之主張爲基礎，向債務人發出督促債務人支付之命令，並載明如債務人不於一定期間內提出異議，則該支付命令即與確定判決有同一效力之特別程序。換言之，債務人於收到法院之支付命令後，若有異議時，必須於收到二十日內，向法院以書面提出聲明異議（不須附任何理由）以阻止其成爲確定判決，否則依法發生視同確定判決之效力。

　　督促程序應係爲特別程序，故支付命令之聲請，在性質許可範圍內，可準用起訴之規定，於聲請時亦發生訴訟繫屬之效力，債權人聲請支付命令後，在支付命令失效前不得就同一事件更行起訴。依督促程序督促債務人履行金錢債務，實務上常見於欠繳管理費、銀行之小額信用卡卡債等，先以督促程序發支付命令。

第一節　聲請支付命令之要件

一、須以給付金錢或其他代替物或有價證券之一定數量為標的者

　　民事訴訟法第508條第1項規定：「債權人之請求，以給付金錢或其他代替物或有價證券之一定數量爲標的者，得聲請法院依督促程序發支付命令。」蓋督促程序係爲方便債權人迅速簡易取得執行名義，僅限於金錢或其他代替物之請求方得利用之，其目的在於若之後發生不當執行時，而有必須回復執行前之原狀或損害時，較容易處理[1]。

---

[1]　臺灣臺北地方法院101年店事聲字第4號裁定：「按債權人之請求，以給付金錢或其他代替物或有價證券之一定數量爲標的者，得聲請法院依督促程序發支付命令；又支付命令之聲請，不合於第508條至第511條之規定，法院應以裁定駁回之，民事訴訟法第

督促程序事件，性質上宜迅速處理，有關支付命令之聲請及法院之處理，如能使用電腦或其他科技設備，不僅有利於當事人行使權利，亦可減省法院人力之勞費，並因應督促程序事件日益增多之趨勢，故於民事訴訟法第508條第2項規定，支付命令之聲請與處理，得視電腦或其他科技設備發展狀況，使用其設備爲之。又電腦等科技設備日新月異，其使用之細節難預爲詳細規定，宜另以辦法定之，並於同項後段規定，其辦法由司法院定之。

二、聲請人不得尚有對待給付未履行

民事訴訟法第509條規定：「督促程序，如聲請人應爲對待給付尚未履行，或支付命令之送達應於外國爲之，或依公示送達爲之者，不得行之。」督促程序，如聲請人應爲對待給付尚未履行，不得行之。其中條文所謂之「應爲對待給付」，係指債權人應先爲對待給付或應與債務人同時互爲對待給付，而尚未履行之情形。如此規定係因支付命令只須債權人片面之聲請，法院即應對債務人發支付命令，而未給予債務人抗辯之機會，而導致債務人無從行使同時履行抗辯權之機會，是以爲保障債務人之權益，於第509條前段規定，不許應爲對待給付尚未履行之債權人，依督促程序行使其權利。

三、支付命令之送達非於外國為之，或依公示送達為之者

復依民事訴訟法第509條後段之規定，支付命令之送達應於國外爲之，或依公示送達爲之者，不得行之。其規範目的在於若支付命令之送達須至國外者，將稽延時日，短期間不易獲悉送達債務人之期日；公示送達往往使受送達人知悉之機會甚少，與督促程序追求簡潔之立法目的有違且可能造成妨礙債務人防禦之機會，故第509條後段規定，支付命令之送達應於外國爲之，或依公示送達爲之者，不得行之[2]。

508條第513條第1項前段分別定有明文。經查，本件原支付命令聲請狀請求之標的及數量，未具『一定』性，本院司法事務官以聲明異議人並未表明請求之標的及數量，核與民事訴訟法第508條第1項規定未合，依民事訴訟法第513條第1項規定，駁回聲明異議人對本院聲請核發支付命令之處分，並無違誤。是聲明異議人所爲本件聲明異議，是爲無理由，應予駁回。」

[2] 臺灣臺北地方法院100年司促字第13550號裁定：「一、按督促程序，如聲請人應爲對待給付尚未履行，或支付命令之送達應於外國爲之，或依公示送達爲之者，不得行

四、須向有管轄權之法院為之聲請

民事訴訟法第510條規定，支付命令之聲請，專屬債務人為被告時，依同法第1條、第2條、第6條或第20條規定有管轄權之法院管轄。對於督促程序管轄，係採取專屬管轄，目的在於保護債務人，使其容易適時提出異議[3]。

又督促程序若面臨如債務人為多數，而住居所不在同一法院管轄區域內，依法得對之提起共同訴訟者，將生應由何法院管轄之疑義，故民國92年修法同時增列「第20條」共同管轄之規定，俾利適用。

五、支付命令之聲請須合於法定程式

104年修正民事訴訟法第511條：「支付命令之聲請，應表明下列各款事項：一、當事人及法定代理人。二、請求之標的及其數量。三、請求之原因事實。其有對待給付者，已履行之情形。四、應發支付命令之陳述。五、法院（第1項）。債權人之請求，應釋明之（第2項）。」

支付命令之聲請，除應表明當事人及法院外，尚須表明請求之標的及其數量及請求之原因、事實。其有對待給付者，已履行之情形，以及應發支付命令之陳述。因債務人依同法第516條對支付命令得不附理由提出異議，其債權憑證之有無，與應否許可發支付命令無關，而非屬於第511條所規定聲請支付命令所具備之程式要件[4]。為免支付命令淪為製造假債權及詐騙集團犯罪工具，嚴重影響債務人權益，

之，民事訴訟法第509條定有明文。又支付命令之聲請，不合於第508條至第511條之規定者，法院應以裁定駁回之，同法第513條第1項前段亦有明文。二、本件債權人聲請對債務人歐陽汝炳發支付命令，查債務人○○○已於民國100年6月6日出境，有聲請人提出之入出國及移民署臺北市服務站入出國日期證明書可稽，核其送達應於外國為之，依前開法條規定，其支付命令之聲請，於法未合，應予駁回。」

[3] 臺灣臺北地方法院101年度司促字第3789號裁定：「一、按支付命令之聲請專屬債務人為被告時，依民事訴訟法第1條、第2條、第6條或第20條之規定有管轄權之法院管轄，民事訴訟法第510條定有明文；又按支付命令之聲請，不合於第510條之規定者，法院應以裁定駁回之，民事訴訟法第513條第1項明文可參。二、本件債權人聲請對債務人○○○發支付命令，查債務人○○○住居於桃園縣桃園市，非本院轄區，本院無管轄權，則依前開規定，聲請人向本院聲請發支付命令，殊不合法，應予駁回。」

[4] 最高法院61年台抗字第407號判例：「支付命令之聲請，除應表明當事人及法院外，祇須表明請求之標的並其數量及請求之原因、事實，以及應發支付命令之陳述，此觀民事訴訟法第五百十一條之規定自明。因債務人依同法第五百十六條對支付命令得不

為兼顧督促程序在使數量明確且無訟爭性之債權得以迅速、簡易確定，節省當事人勞費，以收訴訟經濟之效果，並保障債權人、債務人正當權益，避免支付命令遭不當利用，爰增列第2項，強化債權人之釋明義務。若債權人未為釋明，或釋明不足，不合於本條第2項規定者，法院得依本法第513條第1項規定，駁回債權人之聲請。

第二節　支付命令之審理與裁判

一、支付命令之應記載事項

依照民事訴訟法第514條之規定，支付命令之內容，應記載同法第511條第1款至第3款及第5款所定事項；債務人應向債權人清償其請求並賠償程序費用，否則應於支付命令送達後二十日之不變期間內，向發命令之法院提出異議，否則支付命令即告確定[5]。其中應記載「第511條第1款至第3款及第5款所定事項」部分，目的乃為保護債務人之利益，故須記明於支付命令中者，而須記載「債務人應向債權人清償其請求並賠償程序費用，否則應於支付命令送達後二十日之不變期間內，向發命令之法院提出異議」目的則在於使債務人收受支付命令時，瞭解本身得以救濟之途徑與方式，透過此等教示記載，避免債務人防禦權無法行使。至於債務人對於支付命令之異議，只須為表明其反對支付命令意思即可，亦即得不附理由向發命令之法院提出異議（民訴§516）。本次104年修法後，支付命令確定後得為執行名義，已無既判力而僅有執行力。為使支付命令之債權人與債務人知悉支付命令之效力已有變更；且逾期提出異議之失權效果，影響當事人權益甚大，故支付命令應載明

附理由提出異議，故債權人在督促程序就其所主張之事實毋庸舉證，其債權憑證之有無，與應否許可發支付命令無關。再抗告人以債權憑證有偽造之情事為理由，對於依督促程序而發之支付命令及假執行裁定聲請再審，核與民事訴訟法第四百九十六條第一項第九款之規定尚有未合。」

[5] 臺灣臺北地方法院99年訴字第3228號判決：「查，系爭債權人為被告○○銀行、債務人為原告林○○之信用卡債權，經被告○○銀行於94年12月15日向臺灣高雄地方法院聲請核發支付命令，該院以94年度促字第84573號寄發支付命令，而於95年1月2日由原告同居人即其父○○中簽收，有該院送達證書足稽，因債務人未於民事訴訟法第514條第1項第2款之20日不變期間向法院提出異議，臺灣高雄地方法院遂於95年2月20日核發支付命令確定證明，有是該支付命令業已確定。」

「債務人未於不變期間內提出異議時，債權人得依法院核發之支付命令及確定證明書聲請強制執行。」作為教示之用，爰增訂第1項第3款。

為減輕法院負擔及達到督促程序簡潔之目的，民事訴訟法第514條第2項規定當事人聲請支付命令所表明同法第511條第3款所定之事項，如其聲請書狀之記載完整，應許法院以之作為附件代替該項記載。

二、程序要件之審理

支付命令之聲請在程序上是否合法，法院應依職權調查之，除一般訴訟要件，如當事人能力、訴訟能力、代理權有無欠缺、既判力有無違背……等一般程序要件外，是否符合聲請支付命令之要件，亦即是否符合民事訴訟法第508至511條所定之要件，亦應依職權調查。例如：請求之內容是否屬於金錢或替代物之給付是。

依民事訴訟法第512條規定，法院應不訊問債務人，就支付命令之聲請為裁定。其規範目的在於督促程序為簡捷程序，優先保護債權人之利益，故法院僅以債權人提出之聲請書一紙及附屬文件內容為裁定基礎已足，審查聲請支付命令之一般程序要件及督促程序之特別要件是否合法，無庸訊問債務人。是以規定支付命令之本質，為不經審理與辯論之非訟事件性質[6]。

三、准駁之裁判

支付命令之聲請一部不合法或無理由，不得發支付命令者，應僅就該部分之聲請駁回之。駁回支付命令聲請之裁定，應附理由，祇須送達於債權人，無庸送達債務人。不論全部駁回或一部駁回，或基於何項原因駁回，均不得聲明不服。駁回之裁定不生既判力，債權人得另行起訴。

民事訴訟法第513條第1項規定，支付命令之聲請，不合於第508至511條之規定，或依聲請之意旨認債權人之請求為無理由者，法院應以裁定駁回之；就請求之一部不得發支付命令者，應僅就該部分之聲請駁回之。是對於債權人聲請支付命令，法院調查結果，認為不具備一般程序要件，或不合督促程序特別要件規定，或依聲請之意旨認債權人之請求為無理由者，依同法第513條第1項前段規定，法院應

---

[6] 最高法院100年台上字第1982號判決：「又支付命令之本質，為不經審理與辯論之非訟事件（民事訴訟法第五百十二條參照），債務人對於支付命令未在法定期間提出異議，在當事人間雖與確定判決有同一效力，但對於第三人並無拘束力（包括反射效）。」

以裁定駁回債權人之支付命令聲請。若法院調查結果，債權人聲請支付命令為部分有理由，部分無理由者，依第1項後段規定，應僅就無理由部分裁定駁回之，而請求有理由之部分仍應發支付命令。法院依據此條所為之裁定，依據第513條第2項規定，債權人不得聲明不服。

舉例言之，對於債權人執有債務人簽發之支票，未經付款之提示即聲請發支付命令時，此時法院應以債權人執有債務人簽發之支票，如未踐行票據法第131條第1項此一法定程序，即不得行使票據上之權利，法院應以裁定駁回其支付命令之聲請[7]。

第三節　支付命令之送達

依民事訴訟法第229條、第236條及第239條之規定，受支付命令應以正本送達於債權人及債務人。另依民事訴訟法第142條第2項規定支付命令不能送達於債務人者，應盡速通知債權人，俾債權人得另行查報債務人應為之送達之處所。

另依據民事訴訟法第515條規定，法院發出支付命令後，三個月內不能送達於債務人者，其命令失其效力，規範目的在於避免督促程序久懸未決，有違民事訴訟法設置督促程序速簡之立法意旨，其期間之計算，依民法第161條規定為之，對於三個月失效之規定，實務上曾發生法院向支付命令債務人送達支付命令，依寄存方式送達，依法自寄存之日起，經十日始發生送達效力。如在該十日期間未滿前，已逾發支付命令後三個月，支付命令是否失效之問題，對此實務認為依據民事訴訟法第515條之規定：「發支付命令後，三個月內不能送達於債務人者，其命令失其效力。」支付命令既已依民事訴訟法第138條第1項之規定合法寄存送達，只是須經過

---

[7] 臺灣宜蘭地方法院(78)廳民一字第778號民事法律問題座談：「按支付命令之聲請，不合於第五○八條至五一一條之規定，或依聲請之意旨認債權人之請求為無理由者，法院應以裁定駁回之；就請求之一部不得發支付命令者，應僅就該部分之聲請駁回之，民事訴訟法第五一三條定有明文。又執票人為付款之提示被拒絕時，對於前手始得行使追索權，惟票據法第一三一條第一項所明載。是支付命令之聲請，雖不訊問債務人，僅就債權人之聲請為形式上之審查，但其聲請意旨，如違反法律上之規定者，法院仍應認為無理由，以裁定駁回之。債權人執有債務人簽發之支票未經付款之提示，倘於支付命令聲請時，已有所陳述，依上說明，法院即應以裁定駁回之，宜採乙說。如於支付命令聲請時，並未有所陳明未經為付款之提示，則宜採甲說為是。」

十日才生效，並非不能以寄存送達之方式爲送達，故支付命令之寄存送達仍爲有效之合法送達[8]。但應注意此處所稱支付命令可以用寄存送達之方式爲送達，其合法性之前提必須是該寄存地址必須能證明是應受送達人之「實際居住地」，否則若向「非實際居住地」爲寄存送達，法院若不察而誤以寄存送達之方式爲之，仍不因寄存十日後而可生送達之效力，不可不察。

因債權人聲請發支付命令時，即有行使權利之意思，時效應於支付命令送達時予以中斷，但目前實務上常有法院以支付命令已合法送達而核發確定證明書，嗣後因債務人抗辯未合法送達，經查明屬實，而將確定證明書撤銷，致發生支付命令不能於核發後三個月內送達債務人，依民事訴訟法第515條第1項之規定支付命令失其效力。又民法第132條規定支付命令失其效力時，時效視爲不中斷，因而造成債權人不利之情形，影響債權人聲請發支付命令之不可預測風險（無法中斷時效之風險）。因此，在兼顧債權人權益之保障與債務人之時效利益之前提下，於民事訴訟法第515條第2項定有明文，如有未經合法送達，而法院誤發確定證明書者，自確定證明書所載確定日期起五年內，經撤銷確定證明書時，法院應通知債權人，且債權人如於通知送達後二十日之不變期間起訴者，視爲自支付命令聲請時，已經起訴；其於通知送達前起訴者亦同，規範目的係在於爲兼顧債權人權益之保障與債務人時效全意，於支付命令失其效力而法院誤發確定證明書之情形，特於民法第132條規定外，另規定自確定證明書所載確定日期起五年內，經撤銷確定證明書時，如債權人於法院通知送達前或送達後二十日之不變期間起訴，視爲聲請支付命令時已起訴；非謂逾確定證明書所載確定日期五年後，該未經合法送達之支付命令即告確定，法院不得撤銷誤發之確定證明書[9]。

---

[8] 臺灣高等法院暨所屬法院95年法律座談會民事類提案第33號：「按民事訴訟法第515條規定：『發支付命令後，3個月內不能送達於債務人者，期命令失其效力。』支付命令既已依民事訴訟法第138條第1項之規定合法寄存送達，只是須經過10日才生效，並非不能送達，支付命令應仍有效（最高法院94年度台抗字第488號民事裁定參照）。」

[9] 最高法院99年台抗字第922號裁定：「九十八年一月二十一日增訂之民事訴訟法第五百十五條第二項規定『前項情形，法院誤發確定證明書者，自確定證明書所載確定日期起五年內，經撤銷確定證明書時，法院應通知債權人。如債權人於通知送達後二十日之不變期間起訴，視爲自支付命令聲請時，已經起訴；其於通知送達前起訴者，亦同』，僅係爲兼顧債權人權益之保障與債務人時效利益，於支付命令失其效力而法院誤發確定證明書之情形，特於民法第一百三十二條規定外，另規定自確定證

第四節　對支付命令之異議

壹、支付命令之異議

一、提出異議之程式

債務人對於支付命令之全部或一部，得於送達後二十日之不變期間內，不附理由向發命令之法院提出異議。是債務人針對支付命令之全部或一部提出異議，不必陳述任何理由，只須將其異議之意思表示，以書狀或言詞向法院提出，即生異議之效力。又對於債務人之債權人可否代位債務人行使民事訴訟法第516條之異議，對此，實務採取否定之見解，認為債務人對於支付命令之異議權，依其性質，與民事訴訟法制度中之上訴、抗告權相類，一旦行使，即足以使原已可確定之法律關係，再度歸於不確定之狀態，故應由原來之當事人繼續進行訴訟，自不宜由當事人以外第三人代位行使[10]。

又支付命令之異議，係為保護債務人之利益而設，依處分權主義，自應許其撤回異議。惟支付命令一經異議，即視為聲請調解或起訴，為求程序支安定及訴訟之

書所載確定日期起五年內，經撤銷確定證明書時，如債權人於法院通知送達前或於通知送達後二十日之不變期間起訴，視為聲請支付命令時已起訴；非謂逾確定證明書所載確定日期五年後，該未經合法送達之支付命令即告確定，法院不得撤銷誤發之確定證明書。再抗告論旨，仍執陳詞，指摘原裁定適用法規顯有錯誤，聲明廢棄，難謂有理由。」

[10] 最高法院99年台抗字第589號裁定：「又依民事訴訟法第五百十六條第一項規定，僅債務人得對於支付命令提出異議，如債務人於法定期間內提出異議，依同法第五百十九條第一項規定，其支付命令即失其效力，以債權人支付命令之聲請，視為起訴或聲請調解。易言之，支付命令之雙方當事人自債務人提出異議時起，即進入訴訟或調解程序，而成為訴訟或調解程序之當事人，苟該異議得由債務人之其他債權人代位行使，該代位行使異議之債權人亦不因此而成為該訴訟程序之當事人，該訴訟程序仍應以債務人本人為當事人，該債權人即無從以自己之名義行使債務人之權利，此與前揭行使代位權之規定顯然不合，債權人並不能因此項異議而達成其保全債權之目的甚明，是債權人對於支付命令之異議權，依其性質，與前揭之上訴、抗告權相類，一旦行使，即足以使原已可確定之法律關係，再度歸於不確定之狀態，仍由原來之當事人繼續進行訴訟，自不適於由當事人以外之第三人代位行使，此與債權人得以自己之名義提起訴訟，代位行使債務人實體法上之請求權者迥然不同。」

經濟，宜限於調解成立或第一審言詞辯論終結前始得為之。又債務人異議後復撤回異議，其異議視為聲請調解或起訴之程序費用，乃係可歸責於異議人之事由，自應由其負擔，債權人得依第90條規定聲請法院為費用負擔之裁定。故於民事訴訟法第516條第2項規定，債務人得在調解成立或第一審言詞辯論終結前，撤回其異議。但應負擔調解程序費用或訴訟費用。

另外，依民事訴訟法第518條規定，債務人於支付命令送達後，逾20日之不變期間，始提出異議者，其異議不合法，此時法院應以裁定駁回之。又為需注意的是法院應以裁定駁回債務人為異議者，並非以第518條為限，如果債務人之異議有其他不合法之情形，法院亦應以裁定駁回之[11]。

又法院駁回異議之裁定，應附理由，債務人並得抗告（民訴§237、§482）。債務人提出異議經法院以裁定駁回確定者，與未提出異議同，支付命令仍將會因為不變期間之經過，而與確定判決有同一之效力。

二、提出異議之效力

民事訴訟法第519條規定：「債務人對於支付命令於法定期間合法提出異議者，支付命令於異議範圍內失其效力，以債權人支付命令之聲請，視為起訴或聲請調解。」故債務人對於支付命令於法定期間合法提出異議者，支付命令於異議範圍內失其效力，乃係因為債務人對於支付命令之異議權，依其性質，與上訴、抗告權相類似，一旦行使將足以使原已可確定之法律關係，再度歸於不確定之狀態，故應認定支付命令將於異議範圍內失其效力[12]。至於民事訴訟法第519條後段規定支付

---

[11] 臺灣臺北地方法院101年店事聲字第6號裁定：「是系爭支付命令已於100年8月4日合法寄存於聲明異議人，並於100年8月14日發生送達之效力，則聲明異議人於100年11月17日始提出異議，顯已逾20日之法定不變期間，故本院司法事務官依民事訴訟法第518條規定駁回聲明異議人之異議，自無不合，是聲名異議人之聲明異議，為無理由，應予駁回。」

[12] 最高法院85年台抗字第590號裁定：「按債務人怠於行使其權利時，債權人因保全債權，得以自己名義行使其權利，民法第二百四十二條固有明文。惟在訴訟程序中之行為，如依法律規定，僅該當事人始得為之，且依其性質，並不適於由他人代位行使之訴訟行為，自不能准由該當事人之債權人代位行使，例如提起上訴、對強制執行方法之聲明異議、對假扣押假處分裁定提起抗告、攻擊防禦方法之提出等是。又依民事訴訟法第五百十六條第一項規定，僅債務人得對於支付命令提出異議，如債務人於法定期間內提出異議，依同法第五百十九條第一項規定，其支付命令即失其效力，以債權

命令於異議範圍內失其效力，以債權人之支付命令之聲請，視爲起訴或聲請調解，此乃係透過法律擬制之規定，即以債權人之支付命令聲請，溯及於聲請時，與起訴或聲請調解發生同一效力。至於何時視爲起訴、何時視爲調解，應依債權人請求標的性質不同而異，只要債權人所請求之標的，在起訴前無須經法院調解者，其支付命令之聲請視爲起訴；如債權人請求之標的，在起訴前應經法院調解者，視爲聲請調解。

債務人對於支付命令於法定期間合法提出異議者，督促程序費用，應作爲訴訟費用或調解程序費用之一部。所謂督促程序費用，係指在督促程序中所生之一切費用而言，此項費用應作爲訴訟費用或調解程序費用之一部（民訴§519 II）。

第五節　支付命令確定之效力

104年修正民事訴訟法第521條：「債務人對於支付命令未於法定期間合法提出異議者，支付命令得爲執行名義（第1項）。前項情形，爲裁定之法院應付與裁定確定證明書（第2項）。債務人主張支付命令上所載債權不存在而提起確認之訴者，法院依債務人聲請，得許其提供相當並確實之擔保，停止強制執行（第3項）。」

參酌德國及日本之督促程序制度，未於法定期間內提出異議之支付命令僅爲得據以聲請假執行裁定，仍不具有既判力。原法賦予確定之支付命令與確定判決具有同一效力，雖有便利債權人行使權利之優點，但對於債務人之訴訟權保障仍有不足之處。爲平衡督促程序節省勞費與盡早確定權利義務關係之立法目的，及債務人必要訴訟權保障之需求，確定之支付命令雖不宜賦予既判力，惟仍得爲執行名義，爰修正原條文第1項規定。

因實務對於支付命令適用第496條第1項各款再審事由時，採取相對嚴謹之限縮解釋，導致債務人實質上根本無從循再審制度以爲救濟，使民事訴訟法第521條第2項淪爲具文，故刪除原條文第2項規定。另債權人依假扣押、假處分、假執行之

人支付命令之聲請，視爲起訴或聲請調解。是債務人對於支付命令之異議權，依其性質，與前揭之上訴、抗告權相類似，一旦行使，即足以使原已可確定之法律關係，再度歸於不確定之狀態，惟仍由原來之當事人繼續進行訴訟，自不適於由當事人以外之第三人代位行使。」

裁判及其他依民事訴訟法得為強制執行之裁判聲請強制執行，應提出裁判正本，強制執行法第4條第1項第2款、第6條第1項第2款規定參照。故債權人持支付命令聲請強制執行，強制執行法雖未要求債權人應一併提出裁定確定證明書，惟我國強制執行實務，原裁定法院均會依職權核發裁定確定證明書，俾執行法院審查債務人是否未於法定期間內對支付命令合法提出異議。為配合強制執行實務之需求與現況，增訂第2項規定。

修法後，支付命令僅有執行力，而債務人對於已確定之支付命令不服者，除於債權人已聲請強制執行時，提起債務人異議之訴外，尚可提起確認之訴救濟。為兼顧債權人及債務人之權益及督促程序之經濟效益，參酌非訟事件法第195條第3項規定，債務人主張支付命令所載債權不存在而提起確認之訴，法院依債務人聲請，得許其提供相當並確實之擔保，停止強制執行，增訂第3項規定。

|第三十七章|
第三人撤銷訴訟程序

第一節　立法目的

　　為貫徹訴訟經濟之要求，發揮訴訟制度解決紛爭之功能，就特定類型之事件，有擴張判決效力及於訴訟外之第三人之必要，惟若第三人於訴訟進行期間無機會參與訴訟之辯論，而事後竟要受該確定判決效力之不利益拘束，為此保障該第三人之程序參與權，立法上應許其於一定條件下得於事後提起訴訟來撤銷該判決之效力。故民國92年修法明定兩造訴訟有法律上利害關係之第三人，非因可歸於己之事由而未參加訴訟，致不能提出足以影響判決結果之攻擊或防禦方法，且其權益因該確定判決而受影響者，得以原確定判決之兩造為共同被告，對於該確定終局判決提起撤銷之訴，請求撤銷對其不利部分之判決。而第三人撤銷訴訟請求權，撤銷該確定判決對其不利部分之特別救濟程序，足使原確定終局判決對第三人不利之部分對第三人失其效力，故第三人撤銷訴訟之程序於性質上屬於形成之訴[1]。然此立法在學術討論上倍受批評，認為判決確定後，如發現該判決有程序瑕疵，應僅能依再審之規定提起再審之訴，殊無於確定判決後再由第三人提起撤銷訴訟之餘地，並認如此立法恐將破壞確定判決之法安定性，並以民事訴訟法並未明文要保障第三人程序權持反對之意見[2]，惟此係學術上之討論，本制度既已立法，就現行法制論，仍屬

---

[1] 最高法院97年台抗字第300號裁定：「第三人撤銷之訴係有法律上利害關係之第三人，非因可歸責於己之事由而未參加訴訟，致不能提出足以影響判決結果之攻擊或防禦方法，而以確定判決之兩造為共同被告，請求撤銷該確定判決對其不利部分之特別救濟程序，足使原確定終局判決對第三人之不利之部分對第三人失其效力，性質上屬於形成之訴。其訴訟標的之法律關係係撤銷確定終局判決對第三人不利部分之形成權，如該部分所涉及者為財產權，即屬財產權之訴訟。」

[2] 姚瑞光教授更形容此係荒唐之創法，見姚瑞光，民事訴訟法論，2004年2月版，頁733。

有效之民事訴訟法之制度性設計。

第二節　第三人撤銷訴訟之要件

　　民事訴訟法第507-1條：「有法律上利害關係之第三人，非因可歸責於己之事由而未參加訴訟，致不能提出足以影響判決結果之攻擊或防禦方法者，得以兩造為共同被告對於確定終局判決提起撤銷之訴，請求撤銷對其不利部分之判決。但應循其他法定程序請求救濟者，不在此限。」據此，提起第三人撤銷之訴，應具備下列之各項要件：

一、須有法律上利害關係之第三人提起

　　民事訴訟法第507-1條第1項所稱之「法律上利害關係」，係指第三人在私法上之地位，因確定判決受直接或間接之不利益而言。若僅係事實上或感情上之利害關係則不屬之。關於法律上利害關係之判斷，應與民事訴訟法第58條相同。

二、第三人須非因可歸責於己之事由而未參加訴訟，致不能提出足以影響判決結果之攻擊防禦方法者

　　第三人必須非因可歸責於己之事由而未參加訴訟，致無法提出足以影響判決結果之攻擊防禦方法。否則若係該第三人在原訴訟程序中業已受通知參加訴訟而竟不參加訴訟者，則其係自願放棄參與原訴訟之程序權，自不得再許其事後提起第三人撤銷訴訟。

三、第三人需以原確定判決之兩造為共同被告，對於確定終局判決提起撤銷之訴，請求撤銷對其不利部分之判決

　　第三人撤銷之訴，因涉及的是要推翻（或變更）原確定判決，因此原確定判決之兩造當事人都可能受影響，故在第三人撤銷之訴起訴時必須以原確定判決之原告及被告共列為共同被告，此係固有之必要共同訴訟，不可缺原確定判決之任何一造當事人，否則即有當事人不適格之問題。

四、需非應遵循其他法定程序請求救濟者

　　第三人撤銷之訴，係對於利害關係第三人之特別救濟程序，如該第三人依法應循其他法定程序請求救濟者，即應依其他法定方式救濟，不應再許其利用此第三人

撤銷之制度請求撤銷原確定判決，民事訴訟法第507-1條但書設定除外規定[3]。

第三節　第三人撤銷訴訟之管轄

第三人撤銷之訴，係有法律上利害關係之第三人對於確定終局判決聲明不服之特別救濟程序，原則上應專屬爲判決之原法院管轄，故於民事訴訟法第507-2條第1項遂規定第三人撤銷之訴，專屬爲判決之法院管轄。

第三人撤銷之訴，就該第三人有無法律上之利害關係，是否非因可歸責於己之事由而未參加訴訟，所提出之攻擊或防禦方法是否足以影響原確定判決之結果，及原確定判決對該第三人不利之範圍等事項，往往涉及事實認定及證據調查，故對於審級不同之法院就同一事件所爲之判決合併提起第三人撤銷之訴，或僅對上級法院所爲之判決提起第三人撤銷之訴時，宜專屬原最後事實審之法院管轄，即原則上專屬原第二審法院管轄，其未經第二審法院判決者，則專屬第一審法院管轄，故於民事訴訟法第507-2條第2項規定，對於審級不同之法院就同一事件所爲之判決合併提起第三人撤銷之訴，或僅對上級法院所爲之判決提起第三人撤銷之訴者，專屬原第二審法院管轄[4]。其未經第二審法院判決者，專屬原第一審法院管轄。

---

[3] 最高法院98年台上字第371號判決：「按有法律上利害關係之第三人，得對於確定終局判決提起撤銷之訴，請求撤銷對其不利部分之判決，但應循其他法定程序請求救濟者，不在此限，此觀民事訴訟法第五百零七條之一規定自明。其立法理由謂：『……第三人撤銷之訴，係對於利害關係第三人之特別救濟程序，如該第三人依法應循其他紛定程序請求救濟者，即不應再許其利用此制度請求撤銷原確定判決』等語。倘該第三人尚非無從循其他救濟程序請求救濟，是否仍可依此特別救濟程序，提起第三人撤銷訴訟，自仍有探求之餘地。」

[4] 最高法院96年台職字第21號裁定：「按第三人撤銷之訴，專屬爲原判決之原法院管轄。對於審級不同之法院就同一事件所爲之判決合併提起第三人撤銷之訴，或僅對上級法院所爲之判決提起第三人撤銷之訴者，專屬原第二審法院管轄。其未經第二審法院判決者，專屬原第一審法院管轄民事訴訟法第五百零七條之二定有明文。又訴訟之全部或一部，法院認爲無管轄權者，依原告聲請或依職權以裁定移送於其管轄法院，民事訴訟法第二十八條第一項定有明文。本件原告對於臺灣高等法院七十九年度上易字第一○號等判決提起第三人撤銷之訴，應專屬爲判決之原第二審法院即臺灣高等法院管轄，茲原告竟向本院合併提起第三人撤銷之訴，依上說明，自應依職權移送於其管轄法院，爰爲裁定如主文。」

提起第三人撤銷之訴時，原法院之管轄區域卻有變更，仍應由原法院為管轄法院。向無管轄權法院提起第三人撤銷訴訟，應依民事訴訟法第28條規定裁定移送至有管轄權之法院。

第四節　提起第三人撤銷訴訟之效果

第三人撤銷之訴乃係為賦予非因可歸責於己之事由而未參與訴訟之利害關係人救濟機會之特別程序，因此提起第三人撤銷訴訟之效果，原則上並不影響該確定判決再原當事人間之效力，故原判決當事人依該確定判決執行力，並不因第三人提起撤銷之訴而受影響。民事訴訟法第507-3條第1項但書規定，明定受理第三人撤銷之訴由於不影響原確定判決之執行力，但法院因必要情形，或依聲請定相當並確實知擔保，得於撤銷之訴聲明之範圍內，以裁定停止原確定判決對第三人之不利部分之效力，而該所謂第三人不利部分之效力，於實務上多係指停止其確定判決之執行力[5]。

法院依民事訴訟法第507-3條第1項規定為裁定停止原確定判決效力或駁回第三人之聲請時，因此等裁定已涉及原判決當事人及該第三人之權益，故應許其對該裁定提起抗告，以保障原判決當事人及該第三人之權益，故本條第2項規定，關於本條第1項法院之裁定，當事人得為抗告。

第五節　第三人撤銷之訴之審理與裁判

就第三人提起撤銷之訴，法院認為有理由時，應以判決撤銷原確定判決對第三人不利之部分。如第三人除請求撤銷原確定判決對其不利部分外，並為變更原判決

5　臺灣臺北地方法院99年聲字第387號裁定：「按第三人撤銷之訴無停止原確定判決執行之效力。但法院因必要情形或依聲請定相當並確實之擔保，得於撤銷之訴聲明之範圍內對第三人不利部分以裁定停止原確定判決之效力。民事訴訟法第507條之3第1項定有明文。二本件聲請人以其業向本院對相對人提起第三人撤銷之訴為理由，聲請裁定停止本院99年度司執字第55601號返還土地執行事件之強制執行，本院調取該執行卷宗及99年度訴字第4406號第三人撤銷之訴事件卷宗審究後，認為聲請人之聲請為有理由，應予准許。」

之聲明，而法院認為有保護之必要者[6]，自應依第三人之聲明，於撤銷之範圍內為變更原判決之判決，故民事訴訟法第507-4條第1項規定法院認第三人撤銷之訴為有理由者，應撤銷原確定終局判決對該第三人不利之部分，並依第三人之聲明，於必要時，在撤銷之範圍內為變更原判決之判決。據此可知，若第三人撤銷之訴有理由時，法院亦僅就有限度之撤銷變更原確定判決，是假設第三人提起之訴有理由時，法院僅撤銷（或變更）該確定判決「對第三人不利部分」其他與第三人無關之部分仍應予繼續維持。

第六節　第三人撤銷之訴之準用規定

鑑於第三人撤銷之訴與再審之訴，均係以除去已確定之終局判決為目的，關於提起訴訟之期間限制、提起之程式、對不合法或顯無理由訴訟之裁判、審理範圍、訴訟程序及善意第三人利益之保護等，自宜為相同之規定，故於民事訴訟法第507-5條明定準用民事訴訟法第五編再審程序第500條第1項、第2項、第501條至第503條、第505條、第506條之規定[7]。

---

[6] 臺灣臺北地方法院93年重訴字第848號判決：「原告訴之聲明第二項略以：『被告丙○○應將附表所示之仁信證券股份有限公司之股票一千一百萬股返還予被告中信證券股份有限公司，如無法返還時，應給付被告中信證券股份有限公司新臺幣六千二百八十五萬七千一百四十二元，及自該件起訴狀繕本送達之翌日起至清償日止，按年息百分之五計算之利息。』惟查『法院認第三人撤銷之訴為有理由者，應撤銷原確定終局判決對該第三人不利之部分，並依第三人之聲明，於必要時，在撤銷之範圍內為變更原判決之判決』，民事訴訟法第五百零七條之四第一項固定有明文。惟本件原確定終局判決即　鈞院九十二年度重訴字第三十一號判決之當事人並無原告，而原告在該案又非確定判決效力所及之人，是故無論該案如何認定事實、適用法律，均無法拘束原告，對原告並無法律上之利益或不利益，原告並非民事訴訟法第五百零七條之一所指『有法律上利害關係之第三人』。上開原告訴之聲明第二項，係命被告甲給付給被告乙，　鈞院縱依其聲明而為判決，原告仍非變更後之判決效力所及之人，對原告仍無法律上之利益或不利益，毫未改變原告喪失間接占有之狀態。」

[7] 臺灣臺北地方法院100年家訴字282號判決：「按『再審之訴，應於三十日之不變期間內提起。』、『前項期間，自判決確定時起算，判決於送達確定前，自送達時起算；其再審之理由發生或知悉在後者，均自知悉時起算。但自判決確定後已逾五年者，不得提起。』、『有法律上利害關係之第三人，非因可歸責於己之事由而未參加訴訟，

致不能提出足以影響判決結果之攻擊或防禦方法者，得以兩造爲共同被告對於確定終局判決提起撤銷之訴，請求撤銷對其不利部分之判決。但應循其他法定程序請求救濟者，不在此限。』、『第五百條第一項、第二項、第五百零一至五百零三條、第五百零五條、第五百零六條之規定，於第三人撤銷之訴準用之。』民事訴訟法第500條第1項、第2項、第507條之1、第507條之5分別定有明文。是第三人撤銷之訴，應自判決確定時起算，於30日不變期間内提起。其撤銷理由發生或知悉在後者，自知悉時起算。」

國家圖書館出版品預行編目資料

民事訴訟法新論／林家祺著.--六版.--臺北
市：五南圖書出版股份有限公司，2024.09
面；　公分.--
ISBN 978-626-393-716-1（平裝）

1.CST: 民事訴訟法

586.1　　　　　　　　　113012664

1S71

民事訴訟法新論

作　　者 ― 林家祺（121.9）

企劃主編 ― 劉靜芬

責任編輯 ― 呂伊真

文字校對 ― 徐鈺涵

封面設計 ― 斐類設計工作室、封怡彤

出 版 者 ― 五南圖書出版股份有限公司

發 行 人 ― 楊榮川

總 經 理 ― 楊士清

總 編 輯 ― 楊秀麗

地　　址：106台北市大安區和平東路二段339號4樓

電　　話：(02)2705-5066

網　　址：https://www.wunan.com.tw

電子郵件：wunan@wunan.com.tw

劃撥帳號：01068953

戶　　名：五南圖書出版股份有限公司

法律顧問　林勝安律師

出版日期　2014年 3 月二版一刷
　　　　　2015年10月三版一刷
　　　　　2018年 3 月四版一刷
　　　　　2021年 9 月五版一刷
　　　　　2024年 9 月六版一刷

定　　價　新臺幣800元

經典永恆・名著常在

五十週年的獻禮 —— 經典名著文庫

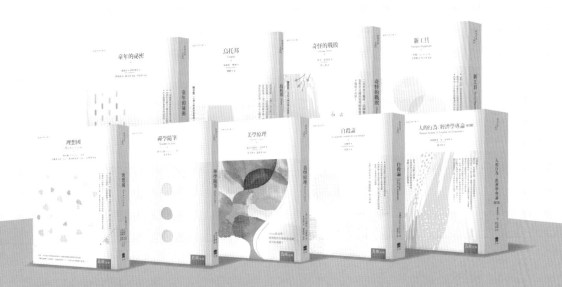

五南，五十年了，半個世紀，人生旅程的一大半，走過來了。

思索著，邁向百年的未來歷程，能為知識界、文化學術界作些什麼？

在速食文化的生態下，有什麼值得讓人雋永品味的？

歷代經典・當今名著，經過時間的洗禮，千錘百鍊，流傳至今，光芒耀人；

不僅使我們能領悟前人的智慧，同時也增深加廣我們思考的深度與視野。

我們決心投入巨資，有計畫的系統梳選，成立「經典名著文庫」，

希望收入古今中外思想性的、充滿睿智與獨見的經典、名著。

這是一項理想性的、永續性的巨大出版工程。

不在意讀者的眾寡，只考慮它的學術價值，力求完整展現先哲思想的軌跡；

為知識界開啟一片智慧之窗，營造一座百花綻放的世界文明公園，

任君遨遊、取菁吸蜜、嘉惠學子！